동아시아 국제관계사

동아시아 국제관계사

• 김준엽 선생 기념서 편찬위원회 편 •

아연출판부
고려대학교 아세아문제연구소

차례

책머리에 7

| 제1부 |

고중세 동아시아 국제 관계의 이해

1장 고대 동아시아사의 구조 | 김택민 13

2장 전한(前漢) 초기 입공·종번 외교와 차등적 국제사회 수립 | 이춘식 49

3장 고구려와 손오(孫吳)의 해상 교섭
: 조위(曹魏)의 고구려 침공 원인과 관련하여 | 박대재 74

4장 백제·신라의 취리산 회맹과 연미산 제단 유적 | 최광식 95

5장 효덕조 권력투쟁의 국제적 계기
: 동아시아 정세와 비조환도론(飛鳥還都論) | 이재석 110

6장 '백촌강 싸움'과 '임신(壬申)의 난' | 송완범 130

7장 당문화 속에 나타난 신라 고승의 활동: 중화주의 사관을 극복하기
위한 시론으로서 입당 구법승의 해동학장(海東學匠)·역경사(譯經師)
·조사(祖師)·보살(菩薩) 및 나한(羅漢)을 중심으로 | 변인석 153

8장 대한해협을 건넌 가야의 부뚜막 신앙: 고대의 가야와 일본열도 | 이영식 175

9장 북송 말 송려의 인식과 외교 | 이석현 192

10장 공녀를 통해 본 고려와 원과의 관계 | 이정신 209

| 제2부 |

동아시아 경제 교류의 역사적 실상

11장 고려 시대 송상 왕래 연구 서설 | 이진한 235

12장 14세기 동아시아 세계와 신안선 | 윤용혁 256

13장 청조의 해외무역에 대한 인식의 일면
: 강희·옹정 시기 일본과의 무역 관계를 중심으로 | 홍성구 275

14장 근대 동아시아 삼국의 유통 네트워크와
거류지 삼국 상인의 자본회전 | 김윤희 295

15장 일제하 조·중 경제 교류의 실상: 무역을 중심으로 | 송규진 321

16장 재화(在華) 일본 기업에 대한 중국 공장법의 적용과
중일 관계 | 김지환 348

| 제3부 |

근대 전환기 동아시아 지역 질서의 변모

17장 1840년대 청조의 풍경 | 이영옥 375

18장 19세기 후반 조선의 개항과 동아시아 국제 질서의 변화 | 최덕수 400

19장 갑신정변과 동아시아 국제 질서 재편의 함수관계 | 박은숙 425

20장 '소송' 안건을 통해 본 19세기 한중 관계의 변모 | 이은자 452

21장 근대 일본의 팽창과 만주 | 조명철 468

| 제4부 |

동아시아 (상호)인식과 담론

22장 최치원 저술에 보이는 동아시아적 문화 교류 | 김복순 495

23장 프로이센의 선교사 칼 귀츨라프와 19세기 동아시아의 발견 | 라인하르드 젤너 519

24장 일본에서의 한본(韓本) 연구 동향에 대하여 | 하정용 528

25장 중국의 고구려·발해사 인식과 역사 갈등 | 한규철 551

26장 알타이문화권인가, 중국의 변방인가 : 여행기를 통해 본 현대 한국인의 중국 변방 인식 | 유장근 579

27장 최근 한국의 '동아시아론'에 대한 비판적 검토 | 박상수 607

| 제5부 |

역사적 성찰과 미래 전망

28장 20세기 초 의병 정신에 담긴 민족의식 : 성재 기삼연의 경우 | 윤시순 635

29장 한국의 독립운동과 역사학 : 박은식·신채호·조소앙의 경우 | 김기승 655

30장 한국전쟁에서 인도의 역할 : 인도 측의 관점 | 조길태 681

31장 부강한 중국의 등장과 한반도 | 서진영 718

참고문헌 743

김준엽 선생 약력 및 저술 764

책머리에

최근 동아시아에 대한 관심이 가히 폭발적이다. 세계화(globalization)에 연동된 지역주의 추세가 초국가적(transnational) 사고와 움직임을 촉발시키는 가운데 학문적 차원에서나 정치-외교, 경제, 사회, 문화 활동의 각 부문에서 동아시아를 단위로 한 논의가 급증하고 있다. 어쩌면 '동아시아'는 이미 유력한 '담론 권력'의 지위에 올랐다고 해도 과언은 아니다. 그러나 동아시아에 대한 관심과 수사(修辭)는 끝없이 재생산되고 있으되, 동아시아를 어떻게 접근할 것인가에 관한 체계적인 탐구는 미진한 듯하다.

본 편찬위원회가 기획한 『동아시아 국제관계사』는 '동아시아'를 역내 각 국가들의 단순한 병렬적 집합으로서가 아니라 인접 국가 간의 관계를 통해 파악하고, 그 관계의 역사적 전개 과정에 주목한 연구이다. 여기서 '국가 간'의 관계라고 언급했지만, 본서가 단지 '국가'란 행위자에만 주목한 것은 아니다. 본서는 동아시아 역내의 국가 차원의 길항 관계를 다룰 뿐만 아니라 국가 수준을 넘는 동아시아사 전개의 포괄적 구조, 그리고 국가 수준 이하의 다양한 행위자들의 움직임까지도 시야에 넣고자 했다. 그러한 차원에서 본서의 또 다른 키워드인 '관계'란 동아시아 역내의 각종 교류, 상호 비교와 인식, 그리고 구조적 질서를 의미한다. 이러한 시각을 통해 동아시아가 고찰될 때, 우리는 역사적으로 국경을 넘어 전개되어 온 동아시아 역내의 다채로운 인간 삶의 양식을 보다 깊이 이해할 수 있을 것으로 기대한다.

먼저 제1부 "고중세 동아시아 국제 관계의 이해"는 정치·경제·문화 교류의 제상(諸相)에 대한 포괄적 고찰을 통해 고대 동아시아 역사를 구조적으로 파악해 보고자 한 글을 필두로 하여, 국가 간 입공-종번 외교, 고구려, 백제, 신라, 왜(일본), 당 사이의 전쟁과 상호 역학 관계, 그리고 송-원과 고려 사이의 외교의 면면, 불교와 민간 신앙의 전래들을 구체적으로 분석한 논고들로 구성되어 있다. 각 논고들을 관통하는 실마리는 동아시아 각국의 정치·사회·문화의 발전이 고대 이래 이미 일국적 차원의 고찰로는 해명될 수 없는 복잡하고도 민감한 국제적 계기를 통해 전개되고 있었다는 점이다.

제2부 "동아시아 경제 교류의 역사적 실상"은 상업과 무역이 번성하기 시작한 11세기 이래 동아시아의 경제 관계가 집중 조명된다. 전통 시대를 조명한 논고들은 국가 대 국가의 공식적 무역 관계나 무역 정책뿐만 아니라 민간에서 전개된 물류(物流)의 실상들을 송상(宋商), 신안선(新安船), 청-일본의 무역 관계를 통해 탐구하고 있다. 근대로 진입한 이후 동아시아 각국은 식민 침략과 대결, 그로 인한 정치-외교 관계의 적대적 단절이 있었음에도 불구하고 경제 교류는 오히려 일정한 질서와 제도적 장치를 통해 지속되고 있었다. 본서에 실린 논고들은 이러한 경제 교류의 실상을 상품 유통의 네트워크, 자본의 회전 방식, 관세 제도, 공장법 등에 대한 분석을 통해 구체적으로 보여 주고 있다.

제3부 "근대 전환기 동아시아 지역 질서의 변모"는 전통적 동아시아 질서가 근대 '민족국가' 체제로 전환되는 19세기 중반부터 20세기 초반의 격변의 시기에 착목하여 그 변화의 특징들을 도출한다. 19세기 서양과의 전쟁에서

패한 청조가 어떻게 천조(天朝)의 위엄을 지키고자 했는지 분석하고 있는 글은 이 체제 전환기 청조의 중화 질서 관념에 대해 여러 시사점을 제공한다. 근대 전환기 '조공 체제'로부터 '조약 체제'로의 전환은 통상의 방식, 외교 절차, 영토 획정 등 다양 분야에서 새로운 사고와 행동 방식을 필요로 했다. 제3부에 실린 논고들은 이 과정에서 나타난 새로운 국제 질서의 재편을 조선의 개항과 정변을 둘러싼 국제 관계, 서양 열강과의 조약 관계, 한·중 양국민의 분쟁과 소송 사건의 해결 방식, 그리고 일본의 만주로의 팽창 등을 통해 조명하고 있다.

제4부 "동아시아 (상호)인식과 담론"은 앞선 장들에서 살펴본 동아시아 역내의 구체적인 관계의 양상을 넘어 동아시아를 바라보는 '인식'에 주목하고 있다. 고대 동아시아의 '국제인' 최치원의 저술 활동과 동아시아 인식, 근대의 서세동점 시기 독일 선교사 칼 귀츨라프(Karl Gützlaff)의 동아시아 선교 활동과 선교관을 다룬 두 편의 글이 각각 당대인의 동아시아 현실 인식의 의미와 한계를 드러내고 있다면, 나머지 세 편의 글은 최근의 한중 역사 분쟁과 한국인의 중국관 및 동아시아관에 대한 역사적·인식론적 차원의 분석을 가하고 있다. 이 부의 글들은 그 소재와 논의의 방식은 달라도 모두가 동아시아 역사 혹은 동아시아를 바라보는 인식론적 오구(誤區)를 짚어 내고 있다는 점에서 공통적이다.

제5부 "역사적 성찰과 미래 전망"은 식민 지배와 피지배, 격동의 동아시아 정치과정을 되돌아보고 나아가야 할 바람직한 방향을 모색하는 논고들로 구성되었다. 앞의 두 편의 글이 일제의 한국 강점에 따른 한국 독립운동(론)을 분석하고 있다면, 뒤의 두 편은 전후 국제 관계 속의 한국과 최근의 중국의 부상을 다루고 있다. 논고들을 통해 우리는 근왕 운동으로부터 근대 국민국가 수립의 독립운동으로 전개되어 나간 독립운동(론)의 계기적 발전과, 독립 후 고착화되어 가는 냉전 체제 속의 한국, 그리고 새롭게 동아시아의 강자로 등장한 중국과의 관계 속에서 한국의 위상과 미래를 전망해 볼 수 있을 것이다.

동아시아 역사를 '관계'를 통해 접근해 본서의 기획에는 각별한 계기가 있었다. 앞서 언급한 바와 같이 작금의 세계화 추세가 추동한 초국가적 사고와 경향이 본서의 연구 관심의 저변을 이루고 있지만, 그러한 관심이 구체적인 연구 기획으로까지 나아간 것은 필자들의 스승이신 김준엽 선생님을 삼가 기리고픈 제자들의 소박한 바람이 있었기에 가능한 일이었다. 중국 대륙에서 독립운동에 헌신하실 때나, 대학에서 제자들을 가르치실 때나, 대학 밖에서 한·중 관계의 발전을 위해 노력하시는 오늘까지 동아시아 격동의 근현대사를 온몸으로 견디어 오신 김준엽 선생님이야말로 진정한 의미의 '국제인', 아니 '초국가인'이었으니, 이 『동아시아 국제관계사』가 선생님의 학덕과 실천을 기념하는 작은 표지가 될 수 있기를 바라마지 않는다. 끝으로 본서 편찬의 의의에 공감하고 출판을 맡아 여러 번거로운 수고를 해준 고려대학교 아세아문제연구소 관계자 여러분께 심심한 사의를 표한다.

2010년 11월 15일

김준엽 선생 기념서 편찬위원회

| 1부 |

고중세 동아시아 국제 관계의 이해

1장

고대 동아시아사의 구조

김택민

1. 동아시아사의 범주와 지리적 구조

1) 동아시아사의 범주

동아시아사의 공간적 범위를 어디까지로 할 것인가에 대해서 학계의 합의가 있는 것 같지는 않지만, 동아시아사와 관련된 논의들을 보면 대개 한국·중국·일본을 위주로 하고 여기에 몽골과 베트남을 포함하는 정도로 하자는 의견이 많은 것 같다. 이와 같은 동아시아사의 범주는 대체로 현재 동아시아에 존재하는 국가와 그 영역을 바탕으로 삼은 것으로, 일견 당연해 보이기도 한다. 그렇지만 영역의 면에서는 타당한 점이 있을 것이나, 국가를 기준으로 볼 때는 그 역사성이 매몰될 위험성이 있다.

중국의 경우 현재의 영토는 중원과 티베트·내몽골, 만주와 신강(新疆)을 포함하여 거의 960만㎢에 이르지만 이 같은 거대 중국이 성립한 것은 청나라

건륭제 말기로 겨우 200년 전의 일이다. 그 이전에는 위의 지역들 가운데 중원을 제외하고 대부분은 중원 왕조의 영토가 아니었고, 중국의 일부분으로 간주되지도 않았다. 이 때문에 동아시아사를 현재 존재하는 국가, 즉 한·중·일·몽골·베트남의 역사를 아우르는 것으로 정의할 경우 티베트나 만주, 또는 신강이나 내몽골의 역사는 전통 시대의 동아시아사에서 제외되는 셈이 된다. 현재 존재하는 국가로 동아시아사의 범주를 설정할 때 보이게 되는 이 같은 몰역사성을 극복하고 역사의 실정을 구현하기 위해서는 동아시아사의 요소를 국가사(國家史) 대신 지역사(地域史)로 구성할 필요가 있다.

동아시아는 중원, 한반도, 일본열도, 남중국, 베트남, 만주, 몽골, 서역, 티베트 등의 지역으로 구성되어 있다. 이들 지역에서는 다른 지역과 차별성이 뚜렷한 나름의 지역공동체를 유지하면서 자립적인 역사를 발전시켜 왔지만, 또한 각 지역 사이에는 정치·군사·경제·문화적인 교류를 통해 서로 영향을 미쳤다. 따라서 "동아시아사는 각 지역 역사의 총합이다"라고 정의할 수 있을 것으로 생각된다.

각 지역들은 서로 부단히 상호 작용을 하면서 동아시아의 역사를 전개시켜 왔지만, 전체적인 구도를 살펴보면 그 중심에 자리하고 있는 중원과 주위 지역과의 관계가 가장 빈번하여 비중이 컸고, 주위 지역들 사이의 관계는 드물어 비중도 떨어지는 양상을 보이는 특징이 간취된다. 현재 전하는 사서들이 대부분 중원에서 편찬되었기 때문에 서술 방식이 중원왕조 중심일 수밖에 없었을 것이라는 점은 고려되어야겠지만, 그러나 지리적인 위치나 생산성의 측면에서 보면 불가피한 면도 있을 것 같다.[1]

1_이상은 필자의 논문 「7~9세기 동아시아의 경제 교류와 문화 교류」, 『사총』 70, 85-86쪽을 요약한 것이다.

2) 동아시아의 지리적 구조

동아시아는, 북쪽은 사막·초원과 동토 지대가 펼쳐져 있고, 서쪽은 사막과 높은 산맥으로 가로막혀 있으며, 남쪽은 늪지대와 열대우림 지대가 펼쳐져 있고, 동쪽은 태평양이 넘을 수 없는 장벽으로 가로막고 있어, 인도나 유럽 등 외부 세계와 교통이 용이하지 않은 폐쇄적인 지형 구조를 보이고 있다. 이 폐쇄적인 지역의 한복판에 중원 평원이 자리 잡고 있다. 중원은 북위 32~40.30도, 동경 113~121도 사이에 위치한다. 이 평원은, 북쪽은 연산(燕山)산맥, 남쪽은 동백산(桐柏山)과 대별(大別)산맥, 서쪽은 태항(太行)산맥과 숭산(嵩山), 동쪽은 발해와 황해로 둘러싸인 대평원으로, 면적은 남한의 네 배에 가까운 38.7만㎢이다. 이 평원의 중앙에는 황하가 서에서 동으로 흐르고, 남쪽에는 회하(淮河)가, 북쪽에는 해하(海河)가 역시 서에서 동으로 흐르면서 대지를 적셔 주고 있다. 중국에서는 이 평원을 세 강의 명칭을 따서 황회해(黃淮海) 평원이라고 하거나 화북 평원이라고 하지만, 역사에서는 흔히 중원(中原)으로 불렀다.

중원 평원은 원래 대부분 저습지와 호수로 되어 있었다. 오랜 세월 동안 황하·회하·해하와 그 지류들에 의해서 침식된 황토가 퇴적되어 저습지와 호수들이 메워지고 바다 쪽으로 육지가 확대되어 이 평원이 형성되었다. 세 강 가운데 황하가 이 평원의 형성에 가장 큰 영향을 미쳤다.

중원은 세계4대문명발상지 가운데 하나이다. 농경 기술이 발달되지 못한 원시시대에는 간단한 방법으로도 경작이 가능한 토양이 충분히 발달되어 있어야 농경이 가능했다. 중원 평원은 경작에 유리한 퇴적지가 광범위하게 형성되어 있었으므로 이를 바탕으로 원시 문명이 발생한 것이다. 이곳의 초기 문명은 태항산맥 동쪽 산록 선상지(扇狀地)에서 출현하여 점차 황하 중류 유역으로 확대되었고, 기원을 전후로 하는 시기에는 중원의 대부분 지역에서 농업이 가능하게 되었다. 기원 전후 시대에 남한 면적의 네 배에 가까운 대평원이 대부분 농업 생산이 가능한 지역으로 조성되었다는 것은 동북아시아의 역사, 나아가 세계사적으로 중요한 의미를 갖는다. 왜냐하면 이 시기에 중원 평원을 제외하고는 이보다 광활하고 집중된 농업 생산 지대가 형성된 곳은 없을 것이기 때문이다.

화북 평원의 높은 생산성은 상대적으로 많은 인구를 부양할 수 있었으므로 이 지역에는 일찍부터 많은 인구가 거주하였다. 중국 역사에서 비교적 믿을 만한 전국적인 인구통계는 기원후 2년(전한 애제 원시 2년)의 5,967만 명이다. 이 가운데 60퍼센트에 가까운 3,500만 명은 중원에 거주하였다. 기원 전후의 시기에 세계 어디에도 거대 국가의 인구통계가 이같이 엄밀하게 조사되어 정확하게 기록된 예는 없지만, 당시 중국의 인구는 세계 인구의 4분의 1에 가까웠을 것으로 학계는 추정한다. 이러한 추정이 크게 틀리지 않다면 당시 중원 인구는 세계 인구의 15퍼센트 이상이 되는 셈이다. 달리 말하면 기원 전후의 시기에 세계 인구의 100명 가운데 15명 이상은 이 지역에 살았다고 볼 수 있다.

중원과는 달리 동아시아의 북쪽 사막과 초원은 기후가 건조하고 토양이 척박하여 생산성이 현저히 낮으므로 고대부터 현대에 이르기까지 소수의 인구가 유목 생활을 영위하고 있을 뿐이며 인구밀도는 1명/㎢를 넘지 않는 곳이 많다. 현재 몽골인민공화국의 경우 140만㎢에 달하는 면적에 300만 명이 채 안 되는 인구만이 거주한다.

동아시아의 서쪽도 히말라야산맥이나 티베트고원과 같이 5천 미터가 넘는 엄청나게 큰 산덩이가 융기되어 있고, 이 세계의 지붕으로부터 거대한 산맥들이 사방으로 뻗어 있어 매우 척박한 곳이다. 이 때문에 고대부터 현재까지 250만㎢에 달하는 이 산지에는 면적에 비해 극히 적은 수의 티베트인들이 야크 등을 방목하며 생활하고 있다.

동아시아의 남쪽은 아열대에서 열대에 이르기까지 기후의 편차가 크고, 시기에 따라 거주하는 종족과 그 수도 달랐다. 고대에는 양자강 이남이 대부분 불모지에 가까웠으나 한족들이 지속적으로 이주하여 그 경계가 남쪽으로 확대되어 갔다.

동아시아의 동쪽에는 북쪽에 만주가 있고, 남쪽에는 한반도와 일본열도가 있고 그 밖은 태평양이다. 만주의 대부분은 19세기에 한족들이 대거 이주할 때까지 소수의 만주족들이 반농반목 생활을 영위하고 있을 뿐이었다. 한반도는 기후와 토양이 비교적 농업에 적합한 지리적 특성을 갖고 있지만, 산지의 비율이 70퍼센트가 넘기 때문에 물산이 넉넉한 편은 아니고 그에 따라 인구도 그다지 많지 않았다. 일본은 기후와 토양이 한반도보다 양호한 편이어서 경지 면적당 인구 부양 능력은 높았으나 산지의 비율이 80퍼센트 이상이므로 절대 인구수는 많지 않았다.

이와 같이 동아시아의 한가운데에 있는 중원은 비옥한 충적 평원으로 생산성이 높고 인구가 많았으나, 북쪽·서쪽·남쪽 지역은 고대 농업이 사실상 불가능했고, 농경이 가능한 한반도나 일본의 경우도 퇴적지가 크게 발달해 있지 않으므로 생산성이 그다지 높지 않았다. 따라서 생산성이 높고 광활한 중원 평원을 차지하여, 경제력으로 월등한 중원 왕조가 그렇지 못한 주변 지역의 왕조들에 대해 중핵적 위상을 확보했던 것은 오히려 필연이었다고 보아도 좋을 것 같다.[2]

2_동아시아의 지리적 구조 부분은 필자의 책 『3000년 중국 역사의 어두운 그림자』, 신서원, 2006, 21-26쪽의 내용을 요약한 것이다.

2. 고대 동아시아의 역학 관계와 조공·책봉 제도

1) 동아시아 각 지역 사이의 역학 관계

중원은 비옥하고 광활한 퇴적 평원이므로 생산성이 높고 인구가 많아 이를 바탕으로 일찍이 문명이 출현했고, 주변 지역에 대해서는 정치적·경제적으로 중핵적인 위상을 유지해 왔다. 그렇지만 정치적·경제적으로 중핵적이라고 해서 중원 왕조가 우월한 힘을 일방적으로 행사하여 동아시아의 국제 관계를 주도한 것으로 이해하는 것은 온당하지 못하다. 그보다는 오히려 중원은 풍부한 물산 때문에 상대적으로 척박한 주변 지역의 이민족들로부터 상시적으로 위협을 받아 왔고, 중원 왕조는 이들의 위협으로부터 중원의 안정과 평화를 지키기 위해서 많은 비용을 지불하지 않으면 안 되었으며, 이 두 가지 사정으로 인해 동아시아만의 독특한 국제 관계의 형식과 내용이 성립하게 되었다는 점을 중시하지 않으면 안 된다.

역사 기록이 남아 있는 기원전 11세기(서주 시대) 이래 최근까지 동쪽의 만주 지역에서 북쪽의 초원과 서쪽의 산악 지역에 이르기까지 중원을 둘러싸고 있는 다양한 이민족 세력들은 계속적으로 중원을 침공했다. 그 대표적인 것만 열거해도, 서주는 견융족의 침략을 받고 수도를 낙읍으로 옮겼고, 전국시대부터 진한대(秦漢代)에는 흉노의 위협이 끊이지 않았고, 위진남북조시대는 이른바 오호(五胡)가 중원을 지배했고, 수당대에는 돌궐·토번·회흘 등의 위협이 컸고, 10세기 이후에는 거란족·여진족·몽골족·만주족이 차례로 중원을 정복하여 지배했다. 이 밖에도 각 시대마다 많은 이민족들이 중원을 향해 침공을 시도했다.

이 같은 이민족들의 위협에 대하여 중원 왕조들은 우세한 인력과 물자를 동원하여 대대적인 공세 정책을 취하기도 했다. 적극적인 공세 정책을 취한 때를 보면, 한 무제 때의 흉노에 대한 공격, 수 문제와 양제 때의 돌궐 및 고구려에 대한 공격, 당 태종과 고종 때의 돌궐·고구려·백제에 대한 공격 등이 있다. 그 밖에 명 성조 때의 막북 공략과 청대의 서북 지역에 대한 공략이 있다.

그렇지만 중원 왕조의 적극적인 공세 정책이 성공을 거두는 경우가 적었다. 한 무제 때 흉노에 대한 공격은 기원전 133년부터 시작되어 거의 50여 년간 계속되었는데, 장기간 전쟁으로 전사자가 속출하고 전비를 충당하기 위해 과중한 세금을 징수하고 군수품 수송을 위해 많은 장정들을 징발했으므로 농가에서는 농사를 지을 수 없어 농민들은 파산하고, 파산한 농민들이 도처에서 폭동을 일으켜 왕조 자체가 존망의 위기에 이르렀다. 위기를 실감한 한 무제는 흉노 공격을 중단했고, 뒤이어 소제와 선제 때 화친 정책으로 선회했기 때문에 멸망에 이르지는 않았다. 그러나 수 양제 때는 고구려를 침공하다가 결국 왕조 자체가 멸망했다는 것은 우리가 잘 아는 바와 같다. 명 성조의 막북 공략도 실제로 그다지 큰 성과는 없었다고 한다. 이처럼 중원 왕조의 공세 정책이 성공한 경우는 매우 드물어서, 돌궐과 고구려·백제를 멸망시킨 당 전기와 서북 지역을 정복한 청대만이 그 예에 속한다고 볼 수 있다.

중원의 역대 왕조들은 적극적인 공세 정책에 따르는 위험을 익히 알고 있었기 때문에 이민족들의 위협에 대하여 군사적으로 공세를 취하기보다 그 군주들에게 관작을 주거나 공주를 시집보내면서 많은 예물을 주어, 침공의 예봉을 피하고 화평 관계를 유지하는 경우가 더 많았다. 앞에서 본 바와 같은 비교적 짧은 공세의 시기 외의 대부분의 시기에는 공세 정책보다는 이른바 화친 정책으로 표현되는 수세 정책을 취하는 것이 일반적이었고, 후세의 사가들도 이를 양책으로 평가하였다. 이민족 측에서도 본래 노리는 바가 경제적인 결핍을 충족시키기 위한 것이었고, 또 10세기 이전에는 강력한 통일 왕조를 구축하고 있지 못했으므로 중원 왕조의 화친 정책이 효과를 보는 때가 많았다.

이렇듯 중원 왕조와 유목 정권 사이에 성립한 조공·책봉 관계는 중원 왕조의 현실적인 대외 정책의 일환인 화친 정책과 유목 정권의 경제적 욕구가 맞아떨어진 결과로 맺어진 것이다. 달리 말하면 표면적으로는 중원 왕조의 군주가 유목 정권의 군주에게 관작을 수여하는 것으로 나타났지만 내용적으로는 양측의 이해관계가 합치되어 성립한 외교 형식이었던 것이다.

2) 조공·책봉 제도의 출현

조공·책봉 제도는 서주 시대에 출현했다고 한다. 주 무왕이 은(상)을 멸한 뒤 일족과 공신들을 제후로 분봉하여 다스리게 하고, 그들로 하여금 정기적으로 찾아와서 자신의 치적을 보여 줄 수 있는 그 지역의 토산물을 바치게 했다는 제도가 그것이다. 이 제도에서 제후로 분봉하는 절차가 책봉이고, 조근하고 공물을 바치는 절차가 조공이다. 그렇지만 서주 시대에 책봉과 조공의 제도가 실제로 엄정하게 시행되었는지는 알기 어렵다. 발굴된 청동기들의 명문을 통해 당시 책봉이 있었다는 사실은 확인할 수 있지만, 조공이 정기적으로 있었다는 증거는 빈약하다. 이 시대의 역사가 기술되어 있는 『사기』(史記) 〈주본기〉나 〈12제후세가〉 및 〈12제후연표〉에는 분봉했다는 기록은 있지만 조공에 대해서는 소략하다. 그런데 한대에 편찬되기 시작한 경전들에는 매우 정교한 조공 제도가 기술되어 있다. 예를 들면 『예기』(禮記) 〈왕제편〉(권11)에는 "제후는 천자에 대하여 매년 한 번 소빙(小聘)하고 3년에 한 번 대빙(大聘)하며, 5년에 한 번 조(朝)한다"고 되어 있다. 이로 보면 『사기』의 편찬자 사마천도 이 제도에 대한 구체적인 정보를 가지지 못했던 듯한데, 전한 시대 어느 시점부터 유학자들이 이 제도를 정교하게 가공하여 경전에 기록했을 가능성이 크다.

진나라는 군현제를 시행했으므로 분봉이 없었으나, 한나라 초기에는 왕족이나 공신들을 분봉했고, 남월 등 이민족 군장들에게도 본국의 왕으로 인정한다는 뜻으로 왕이나 후의 작위를 수여하기도 했다. 그러나 특히 이민족 군장에 대한 작위 수여는 고제(古制)에 따른 것이라기보다 당시의 상황적 필요에 따른 것이었다. 다시 말하면 서주의 봉건제도와 후대의 조공·책봉 제도는 어느 정도 외형상 유사성이 있지만, 내용적으로나 이념적으로 관계가 없다. 설혹 중원 왕조의 황제가 천명을 받은 유일한 천자라고 자임하고 주위의 일부 왕조가 이를 인정하면서 조공하고 책봉을 받는 관계를 유지했다고 하더라도 이는 현실에서 서로 이해가 합치되어 나타난 외교 형식일 뿐이었다. 그러므로 한국 고대국가와 중원 왕조 사이의 조공·책봉 관계를 서주의 그것과 연결해서 이해할 이유는 없는 것이다.

3) 기원전 3세기에서 기원후 3세기까지 동아시아 국제 관계

기원전 3세기 말 진나라가 중원을 통일할 때까지 중원 내부에서는 제후국들이 치열한 대립 각축전을 벌이고 있었으나 중원의 주위에는 이렇다 할 정치 세력이 성장하지 않았다. 진이 중원을 통일할 무렵 북쪽에서는 초원 일대를 통일한 흉노가 강성한 국가 체제를 수립하였고, 만주 남부와 한반도 북부 일대에서는 고조선이, 광동성 남부에서는 남월이 큰 세력을 형성하게 되어 중원 왕조와 대립하면서 독특한 국제 관계가 형성되기 시작했다.

한나라는 건국 초기에 고조가 흉노를 공격하다가 포위되어 위기에 처한 일이 있고, 한나라 장수들 가운데 흉노로 가서 투항하는 자들이 많았으므로, 흉노에게 막대한 세폐를 바치는 등 굴욕적인 관계를 유지했다. 당시 흉노는 '동'으로는 요서의 동호로부터 '서'로는 오손과 월지를 아우른 강국이었다. 그래서 당당해진 흉노 묵특선우는 한나라 경계를 넘나들면서 마음대로 약탈하였다. 이에 한나라는 종실의 딸을 공주로 삼아 선우에게 출가시키는 한편 많은 세폐를 주면서 한나라 황제와 흉노 선우가 형제가 되기로 약속하고 화친을 맺었다.

흉노와 한나라는 형제의 관계를 맺었으나 내용상으로 보면 흉노가 우위였다. 이는 당시 양국 군주 사이에 오고 간 서간문에도 나타난다. 기원전 176년 흉노의 선우가 한나라 황제에게 보낸 편지는 "하늘이 세워 준 흉노 대선우[天所立匈奴大單于]가 삼가 황제에게 무고하신가 안부를 묻소"라고 시작하고 있고, 한나라 황제의 답장은 "황제는 삼가 흉노 대선우에게 무고하신가 안부를 묻소"라는 문구로 시작하고 있다. 흉노 선우는 '하늘이 세웠다'는 것을 당당히 밝히고 있는 데 반하여 한나라 황제는 단지 '황제'라고만 쓰고 있는 것을 통하여 한나라의 조심성을 엿볼 수 있다. 또한 한나라에서 흉노 선우에게 편지를 보낼 때는 한 자 한 치의 나무쪽[牘]을 썼고 그 글투도 여전히 "황제는 삼가 흉노 대선우가 무고하신가 안부를 묻소"라고 하는 데 반하여, 선우가 한나라 황제에게 보낼 때는 한 자 두 치의 나무쪽을 쓰고 봉인도 한나라 것보다 넓고 크고 길게 하였으며, 글투도 거리낌 없이 "하늘과 땅이 낳고 해와 달이 둔 흉노 대선우가 삼가 한나라 황제에게 무고하신가 안부를 묻소"라고 시작하였다. 이런 문구에는 흉노 대선우는 하늘 아래 최고의 군주이고 한나라 황제는 한나라의 국주에 불과하다는 뜻이 담겨 있다.

한나라는 고조에 이어 문제·경제 때까지 흉노의 압박에 대해 화친의 방식을 취했지만, 무제 때는 그동안 축적된 국력을 동원하여 대대적으로 공격하여 공세 정책으로 전환했다. 한나라의 흉노에 대한 대대적인 공격은 기원전 133년에 감행되었다. 그러나 이 전쟁은 동원된 군대만도 30만 명에 이르렀지만 성과 없이 끝났다. 이후 양측은 치열한 공방전을 50여 년 동안 벌였다. 이런 공방전은 쌍방 모두에게 치명적인 피해를 입혔다. 특히 흉노 측은 우세한 국력을 가진 한의 집요한 공격에 의해 차츰 와해되기 시작했다. 게다가 치명적인 자연재해가 매년 발생하고 내분이 일어나 서로 치열한 공방전을 벌임으로써 괴멸 상태에 빠졌다. 그렇지만 한나라의 국력도 극도로 피폐해져 도처에서 폭동이 일어났고 급기야는 왕조 자체가 멸망의 위기에 몰렸다.

이런 상황이 되자 한나라는 적극적인 공세 대신 일부 흉노 부락의 군주들에게 그들의 지위를 인정하는 왕·후의 인수(印綬)를 주고 막대한 물품을 지원하여 다른 흉노를 공격케 하는 이이제이 정책으로 흉노 세력을 각개 격파하는 전략을 펴나갔다. 또한 흉노와 적대적인 관계에 있던 다른 이민족 세력들에게도 많은 물품과 인수를 주고 공주를 시집보내 화친 관계를 유지하면서 흉노를 견제하도록 유도했다.

전한 일대에 걸쳐 한나라는 전적으로 흉노와의 대결에 국력을 쏟았지만, 만주와 한반도 북부에 큰 세력을 형성하고 있던 고조선을 멸하고 군현을 설치하였고, 남월을 공략하여 직접 지배하기도 했다. 고조선과 남월의 경우 흉노와는 달리 일단 왕조가 멸망한 뒤 다시 세력이 회복되지 못했다. 그렇지만 산재한 지역 세력들이 한나라 군현의 지배를 위협하므로 한나라는 군현 일대의 일부 우호적인 지역의 군장들에게 왕(王)·후(侯)의 인수를 주어 변경의 안정을 도모했다.

인수는 왕·후의 지위를 인정한다는 신표로 인(印)과 수(綬)인데, 인은 도장이고 수는 도장을 허리띠에 매다는 장식품이다. 이민족 군장에게 인수를 수여했다는 것은 일단 한나라 황제와 이민족 군장 사이에 종속 관계가 성립했다는 것을 의미하지만, 그렇다고 그것이 곧바로 군신 관계를 의미하는 것은 아니었다. 그런데 기원 8년 왕망이 전한 정권을 찬탈한 뒤 흉노 등 이민족 군장들을 신나라의 신하로 낮추려는 시도를 했다. 그 가운데 저명한 예는 흉노와의 관계에서 나타난다.

왕망이 제위를 찬탈한 다음 해 기원 9년 그는 사신을 선우에게 보내 많은 귀금속과 비단을 주고 신이 한을 대신한 상황을 전하고 선우의 옛 인장을 교체하고자 하였다. 옛 인문(印文)은 "흉노선우새"(匈奴單于璽)로 되어 있었는데, 왕망이 이를 "신흉노선우장"(新匈奴單于章)으로 바꾸었다. 사신들은 선우가 인문이 바뀐 인장을 받지 않을 것을 염려하여 어정쩡하게 교체하고 옛 인장을 회수하여 부수어 버렸다. 뒤에서야 인문이 바뀐 사실을 안 선우는 이렇게 말했다. "한이 선우에게 준 인장은 '새'(璽)라 했지 장(章)이라 하지 않았으며, 또 한(漢)자가 없었다. 원래 제왕(諸王) 이하의 인장에만 한(漢)자가 있고 장(章)이라 했다. 지금 인장에 새자를 없애고 신(新)자를 앞에 더했으니 신의 신하와 다를 바가 없게 되었다. 옛 인장을 돌려 달라." 그러나 이미 옛 인장이 부수어졌고 또 많은 예물을 받았으므로 답례로 가는 사신을 통하여 옛 인장을 회복해 주도록 요청하는 것으로 사태는 일단락되었다. 이렇듯 기원을 전후한 시대에 흉노는 세력이 현저하게 약화되어 한나라로부터 인수를 받고 물자를 지원받는 등 종속적인 지위를 감수할 수밖에 없었지만, 그렇더라도 한의 신하가 되는 것만은 의연히 거부하였다.

또한 왕망은 자신의 입지 강화를 위해 이민족의 조공을 이용하기 시작했는데, 이는 동아시아 국제 관계사에서 매우 의의가 큰 사건이다. 고제(古制)에 따른 개혁 정치를 표방하고 스스로 섭정이 되어 황제권 탈취를 획책하던 왕망은 자신의 치적을 과시하기 위해 자신을 주(周)의 주공(周公)에 비견하고, 주공이 예악(禮樂)을 정해 천하가 화평하니 멀리 월상씨(越裳氏)가 두 번의 통역을 거치면서 찾아와 조공을 바쳤다는 고사[3]를 재현시켰다. 그는 사신을 시켜 많은 금과 비단으로 강족(羌族)을 회유하여 조공하게 하고서, 자신이 섭정이 되어 개혁 정치를 하니 지금 다시 이 같은 일이 나타났다고 선전한 것이다. 전한 일대에 걸쳐 조공·책봉이 산발적으로 있기는 했지만, 왕망 이전에는 왕실의 입지 강화를 위해 이를 이용하려는 시도는 적었다. 그렇지만 왕망이 이를 정치적 목적으로 이용하기 시작한 이후 특히 정통성이 허약한 왕조는 이민족의 조공을 자신들의 정통성 강화를 위해 활용하는 데 관심이 컸다. 고구려·백제 및 신라와 조공·책봉을 맺는 동진 및 남북조 정권들이 바로 그 두드러진 예다.

3_『尙書大傳』 권3, 嘉禾傳.

왕망이 전한을 멸하고 신을 세운 뒤 10여 년 만에 녹림·적미적의 난이 일어났다. 이 대동란의 소용돌이 속에서 왕망이 죽고 광무제 유수가 후한을 건국했다. 후한이 성립될 무렵 중원은 혼란스러웠지만, 다른 지역도 평화롭지만은 않았다. 흉노는 계속되는 내분과 자연재해로 약화되어 있었고, 그 밖의 종족들도 큰 세력을 형성하고 있지는 못했다. 그렇지만 각 종족들은 각개 약진하여 중원의 변경을 계속 공략했으므로 신생 후한 정권의 우환거리가 되었다. 이 같은 상황에 대처하기 위해 후한은 이민족 군장들에게 왕·후의 인수를 주고 막대한 금품과 비단을 주어 우호 세력으로 확보하는 것을 기본 전략으로 채택하였다. 특히 왕망 때 흉노 등 이민족 군장들의 작급을 낮추어 신속시키려는 시도가 큰 반발을 불러와 변경이 위태로워진 점을 고려하여 군장들의 원래 지위를 회복시켜 위협을 완화하는 정책을 견지했다.

예를 들면 왕망은 고구려의 군대를 동원하여 흉노를 공격하려 했으나 고구려가 이에 따르지 않으므로 고구려왕[한의 작위로는 후]을 죽이고 고구려를 하구려(下句麗)로 바꿔 부르도록 한 일이 있었다. 고구려는 이에 반발하여 국경 일대를 계속 공격했다. 그래서 기원 32년 고구려가 조공 사절을 파견한 것을 계기로 후한 광무제는 고구려의 국호와 왕호를 회복시켜 불렀다. 그뿐만 아니라 우호 세력에게는 왕·후의 칭호를 대거 주었는데, 49년에는 "요서(遼西)의 오환대인(烏桓大人) 학차(郝且) 등이 무리를 이끌고 내속(內屬)하니 후왕군장(侯王君長)으로 삼은 거수(渠首)들이 81명이었다"[4]고 한 것이 그것이다. 또한 많은 물자를 이용하여 이민족을 견제한 예가 많은데, 예를 들면 기원 61년에는 "후한의 요동태수 제융(祭肜)이 선비족에게 뇌물을 주어 후한에 반하는 오환(烏丸)의 음지분(歆志賁) 등의 목을 베도록 시켰다. 이에 돈황과 주천 이동의 선비족 읍락대인들이 모두 요동에 와서 상을 받았는데, 청주와 서주의 한

4_『冊府元龜』 권963, 外臣部 封冊1, 11327쪽상.

해 세금 2억7천만 전을 주는 것이 상례가 되었다"[5]고 한다.

후한의 외교 전략에 따라 수여되는 인수와 많은 물자는 분산적인 주변 종족들에게 자신들의 권위를 강화하고 세력을 확대하는 데 유익했으므로, 후한 말에 이르기까지 일부 지역 세력들은 자발적으로 한나라에 조공하고 인수를 받기도 했다. 이에 후한 정권은 우호적인 군장들에게 솔중왕(率衆王)이나 솔중후(率衆侯)와 같은 작위를 수여하기도 하고, 귀의왕(歸義王)이나 친한왕(親漢王) 또는 친위왕(親魏王) 등의 인수를 주어 중원 왕조와 보다 친밀한 관계를 표현하고자 했다. 이러한 칭호는 이전에 이민족 자체의 칭호를 인정하고 그것을 새긴 인장을 수여하는 방식과는 차이가 크다. 이러한 추세에 따라 일본의 왜왕도 기원 238년 대방군의 안내를 받아 위나라에 조공하고 '친위왜왕'(親魏倭王)의 인수를 받았다. 이는 일본사로서는 일대 사건일 수 있으나, 한 해 전에 요서 오환솔중왕이 관구검에게 항복하고 동생을 위의 수도로 보내 조공했는데, 이때 오환의 거수 20여 명을 왕으로 삼은 사실로 비추어 보면 당시 동아시아 국제 관계에서 항용 있었던 평범한 사건 중의 하나일 뿐이다.

4) 4~6세기의 동아시아 국제 관계

황건적의 대란이 일어나 후한이 멸망하고 삼국이 성립한 뒤 서진이 일시 중원을 통일했다. 그러나 흉노족이 서진을 멸망시킨 뒤 화북 지방에서는 다섯 유목 민족들이 세운 십 수 개의 왕조가 흥망을 거듭하였다. 한편 서진의 후예는 양자강 남쪽에 진을 재건함으로써 중원은 남북 대치의 형세가 형성되었고, 뒤를 이어 북쪽에는 북위 및 북제·북주가, 남쪽에는 송·제·양·진이 차

5_『冊府元龜』 권974, 外臣部 褒異1, 11439쪽상.

례로 성립함으로써 대치 상황은 그대로 이어졌다.

한편 중원 외의 세계는 분산적으로 존재하던 정치 세력들이 점차 몇 개의 보다 큰 국가로 통합되어 중원 왕조들과 대결하는 국면을 형성해 갔다. 만주와 한반도 북부에서는 고구려가 흥기하면서 낙랑·대방군과 같은 한의 군현을 제거한 뒤 강력한 세력을 형성하고 있었고, 한반도 남부에는 백제와 신라가 성장해 갔다. 일본에서도 왜가 점차 열도 내의 여러 세력들을 통합해 나갔다. 만주 서부에서는 선비족들의 여러 연국(燕國)이 흥망을 거듭하면서 고구려와 공방전을 거듭했다. 몽골초원에서는 유연의 세력이 점차 확대되어 갔다. 티베트 북부에서는 토곡혼(吐谷渾)의 세력이 컸다. 하서회랑에서는 여러 개의 양국(凉國)이 흥망했다. 동아시아의 서남부에도 다수의 정치 세력이 존재했으나 이들은 강한 통합성을 이루지 못해 이 시대의 국제 관계에서 두드러진 역할을 보이지는 않는다.

이 같은 형세에서 중원의 왕조들은 동아시아의 국제 질서를 주도할 수 없었다. 특히 화북 지방에서 전란이 극심하던 4세기 후반까지는 남북 사이에 공방전이 격렬했으므로 중원 밖의 국가들과 중원 국가들 사이의 외교 관계는 매우 소원하였다. 한편 강남의 동진은 화북의 유목족 정권들을 견제하기 위한 방책으로 요서의 선비 모용씨나 서부의 토곡혼의 군장 등 화북 주위의 세력들에게 군사권과 행정권을 위임한다는 의미의 "도독 ㅇㅇ주제군사 자사 ㅇㅇ장군" 같은 관작을 주어 우호 세력으로 확보하고자 하였는데, 이는 중원 왕조와 다른 지역의 왕조들 사이의 외교적 형식으로 굳어져 갔다. 예를 들면 전연의 모용준은 요서의 실질적인 지배자였으므로 동진은 그에게 "사지절 시중 대도독 도독하북제군사 유기평목4주목 대장군 대선우 연왕"의 관작을 주었다.[6] 그렇지만 그는 352년 황제를 자칭하면서 동진의 관작을 파기하였다.

6_『晉書』 권110, 慕容儁, 2831쪽.

그런데 모용씨는 수십 년 동안 고구려와 요동의 지배권을 두고 치열한 공방전을 벌이고 있었는데, 당시는 고구려가 참패하여 수도를 점령당했으므로 고구려는 저자세의 외교로 왕의 모친을 송환할 수밖에 없었다. 그때 마침 모용준은 요동 대신 중원으로 관심을 돌려 화북 지방을 점령하고 황제를 자칭하면서 고구려왕에게 "영주제군사 정동대장군으로 삼고 낙랑군공으로 봉하며 고구려왕으로 인정한다"는 국서를 보냈다. 모용준은 스스로 황제가 되었다고 선언했고, 당시 관행으로 황제라면 외국의 군주에게도 관작을 줄 수 있어야 했기에 왕의 모친 송환에 감사를 표하러 온 고구려 사신에게 고구려왕의 책봉 제서를 주었을 것이다.

이후 고구려는 동진과 남조 정권, 그리고 북위와 북제·북주 정권으로부터 관작을 받기도 하지만, 중원 왕조들이 적극적으로 다투어 관작을 올려 주는 등 호의를 보이려고 하였는데, 이는 고구려와 우호 관계를 유지하기 위한 선심성 공세에 가까운 것이었다. 예를 들면 479년 남조 제나라를 세운 소도성(蕭道成)은 건국 직후 고구려왕의 관품을 장군직 가운데 최고인 표기대장군으로 올렸으나 고구려에서 파견한 사신은 이를 받지 않았고, 북위가 수여하는 관작도 고구려는 강성했으므로 이를 받지 않았다고 기록되어 있다. 또한 북위는 여러 나라의 사신을 위해 관저를 설치했는데, 고구려는 남제 다음으로 제2의 순위였고 원정 조회 때도 그런 순서였다.[7] 백제왕도 남조 여러 왕조와 북조 왕조로부터 "사지절백제제군사 정동대장군 백제왕" 따위의 관작을 받고 왜왕도 마찬가지로 "사지절 왜등 제군사 안동대장군 왜왕" 따위의 관작을 받는다.

이같이 동진을 필두로 남조 정권과 화북의 유목 정권들이 주위 이민족 군주들에게 선심성 관작을 수여한 것은 일찍이 왕망이 그랬던 것처럼 이민족

7_『南齊書』 권58, 東南夷 高麗國, 1009쪽.

군주들에 대한 책봉을 자신들의 허약한 정통성을 강화하는 수단으로 이용하기 위한 것이다. 다시 말하면 흉노에게 멸망한 왕조를 강남에서 재건한 동진 정권은 그들의 허약한 형세를 감추기 위해 조공·책봉의 정치적 효과에 지대한 관심을 보였고, 뒤를 이은 남조 왕조와 이민족의 북조 왕조들도 정치적 효과를 노리고 적극적으로 조공·책봉 관계를 수립해 간 것이다.

조공을 바치는 국가들도 마찬가지로 조공을 정치적 목적으로 이용했다. 한반도의 삼국과 일본의 왜는 중원 왕조의 책봉을 자신들의 정통성 강화와 이웃 나라들과의 경쟁에서 유리한 입지를 확보하기 위한 용도로 활용했다.

5) 7~10세기 동아시아의 국제 관계

6세기 말에 이르러 수나라가 중원을 통일했다가 망하고 이어서 당이 중원을 통일했다. 이때 초원 일대는 돌궐이 큰 세력을 형성하고 수당과 대립각을 세우고 있었다. 만주와 한반도 일원에서는 고구려가 큰 세력을 형성하고 있으면서 수당과 대결하는 한편 남쪽으로 백제와 신라를 압박해 갔다. 일본열도에서도 점차 통일의 기운이 무르익어 갔다. 동아시아의 서부에서도 토번이 점차 강성해져 동아시아 국제 관계의 한 축을 담당해 갔다.

이 같은 국제 형세는 일대 격돌을 예고하는 것이었다. 수와 당은 먼저 직접적인 위협 세력인 돌궐의 내분을 조장하고 분열시켜 서로 대립하게 함으로써 각개 격파해 나갔다. 이른바 이이제이의 전략이 이것인데, 수·당은 돌궐의 일부 군장들에게 작위와 막대한 비단을 주어 우호 세력으로 확보하고 그 군대를 용병으로 활용하기도 했다. 돌궐 제압에 성공한 수·당은 고구려를 계속 공격했다.

고구려는 수당에 대해서는 극히 형식적인 조공·책봉 관계를 유지하면서 돌궐 및 말갈과 연대하여 수당에 맞섰다. 이러한 사실은 수 양제가 돌궐의 계

민가한(啓民可汗)을 방문했을 때 그의 처소에서 고구려의 사자를 보고 경악한 사건을 통해서도 확인할 수 있다. 수 양제는 고구려 사자를 보고 돌궐이 겉으로는 수와 우호 관계를 유지하면서도 고구려와 연대하고 있음을 간파하고 고구려인 침공에 대한 결심을 더욱 굳히게 된다.[8]

고구려는 수·당과 대결하면서 다른 한편으로는 백제 또는 신라를 압박하였다. 백제와 신라는 각각 수·당의 고구려 견제를 이끌어 내고, 군사적 지원을 얻기 위해 적극적으로 조공·책봉 관계를 활용하였다. 그리고 마침내 신라는 당과 연합하여 백제와 고구려를 멸망시켰다.

백제가 멸망한 후 일본이 원군을 파견하여 백제 부흥을 도왔으나 실패했다. 또한 당나라는 신라까지 지배하려고 시도했으나 신라는 고구려와 백제의 유민까지 결집하여 저항했고, 마침 토번이 당의 서부에서 침공해 옴으로써 당군은 한반도에서 완전히 퇴각했다.

이로써 동아시아는 중원의 당, 서부의 토번, 한반도의 신라, 일본, 그리고 재건된 북부 초원의 돌궐로 구성되는 안정적인 구조를 이루었다. 그렇지만 안정적은 구조는 8세기 중엽 안사란의 발발로 크게 변화되었다. 당조는 안사란으로 위상이 현저히 약화되고 대신 초원의 위그르와 서부의 토번이 강성하여 이 삼자의 관계가 매우 긴박하게 전개되었다. 그렇지만 신라와 일본 및 만주에서 새로 성립한 발해는 당과 극히 형식적인 조공·책봉 관계를 유지하는 것 외에는 긴박한 국제 관계에 벗어나 있었다.

이런 구조에서도 국제적인 외교 형식은 조공·책봉이었다고 할 수 있다. 그러나 국제 관계는 자국의 이익을 우선으로 전개되었으며, 조공·책봉 관계는 외교 형식으로 극히 의례적인 것이었다. 따라서 정치적 이해득실이 맞지 않는 경우 그 관계는 언제든지 파기될 수도 있는 것이었다.

8_『資治通鑑』 권181, 隋紀5 煬帝 大業 6년(610) 12월 조, 中華書局 標點本, 1956, 5652쪽.

돌궐·토번·위글 등은 군사적으로 불리하거나 경제적인 이익이 보장될 때는 당조와 조공·책봉 관계를 유지했지만, 군사적으로 우세하거나 경제적인 이익이 없을 때는 그 관계를 파기하였다. 그것은 신라의 경우도 마찬가지였다. 신라와 당은 연합하여 백제·고구려를 멸망시켰고, 그 과정에서 조공·책봉 관계를 맺었지만, 일단 당이 신라의 국익을 침범할 위험이 노정되자 그 관계는 파기되었다. 즉, 문무왕 14년(674) 신라가 당에 반기를 든 고구려 유민을 받아들이고 백제 고지에 근거지를 두고 사람을 시켜 수비하니 당나라 황제가 크게 성내어 왕의 관작을 깎아 버리라고 명령하고, 당에 와 있던 왕의 동생 김인문을 신라왕으로 삼고 유인궤 등에게 군대를 일으켜 공격하게 했다. 그렇지만 당나라의 관작 삭탈 조치가 문무왕의 지위는 물론이고 그 정통성에 하등의 영향을 주지는 못했다. 신라는 당의 관작 삭탈 조치 따위에 아랑곳하지 않고 당군을 한반도에서 축출했던 것이다.

3. 고대 동아시아 국제 관계의 두 경향

동아시아의 역사는 중원과 주위 지역, 또는 중원의 왕조와 주위 지역의 왕조 사이에 형성되는 정치·군사·경제·문화적인 관계가 중요한 요소를 이루면서 전개되어 왔다. 다만 관련 사료들을 일별해 보면 그 관계들도 대상 지역에 따라 군사·경제 관계를 주로 하는 지역과 군사·경제 관계는 미미하지만 문화 교류의 비중은 높은 지역으로 뚜렷하게 구분되는 특징을 보이고 있음을 알 수 있다. 중원과 몽골, 서역, 티베트, 만주 일부 사이의 관계는 전자에 해당하고, 중원과 한반도, 일본열도, 만주 일부, 베트남 사이의 관계는 후자에 해당한다고 할 수 있다.[9]

1) 중원과 주변 지역 사이의 경제 교류

앞에서 언급한 바와 같이 전한과 흉노 사이에 맺어진 화친 관계는 한나라가 종실의 딸을 공주로 삼아 선우에게 출가시키고 많은 세폐를 주는 것을 기조로 한다. 달리 말하면 한나라는 많은 제물로 평화를 샀다고 볼 수 있다. 이는 후한 때도 마찬가지이다. 기원 61년 "후한의 요동태수 제융(祭肜)이 선비족에게 뇌물을 주어 후한에 반하는 오환(烏丸)의 음지분(歆志賁) 등의 목을 베도록 시켰다. 이에 돈황과 주천 이동의 선비족 읍락대인들이 모두 요동에 와서 상을 받았는데, 청주와 서주의 한 해 세금 2억7천만 전을 주는 것이 상례가 되었다"는 기사는 앞에서 본 바와 같다.

중원 왕조가 재물로 평화를 사는 국제 관계는 수당대에도 마찬가지로 채택되었다. 필자는 별고에서 중국 역사상 전무후무하다는 당 전기의 전성도 비단과 물자를 이용하여 유목 민족들을 우호 세력으로 확보하거나 용병으로 확보함으로써 가능했다는 점을 확인하고, '당 전기의 성세'라는 것도 비단을 통해 얻어진 '비단의 평화'(Pax Serica)라는 가설을 제기하고 논증을 시도해 본 바 있다.[10]

역대 중원의 왕조들이 주위 유목 세력의 군주들에게 막대한 물자를 지급해 왔음은 다 아는 바와 같아서 새삼스러울 것도 없으나, 당조가 유목 지역의 군주와 사자들에게 지급한 비단은 특히 더 엄청난 것이었다.

당조가 맨 먼저 대량으로 비단을 지급한 세력은 돌궐이었다. 당 고조 이연(李淵)은 태원에서 기병할 때 유문정(劉文靜)을 돌궐의 시필가한(始畢可汗)에게

9_고대 동아시아 국제 관계의 두 양상, 즉 경제 교류를 주로 하는 관계와 문화 교류를 주로 하는 관계로 대별해서 본 논리는 필자의 논문 「7~9세기 동아시아의 경제 교류와 문화 교류」, 『사총』 70을 요약한 것이다.

10_김택민, 「당 전기의 성세와 비단[絹帛](Pax Serica)」, 『中國學報』 60집, 2009, 233쪽. 이하의 글은 본 논문을 요약한 것이다.

보내 칭신하고 원조를 요청했다.[11] 유문정은 시필가한에게 원병을 요청하면서 "원컨대 가한의 병마와 함께 경사에 들어가면 인구와 토지는 당공(唐公=李淵)에게 들어가지만 비단과 금은보배는 돌궐로 들어갈 것입니다"라고 말했다. 이 말을 들은 시필가한은 크게 기뻐하며 말 천 필과 기병 2천을 보내 이연이 장안을 점령하는 데 결정적인 역할을 했다. 돌궐은 당의 창업 과정에서 중요한 역할을 담당했으므로 이연은 돌궐에게 막대한 수량의 물질적 보답을 했으나 시필가한은 농민군 수령 양사도(梁師都) 등과 연합하여 당을 공격하려고 꾀했다. 그런데도 619년 시필가한이 죽자 고조는 애도하고 3일 동안 폐조하였으며, 내사사인 정덕정(鄭德挺)을 보내 조상하고 부의로 직물 3만 단을 보냈다.

시필가한의 뒤를 이어 힐리가한(頡利可汗)이 즉위했는데, 그는 농민군 수령들과 연합하여 당을 공격하려 하였다. 이에 고조는 사자에게 금백(金帛)을 가지고 가서 힐리가한을 설득하여 농민군과 관계를 단절케 했다. 힐리가한은 부형 이래 비축된 국력을 바탕으로 강력한 군대를 가졌으므로 중국을 침공할 뜻을 가지고 있었다. 고조는 중원이 비로소 안정되어 가고 있어 외국을 경략할 경황이 없었으므로 "매번 참고 우대하면서 주는 것이 계산할 수도 없을 정도였다[每優容之, 賜與不可勝計]." 당시 돌궐은 당의 사신들을 억류했고 당도 여러 차례 돌궐의 사자를 억류했다. 그런데 관계가 호전되어 돌궐이 당의 사자를 풀어 주고 당도 돌궐의 사자를 귀환시킬 때 당은 귀환하는 사자들에게도 "금백을 하사했다[賜以金帛]."

당조가 돌궐에 이어 몽골초원[北荒]의 강자로 등장한 설연타(薛延陀)를 제압하는 데도 다시 같은 철륵계 민족들, 그 가운데서도 회흘(回紇)과 복골(僕骨) 등이 중요한 역할을 했다. 이들 철륵계 민족들은 설연타가 멸망한 후 당 태종

11_『구당서』 권67, 李靖傳, 2480쪽에 고조가 돌궐에 칭신한 사실이 전한다.

에게 '천가한'(天可汗)이라는 존호를 바치기도 했다. 이때 이들에게 엄청난 물자가 지급되었는데, 그들은 받은 물품이 일찍이 보지도 듣지도 못한 정도로 많은 데 놀라 지팡이를 머리에 이고 흙바닥에서 절하며 좋아 소리쳤다고 한다.

돌궐 다음으로 당조가 많은 물자를 지급한 대상은 서돌궐(西突厥)이다. 서돌궐은 돌궐에 비해 세력을 크게 떨치지는 못했다. 그러나 당 초기에는 돌궐의 위협이 컸으므로 서돌궐과 우호 관계를 유지하기 위해 많은 비단을 주었다.

서돌궐의 아사나하로(阿史那賀魯)는 당에 와서 장군을 수여받고 도독이 되었으나 651년 자립하여 가한이 되었다. 이에 당은 657년 대대적으로 공격해서 그해 12월 서역 모두를 평정하고, 아사나미사(阿史那彌射)를 흥석망가한(興昔亡可汗)으로, 아사나보진(阿射那步眞)을 왕절가한(往絶可汗)으로 삼아 그 땅을 다스리게 하면서 각각 직물 10만 필을 주었다.

해족(奚族)과 거란족(契丹族)은 서로 표리를 이루었으므로 '양번'(兩蕃)이라 불렀는데, 두 민족의 군주들에게 공주를 출가시키고 관작 및 다수의 물자를 지급한 기록을 많이 볼 수 있다. 715년에는 거란족 추장 이실활(李失活)에게 공주를 출가시켰으며, 그가 당에 오자 송막군왕(松漠郡王)으로 봉(封)하고 좌금오위대장군 겸 송막도독을 배수했으며, 귀국할 때는 예물로 6천 단을 주었다. 724년 3월에는 사신을 파견하여 비단 8만 단을 거란과 해에게 나누어 주게 했다. 흥미로운 것은 해와 거란에게 지급된 8만 필 가운데 6만 필이 정행병(征行兵)과 유혁병(遊奕兵) 및 백성들에게 지급되고 있는 점이다. 정행병은 전쟁에 참여하는 병사이고, 유혁병은 순라병이므로 평소에는 그 지역의 치안 유지를 위해 복역하는 군대일 것이다. 당조가 거란족이나 해족의 정행병과 유혁병에 대해서 특별히 많은 물자를 지급하고 있는 점으로 보아 상당수의 병사가 당의 대외 전쟁에 참여하고 있었고, 또한 언제든지 당조를 위해, 또는 당조에 의해 전쟁에 동원될 수 있는 용병이었을 가능성이 높다.

732년에는 당의 대대적인 공격을 받은 해족이 대부분 항복했는데, 이때 해족의 추장 이시쇄고(李詩瑣高)를 귀의왕(歸義王)으로 봉하고 고위 관직과 함께 직물 10만 단을 주었다.

또 732년에는 호부시랑 배요경(裴耀卿)에게 명하여 견 20만 필을 해족 부락으로 가지고 가서 공을 세운 관리들에게 직접 나누어 주도록 하였다. 배요경은 사람들에게 "오랑캐들은 탐욕스럽고 잔인해서 이익을 보면 의리를 망각한다. 지금 재물을 가지고 적의 경계에 깊숙이 들어가니 대비를 하지 않을 수 없다"고 하고, 미리 기일을 정해 길을 나누어 오게 하여 하루아침에 나누어 주기를 마쳤다. 그때 돌궐과 실위가 과연 군대를 이끌고 습격을 도모하여 거의 도달하고 있었지만, 배요경은 이미 귀환한 뒤였다.[12]

토번은 634년 처음 사신을 당에 파견한 이래 당과 대등한 적대 관계였고, 안사란 직후에는 수도 장안을 점령하기도 하는 등 큰 위협 세력이었다. 또 태종 때는 문성공주가, 현종 때에는 금성공주가 토번의 찬보에게 출가했고, 이때 많은 문물이 전해졌다. 따라서 매우 긴밀한 양국의 관계로 미루어 보건대 당쪽에서 토번에 많은 물자가 지급되었을 가능성은 크지만 정작 사료상에 보이는 것은 아래와 같이 서너 번에 불과하고, 수량도 그다지 많지 않다.

650년 고종이 황제의 위를 계승하고 나서 농찬찬보(弄讚贊普)를 부마도위로 삼고 서해군왕으로 봉했는데, 이때 사물이 2천 단이었다. 농찬찬보가 사도(司徒) 장손무기(長孫無忌) 등에게 글을 보내 "천자가 막 즉위했는데 만약 신하 가운데 불충한 마음을 먹는 자가 있다면 군대를 이끌고 가서 토벌하여 없애겠다"고 하면서 금은과 구슬로 만든 보물 15종을 바쳐 태종의 영전에 둘 것을 청했다. 고종이 이를 가상히 여겨 종왕(賨王)으로 올려 봉하고 잡채 3천 단을 주었다.

719년 6월, 토번이 화친을 청하자 그 사신에게 큰 향연을 베풀고 우호 관

12_『冊府元龜』 권655, 奉使部 謀略, 7849쪽상.

계를 잘 닦은 공으로 잡채 2천 단을 주고, 찬보(贊普) 등에게 모두 합해 3,180 단을 지급하였다.

이 밖에도 649년, 우전국(于闐國)의 왕 복자신(伏闍信)이 오자 우위대장군을 배수하고, 그의 아들 점(玷)을 우효위장군로 삼았으며, 금대와 금포 및 포백 6천 단을 주고, 아울러 집 한 채를 주고 머물게 한 예가 있다.

이상은 안사란 이전 당 전기에 당조가 우세한 국력을 바탕으로 유목 민족 국가들을 압도하던 시기에 그들에게 다량의 물자를 지급한 사례들이다. 물자 지급 대상국은 돌궐과 서돌궐, 철륵의 여러 부락과 해·거란 등으로 다양하고, 수량은 많을 경우 몇 십만 필에 이르고 적은 것이 몇 천 필에 이르러, 한반도 왕조나 발해 등에 지급된 수량과는 비교되지 않을 정도로 컸다. 그러나 안사란 이후가 되면 양상이 매우 달라진다. 당조의 대외 물자 지급은 대상이 회흘 하나로 집중되고 그에게 지급된 물자의 수량도 거대하고 빈도도 매우 높았다.

회흘은 안사난을 평정하는 데 결정적인 역할을 했으므로 전공에 대한 보상 차원에서 그들에게 지급된 물자가 막대했다. 우선 낙양을 점령한 후 회흘이 창고의 재물을 모두 차지하고 3일 동안 성안을 무한 약탈하여 재물을 뺏은 것이 셀 수도 없었다고 한다. 이 밖에도 따로 준 비단과 보배가 엄청났다. 또 회흘의 태자[葉護]가 낙양에 오니 연회를 베풀었는데 황제는 그와 나란히 전상(殿上)에 올랐고, 그에게 비단과 금은 그릇을 주었다. 이 해부터 당은 매년 견 2만 필을 회흘에게 주었는데, 이는 세폐 또는 조공물이라 해도 좋은 것이었다. 또한 회흘의 관리들이 당에 올 때, 그리고 가한의 왕후[可敦]를 세울 때도 보내는 물자가 많았다.

758년 당의 숙종은 자신의 어린 딸을 영국공주로 봉해 회흘 군주에게 시집보냈다. 이때도 엄청난 물자가 지급되었을 것이나 사서에 기록된 바는 없다. 그러나 공주를 회흘 군주에게 시집보내는 비용은 상상을 초월할 정도로 엄청났다는 것은 뒤의 다른 사례를 통해 확인된다. 809년 회흘이 청혼해 오자 황제가 담당 관청에 혼례 비용을 계산해 보게 했던 바 500만 관에 달한다고 하여 중단한 일도 있다. 다만 이때 예부상서 이강(李絳)은 동남 지방의 한 현의 세금 20만 관이면 혼인 비용을 충당할 수 있다고 하면서 담당 관청의 계산과는 다른 주장을 한 일도 있어 혼인 비용의 정확한 수치를 말하기는 어렵다. 그렇지만 대단히 과중한 부담이었던 것만은 틀림없다.

무엇보다 당조의 재정에 큰 부담이 되었던 것은 견마(絹馬) 무역을 통해 회흘에 지급되는 비단이었다. 회흘은 말 한 필의 값으로 견 40필을 받아갔는데, 한꺼번에 수만 필을 몰고 오기도 했고, 그 중에는 비루먹어서 못쓰는 것이 많았지만 당조는 이를 거절할 수 없었다. 양국 사이의 견마 무역은 말이 무역이지 당조가 거의 일방적으로 손해를 보는 거래였고, 말값으로 지불한 비단은 막대해서 당조의 재정을 압박했다. 예를 들면 790년에는 30만 필을 말값으로 지불했고, 792년에는 7만 필을 지불했다. 822년에는 말값으로 12만 필을 지불했는데, 마침 유주·진주에서 반란이 일어난 것을 기화로 회흘이 일방적으로 진압을 위한 원병을 파견하므로 이를 중지시키는 대가로 비단 7만 필을 더 주는 어이없는 일도 있었다. 또 827년에는 견 20만 필을 회흘의 말값으로 충당하였고, 829년에 견 23만 필을 역시 회흘의 말값으로 충당하였다. 이렇듯 당이 회흘에 지급한 물자의 수량이 거대하고 매우 빈번했음에도 불구하고 지불하지 못한 말값이 180만 필이어서 당의 사신이 회흘의 가한으로부터 독촉을 받기도 하였다.

이상에서 보듯이 안사란 이전에는 북쪽의 돌궐에서 서쪽의 토번에 이르기까지 다수의 유목 민족 국가들에게 많은 비단이 지급되었고, 안사란 이후에는 회흘에 집중적으로 지급된 점이 다르지만 당 일대에 걸쳐 유목 민족 국가들에게 엄청난 물자가 지급되었다는 점을 확인할 수 있다. 그런데 이 당시 당과 교류했던 농경 지역 국가들, 즉 백제, 신라, 그리고 발해의 군주들에게 준 비단은 겨우 몇 100필에 불과한 것이 대부분이고, 많은 것이라야 2·3천 필에 불과하여 유목 민족 국가들에게 준 것에 비하면 아주 미미하며, 고구려와 일본의 경우는 아예 하나의 사례도 나타나지 않는다.

621년 신라가 사신을 파견하여 조공하니 당조도 답례로 신라에 사신을 파견하였는데, 이때 비단 300단을 주었다. 신라왕이 죽었을 때 당의 황제가 부물(賻物)을 보냈다는 기사들이 있는데, 진평왕이 죽었을 때 부의로 200단, 진덕여왕이 죽었을 때 300필, 무열왕의 부의로 500단, 이찬 문왕(文汪)이 죽었을 때 비단 100필과 초(綃) 200필 등이 있다. 당조는 724년 신라가 조공을 빠뜨리지 않는 것을 칭찬하면서 금포와 금대 및 비단 2천 필을 주었고, 731년 신라가 우황과 금은 등을 바치자 '인의지향'(仁義之鄕) '군자지풍'(君子之風)이 있는 나라로 추어올리면서 신라왕에게 고급 비단[綾綵] 500필과 비단 2,500필을 주었다. 733년 신라가 사신을 보내자 여러 가지 비단 300필을 주었다.

당조가 백제에게 물자를 지급한 사례는 둘이다. 637년 백제가 사절을 파견하여 갑옷과 도끼를 바치자, 당 태종이 비단 3천 단과 금포(錦袍)를 주었다. 641년 백제 무왕이 죽었을 때 200단을 보냈다.

당조가 발해에게 물자를 지급한 사례는 여럿이지만 수량은 미미하다. 719년 6월 발해왕 대조영이 죽자 부의로 500단을 주었다. 729년 11월 발해가 사신을 파견하여 치어(鯔魚)를 바치자 비단 20필을 주었고, 731년 발해가 사신을 파견하자 장군을 수여하고 비단 100필을 주었다. 733년 발해왕의 동생이 사신으로 파견되었을 때 비단 30필을 주었다.

2) 중원과 주변 지역 사이의 문화 교류

위에서 살펴본 바와 같이 신라와 백제, 그리고 발해와 당 사이의 경제 교류는 미미했고, 고구려와 일본의 경우는 아예 기록을 찾아볼 수 없다. 아마도 군사적 침략 위협이 없는 이들 지역의 군주들은 많은 물자를 주어 환심을 살 필요가 없는 존재였다는 현실의 정황이 그대로 드러나 있는 것으로 이해해도 좋을 것 같다.

농경 지역과 중원 사이에 경제 관계는 이처럼 미미했지만 문화 교류는 유목 지역에 비해서 활발했고, 그 지역에 중원의 문화가 전파되어 이식됨으로써 서로 문화적 공통 기반을 갖는 역사 공동체가 형성되었다고 평가되기도 한다. 이 점은 중원의 문화가 전파되지 않았거나 일부 전해졌더라도 뿌리를 내리지 못하고 고사된 유목 지역과 비교할 때 매우 주목할 만한 현상이다.

중원 문화가 한반도의 삼국 및 통일신라에 전파되어 이 지역 문화의 중요한 요소가 되었다는 사실은 새삼 여기서 언급할 필요조차 없을 것이다. 삼국과 통일신라 및 일본·발해는 일시적인 충돌 기간을 제외하고는 당과 화평 관계를 유지하며, 불교·율령·유교·책력 등등 중원 문화의 대부분이 전해졌다는 사실은 잘 알고 있는 사실이기 때문이다. 다만 중원의 문화가 거의 전해지지 않았거나 전해졌다고 하더라도 뿌리를 내리지 못하고 고사해 버린 대부분의 유목 지역과의 비교를 위해서 중국 사서에 기록된 바를 중심으로 중원과 주위 지역 사이의 문화 교류 양상을 정리해 보려고 한다.

『구당서』 고구려전에 따르면 고구려는 풍속이 서적을 매우 좋아해서 문지기·말먹이 따위의 가장 미천한 집에 이르기까지 각 거리마다 큰 집을 지어 경당이라 부르고, 자제들이 결혼할 때까지 밤낮으로 이곳에서 독서와 활쏘기를 익히게 했다고 한다. 서적으로는 오경 및 『사기』·『한서』, 범엽(范曄)의 『후한서』·『삼국지』, 손성(孫盛)의 『진춘추』(晋春秋)·『옥편』·『자통』(字統)·『자림』(字林)이 있다고 하고, 또 『문선』(文選)을 대단히 귀중하게 여겼다고 하니 고구려인들의 독서 범위가 꽤 넓음을 알 수 있다. 또한 고구려가 사자를 파견하여 구양순(歐陽詢)의 글씨를 구하려 한 일이 있다는 것을 보면 서예에 관해서도 관심이 있었음을 알 수 있다. 고구려는 일찍부터 중원의 불교를 받아들였고, 태학을 설립해서 자제를 교육했던 사실은, 우리가 익히 아는 바이지만 불사와 왕궁만 기와를 쓸 정도로 불교가 성행했음도 알 수 있다. 624에는 당조의 전형부상서 심숙안(沈叔安)이 천존상(天尊像)을 가지고 도사와 함께 고구려에 가서 『노자』(老子)를 강의하도록 했는데, 고구려의 왕과 도사·속인 등 보고 듣는 자가 수천 명이나 되었다고 한다.

백제는 일찍부터 불교가 전래되어 신앙하였고, 사택지적비나 무령왕의 묘지명 등으로 알 수 있는 바와 같이 한자 문화에 익숙해 있었다는 것은 다 아는 바와 같다. 『구당서』 백제전에도 "세시와 절기는 중국과 같다. 오경과 제자서 및 사서가 있고, 표(表)·소(疏)의 글도 중화의 법과 같다"라고 하여 중원과 문화 교류가 빈번하고 그 문화가 뿌리내리고 있었다는 것을 알 수 있다.

신라는 중원 문화를 도입한 시기는 늦지만 가장 왕성하게 수용했다. 648년 김춘추는 당에 들어가 복식을 고쳐 중국의 제도를 따를 것을 청하고, 스스로 국학에 나아가 석전(釋奠) 및 강론하는 의식을 구경하겠다고 청했다. 이로 말미암아 당 태종은 친히 지은 『온탕』(溫湯)·『진사비』(晉祠碑) 및 새로 편찬한 『진서』(晉書)를 주기도 했다. 686년 신라왕이 사절을 파견하여 『당례』(唐禮) 1부와 아울러 신 문장을 요청하니 측천무후는 담당 관청에게 『길흉요례』(吉凶要禮)를 필사하게 하고, 『문관사림』(文館詞林) 가운데 규계(規戒)가 될 만한 문장을 채록하여 50권을 만들어 주었다. 728년에는 신라인이 중국에 가서 경교(經敎)를 학문하게 해달라고 요청하니 당의 황제가 이를 허락했다. 또한 풍정(馮定)의 「흑수비」(黑水碑)·「화학기」(畵鶴記)가 신라인들에 의해 전해지고 있었다는 데서 볼 수 있듯이 사인들 사이의 문화 교류도 자못 있었다는 점이 확인된다.

삼국이 적극적으로 당의 문화를 수용하고자 하고 또 조공 사대를 열심히 한 때문이겠지만 당나라 황제가 삼국에 대하여 "학문을 중시한다"든가 "군자(君子)의 나라다" 등으로 상찬한 것을 볼 수 있다. 당 태종은 주자사(朱子奢)를 삼국에 사신으로 파견하면서 훈계하기를 "해동[海夷]은 학문을 중시하니 경은 대의(大誼)를 강론하되 그들의 선물[幣]은 받지 마시오. 돌아오면 경을 중서사인으로 임명하겠오"[13]라고 말한 바가 있다. 또 당 현종은 737년 신라 성덕왕이 죽어 형숙(邢璹)을 사신으로 파견하여 조문케 할 때 "신라는 군자의 나라로 불리며, 자못 학문을 알아서 중화와 유사한 데가 있소. 경의 학술이 강론에 능하기 때문에 이번의 사신으로 선발하여 보내는 것이오. 그 나라에 가서 경전을 천양(闡揚)하여 대국의 유교가 성대함을 알게 하시오"[14]라고 말한 바도 있다.

당나라 황제가 삼국에 대하여 "학문을 중시한다"든가 "군자의 나라다" 등으로 상찬했다는 것은 다분히 착실히 조공하면서 유교 문화를 받아들인 데 대한 호의적인 평가로 볼 수도 있고, 따라서 그다지 대수로울 것이 없을지도 모른다. 그러나 간과할 수 없는 사실은 당조가 사신을 교환한 70여 개의 국가 중 다른 민족의 국가들, 특히 유목 민족 국가들에 관한 기록에서는 일체 이 같은 기사를 찾아볼 수 없고, 심지어 중원의 문화를 받아들인 발해나 일본에 대해서도 그 같은 상찬 기록이 없다는 점에서 의미가 크다고 본다.

삼국처럼 비록 학문을 알고 있다는 상찬을 듣지는 못했지만 발해는 "풍속이 고구려 및 거란과 같고, 자못 문자와 글쓰기를 알고 있다"고 하였으며, 738년에는 사신을 파견하여 『당례』(唐禮) 및 『삼국지』·『진서』·『삼십육국춘추』를 필사할 것을 청구하기도 하였다. 또 833년에는 학생 세 명을 사신 편에 보내 공부시킬 것을 청하고, 먼저 보내온 학생 세 사람이 공부가 거의 끝나 본국으로 돌아갈 것을 청하므로 허락해 주었다고 하는 것으로 보아 유학생들이 교환되고 있었음을 확인할 수 있다. 또한 주위 왕조들 가운데 당의 관료 제도와 발해의 그것이 가장 유사한 점으로 보면 발해가 적극적으로 당의 문화를 수용하고자 했음을 알 수 있다.

일본 역시 중원의 문화를 받아들이는 데 적극적이었다. 703년 당(당시 국호는 周)에 온 일본 사신은 "경사(經史) 읽기를 좋아하고 문장을 지을 수 있으며, 용모와 행동거지가 온아했다"고 한다. 713년경에 온 사신은 "유학자에게 경

13_『新唐書』 권198, 朱子奢傳, 5647쪽.
14_『舊唐書』 권199상, 新羅傳, 5337쪽.

을 배울 것을 청하여 사문조교(四門助教) 조현묵(趙玄默)에게 가르치도록 했다" 고 하며, 그는 "하사받은 물품으로 모두 문적(文籍)을 사가지고 돌아갔다"고 할 정도로 중원문화를 배우기에 열심이었다. 735년에는 일본국이 사신을 파견하여 조헌(朝獻)하고 노자경과 천존상을 구하여 본국으로 돌아가 성교(聖教)를 발양(發揚)하겠다고 간곡히 청하므로 허락하였다. 804년에 사신을 따라온 학생 귤일세(橘逸勢)와 학문승 공해(空海)는 남아 공부하다가 809년에 온 사신을 따라 본국으로 돌아가기도 했다.

이렇듯 한반도·발해·일본의 왕조들은 중원의 문화를 적극적으로 수용하였지만, 몽골초원이나 티베트고원 등 유목 지역의 왕조들은 중원의 문화를 받아들이려 하지 않았고, 일부 전해진 문화도 뿌리를 내리지 못했다.

우선 불교를 예로 들면, 오호 16국 가운데 후진(後秦)이나 북위(北魏) 등 화북의 유목 민족 왕조들은 불교를 장려하여 한때 크게 유행했고, 그래서 북위 태무제(太武帝) 때는 불교 탄압의 원인이 되기도 했으나, 같은 시기 몽골초원에 불교가 전해진 흔적은 없다. 당시 몽골초원에서는 여러 민족 세력들이 흥망했지만 귀신을 숭배하고 무격(巫覡)을 믿는 습속은 크게 변함이 없었던 것 같다.

이 지역에 불교가 처음 전래된 것은 돌궐의 타발가한(佗鉢可汗, 571-580) 시기였다. 돌궐이 북제에서 약탈한 포로 가운데 혜림(惠琳)이라는 승려가 있었는데, 그는 타발가한에게 "제나라가 부강한 것은 불법이 있기 때문입니다"라고 하면서 인과응보의 논리로 타발가한을 설득했다. 타발가한은 이를 듣고 가람 하나를 짓고 북제에 사신을 파견하여 『정명』(淨名)·『열반』(涅槃)·『화엄』(華嚴)·『십송률』(十誦律) 등의 경전을 구하는 한편, 자신은 스스로 재계하고 탑을 돌며 도를 행하면서 중국[內地]에서 태어나지 않은 것을 한스러워했다고 한다.

타발가한이 불교가 부국강병에 도움이 될 것이라는 말에 설득되어 불교 도입에 적극적이었던 것은 북제가 불교를 장려하여 중원을 지배하는 지도 이념으로 삼고 있는 사정을 잘 알고 있었기 때문일 것이다. 그러나 타발가한의 적극적인 장려 정책에도 불구하고 불교가 몽골초원에서 뿌리를 내려 이 지역의 문화에 영향을 끼친 것으로 보이지는 않는다. 왜냐하면 이 뒤로 한동안은 이 지역의 불교에 관한 기록이 보이지 않기 때문이다.

그러다가 제2돌궐 제국 시기에 빌게[毗伽]가한(716-733)이 비로소 불사와 도관을 세우려고 시도했다는 기사가 보인다. 묵철(默啜)가한이 패망한 뒤 이를 대신해서 돌궐의 부흥을 꾀하고 있던 빌게가한은 당과 대적하기 위한 방책으로 성벽을 쌓고 불교와 도교를 도입하려 했던 것 같다. 그러나 모주(謀主) 톤유쿠크[暾欲谷]는 매우 현실적인 이유를 들어 중국적 생활 방식이나 제도를 받아들이는 것, 그리고 불교나 도교와 같은 중국적인 종교를 신앙하는 것이 적절치 않음을 지적하였다. 아마도 빌게가한은 묵철이 당에게 패배한 원인을 돌궐 사회의 분열에 있다고 보고 당과 마찬가지로 불교와 도교를 장려하여 사회적인 통합을 시도하려 한 것 같다. 그렇지만 몽골초원의 인구수는 중원의 그것에 비하여 너무 적을 뿐만 아니라 인구 밀도도 낮다. 따라서 인구가 과밀한 중원을 통치하기 위해 준비된 당의 제도를 인구가 희박한 몽골초원에 적용할 수 없다. 당에 비해 인구가 100분의 1도 되지 않는 돌궐이 당과 같은 제도와 전술·전략을 구사할 경우 패배는 불을 보듯이 빤한 일이다. 자신들이 중원 왕조와 대적할 수 있는 이유는 사냥 등의 활동을 생업으로 삼고 있어 저절로 전투에 익숙해지고, 그래서 강할 때는 군대를 진격시켜 약탈하고 약할 때는 산림 속으로 숨어들어가기 때문에 당의 군대가 수적으로는 많아도 당해낼 수 없는 것인데, 만약 당나라처럼 성을 쌓아 살면서 돌궐의 본래 습속을 바꾸는 경우 하루아침에 돌궐의 이점을 잃게 되어 당에게 병합되고 말 것이라고 염려한 것이다. 게다가 살육과 전쟁을 부정하는 불교나 시혜를 중시하는 도교의 가르침은 사람들에게 어짊과 약함을 가르치므로 전쟁을 통해 승패를 겨루는 방식과는 거리가 멀어 받아들일 수 없다고 주장하였다.

톤유쿠크의 말에는 당시 유목민들이 중원의 문화를 이해하는 방식의 요체가 포함되어 있고, 또 그것은 사실이었다. 때문에 톤유쿠크의 주장에 대해 빌게가한은 동의할 수밖에 없었는데, 중원 문화는 유목민의 야성을 소멸시켜 결국 굴복하게 만들 것이라는 우려는 일찍부터 있었고, 그 때문에 유목민들이 항상 이를 경계하던 바였다. 예를 들면 흉노의 3대 선우인 노상선우(老上單于)는 한에서 항복한 중항열(仲行說)을 심복으로 삼았는데, 중항열은 흉노인들이 한나라의 비단옷과 음식을 좋아하는 점을 경계했다. 중항열은 유목민은 아니지만 연(燕)나라 사람으로 중원과 유목 지역의 접경 지역에서 출생했기에 두 문화의 장단우열을 깊이 이해하고 있었던 듯하다. 중항열은 한나라의 사자와 더불어 한 문화와 흉노 문화의 우열을 토론하면서 흉노 문화가 도리어 우수하다고 주장하였다. 중항열의 강변은 환관 신분으로 원하지 않은 사행 길을 떠나 흉노에게 항복한 사람으로서 원한이 배어 있어 보이기도 하지만, 톤유쿠크의 말과 같이 중원의 문화는 유목민의 습속과는 어울리지 않으며, 만약 이를 받아들여 유목민 고유의 상무적 기풍이 사라진다면 곧 쇠퇴해져서 중원 왕조에 병합될 것임을 지적하고 있는 것이다. 따라서 흉노나 돌궐은 지리 풍속적인 면에서 중원의 문화를 받아들이기 어려운 사정이 있을 뿐만 아니라, 설혹 애써 받아들인다 하더라도 하등의 득이 되지 못하고 오히려 자신들의 힘을 쇠퇴케 할 뿐임을 자각하고 있었던 것이다.

그렇다면 중원의 입장에서 보면 문화의 수출이야 말로 유목민을 길들일 수 있는 방책 중의 하나가 될 수도 있을 것이고, 그렇기 때문에 때때로 이런 방책을 두고 조정에서 진지한 토론이 전개되었던 예가 적지 않다. 예를 들면 630년 돌궐의 힐리가한을 정복한 뒤 귀부하는 자들이 많아지자 안변지책(安邊之策)을 논의했는데, 이때 온언박(溫彦博) 등은 귀부하는 자들을 받아들여 예법을 가르치고 위세로 굴복케 하고 덕을 베풀면 근심할 필요가 없다고 주장하였다. 이에 대하여 위징(魏徵)과 두초객(杜楚客) 등은 흉노는 인면을 한 금수와 같아 자신들과 같은 부류가 아니므로 강하면 반드시 침략하고 약하면 굴복하여 은의를 돌아보지 않는 것이 천성이라고 하면서 반론을 제기하였다.

위징이나 두초객의 논리를 달리 말하면 돌궐이나 흉노에게는 중원의 문화를 전파할 수 없다는 것인데, 이 같은 논법이 오히려 당대인들의 통념에 가깝지 않았을까 생각된다. 예를 들면 분명 두우(杜佑)의 글로 보이는 『통전』(通典, 권185) 변방서(邊防序)에는 옛날에는 화하(華夏)도 이적과 마찬가지로 미개했는데 성현이 대를 이어 탄생해서 문명의 땅이 되었다고 전제하고, 이적들은 "그 땅이 치우쳐 있고, 그 기운이 막혀 성철(聖哲)이 나올 수 없어 옛 풍속이 개혁되지 못하였고, (게다가 중국의 문화로) 가르치는 것이 불가능하고 예의가 미칠 수 없으므로, 밖으로 하고 안으로 삼지 않으며, 소원하게 하고 친하지 않으며, 쳐들어오면 방어하고 돌아가면 방비하는 것은 전대의 달식지사(達識之士)가 이미 상세히 언급한 바이다"라고 천명한 바 있다.

이 같은 논리는 일면 화이론(華夷論)적인 편견에 치우친 점이 없지 않을 것이다. 그러나 유목 민족 지배층 가운데 일부는 중원에서 거주하면서 그 문화와 문물을 경험하고 학습하기도 했으나 그들의 경험이나 견문이 원래의 습속에는 아무런 변화를 주지 못했던 점으로 보면, 문화 전파를 통한 동질성의 확보는 현실적으로 불가능한 일이었을 것으로 생각된다.

예를 들면 759년 회흘의 가한이 죽었을 때 회흘의 관리들은 전 해에 가한의 가돈(可敦)으로 시집온 숙종의 친딸 영국공주를 순장하려 했다. 이에 영국공주는 "우리 중국의 법으로는 남편이 죽으면 상을 치루며 조석으로 곡을 하는 것을 3년간 행한다. 지금 회흘이 (중국의) 부인을 맞아들인 것은 중국의 예법을 사모해서이기 때문일 것이다. 지금 이 나라의 법을 따르려고 한다면 무엇 때문에 만 리 밖 (외국의 공주와) 결혼했는가?"라고 항변하였다. 그러나 그녀는 회흘의 법에 따라 얼굴의 상처를 내고 크게 곡을 하였고, 자식이 없어서 당으로 귀환하였다. 영국공주가 '3년 상'을 언급하며 당의 예법을 따를 것을 주장한 것은 순장으로 죽을 수도 있는 위기를 넘기기 위한 강변으로 보이기도 한다. 그러나 그녀가 당당하게 이러한 주장을 할 수 있었던 데에는 회흘의 상류층에 당의 문화가 어느 정도 소개되어 있었기 때문이 아닌가 싶다. 또

822년 태화공주가 회흘 가한의 가돈(可敦)으로 시집갈 때도 공주에게 호법(胡法)을 가르친 뒤, 일단 당복(唐服)을 벗고 호복으로 갈아입은 후에 가돈의 옷을 입는 절차를 밟았던 예에서 보듯이 유목 민족들이 중국 문화를 받아들이는 것을 거부하고 자신의 문화를 완강하게 유지하려고 했다는 것을 알 수 있다.

이 점은 티베트고원의 토번도 크게 다르지 않았다. 북방 유목 국가들과는 달리 토번은 문화적으로 개방적인 사회였으며 중원에 비단도 요구하지 않았다. 641년 문성공주가 토번의 왕[贊普] 농찬(弄讚)에게 시집갔을 때 중국의 복식과 의례의 아름다움을 보고 감탄하고 자신들을 돌아보고는 부끄러워하는 기색이 있었다고 하며, 당의 공주를 왕후로 맞이한 것을 부조 이래 없던 일로 매우 자랑스럽게 여기며 공주를 위해 성읍을 쌓고 건물을 지어 거주하게 하였다. 또한 공주가 티베트 사람들이 얼굴에 붉을 칠을 하는 것을 싫어하므로 나라 사람들에게 그렇게 하지 말도록 권하여 없앴으며, 스스로 털옷을 벗고 비단옷을 입으며 점차 중국의 풍습을 숭모하게 되었다고 한다. 그리고 추장 및 호족의 자제를 당에 보내어 국학에서 시·서를 배우게 해달라고 청하고, 또 중국의 문인들이 그들의 표문을 담당해 주도록 청했다.

문성공주를 맞이하러 사자로 갔던 토번 사신 녹동찬(祿東贊)은 태종과 뜻이 맞아 다른 외국 사신과는 다른 예우를 받았으며, 태종이 그에게 관작을 주고 낭야(琅耶)장공주의 외손녀를 처로 삼게 하였으나 간곡히 사양하고 있는 점으로 보면 그들이 중원과 유사한 문화적 소양을 갖추고 있었다고 보아도 좋을 듯하다. 그래서 그런지 토번은 적극적으로 중원 문물을 수입하는데, 고종 시기에는 양잠술과 술·맷돌·방아·종이·먹을 만드는 기술자를 청하여 허락을 받았다.

730년 장안에 온 토번의 사신 명실렵(名悉獵) 등은 "공주가 『모시』·『예기』·『좌전』·『문선』 각 1부를 청합니다"라고 상주하였다. 공주는 709년에 토번으로 출가한 금성공주를 가리킨다. 당 황제는 비서성에 명하여 이를 필사해 주게 하였다. 이에 대하여 비서정자(秘書正字) 우휴열(于休烈)은 책을 청한 것은 공주의 본의가 아닐 것이라고 하면서 원수의 나라에 중요한 지식 정보가 담긴 경전을 주는 것은 온당치 못한 처사라고 하면서 반대 상소를 올렸다. 그러나 그의 상소는 전혀 고려되지 못했다. 사실 사신으로 온 명실렵의 경우는 자못 서기(書記)에 밝았다고 하니 이 당시 토번 사람들 가운데는 한문을 읽고 뜻을 아는 이들이 제법 있었을 것으로 보이기는 한다. 그러나 위의 경전들이 곧바로 당을 위협할 만한 중대한 지식 정보나 기밀을 담고 있는 것은 아니고, 아마도 실제로 토번 사람들이 유교 경전에 큰 관심을 보이지 않고 있었기 때문에 우휘열의 상소는 고려되지 못했을 것 같다.

토번에 전해진 중국 불교도 유교와 유사한 처지에 놓였던 것 같다. 중국 측의 설명에 따르면 송첸감뽀와 문성공주가 혼인을 하면서 불교가 전래되었다고 한다. 그러나 중국 학자들의 주장대로 문성공주가 독실한 불교 신앙을 가졌고 그 때문에 불경 등을 가지고 갔다고 하더라도 이를 통해 중국의 대승불교가 티베트에 유포되었다고 보기는 어렵다. 대신 언제 유포되었는지는 확실치 않으나 불경을 덜 중시하는 선종 쪽이 8세기를 전후로 일시 유행한 것이 확인된다. 그러나 선종도 같은 시기에 수입된 인도불교와 토착 종교가 결합하여 성립한 티베트 불교에 밀려나 자취를 감추게 되었다.

송첸감뽀는 문성공주를 맞이하기 전에 네팔의 공주를 맞이한 바 있어 이를 통해 인도불교가 전해졌는데, 또 대신들의 자제들을 인도 북부로 파견하여 범어를 배우고 불경을 구해 오도록 했으며, 굽타[笈多] 문자를 모방하여 티베트 문자를 만들어 불경을 번역하였다.[15] 그렇지만 당시 토번에서는 무당을 통해 천지산천과 일월성신의 신과 소통을 하는 등의 샤머니즘적 요소가 강했고 전통적인 뵌교[苯教] 세력 또한 강하였으므로, 이 같은 토착 종교와 결합된

15_呂澂,『西藏佛教原論』, 老古出版社(臺北), 1977, 28-29쪽.

새로운 형태의 티베트 불교가 나타나는 계기가 되었다. 이는 돌궐 등에서 아예 불교가 자리를 잡을 수 없었던 사정과는 또 다른 점이다.

이 밖에 하서회랑(河西回廊) 쪽으로 중원의 문화가 이식된 흔적을 발견할 수 있다. 서역의 고창(高昌)은 문자가 있어서 글과 계산을 알았고 설치한 관직 역시 중국의 호칭을 채용했다. 토곡혼(吐谷渾)에서는 처음에는 장사(長史)·사마(司馬)·장군의 관직이 있고, 이후에는 왕공(王公)·복야(僕射)·상서(尙書)·낭중(郎中)이 있었으며, 그 지방 사람들은 문자를 잘 알았다고 한 점으로 미루어 보면 중원과 문화 교류가 일정 정도 있었음을 확인해 볼 수 있다. 그렇지만 허리띠처럼 가느다란 선 위에 띄엄띄엄 있는 오아시스 도시들은 한나라 때부터 한족이 이주해서 한문화에 익숙했으므로 유목 지역과는 함께 묶어서 논의할 대상이 아니다.

2장

전한(前漢) 초기 입공·종번 외교와 차등적 국제사회 수립

이춘식

1. 머리말

과거 2000여 년간 전개되어 왔던 동아시아 역사에서 최초의 국제사회가 형성되었던 시대는 춘추전국시대였다. 춘추전국시대는 주 평왕의 동천 이후 550여 년간 지속되었는데 춘추시대에는 13개국 그리고 전국시대는 7개국이 열국(列國)이 항쟁하였다. 이 시대의 열국은 인구 규모, 영토 크기, 무력 강약에 따라서 대국(大國), 차국(次國), 소국(小國), 부용국(附庸國)으로 분류되었으며 부용국을 제외하고는 모두 주권·독립·영토 국가였으며 하나의 국제사회(The Multi-State System)를 이루고 있었다. 그리고 열국 상호 간에는 국익 증진과 세력 신장에 따라서 다양한 동맹이 수시로 체결되고 파기되었으며 동맹국도 수시로 교체되었다. 또 춘추 중기 이후 진(晉)·초(楚) 등의 패권을 장악한 패국(覇國)이 출현함에 따라서 주변 약소국은 패국에 조공·사대를 행하면서 자국의 생존, 국익, 세력 신장을 도모하였다. 이같이 주권국가(Sovereign States)로 구성되었던 춘추전국시대의 국제사회는 기원전 221년 진(秦)이 중원을 통일하여 진 제국이 수립될 때까지 계속되었다.

그런데 진 제국 멸망 시기부터 전한(前漢) 제국 초기까지의 시대를 중심으로 동아시아 세계를 살펴보면 춘추전국 시대와 같은 유사한 형태로 열국이 병립하고 있었다. 당시 동아시아 세계에는 한 제국과 흉노 제국 같은 초강대국, 남월국과 위만조선 같은 강국, 반농·반목의 생활을 하고 있는 오환·동호·선비·강족·서남이 등의 부족국가, 서역의 도시국가 등으로 다양하게 구성되어 병립하고 있었다. 이 중에서 중앙의 한 제국, 북방의 흉노 제국, 남쪽의 남월국, 동북의 위만조선은 상호 간의 대립적 이해관계 속에서 교섭·교역·충돌·전쟁 등으로 얽힌 국제사회를 형성하면서 열국(列國) 시대를 이루고 있었다. 이 글에서는 당시 열국 각국 간의 정치·군사·경제적 요인에 의해 수행되었던 교섭·교역·전쟁 등을 통해 수립되었던 국제 관계의 형태와 성격을 밝혀 볼 예정이다.

2. 한 제국, 흉노 제국, 남월국, 위만조선의 강성과 열국 시대 전개

흉노는 원래 북방 몽골초원 지대에서 유목생활에 종사하고 있었는데 당시 흉노 기마군단은 우수한 청동제 무기와 전광석화와 같은 기마술로 무장되어 당시 농경사회에서는 추종을 불허할 정도로 막강 하였다. 대체로 이 같은 기마군단을 주축으로 한 흉노의 강성은 묵특(冒頓, 재위?~전 209) 선우 때부터 급속도로 진행되었다. 묵특은 족장이 된 후 바로 동호와 주변 부족들을 급습하여 영토를 병합하고 서방의 월지족(月氏族)을 정벌하여 서역을 장악하여 몽골초원을 중심으로 광대한 북아시아 대륙을 통일하여 흉노 유목 제국을 수립하였다. 그리고 기후가 따뜻하고 물산이 풍부한 남쪽의 한 제국을 무력으로 압박하기 시작하였다.

또 이와 비슷한 시기에 남쪽의 절강·복건·광동 등지에는 백월(百越)이 거주하고 있었는데 이 백월 중에서 가장 대표적 집단은 절강 남부의 동구(東甌), 복건의 민월(閩越), 광동의 남월(南越) 그리고 광서의 서구(西甌)였다. 진시황이 진(秦) 제국을 수립한 후 이 지역에 계림(桂林)·남해(南海)·상군(象郡)의 세 개 군을 설치하여 진 제국의 영토로 편입하였다. 그러나 진시황 사후 진승·오광의 난과 항우와 유방 간의 한초전의 전개로 진 제국이 무질서와 혼란에 빠지자 남월의 조타(趙佗)가 세력을 규합하여 급속히 성장하기 시작하였다.

조타는 원래 월족 출신이 아니고 중국 사람이었다. 진대에 남해군 용천현의 현령이었는데 당시 남해 군수였던 임효(任囂)가 중원의 혼란을 틈타 자립할 계획을 세우고 있었으나 질병으로 뜻을 이룰 수 없게 되자, 조타를 불러 자신의 뜻을 잇게 하였다. 이에 조타는 임효의 군수직을 이어받고 반대하는 자를 모두 주살하고 계림(桂林)·상군(象郡)을 병합하고 이후 조타는 세력이 점차 강해지자 민월과 서구에 세력을 확대하고 복건 지방의 월족과 홍하 델타 지역에 있는 낙국을 무력으로 위협하고 재물로 회유하여 복속시켰다. 그러므로 남월국은 영토가 남중국에서 북부 베트남까지 확대되어 강대국으로 성장하였으며 점차로 한 제국의 남쪽 변경을 넘보기 시작하였다.

또 남만주와 한반도의 북부에는 평양을 수도로 한 위만조선이 급속도로 성장하고 있었다. 위만은 원래 토착 출신의 연(燕)나라의 관리였으나 노관(盧綰)이 중앙정부와 불화로 흉노로 망명하고 연나라 국정이 불안해지자 무리 1천여 명을 이끌고 한반도로 망명하였다. 당시 한반도 북부는 고조선의 준왕(準王)이 통치하고 있었는데 대륙 정세가 불안정 하였으므로 위만의 망명을 받아들여서 서쪽 100여 리의 땅을 주고 서변 방비를 위임하였다. 이같이 고조선 서변에 정착한 위만은 이후 중국에서 밀려드는 망명객과 유민을 흡수하고 또 토착민을 포섭하였으므로 그 세력이 급속도로 강해졌다. 이렇게 세력이 강해지자 위만은 고조선의 준왕을 한반도 남쪽으로 축출하고 왕검(王險)에 도읍하여 위만조선을 건국하였다(전 195?). 이어서 위만은 주변의 많은 군소 부족들을 계속 회유하고 병합하였으므로 영토가 사방 수천 리로 확대되어 강국으로 성장하였으며 요서·요동 방면으로 세력을 확대하기 시작하였다.

이렇게 당시 동아시아 세계는 중앙 화하의 한 제국, 북적의 흉노 제국, 남만의 남월국, 동이의 위만조선 그리고 오환·동호·선비·강족·서남이 등의 부족국가와 서역의 도시국가들이 병립하여 열국 시대를 형성하고 있었다. 이 중에서 정치·군사적으로 강력하였던 한 제국, 흉노 제국, 남월국, 위만조선 등의 열국은 자국의 정치·경제·군사적 이해관계 속에서 상호 충돌하면서 날카롭게 대립하고 있었다.

3. 한 제국의 세폐(歲幣) 봉헌과 화친 관계

한 제국 초 최대 군사·외교적 문제는 북방 흉노와의 관계였다. 당시 묵특선우의 통솔하에 강력한 유목 제국을 수립한 흉노는 한 제국을 포위하고 남침을 개시하여 진대에 상실한 하남 지역을 전부 회복하고 동북 지역의 연(燕)·대(代) 등지를 수시로 침탈하였다. 또 한 고조 6년(전 201)에는 한 왕 신(信)을 마읍(馬邑)에서 포위하여 항복을 받고 다시 신을 앞세우고 남하하여 한 제국의 내부 진양(晋陽) 부근까지 침입해 왔으므로 당시 전국이 흉노 공포에 떨었다.

이같이 흉노의 무력 압박이 심해지자 한 고조 유방은 통일의 여세를 몰아서 보병 30만 명을 이끌고 북상하여 흉노군과 산서성 대동현 백등산(白登山)에서 대치하였으나 묵특선우의 책략에 빠져서 대패하였는데 이것이 소위 "평성지우"(平城之憂)를 남긴 한 고조의 무참한 패배였다. 이 평성의 참배로 한 고조는 다시는 흉노에게 무력 도발을 시도하지 못하고 계속되는 침탈의 중압 속에서 유경(劉敬)의 건의를 받아들여 흉노와 화친약(和親約)을 맺었다.

"이에 고조는 유경으로 하여금 종실녀를 공주로 분장하여 선우의 황후로 삼게 하고 해마다 일정량의 무명·비단·누룩·곡식 등을 보내 주고 형제가 되기로 약속하였다."

"노상 선우가 즉위하자 문제는 다시 종실의 옹주를 선우의 알씨(왕비)로 출가시켰다."

"사신의 말에 의하면 선우가 몸소 장군이 되어 여러 나라를 쳐서 공을 세우고 고생이 많았다고 하니 대례복인 수겁기의·수겁장유·금겁포, 각각 1벌, 비여 1개 황금 식구 대와 서비 1개, 수놓은 비단 10필, …… 붉은 비단과 푸른 비단 각각 40필을 보내는 바이요."

"경제는 다시 흉노와 화친을 확인하고 본래의 약속대로 관문에서 교역을 하며 흉노에게 물자를 보내주고 공주도 출가시켰다."

"무제가 즉위하자 화친의 약속을 명확히 하여 흉노를 후히 대우하고 관문을 통해 무역을 하고 많은 물자를 보내 주었다."[1]

이같이 한 제국은 흉노와 화친약을 맺은 이후 혜제·여후·문제·경제 그리고 무제 초기까지 매 선우의 즉위 때에는 종실 여자를 한 황실의 공주로 분장시켜서 선우의 연지(황후)로 출가시키고 흉노 선우에 대해서 매년 정기적으로 솜·비단·술·쌀·음식물 등을 봉헌하였다. 또 흉노 요구에 따라서 수시로 재화를 추가로 봉헌하고 또 관시를 열어 흉노 측의 물자 수요에 응하고 또 형제 관계를 맺어서 양국의 우호를 돈독히 했다.

그러나 이 같은 화친약을 맺은 뒤에도 흉노는 북변 침탈을 수시로 자행하였으며 무력이 약한 한 제국은 속수무책이었으므로 좋은 말로 달래고 세폐를 증가하여 무마하였을 뿐이었다. 그럼에도 불구하고 한 측의 기록에는 이것을 "뇌물로 화친을 맺었다"(貨賂結和親)고 기록하여 한 제국과 흉노와의 관계를 대등한 화친 관계로 설정하였다. 그러므로 당시 흉노와 한 제국의 상호 관계는 대등한 화친 관계였다고 할 수 있다.

1_史記 권110, 匈奴列傳, 2895, 2897, 2899, 2905쪽.

4. 남월국·위만조선의 외신 책봉과 종번 관계 수립

위에서 언급한 바와 같이 한 제국 남쪽의 절강·광동·복건 지역에서 건국한 남월국은 이후 계속 발전하여 영토가 동서 1만여 리에 달하였으며 북쪽으로는 한 제국의 남쪽 장사국(長沙國)과 국경을 인접하고 있었다. 이렇게 남월국이 대국으로 발전하자 조타는 무왕(武王)으로 자칭하고 좌독(左纛)을 꽂은 황옥(黃屋)을 타고 다니면서 중국 천자와 같이 행세하였다. 그러나 당시 한 고조는 중국을 갓 통일하였고 또 북방의 흉노 제국과 대치하고 있었으므로 남월국을 원정할 여력이 없었다. 이에 한 고조는 즉위 11년에 육고(陸賈)를 사신으로 보내어 남월국 수립을 인정하고 조타를 왕으로 봉하면서 회유하였다.

> "…… 조타가 말하기를 고조 황제께서 나를 남월왕으로 봉하였다. ……"[2]
>
> "고황제가 신 조타에게 새인을 내리어 남월왕으로 봉하고 외신으로 시시로 공물을 헌상케 하였다."[3]
>
> "한 11년 육고를 사신으로 보내어 조타를 남월왕에 봉하고 …… 백월들을 잘 안정시켜서 남쪽 변경의 침해를 없도록 하였다. 이로써 장사와 국경을 맞대게 되었다."[4]

이렇게 한 고조는 조타를 외신 제후왕으로 봉하면서 남쪽 변경에 산재하여 있는 백월을 관리하고 안정시키라는 번병 임무를 부여하였다. 그런데 이렇게 외신 제후왕으로 책봉된 조타는 이후 자신을 번신(藩臣)으로 지칭하고 있다.

2_史記 권95, 3848쪽.
3_漢書 권95, 3851쪽.
4_史記 권113, 2975쪽.

"노신이 망령되게 제호를 칭한 것은 오로지 혼자 즐기기 위해서 한 것이다. …… 조타가 머리를 조아려 사죄하며 오래도록 번신이 되어 공직을 받들기를 원합니다."

"조타의 손자 호가 남월 왕이 되었다. 이때 민월 왕 영이 군사를 일으켜 남월의 변읍을 침입하였다. 이에 호가 사신을 보내고 글을 올려서 말하기를 '두 나라는 천자의 번신이 되어 마음대로 군사를 일으켜 침범하지 않기로 하였습니다. 이제 민월이 군사를 일으켜 신을 침범하고 있지만 신은 감히 군사를 일으키지 못하고 있습니다. 오직 천자께서 조칙을 내려 주시기 바랍니다."[5]

여기에서 보면 남월국 군주 조타뿐만 아니라 손자 호(胡)도 자신을 '번신'으로 지칭하고 있고 주변의 민월 왕 영(郢)도 '번신이었던 사실을 시사하고 있는데 이 같은 '번신'의 의미를 살펴볼 필요가 있다.

"대체로 제후가 공납하는 것은 술직(述職)하기 위한 것이다. …… 제 나라는 동쪽의 제후 국이다."[6]

"효문제 시 오 태자가 입견하여 황태자를 모시고 술을 마시면서 쌍륙(雙六)을 놀게 되었는데. 오 태자도 교만하였으며 그의 사부들이 모두 경박하고 사나웠다. 쌍육을 노는 데 …… 불공정하였으므로 황태자가 쌍육판을 오 태자에게 집어던져서 죽게 하였다. …… 오왕은 이 일로 인하여 점차로 번신의 예를 잃고 병을 핑계 삼아 입조하지 않았다."

"중산 정왕 승은 경제 3년에 황제의 아들로 중산 왕이 되었는데 …… 항시 형 조왕과 서로 비방하였다." 형은 왕이 되어서 오로지 관리를 대신해서 정사에만 힘쓰고 있다. 왕이란 마땅히 음악과 성색을 들어야 한다. 조왕 역시 비난하여 말하기를 중산왕은 매일 음탕한 짓만 하고 천자를 도와 백성들을 돌보지 않으니 어찌 번신이라고 할 수 있겠는가?"[7]

5_위 책, 권113, 2971쪽; 권113, 2971쪽.

6_漢書 권57, 2547쪽.

7_史記 권106, 2823쪽; 권59, 2099쪽.

제(齊)나라는 한 고조가 분봉한 동성 제후국 중의 하나였다. 동쪽에 있었으므로 동번(東蕃)이라고 불렀는데 이것은 제 나라의 제후왕은 번신이었던 시사하고 있는 것이다. 또 한 고조는 일족이었던 비(濞)와 승(勝)을 오국과 중산국의 제후왕으로 봉했는데 비(濞)와 승(勝)은 모두 '번신'으로 지칭하고 있는데 이것은 한대 제후왕들은 모두 '번신'들이었던 사실을 말하고 있다. 다음 『사기』(史記) 「천관서」(天官書)에는 '번신'의 임무에 대해서 아래와 같이 언급하고 있다.

> "천구의 중앙에는 북극성이 있고 그중 유난히 밝은 별이 하나 있는데 그곳에 천제(天帝) 태일(太一)이 항상 거주하고 있다. 그 옆 세 개의 별은 태일의 삼공이고 그 뒤에 갈고리처럼 굽어져 있는 네 개의 별이 있는데 끝의 큰 별은 황후이고 나머지 별은 후궁들이다. 그 주위를 울타리처럼 에워싸고 있는 열두 개의 별은 이들을 수호하고 있는 번신들이다."[8]

여기에서 북극성은 황제를, 세 개의 별은 삼공 대신을 그리고 네 개의 별은 황후와 후궁들을 각기 의미하고 있다. 그리고 북극성을 포함한 모든 별들을 울타리처럼 에워싸고 있는 열두 개의 별들을 번신이라 하고 있다. 따라서 번신의 의미는 천상에서 뭇 별들이 중궁(中宮)인 북극성을 에워싸고 수호하고 있는 것과 같이 지상에서는 한 제국 황제와 황실을 수호하는 번병(藩屛) 임무를 지고 있는 제후들을 말하고 있는 것이다. 그러므로 남월국 군주 조타가 자신을 '번신'이라고 지칭한 것은 한 제국의 내제후왕들과 같이 한 제국 황제와 황실을 수호하는 '번병의 임무를 가진 제후 왕으로 자처한 것이었다. 다음 한 제국과 위만조선과의 관계도 이 같은 시각에서 살펴볼 필요가 있다.

8_史記 권17, 1289쪽.

"때마침 혜제와 여후 시기로 천하가 처음 평정되었으므로 요동 태수는 곧 위만과 약(約)을 맺어서 "외신이 되어 만이를 보호하고 변경을 침범하는 일이 없게 하고, 여러 만이군장들이 들어와서 천자를 뵙고자 하면 금하지 말라"고 하였다. 요동 태수가 이를 보고하니 황제가 허락하였다."

"연나라 단이 요동 지역을 소란케 하자 위만이 도망하는 백성들을 거두어 해동에 집결시키고 진번을 병합하여 변방을 방위하였으므로 한나라의 외신이 되었다."[9]

이같이 위만조선 군주 위만은 혜제(惠帝)·여후(高后) 시기에 한 제국과의 '약' 체결을 통해 한 제국 천자의 외신 제후왕으로 책봉되고 동북 변경 만이의 관리와 변경 침탈 방지 그리고 이들의 한 제국 천자에 대한 입견(入見) 협조를 약속하였는데, 이것은 사실상 위만조선 군주가 한 제국 황제와 황실을 수호하는 번병의 임무를 수용한 것이었다. 물론 조선열전 등의 자료에는 위만이 자신을 '번신'으로 불렀던 기록은 없다. 그러나 남월국의 경우를 감안해 보면 위만조선 군주 위만도 한 제국의 내제후왕들과 같이 한 제국 황제와 황실을 수호하는 '번신이 되었다고 할 수 있다.

한편 당시 한 제국 군주는 '황제'와 '천자'의 두 군주 칭호를 사용하고 있었다. 『사기』「외국열전」에 사용된 한 제국 군주의 칭호를 살펴보면 '황제'의 칭호는 거의 보이지 않고 '천자' 칭호만을 사용하고 있다.

"천자가 장조를 사신으로 보내어 남월왕을 설득케 하였다."

"천자가 신을 위해 군사를 일으켜 민월을 토벌했는데 신은 죽어도 그 덕을 보답할 길이 없습니다."

"천자는 가가 왕의 명령을 듣지 않으며 왕과 왕태후는 약하고 고립된 것을 알게 되었다."

"진번과 주변 여러 국가들이 글을 올려 천자를 알현하려고 하였다."

9_史記 권115, 986쪽; 권130, 3317쪽.

> "천자가 파와 촉의 병력을 발동하여 노침과 미막을 멸망시키고 병력을 전 가까이 주둔시켰다."[10]

이같이 『사기』의 「남월열전」, 「동월열전」, 「서남이열전」, 「조선열전」 등의 기록에서 '황제' 칭호는 거의 보이지 않고 '천자' 칭호만이 사용되고 있는데, 이 같은 사실은 한 제국 군주는 안으로는 진 제국의 무소불위 전제군주였던 황제로서 제후와 공경백관들을 통치하고 밖에서는 주 왕조 군주의 칭호였던 천자로써 이적·만이들을 통어했던 사실을 말하고 있다.

그런데 한 제국 군주가 주변 이적·만이들에 대해서 '천자' 칭호를 사용했던 정치적 이유를 살펴보면, 우선 '천자' 칭호는 유일무이한 천명의 봉행자 그리고 '하늘의 아들' 천자(天子, The Son of Heaven)로서 우주 천지자연의 창조주 '천'의 절대적 권위와 위엄을 상징하고 있었다. 그러므로 한 제국 군주는 실제적 통치 영역 밖에 있는 토착의 독립적 군주들이었던 외신 제후왕들을 통어하는 데는 '천자' 칭호가 '황제' 칭호보다 이념적 효과가 더 컸을 것이기 때문에 '천자' 칭호를 사용했던 것으로 생각된다. 또 한 제국 군주는 종주(宗主)로 자처하였다.

> "한 나라는 천하의 종주이다. 생사여탈권을 장악하여 해내의 사생을 주관하고 있다. 위험에 처하면 안전을 바라고 어지러우면 질서를 세워야 한다."[11]

이같이 한 제국 군주는 천하의 종주로 자처하였는데 '종주'는 주 왕조의 종법제도(宗法制度)에서 유래하였다. 주 왕조의 봉건제도는 주 왕을 정점으로 다수 제후국으로 구성되었다. 주 왕은 이같이 다수의 제후들을 통어하기 위

10_史記 권113, 2971쪽; 권113, 2971쪽; 권113, 2973쪽; 권113, 2978; 권113, 2997쪽.

11_漢書, 권64 上, 2787쪽.

해 혈연관계에 기반한 종법제도를 도입하여 주 왕과 제후 간의 관계를 대종(大宗)과 소종(小宗)의 혈연관계로 수립하였다. 그리하여 제후로 분봉된 소종들은 종주 주 왕을 강력히 수호하는 번신이 되었는데 한 제국 군주도 종법제도에 기반한 주 왕조의 혈연적 통치 방법을 본받아서 천하의 종주로 자처하고 이적·만이의 독립적 토착 군주들을 혈연적 소종으로 포섭하고 통어하기 위해 '천하의 종주로 자처하였던 것으로 생각된다. 다시 말하면 한 제국 군주는 안으로는 자신이 직접 임명한 제후왕, 열후, 공경백관 등의 대소 신료들을 무소불위의 전제군주 황제로써 전제적 통치를 행하였지만, 밖에서는 '천'의 절대적 권위와 위엄을 상징하는 하늘의 아들' 천자로써 그리고 천하일가의 개념에서 천하의 종주로써 절역 지역의 이적·만이의 독립적 토착 군주들을 소종으로 포섭하여 통어하였던 것으로 생각된다.

그러므로 한 제국 군주는 안에서는 황제였지만 밖에서는 천하의 종주였으며 남월국 군주는 한 제국 남쪽 변경의 백월을 관리하고 안정시키는 번병 임무를 맡은 번신이었다. 그러므로 한 제국 천자와 남월국 군주 사이에는 한 제국 천자를 종주 남월국 군주를 번신으로 한 종번(宗藩) 관계가 수립되었다고 할 수 있다. 또 한 제국 천자와 위문조선 군주의 관계도 이 같은 시각에서 살펴보아야 할 것이다.

위에서 언급한 바와 같이 한 제국 천자는 대외적으로 천하의 종주였고 위만조선 군주는 동북 변경의 만이 관리와 안정 그리고 만이 군장들의 한 제국 천자에 대한 입견 협조의 번병 임무를 수용한 외신 제후왕이었다. 그러므로 한 제국 천자와 위문조선 군주 사이에도 한 제국 천자를 종주 그리고 위만조선 군주를 번신으로 한 종번 관계가 수립되었다고 할 수 있다.

그러므로 당시 동아시아 각국 간의 관계는 한 제국이 흉노 선우에 게 매년 세폐를 봉헌하는 화친 관계, 한 제국과 남월국 간에는 한 제국 천자를 종주 남월국을 종번으로 한 종번 관계 그리고 한 제국과 위만조선 간에는 한 제국 천자를 종주 위만조선을 종번으로 한 종번 관계로 성립되었는데, 이 같은 동아시아 각국 간의 화친 관계와 종번 관계의 본질과 성격을 다시 살펴볼 필요가 있다.

5. 입공·종번 관계의 본질과 외교

한 제국과 흉노 제국의 국가 실체를 살펴보면 위에서 언급한 바와 같이 흉노 제국은 역사상 북아시아 대륙을 최초로 통일한 유목 초강대국이었으며, 한 제국은 진 제국을 이어서 중국을 통일한 농경 초강대국이었다. 그런데 산서성 대동현에서 대패한 한 제국은 흉노에 대한 무력 항쟁을 포기하고 화친약을 맺었는데 이 화친약은 한 제국의 흉노 선우에 대한 매년 금·솜·비단·술·쌀·음식물 등의 세폐 봉헌, 매 선우 등극 시 한 황실 공주의 출가, 관시(關市) 개설과 교역 그리고 이에 대한 대가로 흉노의 한 제국의 북방 변경에 대한 침탈 금지 등으로 구성되었다. 그리고 한 측은 이 같은 양국 관계를 '뇌물로 화친을 맺었다는' 화뇌결화친(貨賂結和親)이라 하여 대등한 화친 관계로 규정하였다. 그런데 이 화친약에 대해서 문제 때의 가의(賈誼)는 아래와 같이 평가하고 있다.

> "천하의 세가 거꾸로 되어 있다. 무릇 천자는 천하의 머리이다. 그 이유는 위에 있기 때문이다. 만이는 천하의 발이다. 그 이유는 아래에 있기 때문이다. …… 지금 한은 매년 금·솜·비단 등의 세폐(歲幣)를 봉정하고 있다. 이적이 공물을 징구하는 것은 주상이 조정하는 바이고 천자에게 공물을 납입하는 것은 신하의 예이다. 발이 오히려 머리 위에 있고 머리가 발아래에 있다. 이같이 거꾸로 되어 있으니 해결할 수가 없다."[12]

여기에서 보면 가의는 한 제국이 흉노 선우에게 봉헌하는 금·솜·비단·쌀·음식물 등의 세폐 봉헌을 한 제국이 흉노 선우에게 헌상하는 공물(貢物), 즉 입공(入貢)으로 단정하고 있다.

> "적국의 군주는 내가 비록 옳은 말을 해도 나한테 공물을 보내지 않는다. 나라 안의 제후들은 내 행동이 비록 옳지 않아도 새 짐승 등의 공물을 가지고 반드시 조공을 한다. 이것은 힘이 강하면 사람들이 와서 조공을 하고 힘이 약하면 남에게 조공하는 것을 말한다. 그러므로 현명한 군주는 힘 양성에 노력한다."[13]

이것은 전국시대의 각국 간의 역학(力學) 관계를 분석하였던 한비자의 언급이다. 한비자는 '힘이 약하면 아무리 옳은 말을 하고 옳은 행동을 해도 상대가 조공을 하지 않으나, 힘이 강하면 설령 말과 행동이 틀렸어도 상대가 조공한다'는 사실을 밝히면서 한마디로 말해서 '힘이 강하면 조공을 받고 힘이 약하면 조공을 한다'는 국제적 역학 관계를 명확히 밝히고 있다.

> "힘이 강하면 입조를 받고 힘이 약하면 입조하게 된다."[14]

이것은 한대 흉노를 포함한 주변 이적들과의 접촉 관계를 취급한 『염철론』(鹽鐵論)에서의 언급이다. 이 『염철론』에서도 국가 간에 힘이 없으면 조공을 하고 힘이 있으면 조공을 받는다고 하여, 입공 또는 조공 관계는 국가 간의 역학 관계에 의해서 결정된다는 사실을 지적하고 있다. 따라서 이 같은 사실을 종합해 보면, 흉노의 한 제국 북방 변경에 대한 침탈 중지 조건으로 한 제

---

12 _위 책, 권48, 2241쪽.

13_韓非子, 顯學編, 461쪽.

14_鹽鐵論, 誅秦編, 488쪽.

국의 흉노 선우에 대한 매년 다액의 세폐 봉헌, 매 선우 등극 시 한 제국 황실 공주의 출가 등은 한마디로 말해서 무력이 약한 한 제국이 무력이 강한 흉노 선우에게 헌상하는 공물, 즉 입공이었다고 할 수 있다.[15] 다시 말하면 한 제국은 흉노 선우에게 금·솜·비단·쌀·음식물 등의 주기적 입공을 통해 흉노의 변경 침탈하고 모면하고 있었다고 할 수 있다. 그러므로 흉노·한 양국 간의 관계는 화친약에 의한 대등 관계가 아니라 차등적 입공 관계였다.

또 이 같은 흉노·한 제국 간의 입공 관계는 한 무제 등극 초기까지 약 60여 년간 계속되었다. 이 기간 동안에 흉노·한 제국은 이 차등적 입공 관계를 통해서 상호 간의 사신 왕래, 황제와 선우 양국 군주 간의 문안 서신 교환, 양국 국경의 월경자(越境者) 문제, 국경 관시 개설과 교역 등의 국가적 현안 문제를 협상하고 해결하고 있었으므로, 흉노·한 제국 간의 차등적 입공 관계는 사실상 입공 외교였다고 할 수 있다.

또 한 제국 천자와 남월국 군주 간에 수립된 종번 관계도 한 제국 천자의 남월국 군주 조타의 외신 제후왕 책봉과 번병 임무 부여로만 끝난 것이 아니었다.

> "조타가 말하기를 고조 황제께서 나를 남월왕으로 세워 사신을 통하고 물자를 교역케 하였다.[16]
>
> "고황제가 신 조타에게 새인을 내리어 남월왕으로 봉하고 외신으로 시시로 공물을 헌상케 하였다."[17]

15_李春植, 「漢代의 羈縻政策과 事大·朝貢」, 『史學志』 제2집, 1972, 7쪽 참조. 흉노유목 제국과 한 제국 간의 화친 관계를, 김한규는 평등조약 관계로 인식하고 있고(金翰奎, 『古代中國的世界秩序硏究』, 198쪽), Ying-Shih Yu는 흉노의 한 제국에 대한 조공 관계로 이해하고 있다(Trade and Expansion in Han China, 360쪽).

16_史記 권95, 3848쪽.

17_漢書 권95, 3851쪽.

"남월이 관시에서 철기를 구입하지 못하도록 진청하였다."[18]

"여후가 친히 정사를 시행하자 소인들을 가까이 하고 참신들의 말만 믿고 만이들을 차별하고 명령을 내려 만이들에게 금·철·농기구를 주지 못하게 하고 소·말·양은 수놈만 주고 암놈은 못 주게 하였다.[19]

이같이 한 고조는 남월국 군주 조타를 외신 제후왕으로 봉하고 남쪽 변경의 백월들을 관리하고 안정시키는 번병의 임무를 부여하여 종번 관계를 수립하면서 남월국의 사신 왕래와 더불어 금·철·농기구 등의 물자와 소·말·양 등의 가축을 구입할 수 있는 교역을 허용하였는데 이 같은 한·남월국 간의 교역은 여후 시대까지 계속되었다. 그런데 이후 남월국이 급속도로 강성하자 이를 우려한 여후는 남월국에 대한 금·철·농기구 등의 물자와 소·말·양 등 가축의 교역을 금지하거나 제한하였다.

"고후 때 유사에서 남월이 관시에서 철기 매입을 못하게 요청하자 조타는 "고조 황제께서 나를 남월 왕으로 세워 사신을 통하고 물자를 교역하게 하였다. 이제 고후는 참소하는 신하의 말을 듣고 만이를 차별하여 기구와 물자의 교역을 끊게 하였는데 이것은 분명 장사왕의 계책일 것이다. 장사왕이 중국에 의지하여 남월을 쳐서 멸망시키고 병합하여 스스로 공을 세우려고 한 것이다. 이에 조타는 스스로 자신의 호를 남월의 무제라고 높이고 군대를 동원하여 장사 변방의 여러 고을을 공략하고 물러갔다."[20]

"고후 때 유사가 남월이 관시에서 철기 구입 금지를 요청하였다. 조타가 고황제가 나를 왕으로 세우고 사신을 왕래케 하고 물자를 교역케 하였다. 지금은 고후가 참신의 말만 듣고 만이를 차별하여 기물과 물자의 교역을 끊게 하였는데 이것은 분명히 장사왕의 계략일 것이다. 장사왕이 중국에 의지하여 남월을 병합하여 자신의 공으로

18_史記 권112, 2969쪽.
19_漢書 권65, 3851쪽.
20_史記 권113, 2969쪽.

세우려고 한 것이다. 이에 조타는 남월 무제라고 높이고 군사를 발동하여 장사현 변경을 공격하고 수개의 현을 공략하였다."[21]

"조타는 계림과 상군을 병합하고 자립하여 남월의 무왕이 되었는데 …… 땅이 동서 만여 리가 되었다. …… 이에 중국 황제와 같이 좌독을 꽂은 황옥을 타고 다니면서 칭제하였다."[22]

이렇게 여후가 남월국이 철기·농구·가축 등의 물자를 구입할 수 없게 금수(禁輸) 조치를 내리자 조타는 그 보복으로 무제라고 하여 '제호'(帝號)를 사용하고, 또 한 제국 남쪽 장사국의 변경을 침입하여 여러 현(縣)을 유린하였다. 이에 크게 노한 여후는 장군 융려후와 주조에게 장병을 주어 조타를 토벌케 하였으나 사졸들이 무더운 기후와 잦은 비 그리고 풍토병에 시달려 사상자가 속출하였으므로 원정은 실패로 돌아갔다.

한편 이 시기에 한 제국에서는 여후가 사망하자 문제(文帝, 전 179-157)가 즉위하였는데, 문제는 밖으로는 북방의 흉노 선우에게 매년 입공을 계속하고 있었고, 안으로는 무위지치에 기반한 방임(放任) 정치의 여파로 동성 제후왕들은 점차 교만과 방종에 빠지고 중앙정부에 대해 반독립적 입장을 취하고 있었다. 그리고 여후가 보낸 남월국 원정대도 실패하는 등 내외적으로 어려운 문제에 봉착해 있었다. 그러므로 문제는 남월국 문제를 먼저 해결하기 위해서 남월국 사정을 비교적 많이 알고 있는 육고를 다시 사신으로 파견하여 조타의 '제호'사용을 꾸짖으면서 회유하였다.

"…… 왕이 가진 땅은 그렇게 크지 않고 왕이 가진 재물은 그렇게 부유하지 않으므로 복령 이남의 땅은 왕이 다스리는 것이 좋다. …… 왕과 더불어 전일의 근심을 잊어버

21_漢書 권95, 3849쪽.

22_史記 권113, 2969쪽.

리고 영구히 사신을 전과 같이 통행하게 하자."

"육고가 도착하니 남월왕이 놀래어 머리를 숙여 사과하고 영원히 번신이 되어 공직(貢職)을 받들 것을 청하였다. …… 황제는 어진 분이다. 이후로 제제(帝制)와 황옥·좌독을 버린다고 선포하였다."

"이제 폐하가 다행히 (조타)를 불쌍히 여겨서 이전의 호를 회복해 주고 옛날과 마찬가지로 한나라에 사신을 왕래케 해주시니 노부는 죽어도 뼈가 썩지 않을 것입니다."[23]

이같이 육고가 남월국에 내려와서 조타에게 한 제국 황제와 같은 '제호'를 사용해서는 안 되고 만일 계속해서 사용한다면 무력으로 응징할 수밖에 없다는 경고와 함께 이전의 조호 왕호를 회복해 주고 사신 왕래를 허락해 주자, 조타는 감읍하여 사용하고 있던 '제호'를 포기하고 문제를 '황제 폐하', 자신을 '신타'(臣佗)라고 하면서 신례를 취하였다. 그런데 이 당시 육고는 단순히 조타에게 '고호'(故號) 회복과 사신 왕래만을 허락하였던 것은 아니었던 것 같다.

위에서 언급한 바와 같이, 한 고조가 조타를 외신 제후왕으로 책봉하고 한 제국 남쪽 변경 백월의 관리를 맡기면서, 남월국이 금·철·농기구·가축 등을 구입할 수 있도록 교역을 허락하였다. 그런데 이후 여후가 이 같은 물자 교역을 금지하였으므로 크게 반발한 조타는 '제호'를 다시 사용하고 병력을 동원하여 한 제국 남쪽 변경을 수차 침탈하였던 것이다. 그리고 이 같은 남월국의 의도를 간파한 문제가 조타의 '왕호'를 회복해 주고 사신 왕래를 허용하면서, 동시에 금·철·농기구·가축 등의 교역을 다시 허용해 주었을 것으로 생각된다. 그리고 이렇게 문제가 왕호 회복과 사신 왕래는 물론 금·철·농기구·가축 등의 교역을 다시 허용해주자 조타는 바로 '제호' 사용을 중단하고 신례를 취하면서 다시 한 제국 황제의 외신 제후왕으로 복귀하였는데 여기에는 어떤 정치적 이유가 분명이 있었을 것이다.

23_漢書 권95, 3851쪽; 권93, 3853쪽. 권95, 3853쪽.

한 제국은 당시 동아시아에서, 정치·경제·문화·군사 등의 모든 면에서 유일의 선진국이었으므로 후진적이었던 주변의 군소 국가와 부족들에게 다양한 기미책(羈縻策)을 구사하고 있었는데, 이 같은 기미책은 국가와 부족 그리고 지역에 따라 크게 차이가 있었다. 예를 들면 척박한 유목 경제에 기반하여 문화 수준은 낮았으나 무력이 강한 유목민들에게는 고도의 소비·사치·향락적 물자를 제공하여 욕구를 만족시켜 주면서 빈번한 침탈을 제어하였다. 또 반농·반목의 원시적 생활을 영위하고 변경 침탈을 수시로 자행하는 오환·서남이·선비 등의 군소 부족들에게는 후(侯)·군(君)·장(長) 등의 관작(官爵) 수여와 함께 사치품과 생활필수품을 제공하고, 또 새내(塞內)에 거주케 하여 변경 침탈을 무마하였다.[24] 이같이 한 제국은 주변 군소 국가와 부족들에게 관작 수여와 선진 문물 등의 제공을 통하여 회유하고 무마하면서 변경 안정을 도모하였는데, 한 제국이 남월국에게 제공하였던 금·철·농기구·가축 등도 이 같은 시각에서 분석해 볼 필요가 있다.

한 제국이 남월국에 교역하였던 물품은 금·철·농기구·가축 등이었는데, 이 중에서 한 제국이 고가의 사치품인 금을 남월국과의 교역에 허용하였던 것은, 대체로 남월국의 지배 계층의 환심을 사고 사치심을 충족시켜 주기 위한 것이었을 것이다. 또 철은 철제무기를 제조할 수 있는 첨단재료였다. 당시 남월국은 조타 시에 100만이 넘는 병력을 보유하고 있었는데, 이같이 방대한 병력을 무장시키기 위해서는 대량의 철이 필요하였을 것이며, 이 같은 대량의 철 상당 부분을 한 제국에서 구입되는 철에 의존하고 있었을 것이다. 그러므로 철은 남월국 무력 양성에 필수적이었다고 할 수 있다.

또 중국에서 철제농구는 한대 초기에 보편화되었지만 주변 이적·만이의 세계에서는 아직 희귀한 것이었다. 그런데 농경은 산업혁명 이전에는 가장

24_李春植, 「兩漢代 制夷策과 羈縻策의 性格에 대하여」, 『東洋學』 제25집, 1995, 208쪽.

선진적 경제였기 때문에 철제농구는 바로 산업 기간재였다. 그러므로 신생 남월국이 농업을 발달시키기 해서는 철제농구가 절대로 필요하였을 것이므로, 이 같은 철제농구를 한 제국으로부터 구입하고 있었다고 할 수 있다. 또 소·말·양 등의 가축으로 구성된 목축은 농경에 버금갈 정도로 경제적 비중이 높았을 뿐만 아니라, 특히 소는 우경(牛耕)에 필수적이었다. 그리고 남월국이 위치한 복건·절강·광동 등의 지역은 흉노의 본거지였던 몽골초원과는 달리 농경과 목축이 발달할 수 있는 비옥한 지역이었다. 그러므로 남월국은 농업과 목축업을 포함한 경제 발달에 필수적이었던 철제농구와 소·말·양 등의 산업 기간재를 한 제국과의 교역을 통해 구입하고 있었던 것으로 생각된다.

이같이 남월국이 한 제국으로부터 교역을 통해 구입하고 있었던 철·철제농구와 소·말·양 등의 가축은 남월국의 무력 양성과 경제 발달에 필수적이었는데 여후가 홀연히 중단시켰으므로 크게 분개한 조타는 중국이 그렇게 싫어하는 '제호'를 다시 사용하고 병력을 동원하여 장사국의 변읍을 유린하였던 것이다. 그리고 이 같은 사실을 감지한 문제는 왕호 회복과 사신 왕래를 허용하고 물자 교역을 다시 허락해 주자 조타는 바로 '제호' 사용을 중단하고 외신 제후왕으로 복귀하여 신례를 취했다. 따라서 남월국 군주 조타가 '제호'를 포기하고 한 제국 천자 외신 제후왕으로 복귀하였던 것은 남월국의 무력 양성과 경제 발달에 필수적이었던 철·농기구 등의 첨단재료와 소·말·양 등의 가축 등의 산업 기간재를 구득하기 위한 하나의 정책이었다고 할 수 있다.

그러므로 이상의 사실을 종합해 보면, 한 제국 황제는 남월국 군주와의 종번 관계 수립을 통하여 남쪽 변경의 관리와 안전을 도모하고 '천'으로부터 천명을 받은 유일무이한 천명의 봉행자 한 제국 천자의 이념적 위상과 권위를 확대할 수 있었으며 남월국 군주는 한 제국 천자와의 종번 관계 수용을 통하여 자국의 무력 양성과 경제 발달에 필수적이었던 첨단 재료와 산업 기간재를 구입할 수 있었다고 할 수 있다. 이런 점에서 한 제국과 남월국 간의 종번 관계는 겉으로는 한 제국 천자를 종주 남월국 군주를 번신으로 한 차등적 종번 관계였으나, 안으로는 대등한 국가 간의 국익 추구를 둘러싸고 전개되었던 정책적 소산이었으며, 국가적 현안 문제를 협상하고 해결하는 통로였으므로 사실상 '종번 외교'였다고 할 수 있다.

또 한 제국 천자와 위만조선 군주 간에 수립된 종번 관계도 한 제국 천자의 위만조선 군주 위만의 외신 제후왕 책봉과 번신 임무 부여로만 끝난 것이 아니었다.

"…… 이로써 위만은 병위와 재물을 얻었다."[25]

여기에서 '병위'(兵威)의 뜻을 살펴보면, 『사기』(史記)와 『한서』(漢書)에서 위만에 관한 기록 중에는 "병위"에 대한 주석이 없다. 『대한화사전』(大漢和辭典) 2권에서는 "병위"를 "군(軍)의 위세(威勢)" "병세"(兵勢)로, 일어 번역판 『한서』에는 '병위'를 "병권"(兵權)[26]으로 설명하고 있다. 또 한국 연구자들은 '병위'를 '우수한 무기' 또는 '철제무기로'[27] 해석하고 있으므로, 사실상 '병위'에 대한 해석은 다양하다. 그런데 '병위'를 "군의 위세", "병세", "병권"으로 해석하여 "위만조선이 한 제국으로부터 "군의 위세", "병세" 또는 "병권"을 얻어서 주변 소국들을 병합하고 영토를 확대하였다"고 하면, 이것은 앞뒤 사정과 맞지도 않고 해석도 되지 않는다. 그리고 위만조선이 이 같은 '병위'를 얻어서 주변 만이들을 복속시켰던 사실을 감안하면 '병위'는 철제무기로 이해하는 데 무리가 없을 것 같다.

또 한 제국은 '병위'와 더불어 '재물'(財物)을 제공하였다. 그런데 한 제국이

25_위 책, 권114, 114-2986쪽.

26_小竹武夫 譯, 漢書 下卷 列傳 II, 東京: 소화 54년, 332쪽.

27_서영수, 「衛滿朝鮮의 形成過程과 國家的 性格」, 『韓國古代史硏究』 9, 1996, 105-106쪽; 김한규, 『古代中國的世界秩序硏究』, 서울: 一潮閣, 1982, 261쪽.

금·철·농기구 더불어 소·양 등의 가축으로 구성된 경제원조를 남월국에 먼저 제공하였던 사실을 감안하면 이 '재물'은 한 제국이 위만조선에게 제공하였던 경제원조였을 것이다. 그러므로 한 제국이 위만조선에 제공한 '병위재물'은 철제무기와 경제원조의 제공이었을 것으로 생각된다.

바꾸어 말하면, 광대한 영토를 소유하고 농경에 기반한 신생국 위만조선은 흉노·오환·선비 등에게 제공되었던 고급의류·술·수레·황금 등 향락 사치성의 소비 물자는 필요 없고, 남월국과 같이 무력을 양성하고 경제를 발달시킬 수 있는 전략물자와 경제원조가 절실히 필요하였을 것이다. 그리고 위만조선의 이 같은 사정을 잘 알고 있던 한 제국은 위만조선 군주의 외신 제후왕의 책봉과 철제무기와 경제원조 제공을 통하여 동북 변경 안정을 도모하고 한 제국 천자의 천하 통치 유일무이성을 수립하였다고 할 수 있다. 반면에, 위만조선은 한 제국 군주와의 종번 관계 수립에 의해 무력 양성과 경제 발달에 필수적인 병위재물의 철제무기와 경제원조를 제공받았다고 할 수 있다.

따라서 이 같은 사실을 감안하면, 한 제국과 위만조선 간의 종번 관계도 겉으로는 한 제국 천자를 종주 위만조선 군주를 번신으로 한 차등적 종번 관계였으나, 안으로는 대등한 국가 간의 무력 증진과 경제 발달 등의 국익 추구를 둘러싸고 전개되었던 정책적 소산이었다. 그리고 '종번 관계'를 통해 양국은 사신 왕래, 물자 교역, 관시 개설 등의 국가적 현안 문제를 협상하고 해결하였으므로 사실상 '종번 외교'였다고 할 수 있다.

이와 같이 당시 동아시아 각국 간에는 입공 관계'와 '종번 관계' 등에 의한 차등적 국제 질서가 수립되었는데, 그 원인을 살펴보면, 당시 한 제국은 흉노에게 무참한 패배를 당하고 다시 대항할 수 없었기 때문에 흉노와 한 제국 간에는 차등적 입공 관계가 성립될 수밖에 없었다. 한편 한 제국은 흉노 선우에게 입공을 행하고 있으면서도 방대한 경제력, 우수한 선진 문화, 강력한 무력을 배경으로 남월국과 위만조선을 포함한 주변국과 군소 부족들에게 한 제국 천자의 천하 통치 유일무이성을 강요하였다.

반면에, 남월국과 위만조선은 모든 면에서 낙후되었던 신생 후진국이었으므로 자국의 경제 발달과 무력 양성 등의 국가 발전을 위해서는 한 제국의 선진 문물의 도입이 필수적이었다. 그러나 한 제국은 한 제국 천자의 천하 통치 유일무이성을 수용하지 않으면 한 제국의 선진 문물을 도입할 수 있는 사신 왕래, 관시 개설, 물자 교역 등을 원천적으로 봉쇄하였다. 그렇게 때문에 남월국과 위만조선은 한 제국 천자를 종주 자국을 번신으로 한 차등적 종번 관계를 받아드리지 않을 수 없었고, 이 같은 차등적 종번 관계 수용 후에 국가 발전에 필요한 철, 철제무기와 산업 기간재 등을 구입할 수 있었다. 이에 따라서 한 제국과 남월국 그리고 한 제국과 위만조선 간의 관계는 종번 관계의 차등적 국제 관계로 이루어질 수밖에 없었다.

그러나 '입공 관계' 또는 '종번 관계'를 수립하고 있는 국가의 실체를 살펴보면, 흉노 제국은 북방 초원의 초강대국이었으며 한 제국은 남방 농경의 초강대국이었다. 남월국은 한 제국 남쪽에서 사방 수천 리의 영토를 장악하고 100만의 병력을 옹유하고 흉노·한 제국과 더불어 동아시아를 삼분하는 세력을 이루고 있던 강국이었으며, 위만조선 역시 한 제국의 동북 지역에서 사방 수천 리의 영토를 장악하고 있던 강국이었다. 그러므로 흉노 제국과 한 제국 간의 입공 관계, 한 제국과 남월국가 간의 종번 관계 그리고 한 제국과 위만조선 간의 종번 관계는 모두 겉으로는 '입공 관계' 또는 '종번 관계' 등의 차등의 국제 관계로 포장되었지만, 실제적으로는 대등한 국가 간의 무력 증진과 결제 발달 등 국익에 기본하여 수립된 차등적 국제 관계였다. 그리고 이 같은 차등적 '입공 관계'와 '종번 관계'를 통해 공물 헌상, 변경 침탈 중지, 사신 왕래, 물자 교역, 경제원조 제공 등의 국가적 현안 문제가 다루어지고 있었으므로 '입공 외교'와 '종번 외교'였다고 할 수 있다. 따라서 '입공 외교'와 '종번 외교'는 패국(覇國)과 주변 약소국 간에 수립된 차등적 국제 관계 속에서 수립된 동아시아의 전근대적 외교였다고 할 수 있다.

6. 맺는말

전한 초기를 중심으로 동아시아 세계를 살펴보면, 중원에서는 550여 년간 계속되었던 춘추전국시대가 종식되어 진한 제국이 탄생되고, 중원 밖의 이적·만이 세계에서도 방대한 영토와 강력한 무력을 보유한 흉노 유목 제국, 남월국, 위만조선 그리고 오환·동호·선비·강족·서남이 등의 부족국가와, 서역의 도시국가들이 출현하여 병열하고 있었다. 이 중에서 북방 흉노 제국, 중원의 한 제국 남쪽의 남월국, 동북의 위만조선 등 열국은 상호 간의 정치·군사적 이해관계에 따라서 대립·충돌하고 있었는데, 한 제국과 흉노와의 충돌이 제일 먼저 발생하였다.

그러나 산서성 대동현 부근에서 흉노군에 참패한 한 고조 유방은 흉노와 화친약을 맺었는데, 화친약의 조건은 흉노의 한 제국 북변의 무력 침탈 중지의 조건으로 한 제국은 흉노 선우에게 매년 정기적으로 솜·비단·술·쌀·음식물 등을 봉헌하고, 매 선우 등극 시에 한 황실의 공주를 출가 시키고, 관시를 개설하여 교역을 수행하는 것이었다. 그리고 이렇게 체결된 화친약에 대해서 한 측은 "뇌물로 화친을 맺었다"(貨賂結和親)고 하여 한 제국과 흉노와의 관계를 대등한 화친 관계로 설정하였다.

그런데 문제 때의 가의는 흉노 선우에 대한 금·솜·비단·쌀·음식물 등의 세폐 봉헌을 한 제국의 흉노 선우에 대한 입공으로 단정하고, 전국시대의 한비자는 입공은 국제적 역학 관계에 의해서 결정된다고 하였으므로 한 제국의 흉노 선우에 대한 주기적인 세폐 봉헌은 한 제국의 흉노 선우에 대한 입공이었다. 그러나 흉노 제국은 북아시아를 통일한 유목 제국의 초강대국이었고 한 제국 역시 중국을 통일한 초강대국이었다. 그리고 이 같은 초강대국 간에 '입공'을 통해 흉노의 한 제국 북방 변경에 대한 무력 침탈 중지 교섭, 양국 사신의 왕래, 황제와 선우 간의 문안 서신 교환, 국경 지대의 관시 개설과 물자 교역 등 양국 간의 현안 문제가 협상되었으므로, 흉노·한 제국 간의 입공 관계는 사실상 입공 외교였다고 할 수 있다.

한 제국과 남월국 간에는 한 제국 천자를 종주, 남월국 군주를 종번으로 한 종번 관계가 수립되었다. 이 같은 차등적 종번 관계 수립에 의해 한 제국은 남쪽 변경 백월의 관리와 안정을 도모하고 유일무이한 천명의 봉행자 천자의 천하 통치 유일무일성을 수립하였다. 반면에, 남월국 역시 한 제국 천자와의 종번 관계 수용에 의해 사신 왕래와 더불어 금·철·농기구 등의 첨단 재료와 물자와 소·말·양 등의 가축 등 산업 기간재를 구입하여 국가의 경제 발달과 무력 양성을 추진할 수 있었다. 그런데 남월국의 강성을 우려한 여후가 금수 조치를 내려서 금·철·농기구 등의 물자와 소·말·양 등의 가축 구입을 제한하자 조타는 다시 제호(帝號)를 사용하고 한 제국 남쪽 변경을 침탈하기 시작하였다. 이에 문제는 다시 조타에게 이전의 왕호를 회복해 주고 사신 왕래와 교역을 허락하자 조타는 제호를 포기하고 문제를 '황제 폐하'라고 하면서 신례를 취하였다.

이렇게 조타는 금·철·농기구 등의 전략 물자와 소·말·양 등의 가축을 구입할 수 있게 되면 제호를 포기하고 신례를 취하였으며, 한 제국의 정책 변경으로 선진문물을 구입할 수 없게 되면 제호를 다시 사용하고 변경 침탈을 자행하였는데, 그 이유는 금·철·농기구 등의 전략 물자와 소·말·양 등의 가축이 남월국의 무력 양성과 경제 발달에 필수적이었기 때문이었다.

한 제국과 위만조선 간에도 한 제국 천자를 종주 위만조선 군주를 종번으로 한 차등적 종번 관계가 성립되었다. 이 차등적 종번 관계 수립에 의해 한 제국은 동북 변경 만이의 관리와 안정 그리고 주변 만이의 한 제국 천자에 대한 입견 협조를 약속받았으며, 한 제국 천자의 천하 통치 유일무이성을 수립할 수 있었다. 반면에, 위만조선은 차등적 종번 관계 수용에 의해 철제무기와 경제원조를 제공받았다. 그리고 이 같은 철제무기와 경제원조를 이용하여 주변 군소 부족들을 병합하고 영토를 확장하여 국력을 신장하였다.

이와 같이 동아시아 각국 간에는 입공 관계'와 '종번 관계' 등에 의한 차등적 국제 관계가 수립되었는데, 이 같은 차등적 국제 관계 성립의 원인과 배경은 당시 한 제국은 흉노에게 무참한 패배를 당하고 다시 항거할 수 없었기 때문에 흉노의 요구대로 입공을 할 수밖에 없는 처지였다.

그러나 한 제국은 흉노 선우에게는 입공을 행하고 있으면서도 주변 약소국에게는 유일무이한 천명의 봉행자로 자처하고 방대한 경제와 선진 문화 그리고 막강한 군사력을 배경으로 한 제국 천자의 천하 통치 유일무이성을 강요하였다. 반면에, 남월국과 위만조선은 모든 면에서 낙후되었던 신생 후진국이었으므로 자국의 경제 발달과 무력 양성 등의 국가 발전을 위해서는 한 제국의 선진문물의 도입이 필수적이었다. 그러나 한 제국은 한 제국 천자의 천하 통치 유일무이성을 인정하지 않으면 한 제국의 선진 문물을 도입할 수 있는 사신 왕래, 물자 교역, 관시 개설 등을 원천적으로 봉쇄하였기 때문에 남월국과 위만조선은 부득불 한 제국 천자의 천하 통치 유일무이성을 인정하지 않을 수 없었다. 이에 따라서 남월국·위만조선과 한 제국 간에는 한 제국 천자를 종주로 남월국·위만조선 군주를 종번으로 한 차등적 종번 관계가 수립되었으며, 이 차등적 종번 관계 수립을 통해서 자국의 경제 발달과 무력 양성에 필요한 물자를 구입할 수 있었다.

그러나 흉노 제국과 한 제국 간의 입공 관계 그리고 한 제국과 남월국·위만조선 간의 종번 관계는, 겉으로는 차등적이었으나, 안으로는 대등한 국가 간의 무력 강약과 경제 발전 등 국익을 위한 정책적 소산이었다. 그리고 입공 관계, '종번 관계'를 통해서 관련국 간의 국가적 현안 문제가 협상되고 해결되고 있었으므로, 사실상 입공 외교, 종번 외교였다고 할 수 있다. 이런 의미에서 볼 때 입공 외교와 종번 외교는 본질적으로 패국(覇國)과 주변 약소국 간에 수립되었던 차등적 국제 관계 속에서 수행되었던 동아시아의 전근대적 외교 형태였다고 할 수 있다.

3장

고구려와 손오(孫吳)의 해상 교섭

조위(曹魏)의 고구려 침공 원인과 관련하여

박대재

1. 손오 『오서』(吳書)의 고구려 관련 기록

최근 필자는 240년 무렵 손오의 사승에 의해 편찬된 『후한서』의 「동이열전」에 대해 고찰하면서, 사승의 「동이열전」이 손오의 위소(204~273)에 의해 편찬된 『오서』의 고구려 기록과 연결될 가능성을 언급하였다.[1] 당시는 지면 관계상 『오서』의 고구려 관련 기록에 대해 충분히 검토하지 못했다. 여기서는 『오서』의 기록을 중심으로 233~236년 사이 전개된 고구려와 손오의 해상 교섭에 대해 검토하고, 그를 통해 양국과 조위, 요동 공손씨 정권 등 고대 동북아 정치체 간의 상호 작용에 대해 살펴보고자 한다.

『오서』는 251년에 손권의 칙명으로 편찬이 시작되었으나 여러 번 지체되다가 결국 손호 때(264~280)에 이르러 위소에 의해 55권으로 완성되었다.[2] 『오

1_박대재, 「謝承『後漢書』東夷列傳에 대한 예비적 고찰」, 『韓國古代史研究』 55, 2009, 66쪽.

2_陳博, 「韋昭≪吳書≫考」, 『文獻』 1996-3, 西北大學圖書館古籍部, 1996, 68-77쪽. 한편 『오서』의

서』 원서는 현재 남아 있지 않고 그 일문만 배송지의 『삼국지주』에 인용되어 전하고 있다. 이 가운데 고구려 관련 기록은 『삼국지』 권47 손권전의 배송지(裴松之) 주에서 인용되어 있다. 233년 손권의 사신으로 요동의 공손연(公孫淵) 정권을 방문했던 진단(秦旦) 일행이 공손연의 음모를 피해 현도군을 빠져나와 고구려로 망명하였고 그를 계기로 고구려와 손오의 왕래가 열리게 되었던 과정이 자세하게 기록되어 있다. 그 전문을 번역해 보면 다음과 같다.

『오서』에 다음과 같이 기록되어 있다. 처음에 장미(張彌)와 허안(許晏) 등이 함께 양평(襄平)에 이르렀는데 관속과 따라온 자들이 400여 명이었다. (공손)연이 장미를 도모하고자 먼저 그 무리를 요동의 여러 현에 나누어 배치하였다. 중사(中使)인 진단(秦旦), 장군(張羣), 두덕(杜德), 황강(黃疆) 등 관리와 병사 60명은 현도군에 배치하였다. 현도군은 요동(양평)의 북쪽 200리 거리에 있으며 (현도)태수 왕찬(王贊)이 200호를 거느리고 있었는데 300·400명을 함께 맡을 수 있었다. (진)단 등이 모두 민가에 기거하며 그 음식을 먹고 있었다. 40여 일이 지나 (진)단이 (황)강 등과 의논하여 말하기를, "우리들은 멀리서 국명(國命)을 욕되게 하였으니 여기서 스스로 목숨을 끊어 죽어 버리는 것이 어떠한가? 지금 이 군(현도군)을 살펴보니 형세가 매우 약하다. 만약 하루아침에 합심하여 성곽을 불태우고 장리(長吏)를 죽여 나라를 위해 부끄러움을 갚은 후에 죽게 된다면 한이 없을 것이다. 어찌 목숨을 탐내 구차하게 살아남아 포로가 되는 것과 같겠는가?" (황)강 등이 그렇다고 여겼다. 이에 몰래 서로 약속하길 8월 19일 밤에 결행하기로 하였다. 그 날 점심 때 무리 중의 장송(張松)에 의해 발고되자, (왕)찬이 곧바로 군사와 무리를 모으고 성문을 닫아걸었다. (진)단, (장)군, (두)덕, (황)강 등은 모두 성을 넘어 달아날 수 있었다. 그때 (장)군이 악성 종기로 상처가 나 무릎뼈가 훤히 드러나게 되어 무리의 행보를 따라갈 수 없자 (두)덕이 항상 부축하여

완성자가 위소가 아니라 손오 멸망(280) 후 282년에 사망한 설형(薛瑩)이었다고 보는 입장도 있다. 이에 대한 자세한 검토는 江畑武, 「『三國志』の材料について: 三國の國史について」, 『阪南論集』(人文·自然科學) 36-3, 2001, 18-20쪽을 참조하라.

함께하였는데 산곡의 길이 험하였다. 600·700리를 갔는데 상처가 더욱 악화되어 더 앞으로 나갈 수가 없자 풀 속에 누워 서로 보살피며 슬프게 울었다. (장)군이 말하길, "나는 불행히 상처가 심해 얼마 있지 않아 죽을 것이지만 그대들은 마땅히 빨리 길을 가서 도착할 곳이 있기를 바란다. 헛되이 서로 보살피다 깊은 골짜기에서 함께 죽으면 무슨 이익이 있겠는가?" (두)덕이 이르길, "만리를 떠돌며 삶과 죽음을 같이 했는데 차마 서로 버릴 수 없다." 이에 (진)단, (황)강을 밀어 앞으로 나아가게 하고, (두)덕 혼자 남아 (장)군을 보살피며 나물과 과일을 구해 먹였다. (진)단, (황)강이 며칠을 더 지나 구려(句驪)에 도달할 수 있었다. 구려왕 궁(宮)과 그 주부에게 조서를 전달하였는데, 하사가 있었으나 요동에 의해 공격받아 빼앗겼다는 내용의 조서였다. 궁 등이 크게 기뻐하며 곧 조서를 받고 사람을 시켜 (진)단을 따라가 (장)군과 (두)덕을 맞이해 돌아오도록 명하였다. 그해 궁이 조의 25명을 보내 (진)단 등을 호송해 돌려보내면서 표를 올려 신을 칭하고 담비[貂] 가죽 1천 매와 할계(鶡雞) 가죽 10구를 바쳤다. (진)단 등이 (손)권을 만남에 희비를 스스로 이기지 못하였다. (손)권이 의롭다고 여겨 그들을 모두 교위에 배수하였다. 1년을 거른 뒤에 사자 사굉(謝宏), 중서(中書) 진순(陳恂)을 보내 궁을 선우(單于)로 책봉하고 의물진보(衣物珍寶)를 더하여 내리게 하였다. (진)순 등이 안평구(安平口)에 이르러 먼저 교위 진봉을 보내 앞서 궁을 만나게 하였다. 그런데 궁은 위 유주자사의 완곡한 뜻을 받고 오의 사신을 스스로 바치려고 하였다. (진)봉이 그를 듣고 되돌아왔다. 궁이 주부(主簿) 착자(笮咨)·대고(帶固) 등을 보내 안평(安平)으로 나가 (사)굉과 서로 만나게 하였다. (사)굉이 곧 30여 명을 포박하여 인질로 삼자, 궁이 이에 사죄하며 말 수백 필을 받쳤다. (사)굉은 이에 (착)자·(대)고를 보내 조서와 하사품을 궁에게 받들어 올리도록 하였다. 이때 (사)굉의 배가 작아 말 80필만 싣고 돌아왔다.[3]

3_『삼국지』 권47, 오서2 오주전 손권, 배송지 주. 이와 비슷한 기록이 『자치통감』 권72 청룡 원년(233)조에도 보이는데, 당시 고구려왕(동천왕)의 이름을 '위궁'(位宮)이라 하여 '궁'이라고 했던 『오서』와 차이가 있다. 『삼국지』 동이전(고구려)에 의하면 동천왕은 증조인 태조왕 궁(宮)과 외모나 성격이 비슷하여 '위궁'(位宮)이라 하였고 줄여서 '궁'이라고 표기하기도 하였다.

이상 『오서』의 기록에 의하면 233~235년 고구려와 손오 사이에 해상을 통한 교섭이 비교적 큰 규모로 전개되었음을 확인할 수 있다. 하지만 『삼국사기』 고구려 본기에는 이와 관련된 기록이 전혀 보이지 않고, 다만 그다음 236년에 있었던 고구려와 손오 사이의 마지막 교섭 실패 기사만 다음과 같이 실려 있다.

> (동천왕) 10년(236) 2월에 오왕(吳王) 손권이 사자 호위(胡衛)를 보내와 화친을 통하고자 했으나, 왕은 그 사자를 머물러 두었다가 7월에 참수하여 그 머리를 위(魏)에 전송하였다.[4]

따라서 『오서』와 『삼국사기』의 기록을 종합해 보면 고구려와 손오는 233년부터 236년까지 해상을 통해 교섭하였던 것이다.

233~236년 전개되었던 고구려와 손오의 해상 교섭은 결과적으로 244년에 개시된 조위 관구검군의 고구려 침공을 초래한 역사적 원인이 되었던 것으로 보인다. 그동안 조위가 고구려를 침공한 원인에 대해서는 242년 고구려가 먼저 서안평(西安平)을 공격하였기 때문에 그에 대한 반격으로 단행되었다고 보거나,[5] 조위가 배후지인 요동 지역을 궁극적으로 안정시키기 위한 작전이었다고 이해했다.[6] 이러한 추정도 일면 타당한 부분이 있다. 하지만 고구려와 조위 사이 전쟁의 발단이 되었던 지역이 압록강 하류의 '서안평'이었다는 사실은 기존과 다른 각도에서 생각해 볼 수 있는 여지를 주고 있다.

아래에서 살펴볼 바와 같이 서안평은 233~236년 고구려와 손오 사이의 해상 교섭에서 가장 중요한 거점 항구였던 안평구(安平口)와 같은 지역이다.

4_『삼국사기』 권17, 고구려 본기5 동천왕 10년.

5_池內宏, 「曹魏の東方經略」, 『滿鮮史研究』 上世第一冊, 吉川弘文館, 1951, 252-267쪽.

6_金子修一, 「二·三世紀の東アジア世界」, 『隋唐の國際秩序と東アジア』, 名著刊行會, 2001, 88쪽.

이것은 조위의 고구려 침공이 안평(서안평)을 거점으로 한 손오와 고구려의 재연결 및 고구려의 해상 진출을 원천적으로 봉쇄하기 위한 전략적인 군사행동이었음을 시사해 주는 것이다. 이와 같은 고구려와 손오의 교섭을 둘러싼 동북아 지역의 역사적 환경에 대해, 그동안 학계에서 크게 주목받지 않았던 『오서』의 기록을 토대로 고찰해 보고자 한다.

2. 고구려와 손오의 해상 교섭과 동북아 정세

233년에 시작되었던 고구려와 손오의 교섭은 그 전에 있었던 손오와 요동 공손씨 정권 사이의 교섭으로부터 파생되었다. 229년 손권은 그동안 소원했던 촉한(蜀漢)과의 연맹을 재확립하고 황제를 칭하면서 적대 관계에 있던 북쪽의 조위에 대해 공세적인 외교정책을 추진하기 시작하였다. 조위의 동북쪽에 있던 요동의 공손씨 정권과 연합하여 조위를 남북에서 포위 협공하는 형세를 형성하고자 했던 것이다.

손오의 중심 지역인 양주(揚州) 동남 연해 지역은 해상으로 발전할 수 있는 지형 조건을 갖추고 있었다. 하지만 초기에는 남하하는 조위와 서쪽의 촉한 때문에 해상 진출에 신경 쓸 여유가 없었다. 그런데 220년대에 들어서면서 그동안 촉한과 길항하던 서쪽의 형주(荊州)를 장악하였고, 229년에는 다시 촉한과 연맹 관계를 재확립하면서 비로소 해로를 통해 요동과 연결되어 조위를 압박할 수 있는 공세적인 해외 정책을 추진하게 되었다.[7]

손권은 229년 4월 칭제 후 곧바로 5월에 요동의 공손연에게 사신을 파견

7_黎虎, 「孫權對遼東的經略」, 『北京師範大學學報』 1994-5, 社會科學版, 1994, 45쪽.

하였고, 232년에는 양쪽의 사신이 서로 왕래하게 되었다. 그러나 233년에 이르러 조위의 압력을 받은 공손연이 손오를 배신함에 따라 양국의 관계가 갑자기 끊어지게 되었다. 공손연이 손오에서 온 두 사신을 참수하여 조위 명제(明帝)에게 보냈던 것이다. 이 사건으로 인해 격분한 손권은 공손연을 공격하려 했으나, 해외 원정의 부담과 그 틈을 타 조위가 침공할 수 있다는 대신들의 반대에 의해 결국 요동 원정 계획은 중단되었다.

그런데 233년 손오·공손씨 사이의 관계 단절은 뜻밖에도 손오와 고구려의 교섭을 여는 계기가 되었다. 앞서 살펴본 『오서』의 기록에 의하면, 233년 손오의 사신이 공손연에 의해서 요동군의 양평에서 피살된 후, 현도군에 잡혀 있던 손오의 중사(中使)인 진단(秦旦)·장군(張羣)·두덕(杜德)·황강(黃疆) 등이 그해 8월 19일 현도성(지금의 요령성 무순시)을 탈출하여 천신만고 끝에 고구려에 도착하였다. 당시 고구려왕 궁(宮), 즉 동천왕(東川王)은 그들을 환대하였을 뿐만 아니라 조의(皂衣) 25명을 보내 그들을 손오로 안전하게 송환해 주는 한편, 담비[貂] 가죽과 할계[鶡鷄] 가죽을 선물로 보내 주기도 하였다. 이에 손권은 답례로 1년을 거른 다음 해, 즉 235년에 사굉(謝宏) 등을 보내 동천왕을 선우(單于)로 책봉하고 의복과 보물을 전해 주게 하였다. 앞서 손오의 사신들을 호송하러 갔던 고구려의 조의들도 이때 손오의 사신단과 함께 본국으로 귀국했다. 하지만 동천왕은 조위 유주자사(관구검)의 완곡한 밀지를 받고 손오의 사신을 체포하여 조위에 바치려고 하였다. 그러나 사굉은 임기응변으로 고구려로부터 사과를 받아 내었다. 마침내 사굉은 동천왕에게 손권의 조서와 선물을 전달하였고, 답례로 말 수백 필을 얻게 되었으나, 타고 온 배가 작아서 고구려로부터 받은 수백 필의 말 가운데 80필만 싣고 손오로 돌아갔다는 것이다.

233년 손오의 사신이 요동 공손씨의 위협을 피해 고구려에 망명하게 되면서 양국의 접촉이 시작되었다. 당시 고구려와 요동의 공손씨는 적대적인 관계에 있었다. 『삼국지』 동이전 고구려조에 의하면, 건안 연간(196~219)에 요동의 공손강(公孫康)이 군대를 보내 고구려를 공격하여 격파하고 읍락을 불태웠다. 또 뒤에 고구려가 현도를 공격하자 현도군과 요동군이 힘을 합쳐 고구려를 반격하여 크게 격파하였다. 더욱이 요동의 공손씨는 고구려 산상왕(山上王)에게 반기를 들고 도망했던 발기(拔奇)가 투항했던 세력이기도 하였다. 이와 같이 적대 관계에 있었던 요동의 공손씨로부터 탈출한 손오의 사신단을 고구려에서 후대한 것은 국제 정세상 자연스러운 것이었다. 특히 233년 요동의 공손씨 정권이 갑자기 손오를 배신하고 조위에 귀부하게 되면서, 고구려로서는 조위와 적대적인 관계에 있던 손오와의 화친이 더욱 필요했을 것이다.

233년은 고구려 동천왕이 즉위한 지 7년째 되는 해였다. 동천왕은 산상왕의 왕후인 우씨(于氏) 소생이 아니라 관노부(灌奴部) 주통촌(酒桶村) 여인의 소생으로, 산상왕 17년(213)에 태자로 책립되었다가 227년 5월에 산상왕이 죽자 왕위를 계승하였다. 동천왕 즉위 초기에는 왕후인 우씨에게 정국 운영의 주도권이 있었다. 이러한 분위기는 『삼국사기』 동천왕 즉위년 기록에서 왕후가 왕의 말과 수라로 왕의 성정을 두 번이나 시험해 보았으나 왕은 전혀 노하지 않았다는 기록에서 엿볼 수 있다. 동천왕 2년(228) 2월에 왕은 졸본에 가서 시조묘(始祖廟)에 제사하고 죄수들을 크게 사면하였으며, 3월에는 왕후 우씨를 왕태후로 봉하였다. 손오의 사신이 고구려로 망명하였던 233년 무렵은 동천왕의 즉위 초기로 국정 운영의 실권이 아직까지 왕태후 우씨에게 있던 시기였다. 이런 국내 상황에서 손오의 사신이 황제(손권)의 조서를 들고 고구려에 온 것은 정국의 주도권을 동천왕이 장악할 수 있는 좋은 기회였을 것이다.

한편 235년 손권이 사굉 등의 사신단을 고구려에 파견하였던 것은 고구려의 호의에 대한 답례이면서, 동시에 요동의 공손씨 대신 조위의 배후를 교란할 수 있는 새로운 전략적 연합 상대로 고구려를 선택했기 때문이었다. 아울러 손오가 고구려에 사신단을 파견하였던 데는 요동 공손씨와의 교섭 때와 마찬가지로 고구려를 통해 북방의 좋은 말을 얻기 위한 실리적 목적도 있었다.[8] 손오의 중심지였던 강남 지역은 말의 산출이 적어서 말이 상대적으로 많은 북쪽의 조위와 비교해 군사적으로 큰 결함이었다. 이에 손오는 동북 지역에서 말의 산출이 비교적 많은 요동 및 고구려와의 외교적 교섭과 호시(互市)를 통해서 마필을 취득하였다. 손오가 마필을 대량으로 구입해 오기 위해 요동 및 고구려와 적극적인 교섭을 추진했기 때문에 이를 '마필외교'(馬匹外交)라고 부르기도 한다.[9]

사굉이 고구려로부터 말 수백 필을 얻었으나 타고 갔던 배가 작아서 80필만 싣고 돌아왔다는 사실이 특별히 기록되었던 것도 바로 이러한 정세와 관련이 있다. 조위와의 전쟁에서 전술적으로 필요한 마필의 획득이 손오의 입장에서는 고구려와 교섭하는 또 다른 중요한 목적이었다. 『삼국지』 동이전에 의하면 고구려의 말은 모두 작아서 산에 오르기 편하였고, 동예의 과하마(果下馬)와 비슷하였는데 과하마는 키가 3척으로 과일나무 아래를 타고 지나갈 수 있다고 하여 붙여진 이름이라고 한다. 그래서 『위서』(魏書)에서는 고구려의 과하마를 삼척마(三尺馬)라고도 하였다. 사굉이 손오로 배에 싣고 갔던 80필의 고구려 말도 이와 같은 과하마였을 것이다.

『오서』에는 고구려가 손오에 보낸 것에 대해 담비 가죽 1천 매, 할계(멧닭) 가죽 10구, 말 80필이라고 구체적으로 기록되어 있는데, 이것은 손오의 고구려 물품에 대한 관심이 반영된 결과일 것이다. 반면에, 손오가 고구려에 보낸 물품에 대해서는 '의물진보'(衣物珍寶)라고만 기록되어 있어 자세한 내용을 알 수 없다. 고구려로 들어간 손오의 물품에 대해 구체적으로 확인할 수 없으나, 『진서』(晉書, 권56) 손초(孫楚)전에서 강남과 북방의 교류를 통해 "삭토(북방)에는 창(菖)·활(越)이 퍼지고, 오회(오군과 회계군, 즉 강남)에는 초(貂)·마(馬)가 널

8_重松俊章, 「孫吳の對外發展と遼東との關係」, 『九州帝國大學法文學部十周年記念哲學史學文學論文集』, 岩波書店, 1937, 34쪽; 黎虎, 앞의 논문, 1994, 45-46쪽.

9_黎虎, 「六朝時期江左政權的馬匹來源」, 『中國史研究』 1991-1, 1991, 101-105쪽.

리게 되었다"라고 한 것으로 보아, 강남의 창포와 부들로 만든 물품들이 특히 많이 고구려로 유입되었을 것으로 짐작된다.

235년 손오에서 고구려왕을 '선우'(單于)로 책봉한 것은 책봉 제도의 관례를 벗어난 이례적인 것이었다. 주지하듯이 선우는 원래 흉노왕의 호칭이었다. 흉노가 한 무제(武帝)의 공격을 받고 분열한 후 한 선제(宣帝) 때 남흉노의 호한호(呼韓乎) 선우가 한에 입조하였는데 한에서는 '선우'호를 그대로 사용하도록 독자성을 인정하였다. 한대 책봉 제도에서는 영역외의 신하, 즉 '외신'(外臣)을 '모왕'(某王) 또는 '모후'(某侯)로 봉하는 것이 일반적이었다. 남흉노의 선우가 '선우'호를 계속 사용한 것은 선우가 외신의 상위에 별도로 위치함을 의미하는 것이었다. 한의 제도를 따른 손오가 만약 고구려를 일반적인 외신으로 대우했다면 요동 공손연을 '연왕'(燕王)으로 봉한 것처럼 '왕'호로 책봉했어야 했다. 손오가 고구려 동천왕에게 외신의 왕호가 아니라 독자적인 '선우'호를 부여했던 것은 고구려를 최대한 우대한 것이었다. 당시 손오는 요동 공손씨 정권과의 관계가 갑자기 단절되면서 말의 공급이나 조위의 배후지 견제를 위해서 고구려와의 교섭이 절실히 필요했기 때문이다. 이와 관련해 손오가 고구려왕에게 유목 세력의 이미지를 가지고 있는 '선우'호를 준 것은 그를 통해 말의 확보를 용이하게 하기 위한 의도가 있었던 것이라고 추정되기도 한다.[10]

이상 『오서』에 보이는 233~235년 고구려와 손오의 교섭 기록은 『삼국사기』에서는 확인되지 않는다. 『삼국사기』에는 대신 그다음 236년 양국의 마지막 관계 기록이 보이는데, 동천왕 10년(236) 2월에 오왕 손권의 사신 호위(胡衛)가 와서 화친을 청했지만 고구려는 손오의 사신을 잡아 두었다가 7월에 목을 베어 위(魏)에 보냈다는 것이다. 이 기록은 『삼국지』 명제 청룡 4년 가을

10_菊地大, 「孫吳政權の對外政策について: 東アジア地域を中心に」, 『駿台史學』 116, 2002, 114-115쪽.

7월조에서도 똑같이 확인되는데, 호위의 목을 베어서 유주(幽州)에 보냈던 것으로 기록되어 있다. 당시 유주자사는 관구검이었다. 235년 사굉의 방문 때와 마찬가지로 손오와 고구려의 교섭에 유주자사 관구검의 영향력이 미치고 있었던 것이다. 고구려가 손권의 사신 호위를 참수하였던 것도 역시 유주자사 관구검의 풍지(諷旨)에 의한 것으로 보인다.

이처럼 고구려와 손오의 교섭이 중단되었던 것은 조위 유주자사 관구검의 간섭이 있었기 때문이었다. 동천왕 8년(234)에 조위가 고구려에 사신을 보내 화친을 맺었으며, 그해 9월에 태후 우씨가 사망하였다. 235년 고구려가 조위의 풍지에 의해 손오의 사신 사굉 일행을 잡아 조위에 보내려고 했던 것도 바로 234년에 있었던 고구려와 조위 사이의 화친에 따른 결과였다. 특히 태후 우씨의 사망으로 정국 운영의 주도권을 잡게 된 동천왕으로서는 멀리 떨어진 손오와의 모험적인 외교를 감수할 필요성이 없어졌고, 그보다 지리적으로 가까운 조위와의 안정적인 외교정책을 우선시하게 되었을 것이다. 이에 따라 동천왕은 손오보다 가까운 거리에서 직접적 위협을 가해 올 수 있는 조위와의 우호 관계가 현실적으로 더 필요하다고 판단하여 결국 236년에 손오의 사신을 참수하였던 것이다.

『삼국사기』 기록에 의하면 고구려와 손오의 관계는 236년에 끝난 것으로 보인다. 그런데 『삼국지』 명제 경초 원년(237) 기록에 의하면, '처음에'[初] 손권은 바닷길로 사신을 보내 고구려와 연통하여 요동을 습격하고자 하였다고 하여, 마치 237년에도 양국의 교섭이 있었던 것처럼 보이기도 한다. '처음에'라는 시점이 정확히 밝혀져 있지 않지만, 기존 연구에서는 이를 근거로 237년에도 손오와 고구려의 연결이 있었다고 보기도 하였다.[11]

11_임기환, 「3세기~4세기초 위(魏)·진(晉)의 동방정책」, 『역사와 현실』 36, 2000, 11쪽; 손영종, 「대외 관계, 고구려의 자주적 대외 정책」, 『조선단대사』(고구려사 3), 과학백과사전출판사, 2008, 146쪽.

그러나 236년 손오의 사신이 고구려에서 참수되었던 상황에서 237년에 또 사신을 보냈다고 보기는 어려울 것 같다. 『삼국사기』 고구려 본기에 의하면, 같은 해인 동천왕 11년(237)에 고구려가 조위에 사신을 보내 연호의 개칭을 축하하며 우호의 태도를 표시하였다고 한다. 이로 보아 고구려는 236년 손오의 사신을 참수해 유주에 보낸 이래로 손오와 절교하고 친위(親魏) 정책을 추진했던 것이다.

『삼국지』 명제 경초 원년(237) 기록에는 위의 '처음에'로 시작되는 문장 바로 뒤에, 조위의 유주자사 관구검 군대가 선비·오환의 군대와 함께 요동 남쪽에 이르러 공손연을 불렀으나 공손연은 이에 응하지 않고 반항하였다는 기록이 연결되어 있다. 그리고 이 때문에 관구검이 공손연을 토벌하려고 했으나 장마로 인해 성공하지 못하고 철군하였다고 한다.

이로 보아 앞의 '처음에 손권이 고구려와 연통해 요동을 습격하고자 했다'고 한 것은 실제로 이때 손오와 고구려가 연통했다기보다 조위가 공손연을 치기 위해 요동 남부로 진군하면서 내세웠던 구실이었다고 판단된다. 즉, 조위가 요동 남쪽에 관구검 군대를 출정시키면서 손권이 고구려와 연통해 요동을 협공하려고 하기 때문에 도와주러 가는 것처럼 핑계를 댄 것이다. 그러나 당시 관구검군대의 진짜 목적은 공손연을 토벌하는 데 있었기 때문에 공손연은 이를 눈치 채고 응하지 않았다. 따라서 이 기록을 근거로 237년에 고구려와 손오가 실제로 연통해 요동을 습격하려고 했다고 보기는 어렵다.[12]

요컨대, 고구려와 손오의 교섭은 233년 8월 요동의 공손씨로부터 탈출한 손오의 사신단이 고구려에 망명하면서 우연히 시작되었다가, 3년 만인 236년 7월 조위의 간섭에 의해 고구려가 손오의 사신을 참수하면서 단절되었다고 정리할 수 있다.

12_西嶋定生, 「親魏倭王冊封に至る東アジアの情勢: 公孫氏政權の興亡を中心として」, 『中國古代國家と東アジア世界』, 東京大學出版會, 1983, 484쪽.

고구려와 손오의 교섭은 233~236년 3년간 짧은 기간 전개되었지만 그 역사적 의의는 적지 않다고 할 수 있다. 먼저 내륙에 위치했던 고구려가 손오의 사신을 따라 바닷길로 처음 멀리 장강 하류 지역까지 항해하면서, 그 경험을 바탕으로 고구려의 조선업과 항해 기술이 새롭게 발전하는 계기가 되었다. 또한 뒤에 고구려가 동진 및 송·제·양·진 등 남조의 국가와 장기간 교류하는데 필요한 기초 조건이 손오와의 교섭을 통해 마련되었다고 할 수 있다.[13]

237년 유주자사 관구검의 공손연 토벌이 실패한 후 조위는 238년 봄 장안(長安)에 있던 태위 사마의(司馬懿)를 보내 공손씨 세력을 대대적으로 정벌하기 시작하였다. 238년 조위가 중앙정부 차원에서 공손씨 세력에 대해 적극적인 강압 정책을 추진할 수 있었던 것은 그 무렵 삼국의 정세 변화와도 관련이 깊다. 그동안 한중·기산 방면에서 조위군을 압박하고 있었던 촉한의 승상 제갈량(諸葛亮)이 234년 8월 위수유역 오장원에서 병사하였다. 223년 손오와 촉한이 동맹 관계를 성립하면서부터 조위는 오·촉 양국에 대한 양면 작전을 감수해야만 했다. 그런데 제갈량이 병사하면서 촉한의 공격이 둔화되고 조위군은 서방 촉한과의 전선에서 큰 부담을 덜게 되면서 남방 손오와의 전선에 군사를 집중시킬 수 있게 되었다. 이러한 정세 변화는 조위의 군사운용에 큰 여유를 가져다주었고, 이제까지 복속과 배신을 반복했던 배후의 공손씨 정권에 대해 강압적인 군사정책을 추진할 수 있게 되었던 것이다. 요동출병의 총지휘관이었던 사마의는 그전까지 대장군으로서 대촉전선의 최고지휘관으로 있었다. 그러다가 제갈량이 병사하자 도성으로 돌아와 태위로 제수되었으며 곧 이어 요동 정벌의 책임을 맡게 된 것이었다.

238년 사마의의 요동정벌 계획을 들은 공손연은 손오에 사신을 보내 다시 신하로 자청하고 구원군을 보내 줄 것을 요청하였다.[14] 이미 233년 손오의 사

13_崔永哲·苗威, 「高句麗與孫吳的交往」, 『東疆學刊』 16-4, 1999, 26쪽.

14_『삼국지』 권8, 公孫度傳 배송지 주 『漢晉春秋』.

신을 참수해 조위에 보냈던 적이 있기 때문에 손오의 협조는 사실상 기대하기 어려웠다. 당시 손오에서는 공손연의 사신을 살해하자는 의견까지 나올 정도로 반대가 심했으나, 양도(羊衜)의 건의로 어렵게 파병이 결정되었고 결국 다음 해인 239년 3월에야 요동으로 구원군을 출발시킬 수 있었다.[15]

그러나 손오의 구원군이 출발했을 당시에는 이미 공손씨 정권이 멸망한 후였다. 238년 8월 공손씨의 중심지인 양평이 조위군에 의해 점령되었고 공손연과 그 아들은 도주하다가 양수(梁水)에서 잡혀 살해되었다. 238년 사마의가 공손연을 정벌할 때 고구려 동천왕은 주부(主簿)와 대가(大加)가 이끄는 군사 수천 명을 보내 도와주었다. 이로 보아도 237년에 고구려가 손오와 연통하여 요동을 치려고 했다고 한 『삼국지』의 명제 경초 원년 기록은 그대로 믿기 어렵다. 손오와의 교섭이 끊긴 236년 7월 이후 고구려는 친위 정책을 유지하고 있었던 것이다.

239년 손오의 사신단과 구원군이 요동에 도착했을 때 그 일대는 이미 조위에 의해 장악되어 있었다. 하지만 손이(孫怡)가 이끄는 손오군은 그냥 돌아오지 않고 조위군과 격전하여 남녀 포로를 잡아 돌아왔다고 한다. 이로써 손오가 229년부터 시작했던 조위의 배후지(요동·고구려)에 대한 교섭 정책은 10년 만에 막을 내리게 되었다.

15_黎虎, 앞의 논문, 1994, 42쪽. 한편 『漢晉春秋』 238년의 "勒兵大出" 기록을 근거로 손오의 요동 파병이 곧바로 있었다고 보는 견해도 있다(西嶋定生, 앞의 책, 1983, 486쪽). 하지만 『자치통감』 권74 위 명제 경초 2년(238)조에 이 부분이 "대륵병"(大勒兵)이라고만 나오고, 또 『삼국지』 오주전(吳主傳)에도 적오 2년(239) 3월에 요동으로의 파병 기록이 나오는 것으로 보아, 실제 출병은 239년에 있었으며 238년에는 그에 앞선 대규모 군대 정비로 판단된다.

그림 3-1 | 관구검군의 고구려 침공로

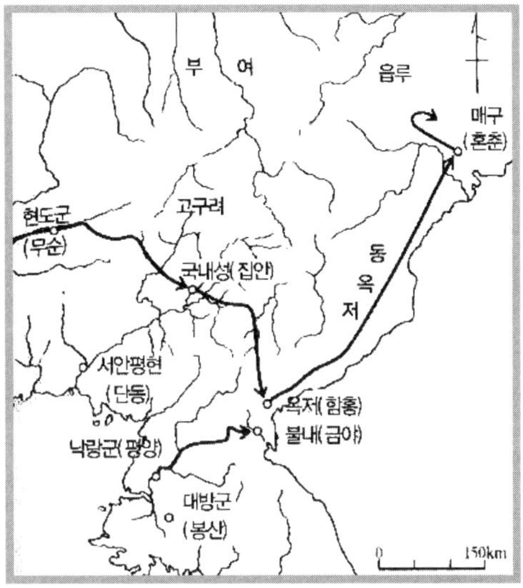

田中俊明(1995).

3. 양국의 교섭 항로와 안평(安平)의 지정학적 위치

238년 8월 요동의 공손씨 정권이 멸망하면서 조위와 고구려가 직접 영토를 맞닥뜨리게 되었다. 242년 고구려가 먼저 요동의 서안평현을 공격하여 깼고, 또 244년에는 조위의 유주주사 관구검이 대규모 군대를 이끌고 고구려를 침공하기 시작하였다. 244년 관구검의 고구려 원정은 245년에도 이어져 환도성이 함락되고 동천왕은 동해안까지 피난할 정도로 고구려에 큰 타격을 주었다(그림 3-1 참조).[16] 고구려와 조위의 군사 충돌은 중간 지대인 요동의 공손씨 정권이 소멸되면서 예견된 것이었다.

그런데 고구려와 조위의 군사충돌이 고구려가 요동의 서안평을 공격하면

16_池內宏, 앞의 책, 1951, 252-267쪽 참조.

서부터 시작되었다는 점은 앞서 살펴본 조위-고구려-손오를 둘러싼 국제 정세와 관련하여 새로운 각도에서 다시 조명해 볼 수 있는 단서를 제공해 준다. 서안평은 고구려와 손오의 해상 교섭에서 가장 중요한 거점 항구였던 안평구가 위치했던 지역이기 때문이다.

한(漢)·위(魏) 시기 요동의 해로(海路)는 크게 세 가지였다. 첫째, 산동에서 바다로 들어가 묘도군도를 따라 북쪽으로 항해하여 요동반도 여순 노철산 일대에 이른 후 북행하여 육지에 오르는 '답진도'(沓津道). 둘째, 산동에서 바다로 들어가 동북쪽으로 항해하여 황해 해안을 따라 압록강 하류로 들어가는 '안평도'(安平道). 셋째, 산동이나 어양(지금의 천진 일대)으로부터 발해를 건너 요하 하구로 들어간 후 요수와 양수를 거슬러 올라가 양평에 이르는 '양평도'(襄平道) 등이다.[17]

손오와 요동 공손씨 사이의 교섭 항로는 『위략』(魏略) 기록을 통해 볼 때 요동반도 남단의 '답진'을 경유하는 '답진도'였다. 한편 고구려와 손오의 해상 교통로는 235년 사굉의 사신단이 압록강 하류의 '안평구'에 이르렀다는 『오서』의 기록으로 볼 때 '안평도'를 이용했던 것이다.

'안평구'에 대해 『한서』 권28 지리지에서는 서안평과 동일한 지명으로 설명하고 있다. 즉, 서안평은 북안평이라고도 불리는 지역이며, 이 북안평은 『오서』에서 말하는 '안평구'로서 남쪽으로 마자수(압록강)에 접해 있다고 하였다. 또 마자수는 서남쪽으로 서안평에 이르러 바다로 들어간다고 하여, 서안평이 마자수(압록강)의 하구임을 밝히고 있다.

고구려와 손오의 교섭 항로는 순수하게 항해 조건만 생각하면 양자강 하구로부터 해안을 따라 북상하여 산동반도의 성산각(成山角)을 돌아 요동으로 건넌 다음 다시 연안을 따라 동쪽으로 항해하여 압록강 하류에 도달하는 경

17_王綿厚·李健才, 『東北古代交通』, 瀋陽出版社, 1990, 72쪽.

그림 3-2 | 고구려와 손오의 교섭 항로

윤명철(2003).

로를 상정할 수 있다. 그러나 233~236년 시기에는 요동의 공손씨 정권이나 조위가 모두 고구려와 손오의 교섭에 반대하는 적대적 입장에 있었기 때문에 요동반도나 산동반도의 해안선과 가까운 연안 항로를 선택하는 것은 사실상 불가능했다. 이미 232년 9월 이 항로를 이용하던 손오의 사신단이 산동반도의 성산에서 조위군의 습격을 받아 참살당했던 사건[18]이 있었다. 이로 보아 당시 요동반도와 산동반도의 연안 항로는 공손씨와 조위의 세력에 의해 장악되어 있었던 것이다.

이러한 정치적 조건 속에서 양국에게 가장 적합한 교섭 항로는 '황해 중부 사단 항로'로 거의 원양 항해에 가까운 장거리 항해였지만, 당시 정세로 보아 가장 안전한 길이었다고 추정한 연구[19]가 있다. 이 길은 요동반도 동쪽(안평

18_『삼국지』 권47, 오서2 吳主 孫權傳 嘉禾 원년.

구)에서 출발하여 요동만을 오른쪽으로 보면서 남하하고, 역시 산동반도의 끝 부분(성산각)에서 먼 바다 쪽으로 항진하여 조위의 세력권을 벗어난 다음, 회하 이남인 손오의 제해권 영역으로 들어가는 것이다. 반대로 귀환할 때에는 양자강 하구를 출발하여 근해로 북상하다가 황해 중북부를 사단(斜斷)하여 한반도 서해안 쪽에 다다른 다음, 다시 근해를 북상하여 안평구에 도달한다(그림 3-2 참조).

손오의 항해 능력으로 보아 양자강 하류에서 황해 남부를 횡단하여 한반도 중부 서해안에 도착한 후 연안을 따라 북상하는 길도 생각해 볼 수 있으나, 평안도·황해도 일대의 낙랑군과 대방군이 당시 손오와 적대 관계에 있던 요동 공손씨 정권의 아래에 있었다는 점을 감안하면 역시 위험한 길이었다. 당시 동북아 정세로 보아 〈그림 3-2〉의 황해 중부 사단 항로는 설득력이 있다고 생각된다.

양국의 교섭 항로에서 안평구는 고구려 쪽에서 가장 중요한 항구였다. 당시 고구려의 수도였던 국내성이 내륙에 위치한 관계로 해양으로 진출하기 위해서는 압록강을 따라 남하해야 하는데, 그 길목이 바로 안평구였던 것이다. 따라서 안평구, 즉 서안평을 확보하지 못하면 양국의 교섭은 사실상 불가능하게 되는 것이다.

압록강 하류의 안평은 현재 요령성 단동시 구련성진 상첨촌의 애하첨고성(靉河尖古城)에 위치했던 것으로 비정된다. 애하첨고성은 애하와 압록강이 합류하는 압록강 북안의 삼각주상에 위치해 있다. 성지는 동서 약 500미터, 남북 약 600미터의 방형에 가까운 토성이다. 성 내부는 대부분 경작지로 바뀌었는데 한대의 회색승문토기편, 기와편, 오수전(五銖錢) 등과, 고구려의 홍색기와편과 연화문와당, 요금(遼金) 시기의 토기편도 출토되었다. 특히 여기서 한

19_윤명철, 「고구려 전기의 해양 활동」, 『고구려 해양사 연구』, 사계절, 2003, 88쪽.

그림 3-3 | 요령 단동 애하첨고성 출토 "安平樂未央"명 와당(탁본)

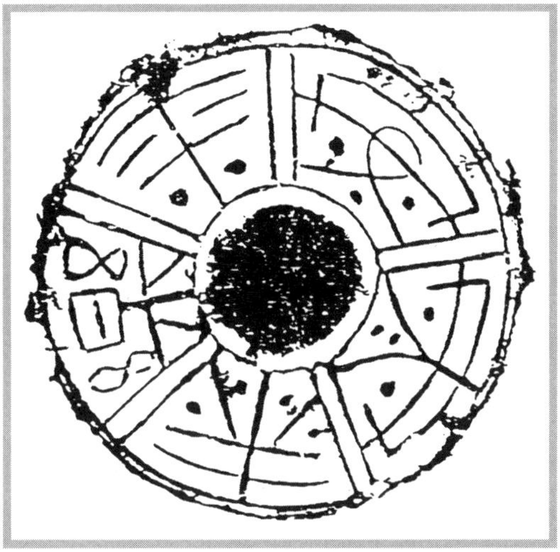

대 와당이 발견되었는데 "안평락미앙"(安平樂未央)의 명문이 있었고(그림 3-3 참조), 또 삼국 이후의 회도편에서도 "안평"(安平)이라고 새겨진 명문이 발견되었다. 출토 유물로 보아 고구려가 한대의 토성지를 이어서 사용한 것이며, 한 요동군의 서안평현과 고구려의 안평성이 바로 여기였던 것으로 이해된다.[20]

최근 애하첨고성과 인접한 요령성 단동시 관전향 호산의 대형 고구려 석축 건물지에서 우물 유적이 발견되었는데, 우물 속에서 완형의 통나무배가 출토되었다. 호산은 고구려 시기에 서안평(안평) 지역이었다. 우물은 너비가 4.4미터, 깊이 12미터 정도인데 6미터 아래에서 다른 유물들과 함께 나무로 만든 배가 나왔다. 배는 하나의 통나무를 가공하여 만든 것인데 길이는 3.7미터 정도 된다. 또한 우물 안에서는 당시에 배에서 사용하던 여러 가지 유물들

20_王綿厚, 「鴨綠江兩岸重要高句麗古城綜錄」, 『高句麗古城研究』, 文物出版社, 2002, 140-141쪽; 魏存成, 『高句麗遺蹟』, 文物出版社, 2002, 127-128쪽.

이 나왔는데, 그 가운데 나무로 만든 노, 끝에 쇠꼬챙이를 끼운 나무삿대, 나무통, 봇나무 껍질로 만든 통, 널판자, 나무삽날, 나무가름대, 호로병 모양의 바가지, 삿자리, 각종 규격의 밧줄, 회색 단지, 두 개의 띠 모양의 손잡이가 가로 방향으로 붙은 단지, 쇠망치, 끝이 두 갈래로 된 갈고리 등이 나왔다.[21] 이것은 압록강 하류 지역과 도성인 집안 일대를 오고 가던 고구려의 내륙선과 관련된 유물로 보인다. 내륙 하천에서 사용하던 선박은 바다에서 이용하던 선박보다 작았을 것인데 3.7미터라면 고구려 척(35.6센티미터)으로 10척에 가까운 규모이다. 물론 이보다 큰 규모의 선박도 압록강의 수량에 따라 운행이 가능했겠지만, 압록강을 통해 서해로 들고나던 일반적인 소형 선박은 이 정도 규모가 아니었을까 생각해 볼 수 있다.

235년 사굉이 이끄는 손오의 사신단이 '안평구'에 도착하여 고구려 도성과 교통하고 있는 것을 보면, 당시 '안평구'는 고구려 세력권 안에 있었던 것이다. 그런데 242년에 고구려가 요동의 서안평현을 공격했다고 했으므로 그 사이에 안평구 일대가 조위의 세력권으로 바뀌었던 것이다. 아마도 238년 조위가 요동의 공손씨 정권을 멸망시키고 나서 여세를 몰아 서안평까지 진출했던 것이 아닌가 한다. 바로 이 때문에 공손씨 정벌을 도왔던 고구려와의 관계도 악화되었을 것이다.

이러한 상황에서 고구려가 다시 242년에 서안평을 공격하여 빼앗은 것이다. 이것은 고구려가 다시 해양으로 손오와 연결될 가능성이 열렸음을 의미하는 것이었다. 조위의 입장에서는 배후의 고구려가 주적인 손오와 연결되는 것을 좌시할 수만 없었을 것이다. 244년에 시작된 조위 유주자사 관구검의 고구려 원정은 바로 이러한 맥락 속에서 개시되었다. 관구검의 고구려 침공은 242년 고구려가 쟁취했던 서안평의 지정학적 위치와 깊은 관련이 있는 것이다.

21_中國考古學會 編, 『中國考古學年鑒: 1992』, 文物出版社, 1994, 185-186쪽; 리광희, 『고구려유물연구』, 과학백과사전출판사, 2005, 313-314쪽.

조위의 고구려 침공은 단순한 보복성 공격이 아니라 궁극적으로는 조위의 배후지를 안정시키기 위한 전략의 일환이었으며, 전술적으로는 서안평(안평구)을 매개로 한 고구려와 손오의 재연결을 차단하기 위한 작전이었던 것이다.

이와 관련해 『삼국사기』 고구려 본기 동천왕 20년(246)조의 주에서는, 『양서』(梁書)를 인용하며 사마의가 공손연을 토벌한 틈을 타서 동천왕이 장수를 보내 서안평을 습격하자 관구검이 내침하였다고 언급하고 있다. 그러나 『양서』 고구려전에는 사마의의 공손연 토벌(238), 동천왕의 서안평 공격(242), 관구검의 고구려 침공(244)에 대해 별개의 사건처럼 병렬적으로 기록되어 있다. 이처럼 세 사건을 연도에 따라 병렬적으로 기재했던 것은 『삼국지』 고구려조에서도 똑같이 확인된다. 『삼국사기』의 주석에 대해 단순한 착오라고 생각할 수도 있으나, 다른 각도에서 보면 『삼국사기』의 편찬자가 세 사건을 서로 연동된 것으로 이해했기 때문에 이와 같이 기록했다고 볼 수 있다. 238년 조위의 요동 공손씨 정벌, 242년 고구려의 서안평 공격, 244년 조위의 고구려 침공 등에 대해 『삼국지』와 『양서』가 병렬적인 연대기처럼 기록한 것과 달리 『삼국사기』 편찬자는 이 세 사건을 서로 연동되어 일어난 일련의 전쟁으로 파악한 것이다.

이러한 『삼국사기』 편찬자의 안목은 조위, 요동의 공손씨, 고구려 사이의 상호 작용(interaction)을 이해하는 데 주목되는 바이다. 하지만 『삼국사기』의 편찬자는 이들과 관련된 손오의 역할까지는 인식하지 못하였다. 앞서 본 『오서』의 손오와 고구려 사이의 교섭 기록을 통해 볼 때, 이 세 사건의 이면에는 조위, 요동 공손씨, 고구려와 함께 강남 지역의 손오까지 연관되어 있었다. 3세기 서안평의 지정학적 위치는 바로 여러 정치 세력 사이의 상호 작용 속에서 정해졌다.

그 후 311년 8월에 고구려 미천왕(美川王)은 장수를 보내 요동의 서안평을 공격하여 차지하였다. 고구려의 서안평 점령은 중국 본토와 낙랑군과의 통로를 끊어 버리는 효과가 있었다. 313년과 314년에 고구려가 낙랑군과 대방군을 정복할 수 있었던 것도 바로 서안평을 먼저 점령했기 때문에 가능했다. 이처럼 서안평의 지정학적 위치는 3~4세기 동북아시아 국제 관계 속에서 중요한 자리를 점하고 있었다.

결국 조위의 관구검군이 고구려를 침공했던 것은 서안평의 지정학적 위치와 관련된 것으로, 서안평을 통해 주적인 손오가 다시 배후의 고구려와 교섭할 가능성을 근본적으로 차단하기 위해서였다고 판단된다.

4장

백제·신라의 취리산 회맹과 연미산 제단 유적*

최광식

1. 머리말

1980년대까지 한국 고대의 제사는 시조묘(始祖廟), 신궁(神宮), 오묘(五廟), 종묘(宗廟), 삼산오악(三山五嶽) 등 『삼국사기』 본기 및 제사지 등의 문헌을 중심으로 연구되어 왔다.[1] 이는 우리나라에서 발굴된 제사 유적이 많지 않았기 때문이다. 일본에서는 필자가 1985년 일본에서 연구할 때, 일본 지바에 있는 역사민속박물관에서 이미 일본 고고학 유적 중 제사와 관련된 유물만을 정리한 목록집이 나온 바가 있으나, 우리나라의 제사 관련 고고학에 대한 관심 및 연구는 그보다 좀 늦었다고 할 수 있다.

---

* 이 글은 2009년 5월 1일 한국고대학회 춘계학술회의에서 기조 발표했던 원고를 수정·보완한 것이다.

1_최광식, 「新羅의 神宮 設置에 대한 新考察」, 『韓國史硏究』 43, 1983; 신종원, 「三國史記 祭祀志 硏究: 新羅祀典의 沿革·內容·意義를 중심으로」, 『史學硏究』 38, 1984,; 최광식, 「三國의 始祖廟와 그 祭祀」, 『大丘史學』 38, 1989.

그러나 1980년대 말부터 국내에서도 제사와 관련된 유적이나 유물이 많이 발굴되기 시작하였다. 우선 「울진신라봉평비」와 「영일냉수리신라비」가 각각 발견되어 "살반우"(殺斑牛), "살우"(殺牛) 등과 같은 희생(犧牲) 관련 자료를 얻게 되면서 문헌의 부족함을 보충할 수 있게 되었다. 이후 1990년대 들어와 전북 부안 죽막동 제사 유적이 발굴되자 국립전주박물관에서는 이와 관련된 학술회의를 개최하였고,[2] 이를 계기로 제사 고고학 연구의 시초가 열리게 되었다. 또한 죽막동의 뒤를 이어 제주 용담동,[3] 늑도,[4] 광주 신창동 유적[5] 및 환도산성,[6] 이성산성,[7] 나정,[8] 설봉산성[9] 등의 팔각 건물지 등 제사와 관련된 선사 및 역사시대의 유적과 유물이 많이 발굴되었다. 따라서 이를 통해 문헌 자료와 고고학 자료를 함께 고려하면서 당시의 제사 제도, 의례, 제사 과정 등을 생각할 수 있게 되었다.

이 글에서 살펴보고자 하는 신라 문무왕 5년(665) 백제와 신라의 회맹은 바로 문헌 자료와 고고학 자료를 함께 고려하면서 연구할 수 있는 주제라고 할 수 있다. 사실 부안 죽막동 제사 유적은 제사와 관련된 대표 유적이지만, 문헌에서 그와 직접 관련된 자료를 찾기는 어렵다. 그러나 취리산(就利山) 백제·신라 회맹은 문헌 기록과 현장의 고고학 발굴 자료를 일치시켜 생각해 볼 수 있고, 이를 통해 제의의 진행과정이나 제사 주체, 제사 목적 등을 살펴볼

2_국립전주박물관, 『扶安 竹幕洞 祭祀遺蹟 硏究: 開館五周年紀念 學術심포지엄論文集』, 1998.

3_제주대학교 박물관, 『濟州市 龍潭洞 遺蹟』, 1993.

4_부산대학교 박물관, 『늑도주거지』, 1989; 부산대학교 박물관, 『늑도 패총과 분묘군』, 2004.

5_국립광주박물관, 『光州 新昌洞 低濕地 遺蹟 Ⅰ』(國立光州博物館學術叢書 第33冊), 1997.

6_吉林省文物考古硏究所·集安市博物館, 『丸都山城: 2001~2003年集安丸都山城調査試掘報告』, 文物出版社, 2004.

7_한양대학교 박물관, 『이성산성: 2차발굴 조사 중간보고서』, 1988.

8_중앙문화재연구원, 『경주 나정: 신화에서 역사로』(제1회 중앙문화재연구원 학술대회), 2005.

9_단국대학교 중앙박물관, 『이천 설봉산성 1차 발굴 조사 보고서』(고적조사보고 제24책), 단국대 출판부, 1999.

수 있다. 그러한 면에서 취리산 백제·신라 회맹단지는 우리나라 제사 고고학을 살펴보는 데 중요한 자료이다.

우선 『삼국사기』 신라본기 문무왕 5년(665)조에는 취리산 회맹 당시 흰 말의 피를 삽혈했고 또한 맹약의 내용을 적은 금서철계(金書鐵契)를 신라 종묘에 보관했다는 기록이 있으며, 그 맹문(盟文)의 내용도 인용하고 있다. 맹문의 내용은 『구당서』(舊唐書), 『천지서상지』(天地瑞祥志), 『책부원귀』(冊府元龜) 등에서도 확인되는데, 『천지서상지』의 내용이 가장 자세하고 원형에 가까우며, 『삼국사기』는 『구당서』의 것을 따르고 있는 듯하다. 이들 취리산 회맹 관련 기록은 단편적이긴 하지만 제사의 전체적인 모습을 복원하는 데 도움이 된다.

한편 백제·신라의 회맹이 이루어진 취리산 회맹지와 관련해서는 현재 두 곳의 후보지가 거론되고 있다. 하나는 현 공주생명과학고등학교(전 공주농업고등학교) 뒤편 해발 52.4미터의 작은 산인 취리산(치미)이고, 다른 하나는 이 취리산의 서쪽에 위치하는 해발 239미터의 연미산(취미산)이다. 이 두 지역에 대해서는 1997년과 2008년 각각 시굴(발굴) 조사가 실시되었다. 특히 2008년 공주대 박물관이 발굴한 연미산 유적에서는 7세기 무렵에 축조된 것으로 추정되는 제단이 확인되었고, 이 제단 유적이 바로 역사 기록에 등장하는 "취리산 회맹터"일 가능성이 강하게 제기되었기 때문에 주목된다.

물론 현재까지의 조사 결과로 취리산 회맹터에 대한 전모가 모두 밝혀진 것은 아니지만, 만약 이 유적이 취리산 회맹과 관련된 것이 분명하다면 임시적 성격일 수는 있으나 당시의 제단 형태나 규모 등을 추정할 수 있는 중요한 자료가 될 것이다. 『삼국사기』 제사지에서 삼국 당시의 제단에 대해 그 구체적인 형태를 이미 알 수 없게 되었다고 했기 때문에,[10] 발굴 성과의 중요성은 더욱 커진다. 다음에서 최근의 발굴로 다시 한 번 주목을 받게 된 취리산의

10_『삼국사기』 권32, 잡지1 제사, "然其壇堂之高下 壝門之內外 次位之尊卑 陳設登降之節 尊爵豆牲牢冊祝之禮 不可得而推也".

백제·신라 회맹 및 회맹단지의 역사적 의미에 대해서 고찰해 보고자 한다.

2. 취리산 회맹을 둘러싼 동아시아 국제 정세

취리산 백제·신라 회맹은 백제가 멸망한 지 5년이 지난 서기 665년(신라 문무왕 5년) 8월, 당의 칙사인 유인원(劉仁願)과 신라의 문무왕, 웅진도독 부여융(扶餘隆)이 함께 만나 서로 화친할 것을 하늘에 맹세한 역사적인 사건이었다. 그런데 이보다 한 해 전인 664년, 각간 김인문, 이찬 천존이 당나라 칙사 유인원, 백제 부여융과 함께 이미 1차 회담을 열고 맹약을 맺은 바 있다. 이와 관련된 기록은 『삼국사기』 신라본기 문무왕 4년 2월조와 11년조(「답설인귀서」)에 보이는데, 이때 회맹한 곳은 웅진(熊津) 또는 웅령(熊嶺)으로 되어 있다. 백제와 신라는 이때 회맹한 곳을 두 나라의 경계로 삼았다.

한편 2차 회담인 665년 8월 취리산 회맹과 관련된 기록은 『구당서』, 『천지서상지』, 『책부원귀』, 『삼국사기』 등에서 확인된다. 대표적으로 『삼국사기』 문무왕 6년조를 보면, 당과 신라가 백제를 평정한 후 화친을 맺게 된 배경과 회맹문의 내용, 태산 제사 등이 기록되어 있다. 즉, 백제가 무왕 때부터 고구려와 화친을 맺고 신라를 자주 침범하자 신라가 당에 사신을 보내 계속해서 조공을 하였고, 이에 당이 소정방(蘇定方)을 보내 백제를 평정하였다는 것이다. 그러나 소정방의 군대가 돌아가자 백제의 남은 무리들이 또 반란을 일으켰고, 신라는 진수사(鎭守使) 유인원, 유인궤(劉仁軌) 등과 함께 여러 해 동안 이를 진압하여 점차 평정하였다는 것이다. 이에 당의 고종(高宗)은 부여융에게 조칙을 내려 돌아가 남은 무리를 어루만지고 신라와 화친하라고 하였다. 그리하여 이때 취리산에서 흰 말을 잡아 맹세하였는데, 먼저 신기(神祇)와 천곡(川谷)의 신에게 제사지낸 후 삽혈(歃血)하였다. 그 맹문은 유인궤가 지었으며, 내용은 다음과 같다.

"지난날 백제의 선왕은 역순(逆順)에 어두워 이웃 나라와 사이좋게 지내지 못하였고 인척 간에 화목하지 못했다. 고구려와 결탁하고 왜국과 서로 통하여 함께 잔인함과 포악함을 일삼아 신라를 침략하여 고을을 겁탈하고 성을 도륙하여 거의 편안한 날이 없었다. 천자께서는 물건 하나가 제자리를 잡지 못하는 것을 딱하게 여기고 죄 없는 백성들을 불쌍히 여겨 자주 사신을 보내 화호하도록 하였다. 그러나 그 험준하고 먼 것을 믿어 천자의 가르침을 오만하게 업신여겼다. 황제께서 크게 노하여 삼가 죄를 묻고 정벌을 단행하니, 깃발이 지나는 곳마다 한 번 싸움으로 크게 평정되었다. 진실로 궁궐을 늪으로 만들고 집을 연못으로 만들어 후세의 경계로 삼고, 근원을 막고 뿌리를 뽑아 후손들에 가르침을 보이는 것이 마땅하다. (중략) 그러한 까닭에 전 백제 대사가정경(大司稼正卿) 부여융을 웅진도독(熊津都督)으로 삼아 제사를 지키고 옛 땅을 보전하게 하니, 신라에 의지하고 기대어 길이 우방으로 삼을 것이다. 각기 지난날의 숙원을 풀고 화친을 맺어 각각 천자의 명을 받들어 영원히 번국(藩國)이 될 것이다. 이에 사인(使人) 우위위장군(右威衛將軍) 노성현공(魯城縣公) 유인원을 보내 친히 참석하여 권유하고 천자의 뜻을 선포하니, 혼인을 약속하고 맹세를 거듭하며 희생을 잡아 삽혈하고 처음부터 끝까지 함께 친목하여 재앙을 서로 나누고 어려움에 서로 도와 은의(恩誼)를 형제처럼 해야 할 것이다. 황제의 말씀을 공손히 받들어 감히 어기지 말 것이며, 이미 맹세한 뒤에는 함께 변함없이 절조를 지켜야 한다. 만약 맹세를 어기고 뜻을 달리하여 군사를 일으키고 무리를 움직여 변경을 침범한다면, 명신(明神)이 살펴보고 온갖 재앙을 내려 자손을 기르지 못하고 사직(社稷)을 지키지 못하며 제사가 끊어져 후손이 없도록 할 것이다. 이에 금서철권(金書鐵券)을 만들어 종묘에 간직하니 자손만대에 감히 어기지 말라. 신이시여, 이 말을 들으시고 흠향하시고 복을 내려 주소서."

이와 같이 맹서하고 삽혈을 마친 후에는 희생과 폐백을 제단의 임지(壬地, 북쪽 땅)에 묻고, 그 글을 신라 종묘에 간직하였다. 이에 유인궤는 신라·백제·탐라·왜 네 나라의 사신을 거느리고 바다를 건너 서쪽으로 돌아가 태산(泰山)

의 제사에 참석하였다.[11]

취리산 회맹의 내용이 주목을 받는 것은 회담의 전 과정과 회담 결과를 담은 맹서문의 내용이 오늘날까지 고스란히 전하고 있어 통일 전쟁기의 복잡한 국제 정세를 생생하게 보여 주기 때문이다. 위의 내용에 따르면, 당과 백제, 신라 세 나라의 대표는 산천의 신께 제사를 지내면서 백마를 제물로 희생시켜 그 피를 함께 마셨으며, 유인원은 평화의 메시지를 담은 회담문을 읽어 내려갔다. 물론 이 회맹에 참석한 세 나라의 속내는 달랐다. 당은 이름뿐인 백제를 다시 세워 신라를 견제하려 하였고, 백제는 당을 이용하여 국가의 재건을 기도하였으며, 신라는 당과의 마찰을 최소화하면서 향후의 주도권을 차지하려 하였다. 그러나 취리산 회맹의 의미는 무엇보다도 660년 멸망한 후에도 지속적으로 이루어지던 백제 부흥 운동이 이 시기에 이르러 평정되자, 당이 명실 공히 한반도를 아울렀음을 천명하는 상징적 의식이라는 점에 있다고 하겠다.[12]

이 제사가 끝난 후 유인궤는 신라·백제·탐라·왜 네 나라의 사신을 거느리고 당의 태산에 가서 제사에 참석하였다. 『삼국사기』에 의하면 이때 따라간 신라 사신은 김인문이었으며, 부여융 또한 이곳에 함께 간 것으로 이해되고 있다.[13]

당시의 태산봉선에 대해서는 『자치통감』 권201, 당 고종 인덕 2년(665)과 3년(666)조에 관련 기록이 남아 있다. 이에 따르면 665년 10월에 봉선 제사에 황후(측천무후)를 참여하게 하고 봉선하는 단에 설치할 자리와 예기 등을 정하

11_『삼국사기』 권6, 신라본기6 문무왕 5년 추8월. 한편 『삼국사기』 권7, 신라본기7 문무왕 11년 「답설인귀서」에는 취리산회맹에 대해 "又於就利山築壇 對勅使劉仁願 歃血相盟 山河爲誓 畫界立封 永爲疆界 百姓居住 各營産業"이라고 하였다.

12_최광식, 「취리산 제라회맹단지의 역사적 의의」, 『就利山 濟·羅 會盟壇址의 조사 성과와 역사적 의의』, 한국고대학회 춘계 학술회의 자료집, 2009.

13_양종국, 『의자왕과 백제 부흥운동 엿보기』, 서경문화사, 2008.

였다. 그리고 그 달 병인일(28일)에 황제가 낙양을 출발하였는데, 수레와 가마를 따르는 문무 의장(儀仗)이 수백 리에 이어졌으며, 동쪽의 고려(고구려)부터 서쪽의 파사(페르시아)와 오장(인도 서북부)에 이르기까지 모인 사람들이 각기 호종(扈從)을 인솔하고 뒤를 따랐다. 11월 무자일(20일) 복양(濮陽, 지금의 하남성 복양시)에 도착하였고, 12월 병오일(9일) 제주(齊州, 지금의 산동성 제남시)에 이르러 열흘간 머물다가, 병진일(19일)에 영암돈(靈巖頓, 지금의 산동성 장청현 동남쪽)을 출발하여 태산 아래에 도착했다. 유사(有司)는 태산의 봉(封) 의식을 위해 산 남쪽에 원단(圓壇), 산 위에 등봉단(登封壇)을 만들었으며, 사수산(社首山)에서 있을 선(禪)을 위해 강선방단(降禪方壇)을 함께 만들었다. 666년 정월 초하루, 황제는 태산 남쪽에서 호천상제(昊天上帝)에 제사를 지냈고, 경오일(3일)에 사수산에서 선(禪)을 하였다. 그리고 임신일(5일)에 황제가 조근단(朝覲壇)에 나아가 조하(朝賀)를 받고 문무관 전체의 급을 올려 주었다.

태산 봉선은 중국의 진시황과 한 무제 등이 행한 바 있는데, 이는 천명을 받은 왕, 즉 '수명왕자'(受命王者)만이 올릴 수 있는 제사였으며 지방 순행과 불사등선(不死登仙)의 기원, 태평성세의 천명 등을 목적으로 하였기 때문에 매우 중요한 국가 행사였다.[14] 태산 봉선은 한(漢) 이후 오랫동안 실행되지 못하였고, 당 태종도 이를 행하고자 했으나 이루지 못하였다. 그러다가 666년 고종대에 이르러 비로소 태산 봉선이 다시 행해졌던 것이다. 이때의 태산 봉선은 앞서 살펴본 것처럼 황제의 직접 통치력이 미치는 지역뿐 아니라 사이(四夷)까지 참석시켰는데, 이는 중국적 세계 질서를 구현하고 이를 확인하게 하는 상징적 의미를 지니기도 하였다.[15]

14_이성규, 「한무제의 西域遠征·封禪·黃河治水와 禹·西王母神話」, 『東洋史學硏究』 72, 2000; 김일권, 「漢武帝의 太一 祭天과 黃老 宇宙論」, 『中國史硏究』 32, 2004.

15_김태식, 「唐 高宗 封禪大典, 그 예행의식으로서의 취리산 회맹」, 『韓國古代文化硏究』(碧山李根洙敎授 回甲紀念 博物館論叢, 경기도박물관 편), 백산자료원, 2005; 「唐 太宗~高宗代의 封禪 政局과 新羅 眞德王의 '太平頌'」, 『新羅史學報』 13, 2008.

따라서 취리산 회맹과 그에 이은 네 나라 사신의 태산 봉선 참석은 당이 한반도에서 가지고 있는 자신의 영향력을 백제나 신라에 확인시키고자 마련한 일종의 행사였다고 할 수 있겠다.

3. 취리산 회맹터와 공주 연미산 제단 유적

취리산 회맹터의 위치 비정 및 회맹을 둘러 싼 국제 정세에 관한 연구는 과거에도 몇 차례 이루어진 바가 있다.[16] 근래에 들어서는, 공주대학교 박물관이 1997년에 공주 신관동에 위치한 취리산에 대한 시굴 조사를 한 차례 실시한 바 있다. 이곳이 보고서에서는 이것이 제단이 아니라 분묘일 것이라고 추정하였다. 전체 지역의 노출된 유적에서 분묘, 즉 토광묘와 석축묘가 중심을 이루었기 때문이다. 이 중 전면 발굴을 시행한 토광묘 4기에서는 원저호와 개(蓋) 등이 출토되었다. 또한 시굴 조사 후 실시한 취리산 전체 지표 조사에서는 산의 최상단부에 위치한 민묘의 동쪽 인접한 곳에서 뚜껑이 있는 완(盌) 1조가 수습되었다.[17] 취리산 유적은 공주 수촌리, 천안 용원리 등과 마찬가지로 토광묘와 석축묘가 시기상 연결되면서 조성된 것으로 추정되며, 시기상 웅진 천도 이전부터 이후에 이르기까지 지속적으로 분묘 조성이 이루어졌던 것으로 여겨진다.[18] 따라서 현재의 취리산은 백제의 분묘 유적으로서 의미가 있다는 점을 알 수 있다. 그러나 정작 당시 시굴 및 발굴의 목적이었던 회

16_池內宏, 「百濟滅亡後の動亂及び唐・羅・日三國の關係」, 『滿鮮地理歷史硏究報告』 14, 1915; 池憲英, 「熊嶺會盟・就利山會盟의 築壇位置에 對하여」, 『語文硏究』 5, 大田語文硏究會, 1967; 布山和男, 「新羅文武王五年の會盟にみる新羅・唐關係」, 『駿台史學』 96, 1996.

17_공주대학교 박물관・충청남도 공주시, 『濟・羅會盟址 就利山』, 1998.

18_이현숙, 「就利山遺蹟의 考古學的 檢討」, 『先史와 古代』 31, 2009.

그림 4-1 | 연미산 정상부 제단 유적 시굴 조사 전경

맹터와 관련성은 뚜렷하게 도출해 내지 못하였다.

그 후 2001년도에 국립공주박물관에서 공주 지역의 또 다른 취리산 회맹터로 추정되는 연미산 정상부에 대한 간단한 지표 조사를 시행한 적이 있으나, 몇 가지 천단(天壇)과 관련된 정황 증거만을 확보한 채 조사를 조기에 종료한 바 있다. 이 같은 상황에서 2008년 12월 공주대학교 박물관이 연미산 정상부에 대한 본격적인 시굴 조사를 실시하고, 정연하게 축조된 석축 제단의 모습을 마침내 찾아냈다. 제단의 규모는 동서 길이가 대략 16미터 내외, 남북 길이 역시 16미터 내외, 높이는 1.5미터 정도로 평면 다각형의 형태를 취하고 있음을 파악하게 되었다. 또한 이 제단 유적의 축조 과정에 대해서도 산 정상부의 암반을 깨트려 편평한 터를 닦고, 그곳에서 채취한 돌을 정연하게 쌓아 올려 단(壇)을 만들고, 내부에는 진흙과 불에 구운 흙, 숯 덩어리를 함께 섞어 단단히 채워 넣는 과정을 통해 완성되었음을 밝혀냈다.[19] 따라서 이

것은 자연적인 것이 아니고, 인위적으로 조성된 제단이라는 것을 알 수 있다.

두 지역 모두 회맹지로 추정되는 나름의 이유를 가지고 있다. 1997년 발굴지인 현 취리산에 대해서는 『신증동국여지승람』에서 분명히 취리산과 연미산이 별개의 장소로 언급되고 있고, 6·25 전쟁 당시 산 정상부의 참호에서 용이 그려진 장경병(長頸甁)과 백제의 호(壺) 등이 확인된 바 있어서 이것이 취리산 맹약 당시 사용된 술병으로 추측되기도 하였다.[20]

한편 연미산에 대해서는 일찍이 취리산과 취미산(鷲尾山, 연미산의 또 다른 이름)의 음이 유사하다는 점과 664년 2월에 개최된 1차 회담 장소인 웅령(熊嶺)이 웅진에 위치하였을 것이라는 점,[21] 하늘에 제사 지내는 의식은 산 정상부에서 수행하였을 것이라는 점 등에 근거하여 취리산이 곧 연미산일 것으로 본 견해가 있었다.[22] 또한 산 정상부에 조성되어 있는 석축과 토층 단면, 그리고 이곳에서 발견된 신라 후기의 토기편 등을 통해 연미산을 취리산 회맹지와 연결시킨 의견도 있다.[23]

그러나 사실 현재로서는 양쪽 비정지 모두 뚜렷한 증거를 가지고 있지 못한 상태이다. 다만 취리산에서 이루어진 회맹 의식이 앞에서 살펴본 것과 같은 상징적 성격을 가지고 있다고 한다면, 여기에서 중요한 것은 세 나라가 앞

19_공주대학교 박물관, 『연미산 정상부(就利山 會盟址 推定地) 문화재 발굴(시굴)조사 개략보고』, 2008.

20_취리산을 회맹지로 보는 견해에 대해서는 양종국, 「웅진도독 부여륭과 신라 문무왕의 취리산 회맹지 검토: 현재의 취리산과 연미산을 중심으로」, 『先史와 古代』 31, 2009를 참조하라.

21_앞서 II장에서 살펴본 것과 같이 664년 1차 회담의 장소는 웅진 또는 웅령으로 나타난다. 이에 대해서는 웅진보다는 웅령이 더 구체적인 지명이므로 이곳에서 회맹이 이루어진 것으로 보는 견해가 있다(노중국, 『백제 부흥운동사』, 일조각, 2003). 웅령의 위치에 대해서는 공주의 공산(池內宏, 앞의 논문, 1915)과 대전 동쪽의 迭峴(池憲英, 앞의 논문, 1967), 충북 보은군 내북면(김영관, 「就利山會盟과 唐의 百濟 故土 支配 政策」, 『先史와 古代』 31, 2009) 등의 설이 있다.

22_池內宏, 앞의 논문, 1915; 이병도, 『國譯 三國史記』, 을유문화사, 1977.

23_이한상·신영호, 「鷲尾山石壇과 就利山築壇」, 『國立公州博物館紀要』 창간호, 국립공주박물관, 2001.

그림 4-2 | 공주 연미산 출토 반원형(말발굽 모양) 무늬 토기편

으로 화평하게 지낼 것이라는 것을 만천하에 가시적으로 보여 주는 점일 것이다. 이러한 의미에서 연미산의 입지 조건은 매우 주목된다고 하겠다. 이러한 회맹은 많은 사람들이 볼 수 있는 장소에서 행해졌을 것이므로, 연미산의 입지 조건을 주목해 볼 수 있는 것이다.

2008년 시굴 조사에서 확인된 제단의 축조 연대를 알려 주는 것은 반원형 무늬[말발굽모양 무늬]가 찍혀 있는 토기이다. 이 토기는 7세기 중후반에 유행한 신라의 전형적인 토기로서 부여 능산리사지와 정림사지에서 발견된 바 있으며, 백제 멸망기에 신라로부터 반입된 토기로 보는 것이 정설이다. 이 토기가 백제의 도성뿐만 아니라 공주의 연미산에서도 출토된 것이다. 이 토기조각은 660년대에 신라인들이 이 산의 꼭대기에서 활동했을 가능성을 보여 준다고 하겠다.

현재까지 밝혀진 연미산 소재 취리산 회맹터 비정지의 경우, 입지상 높은 산의 정상부에 위치하고 있으며, 비교적 큰 규모의 제단이 만들어져 있는 것으로 보아, 이는 공적인 차원에서 주도하여 축조되었을 가능성이 높다. 또한

자연 지형을 최대한 이용하여 다각형으로 만들었기 때문에 제단(祭壇)의 구획을 지향한 것으로 이해할 수 있다. 물론 평지에 축조된 시설물에 비한다면 구조적인 안정성이 다소 떨어지므로 국가적인 안정기에 일정한 기획안을 가지고 오랜 기간에 걸쳐 축조한 시설물로 보기에는 다소 어려운 점이 있는 것이 분명하다. 하지만 이 점이 오히려 당시의 국가적 혼란기를 상정해 볼 때 회맹, 맹서 유적의 성격과 부합하는 것으로 이해할 수 있다. 즉, 이곳은 지속적이고 정기적인 제사가 이루어진 곳이었다기보다는 일시적인 회맹을 위해 만들어진 곳으로 볼 수 있다.

고대사에서 제단 또는 천단의 입지를 생각해 보면, 먼저 단군신화를 떠올릴 수 있다. 단군신화에는 환인의 아들 환웅이 "태백산 신단수 아래"로 내려왔다는 기록이 있는데, 이곳이 바로 산 정상이며 그 중에서도 나무가 있는 곳이었다. 신화가 구체적으로 발현되는 모습이 바로 제사 의례이므로, 이러한 의미에서 이 기록은 산 정상을 제사의례의 장소로 삼았던 모습을 보여 주는 것으로도 볼 수 있겠다. 후대의 일이기는 하지만, 마니산의 첨성단 같은 경우도 마찬가지이며 태백산의 천제단도 같은 성격으로, 모두 산 정상에 위치하며 돌무더기가 제단의 역할을 하고 있다. 그리스 같은 경우도 파르테논 신전이 산 정상 부분에 위치한다. 즉, 고대의 종교 건축, 제의 건축은 대부분 돌출된 산 정상에 만들어졌으며, 그러한 전통은 후대 기독교 교회 건축에도 이어졌다. 또한 남아 있는 자료 중 부천 고강동 유적이 돌무더기로 되어 있는데[24] 마치 삼한의 소도 같은 모습을 보여 준다. 고구려의 경우에는 집안시 교외에 있는 통천굴을 하늘에 제사 지내는 곳으로 보고 있다.

그런데 취리산 회맹은 당이 주도한 제사였다. 이 시기 당의 제사를 생각해

24_배기동·강병학, 『富川 古康洞 先史遺蹟 第4次 發掘調査 報告書』, 부천시·한양대학교 박물관, 2000; 부천시·한양대학교 문화재연구소, 『선사와 고대의 의례고고학』(제1회 부천 고강동 선사유적 국제학술회의), 2004.

보면, 회맹이 끝난 후 당의 태산에 가서 제사를 지냈다는 앞의 기록을 떠올릴 수 있다. 중국의 태산에는 산 아랫부분에 돌을 쌓아 만든 제단이 있다. 물론 이곳에는 후대에 도관(道觀)이 만들어졌지만, 기본적인 유형은 석축이었다. 우리 고대사와 관련해서는 백제의 석촌동 고분군이나 고구려 장군총 등을 생각할 수 있는데, 이는 하부에 무덤이 있지만 상부의 석축은 제단으로 이해된다.[25] 고구려 적석총에서는 적석 상부에 기왓장이 널려 있는 것들을 몇몇 확인할 수 있으며 이는 바로 무덤 위에 어떠한 시설물이 있었다는 점을 알 수 있게 해준다. 즉, 고대의 제사 시설은 무덤 상부에 위치했다. 이 때문에 무덤 묘(墓)자와 사당 묘(廟)자를 혼용해서 쓰기도 하였다. 이렇게 보면, 처음에는 산 정상부에서 하늘에 제사를 지내고, 무덤 위의 건조물에서 조상에 제사 지냈음을 알 수 있다. 이는 곧 고대인들이 정상 부분을 숭배의 대상으로 유형화했음을 보여 준다.

종교 건축물 또한 다른 건축물보다 상부에 위치하였다. 예컨대 환도산성의 팔각 건물지는 다른 건물보다 상단에 자리 잡고 있다. 또한 다른 궁궐 건물과는 평면 형태가 다른 팔각형의 특이한 형태를 갖고 있다. 이는 정치·행정 등 다른 제도와 차별되는 종교의 독특한 위상을 반영한다고 생각된다.[26]

하늘에 대한 제사나 조상에 대한 제사를 정상부에서 행한다는 것은 하늘과 소통한다는 의미이다. 태백산 신단수는 하늘과 연결됨을 상징하는 우주목으로 이해되고, 고구려의 통천굴 또한 하늘과 연결된다는 관념을 나타낸다.

따라서 연미산의 정상부 또한 그곳에서 아래를 내려 본다는 의미와 동시에 하늘과 소통할 수 있는 공간이라는 상징성을 갖고 있었다고 생각된다. 또한 취리산 회맹은 공공의 의식(public ceremony)으로서 정치적 이벤트의 성격

25_이형구, 「고구려와 백제와의 문화적 관계: 고구려와 백제의 적석총(積石塚)과 향당제도(享堂制度)」, 『百濟研究』 3, 충남대 백제연구소, 1993.

26_최광식, 「한·중·일 고대의 제사제도 비교연구: 팔각 건물지를 중심으로」, 『先史와 古代』 27, 2007.

을 지니고 있었으므로, 취리산 정상부는 산 아래에 있는 사람들이 모두 바라볼 수 있는 곳이라는 의미도 함께 가지고 있었다고 하겠다.

신라의 대·중·소사에 편제된 삼산오악 및 각 지역의 진산들을 살펴보면 이들은 모두 군사적 요충지에 입지하고 있음을 확인할 수 있다. 제사 유적은 종교적인 목적 이외에 교통의 요지, 감제고지(瞰制高地), 전략적 요충지 등 실질적인 목적도 동시에 지니고 있었다. 즉, 제사와 군사는 동전의 앞과 뒤라고 이해할 수 있다.[27]

공주 연미산의 경우도 마찬가지이다. 연미산의 건너편에는 정지산 유적이 위치하고 있으며, 또한 공산성에서도 바로 보이는 곳이면서 동시에 교통의 요지이기도 하다. 정지산의 성격에 대해서는 여러 이해가 있지만, 아마도 제사와 군사의 두 가지 성격을 모두 지니고 있었을 것이다. 제사는 단순한 종교적인 의례가 아니며, 오히려 군사적이며 전략적인 의미를 함께 지니고 있었다. 이러한 입지적 특징이 연미산 정상부에 축조된 제단 유적을 "취리산 회맹터"로 비정하는 이유가 아닐까 한다.

4. 맺음말

665년 있었던 당과 백제, 신라의 취리산 회맹에 대해서는 그 정치적 입장과 삼국 관계의 파악에 따라 여러 가지 개최 의도를 상정하고 있다. 그러나 가장 주목해야 할 것은 당이 이 회맹의 개최를 주도했다는 점이며, 그 목적은 백제 멸망 후에도 계속되던 부흥 운동이 평정된 후 당이 백제와 신라에 아울

27_최광식, 『고대 한국의 국사와 제사』, 한길사, 1994.

러 지배적인 영향력을 행사하게 되었음을 천명하는 상징적인 이벤트라는 점에 있다고 하겠다. 회맹을 마친 후 유인궤가 백제·신라·탐라·왜 네 나라의 사신을 이끌고 당에 건너가 함께 태산 봉선에 참여한 것도 그러한 의식의 연장선이라고 할 수 있다.

현재 취리산 회맹지로 비정되는 곳은 공산성 맞은편 현 공주생명과학고등학교(전 공주농업고등학교) 뒷산과 그 서쪽에 위치한 연미산 두 곳이다. 두 곳 모두 확실한 비정 근거를 가지고 있지 못하기 때문에, 취리산 회맹지를 둘 중 어느 곳으로 단정해 말하기는 어렵다. 그러나 취리산 회맹의 역사적 의미를 상징적 이벤트라는 사실에 둔다면, 연미산 정상부에 축조된 가칭 '천단'(제단) 시설을 주목해 볼 수 있을 것 같다. 연미산 정상부의 조사가 시굴 조사에 그친 관계로 유적 성격에 대한 전모를 파악하지는 못했지만, 본격적인 발굴 조사를 진행하면 유적의 성격이 뚜렷하게 드러날 것으로 생각된다.

고대인들은 정상 부분을 숭배의 대상으로 유형화했으며, 종교 건축물 또한 다른 건축물보다 상부에 위치하였다. 하늘에 대한 제사나 조상에 대한 제사를 정상부에서 행한다는 것은 하늘과 소통한다는 의미이다. 따라서 연미산의 정상부 또한 그곳에서 아래를 내려 본다는 의미와 동시에 하늘과 소통할 수 있는 공간이라는 상징성을 갖고 있었다고 생각된다.

제사 유적의 성격상 제물은 유적 주변에 폐기하거나 묻는 것이 일반적이므로, 연미산 유적을 본격적으로 조사하면 백제뿐만 아니라 동아시아 고고학 연구에 획기적인 자료가 출토될 가능성도 있다. 또한 희생 의례는 제사에서 가장 중요한 의례라 할 수 있는데, 취리산 회맹에서는 흰 말을 죽여 삽혈했다고 하니 주변에 말뼈가 있을 수도 있다. 그리고 사료에서는 회맹 당시의 제문(祭文), 제수품(祭需品), 희생 등을 임지(壬地), 즉 북쪽에 묻었다고 했으므로, 본격적인 발굴에 의해 이러한 것들을 확인할 수 있다면 고대 제사 의례에 대해 더욱 구체적으로 알 수 있는 좋은 자료가 될 것이다.

5장

효덕조 권력투쟁의 국제적 계기*

동아시아 정세와 비조환도론(飛鳥還都論)

이재석

1. 머리말

주지하듯이 645년 을사의 변에서 당시의 실권자 蘇我入鹿臣이 주살되고 나아가 蘇我蝦夷大臣을 비롯한 蘇我本宗家의 세력이 몰락하였다. 그 결과 황극천황(皇極天皇)은 전례에 없던 양위를 하며 물러났고 경황자(輕皇子)가 효덕천황(孝德天皇)으로 즉위하였다. 그런데 이 정변의 주도자 및 효덕조의 실제 권력자가 누구였는가에 대해서는 여러 가지 해석이 있다. 즉, 기존의 중대형황자(中大兄皇子) 주도론에서 최근 각광을 받고 있는 경황자(효덕) 주도론에[1] 이르기까지 제설이 있지만 필자는 을사의 변=경황자 주도설에 매력을 느끼

* 이 논문은 필자의 논고 「孝徳朝権力闘争の国際的契機: 東アジアの政勢と飛鳥還都論」(榮原永遠男·西山良平·吉川眞司編, 『律令国家史論集』, 塙書房, 2010)의 내용을 기초로 하여 2009년 일본사학회 12월 월례발표회에서 발표한 원고를 수정·가필한 것임을 밝혀 둔다.

1_門脇禎二, 「大化改新前後の政治過程」, 『大化改新と東アジア』, 山川出版社, 1981; 金鉉球, 『大和政權の對外關係研究』, 吉川弘文館, 1985; 遠山美都男, 『大化改新』, 中公新書, 1993; 篠川賢, 「乙巳の変と〈大化〉の新政権」, 『日本古代の王権と王統』 所収, 吉川弘文館, 2001; 中村修也, 『偽りの大化改新』, 講談社現代新書, 2006 등.

는 사람이다. 물론 을사의 변이 오로지 경황자의 주도만으로 이루어진 것은 아니겠지만 적어도 과거처럼 중대형황자의 역할을 과도하게 평가하는 경향은 확실히 퇴조하고 있다고 말해도 좋을 것이다.

그런데 이 효덕조의 치세는 효덕 자신과 중대형황자의 결별로 인한 정치적 분열로 마무리되었다. 그것을 가장 상징적으로 보여 주는 것이 653년(백치 4) 중대형황자의 비조환도론(飛鳥還都論)의 제기와 그것을 거부한 효덕의 정치적 고립이었다. 효덕은 이듬해인 654년 나니와(難波)에서 사망하였다. 과연 중대형황자는 왜 느닷없이 비조환도론을 제기하였으며 또한 조정의 다수가 동의하는 환도론을 효덕은 왜 거부하였을까? 그리고 이 환도론이 던지는 정치적 의미는 과연 무엇이었을까?

종래 양자의 정치적 결별에 대해서는 후술하는 것처럼 여러 선학의 견해가 이미 제출되어 있지만 아직 명쾌하게 해명되었다고는 말하기 어렵다. 그리고 근년에는 당시 왜국의 내부 정치적 상황과 결부시켜 국내적 문제로서 설명하는 경향이 강한 것 같다. 그러나 필자는 이 문제는 동아시아의 정세와 관련지어 이해해야 할 요소가 많다고 생각하고 있다. 일찍이 이시모다 쇼(石母田正)는 국가 성립사의 한 요인(계기)로서 대외적 계기를 상정하고, 이것이 일국의 내정(內政)으로 전화(轉化)해 가고 또 역으로 내정이 대외 관계를 규정하는 기초가 된다는 상호 불가분의 관계를 지적한 바 있다.[2] 이 글에서는 당시 동아시아의 정세 변동에 유의하면서 이러한 권력투쟁이 발생한 배경으로서 그 국제적 계기에 대해 주목해 보고자 한다.

2_石母田正, 「國家成立史における國際的契機」, 『日本の古代國家』, 岩波書店, 1971.

2. 효덕 정권의 대외 노선

종래 효덕조의 외교 노선을 둘러싸고 여러 가지 견해가 있다. 신라·백제에 대해 일종의 균형 외교의 관점에서 파악하는 소위 등거리 노선에서 친백제 노선과 친신라 노선의 대립상을 강조하는 견해로 크게 나눌 수 있다. 전자는 백제뿐만 아니라 당과 신라와도 친교를 맺어 궁극적으로 백제와 신라에 대해 종주국적 입장을 유지하고자 하였다는 井上光貞설이 대표적이며 鈴木靖民, 鬼頭清明, 森公章, 西本昌弘 등의 견해가[3] 이 계열에 서 있다. 이에 반해 후자는 추고조 이래의 외교 기조로서 친백제적인 蘇我方式과 친신라적인 太子方式의 존재를 강조하는 石母田正설이 대표적이라고 할 수 있으며 八木充, 山尾幸久, 鈴木英夫, 김현구(金鉉球) 등의 견해가[4] 이 계열에 속한다.

여기서 일일이 제(諸) 견해를 상론할 수는 없지만 필자는 효덕조의 외교 노선은 친신라 노선과 친백제 노선의 선택을 둘러싸고 부침이 있었다고 보는 입장이다. 그리고 을사의 변 직후 성립한 효덕조의 대외 노선은 기존의 蘇我本宗家 중심의 친백제 노선을 대신한 친신라-당 노선이었다고 생각한다.

사실 이 친백제 노선과 친신라 노선은 石母田正의 지적처럼 추고조 이래로 왜국 조정의 외교 기조를 이루어 왔다. 이러한 양대 노선의 성립은 추고조가 '다면 외교'의 시대였다는 사실과 깊은 관련이 있다고 생각한다. 즉, 6세기대에는 백제와의 긴밀한 협조 관계가 주된 외교 기조였지만 추고조의 성립

3_井上光貞, 「大化改新と東アジア」, 『岩波講座日本歷史 古代 2 所收, 岩波書店, 1975; 鈴木靖民, 「七世紀東アジアの爭亂と變革」, 『新版古代の日本2 アジアからみた古代日本 所收, 角川書店, 1992; 鬼頭清明, 「七世紀後半の東アジアと日本」, 『日本古代國家の形成と東アジア 所收, 校倉書房, 1976; 森公章, 『戦争の日本史1 東アジアの動乱と倭國』, 吉川弘文館, 2006; 西本昌弘, 「東アジアの動亂と大化改新」, 『日本歷史』 468, 1987.

4_石母田正, 주 2의 전게서; 八木充, 「七世紀中期の政権とその政策」, 『律令国家政治組織の研究 所收, 塙書房, 1986; 山尾幸久, 『古代の日朝關係』, 塙書房, 1989; 鈴木英夫, 「七世紀中葉における新羅の對倭外交」, 『古代の倭國と朝鮮諸國』 所収, 青木書店, 1996; 김현구, 주 1의 전게서.

이후 전통적인 친백제 노선을 기조로 하면서도 친신라·친고구려·친수(중국) 관계도 성립하여 이러한 나라들로부터도 왜국이 필요로 하는 선진 문물의 도입이 가능하였다. 이 과정에서 친신라 노선이 조정의 또 하나의 외교적 선택지로서 자리하게 되었던 것이다. 견수 유학생·학문승의 귀국이 신라를 경유하여 이루어진 사실과[5] 『일본서기』 추고천황 31년 시세(是歲)조의 田中臣과 中臣連國의 논쟁은 이미 친신라 노선이 하나의 기조로서 자리 잡고 있었음을 단적으로 보여 주고 있다.[6] 다만 추고조의 '다면 외교' 체제하의 양대 노선은 상호 적대적인 대립 관계였다기보다는 문물 유입의 측면에서 상호 보완적 성격이 강하였다. 적어도 추고조 단계에서는 이러한 대립적 노선이 정치적 투쟁 관계로 전화되는 일은 아직은 발생하지 않았고 무엇보다도 친백제 노선을 기조로 한 蘇我本宗家의 집권기에는 양대 노선의 대립 격화 가능성이 상당 부분 제어되고 있었다고 할 수 있다.

그러나 이 양대 외교 노선은 외적 조건으로서의 동아시아의 정세 변화에 영향을 받을 수밖에 없었고, 또 그에 대한 대응 여하에 따라서 내부 대립의 격화를 불러올 수도 있는 유동성에 노출되어 있었다. 당의 건국 이후 점점 고조되어 가는 동아시아의 긴장 관계 속에서 왜국도 대외 관계를 둘러싸고 내부 대립이 심화되어 갔으며 그 내부 모순의 결과가 645년 을사의 변으로 표출되기에 이르렀던 것이다.

『일본서기』(日本書紀)에는 을사의 변이 '한정'(韓政)으로 인해 일어났다고 기술하고 있다.[7] 古人大兄皇子가 말한 '한정'의 의미는 곧 외교 노선의 대립을

5_예를 들어 『일본서기』 추고천황 31년 추7월조, 동 서명천황 4년 추8월조, 동 11년 추9월조, 동 12년 동10월 乙亥조 등.

6_이 사료는 소위 '임나정토' 내용이지만 임나정토 자체는 상투적인 것으로서 사실로 볼 수는 없다. 하지만 이 기사에 보이는 임나의 귀속 문제에 대한 양자의 입장 차이는 당시 왜국 조정 내부에 이미 친신라 노선과 친백제 노선이 존재하고 있었음을 보여 주는 것으로 파악한 鬼頭淸明, 「推古朝をめぐる國際的環境」, 주 3의 전게서의 지적은 타당하다.

의미한다는 것이 통설이다. 森公章은 이 한정의 의미를 '三韓進調之日'의 의식(儀式) 석상에서 蘇我入鹿臣이 죽임을 당한 것으로 해석하며 외교 노선의 대립을 부정하였으나 한정의 의미를 시사하는 '韓人殺鞍作臣'이라는 표현을 보아도 단지 의식(儀式) 정도의 한정적 의미로 해석할 수는 없을 것이다.

그런데 효덕 정권의 성립 요인으로서 외교 노선의 대립을 상정하더라도 효덕 정권 내부의 외교 노선에 대해서는 제각각이다. 예컨대 八木充, 山尾幸久 등은 '효덕=친백제파, 중대형=친신라-당파'로 간주하고 있는 데 반해, 김현구는 '효덕·중대형=친신라-당파'였으나 뒤에 '중대형=친백제파'로 돌아섰다고 보고 있다. 石母田正은 소아씨 정권의 친백제 노선이 개신 정권 발족 이후 친당-신라 노선으로 달라졌다고 하면서 중대형황자를 중심으로 한 일관된 체제가 유지되었다고 한다. 전술하였듯이 필자는 石母田正이나 김현구가 강조하는 것처럼 효덕 정권의 대외 노선은 기본적으로 친신라-당 노선이 타당하다고 생각한다.

그런데 문제는 백치(白雉) 연간 이후에 나타나 백촌강 전투로까지 이어지는 친백제 노선의 등장을 어떻게 설명할 것인가에 있다. 石母田正처럼 정권 주도자의 변화를 인정하지 않는 견해에서는 딱히 실권자 중대형황자의 대외 노선의 변화를 설명하기 곤란하며 중대형황자를 친신라-당파로 보는 팔목(八木) 등의 견해는 더욱 그러하다. 현재 제출된 제설 중에서는 김현구처럼 중대형황자의 변신을 역설하든가 아니면 森公章처럼 아예 대외 노선의 대립 자체를 부정하고 처음부터 왜국 조정은 소아씨 정권 이래의 친백제 노선을 일관되게 유지하고 있었다고 하는 것밖에 없는 것처럼 보인다. 그렇지만 필자는 효덕조의 대외적 기본 노선으로서 친신라-당 노선을 상정하는 것은 기본적으로 타당하다고 생각하므로 이것을 부정하는 森公章 등의 견해에는 따를 수

7_『日本書紀』, 황극천황 4년 6월조에 '古人大兄, 見走入私宮, 謂於人曰, 韓人殺鞍作臣 〈謂因韓政而誅〉'이라고 나온다.

없으며 따라서 대외 노선의 변경을 주장하는 김현구설이 현재로서는 가장 설득력이 있다고 생각하고 있다.

효덕조의 대외 노선 변경은 과거 소아씨 정권의 노선 수정을 둘러싸고 을사의 변이 일어났던 것처럼 일종의 권력투쟁의 형태로 나타났다. 그것을 가장 상징적으로 보여 주는 것이 이 글의 과제인 아스카 천도론의 제기에 다름 아닌 것이다. 대외 노선의 변경이 곧 왕조의 흥망과도 직결된 문제였던 당시 7세기 동아시아 제국의 정세를 생각한다면[8] 왜국이라고 여기서 예외는 아니었다. 당시 내정에 영향을 미치는 제요인 중에 대외 관계가 차지하는 비중이 그 어느 때보다 높았던 점이야말로 7세기 동아시아 격동기의 공통된 특징이었던 것이다.

3. 비조환도론의 제 문제

먼저 비조환도론의 사료를 소개하면 다음과 같다.

〈사료 1〉『日本書紀』孝德天皇 白雉四年(653) 是歲條

是歲。太子奏請曰。欲冀遷于倭京。天皇不許焉。皇太子乃奉皇祖母尊。間人皇后幷率皇弟等。往居于倭飛鳥河邊行宮。于時公卿大夫。百官人等皆隨而遷。由是天皇恨欲捨於國位。令造宮於山碕。乃送歌於間人皇后曰。(후략)

8_예를 들어 고구려의 경우 641년 연개소문의 정변은 대당 강경파의 집권이었으며 642년 백제 의자왕의 정변은 고구려와 연대한 대신라 강경파의 승리를 의미하였다. 또한 647년 신라 비담의 난 또한 당과의 관계를 위요하고 전개된 정변이었다. 이렇게 한반도 삼국의 정변을 통한 권력집중은 모두 대외 노선의 문제가 핵심 사안이었으며 또 이 무렵의 선택이 종국에는 백제·고구려의 멸망으로까지 이어졌다.

위의 사료에 의하면 중대형황자는 653년 難波長柄豊碕宮에 있던 효덕천황에게 다시 아스카로 돌아갈 것을 건의하였으나 효덕은 허락하지 않았다고 한다. 그 결과 중대형황자는 皇祖母尊(황극천황), 효덕천황의 황후인 間人皇后, 皇弟(大海人皇子), 문무백관 등을 데리고 아스카로 돌아가 버렸으며 혼자 남은 효덕은 천황의 지위를 버리려고 생각하여 山碕에 궁을 조영하게 하였다고 한다.

여기서 우선 문제가 되는 것은 환도의 규모로서 '公卿大夫, 百官人等이 모두 따라갔다'는 문구를 그대로 인정할 수 있는가 하는 점이다. 비록 '皆隨而遷'이라고는 하지만, 역시 관인 전체가 문자 그대로 모두 동행하였다는 것은 사실로 보기 어렵다. 예를 들어 中臣鎌足連과 高向玄理를 위시한 견당사 파견 일행은 나니와 잔류 관인으로서 사료에서 확인할 수 있다는 점에서 적어도 '皆隨而遷'이 아닌 것만은 분명하다고 할 수 있다. 전체적으로 다수의 관인이 중대형황자를 지지하며 아스카로 돌아갔다는 정도로 이해하는 것이 좋지 않을까 생각한다.

한편 間人皇后의 동행을 의심하는 견해도 있으나 명확한 증거가 있는 것은 아니다. 間人皇后는 효덕의 사망 직전에 중대형황자 등과 함께 아스카에서 난파궁(難波宮)으로 문병을 왔다고 하며 중대형황자가 아스카로 돌아갈 때 皇祖母尊만 이름이 보여 間人皇后는 그대로 나니와에 잔류하였을 가능성도 배제할 수 없다.

그런데 보다 중요한 문제는 중대형황자가 왜 이 시점에서 갑자기 아스카 환도를 끄집어내었는가 하는 점, 그리고 효덕은 왜 다수가 바라는 아스카 환도를 거부하고 고립을 자초하였는가 하는 점과 아울러 대다수 '문무백관'은 왜 난파궁을 버리고 다시 아스카로 돌아가고자 하였는가 하는 점일 것이다. 더군다나 요시카와 신지(吉川真司)에 의하면 難波長柄豊碕宮은 과거 아스카에는 등장한 적이 없는 거대 규모의 궁전 시설물이며 대화(大化) 5년(649)에 궁의 조영이 시작된 것은 당해 연도에 시행된 評制의 전국적 시행, 관위제의 개정(관위19계제의 시행), '八省百官'[9]이란 표현이 시사하는 새로운 중앙 관제의 정비 등의 제 정책의 추진과 밀접한 관련성이 있었다고 한다.[10] 즉, 難波長柄豊碕宮의 역사적 위치는 대화 5년에 시작하여 향후 율령제의 성립으로까지 연결되어 가는 신체제(新體制)에 호응하는 최초의 궁실로서 자리 매김될 수 있다는 것이다. 이러한 평가가 타당하다면, 중대형황자의 비조환도론은 당시 왜국의 지배층에게 중앙 및 지방 지배 체제 정비(강화)라는 신체제 구축의 상징적 존재로서 받아들여지고 있던 難波長柄豊碕宮에 대하여 실로 완공된 지 2년여 만에 이 궁을 버리고 다시 아스카로 돌아가자는 정치적 제안을 한 셈이 된다.

중대형황자는 왜 그런 제안을 하였던 것일까? 상기한 것처럼 難波長柄豊碕宮 조영의 의미가 심대한 것이었던 만큼, 그 의미를 사상시키면서까지 아스카로 돌아가지 않으면 안 될 사정이란 과연 무엇이었을까? 그리고 아스카로 돌아가자는 것이 왜 조정을 분단할 만큼 파괴력이 있는 제안으로 기능하였는지도 매우 흥미로운 문제이다. 이것은 아스카로의 환도가 단지 궁의 공간적 이동을 의미하는 것이 아니라 그 이상의 중대한 의미를 담고 있었음을 시사한다. 중대형황자 세력과 효덕천황 세력의 정치적 대립의 진상은 바로 이 문제의 해명에 달려 있다고 해도 과언이 아닐 것이며 그런 점에서 비조환도론은 당시 야마토 조정 내부의 갈등 구조를 가장 상징적이면서 극명하게 보여 주는 것이었다고 할 수 있을 것이다.

종래 효덕천황과 중대형황자의 정치적 대립 및 비조환도론을 둘러싼 정치적 결별 배경에 대해서는 다음과 같은 견해가 제시되어 있다. 즉, 개신 정권의 대외 관심이 희박해졌기 때문이라는 關晃설, 아스카 지방에 불온한 움직

9_『日本書紀』, 孝德天皇 大化5년 2월 是月條.

10_吉川真司, 「難波長柄豊碕宮の歷史的位置」, 大山喬平教授退官記念會編, 『古代国家の史的特質 古代·中世 所收, 思文閣出版, 1997.

임(동향)이 계속되었기 때문이라는 北山茂夫설, 한반도에서의 새로운 긴장에 대한 대응으로서 전략적으로 수도를 내륙인 아스카로 옮겨 방비를 강화하기 위해서라는 石母田正설, 정권 초기부터 존재하던 효덕천황과 중대형황자의 내부 대립이 蘇我石川麻呂의 죽음을 계기로 역관계의 역전이 일어나 아스카 환도 문제로 표면화되었다는 篠川賢설, 대립의 기본 구도를 전(前) 대왕인 황극과 현(現) 대왕인 효덕의 대립을 상정하면서 아스카 환도는 황극을 내세운 중대형황자의 주도권 장악의 선언적 의미가 있었다고 보는 遠山美都男설, 효덕의 성급한 개혁에 반대하였기 때문이라는 森公章설, 나니와를 기반으로 하고 있던 효덕천황의 권력의 근간인 신라-당과의 우호 관계를 견제하고 중대형황자 주도의 권력체제를 구축하기 위해 제기되었다고 하는 김현구설[11] 등이 그것이다.

그런데 제설 중에는 關晃·北山茂夫·石母田正처럼 중대형황자가 일관된 실권자임을 전제로 하는 견해도 있지만 여기서는 따르지 않는다. 설사 이들 견해에 따라 중대형황자가 실권자라고 하더라도, 설정한 사유에 대해 효덕천황과 이견이 있었다는 설명 자체가 쉽게 납득이 가지 않는다. 요컨대, 양자의 입장 차이가 설명에 드러나 있지 않은 것이다.[12]

11_關晃, 「大化改新」, 『岩波講座 日本歷史 古代 2』, 岩波書店, 1962; 北山茂夫, 『大化改新』, 岩波書店, 1961; 石母田正, 주 2의 전게서; 篠川賢, 주 1의 전게 논문; 遠山美都男, 『中大兄皇子』, 角川書店, 2002; 森公章, 「倭国から日本へ」, 『日本の時代史 3 倭国から日本へ』 所収, 吉川弘文館, 2002; 김현구, 주 1의 전게서.

12_예를 들어 김현구가 지적한 대로 중대형황자는 대외 관심이 희박해졌는데, 그럼 왜 효덕천황은 여전히 대외 관심이 강하였는가에 대한 설명이 되지 않으며, 또 만약 조정 내부를 뒤흔들 동요가 있어 아스카로 환도해야 하는 것이라면 이것은 양자의 이해의 대립 요인이 아니라 오히려 이해가 일치하는 문제였을 것이며, 따라서 효덕이 반대해야 하는 이유가 설명되지 않는다. 그리고 石母田正설의 경우는 그러한 변화가 중대형황자와 효덕천황 사이에 왜 서로 다른 입장 표명으로 나타나게 되었는지에 대한 설명이 없는 것은 물론 한반도 정세에 대한 대처이든 방어 체제 강화를 위한 전략적 이동이든지 간에 이 환도가 외교 노선의 변경을 의미한다는 것 자체에 관해서도 별다른 언급이 없다.

이에 반해 篠川賢 이하의 제설은 양자의 대립 관계를 강조하고 있는 점이 앞의 견해들과 다른 점이다. 그런데 문제의 초점을 중대형황자와 효덕천황 양자의 개인적 대립으로 왜소화시키지 않고 조정의 지배층 전체의 의사와 관련된 문제로서 논의하는 경우는 의외로 적다. 중대형황자의 아스카 환도 단행에는 조정의 다수 세력의 지지가 있었기 때문에 가능한 것이었다. 따라서 반(反)효덕 정서의 형성을 가능하게 한 '지배층 다수를 설득시킬 수 있는 논리'가 무엇이었는가를 제시하는 것이 중요하다고 생각한다.

과거 효덕천황을 중심으로 한 개신 정권의 성립은 설령 일부의 반발은 있었겠지만 전체적으로는 조정 지배층 다수의 지지가 있었기에 가능한 것이었다. 이것은 나니와 천도의 경우도 마찬가지였다고 생각한다. 그런데 환도론의 제기 시점에서는 다수의 지지가 중대형황자에게로 옮겨가 있는 것이다. 이 변화에 유의한다면 단순히 양자의 권력투쟁으로 설명할 것이 아니라 내부 역관계의 변화를 가능하게 한 기제(機制)에 유의하지 않으면 안 될 것이다.

또한 아스카 환도의 사유는 그 원인 제공에 해당하는 나니와 천도의 사유와 깊은 관련성을 가지고 있을 터이다. 그런데 나니와 천도의 이유에 대해서는 주지하는 것처럼 친신라-당 관계의 개선이라는 대외 관계 중시론이 통설인 만큼[13] 아스카 환도도 역시 대외 관계를 둘러싼 문제를 위요하고 제기된 것으로 보는 게 타당하며 적어도 국내 지배 체제의 강화에 대한 贊否가 배경에 있었다고는 생각되지 않는다. 그런 점에서 필자는 森公章의 견해와는 달리 과연 중대형황자 및 조정의 다수 세력이 효덕천황의 개혁 정책에 반기를 들었다고 볼 수 있을 지는 의문이다. 예를 들어 評制의 시행은 그대로 계속 시행되었으며 관위제도 부정되지 않았다. 또한 중앙 관제의 정비에 대해서도

13_北山茂夫, 주 11의 전게서; 關晃, 주 11의 전게 논문; 門脇禎二, 「いわゆる『難波遷都』について」, 『「大化改新」史論 下』, 思文閣出版, 1991; 井上光貞, 주 3의 전게 논문; 中尾芳治, 「難波宮」, 『岩波講座 日本通史 第3巻 古代 2』, 岩波書店, 1994.

조정 세력이 그렇게도 반대하였다는 징후는 별로 보이지 않는다. 요컨대, 이러한 시책들은 야마토 조정의 전국 지배라는 거국적 차원에서의 체제 정비의 의미가 있었기 때문에, 만약 지배층 다수의 반발이 있었다면 아스카 환도 이후에 무언가 가시적인 반동적 조치가 나왔어야 하지 않은가?

효덕조의 상기 제(諸) 시책은 궁극적으로 관료제와 공민제의 정비와 관련되는 것으로서[14] 조정의 지배층 전체의 이익과도 부합하며 따라서 조정의 전체 의사가 효덕천황이 주도하는 개혁의 방향성에 반하는 쪽으로 전개되었다고는 보기 어렵다. 또한 효덕조 이후의 흐름을 보아도 전국적 지배 체제의 강화는 더욱 강화되는 방향으로 흘렀으며 그 반대는 아니다. 개혁에는 으레 진통이 따르기 마련인 만큼 관인들 중에는 반감을 가진 사람이 있었을지도 모른다. 하지만 적어도 조정의 다수 관인이 반대할 사안은 아니었으며 또한 조정의 내부 지배 정책을 둘러싸고 조정이 분단될 정도로 분열 양상이 나타났다고는 보기 어렵다는 것이 필자의 생각이다.

4. 대외 노선 변경의 계기

효덕 정권의 대외 노선을 친신라-당 노선으로 규정하였을 때 백치 2년의 다음 기사는 최초의 노선 변화의 징조를 보여 주는 것으로서 주목된다.

〈사료 2〉『日本書紀』孝德天皇 白雉二年(651) 是歲條

新羅貢調使知萬沙飡等。著唐國服泊于筑紫。朝庭惡恣移俗。訶嘖追還。于時巨勢大臣奏

14_吉川真司,「律令體制の形成」,『日本史講座1 東アジアにおける国家の形成 所收, 東京大學出版會, 2004.

請之曰。方今不伐新羅。於後必當有悔。其伐之狀不須擧力。自難波津至于筑紫海裏。相接浮盈艫舳。召新羅問其罪者。可易得焉。

이 기사에 의하면 신라사의 당복(唐服) 착용에 대해서 왜국 조정이 풍속을 바꾼 것을 비난하며 신라사를 筑紫에서 그냥 돌려보내었는데, 이때 左大臣 巨勢德陀古가 신라 정토를 주장하였다고 한다. 여기서 주목하고 싶은 것은 이 신라 정토 주장은 기존의 효덕 정권의 외교 노선과는 명백하게 배치된다는 점이다. 신라사신의 당복 착용은 648년 김춘추의 入唐外交 때에 당의 관복을 수용한 결과이며 이후 650년의 당의 연호(永徽) 사용, 651년에는 김춘추의 아들 김인문을 당 고종에 숙위시키는 등, 신라의 대당(對唐) 밀착은 가속화되었다.

효덕조 성립 이후 신라와의 관계는 646년 高向玄理의 신라 방문, 647년 김춘추의 왜국 방문, 649년 김다수(金多遂)의 왜국 방문, 653년 견당사의 파견이라는 일련의 교섭 과정이 시사(示唆)하듯이 신라를 매개로 한 당-신라-왜국의 우호 체제의 성립으로 귀결되어 되어 갔다. 따라서 651년의 신라 정토 주장은 이러한 당-신라-왜국의 관계 강화에 정면으로 이의를 제기한 것임을 알 수 있다. 즉, 巨勢德陀古의 신라 정벌론은 당-신라-왜국의 동맹적 관계 구축을 추진하던 대화(大化) 연간(646-650)의 정책에 대한 견제에 다름 아니었던 것이다.[15] 그렇다면 왜 이 시점에 기존의 정책 추진에 대한 반대가 표출되었으며 그것을 주도한 세력은 누구였을까?

신라 정토론이 효덕천황의 정책에 대한 정면 비판인 만큼 이 문제 제기의 배후에 巨勢德陀古를 위시한 반(反)효덕파의 형성을 추정할 수 있고 또 그 정점에 중대형황자가 있음도 쉽게 유추할 수 있다. 대신인 巨勢德陀古마저 효덕천황의 비판 세력의 일원이었음은 정권의 내부 역관계에 중대한 변화가 일

15_김현구·박현숙·우재병·이재석,『日本書紀 韓國 關係 記事 硏究 Ⅲ』, 一志社, 2004.

어나고 있었음을 시사한다. 그 변화의 기폭제로서는 역시 대화 5년 阿部, 蘇我 兩大臣의 죽음을 먼저 상정할 수 있다. 주지하듯이 두 사람은 효덕천황의 최측근 세력이었으며 특히 阿部大臣은 효덕천황의 유일한 혈육인 有間皇子의 외조부였다. 그런 만큼 두 사람의 죽음과 몰락은 효덕천황에게는 큰 타격이었을 것으로 생각된다. 그러나 양대신의 죽음이 곧 효덕 권력의 몰락을 의미하는 것은 아니다. 조정의 다수의 관인층으로 하여금 효덕천황에게서 등을 돌리게 하였던 요인은 따로 있었다. 필자는 그것이야말로 바로 대외 정세의 변화였다고 생각한다.

상기 사료에서는 신라사의 당복 착용이 문제가 되었다고 나온다. 그러나 신라의 복식 개정이 왜 왜국 조정에서는 정벌론의 제기로 이어졌을까? 신라의 당복 수용은 본격적인 신라의 율령제의 정비 및 수용을 의미하는 것이었다. 하지만 한편으로 복(服)의 착용이 일종의 복속의 징표로도 간주되고 있었던 점을 감안한다면[16] 아마도 왜국 지배층은 신라의 당복 수용을 신라 국제(國制)의 정비라는 차원에서가 아니라 신라의 대당(對唐) 복속의 심화 바꾸어 말하면 당의 한반도 영향력의 확대로 받아들였을 가능성이 있다. 그런데 생각해 보면 동아시아 제국에 대한 당의 영향력 확대는 새삼스러운 것이 아니다. 게다가 왜국이 친신라-당 노선을 견지하는 한, 신라와 당의 관계 강화는 왜국으로서 그렇게 비난할 필요도 없으며 또 왜국 스스로도 당의 영향력 확대를 조장하고 있었다고 해도 과언은 아닐 것이다. 따라서 문제의 핵심은 당과 신라의 밀착에 대한 비난 자체에 있는 것이 아니라 비난의 배경에 있다고 할 수 있다.

효덕조 성립 이후 용인되어 오던 신라-당의 밀착 관계가 왜 갑자기 비판의 대상으로 바뀌게 되었을까? 필자는 그 해답으로서 백제 공격을 염두에 둔

16_武田佐知子, 『古代国家の形成と衣服制』, 吉川弘文館, 1984.

당의 한반도 정책의 변화 및 그와 관련된 김춘추와 김다수의 행적을 주목하고 싶다. 우선 다음의 사료를 주목해 보자.

〈사료 3〉『삼국사기』 신라본기 文武王 11년(671)조

(전략) 大王報書云, 先王貞觀二十二年 入朝. 面奉太宗文皇帝恩勅. 朕今伐高麗 非有他故. 憐你新羅. 攝乎兩國. 每被侵陵. 靡有寧歲. 山川土地. 非我所貪. 玉帛子女. 是我所有. 我平定兩國. 平壤已南. 百濟土地. 竝乞你新羅 永爲安逸. 垂以計會. 賜以軍期. (후략)

〈사료 4〉『삼국사기』 신라본기 진덕왕 2년(648) 冬조

(전략) 春秋跪奏曰. 臣之本國. …… 而百濟强猾. 屢肆侵凌. …… 若陛下不借天兵剪除凶惡. 敝邑人民盡爲所虜. 則梯航述職無復望矣. 太宗深然之. 許以出師. (후략)

〈사료 5〉『삼국사기』 신라본기 선덕왕 12년(643) 추9월조

遣使大唐上言. 高句麗百濟侵凌臣國 …… 謹遣陪臣歸命大國. 願乞偏師. 以存救援. 帝謂使人曰 …… 百濟 國恃海之嶮. 不修機械 …… 我以數十百船. 載以甲卒. 御枚泛海. 直襲其地.(후략)

〈사료 3〉은 薛仁貴에 대한 신라 문무왕의 답서의 일부분인데 이 사료에 의하면 정관(貞觀) 22년(648) 구원을 청하기 위해서 입당한 김춘추에게 당 태종이 백제와 고구려를 평정하면 평양 이남과 백제의 토지는 모두 신라에게 준다고 약속을 하였다고 한다. 즉, 660년 백제 멸망 이후에 대한 전후 조치가 이미 이 시기에 약속이 되었다는 것인데, 여기에 분명하게 백제 공격이 전제되어 있음을 주목하고 싶다. 그리고 그것은 〈사료 4〉에서도 확인된다. 그런데 종래의 수-당의 대(對)한반도 전쟁은 주로 고구려만을 타깃으로 하는 것이었으며 백제는 대상에서 제외되어 있었다. 그런 점에서 보면 이 사료는 기존의 중국 왕조의 정책이 수정되었음을 보여 주고 있다.

그런데 이 당의 정책의 수정을 촉구한 장본인은 다름 아닌 신라였다. 〈사

료 5〉에서 알 수 있는 것처럼 신라는 643년 원군 파견을 당에 요청하였는데, 이때 당 태종은 여왕 폐위를 비롯한 소위 3책을 제시하면서 아울러 백제 공격 의사를 밝혔다고 한다. 하지만 백제 공격에 관한 한 643년의 당 태종의 발언에 얼마만큼의 진의가 들어가 있는지는 알 수 없다. 그에 비해 648년의 발언은 문무왕의 회고에서 직접 언급될 정도로 훨씬 구체적이며 정책 결정상의 무게감이 다르다고 할 수 있을 것이다. 또한 643년의 당 태종의 대책은 고구려·백제 쌍방을 향한 것이었으나 648년의 경우는 김춘추가 백제만을 직접 언급하고 있다는 점에서 알 수 있듯이 선(先)백제 공격론을 제기하고 있는 점도 눈여겨보아야 하는 대목이다.

요컨대, 상기 두 사료를 통해 알 수 있는 것은 신라는 대당 외교를 통해 지속적으로 당의 출병을 촉구하고 있었으며 그 결과 선(先)백제 공격을 위한 나당연합군 결성의 단서를 확보한 것이 바로 648년의 일이었다는 점이다. 즉, 이것은 당의 선(先)백제 공격이 하나의 전략적 정책으로서 본격 단행될 수 있는 가능성이 열렸음을 의미한다. 다만 언제 어떻게 단행하느냐는 상황 조건에 따라 결정될 문제이므로 곧바로 단행된다고는 할 수 없을 것이다. 또한 당 태종의 죽음으로 인해 생전의 이 결정이 계속 유효하게 지켜진다고도 장담할 수 없는 일이다. 그리고 당의 고구려 공격은 이 문제와는 별개로 고종의 즉위 이후에도 여전히 지속되었다. 하지만 이런 유동성이 있음에도 불구하고, 중요한 사실은 648년에 백제 공격에 대한 합의가 이루어졌으며 향후 실제로 단행될 가능성 또한 상존하게 되었다는 점이다.

그런데 전술한 것처럼 김춘추는 647년 왜국을 방문하고 있으며 이듬해 당을 방문하여 위의 중대한 약속을 이끌어 내는 성과를 거두었다. 그리고 649년에 김다수가 소위 '질'(質)로서[17] 왜국에 왔다. 김춘추는 신라-당-왜국의 협

17_『日本書紀』에는 김춘추도 '質'로 표현되어 있으나 이것이 人質의 개념이 될 수 없음은 이미 명확히 밝혀져 있다. 三池賢一, 「〈日本書紀〉"金春秋の來朝"について」, 『古代の日本と朝鮮 所收,

력 체제를 구축하기 위해 왜국에 온 것으로 이해되며[18] 따라서 648년의 당-신라의 약속은 아마도 649년 김다수를 통해 왜국 조정에도 일정 부분 통보되었을 가능성이 크다.[19] 신라-당-왜국의 협력 체제의 구축이란 틀이 유지되는 한, 왜국과도 사전 정보의 공유는 필요하였을 것으로 생각되기 때문이다. 김다수의 통지는 향후 신라-당-왜국의 협력 라인이 무엇을 할 것인가에 대한 구체적인 전망이 처음으로 왜국에게도 제시되었다는 점에 의의가 있다고 생각한다.

문제는 왜국 내부의 반응이다. 645년 효덕 정권 발족 당시의 친신라-당 노선은 과연 백제에 대한 공격 내지 최악의 경우 백제의 멸망까지도 염두에 두고 있었을까? 필자는 부정적이다. 왜냐 하면 그것이 본격적으로 궤도에 오르는 것은 648년의 일이기 때문이다. 아직 당의 입장이 명확하게 정리되지 않은 상태인 643년의 논의를 전제로, 상호 협조 체제를 운운하기란 어려웠다고 생각된다. 당시 왜국의 친신라-당 노선의 구체적 실체는 당과 신라의 문물을 입수할 수 있는 루트를 확보하며 또 644년 이래로 당이 고구려를 정토하는 상황에서 친백제 일변도의 외교 노선 유지에 대한 불안감 및 그에 대한 대안으로서 성립된 것이었으며 아직 왜국 나름의 구체적 플랜을 가지고 있었다고는 생각하기 힘들다. 기존의 동아시아 제국들의 존립을 전제로 그 안에서 친신라-당 노선을 선택한 것이지 백제의 멸망까지 용인할 수 있는 친신라-당 노선은 아니었다. 물론 친신라-당 노선이 당의 고구려 정벌을 용인하는 것이라는 점은 분명하게 인식하고 있었다고 생각된다. 중국의 고구려 정벌은 수대 이래로 계속되어온 것이며 그런 점에서 640년대에서도 북방의 전쟁은

學生社, 1974; 김현구, 주 1의 전게서; 나행주, 「古代朝日関係における〈質〉の意味」, 『史観』 134, 1996.

18_김현구, 주 1의 전게서.

19_김다수에 관해서는 이재석, 「〈日本書紀〉大化5년의 新羅使 金多遂에 관한 小考」, 고려대학교 일본사연구회 편, 『동아시아 속의 한일관계사 上』, 제이앤씨, 2010을 참조하기 바란다.

그 자체 새삼스러운 것은 아니었다. 그렇지만 백제를 먼저 멸망시킨다고 하는 것은 아마도 왜국으로서는 생각해 보지 못하였던 시나리오였다.

또한 632년 高表仁의 파견 이래 신라 경유의 입국 등 신라를 통한 간접적인 방식으로 친신라-당 노선에 설 것을 요구해 온 당의 입장도 고구려를 정토하려는 과정에서 그 배후에 있는 왜국을 신라와 함께 자기편으로 묶어 놓으려고 하는 것에 일차적 주안점이 있었으며 적어도 640년대까지는 당장 왜국에 어떤 군사적 행동을 요구하는 것은 아니었다.

이렇게 생각해 보면 640년대 왜국의 친신라-당 노선은 동아시아의 격동 속에서 소아씨의 친백제 노선에 대한 안티(anti)로서 조정 지배층의 지지를 받았으나, 반면 현실적으로 어떤 불리한 점을 부담해야 할지에 대해서는 아직 구체적으로 인식하고 있지 못하였다고 말할 수 있지 않을까? 그런 측면에서 보면 김다수가 전하였을 것으로 추정되는 선(先)백제 공격 가능성의 정보는 친신라-당 노선이 갖는 부(負)의 측면을 비로소 느끼게 한 것이었는지도 알 수 없다.

필자는 이상과 같은 사정을 이유로 신라-당의 계획은 왜국 조정에 상당한 파문을 낳았다고 추정한다. 당과 신라의 구체적 전략을 접하는 순간 왜국은 기존의 친신라-당 노선이 왜국으로서는 백제의 멸망 가능성과 당의 세력 확대를 용인하는 대단히 불리한 카드라는 점을 인식하게 되었고 이것이 왜국 지배층으로 하여금 당의 세력 확대를 저지하기 위해서라도 친백제로 회귀하지 않을 수 없다는 공감대를 가지게 한 것으로 생각된다. 정권의 발족 초기부터 어느 정도 지지를 얻었던 효덕천황의 입장이 지배층 다수로부터 소외당할 수 있는 논리 구조는 여기에 있었던 것이다.

중대형황자는 이러한 상황 판단하에 조정의 지배층을 결집하여 친백제 노선으로의 수정을 요구하기 시작하였고 결국 아스카 천도론으로까지 이어가며 효덕을 고립시키는 데 성공하였던 것이다. 물론 이 과정이 단선적으로 이루어진 것은 아니었다.

예를 들어 649년의 견신라사 파견은 김다수의 정보 내용을 확인하기 위한 사절단이었을 가능성이 있으며 651년의 신라사의 당복 착용에 대한 비판과 653년의 아스카 환도론 제기는 친백제 노선의 대두와 효덕천황의 고립을 보여 주는 왜국 조정 내부의 동향을 보여 주고 있다. 그리고 효덕천황으로서도 조정 내부의 분위기상 자신의 노선이 상당 부분 후퇴하는 것을 감내하지 않을 수 없었지만[20] 그렇다고 곧장 무력화된 것은 아니었다. 선(先)백제 공격설은 유동성을 지닌 하나의 안이지 현재 단행된다는 것을 의미하는 것은 아니었기 때문에 효덕천황으로서도 대응상의 약간의 여유를 가질 수는 있었으며 653년과 654년의 견당사 파견은 僧旻의 죽음 등 최측근이 하나 둘 사라져 가는 가운데 나온, 마지막 시도였다. 그렇지만 조정의 대세는 653년 아스카 환도로서 사실상 결론이 났다고 볼 수 있으며 『삼국사기』에 그해 8월에 백제가 왜와 통호하였음을[21] 전하고 있는 것은 아스카 환도의 주인공 중대형황자 세력과 백제와의 관계 개선을 의미한다. 친백제 노선을 내걸고 조정 다수파의 지지를 이끌어 내어 결국 효덕천황으로부터 권력을 환수하는 데 성공한 중대형황자로서는 당연한 조치였다고 할 수 있다.

20_김현구(주 1의 전게서)는 백치 연간의 대외 노선을 친신라-당 노선의 후퇴에 따른 등거리 노선이었다고 한다. 왜국의 국가적 차원에서 평가하면 김현구의 지적은 타당하다고 생각한다. 하지만 등거리 노선의 유지는 중대형황자와 효덕천황의 정치적 동거가 유지되었기 때문에 나타난 것이며 그 실체는 친신라-당 노선과 친백제 노선의 내부 대립적 동거 상황에 다름 아니었다고 생각한다.

21_『삼국사기』, 백제본기 의자왕 13년 추8월조.

5. 맺음말

이 글에서는 효덕 정권의 대외 기조는 이전의 蘇我本宗家의 친백제 노선과는 다른, 친신라-당 노선의 추구에 있었다는 견해에 입각하여, 아스카 환도론으로 상징되는 효덕천황과 중대형황자의 정치적 결별의 사유를 대외 노선의 변화를 기축으로 하여 고찰해 보고자 하였다.

을사의 변 이후 형성된 효덕천황과 중대형황자의 정치적 역관계는 별도로 치더라도, 그 정치적 결별의 단서는 651년 신라 사신의 당복 착용을 비난하며 추방하는 데서 이미 그 전조가 나타났다. 이것은 651년 이전에 무언가 왜국의 대외 노선에 중대한 변화가 있었음을 시사한다. 이 변화의 흐름은 기존의 친신라-당 노선에서 친백제 노선으로 회귀를 지향하는 것이었으며 효덕천황과 중대형황자의 대립의 구도를 그대로 반영하는 것이었다.

그 대립의 결과는 친백제 노선에 입각하여 조정의 대세를 이끌어 낸 중대형황자 정권의 성립으로 귀결되었다. 그러나 왜 조정의 다수파가 기존의 친신라-당 노선 지지에서 친백제 노선 지지로 회귀하였는가에 대한 문제는 중대형황자와 효덕천황의 개인적 문제로 설명될 사안은 아니며 지배층 전체의 공감대를 바꾼 논리 구조의 설명이 요구된다. 필자는 그 논리 변화의 핵으로서 왜국 지배층이 가지고 있던 친신라-당 노선에 대한 인식의 전환을 들었다. 즉, 648년 신라와 당 사이에 선(先)백제 공격론이 본격적으로 궤상에 올랐으며, 비록 실행 가능성 면에서 아직 유동적이기는 하였지만, 왜국에도 전해졌을 이 논의는 향후 친신라-당-왜국 협조 노선의 기본 방향을 규제하는 것임을 암시하기에 충분하였다. 신라-당의 계획은, 설사 친신라-당 노선을 지지한다고 하더라도 당초 백제 멸망까지 용인할 생각은 없었던 왜국 조정의 다수에게 상당한 파문을 던졌다고 추정된다. 당과 신라의 구체적 전략을 접하는 순간 왜국은 기존의 친신라-당 노선이 왜국으로서는 백제의 멸망 가능성과 당의 세력 확대를 용인하는 카드라는 점을 인식하게 되었고 이것이 왜국 지배층으로 하여금 당의 과도한 세력 확대를 저지하기 위해서라도 친백제 노선으로 회귀하지 않을 수 없다는 공감대를 가지게 한 것으로 생각된다. 정권의 발족 초기부터 어느 정도 지지를 얻었던 효덕천황의 입장이 지배층 다수로부터 소외당할 수 있는 논리 구조는 여기에 있었던 것이다.

친신라-당 노선의 수정은 동아시아의 군사적 긴장관계의 파고가 높아지기 시작하면서 왜국에게 요구되는 정치적·군사적 부담의 현실성을 본격적으로 실감하기 시작하면서 나온 나름의 선택이었다. 아울러 難波長柄豊碕宮과의 관련성에 관해 부언한다면 아스카 환도는 長柄豊碕宮에 상징되는 당시의 지배 체제의 강화 정책에 대한 반대가 아니라 나니와 천도가 가지는 친당-신라 노선의 상징성을 부정하기 위한 것이었다고 평가하는 것이 타당하다고 생각한다. 필자는 長柄豊碕宮의 포기는 곧 그만큼 당시 대외 관계의 계기성이 강하고 절박하였음을 보여 주는 반증으로 받아들이고 있다.

6장
'백촌강 싸움'과 '임신(壬申)의 난'

송완범

1. 서론

고대 동아시아의 전쟁 중 외정과 내전이 세트로 되어 국가 성립에 결정적 역할을 한 것은 드문데, 그 흔하지 않은 예가 고대 일본에서 보인다. 즉, '백촌강(白村江) 싸움'과 '임신(壬申)의 난'은 거의 같은 시기에 발생하여 고대 일본의 국가 성립사에 있어 완성된 국가형태라 말해지는 일본 율령국가의 완성에 큰 영향을 주었다고 말해진다.

먼저 663년에 발생한 '백촌강 싸움'은 한반도 서남부 지방을 장악하고 있던 왕국 백제가 660년에 멸망하는 것에 의해 힘의 진공 상태가 된 구백제 지역의 패권을 둘러싸고 당시의 동아시아 세계의 구성원들인 중국의 당, 한반도의 고구려, 백제, 신라, 일본열도의 왜 모두가 엉겨 붙었던 대규모 국제 전쟁이다. 결국 이 '백촌강 싸움'에서 승리한 당과 신라에 의해 고구려가 멸망하면서 한반도는 당과 신라에 의해 분할되게 되고, 바다 건너 열도는 왜에서 일본으로의 질적 발전을 성취하는 것이다.

이에 비해 '임신의 난'은 '백촌강 싸움'의 약 10여 년 후인 672년에 발생하는데, 당시의 천황인 덴치(天智)가 죽음을 맞이하면서 지명한 후계자 오토모(大友) 황자의 즉위에 반발한 오아마(大海人) 황자를 중심으로 하는 세력이 오토모를 제거하는 왕권 쟁탈전의 전후에 걸친 사건의 전개를 이른다. '임신의 난'에 의해 등장한 덴무(天武)와 지토(持統)에 의해 왜는 동아시아 세계에서의 한 축을 이룰 수 있게 내실을 다지는데, 그 일련의 성과가 집대성된 것이 바로 일본 율령국가의 성립이라 말해지는 것이다.

말할 것도 없이 이상의 두 사건에 대한 저서나 논문은 셀 수 없이 많다. 그 중에서 먼저 전자의 '백촌강 싸움'에 대한 의미 자체를 규정하는 연구가 있는데 이는 바로 이시모다쇼(石母田正)의 『日本の古代国家』(岩波書店, 1971)이다. 이시모다의 이 저작의 영향력은 발간 30주년을 맞아 심포지엄이 열리는 정도라는 것에서 잘 알 수 있다.[1] 이시모다는 '백촌강 싸움'에 대한 기초적 이해를, 당을 중심으로 하는 '대제국주의'와 일본을 중심으로 하는 '소제국주의'의 충돌로 보고 있다. 이러한 이시모다의 견해를 기본적으로 계승하면서 비판적인 검토를 시도하고 있는 것이 현 일본 학계의 입장[2]인데, 그 중에서도 일본에서 쉽게 구할 수 있으면서 학문적인 평가가 높은 것으로는 기토키요아키(鬼頭清明)와 모리키미유키(森公章)의 저작[3]이 있다. 이에 비해 한국에서의 전문 연구

1_발간 30년에 즈음한 "고대사 연구의 현재(古代史研究の現在)"라는 심포지엄이 열리기도 했다. シンポジウム, 「古代史研究の現在: 石母田正『日本の古代国家』発刊30年を契機として」, 『歴史學研究』 782호, 2003 참조(『著作集第三巻』, 岩波書店, 1989에 재록).

2_최근 오마치켄(大町健) 씨는 이시모다쇼·이시가미에이이치(石上英一) 양씨의 「小帝国主義論」·「擬似民族集団」을 각각의 분석 대상으로 하여 일본 고대국가에서의 제국(帝国)과 민족(民族)의 개념에 관한 정의를 새롭게 검토할 필요성이 있다고 문제 제기를 하고 있다. 大町健, 「東アジアのなかの日本律令国家」, 歴史学研究会·日本史研究会編, 『日本史講座第２巻 律令国家の展開』, 東京大学出版会, 2004, 223-248쪽 참조.

3_鬼頭清明, 『白村江: 東アジアの動乱と日本』, 教育社, 1981; 森公章, 『「白村江」以後: 国家危機と東アジア外交』, 講談社, 1998. 그 외에 일본에서의 연구로는 中村修也著, 『白村江の真実: 新羅王·金春秋の策略』, 吉川弘文館, 2010; 小林恵子, 『白村江の戦いと壬申の乱: 唐初期の朝鮮三国

서로는 노중국[4]과 변인석[5]의 것이 있고, 그 외 논문으로는 김현구의 일련의 작업[6]이 대표적이다.

と日本』, 現代思潮社, 1987; 熊谷公男, 『大王から天皇へ』, 講談社, 2008; 森公章, 『遣唐使と古代日本の対外政策』, 吉川弘文館, 2008; 豊田泰, 『白村江の戦い・元冦・秀吉の朝鮮侵攻』, 文芸社, 2007; 森公章, 『東アジアの動乱と倭国』, 吉川弘文館, 2006; 仁藤敦史, 『女帝の世紀: 皇位継承と政争』, 角川書店, 2006; 井上秀雄, 『古代朝鮮』, 講談社, 2004; 井上光貞, 『飛鳥の朝廷』, 講談社, 2004; 森公章, 『倭国から日本へ』, 吉川弘文館, 2002; 부르스바톤(ブルース・バートン), 『国境の誕生: 大宰府から見た日本の原形』, 日本放送出版協会, 2001; NHK取材班, 『その時歴史が動いた』, KTC中央出版, 2005; 笠井倭人, 『古代の日朝関係と日本書紀』, 吉川弘文館, 2000; 鈴木治, 『白村江: 古代日本の敗戦と薬師寺の謎』, 学生社, 1999; 遠山美都男, 『「日本書紀」はなにを隠してきたか?』, 洋泉社, 1999; 坂本太郎, 『日本書紀』, 岩波書店, 1995; 夜久正雄, 『白村江の戦: 七世紀・東アジアの動乱』, 国民文化研究会, 1974; 鬼頭清明, 『大和朝廷と東アジア』, 吉川弘文館, 1994; 倉住靖彦, 『古代の大宰府』, 吉川弘文館, 1985; 「角川日本地名大辞典」編纂委員会, 『角川日本地名大辞典』, 角川書店, 1991; 古田武彦, 『法隆寺の中の九州王朝』, 朝日新聞社, 1985; 川喜田二郎, 『素朴と文明』, 講談社, 1987; 古都大宰府を守る会, 『大宰府の歴史』, 西日本新聞社, 1987; 鈴木英夫, 「百済の役」, 黛弘道編『戦乱の日本史 1 中央集権国家への道』, 第一法規出版, 1988; 遠山美都男, 『白村江: 古代東アジア大戦の謎』, 講談社, 1997; 森公章, 「白村江の戦をめぐる倭国の外交と戦略」, 『東アジアの古代文化』 110, 2002 참조.

4_노중국, 『백제 부흥운동사』, 일조각, 2003.

5_변인석, 『백강구전쟁과 백제・왜관계』, 한울아카데미, 1994.

6_김현구, 「일본의 위기와 팽창의 구조: 633년 백촌강(白村江) 싸움을 중심으로」, 『문화사학』, 2006; 「백강전쟁과 그 역사적 의의」, 백강전쟁 1340주년 국제학술심포지엄자료집, 『백제 부흥운동과 백강전쟁』, 공주대학교 백제문화연구소, 2003; 「동아시아 세계와 백촌강 싸움: 야마토 정권의 출병 준비 과정을 중심으로」, 동국대학교일본학연구소, 『일본학』, 2001; 「백촌강 싸움 직후 일본의 대륙관계의 재개: 신라와의 관계를 중심으로」, 『일본역사연구』, 1998 등이 있다. 그 외에 한국에서의 성과들은 다음과 같다. 앞의 백강전쟁 1340주년 국제학술심포지엄자료집에는 『백제 부흥운동과 백강전쟁』 중의 한승, 「당조대백제적전쟁(唐朝對百濟的戰爭): 배경여성질(背景與性質)」; 이도학, 「백제 조국회복전쟁기의 몇 가지 쟁점 검토」; 심정보, 「백강에 대한 연구현황과 문제점」; 新川登龜男, 「白村江の戰いと古代の東アジア」; 佐藤信, 「白村江の戰いと倭」 등이 있다. 그리고 송완범, 「'白村江싸움'과 倭: 東아시아세계의 재편과 관련하여」, 『한국 고대사연구』 45, 2007(본고의 제2절 "백촌강 싸움"의 많은 부분은 이 논고에 의거한 것임); 연민수, 「고대한일관계사의 쟁점과 사료: 임나문제와 백강전투를 중심으로」, 『일본역사연구』, 2003; 이재석, 「백제 부흥 운동과 야마토 정권」, 『사총』, 2003; 변인석, 「백강구전쟁을 통해서 본 고대 한일관계의 접점: 백강 백강구의 역사지리적 고찰을 중심으로」, 『동양학』, 1994; 변인석, 「7세기 중엽

다음으로 672년의 '임신의 난'에 대한 일본에서의 연구[7]는 오토모가 즉위했는지 아니면 즉위하지 않은 것인지 하는 문제를 주요 테마로 설정해 왔다. 게다가 '임신의 난'의 원인을 둘러싼 논의나 전투가 시작하기까지의 다이카(大化) 개신 이래의 정치의 흐름을 왕위 계승에 주목한 것이라든지, 그 난의 사회적 위치, 그리고 난이 종결하고 난 이후의 영향 등에 관심의 대부분이었다고 해도 좋을 것이다. 요컨대, 도식적 설정, 즉 '급진'과 '보수', '대호족'과 '중소호족', '중앙'과 '지방', '관군'과 '호족군' 등에 보이는 것 같은 현실 정치에의 설명과도 같은 방식이 고대 정치사 중심으로 많이 채용되었던 것이다.[8] 이

백강구전(白江口戰) 있어서의 일본의 패인에 관한 고찰: 「일본서기(日本書紀)」 소재의 패적기록(敗績記錄)을 중심으로」, 『동방학지』, 1992; 심정보, 「중국 측 사료를 통해 본 백강(白江)의 위치 문제」, 제1회 환황해(環黃海) 한중교섭사 연구심포지엄: 역사고고학부문, 『진단학보』, 1988 등도 참조를 바란다.

7_早川万年, 『壬申の乱を読み解く』, 吉川弘文館, 2009; 小林恵子, 『白村江の戦いと壬申の乱: 唐初期の朝鮮三国と日本』, 現代思潮社, 1987; 遠山美都男, 『古代の皇位継承: 天武系皇統は実在したか』, 吉川弘文館, 2007; 井上光貞, 『飛鳥の朝廷』, 講談社, 2004; 笠原英彦, 『歴代天皇総覧: 皇位はどう継承されたか』, 中央公論新社, 2001; 足利健亮先生追悼論文集編纂委員会, 『地図と歴史空間: 足利健亮先生追悼論文集』, 大明堂, 2000; 山本幸司, 『天武の時代: 壬申の乱をめぐる歴史と神話』, 朝日選書, 1995; 鈴木治, 『白村江: 古代日本の敗戦と薬師寺の謎』, 学生社, 1999; 遠山美都男, 『「日本書紀」はなにを隠してきたか?』, 洋泉社, 1999; 直木孝次郎, 『壬申の乱』, 塙書房, 1961; 都出比呂志, 田中琢, 『権力と国家と戦争』, 小学館, 1998; 直木孝次郎, 『壬申の乱』, 塙書房, 1992; 三浦昇, 『敵見たる虎か吼ゆると: 壬申の乱を歩く』, 実業之日本社, 1976; 星野良作, 『壬申の乱』, 吉川弘文館, 1973; 中津攸子, 『万葉集で読む古代争乱』, 新人物往来社, 1986; 星野良作, 『壬申の乱研究の展開』, 吉川弘文館, 1997; 遠山美都男, 『壬申の乱: 天皇誕生の神話と史実』, 中央公論社, 1996; 記紀万葉を語る会, 『日本古代の政治と文学』, 青木書店, 1956; 奈良国立文化財研究所飛鳥資料館, 壬申の乱, 奈良国立文化財研究所飛鳥資料館, 1987; 竹越与三郎, 『二千五百年史』, 講談社, 1990; 亀田隆之, 『壬申の乱』,至文堂, 1961; 水野祐, 『非情の世紀: 壬申の乱外史』, 早稲田大学出版部, 1994; 西郷信綱, 『壬申紀を読む: 歴史と文化と言語』, 平凡社, 1993; 斎宮歴史博物館, 『大来皇女と壬申の乱: 斎宮をめぐる人々』, 斎宮歴史博物館, 1991; 小笠原好彦, 『勢多唐橋: 橋にみる古代史』,ロッコウブックス, 1990; 星野良作, 『壬申の乱』,吉川弘文館, 1978; 田中卓, 『壬申の乱とその前後』,国書刊行会, 1985; 吉野裕子, 『持統天皇: 日本古代帝王の呪術』, 人文書院, 1987; 大久保利謙, 『田口鼎軒集』,筑摩書房, 1977; 北山茂夫, 『壬申の内乱』, 岩波書店, 1978 등 참조.

에 반해 한국에서의 '임신의 난'에 대한 연구는 거의 없다고 해도 과언이 아니다. 설령 있다고 해도 일본 문학적 차원에 바탕을 둔 시도밖에 없다.[9]

이렇게 '백촌강 싸움'과 '임신의 난'의 연구 성과가 한국에서 차이가 나는 것은 아마도 전자가 한반도 삼국의 질서가 붕괴되어 재편되는 상황과 밀접하게 관련된 것에 비해, 후자의 경우는 이제 동아시아 체제가 안정된 시기의 일본 내부의 문제라는 인식이 강하기 때문일 것이다. 이러한 이해는 일면 타당하기도 하지만 또 한편으로는 반드시 적확한 이해라고는 보기 어려운 점도 있다.

왜냐하면 '백촌강 싸움'과 '임신의 난' 이 두 사건은 나중의 덴치와 덴무천황의 어머니인 사이메이(齊明)가 백제의 멸망과 함께 백제 부흥군의 움직임에 기민하게 대응하는 왜국의 일련의 외교적 움직임을 축으로 하여 전개된 왕권의 일관된 통치 행위의 일종이었던 까닭에 많이 연동될 수밖에 없었다고 생각되기 때문이다. 또 고대 일본의 최대 내전이라고 말해지는 '임신의 난'이 일어나는 바로 직전까지 백제를 멸망시킨 장본인인 당이 보낸 사절이 왜의 영내에 주둔하고 있었다고 하는 사실은 '임신의 난'을 복안적으로 생각함에 있어 하나의 시금석이 될 수 있을 것이다.

이상의 시점에 입각하여 본인은 두 사건을 연계해 살펴볼 필요성이 있다고 생각한다. 하지만 지금까지 일본은 물론 한국에서 두 사건을 각각 개별적으로 연구한 경우는 있었어도 두 사건을 연계하여 연구한 경우는 거의 없었다고 해도 과언이 아니다.

이러한 현상을 염두에 두고 두 사건의 연관 관계를 탐구하는 것에 의해 일

8_倉本一宏, 『壬申の乱を歩く』, 吉川弘文館, 2007; 倉本一宏, 『壬申の乱』, 吉川弘文館, 2007 참조.

9_윤영수, 「시본인마려(柿本人麻呂)에 있어서의 '임신(壬申)의 난(亂)'과 천무조(天武朝)」, 한국일본학회, 『일본학보』, 1996; 김광래, 「'임신(壬申)의 난'에 있어서 신라의 역할」, 한국일어일문학회, 『일어일문학연구』, 1987 참조.

본 고대의 외정과 내전에서 일어난 두 가지 큰 사건이 일본 고대의 완성된 국가형태라고 말해지는 율령국가 성립에의 먼 원인이 되었던 것이 아닌가에 대해 검토해 보고자 한다. 다만 본인의 이러한 시도는 현재 두 사건을 전면적으로 재검토하는 단계까지는 이르지 못하고 있다고 생각하기 때문에, 향후 본격적 연구를 위한 기초적 단계의 작업임을 미리 밝혀 두는 바이다.

2. 백촌강 싸움

우선 동아시아 여러 나라가 서로 얽혀 싸운 '백촌강 싸움'의 기간에 관해 두 가지의 관점이 있다. 첫 번째는, 660년 7월의 백제 멸망으로부터 663년 8월까지의 3년간의 백제 부흥 전쟁 기간이라고 하는 넓은 의미에서의 관점이다. 두 번째는, 663년 8월 27, 28일 양일의 전투 그 자체를 가리키는 관점이다. 본인은 전자의 3년간을 넓은 의미에서의 백촌강 싸움이라고 이해하고 있다.

다음에는 왜국의 백촌강 싸움에의 참전이유도 두 가지의 관점이 대립하고 있다. 첫째, 백제가 이전부터 왜를 '대국시'(大国視)하고 있는 한편, 왜는 백제를 조공국, 즉 속국으로 간주하고 있는 것으로 보아 왜가 반도의 백제에 출병하는 것으로 되었다고 하는 것이다. 두 번째로, 당시의 야마토 왕권의 지배층이 반도계, 특히 백제계의 사람들이었다는 관계로 조국인 백제의 해방을 위한 출병이었다고 하는 것이다.

전자의 견해는 앞 장의 서론에서도 언급한 대로 이시모다 쇼 씨의 「고대제국주의론」(古代帝国主義論)에 입각하여, 당을 중심으로 하는 「대제국주의」(大帝国主義)와 왜(일본)를 중심으로 하는 「소제국주의」(小帝国主義)의 충돌이었다고 평가한다. 그렇지만 이 시기의 동아시아 세계를 그러한 시점에 서서 바라본다면, 당과 왜 만이 이 세계의 기축이 되어 버려 동아시아 세계에서의 반도 세력, 즉 백제 부흥군과 신라가 담당한 역할에 대해서 충분한 평가를 할 수 없게 된다고 하는 단점이 있다. 이 설은 이른바 '고대제국주의전쟁설'(古代帝国主義戦争説)로 주로 일본인 학자들이 주장하고 있다. 그것에 대해 후자는 이른바 '조국해방전쟁설'(祖国解放戦争説)로 한국의 학자들에 의해 옹호되고 있다.

그러나 전자는 『일본서기』(日本書紀) 편찬 때의 일본 율령국가의 반도 여러 나라에 대한 '번국관'(蕃国観)으로부터 나온 이해이고, 후자는 막연한 추측으로 확실한 근거가 부족하다고 하는 점에서 양설은 각각 약점을 갖고 있다고 할 수 있다.

그래서 제3의 안으로서 645년 '개신'(改新) 전후의 야마토 왕권의 대외 관계에 관한 분석을 통하여 야마토 왕권의 백촌강 싸움에의 참전 이유를 구하는 견해가 있다. 그러한 왜의 백촌강 참전의 이유가 바르다고 한다면 이 싸움의 성격은 왜의 방위를 위한 전쟁이라는 것이 된다. 본인은 왜의 백촌강 참전의 결정에는 반도와의 긴 교류를 통하여 체득한 왜 나름의 절박하고도 간절한 외교술이 총동원된 결과라는 입장에서 제3의 안을 지지하고 있다.

이상으로 입장을 근거로 다음에는 백촌강 싸움의 전개와 패전 그리고 그 결과로서 발생한 백제 유민에 대한 기초적 사료에 입각해 전반적인 상황을 기술해 보고자 한다. 먼저 전투의 전개에 관한 사료를 A군으로, 전투의 결과에 관한 사료를 B군으로, 마지막으로 백제 유민의 발생과 그 존재를 C군으로 정리한다.

A군: 전투의 전개

〈사료 1〉『旧唐書』巻一九九上 百済伝

於是仁師仁願及新羅王金法敏帥陸軍進，劉仁軌及帥杜爽扶余隆率水軍及糧船，自熊津江往白江以会陸軍。同趨周留城。

〈사료 2〉『資治通鑑』卷二〇一 龍朔三年(六六三)九月条

於是仁師仁願及新羅王法敏将陸軍以進, 仁軌与別将杜爽扶余隆将水軍及糧船, 自熊津江入白江, 以会陸軍。同趣周留城。

〈사료 3〉『三国史記』卷二十八 龍朔二年(六六二)条

於是仁師仁願及羅王金法敏帥陸軍進, 劉仁軌別及帥杜爽扶余隆帥水軍及糧船, 自熊津江往白江口, 以会陸軍。同趨周留城。

〈사료 4〉『三国史記』卷七 文武王十一年(六七一)条

至龍朔三年, 摠管孫仁師領兵来救府城, 新羅兵馬, 亦發同征, 行至周留城下。

〈사료 5〉『日本書紀』天智二年(六六三)秋八月甲午(十三日)条

新羅, 以百済王斬己良将, 謀直入国先取州柔。於是, 百済知賊所計, 謂諸将曰, 今聞, 大日本国之救将廬原君臣, 率健児萬餘, 正当越海而至。願諸将軍等, 応預図之。我欲自往待饗白村。

〈사료 6〉『日本書紀』天智二年(六六三)秋八月戊戌(十七日)条

賊将至於州柔, 繞其王城。大唐軍将, 率戦船一百七十艘, 陣烈於白村江。

B군: 전투의 결과

〈사료 7〉『旧唐書』卷一九九上 百済伝

仁軌遇扶余之衆於白江之口, 四戦皆捷, 焚其舟四百艘, 賊衆大潰, 扶余豊脱身而走, 偽王子扶余忠勝忠志等率士女及倭衆並降, 百濟諸城復帰順, 孫仁師与劉仁願等振旅而還。

〈사료 8〉『旧唐書』卷八十四 列伝三三劉仁軌伝

仁軌遇倭兵於白江之口, 四戦捷, 焚其舟四百艘, 煙焔張天, 海水皆赤, 賊衆大潰, 余豊脱身而走, 獲其宝剣, 偽王子扶余忠勝忠志等率士女及倭衆並耽羅国使, 一時並降, 百濟諸城皆復帰順, 賊帥遅受信拠任存城不降。

〈사료 9〉『資治通鑑』卷二〇一 龍朔三年(六六三)九月条

遇倭兵於白江口, 四戦皆捷, 焚其舟四百艘煙炎灼天, 海水為赤, 百済王豊脱身奔高麗, 王子忠勝忠志等帥衆降。

〈사료 10〉『三国史記』卷二十八 龍朔二年(六六二)条

遇倭人白江口, 四戦皆克, 焚其舟四百艘, 煙炎灼天, 海水為丹, 王扶余豊脱身而走, 不知所在, 或云奔高句麗, 獲其宝剣, 王子扶余忠勝忠志等帥其衆与倭人並降。

〈사료 11〉『三国史記』巻七 文武王十一年(六七一)条

此時, 倭国船兵, 来助百済, 倭船千艘, 停在白沙, 百済精騎岸上守船, 新羅驍騎為漢前鋒, 先破岸陣, 周留失膽, 遂既降下。

〈사료 12〉『日本書紀』天智二年(六六三)秋八月戊申(二十七日)条

日本船師初至者, 与大唐船師合戦。日本不利而退。大唐堅陣而守。

〈사료 13〉『日本書紀』天智二年(六六三)秋八月己酉(二十八日)条

日本諸将, 与百済王, 不観気象, 而相謂之曰, 我等争先, 彼応自退。更率日本乱伍, 中軍之卒, 進打大唐堅陣之軍。大唐便自左右夾船繞戦。須臾之際, 官軍敗続。赴水溺死者衆。艫舳不得廻旋。朴市田来津, 仰天而誓, 切歯而嗔, 殺数十人。於焉戦死。是時, 百済王豊璋, 与数人乗船, 逃去高麗。

C군: 백제 유민의 발생과 그 존재

〈사료 14〉『日本書紀』天智二(六六三)年九月丁巳(七日)条

百済州柔城, 始降於唐。是時, 国人相謂之曰, 州柔降矣。事无奈何。百済之名, 絶于今日。丘墓之所, 豈能復往。但可往於弖礼城, 会日本軍将等, 相謀事機所要。遂教本在枕服岐城之妻子等, 令知去国之心。

〈사료 15〉『日本書紀』天智二(六六三)年九月辛酉(十一日)条

発途於牟弖。

〈사료 16〉『日本書紀』天智二(六六三)年九月癸亥(十三日)条

至弖礼。

〈사료 17〉『日本書紀』天智二(六六三)年九月甲戌(二十四日)条

日本船師, 及佐平余自信・達率木素貴子・谷那晋首・憶礼福留, 并国民等, 至於弖礼城。明日, 発船始向日本。

〈사료 18〉『日本書紀』天智四(六六五)年二月是月条

勘校百済国官位階級。仍以佐平福信之功, 授鬼室集斯小錦下〈其本位達率〉。復以百済百姓男女四百余人, 居于近江国神前郡。

〈사료 19〉『日本書紀』天智五(六六六)年冬十月是冬条

以百済男女二千余人, 居于東国。凡不択緇素, 起癸亥年, 至于三歳, 並賜官食。

〈사료 20〉『日本書紀』天智八(六六九)年是歳条

又以佐平余自信·佐平鬼室集斯等, 男女七百余人, 遷居近江国蒲生郡。

이상의 A군과 B군의 사료로부터 네 가지를 지적하고자 한다. 우선 첫 번째로, 전장의 지명이 혼란하고 있는 일이다. 「백강구」(白江口, 〈사료 3〉〈사료 7~10〉), 「백강」(白江, 〈사료 1〉〈사료 2〉), 「백사」(白沙, 〈사료 11〉), 「백촌강」(白村江, 〈사료 5〉〈사료 6〉) 등이다. 이 중 「백강구」와 「백강」은 같은 장소를 가리키고 있는 듯하다. 한편 백촌강은 『일본서기』밖에 보이지 않지만, 보다 구체적인 장소를 특정하고 있는 지명이라고 생각한다. 두 번째로, 당과 신라의 사료 내용이 거의 일치하고 있는 것에 대하여 『일본서기』는 전장의 묘사가 특히 〈사료 13〉처럼 상세하고 별도의 계통의 사료를 사용하고 있다고 생각되는 일이나. 세 번째로, 싸움의 주체인 육군과 해군과의 전투가 별개로 다루어지고 있는데, 육군의 전투는 신라와 백제의 군대가, 해군은 당과 왜국의 군대가 각각 담당하고 있는 것이다. 즉, 〈사료 11〉에 의하면 언덕 위에서 백제 육군과 신라군이 싸우고 있다. 요컨대, 양군의 육군의 임무는 각각의 해군의 선단을 호위하면서 육군끼리의 전투를 전개하는 전술을 구사하고 있는 것을 알 수 있다. 네 번째로, 왜의 수군의 패전 이유에 대해서이다. 그 이유로는 기상 조건의 악화, 군선의 성능 차이, 전략의 부재 등이 있다. 당과 왜의 선단 규모는 당이 170척(〈사료 13〉), 왜가 400척(〈사료 7~10〉), 혹은 1천 척(〈사료 11〉)이었다. 왜의 군서의 척수는 400에서 1천 척까지의 차는 있지만, 1천 척은 『삼국사기』한 군데만의 기록이기에 훗날의 과장이라고 생각되며, 400척 이상의 군세이었던 것만은 확실할 것이다. 왜냐하면 〈사료 7~10〉의 기사 「분기주사백소」(焚其舟四百艘)로부터 적어도 400척은 파괴된 배의 척수를 나타내고 있기 때문이다.

다음으로는 C군 사료에서 보는 바와 같이 백촌강 싸움의 결과 생긴 백제 유민의 발생과 그 존재가 보인다. 우선 백제 유민의 발생에 대해서는 다음의 〈사료 14~17〉이 참고가 된다. 663년 8월 말에 왜와 백제 연합군은 당과 신라 연합군에 의해 대패를 맛본다. 그 후 9월 초부터 퇴각 준비를 하고 왜와 백제의 인민들이 9월 말경에 드디어 구백제의 남해안으로부터 왜국으로 향하게 된다. 주류성이 백촌강 싸움 후 불과 10일 남짓해서 함락하고 백제 유민들이 최후의 희망을 왜에 맡긴 사정이 그려져 있다.

그리고 왜에서의 백제 유민의 존재와 그들의 정착 사정에 대한 사료가 있다. 〈사료 18〉과 〈사료 20〉은 천 단위의 백제 유민들이 오우미(近江)에 집거하고 있는 것을 전하고 있다. 또 〈사료 19〉는 백제 유민의 남녀 2천 명이 동국(東国)에 집단 거주하고 있는 실태와 계해년(663) 이후의 3년간은 관식(官食)을 지급할 것, 이라는 대우 방법에 대해 정하고 있다. 이러한 백제 유민의 입식은 오우미와 동국에 집중적으로 행해졌지만 왜에 있어서의 백제 유민의 유효성에 대해서는 대외적으로는 당의 침공의 위협에 대비하는 조치로서, 또 국내적으로는 오우미를 비롯한 동국의 개발을 위함이라고 설명할 수 있다.

특히 오우미 지방은 천도에 반대하는 세력의 존재가 있었음에도 불구하고 오우미에로의 천도가 이루어진 배경으로서 백제 유민의 존재가 상정되는 것이다. 백제 유민세력의 움직임과 관련하여 다음으로 조선식 산성의 문제에 대해서 주목하고자 한다. 조선식 산성 건설의 문제는 말할 것도 없이 '백촌강 싸움'의 영향이다. '백촌강 싸움'의 패전 후 당과 신라연합군의 침공을 두려워한 왜는 구주와 세토내해 그리고 나니와(難波)에 걸쳐 대대적인 방위 시설의 건설을 진척한다. 그리고 그 사업에 크게 공헌했던 것이 다름 아닌 백제 유민들이었다. 이처럼 백촌강에서의 패전을 계기로 하는 성곽의 축조를 비롯하여 방위 시설의 설치에 관한 일련의 기사는 백제에 구원군을 보내고 또 백제로부터의 망명자를 적지 않게 받아들인 왜가 말하자면 가상 적국시하고 있던 신라와 당의 연합군의 내습에 준비한 것을 나타내는 것이다.

그 이외에도 '백촌강 싸움' 이후 백제 망명 귀족, 옛 신하 등은 왜의 조정에 중용되고 있었다. 구체적으로는 법(法)에서는 余自信·沙宅紹明가 학문에서는 鬼室集斯·許率母가, 병법(兵法)에서는 谷那晋首·木素貴子·憶礼福留·答炑春初가, 약(薬)에서는 炑日比子賛波羅金羅金須·鬼室集信·徳頂上·吉大尚가, 음명(陰明)은 角福牟가, 각각 전문가로서 등용되고 있다. 특히 천지의 후계자로서 오우미조정을 장악한 오토모 황자는 백제로부터의 망명귀족들을 자신의 브레인으로서 삼았다. 이에 대하여 왜의 민중들은 동요를 빌려 백제인 등용에 대한 불만의 소리를 내고 있다. 동요의 내용은 "귤(橘)의 열매는 각각 다른 가지에 생기고 있지만 그것을 구슬로서 꿸 때는 같은 가지에 통한다", 즉 "출생이나 신분·재능이 다른 자를 함께 서작(叙爵)하고 신열에 같이 나란히 하는 정치를 은밀히 비꼰 것으로 곧이어 일어날 전란을 풍자했다"고 한다. 나아가 이 노래는 백제인들을 우대하고 있는 천지조의 시책에 불만을 가진 세력의 움직임이 있었던 것을 나타낸다.

한편 왜는 대(対)신라·대(対)당 외교에 있어 관계 개선을 추진하고, 동아시아 세계의 고립으로부터 빠져나가려 하고 있었다. 그러나 신라와의 관계가 완전하게 회복된 것은 아니었다. 즉, 덴무 말년의 『삼국유사』의 기사에는 신라가 왜를 얼마만큼 경계하고 있었던가를 알 수 있다.[10]

〈사료 21〉『삼국유사』 巻二 萬波息笛条

神文大王。(略)為聖考文武大王, 創感恩寺於東海辺。(寺中記云。文武王欲鎮倭兵。故始創此寺。未畢而崩。為海龍。其子神文立。開耀二年畢。排金堂砌下, 東向開一穴。乃龍之入寺施繞之備。蓋遺詔之葬骨処。 名大王巖。寺名感恩寺。後見龍現形処。名利見代臺°)

10_그 외의 사료로서는『三国史記』 권7, 문무왕 21년(681)에 「秋七月一日, 王薨, 謚曰文武, 羣臣以遺言葬東海口大石上, 俗伝王化為龍, 仍指其石為大王石」이라 하고,『三国遺事』 권2, 문호(무)왕법민조に「大王御国二十一年。以永隆二年辛巳崩。遺詔葬於東海中大巖上。王平時常謂智義法師曰。朕身後願為護国大龍。崇奉佛法。守護邦家」 참조.

이 기사의 「文武王欲鎭倭兵, 故始創此寺, 未畢而崩」에 의하면 신라의 통일전쟁을 완성한 문무왕이 왜로부터의 침략을 얼마나 경계하고 있었던가를 알 수 있다. 그리고 문무왕이 경계하고 있던 것은 왜 만이 아니라 왜에 몸을 맡기고 있던 구백제 세력에 대해서도 경계의 마음을 안고 있었던 것도 상상하기 어렵지 않다고 한다면 신라와의 국교가 회복했다고 해도 왜로서는 신라를 의식하지 않으면 안 되고 백제 유민 세력을 끊임없이 왜의 질서 속에 편입시키지 않으면 안 되었던 것임을 알 수 있다.

3. 임신의 난

먼저 '임신의 난'의 원인에 대해서는 몇 종류의 설이 있다. 덴치천황은 즉위 이전인 덴치 2년(663)에 백제의 부흥을 기도하고 한반도에 출병하여 신라와 당의 연합군을 반도에서 맞아 싸우려고 했음은 앞 장에서 확인한 대로이다. 하지만 '백촌강 싸움'에서 대패를 맛보는 것에 의해 백제를 부흥하려는 전쟁은 대실패로 끝나고 말았다. 이로 인해 덴치는 국방 시설을 현해탄과 세토나이카이(瀨戶內海)의 연안 곳곳에 쌓는 한편 백제 유민들을 동국으로 이주시키고, 도읍을 나라(奈良) 분지의 아스카(飛鳥)로부터 비와(琵琶) 호 남단의 오우미 궁으로 옮겼다. 또 여기에서 국내의 정치 개혁을 급진적으로 강화해 나가는 정책이 발표되었다.

그러나 갑작스런 움직임은 호족이나 민중에게는 전쟁 준비로 인한 피폐에 새로운 부담으로 작용하는 것이 되고, 이러한 시책들은 적잖이 불만 세력을 양산하는 결과를 낳았다. 이러한 불만은 오우미 궁 천도에 맞추어 많은 이유를 알 수 없는 화재(神火)가 빈번하게 되는 것으로 나타나고, 이는 자연스럽게 천도에 대한 호족과 민중의 불만의 목소리로 비쳐지게 되었다. 나아가 덴치의 개혁 정책의 방향은 지방호족, 특히 동국 지방의 호족들을 경시한 것으로 비춰지고 이러한 불만이 높아진 것이 '임신의 난'에서의 동국 귀족들의 덴무에의 지속적이고 적극적인 협조로 표출되었다는 것이다.

그 외 아스카 시대에 빈번했던 황위 계승 분쟁의 한 사례로 보는 설도 있다. 당시 율령제의 도입을 목표로 한 덴치는 왜국의 전통적인 왕위 계승 방법이었던 배를 같이 하는 형제 간끼리의 관례를 지양하고 당을 모방한 적자 상속제, 이를테면 자신의 아들인 오토모 황자에게로의 왕위 계승을 목표로 한 것이 오아마 황자 측의 불만을 샀다는 설이다. 이에 더하여 오아마 황자는 정치적으로도 유능한 사람이었고, 결국 이를 배경으로 오아마 황자를 지지하는 세력이 형성되어 있었던 것이 난의 발생으로까지 이어졌다고 보는 것이다.

이상의 설들에 입각하여 보자면 갑작스런 개혁에의 불만의 양성이 결국 '임신의 난'의 원인이 되었던 것만은 틀림없다고 보는 설이 주류로 되어 있다. 그 외 원래부터 덴치와 덴무의 사이에는 불화 관계가 있었다고 보는 설도 있다. 에도(江戶)시대의 반노부토모(伴信友)는 『万葉集』에 수록된 여성 누카다(額田王)왕의 와카(和歌)로부터 누카다왕을 둘러싼 불화가 덴치와 덴무의 왕위 쟁탈전으로 비화되었다고도 보았다.

이러한 난의 원인을 인지한 후에 다음의 사료들을 소재로 하여 난의 경과를 살펴보자.

671년

정월5日; 近江朝廷은 大友皇子를 太政大臣으로, 그리고 蘇我臣赤兄을 左大臣으로, 中臣連金을 右大臣으로, 蘇我臣果安·巨勢臣人·紀臣大人을 御史大夫로 각각 임명

9月; 天智天皇이 병으로 쓰러지다.

10月17日; 大海人皇子가 皇位繼承을 사절하고 태후와 倭姬王의 즉위와 大友皇子에 의한 輔政을 제안하고는 자신은 출가수행 하기를 원한다. 허락을 얻고는 곧바로 內裏에 있는 仏殿의 남쪽에서 삭발하여 沙門의 모습이 되었다.

10月19日; 大海人皇子가 吉野에 가서 은둔할 것을 청하자 허락이 나왔다. 그는 허락을 얻자마자 大津宮을 출발하여 저녁 무렵에 嶋宮(明日香村島 소재 庄의 離宮)에 도착했다.

10月20日; 大海人皇子가 吉野에 도착하고 吉野宮에 들어갔다. 舎人들에게는 돌아가 조정에 봉사하도록 설득하여 舎人의 반수가 귀경했다.

11月23日; 大友皇子와 5人의 중신들이 大津宮 内裏西殿의 織物의 仏像 앞에서 향로를 들고 천황의 詔를 지킬 것을 서약하다.

11月29日; 五人의 重臣들이 友皇子를 받들어 천황 앞에서 서약하였다.

12月3日; 天智天皇이 近江의 大津宮에서 붕어(향년46才)했다. 11日에 新殿에서 殯을 행하였다.

672년

5月; 개인 적인 일로 美濃에 가 있던 朴井連雄君이 近江 朝廷側이 徵兵 活動을 하는 것을 目擊하고 大海人皇子에 급보하다.

6月22日; 大海人皇子가 村国男依 등 3名의 舎人를 美濃国 安八磨郡에 있는 皇子의 湯沐(ゆのう)에 派遣하고 湯沐令(ゆのうながし)의 多臣品治에게 美濃에서의 징병과 不破道의 봉쇄를 지시하다.

6月24日; 倭古京留守司·高坂王 등에게 駅鈴를 요구하지만 거절당하다.

-이날 大海人皇子는 吉野를 탈출하여 東国으로 향했다.

-菟田吾城(うだのあき, 奈良県宇陀町)에서 黄書造大伴과 大伴馬来田이 따라왔다.

甘羅村(大宇陀町神楽岡 근방)에서 大伴朴本連大国을 수령으로 하는 20人의 사냥꾼과 합류하다. 그들이 大伴의 일족이었기에 馬来田은 大国을 설득하여 합류하도록 했다. 그때 일찍이 연락하고 있었던 美濃王도 일행에 합류했다.

-菟田郡家에서 湯沐邑의 쌀을 운반하는 伊勢国의 駄馬 50필을 얻어 말을 타고 이동할 수 있었다.

-大野(奈良県室生村大野)에서 날이 어두워졌다. 밤중에 伊賀隠(なばり, 名張

郡)의 駅家를 태워 촌인들에게 参軍을 명하였지만 지원자가 한 사람도 없었다.

-横川(名張川)에서 검은 구름이 하늘을 덮는 것을 보고 大海人皇子가 점을 쳤다.

-伊賀郡에 들어가 伊賀駅家을 불살랐다. 伊賀의 中山(所在不詳, 三重県上野市付近인가)에 닿을 무렵 伊賀郡司 등이 数百명의 병사를 거느리고 합류했다.

6月25日; 날이 샐 무렵에는 刺萩野(たらの)에 이르러 조금 휴식을 취하고 식사를 했다.

-積殖(つむえ, 伊賀国拓殖)의 근방에서 甲賀를 넘어온 高市皇子가 합류했다.

-鈴鹿山脈의 加太(かぶと)고개를 넘어 伊勢의 鈴鹿郡에 도착했다.

-伊勢国司·三宅連石床 등이 鈴鹿郡에서 大海人皇子 일행을 맞이했다.

-500 정도의 軍勢를 모아 鈴鹿의 山道의 수비를 강화했다.

-川曲(かわわ, 三重県鈴鹿市)의 언덕길에서 날이 저물었다. 鸕野讃良皇女가 힘들어 했으므로 잠시 어가를 멈추고 휴식을 취했다.

-비가 올 것 같은 날씨여서 夜間行軍을 계속했지만 뇌성 소리와 장대비가 내리는데다 추위가 엄습해 왔으므로 三重의 郡家에 닿자 집 한 채를 불태워 몸을 녹였다.

-밤중에 鈴鹿関의 司로부터 사자가 와서 山部王과 石川王 등이 복속하기 위해 와 있다고 전했다. 그들을 부르기 위해 路直益人(みちのあたい·ますひと)을 보내었다.

6月26日; 아침에 伊勢 朝明郡의 迹太川(とおかわ)에서 天照大神에게 예를 올렸다.

-路直益人가 돌아와 鈴鹿関에 온 것은 山部王, 石川王이 아니라 大津皇子인 것을 전하고 황자 일행을 동반했다.

-村国連男依가 駅馬를 타고 가서 美濃의 군사 3천 명을 모아 不破의 길을 봉쇄했다고 보고했다.

-高市皇子를 不破에 보내어 軍事를 감독시켰다.

-山背部小田 등을 東海道와 東山道의 諸国에 파견하여 군병을 모았다.

-이날 桑名의 郡家에서 머물렀다.

6月27日; 不破에 있는 高市皇子의 요청에 의해 桑名의 郡家에 있던 大海人皇子는 不破

로 향했다.

-不破의 郡家에 도착할 무렵 尾張国司·小子部連鉗鉤이 2만의 군대를 이끌고 귀속했다. 鉗鉤의 수고를 위로하고 병사를 바로 각지에 보내어 배치하도록 명했다.

-大海人皇子가 不破郡家로부터 野上(関ヶ原町野上)으로 향하자 高市皇子가 前線本部가 있는 和ざみヶ原(ＪＲ東海道線関ヶ原駅付近)에서 마중 나와 東国에 모병을 위해 가려던 近江朝廷 측의 사자를 어제 밤에 포로로 잡은 것을 보고했다.

-大海人皇子는 全軍의 指揮를 高市皇子에 위임한다고 말하고 군사 지휘권을 맡긴 상징으로 鞍馬를 高市에게 주었다.

-大海人皇子는 野上에서 行宮을 마련했다. 밤에 천둥소리가 나고 호우가 내렸다. 皇子가 점을 치며 「天神地祇의 神들이시여, 우리들을 가호해 주신다면 바로 뇌우를 중단해 주시옵소서」고 하자 뇌우가 그쳤다.

6月28日; 大海人皇子가 和ざみヶ原에 도착하여 高市皇子의 감독하에 행해지던 軍事訓練을 시찰하였다.

-날이 저물자 野上의 行宮으로 돌아왔다.

6月29日; 어제에 이어 大海人皇子가 野上行宮에서 和ざみヶ原에 와서 종일 열병을 행하였다.

-高市皇子에게 명하여 出撃의 날이 가까워졌음을 전군에게 명하도록 했다.

-大伴吹負가 기습공격으로 倭古京을 점거했다.

7月2日; 大海人皇子가 전군에게 진격명령을 내렸다.

-紀臣阿閉麻呂, 多臣品治 등에게 数万의 군대를 주어 鈴鹿를 넘어 大和로 향하게 했다. 또 多臣品治에게 명하여 3천의 군사를 이끌고 て刺萩野(たらの)에 주둔시켰다. 또 田中臣足麻呂에게 명하여 倉歴道(くらふのみち)를 지키게 했다.

-村国連男依와 書首根麻呂 등에게 수만의 군대를 내어 不破에서 琵琶湖 동안을 거쳐 곧바로 近江로 진군하게 했다.

-高市皇子는 わざみヶ原에서 大海人皇子는 후방의 野上行宮에서 양군의 출

진을 지켜봤다.

-近江朝廷軍의 別働隊가 玉倉部村을 守衛하는 大海人軍을 습격하지만 격퇴시켰다.

-近江朝廷軍의 陣営에서 内紛이 발생해 山部王이 죽임을 당했다. 蘇我臣果安은 大津宮으로 돌아와 자택에서 자살했다.

-近江朝廷軍의 将軍인 羽田公矢国이 그 자식인 大人(うし)과 함께 일족을 거느리고 大海人軍에게 투항했다. 大海人皇子는 그를 장군으로 임명하고 琵琶湖 서안으로 향하게 했다.

-大伴連吹負가 북진을 개시하고 坂本臣財 등이 高安城을 공격하엿다.

7월3日; 坂本臣財 등 衛我河의 서쪽에서 壱岐史韓国과 싸워 패주했다.

7月4日; 大伴吹負이 乃楽山 싸움에서 패하여 도주했다.

-東道将軍인 紀臣阿閉麻呂의 밑에 大和의 将軍인 大伴吹負가 近江軍에게 패하였다는 소식이 들어오자 置始連兎에게 千余騎를 이끌게해 倭古京에 급히 가게 했다.

7月5日; 近江朝廷軍의 부장인 田辺小隅(たなべのおすみ)가 倉歴(くらふ)道를 수비하는 大海人軍에게 야습을 감행해 田中臣足麻呂을 패주시켰다.

7月6日; 田辺小隅는 진군하여 刺萩野(たらの)의 진영을 급습한다. 그러나 장군 多臣品治가 이를 막아내어 승리했다.

7月7日; 琵琶湖 方面軍의 사령관이었던 村国連男依의 군대는 息長의 横河에서 境部連薬이 지휘하는 近江朝廷軍과 조우하고 이를 격퇴했다.

-当麻의 싸움에서 倭古京의 防衛軍은 近江조정 측의 壹伎史韓国을 이겼다.

7月8日; 箸墓の戦い에서 倭古京을 둘러싼 최후의 공방이 펼쳐졌다.

7月9日; 村国男依 등의 군대는 鳥籠山에서 秦友足く이 인솔하는 近江朝廷軍과 싸워 이를 격파했다.

7月13日; 村国男依 등이 安河(野洲川)에서 近江軍과 싸워 대승했다.

7月17日; 村国男依 등이 栗太(くるもと, 滋賀県栗東(りっとう)市)에서 近江軍과 싸워 추격했다.

7月22日; 羽田公矢国이 이끄는 大海人軍이 三尾城(みおのき 滋賀県高島郡高島町西에

있는 山城)에서 近江朝廷軍과 조우하여 이겼다.

-村国男依 등의 大海人軍은 瀬田(滋賀県瀬田町)에 도착하자 瀬田橋의 東側에 布陣하고, 大友皇子가 이끄는 近江朝廷軍과 결전하고, 이를 대파한다. 大海人軍은 粟津岡(あわずのおか, 大津市膳所(ぜぜ)) 근방에 군영을 두었다.

-大和를 完全하게 平定한 大伴吹負는 大坂를 넘어 難波로 갔다. 難波小郡에서 西国의 国司들에게 명령을 내려 税倉·武器庫의 열쇠와 駅鈴, 伝印(つかいのしるし)을 반납하게 했다.

-그 외의 将軍들은 각각 上ッ道, 中ッ道, 下ッ道를 북상하여 山崎現在の京都府大山崎町)까지 가서 淀川의 남쪽에 집결했다.

7月23日; 大友皇子는 山前에서 스스로 자살했다. (향년 25세)

7月24日; 将軍들은 筱波(ささなみ, 大津宮 一帯))에서 만나 도망한 近江朝廷의 左右大臣과 그 외 죄인들의 수색과 체포에 종사하다.

7月26日; 大海人軍이 大友皇子의 수급을 들고 不破에 개선했다.

8月25日; 大海人皇子는 高市皇子에게 명하여 近江 쪽의 군신의 죄상과 처분을 不破에서 발표하게 했다.

8月27日; 大海人皇子는 무훈을 세운 사람들의 공을 상찬했다.

9月8日; 大海人皇子가 不破를 떠나 개선의 길에 올라 桑名郡家에서 머물렀다.

9月日; 鈴鹿郡家에서 머무르다.

9月10日; 阿閉(あへ)郡家에 머무르다.

9月11日; 名張郡家에서 머물렀다.

9月12日; 大海人皇子가 倭古京에 개선하여 島宮으로 옮겼다.

9月15日; 大海人皇子가 嶋宮에서 後岡本宮으로 옮기다. 後岡本宮의 남쪽에 飛鳥浄御原宮의 造営을 개시했다.

673年

1月5日; 大海人皇子가 새로 꾸민 飛鳥浄御原宮에서 군신들에게 대연회를 베풀었다.

2月27日; 大海人皇子가 飛鳥浄御原宮에서 즉위했다. (덴무천황)

이상의 사료에 의하면 난의 경과는 다음과 같다. 덴치는 처음에는 오아마 황자를 후계자로 할 의도였던 모양이지만, 만년이 되자 자식인 오토모 황자를 총애하여 671년 정월에 새롭게 만든 정부의 최고 지위인 태정대신(太政大臣)에 오토모를 임명하여 자기의 후계자로 할 것임을 명백히 하였다. 그리고 좌우대신(左右大臣) 등의 고관에는 소가(蘇我)·나카토미(中臣) 등의 유력 호족을 등용하여 오토모의 지위의 안정화를 꾀하였다.

이 일은 오아마와 오토모의 사이를 멀게 하고 대립을 깊게 만들었다. 결국 이러한 사태는 그해 10월에 건강에 불안을 느끼게 된 덴치로 하여금 병상으로 오아마 황자를 불러들여 병상에서 오아마에게 황위를 물려준다는 뜻을 밝혔다. 이때 덴치의 진의를 알아차린 오아마는 신변의 위험을 느끼고 바로 즉시 출가한다고 선언하고는 머리를 삭발하고 소수의 종자만을 대동하고 요시노(吉野) 산으로 들어갔다.

그 후 덴치가 같은 해 12월에 죽자, 다음 해 6월이 되자 오아마는 파견한 종자들의 정보를 바탕으로 행동을 개시한다. 우선 그는 미노노쿠니(美濃国)에 사자를 보내 군사를 모으고 동국에의 교통의 요소인 후와노세키(不破関)를 접수하였다. 이어 스스로 미노로 향하고 노가미(野上)에 행궁(行宮)을 두고는 본거로 삼았다. 그리고 동해와 동산 지역에 사자를 보내어 군사를 모았다.

오아마의 이러한 움직임에 대하여 오우미 조정 측도 동국과 서국인 쓰쿠시(筑紫)와 기비(吉備) 등에도 사자를 보내어 군사를 모으는 등 병력을 보강하였다. 하지만 동국은 발 빠르게 움직인 오아마 측에 접수되고, 기대했던 쓰쿠시와 기비에서 지방관들의 협력을 얻는 데 실패하게 된다. 한편 오우미 조정 측을 떠나 야마토(大和)에 들어가 있던 오토모(大伴)씨는 오아마 측에 힘을 보태고, 이어 야마토에서의 오우미 측의 거점인 아스카의 수비를 담당하고 있던 야마토노아야(東漢)씨들을 끌어들였다. 7월이 되자 오아마 측은 이가(伊賀)·이세(伊勢)·오하리(尾張)·미노와 그 동쪽 지방인 동국으로부터 속속 군사를 모으는 데 성공하여 야마토와 오우미 두 방면에 수만의 군대를 배치하고 공격을 감행했다.

오우미 측도 처음에는 군사의 동원이 순조로운 듯했으나 중앙정부의 권력을 이용하여 오아마 측에 뒤지지 않는 군사를 모으는 데 성공하여 대항할 수 있게 되고 전투는 야마토·오우미·가와치 등 각지에서 격렬하게 전개되었다. 오우미 측은 초전에서는 아먀토와 가와치에서 일시기 우세를 보였지만, 이어 오아마 측의 증원군이 도착하게 되자 전세는 역전되었다. 다케치 황자(高市)를 총지휘관으로 하여 비와 호수의 동쪽 평야를 진격한 오아마 측의 주력군은 7월 22일에는 세타가와(瀨田川) 부근에서 오우미 측의 주력군과 싸워 승리하고 그 강을 건넜다. 싸움의 승패는 여기서 결정되고, 다음 날인 23일에는 오토모는 퇴로를 차단당하자 야마사키(山前)에서 자진하고 고관들은 체포되었다. 오우미노 오쓰(大津) 궁도 전란에 의해 파기되었다. 오아마는 같은 해 8월에 야마토의 아스카로 귀환하고 기요미하라(浄御原) 궁을 새로 건립하였다.

이 신왕권의 개창에 의해 천황을 중심으로 하는 강력한 중앙집권 국가가 만들어지게 되었다. 이 국가는 일본 고대사에서는 다이카 개신 이래의 총결산인 계획된 천황제 율령국가의 성립이라 보는데, 그렇다면 두 사건이 가진 역사적 의미는 매우 크다고 하지 않을 수 없다. 다만 7세기 중엽의 다이카 개신보다는 동아시아 세계를 뒤흔드는 국제 정세의 급격한 변화의 소용돌이가 쳤던 7세기 말의 국제 정세를 감안한다면 '백촌강 싸움'과 '임신의 난'은 어쩌면 이러한 국제 정세의 연장선상에서 보아야 제대로 규명할 수 있는 것인지 모른다.

4. 결론: 일본 율령국가의 성립과 관련하여

이 글에서 다음의 새로운 견해를 얻었다. 그것들을 간단히 정리해 둔다.

'백촌강 싸움'은 왜에 많은 과제를 주었는데 그 과제의 하나는 당의 율령 체제에 입각한 중앙집권 국가의 확립이었다. 그 과제의 달성은 672년의 임신의 난을 거쳐 덴무·지토 천황의 시대에 본격적으로 추진되었다.[11]

'임신의 난'의 의미는 왕통이 천지에서 천무로 옮겨 간 것만이 아니고 재래의 중앙 유력 호족들이 오토모황자(大友皇子)가 지휘하는 오우미 정권의 몰락과 함께 그 힘을 잃은 것이다. 689년에는 아스카키요미하라(飛鳥浄御原)령이 성립하고 또 중국으로부터 배운 본격적인 궁도(宮都)의 조영과 함께 조방제(条坊制)의 방격(方格) 플랜을 가진 광대한 조영을 가진 후지와라(藤原) 경이 조영되고 유력한 황족과 귀족들이 경내에 집주되어졌다.

나아가 「飛鳥池遺跡出土木簡」[12]으로부터는 덴무시대의 목간 중에 '천황'(天皇)이라고 쓰여진 목간이 발견되어, 천황이라는 호칭의 성립도 이 시대인 것을 알 수 있다. 그 외에도 국사 편찬이 진척되고 국가적인 사원(官大寺)의 조영과 족자의 전화인 '부본전'(富本銭)이 발행되는 등 중앙집권적인 국가조직이 실현하고 독립성을 유지하고 있었던 지방 호족(국조층 国造層)을 지방 관료인 국사로 재편하는 과정을 통하여 국가 체제가 본격적으로 일본 율령국가로서 정비되어졌다.

한편 당과 신라는 반도의 영유권을 둘러싸고 전쟁 상태에 들어갔다. 양국은 배후의 안정을 위해서 왜와의 국교 정상화를 노리고 다투어 통교를 구하게 된다. 그 때문에 왜는 실제의 전쟁에서는 졌지만 동아시아 세계의 위상에

11_최근 율령 국가의 성립에 있어 덴치조의 중요성을 강조하는 설이 있다. 吉川真司, 「律令体制の形成」, 歴史学研究会·日本史研究会 編, 『日本史講座第 1 巻 律令国家の法と社会』, 東京大学出版会, 2004; 北康宏, 「日本律令国家法意識の形成過程: 君臣意識と習俗統制から」, 『日本史研究』 501, 2004, 18-27쪽 참조.

12_奈良国立文化財研究所飛鳥資料館, 『飛鳥池遺跡』, 2000; 山尾幸久, 「飛鳥池遺跡出土木簡の考察: 「天皇」創出期の政治と思想」, 『東アジアの古代文化』 97, 1998 참조. 아스카 연못 유적 전체 목간에 대해서는 寺崎保広, 「飛鳥池遺跡」, 『木簡研究』 21, 1999, 14-28쪽; 吉川真司, 「飛鳥池木簡の再検討」, 『木簡研究』 23, 2001, 205-228쪽 참조.

서 보면 전쟁 이전보다 오히려 입장이 강화된 느낌마저 든다. 이러한 왜의 입장은 후의 일본 율령국가의 대외관 형성에 있어서 큰 영향을 미친 것이다.

마지막으로 두 사건은 동아시아의 신체제 구성에 일조한다. 백촌강 싸움 이전의 동아시아 세계가 중국(수·당), 반도 삼국(고구려·백제·신라), 일본열도의 왜였던 것에 비하여, 백촌강 이후의 동아시아는 당·신라·왜로 재편되었다.[13] 이렇게 7세기 후반기에 새롭게 재편된 동아시아 세계는 '율령제'가 공통의 국가 체제로 되었다. 율령은 중국의 춘추전국시대의 혼란을 빠져나온 진·한 시대 이래의 긴 역사가 만들어 낸 통치법이고, 그 통치법인 율령을 받아들여 자국의 국가 운영을 위한 근간 체제로 되는 것을 '율령국가'라고 부른다고 한다면, 당·신라·일본은 틀림없는 율령국가였다고 할 수 있다. 이러한 공통점이 있었기 때문에야 말로 현재의 동아시아의 원형을 7세기 후반기에 구할 수 있다고 생각된다.[14] 요컨대, '백촌강 싸움'과 '임신의 난'의 현재적 의의는 지금의 동아시아 세계의 원형을 7세기 후반기에 구하게 할 수 있었던 점에서 찾을 수 있을지도 모르겠다.

마지막으로, 여기서 얻어진 여러 지견을 바탕으로 동아시아 세계에서의 전쟁이 가진 의미와 그 영향이 어떻게 동아시아 각국에 국내외를 막론하고 영향을 끼쳤는지에 대해 본격적으로 천착할 수 있는 일보가 되기를 기대하면서 각필한다.

13_한반도의 북부와 중국 동북에 걸쳐 존재한 발해는 지배층은 고구려계, 피지배층은 중국의 다양한 변경 민족인 것으로부터 여기서는 예외로 한다. 최근 발해 연구의 사정에 대해서는 佐藤信 編, 『日本と渤海の古代史』, 山川出版社, 2003; 石井正敏, 『日本古代国家と渤海』, 山川出版社, 2003 참고. 그리고 근래의 발해에 대한 연구사 정리는 浜田久美子, 「渤海史研究の歩み」, 『歴史評論』 643, 2003이 유익하다.

14_송완범 옮김, 『일본의 고대사 인식』, 역사비평사, 2008(李成市 編, 西嶋定生, 『古代東アジア世界と日本』, 岩波書店, 2004) 참조.

7장

당문화 속에 나타난 신라 고승의 활동

중화주의 사관을 극복하기 위한 시론으로서 입당 구법승의 해동학장(海東學匠)·역경사(譯經師)·조사(祖師)·보살(菩薩) 및 나한(羅漢)을 중심으로

변인석

1. 머리말

중국의 역대 사서(史書)에 표현된 주변 민족은 금수(禽獸), 열등, 비하의 인식이 밑바닥에 깔려 있다. 이 같은 역사 인식을 이탈하고, 벗어나는 중심 이론에는 진정 당문화의 창출이 중국인만에 의하였는지, 아니면 주변 민족과 함께 공동으로 이룩한 것인지의 핵심 과제가 제기된다. 후자는 중국의 개방이 적극적인 데 특색이 있다.

이 같은 역사 문제를 풀어 가는 데 있어서 필자는 최근에 비로소 신라의 구법승을 통한 연구가 중요함을 알게 되었다. 연구 방법은 종래 구법승의 역할, 동향을 지배적으로 바꾸어 적극적인 당문화의 창출에 힘을 보탠 그들의 활동에 시각을 모을 수가 있기 때문이다. 아울러 중국의 입장에서 볼 때도 전략적 차원의 협력 동반자 관계가 여실히 나타났기 때문에 선언적인 이른바 '사이관'(四夷觀)과 다른 모순으로 배치된다.

위의 공동 창출이란 오호(五胡)16국의 문화적 장점인 주변 요소가 수용되

고 융합된 사회 분위기가 크게 작용되었다. 이 같은 분위기를 실증적으로 입증하는 데 중국의 불교 사서인 『속고승전』(續高僧傳), 『송고승전』(宋高僧傳), 『조당집』(祖堂集), 『경덕전등록』(景德傳燈錄), 그리고 『송원방지총간』(宋元方志叢刊, 中華書局)에 수록된 신라 구법승의 위상이 높은 데 주목하게 되었다. 무엇보다 구법승의 연구는 단지 제한된 역사 기록을 보충하는 데 의미가 있을 뿐만 아니라, 중국 중심의 중화주의를 비판하는 데 있어서도 유교·도교에서보다 불교 교류사에서 찾는 것이 손쉬운 일이다. 때문에 어느 나라보다 신라학의 중요성이 강조된다. 왜냐하면 중국과 주변국의 교류에서 신라만큼 중요한 지위를 차지하는 나라가 없기 때문이다. 그리하여 중국에서 신라는 무엇인가라는 화두를 두고 볼 때, 적어도 문화 쪽에서는 당문화가 신라의 고급 인력과 더불어 공동으로 창출한 실증적 사례가 되기 때문에 중화주의를 극복하는 것이 된다. 지금의 동북공정도 알고 보면 선언적·수사적 표현인 중화주의에서부터 발원되었다.

본래 종교의 목적은 평등을 추구하는 수행이다. 당과 신라의 종속 관계는 두 왕실 간의 책봉으로 잇는 질서일 뿐 문화 교류의 종속은 아니었다. 일반적으로 중국 문화의 창출에 동참한 역할의 가치가 얼마나 중요한가를 신라의 문화적 지위와 역할에서 알 수 있다. 일본은 중국의 책봉 질서 밖의 먼 지리에 놓였기 때문에 직접 책봉을 받지 아니했다고 해서 종속 밖에 있었다고 주장하지만, 그에 걸맞게 중국 문화에 남을 만한 문화유산의 창출에 참여한 사람은 전무하였다. 이 같은 연구 범위에서 보면 당과 신라의 불교문화 교류사에서 적지 않은 구법승의 활동이 찾아진다.

먼저 정치적 활동에는 명황(明皇)을 보좌(寶座)에 등극시키는 데 큰 역할을 담당한 고구려 유민 왕모중(王毛仲)이 있다. 왕모중은 위무 집단을 제거하고 또 태평공주의 간섭마저도 말끔히 제거하는 데 앞장섰다.

2. 태평공주를 제거한 6월 정변의 공신 왕모중

왕모중은 아버지가 유격장군에 올랐으나 어떤 사건에 연루되어 관직을 삭탈당하고 관노가 되었기 때문에, 태어나면서부터 그의 신분은 관노를 면할 수가 없었다. 어려서부터 임치왕(臨淄王) 이융기(李隆基)의 관노가 되었다가 그가 제위에 오르자 실세의 장수가 되었다. 말하자면 왕모중은 또 다른 고구려 유민인 이인덕(李仁德)과 함께 현종이 황위에 오르는 데 오른팔 역할을 한 이른바 '북문노관'(北門奴官)의 우두머리 장수였다. 이 '북문노관'이라는 말 속에는 같은 부류의 종족이 많았음을 감지하게 한다.

6월 정변의 과정에서 볼 때, 왕모중은 만기(萬騎) 병사를 거느리고 북문을 지키는 숙위(宿衛)의 장수로서 마침내 태평공주의 일당을 궤멸시키는 데 큰 공을 세웠다. 이 공으로 그는 보국대상군, 좌무위대장군, 검교내외상구 겸 지감목사가 된 후에는 곽국공(霍國公)에 봉해졌다. 때때로 현종은 왕모중이 눈앞에 보이지 않을 때는 현종이 무엇을 잃은 것처럼 근심에 찬 모습이었고, 눈에 띄면 기꺼운 모습으로 환흡하였다고 한다.[1]

어느 날 왕모중의 처가 아이를 낳았다는 소식을 듣고, 현종이 고력사(高力士)를 보내 축하하였다.[2] 그러나 고력사가 돌아와서 올린 보고는 진실과 다르게 "원망만을 늘어놓았다"고 하면서 더욱 강조한 것은 '북문노관'의 세력이 너무 커져서 이를 제거하지 않으면 반드시 큰 환난이 일어날 것이라고 하였다(北門奴官太盛, 豪者皆一心, 不除之, 必起大患).[3]

결국 왕모중은 환관 고력사의 견제에 따른 미묘한 갈등으로 인하여 이른

1_王毛仲傳, 『舊唐書』 권106; 卞麟錫, 『唐 長安의 新羅史蹟』, 韓國學術情報[株], 2008, 161쪽 참조.

2_왕모중의 택(宅)은 [宋]『長安志』(권9)에 의하면 홍녕방(興寧坊)에 있었는데 남동우(南東隅)에는 좌위대장군(左衛大將軍) 천남생택(泉男生宅)이 이웃하고 있었다.

3_王毛仲傳, 『舊唐書』 권106 참조

바 '북문장수'가 제거되고 말았다. 즉, 현종을 둘러싼 핵심 세력 간의 대립이 환관 세력의 승리로 끝난 것이다. 또 다른 문제는 당정(唐庭)에서 거행된 외국 사절의 조하식(朝賀式)에서 신라사와 일본사 간의 석차(席次) 문제를 두고 필자는 일본학자들이 주장하는 『속일본기』(續日本記)대로 시정되지 않았음을 몇 편의 논문을 통해 발표한 바가 있다.[4]

이른바 쟁장(爭長) 사례의 기본적인 해결 방침에서 볼 때 『속일본기』의 기록이 어긋난다는 것을 강조하였다. 그런데 "당대외국사쟁장의 4사례"(唐代外國使爭長의 4事例) 이외 또 하나의 새로운 "사례"를 보태는 것이 『속고승전』(卷24)에 수록된 신라승 자장(慈藏)의 외교적 활동이다. 그로 인해 당나라 태종 때부터 매년 조집(朝集)에서 신라의 위상이 상번(上蕃)이었다.[5] 이와 달리 일본에 대한 예우는 엔닌(圓仁)의 『입당구법순례행기』(入唐求法巡禮行記)에서 나타난 것처럼 남조(南詔) 아래 제2위의 자리였다.

3. 당문화 속의 해동고승

1) 해동 구법승 중의 학장(學匠)

중국에 간 구법승 가운데 주목되는 활동은 ① 학장, ② 지장보살과 나한,

4_卞麟錫, 「唐代 外國使爭長의 硏究」, 『亞細亞硏究』 28, 1967; 卞麟錫, 「唐代外國使의 爭長事例에서 본 古麻呂抗議의 再論」, 『東洋史硏究』 26, 1987; 卞麟錫, 「從唐代外國使爭長事例再論古麻呂抗議」, 第一屆國際唐代學術會議論文集』, 臺灣, 1989.

5_「通改邊服一准唐儀. 所以每年朝集位在上蕃」, 『續高僧傳』 권24.

455호의 무상존자(無相尊者)와 479호의 오진상존자(悟眞常尊者), ③ 종파의 조사(祖師), ④ 역경에 참여한 역사(譯師), ⑤ 서역구법승(西域求法僧), ⑥ 당과 신라의 양조(兩朝) 고승과 국사(國師) 등이다. 이들은 중국에 건너가서 교리, 문도(問道), 선법(禪法)을 배워 중국 학인(學人)을 가르치고, 역경에 담당했으며 또 일부 고승은 조사가 되었다. 이 같은 사실을 담아낸 중국 문헌의 진실을 들여다보면 적어도 중화주의 속에는 그들의 실제 눈높이를 신라 문화와 대등하게 보려 했던 진실을 내포하고 있는 것이다. 이 점에서 중국 중심의 중화주의는 온통 종속에 놓이는 그러한 차별의 사상을 담은 것만이 아니라 때로는 대등한 가치를 받아들이고, 이용하는 이중구조를 발휘하였다고 본다. 때문에 대등은 차원이 현격한 차이를 벌려 두는 그러한 상하·종속에 평가될 수 없는 가치라고 말할 수 있다.

한반도에 불교가 들어온 것은 고구려 소수림왕 2년(372) 전진왕(前秦王) 부견(符堅)이 사신과 승 순도(順道)를 보내 불상과 경문을 보낸 것이 호시이다. 다음 해 승 아도(阿道)가 왔다. 신라는 법흥왕 15년(528)에 고구려를 통해 불법이 공행되었다. 이후 진흥왕 때 와서 양나라, 천축(天竺)을 찾는 구법승이 고구려·백제를 압도하였다. 그 이유는 중국과의 친선 관계가 두터웠던 까닭도 있지만 교리, 수행을 추구하려는 신선한 열정과 혜안을 가진 구법승의 수가 점차 넓게 확장되어 나갔기 때문이다.

불교문화의 교류는 먼저 인적 교류가 앞섰고, 이들을 통해 불경, 불상, 불구(佛具)가 수입되었다. 이후 강서선(江西禪)이 동류(東流)한 것은 마조(馬祖) 이후이지만[6] 오대(五代)의 오월(吳越) 시대에 와서는 중국에서 망실된 천태전적

6_"滿佩江西印爲, 香山白尙書樂天空門友者. 而應對有慙色, 曰, 吾閱人多矣. 罕有如是新羅子. 他日中國失禪, 將問之東夷耶"(「聖住寺朗慧和尙白月葆光塔碑」崔致遠撰. 『朝鮮金石總覽』上, 76쪽); "法諱慶甫, 字光宗. 俗姓金氏鳩林人也.……師乃詣撫州踈山匡仁, 謁仁ロ……大喜因謂曰,其有東流之說, 西學之求者, 則可與言道者鮮矣. 東人可目語者唯子ㅁㅁ"(「玉龍寺洞眞大師寶雲塔碑」, 『朝鮮金石總覽』上, 189쪽); "如滿印可于江西之印. 而應對有慙色, 曰,吾閱人多矣. 罕有如是東國人.

(天台典籍), 불상이 거꾸로 교류되었다. 필자가 지금까지 찾아낸 불상이 공양된 사찰은 강서 여산의 나한사와 복건 회안의 경성사 두 곳뿐이다.

이 같은 교류는 중국이 스스럼없이 내준 개방의 역류 현상이다. 즉, 고려로부터 천태전적이 운반되어 군성에 원을 세워 이를 정리하였다. 사명승(四明僧) 자린(子麟)이 고려에 간 큰 수확이었다. 이후 고려왕은 또 체관(諦觀)을 직접 보내 중국에서 망실된 교적을 가지고 가게 하였다. 이보다 앞서 고려 의천이 귀국하여 3차에 걸쳐 번역한 『화엄경』 170권을 항주 혜인사에 보내왔다. 이 금자(金字)의 『화엄경』 때문에 혜인사에 화엄각을 짓고 선원(禪院)이 강사(講寺)로 고쳐 불려졌다. 말하자면 화엄종의 홍양 사찰이 되었다.

중국에서 활동한 학장·역경사·지장보살과 나한 455호의 무상대사와 47호 오진상존자·조사·서역구법승·양조국사·고승 등을 적어 보면 다음과 같다. 이들은 모두 세계사 속에 공헌한 고승임을 주저 없이 평가받아야 할 것이다. 아울러 이것은 일본 불교에서는 거의 찾을 수 없는 특기할 만한 사항이다. 일본은 대체로 단기의 청익승(請益僧)이 보내졌다.

(1) **학장**(學匠)

중국에 가서 선을 배워 학장, 명장, 강백(講伯)의 지위에 올라 중국의 학승을 가르치고, 그의 법사를 키워 내는 것은 쉬운 일이 아니다.

① 승랑(僧朗)

법도의 제자로 여러 스승을 찾다가 남경 섭산 서하사에서 경율, 화엄경과 삼론에 통달하여 강설하였다. 법도가 입적하자 승랑이 서하사의 주지가 되었다. 또 섭산 삼론종의 개조가 되었다. 양나라 무제가 승랑이 보통 스님이 아

他日中國失禪之時, 將問之東夷焉”(『祖堂集』 中州古籍出版社, 2001, 570쪽) 東國無梁國師; 「大師(南泉)聽曰…吾宗法印歸東國矣」, 『祖堂集』 권17 참조.

닌 중기(重器)임을 알고 칙명을 내려 의인(義人), 즉 승회(僧懷)·혜령(慧令) 등을 뽑아 섭산에 가서 수업을 받도록 하였다. 이로 보아 승랑은 당대의 유명한 학장임을 알 수 있다. 섭산은 중국삼론종의 발상지로 일컬어진다. 삼론과 화엄학이 나누어진 것도 그에 의하여 처음으로 이루어졌다. 중국의 삼론종은 용수(龍樹)의 『중론』(中論), 『십이문론』(十二門論)과 제파(提婆)의 『백론』(百論)을 종(宗)으로 하였다. 본래 요동인이라 했지만 실제는 고구려인이다.

② 혜관(慧灌)

고구려인으로 수나라에 가 남경에서 길장(吉藏)을 만나 소흥 가상사에 머물면서 삼론유지(三論幽旨)를 배워 귀국한 후 영류왕 8년(625) 왕명을 받고 일본에 가서 일본의 삼론종 시조가 되었다.

③ 실공(實公)

고구려인으로 대승경론(大乘經論)을 강설하였다. 그가 입적한 후에는 고구려인 인사(印師)가 촉나라에 가서 강론을 하였다.

④ 인사(印師)

고구려 승려로 수나라 개황(開皇, 581-600) 초에 촉나라에 들어가 삼론을 강설하였고, 그의 제자도 항상 대승(大乘)을 큰 사업으로 하였다.

⑤ 원측(圓測)

신라의 왕손으로 태어나 15살 때인 진평왕 49년(627) 입당하여 법상(法常), 승변(僧辨)으로부터 『유식론』(唯識論)을 배웠다. 법상·승변은 진체(眞諦)의 설을 중시하였다. 진체의 학은 유식 고학에 속하기 때문에 이와 다른 유식 신학인 성실(成實), 구사(俱舍), 그리고 범어(梵語), 고금의 장소(章疏)에도 밝아, 이름이 널리 알려져 서명사의 대덕이 되었다.[7] 『성유식론』(成唯識論)은 중국불교 유식 중의 중요한 경전 중 하나이다. 유식종은 당나라 때 인도에 갔던 현장이 귀국한 후에 개창되었다. 때문에 법상 유식학은 현장을 움직일 수 없는 중심축에 놓게 된다. 알아야 할 일은 규기를 위해서 현장이 『성유식론』을 강의한 본문에 대한 내용 검토가 필수이다.

원측은 현장(玄奘)의 고족(高足)이지만 지은파의 규기(窺基)와 달리 현장이 저술한 유식을 그대로 받아들이지 않고 독자적인 입장을 취하였다. 즉, 공(空)과 유(有)의 집착을 동시에 없애는 대승적 중도론을 견지하였다. 우진국(于闐國)에서 실차난타(實叉難陀)가 가져온 『화엄경』(80卷)을 낙양에 옮겨 그곳에서 『신역화엄경』을 강설하고, 복선사에서 역경에 종사하였다. 낙양 용문석굴에 있는 신라상감과 일본승 엔친(圓珍)이 낙양의 온유방(溫柔坊)에 있었던 이른바 '신라 왕자 저택'에서 머물렀던 것이 모두 원측 스님과 관련된 것으로 보게 된다.[8]

위의 여러 역장(譯場)에서 신라 고승들이 가진 재능을 발휘한 업적이 역경 사업에 담아졌다.

7_신라승 원측이 범문(Sanskrit, 文飾의 뜻)을 배우는 데 어떤 문법서를 이용했는지는 알 수가 없다. 일찍이 실전(失傳)되었을 뿐만 아니라 목록에도 찾아지지 않기 때문이다. 이후 중국승이 범문에 관해 학습한 저작(著作)은 두 종류가 있다. 하나는 『실담』(Siddhm; 悉曇)이고, 다른 하나는 『자서』(字書)이다. 지금 남아 있는 범문병음(梵文併音)의 책은 당산음(唐山陰) 사문 지광(智廣)의 『실담자기』(悉曇字記)와 북송 때 인도승 법호(法護)와 중국승 유정(惟淨)이 합편한 『천축자원』(天竺字源, 7卷)이 있을 뿐이다. 전자는 『대정장』(大正藏, 54卷)에 수록되어 있다(周一良, 『周一良集』 3, 遼寧敎育出版社, 1998, 221-222쪽 참조). 그런데 최근 한국에서는 범문을 학습하는 데 기본 자구를 익히는 비(碑)가 발견되었다. 당나라 때 여러 승문(僧門)에서 범어를 학습하였는데, 교재로 쓰인 『실담장』(悉曇章)이 있다(周廣榮, 「宋元時期的佛經譯勘與梵字的傳習」, 『世界宗敎硏究』 2004-2, 62쪽 참조).

8_卞麟錫, 『唐 長安의 新羅史蹟』, 韓國學術情報[株], 2008, 202-204쪽 및 484-486쪽 참조.

2) 지장보살과 나한 455호 무상존자, 479호 오진상존자

외국인으로 보살·나한의 반열에 오른 성자는 아주 드물다. 지장보살은 신라 왕실의 근속(近屬)인 김교각(金喬覺) 스님이 화현하였고, 무상존자는 아래의 정중 무상대사이다. 그는 신라 신문왕의 넷째 왕자인 듯하다. 오진존자는 의상의 제자로 입당하여 청룡사 혜과(惠果) 아래서 밀종의 교법을 배우다가 중천축국에 갔다. 그곳에서 범어판(梵語本)의 『비로자나경』을 구득하여 돌아오던 중 티베트[吐蕃]에서 생을 마쳤다. 오백나한의 제479호 존자에 올랐다.

3) 종파의 조사(祖師)

(1) 정중(淨衆) 무상대사(無相大師)

정중종(淨衆宗)의 선법을 구체적으로 확립한 중심에 신라왕자 무상이 있다. 사실상 검남선종(劍南禪宗)은 하택(荷澤) 신회(神會)가 하남 활대(滑台)에서 북종의 보적(普寂)을 상대로 정론(正論)을 펼친 시점과 이후 홍주종(洪州宗)이 나타나 유행하기까지 약 20~30년 동안 중국 선종을 대표하였다. 그것은 다음의 이유에서 말할 수 있다.

첫째, 5조 홍인(弘忍)으로부터 혜능(慧能)에게 주어진 상대가사(上代袈裟)가 다시 무측천(武則天)에게 환수되어 정중종의 지선(智詵)에게 주어졌기 때문에 무상은 선종의 8조에 해당되지만 한 번도 그런 말을 하지 안 했다는 것이다. 다만 무상 스스로가 정중사에 칠조원(七祖院)을 세워 내외에 정통성을 알렸다.

둘째, 티베트에 중국 선종을 처음으로 알렸다는 것이다. 지금까지는 하택 신회의 제자 마가연(摩訶衍)이 티베트에 들어가면서 중국 선종이 처음으로 전파되었다고 하지만 『발협』(拔協)의 기록에 의하면 그렇지가 않다. 왜냐하면 건중(建中) 2년(781) 마가연이 티베트에 들어간 해는 무상의 입적(672)에서 계

산해도 최소한 20년이 뒤지기 때문이다.[9]

(2) 보운(寶雲) 의통(義通)

후진(後晋) 건우(乾祐) 때 중국에 건너가 사방을 편력하다가 문익(文益)의 제자인 덕소(德昭)가 머물고 있던 천태산 운거사에 가서, 천태교관(天台敎觀)의 깨달음을 얻었다. 이 기간에 의통으로부터 고려의 사정을 들었던 탓인지 덕소는 오월 왕에게 해외에 나가 있는 천태전적을 가져오도록 청하여 고려로부터 얻어 온 것으로 복진(復振)이 수행되었다. 이렇게 천태교적(天台敎籍)의 복진이 수행되었다. 또 국청사 앞에 위치한 누계(螺溪)를 참배하고 '일심삼관지지'(一心三觀之旨)를 수학하면서 마침내 수업을 받기 위해 머물렀다. 그는 의적(義寂)을 이어 천태종의 16조가 되었다. 천태산 지자탑원(智者塔院) 벽에는 천태종 16조의 '사명보운존자상'(四明寶雲尊者像)이 대리석에 새겨져 있다.

그는 고국에 돌아오지 못하고 고아육왕사(古阿育王寺)에 영탑(靈塔)을 세웠으나 지금은 없어졌다. 고아육왕사는 지금의 아육왕사와 제법 떨어진 거리에 있다. 언덕에는 차밭이 가꾸어졌고 사찰의 중심구에는 석물(石物)이 많이 남아 있다. 그가 고국에 돌아가기 위해 명주(明州)에 왔을 때 그곳 군수 전유치(錢惟治)가 소문을 듣고 찾아 와서 귀국을 간곡히 만류하였다. 968년 조사(漕使) 고승휘(顧承徽)가 존경한 나머지 자신의 집을 전교원(傳敎院)으로 회사하였다. 982년에는 오월 왕으로부터 보운선원(寶雲禪院)이란 사액(寺額)을 받았다. 보운은 그의 호이다. 이곳이 의통이 약 20여 년간 교관을 널리 펼친 중국천태종을 부흥시킨 중심 도량이였다고 생각하니 폐사지만 남은 것이 안타까워졌다. 명나라 때 절터는 지금은 소학교로 변하였다. 그의 제자는 연경사(延慶寺) 지례(知禮)와 준식(遵式)이 유명하다. 사명존자(四明尊者) 지례는 천태종 17조

9_卞麟錫, 『淨衆 無相大師』, 韓國學術情報[株], 2009, 307쪽 참조.

가 되었다. 보운선원 터는 지금 영파제일의원 후문에 기념비가 세워졌다.

송나라 때는 현학(縣學)과 마주 쳐다보기 때문에 약간 떨어진 곳에 자리를 옮겼던 것이다. 명나라 때 보운선원의 아름다운 주춧돌 2기(基)는 운 좋게 필자를 만나 쓰레기와 함께 없어졌을 뻔 했던 것을 다행히 건져 내어 고려사관(高麗使館) 문 앞에 공양하였다.

4. 제 역장(譯場)의 역장(譯匠)

1) 역장(譯場)에 관한 문헌

역장의 편제(編制), 역주(譯主), 역장(譯場), 역사(譯師) 등을 연구한 글이 없어, 부득이 여러 문헌에서 찾을 수밖에 없었다. 장안에는 대자은사, 취미사, 대흥선사, 옥화사가 역장으로 유명하였다. 낙양에는 불수기사, 복선사가 있다. 중심 역주에는 의정(義淨)과 호승(胡僧)이 있었다.

역장이 어떤 편제로 구성되었는지? 그리고 역장(譯場)은 어디였는지를 알아보기 위해 『대당대자은사삼장법사전』(大唐大慈恩寺三藏法師傳), 『개원석교록』(開元釋敎錄), 『대당내전록』(大唐內殿錄), 그리고 『고승전』(高僧傳), 『속고승전』, 『송고승전』에 수록된 고승 대덕의 역경 참여를 살폈다.

먼저 『개원석교록』(開元釋敎錄, 권8)에는 당나라 때의 총괄군경록(總括群經錄)을 목차로 달아 그 속에 ① 파라파가라밀다라(波羅頗迦羅密多羅) ② 석 법림(釋 法琳) ③ 석 현장(釋 玄奘) ④ 석 도선(釋 道宣) …… ⑩ 석 현혼(釋 玄渾) ⑪ 석 진종(釋 彥琮)을 나누어 포함시켰다. 따라서 역장도 역주(譯主)에 따라 옮겨졌다.

또 역장의 대덕 고승이 나와 있다. 역장은 자은사 번경원이 시간적으로 가장 길었고, 다음이 옥화사의 옥화전, 홍법대, 경복전, 운광전이다. 옥화사는 최근에 발굴되었지만 이 같은 전당(殿堂)이 어디에 위치하였는지 전혀 알 수가 없다. 다만 동물 앞이 이 중의 하나로 말해지고 있을 뿐이다.

현장은 역제의 기구가 잘 굴러가도록 사전에 철저히 기획하여 태종에게 재가를 얻어 냈기 때문에 국립 역장이라 말할 수 있다. 천하의 대덕을 뽑았으니 역장에는 당대의 학승이 한자리에 모인 셈이 된다.

첫 역장인 홍복사의 역장 조직을 보면 앞선 시대의 역장보다 완비되었다고 보아야 할 것이다. 다음의 직무(職務)는 『개원석교록』(開元釋敎錄, 권8-9)에서 확인하였고, 설명은 한정걸(韓廷傑), 『성유식론교석』(成唯識論教釋, 中華書局, 1998, 9쪽)에 따랐다. 이 같은 직제는 이후에도 변동 없이 계승되었다.

① 역주(譯主) … 역경의 책임자로 모든 번역 임무를 총괄하였다. 좌석은 마주보는 두 줄의 상단에 앉았다.
② 필수(筆手) … 주로 하는 일은 범문을 번역하였다. 한문과 범문에 각 한 명씩 두었다. 위의 『대당대자은사삼장법사전』, 『개원석교록』에는 역경의 대표자로 필수의 이름만 올렸다. 여컨대 무슨 경운 필수 누가 적었다는 식으로 이들의 이름만을 밝혔다.
③ 증의(證義) … 역주의 조수가 되어 역문과 원문에 착오가 없는지를 살폈다. 처음 구성된 증의 열두 명 중에는 법해사 신라승 신방(神昉)이 뽑혔다.
④ 철문(綴文) … 문체를 통일하는 일을 맡았다. 대덕 아홉 명이 담당하였다. 천하대덕인 풍덕사 도선(道宣)이 포함되었다.
⑤ 서수(書手) … 정서(整書)하는 일을 맡았다.
⑥ 잔심부름꾼 … 잔일을 도왔다.

먼저 착수된 역경이 『보장경』(菩藏經), 『불지경』(佛地經), 『육문타라니경』(六門陀羅尼經), 『현양성교론』(顯揚聖教論) 등이다.

앞에서 말한 바와 같이 현장이 기획한 역장(譯場)의 기능과 조직은 거의 변동 없이 그대로 정착되었다. 다만 역장에 따라 ②, ③, ④의 직무에 따른 역사(譯師)가 바뀌는 경우가 있었다.

최근 중국학자에 의하여 신라 고승이 담당한 역경의 공헌을 숫자로 들어 평가하였다. 즉, 현장, 의정, 실차난타, 보리유지(菩提流志) 아래서 역경된 총수 2,159권 가운데 신라 고승 여덟 명이 참여하여 이룩한 1,273권은 실제로 당나라 때 번역된 총수량의 60퍼센트를 점유한다는 것이다.[10] 이와 달리 황심천(黃心川)은 현장이 번역한 인도불교 경전은 75부 1,335권으로 중국의 저명한 5대 번역가(鳩摩羅什·眞諦·義淨·不空·法護)가 번역한 총수 1,222권보다 113권이 더 많다고 하였다. 즉, 수·당 때 번역된 총수 2,471권의 53퍼센트에 해당된다. 이 가운데 옥화사에서 번역한 680권은 그에 의해 번역된 총수의 절반이 된다. 승장은 의정 아래서 복선사와 서명사에서 증의를 맡았고, 또 보리유지가 대보적경(大寶積經)을 새로 번역했을 때도 증의를 맡았다. 증의를 맡은 것은 범문에 대한 고증의 학식이 높았다는 뜻의 증거이다. 승장은 원측의 문인이다.

10_劉素琴·劉勝芳, 「新羅僧侶對唐代佛教文化貢獻考實」(『淸海師範大學學報』 1995-4, 42쪽), 「……與中國僧人有着大体相同文化背景的新羅僧人占有不少的比重. 已可考者象神昉, 智仁(忍), 圓測, 勝莊, 玄範, 無著, 慧超, 惠日等先後參與過玄奘, 義淨, 地婆訶羅, 實叉難陀, 菩提流志等主持的譯事……他們參與翻譯的佛經, 占唐代翻譯總量的60퍼센트, 僅從这個數字, 就可以看出他們對唐代佛教的貢獻.」; 현장(玄奘)은 『大慈恩寺三藏法師傳』·『續高僧傳』에 '作七十五部, 一千三百四十一卷'이라 했다. 그가 이룩한 역경은 다른 3대 번역가, 즉 구마리집·진체·불공이 번역한 총수량의 배가 된다; 『開元釋教』제8권에는 '무릇 20년 동안 번역한 대승·소승의 경·율·론 등이 총 75부, 1,335권'이라 했다.

2) 서역 구법승

중요 문헌에 『대당서역구법고승전』(大唐西域求法高僧傳, 義淨)이 있다. 여기에 수록된 총 59명 가운데 14명이 신라 구법승이다. 이외 이름을 모르는 구법승까지 보태면 총 열일곱 명이다. 이 숫자는 중국 구법승들이 쉽게 갈 수 있는 지리에 비하면 결코 적지 않다. 또 이들의 역경은 『저술』(著述), 『행록』(行錄), 『승전』(僧傳)에서 찾게 된다.

3) 당과 신라의 양조 고승과 국사(國師)

당나라와 신라국 두 나라에서 함께 활동한 고승에 대하여 중국 불교 사서와 비명(碑銘)을 표기한 것을 보면 '당신라국'(唐新羅國) 또는 '당고려국'(唐高麗國)이다. 이것은 두 나라에서 활동한 것을 아울러 부른 경칭의 형식이다. 예컨대 『속고승전』, 『송고승전』과 최치원이 교찬(敎撰)한 비명에서 많이 찾게 된다. 이 같은 호칭은 두 나라에서 모두 고승·국사로 봉해졌다는 뜻이다. 이에 해당하는 신라 고승은 다음과 같다.

① 자장(慈藏) … 『속고승전』 권24 ② 의상(義湘) … 『송고승전』 권4, ③ 원효(元曉) … 『송고승전』 권30, ④ 원표(元表) … 『송고승전』 권30, ⑤ 순경(順璟) … 『송고승전』 권4 등이다. 이외 원측은 서명사의 대덕이기 때문에 '당경사서명사'(唐京師西明寺)를 소속으로 하였다. 자장은 '당신라국대승통'(唐新羅國大僧統)이라고 불렀다. 비명(碑銘)에도 동일한 존호가 찾아진다. ① 최치원 찬(撰)의 낭혜화상비(朗慧和尙碑)에는 '당신라국고양조국사'(唐新羅國故兩朝國師)라고 했고, ② 진감선사비(眞鑑禪師碑)에는 '당신라국'이라 했다.[11] ③ 고려 시대는 손소(孫紹)가 찬한 광자대사비(廣慈大師碑)가 있다.[12]

당나라 명황이 성도에 피난 갔을 때는 신라 왕자 무상대사가 내도량에 출입하는 도사(導師)가 되었고, 또 같은 시기 영주(靈州)에서 황제에 올랐던 숙종의 행재(行在)에는 신라 왕자 무루(無漏)가 왕사(王師)가 되었다.

이상으로 신라 고승의 역경 참여는 어느 나라에서도 찾아 볼 수 없는 빛나는 세계사적 위업의 한 축을 담당하였다. 이들이 심혈을 기울여 중국의 역경에 참여하여 공헌한 업적이 높이 평가된다. 사실 역경은 중국이 주도·기획·재정을 대고, 그리고 서쪽에서 온 호승이 역주를 맡고, 그 아래 동국(東國)의 신라 고승이 지금의 팀장처럼 가담하여 함께 이룩해 낸 문화적 위업이다.

이같이 신라승이 가담하여 빛나는 공헌을 이룩한 원동력은 『고승전』, 『속고승전』, 『송고승전』, 그리고 송나라 때 편찬된 『조당집』, 『경덕전등록』에 입전(立傳)된 동국승이 많다는 것을 뒷받침으로 말할 수밖에 없다. 『조당집』이 열 명의 동국승(東國僧)을 입전하였고, 별도로 두 명이 수록되었다. 또 『경덕전등록』은 43명이 수록되었다. 이들은 선종등사(禪宗燈史)에 빛나는 조사(祖師)의 법사(法嗣)들이다. 또 『속고승전』·『송고승전』이 『고승전』보다 해동인·신라 고승이 많은 이유는 신라가 삼국을 통일한 후 중국과의 친선이 강화되면서 자연히 중국에 간 구법승이 열정적으로 증가하였기 때문이다. 이같이 신라 고승이 귀국한 후에는 중국 불교가 소개되었을 뿐만 아니라 한국 불교도 함께 끌어 올려지는 데 한몫을 하였다.

5. 역경의 위업

중국 역사상 가장 위대한 문화대사(文化大師)인 이른바 '국보' 현장의 등장

11_『朝鮮金石總覽』上, 66-88쪽 참조.

12_「有唐高麗國武州故桐裏山大安寺廣慈大師碑」, 『朝鮮金石總覽』上, 174쪽 참조.

은 ① 역경사업, ② 저술, ③ 전법(傳法) 등에서 혁혁한 공헌을 남겼다. 그뿐만 아니라 이후 불교 발전에 큰 공을 끼쳤다.

첫째, 당에 간 신라 구법승 가운데 다섯 명이 현장의 역장(譯場)에서 활동하였다. ①은 놀랍게도 현장·실차난타·보리유지·의정 아래서 활동한 신라승 여덟 명이 참여하여 이룩한 총 1,273권은 수·당 나라 때 번역된 총 2,159권의 60퍼센트가 된다는 것이다. 이와 같이 신라 구법이 산스크릿(Sanskrit)에 뛰어나 고증을 맡을 수 있었던 것은 원효처럼 신라에서부터 이미 범문(梵文)을 익히는 문법서를 통해 스스로 상당한 수준에 올랐다고 본다. 그러나 문법서는 현재 전하지 않고, 어떤 목록에서도 찾아지지 않는다.

이와 같이 중국의 역경은 한마디로 중국의 기획과 역장(譯匠) 대덕, 재정 담당, 그리고 서쪽의 호승, 동쪽의 신라 고승이 합작하여 이룩한 빛나는 위업이다. 다시 이들의 실명을 통해서 들여다보면 위 ①에는 단연 원측이 있고, 신방(神昉)·지인(智仁)·승장(勝莊)·현범(玄範)(후에 無著·慧超·慧日이 활동), ②는 서명파(西明派)에 소속된 신라 고승(원측의 『성유식론소』, 道證의 『成唯識論要集』, 勝莊의 『婆少論』, 太賢의 『唯識學記』, 그리고 順璟의 『因明』, 『眞唯識量』), ③은 신라승 승장과 일본의 지통(智通), 지달(智達), 지봉(智鳳)이 옥화궁에서 현장으로부터 『유식』(唯識)을 배웠고, 이후 지란(智鸞), 현방(玄昉) 등이 법상 4조 지주(智周) 문하에서 유식학을 배웠다. 지봉(智鳳)은 본래 신라국 법사인데 천무천황(天武天皇)때 일본에 갔다가 당나라에 들어가 현장으로부터 유식을 배웠다.[13] 이렇

13_① 馬佩, 『玄奘硏究』, 河南大學出版社, 1997, 261쪽 참조. ② 末木文美士, 「日本法相宗之形成」, 黃心川, 『玄奘硏究』陝西師范大學出版社, 1999, 585쪽 참조. ③ (i)忽滑谷快天, 「文武天皇大寶二年, 新羅之智鳳, 智鸞, 智雄奉日本文武天皇之敕入唐, 謁樸陽之知周學法相宗, 還日本弘演」, 朱謙之 譯, 『韓國禪敎史』, 中國社會科學出版社, 1995, 60쪽; (ii)忽滑谷快天, 鄭湖鏡 譯, 寶蓮閣, 1992, 115쪽 참조. 이들은 持統天皇 때 일본에 귀화한 신라 승니(僧尼)로 보았다. ④ 嚴耕望, 『唐史硏究叢稿』, 新亞硏究所出版, 1969, 448쪽 참조. 위 ①은 지봉을 일본 그룹으로 묶었지만, ③과 ④는 智鳳·智鸞·智雄을 제3차(703) 입당 그룹으로 나누고, 濮陽智周로부터 유식을 배웠다. 智通·智達은 智鳳과 함께 현장·규기 아래서 동학으로 유식을 배웠다. 또 제1차(653) 입당의 道

게 본다면 일본 법상종은 신라 고승에 의해 전래된 것이라고 말 할 수 있다. 신라승 지인은 풍덕사 도선(道宣)의 제자라는 말이 있다. 그가 홍복사·취미사에서만 활동했을 뿐만 아니라 『초기』(鈔記)를 지었기 때문이다.

①~③은 모두 일시에 등장한 역경(譯經)·법장(法匠)들이다. 이의 역사적 의미는 신라 고승이 당나라 역장에 등장하는 것에 머무는 것이 아니고, 중국 문화의 발전에 최고봉의 시기인 당나라 문화의 창출에 일익을 담당한 공헌을 실증적으로 제시하는 중요한 과제임을 강조하게 된다. 즉, 중화주의를 벗어나는 중심 이론에 한·중 불교문화 교류사가 있다는 것이다.

본 장의 취지도 곧바로 신라 고승을 통해서 세계사적인 역경사업에 끼친 공헌을 강조하려는 것이다. 이러한 목적에 비추어 보아 중국의 중화주의 사관(史觀)을 극복하는 핵심 과제가 바로 불교 교류사에 있다는 것을 발견하게 되었다. 이 과제를 개발하는 데 역경사업과 유사한 문제는 다음이 있음을 제시하고자 한다. 위에서와 같이 ① 서역에 간 신라 구법승, ② 중국 학인을 가르친 고구려 학장, ③ 양조 고승, 국사, ④ 종파의 조사, ⑤ 지장보살 김교각 스님과 455호 나한의 무상존자, 479호 오진상존자 등을 지속적으로 연구하면 될 것이다.

둘째, 당나라 무덕 원년(618)에서 무주(武周) 장안 4년(704)까지 80여 년 동안 신라에서 당에 간 구법승 41명 중 유식 교의(敎義)를 배운 구법승이 열두 명이다. 행적이 뚜렷한 구법승은 신방, 지인, 원측, 현범, 도증, 승장, 도윤 등이다.

昭만이 玄奘으로부터 온전히 유식을 배웠을 뿐이다. 그러나 ③과 ④는 ①과 ②와 달리 『日本書紀』, 『日本佛敎全書傳記叢書本』에 의거하여 본래 신라의 법사로 보았기 때문에 사료 운용에서 착오가 없는 것으로 보게 된다.

6. 자은파(慈恩派)와 서명파(西明派) 대립 속의 신라 고승

중국의 법상종은 현장이 창립한 불교의 종파이다. 그러나 다른 종파와 달리 수행을 통해서 깨우침을 얻는 그러한 것은 아니었다. 현장은 새로운 성불 경계와 방식을 제출하는데 이것이 곧 자아를 정화하는 과정이라는 것이다. 그의 유식학은 모든 만물의 현상이 유식(唯識)에 의해 변한다고 보았다. 비록 심과 물이 여러 감각의 경험에 의하여 일어날지라도 일체 사물은 스스로 존재하지 않는다는 것이다. 때문에 유식종 또는 법상종이라 불렀다. 그들이 의거한 경전은 『성유식론』(成唯識論)이 대표적 저작이다. 현장 이후 두 갈래의 나눔이 있다.

첫째, 자은파와 서명파의 대립의 중심에는 치주 혜소(淄洲 慧沼), 지주 박양(智周 濮陽) 등이 원측, 도증 등의 제사(諸師)가 주소(註疏)를 붙인 데 대한 배척이었다. 배척은 진체(眞諦)의 구역과 현장의 신역 사이에 일어난 주소의 대립과 『성유식론』에 들어가 있는 불경구어(佛經口語) 및 방언을 두고 각기 다른 주장을 하였다고 추측된다. 이를 들여다보면 마치 중국파와 신라파 간의 논쟁이라 하리만치 신라 고승의 약진이 혁혁하여 자랑스럽다. 그러나 한 뿌리인 현장에서부터 갈라져 나온 자은파와 서명파 간의 대립은 '너 죽고 내가 사는' 그러한 격렬한 투쟁이라기보다 위에서와 같이 불경구어와 방언의 해학(解學)을 두고 주장이 달랐을 뿐이다. 이 같은 문제는 산스크릿의 본문 검토 없이 해결하기가 불가능하다고 할 것이다.

[唐] 『유양잡조』(酉陽雜俎)에는 서명사 조현(造玄)이란 스님이 흰 계란을 닮은 신라가지(新羅茄子)를 심었다는 기록으로 보아 서명사에는 신라승이 많이 머물었음을 알게 한다.[14]

14_「架子……有新羅種者, 色稍白, 形如雞卵, 西明寺僧造玄一日玄造, 院中有其種」, 『酉陽雜俎』, 臺灣, 源流出版社, 1982, 186-187쪽.

법상 유식학을 중심에 놓고 볼 때 서명파는 분명 현장에서 분파, 분화, 분립, 분출 등의 작용으로 나타났다. 때문에 무게 중심을 자은파에서 이동해서는 안 될 것이다. 다만 해석·주장이 달랐을 뿐이다. 그럼에도 거의 동시대의 짧은 시기를 전기·중기·후기의 대립으로 나누는 경우가 있는데, 가능한 것인지를 따져 보아야 할 것이다. 또 대립에서 벗어나 유식학의 전래에 맞춘다면 신라의 통일 전을 전기, 통일 시기를 중기, 고려 시대는 후기가 된다. 후기는 자은파가 주로 전입되었다.

앞에서와 같이 무덕 원년(618)에서 무주 장안 4년(707)까지 80여 년간 당에 들어간 신라 구법승 41명 가운데 법상 유식을 배우고, 이에 속하는 구법승의 열두 명이라는 숫자는 강조되어야 할 것이다. 신방·지인·원측·현범·도증·태현·현범·승장·도윤이 대표된다. 이들 가운데 행적이 상세하지 않는다든지 또는 신라인이면서 자은파에 속하는 고승도 있기 때문에 변천사의 관점에서 볼 때 시기 구분은 뚜렷한 변화를 말하는 데 주저하게 된다.

둘째, 서명파의 창시는 원측에서 비롯되었다. 서명파가 현장의 유식학에서 갈라져 나온 갈래로 볼 때 서명학파란 용어를 못 부칠 이유는 없겠으나 지금까지 쓰이고 있는 보통 개념은 서명파, 서명계이다. 『성유식론』의 학파는 별개이다. 종래의 유식파·유식계란 용어를 쓰지 아니한 이유를 명백히 해야 할 것이다. 특수 명사를 보통명사로 바꾸는 데는 많은 성과를 통해서만이 가능할 것이다.

셋째, 역경 도표는 일관되게 할 필요가 있다. 예컨대 ① 불경별(佛經別), ② 연대별(年代別), ③ 역경별(譯場別) 등이 있을 수 있다. 『개원석교록』은 ①을 취하였다.

별도로 개별의 〈원측표〉, 〈승장표〉, 〈순경표〉가 만들어졌으면 전체를 일목요연하게 비교해 보는 데 편리할 것이다.

자은파와 서명파의 대립은 규기와 원측이 현장이 지은 『성유식론』(권10)을 두고 각기 다른 해설을 두고 생겨났다. 원측은 『유식』이 조잡하게 이어져서는 안 된다는 종의(宗義)를 두고 신구역을 맞추어 나갔을 것이다. 그는 『유식론소』(唯識論疏)에서 자은대사(慈恩大師)의 교설(敎說)을 반박하였다. 자은대사는 조사(祖師)인 규기(窺基)를 말한다. 또 원측의 문인 신라승 도증(道證)도 그의 『성식론요집』(成識論要集, 권10)에서 자은대사의 교설이 적지 않게 바르지 않는 것을 지적하였다. 『삼국사기』(권8)에 의하면 효소왕 원년(692)에 고승 도증이 귀국하여 천문도(天文圖)를 왕에게 올렸다. 도증의 제자인 태현(太賢)도 『유식학기』(唯識學記) 등 많은 저작을 남겼다. 어떤 학자는 위의 원측에서부터 아래의 태현을 잇는 중간에 경흥(憬興)을 넣는 사람도 있다. 그는 신문왕 때 국노(國老)로 봉해졌다. 그는 원효 다음으로 저술이 많았지만 현존하는 문헌은 약 40부 230권이 목록에 보인다. 이와 같이 신라의 『유식학』은 뛰어난 학승의 배출로 인하여 원측의 학통이 번성하였으나 원측 → 순경 → 태현 이후 쇠퇴의 길을 걸었다.

이와 달리 현장이 규기를 위해 『유식론』(新譯)을 강의할 때 원측이 문지기를 매수하여 몰래 듣고, 서명사로 돌아와 의장(義章)을 모아 집철(緝綴)하였고, 또 수공(垂拱, 685-688) 초에 역장에 뽑혀 중의를 맡았고, 이후 천후(天后) 초에도 역경관에 들어가 『유식소초』(唯識疏鈔)를 지어 중국에 널리 분행(分行)되었다. 이와 같이 상대적으로 이어지는 종의를 서로가 반박하고 자은파는 서명파설을 배척하였다. 규기의 제자 치주 혜소(淄洲 慧沼)는 그의 『성유식론요의등』(成唯識論了義燈, 권14)에서 논란을 부쳐 바른 교의를 유지하도록 하였다.[15] 때문에 이른바 '요의등거'(了義燈炬)란 빛나는 율성을 이어갔기 때문에 '법상종의 삼조(三祖)'가 되었다. 그의 제자인 지주(智周)도 많은 저술을 남겼

15_「成唯識論述記開講說要」, 今此論也雖言三藏翻譯, 『大藏經』 67卷 [宋] 日本 湛慧撰, 大半出於疏主之歟, 1쪽. 神廓은 玄奘의 弟子이다. 저술로는 『攝大乘論疏』(권11) 등이 있다. 그런데 혜초가 원측·신곽을 묶어 종종 전도하였다고 하는 대목을 주목하게 된다; "以故雖言三藏奉詔翻傳. 然據其實, 多分出于疏主大手筆矣. 是故淄洲往往顚倒圓測·神廓等毘扶疏主云,親承三藏執筆綴之糅唯識久. 傳定不謬, 餘非執筆", 「成唯識論述記集成編卷1」, 『同書』, 6쪽.

다. 『성유식론연비』(成唯識論演秘, 권14)에서 규기의 『구기』(述記)를 해석하였다. 후세 사람들이 '유식종의 사조(四祖)'라고 불렀다. 위의 『구기』·『요의등』·『연비』(演秘)를 '유식삼대부'(唯識三大部)라고 부른다. '유식삼소'(唯識三疏)는 『요의등』·『연비』·『추요』(樞要)를 말한다. 『연비』는 지주가 저술한 『성유식론연비』(권14)를 말하고 『추요』는 규기가 지은 『성유식론장중추요기』(成唯識論掌中樞要記, 권8)를 말한다.

일본의 『유식학』은 653년 도소(道昭)가 장안에서 현장으로부터 장기간 교의를 배워 귀국하였다. 그러나 역경장에 참여하지는 못하였다. 이후 현방이 제4차(716)로 입당하여 박양 지주로부터 법상학을 배워 20년 만에 귀국하였다. 신라의 『유식학』은 서명사에서 발원하였다. 신라승 승장은 복선사·서명사에서 그리고 의정 역장에서 당대의 역장(譯匠)인 법보(法寶)·법장(法藏)과 함께 당당히 증의로 활동하였다. '대립'은 쌍방적으로 유연하게 진행된 학해(學解)를 두고 말한 것이라면, '배척'은 상대방을 일방적으로 물리쳐 내드리는 행위이다.

7. 맺음말

중국 문화에 있어서 당나라는 가장 발전된 최고봉의 정점을 담아냈다. 이유는 외래문화를 받아들인 개방적인 다양성 때문일 것이다. 이 같은 시각에서 신라 문화를 놓고 볼 때 중국 선종의 선사(禪師) 두 분이 말한 선어(禪語) 속의 신라 또는 신라원이 중국 내지와 둘이 아닌 먼 변지(邊地)의 뜻이 아니고, 빈번한 교류로 인하여 함께 활동한 말이 아닌가 생각하게 된다. 무엇보다 중국과의 불교문화 교류에서 빛나는 업적은 역경에 모아질 것이다. 여기에는 중국을 사이에 두고 서쪽의 호승과 동쪽의 신라 고승만이 참여해서 이루어

낸 문화적 위업이다. 이와 같은 긍정적 해석은 종래 중국인들이 모든 정치·문화·종교가 주변 국가에 전파시켰다는 일방적 생각과 상반되는 것으로 문화 교류는 반드시 쌍방 교류의 합리적 관점에서 보아야 한다는 것이다. 신라 문화의 우수성은 역경사업의 참여에서 나타났다. 때문에 당나라에서 오로지 신라 구법승만의 불교 학습을 위해 불교명산(佛教名山)을 편방(遍訪)하는 길목에 전문적인 유숙소인 신라원의 설치는 당나라가 보여 준 '협력의 동반자'임을 나타내 주는 것이 된다. 이 같은 혜택은 신라가 맞춤식 외교로 실행한 "조공"과 "구법승"의 파견을 묶은 결과이다. "중국 안의 신라원 설치와 배경"에 관해서는 빠른 시일 안에 발표할 예정이다. 어쨌든 신라가 삼국을 통일한 것이, 불완전하고 일방적인 외교의 결과라고 말하지만, 7세기 동아시아의 국제 관계에서 볼 때, 맞춤 외교는 능동으로 최소한 나올 수밖에 없었다. 우리의 정체성을 통일에 두고 밝혀 나가야 할 것이다. 이와 달리 영휘 4년(653) 일본 유학승 도고(道昭)·지통(智通)을 현장은 제자로 받아드렸지만 그들은 역경사업에는 참여하지 못했다. 이후 현방도 박양 지주 아래서 20년 동안 법상학을 배웠지만 이 또한 역경장에는 참여하지 않았다. 다만 영선(靈仙)이 현장 이후에 조명을 받고 필수(筆受)의 중책을 맡았을 뿐이다. 때문에 역경사업은 오직 서역의 호승과 신라 고승만이 당나라 때 현장, 의정과 보리유지, 실차난타 등이 합심하여 이루어 낸 영원한 세계문화유산이다. 아울러 당과 신라 문화 교류사에서 지울 수 없는 합작의 성과로 우뚝 선 세계사적 가치임을 강조하게 된다.

8장

대한해협을 건넌 가야의 부뚜막 신앙*

고대의 가야와 일본열도

이영식

1. 부뚜막이란

이제 도회에서 부뚜막을 찾아 보기란 참 어렵게 되었습니다. 우리 아이들은 아마 부뚜막이 무언지도 잘 모를 겁니다. 아파트가 솟아나고, 단독주택에서도 가스레인지가 사용되는 지금, 부뚜막은 물론 부엌이란 말조차도 잘 모릅니다. 현대의 거주 공간에서 부엌과 응접실의 구분이 없어진 지금, 도회의 아이들이 부뚜막을 알 리가 없습니다. 그렇지만 우선 먹어야 하고, 먹으려면 조리해야 하니, 선사시대 이래 불을 다루는 부뚜막과 부엌은 참 소중한 공간이었습니다. 더구나 부뚜막은 추위를 이겨 낼 수 있게 하던 난방시설이기도 했습니다. 부뚜막 아궁이에서 피워진 불은 집안의 온돌을 데우고, 뜨끈뜨끈

* 이 글은 『이야기로 떠나는 가야 역사여행』(2009)에서 발표된 내용으로, 김준엽 선생님 기념 논문집의 성격에 적합하다고 생각되어, 본문에 대한 수정과 보완, 그리고 2010년 5월 관련 유적의 답사에서 촬영한 새로운 사진 자료를 첨부하여 완성한 것입니다.

그림 8-1 | 고정식 부뚜막의 모식도

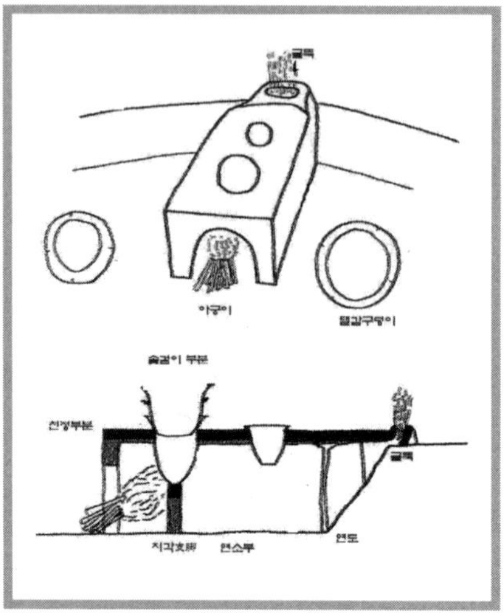

그림 8-2 | 이동식 부뚜막의 모식도

해진 온돌은 집의 난방을 책임집니다. 어렸을 때 온돌 아랫목에 배를 깔고 엎드려 있으면 살살 아프던 배가 말끔히 낫곤 하던 기억들도 그리 오래 된 것 같지는 않습니다. 우리의 어머니들이 부뚜막 아궁이에 쭈그려 앉아 입으로 불어 불을 지피면서 매운 연기에 흘렸던 눈물은 또 얼마나 되겠습니까? 힘든 시집살이에도 눈물조차 보일 수 없었던 우리의 어머니들이 매운 연기를 탓하며 울어볼 수 있었던 부뚜막 언저리는 오히려 위안과 카타르시스의 공간이었을지도 모르겠습니다. 취사와 추위를 해결해 주던 부뚜막의 불은 집안의 생명이기도 했습니다. 부뚜막 불이 꺼지는 것을 집안의 망조쯤으로 여겨왔던 전통 사회에서는 신앙의 대상이기도 했습니다. 부뚜막 신앙, 즉 조왕신앙(竈王神仰)이 바로 그것이었습니다. 집안의 제사 때에는 부뚜막에도 음식이 차려졌고, 절기에 따라 부뚜막 신에 대한 별도의 제사가 바쳐졌습니다. 이제 우리 아이들은 부뚜막을 모르지만, 부뚜막은 우리 민족이 걸어 왔던 대부분의 시간을 함께 해왔습니다.

그림 8-3 | 대가야의 고정식 부뚜막(복원)

고령 대가야박물관

2. 부뚜막의 등장

쌀 같은 곡물이 주식인 우리 민족에게 부뚜막은 참 소중한 시설이었습니다. 부뚜막에는 토기 솥이 걸쳐지고, 솥 밑에는 돌 받침의 지각(支脚)이나 점토를 채운 토기가 거꾸로 세워졌습니다. 지금까지 발견되고 있는 선사시대의 부뚜막은 100여기 이상을 헤아리지만, 그 구조가 제대로 살펴지게 된 것은 비교적 최근이었습니다. 고대의 부뚜막에는 움집 내부 한쪽 벽에 만들어지는 고정식과 토기나 철기로 만들어진 이동식의 두 가지가 있었습니다. 고정식 부뚜막은 철기 문화와 함께 나타나기 시작했고, 이동식 부뚜막은 조금 늦게 주로 고분의 부장품으로 등장합니다. 실생활에서 이동식 부뚜막이 사용되지 말란 법은 없습니다. 김해 봉황대유적에서 출토된 이동식 부뚜막과 많은 파

그림 8-4 | 가락국의 부뚜막형 토기

국립김해박물관

편들은 가야인의 실생활에서도 이동식 부뚜막이 곧 잘 사용되었음을 보여 주고 있습니다.

그러나 부장품용의 부뚜막형 토기가 주로 출토되고 있는 일본열도와의 비교를 생각한다면, 아무래도 소형이면서 그슬린 자국도 확인되지 않는 이동식 부뚜막, 즉 저세상 가서 굶지 말라고 넣어 주던 물건인 명기(冥器)로서의 부뚜막형 토기에 주목하지 않을 수 없습니다. 국립김해박물관에 전시되고 있는 김해 지역에서 출토되었다고 전해지는 부뚜막형 토기가 대표적인 예에 속합니다.

한편, 남한에서 가장 오래된 부뚜막은 한강 유역에서 발견되고 있습니다. 부뚜막이 벽 안쪽에 설치된다는 차이가 있지만, 기원전 1세기가 되면 지금과 거의 비슷한 형태의 부뚜막이 사용되었습니다. 이러한 부뚜막은 기원전 108년 한(漢)에게 멸망당한 고조선 유민들의 이주과정에서 철기 문화와 함께 남쪽으로 전파되었습니다. 남해안의 가야 지역에서 부뚜막이 등장하는 것도 이 때입니다.

3. 가야와 고대 일본의 부뚜막

기원 전후, 그러니까 약 2천 년 전이 되면 가야 지역에서도 부뚜막을 갖춘 움집이 나타나기 시작합니다. 김해 부원동유적, 합천 저포리유적, 진주 대야리유적과 평거동유적, 고령 대가야테마파크 조성부지유적 등이 이에 해당할 겁니다. 가야 지역의 부뚜막은 다시 대한해협을 건너 일본열도로 전해집니다. 기원후 1세기 말경이 되면 니시진마치(西新町) 유적을 비롯한 큐슈 북부 지역에서 고장식 부뚜막이 출현하기 시작합니다. 부뚜막이 혼자 걸어갔을 리는 없었을 테니까, 부뚜막 문화를 가지고 일본열도로 이주했던 가야인의 모습을 생각해 볼 수 있는 자료가 됩니다. 가야의 부뚜막 문화는 고대 일본의 심장부인 아스카(飛鳥)·나라(奈良)·오사카(大阪)까지 전파되어, 5세기경이 되면 고대 일본의 취사와 난방을 책임지게 됩니다. 고대는 물론 현재까지도 나라와 오사카 같은 곳에서는 부뚜막에서 집 밖으로 연기가 빠져나가는 굴뚝을 '구도'라 부르는데, 우리말의 '굴뚝'에서 비롯된 말입니다. 굴뚝신을 모시는 오사카의 구도(久度)신사는 일본요리의 신을 모시는 것으로도 유명합니다. 부뚜막의 부뚜막신(竈神)과 굴뚝의 구도신(久度神)은 가야를 비롯한 한(韓)계통의 이주민들과 함께 대한해협을 건넜던 신앙이었습니다. 따라서 조금 과장해서 말한다면, 일본 요리의 시작은 가야에서 전해진 부뚜막과 부엌, 그리고 굴뚝에서 비롯되었다고 할 수도 있을 겁니다.

4. 가락국의 김해 부원동유적

현재 김해 시청의 자리와 그 주변은 가야의 부뚜막이 설치된 여러 채의 집자리가 발견되었던 부원동유적입니다. 1980년 동아대학교박물관의 발굴을

그림 8-5 | 김해 부원동유적 발굴 전경

통해 집자리·조개더미·무덤 등이 조사되었고, 각종 토기·제사용 미니 토기·석기·골각기·곡물·옥장신구·철기 등이 출토되었습니다. 아래에서는 토광묘와 돌널무덤과 같은 청동기시대의 문화층이, 위에서는 집자리·조개더미·돌덧널무덤과 같은 철기시대의 문화층이 확인되었습니다. 탄화된 쌀·보리·밀·조·팥의 곡물류, 복숭아·머루의 과실류, 소·멧돼지·사슴의 동물 뼈, 그리고 30여 종의 조개는 현대와 비슷했던 가야인의 식생활을 보여 주고 있습니다.

토기 중에는 바닥에 원형이나 장방형 구멍이 뚫린 시루도 있었습니다. 시루는 증기로 곡물을 찌던 토기입니다만, 출토된 토기에서 시루가 차지하는 비중이 그리 높지 않은 것으로 보아, 밥 같은 주식보다는 떡처럼 특별한 음식을 만드는 데 가끔씩 사용되었던 것으로 보입니다. 설이나 추석 때 부뚜막에 솥을 걸고 물을 끓여 시루에 떡을 찌던 가야인의 모습을 그려 보면 좋을 것입니다. 다만 부원동유적은 개발이란 이름으로 소멸되었고, 김해 시청과 주변의 건물들은 더 이상 가야의 역사와 문화에 대해 아무 것도 말해 주지 않습니다.

그림 8-6 | 진주 평거동유적 발굴 전경, 우측 온돌 딸린 부뚜막

5. 가야의 부뚜막 신앙

그러나 부원동유적의 집자리와 부뚜막은 아주 특별했던 가야인의 정신세계를 보여줍니다. 움집 안쪽 벽에 부뚜막이 만들어져 있는 것이 여러 채 있었기 때문입니다. 부뚜막들은 한결같이 서쪽 벽체에 붙어 있었습니다. 전통 가옥에서는 출입구를 남쪽에 두고, 부뚜막을 북서쪽에 두어 남동풍으로 연기를 집밖으로 내보냈습니다만, 같은 배치의 부뚜막이 가야에서도 확인되고 있습니다. 『삼국지』 변진전은 "가야의 귀신 섬김에 차이가 있었고, 부뚜막은 반드시 집의 서쪽에 만들었다"고 전합니다. 부원동유적의 집자리는 1~2세기경의 것이고, 『삼국지』는 3세기 후반까지의 기록입니다. 부원동유적 이후 100~200년까지 사용되고 있었던 가야의 부뚜막을 중국인이 기록하였던 겁니다. 지금 경남 진주의 남강댐 아래에서 발굴 조사되고 있는 평거동유적에서도 부뚜막이 딸린 여러 채의 집자리가 발견되고 있습니다. 발굴 조사자에 따르면 4세기경 가야의 것이라 하는데, 부뚜막에서 벽을 따라 가며 벽난로 식으로 만들어진 초보적 온돌이 함께 확인되고 있습니다. 『삼국지』가 부뚜막에 대한 서술을 완료한 이후에도 여전히 가야인의 집에서는 고정식 부뚜막이 만들어

졌고, 부뚜막에는 초보적인 온돌이 부착 발전되어 가던 모습을 생각해 볼 수 있게 되었습니다.

6. 가야의 부뚜막 귀신

가야인에게 부뚜막은 요리를 위한 공간만은 아니었습니다. 일정한 곳에 정해진 모양으로 만들어졌고, 절기에 따라 음식이 바쳐졌으며, 특별한 의례를 통해 폐기되었던 것을 보면, 부뚜막에 대한 특별한 신앙이 존재했던 것으로 생각됩니다. 『삼국지』의 부뚜막은 가야인의 신앙이 백제나 신라와 달랐다는 내용 뒤에 기록되고 있습니다.

> 변진은 진한과 뒤섞여 살며, ……, 언어와 법속이 (진한과) 서로 닮았지만, 귀신에 제사 지내는 것에는 다름이 있었는데, 부뚜막은 모두 집의 서쪽에 설치하였다(『삼국지』 위서 동이 한전 변진조).

이제까지는 귀신에 제사 지내는 것이 진한과 달랐다는 문장과 부뚜막을 모두 서쪽에 설치한다는 문장 사이에 아무런 연관도 없는 것으로 해석하였지만, 바로 이어져 있는 문장이라는 점, 부뚜막은 반드시 서쪽에 설치한다는 관례가 이미 생활의 편리와 거기에서 비롯된 신앙적인 내용으로 해석될 수 있는 점에서 가야의 부뚜막 신앙과 관련되는 기록으로 보아도 좋을 것 같습니다. 더구나 마침 변진, 즉 전기 가야의 중심국이었던 가락국의 고지인 김해의 부원동유적에서는 부뚜막 가까운 데에서 사슴 뼈를 불로 지져 길흉을 점치던 복골(卜骨)도 출토되고 있습니다. 복골은 가야인의 신앙생활을 짐작케 하는 자료입니다. 가야의 문헌 기록과 집자리란 삶터에서 전통 시대의 부뚜막 신

그림 8-7 | 복골

김해 부원동유적

그림 8-8 | 폐기의례

진주 평거동유적

앙과 같은 내용이 확인되고 있는 겁니다.

부뚜막의 수명이 다 했을 때는 폐기를 위한 특별 의례가 행해졌습니다. 고대 일본에서는 토기나 토제 거울 또는 토제의 곡옥을 묻거나, 부뚜막 받침의 돌이나 토기를 뽑아 버리기도 하고, 아예 부뚜막을 부숴 버리는 경우도 확인되고 있습니다. 진주 평거동유적에서도 받침 토기를 뽑아 버린 것이 발견되었고, 한강가의 미사리유적에서도 부뚜막 화구부에서 청동제와 철제의 비녀가 출토된 적도 있습니다. 부뚜막을 다루던 여인네들이 자신의 귀중품을 바쳐, 부뚜막 귀신의 노고를 치하하고, 부뚜막의 수명이 다함을 위로하였던 것으로 생각됩니다. 불에 대한 두려움에서 불의 성냄을 달래 보려는 생각도 있었을 것이고, 연말에 그 집 가족의 잘잘못을 하늘에 보고하러 가는 부뚜막 귀신을 달래 보려는 생각도 있었을 겁니다.

4세기 동진(東晉)의 도사 갈홍(葛洪)이 지은 『포박자』(抱朴子)는 한 해의 끝

그림 8-9 | 일본 부뚜막형 토기의 분포

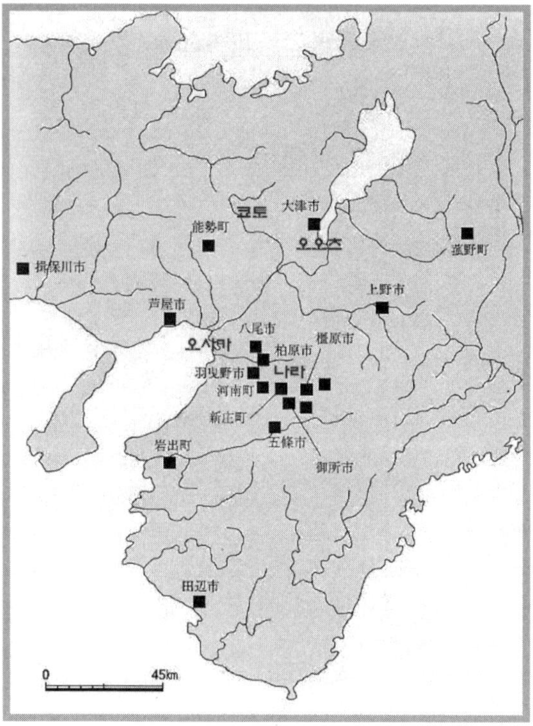

그림 8-10 | 일본 부뚜막형 토기 출토

오오츠시 아노우 고분

날이 되면 부뚜막 귀신이 천제(天帝)에게 가족의 선악을 보고하러 간다고 하였는데, 김해 부원동유적의 고정식부뚜막과 봉황대유적의 이동식부뚜막, 그리고 진주 평거동유적의 고정식 부뚜막은 가야에도 이러한 신앙이 존재하였음을 보여 주는 것입니다.

7. 대한해협을 건넌 가야의 부뚜막 귀신

가야의 부뚜막 귀신은 대한해협을 건넜습니다. 가야의 부뚜막은 큐슈 북부를 거쳐 일본열도 안 쪽 깊숙한 곳까지 전파되었습니다. 오사카(大阪) 남부 카와치(河內)의 이치스카고분군(一須賀古墳群)에서는 모든 무덤에서 거의 예외없이 부뚜막형 토기가 부장되고 있습니다. 저세상에 가서도 굶지 말라는 뜻이겠지요. 그러나 카와치는 일본열도로 이주했던 가야인의 삶의 터전으로 잘 알려져 있습니다. 카와치 지역의 중심에는 카라쿠니노무라지(韓國連)를 주신으로 모시는 카라쿠니신사(韓國神社)가 있습니다. 카라쿠니(辛國)으로도 쓰는 카라쿠니(韓國)는 카라국(加羅國), 즉 가야국(加耶國)입니다. 결국 카와치의 이치스카고분군은 가야계 이주민들의 무덤 떼입니다. 이러한 무덤에서 출토되고 있는 부뚜막형 토기는 가야의 이동식 부뚜막과 같은 것입니다. 부뚜막 신앙을 가지고 있었던 가야인 들이 일본열도로 이주해서도 부뚜막 귀신을 놓지 않았던 것 같습니다. 그러나 고대 일본의 중심지였던 오사카·나라·쿄토 동쪽의 오오츠(大津) 등에서는 아주 많은 부뚜막형 토기가 출토되고 있습니다만, 오히려 우리나라에서의 출토 예는 그리 많지 않습니다.

그림 8-11 | 부뚜막 포구 카마우라(釜浦)

그림 8-12 | 가야천 카라카와(韓川)

그림 8-13 | 가야 부뚜막 신사 카라카마신사(韓竈神社)

그림 8-14 | 이동식 부뚜막

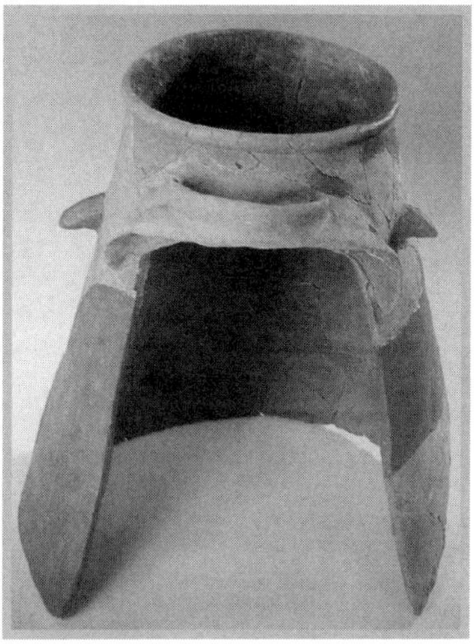

봉황대유적

8. 부뚜막형 토기

국립중앙박물관에 전시되어 있는 용호동 1호분과 구이동유적의 철제부뚜막과 안악 3호분의 벽화에 보이는 부뚜막은 고구려의 것으로 유명하고, 경주의 안압지와 포항 안강의 냉수리 고분에서 출토된 부뚜막형 토기는 신라의 것입니다. 다만, 앞의 〈그림 8-4〉의 사진으로 제시했지만, 현재 국립김해박물관에 전시되고 있는 부뚜막형 토기는 김해와 같은 가야 지역에서 출토된 것이라 전해지고 있습니다. 부뚜막+솥+시루+뚜껑으로 구성된 완전한 조합입니다.

그러나 이것은 무덤이 매납되는 부장품 또는 명기로서 부뚜막형 토기에 해당하는 것이고, 최근에 김해 봉황대유적의 발굴 조사에서는 이러한 부뚜막형 토기의 선조가 되는 실용의 이동식 부뚜막이 출토되었습니다. 미즈노세이코(水野正好)와 같은 일본 연구자의 일부는 이치스카 고분군의 부뚜막형 토기를 백제계로 생각하기도 하지만, 가야에서 출토된 것은 있어도 백제의 예는 아직 없습니다.

그림 8-15 | 가야 부뚜막 신사 현판

그림 8-16 | 부뚜막 신체(神體)

키비진 신사(吉備津神社)

9. 고대 일본의 부뚜막 신사

더구나 최근까지 독도 영유를 주장하고 있어, 한·일 간 갈등의 핵심에 있는 시마네 현(島根縣)은 아이러니하게도 동해에 면해 있다는 지리적 조건 때문에 가야 부뚜막신의 이주 흔적이 분명한 곳의 하나입니다. 시마네 현 히라타시(平田市)에 있는 카라카마신사(韓竈神社)는 가야계 문화의 부뚜막신의 이주흔적이 강하게 남은 것으로 유명합니다. 카라카마신사의 '카라'(韓)는 '가라', 즉 가야이고, '카마'(竈)는 부뚜막으로, '가야의 부뚜막 신사'라는 이름입니다. 이 신사에서는 지금도 철제 솥이 걸쳐진 부뚜막을 주신으로 모시고 있습니다. 또 카라카마신사 옆으로는 카라카와(唐川, 韓川)가 흐르고, 대한해협으로 나가는 강 하구는 카마우라(釜浦)로 불리고 있습니다. 즉, 가마솥과 부뚜막 신앙을 가지고 대한해협을 건넌 가야인이 처음 상륙했던 곳이 카마우라(釜浦), 즉 '가마솥 포구'였고, 내륙으로 들어가면서 이용했던 하천이 '카라카와'(韓川), 즉 가야천이었으며, 정착해 가야의 부뚜막신을 모신 곳이 카라카마신사(韓竈神社)였다는 얘기가 됩니다. 이러한 지명들은 현재는 물론 고대의 기록에서도 확인되는 것들입니다.

카라카마신사에서 서쪽으로 하마야마(彌山, 495미터)를 넘으면, 거기가 바로 이즈모대사(出雲大社)입니다. 일본에서 11월은 '신(神)이 없는 달'이라 합니다. 일본 전국의 신들이 한 해의 결산을 위해 이즈모대사로 모이기 때문이랍니다. 지금도 이즈모 지역은 일본 신들의 고향입니다. 또한 이즈모국(出雲國)은 야마토(大和, 나라)·키비(吉備, 오카야마)·큐슈(九州) 북부와 함께 일본 고대사의 4분의 1을 차지하던 곳이었습니다. 이즈모시(出雲市)에 있었다는 가야신사(加夜神社)는 지금의 가야당(加夜堂)입니다. 가야인들이 이주하고 생활했던 터전이었음을 아울러 기억해 두었으면 합니다.

아울러 이즈모 남쪽에 있으면서 일본 고대사의 또 다른 4분의 1을 차지하고 있던 키비(吉備), 지금의 오카야마(岡山)에는 지금도 하루에 두 번씩 부뚜막

표 8-1 | 건국 신화의 분신술 모티브 비교

<table>
<tr><th></th><th colspan="2">우라(溫羅) 전설
일본 키노죠(鬼ノ城)</th><th colspan="2">수로(首露)의 건국신화
가야(駕洛國)</th><th colspan="2">주몽(朱蒙)의 건국신화
(고구려)</th></tr>
<tr><td>인물</td><td>우라</td><td>이사세리히코
또는
키비츠히코
(吉備津彦)</td><td>탈해</td><td>수로</td><td>하백</td><td>해모수</td></tr>
<tr><td rowspan="3">변신 동물</td><td>꿩</td><td>매</td><td>매</td><td>독수리</td><td>잉어</td><td>수달</td></tr>
<tr><td rowspan="2">잉어</td><td rowspan="2">사다새</td><td rowspan="2">참새</td><td rowspan="2">새매</td><td>사슴</td><td>늑대</td></tr>
<tr><td>꿩</td><td>매</td></tr>
<tr><td>싸움</td><td colspan="2">활쏘기</td><td colspan="2">해전</td><td colspan="2">활쏘기(주몽 대 송양)</td></tr>
<tr><td>출전</td><td colspan="2">「鬼ノ城縁起」, 「吉備津神社縁起」</td><td colspan="2">『三國遺事』 駕洛國記</td><td colspan="2">『東國李相國集』 東明王編</td></tr>
</table>

신에게 기원하는 제사가 행해지는 곳이 있습니다. 지금도 가야군(賀陽郡)이라 불리는 쏘우자(總社市)의 중심에 자리한 키비진 신사(吉備津神社)가 그곳입니다. 북한 학계가 가야계의 분국이 있었다고 주장할 정도로 가야 색이 뚜렷한 지역으로 그 중심에 부뚜막신이 모셔지고 있는 것입니다. 더구나 여기에 머리가 묻혔다는 토착신의 우라(溫羅)는 백제계 또는 야마토 세력에게 축출당하는 가야 계통의 신으로 생각되고 있습니다. 토착의 우라와 도래의 키비츠히코(吉備津彦)가 싸우는 대목은 가락국의 수로가 도래의 탈해와 동물로 변하는 분신술의 모티브로 구성되어 있는데, 변신하는 동물의 종류도 비슷합니다. 나아가 이러한 변신 분쟁의 모티브는 고구려에서 주몽과 송양국왕과의 쟁투에서도 거의 동일하게 보이고 있습니다. 동아시아의 국가 형성사 속에서 도래 집단과 토착 집단 간의 투쟁이 동물 변신의 건국 신화로 기록된 것으로, 고구려에서 가야로, 다시 가야에서 왜로의 이동을 생각게 하는 좋은 소재입니다. 물론 이 역시 가야의 부뚜막 귀신이 일본열도에서 모셔지던 또 하나의 저명한 예로 보아 좋을 것입니다.

10. 일본에서 신이 된 가야인들

가야인 들은 부뚜막 신앙을 가지고 일본열도의 곳곳에 이주하였고, 거기에서도 자신들의 신앙생활을 통해 가야의 정체성을 확인하고 있었습니다. 한반도에서 가야는 신라에 통합되었고, 일본열도에서도 관료로 출세했던 백제계 이주민이나, 경제적으로 성장했던 신라계 이주민에게 밀렸습니다. 그러나 가야인 들은 일본열도에서 신(神)이 되었습니다. 일본 천황가의 고향이자 일본인들의 정신적 지주인 이세신궁(伊勢神宮)의 중심부 깊은 곳에는 카라카미(韓神)가 소중하게 모셔지고 있습니다. 카라카미란 가라=가야의 신입니다. 아마도 현세에 이기지 못했던 가야인 들이 내세에서 신이 되어 섬겨지게 되었던 것인지도 모르겠습니다. 이런 생각이 가야사를 전공하고, 언제나 가야 편만 드는 저 자신의 위안과 혼자만의 상상은 아닐 것으로 생각하고 싶습니다.

9장

북송 말 송려의 인식과 외교

이석현

1. 서론

송대 제도사 저술인 마단림(馬端臨)의 『문헌통고』(文獻通考)에 '高麗之臣事中朝也, 盖欲慕華風而利歲賜耳. 中國之招来高麗也, 盖欲柔遠人以飾太平耳'[1]이라는 유명한 문구가 있다. 즉, 고려가 송을 섬겼던 것은 중국의 문화를 흠모하고 조공에 따른 회사(回賜)를 이롭게 여겼기 때문이고, 중국이 고려(高麗)를 불러들였던 것은 자신들의 태평성대를 장식하기 위한 것이라는 뜻이다. 마단림의 언급은 송과 고려의 관계가 전통적 한중 관계의 양상과는 다르다는 의미를 내포한다. 즉, 양국이 서로 접근했던 가장 중요한 동인은 정치적 관계가 아니라 문화적 경제적 요소라는 점을 강조하고 있다.

마단림의 언급에도 불구하고, 고려와 송 양국의 관계를 정치적 관계를 배

1_『文獻通考』 권325, 「四裔考」2 高句麗.

제한 채 오롯이 문화나 경제적 교류만으로 한정할 수 없다. 고려와 송은 일찍이 양국의 건국 시기부터 서로 사신을 왕래하면서 조공 책봉을 통한 외교 관계를 정립하여 왔다. 이러한 것은 명백한 정치적 관계의 성립에 다름 아니며, 사실상 양국 관계의 줄기를 이룬다. 다만 양국은 서로 국경이 인접하지 않았기에 두 나라 간의 직접적 이해의 충돌이 적었던 점은 확실히 다른 시기와 구분될 만하다.

특히 양국에게는 공동의 적이라 할 만한 거란이 두 나라의 건국 이전인 916년부터 존재하고 있었다. 거란(契丹)은 건국(916) 후 발해를 멸망시켰고(926), 화북 지방의 연운16주를 정복하면서 중국 본토를 위협하는 정복왕조로 발전하였다. 결국 송과 고려에 있어 가장 주요한 외교의 대상은 어디까지나 거란이었고, 이들 송과 고려사이의 외교는 대거란 정책과 톱니처럼 맞물려 돌아갔다.

이처럼 고려와 송의 관계는 두 나라의 문제로 단순화시켜서 이해하는 것은 그 실상에 정확하게 다가갈 수 없다. 앞서 언급했듯이 고려와 송의 사이에는 북방에서 강력한 군사력을 유지하고 있던 거란의 존재가 있었기 때문이다. 뿐만 아니라 이와 같은 대외 관계는 금(金)의 흥기로 인해 거란이 망하고(1125) 이어서 송이 강남으로 쫓겨 가는 국제 정세 속에서 더 한층 복잡하게 얽혀 나갔다. 이러한 상황은 결국 당시의 외교에 있어 가장 중점이 두어졌던 부분은 역시 정치 외교적 관계이며 경제적 관계는 어디까지나 부차적이었음을 반증해 주는 대목이다. 금과의 외교와 교섭에 실패했던 북송의 말로는 정치 외교적 관계가 국가와의 관계에서 어느 정도 중요성을 지니고 있는 가를 역설적으로 반증해 주는 대목이다.

결국 고려와 송 두 나라의 관계는 외형적으로는 문화적이고 경제적 관계였다고 하지만 실질적으로는 국가의 명운이 달린 중요한 정치 외교적 함의를 띈 관계였다고 할 수 있다. 이런 점에서 양국의 외교 관계를 연구함에 있어 정치적 관계가 보다 중점이 두어져야 함은 물론일 것이다. 하지만 그동안의 연구 성과를 살펴보면 마단림의 영향인지 몰라도 주로 경제 문화적 관계에 치중되어 왔다. 즉, 경제 문화적 문제, 사절단의 문제, 송의 고려 인식에 관한 문제들이 연구되어 왔다.[2] 물론 고려와 송의 관계가 거란의 존재로 정치적 교류보다는 경제 문화적 교류가 상대적으로 활발했기 때문일 것이다. 그럼에도 불구하고 고려와 송의 관계가 지니고 있는 정치 외교적 함의를 결코 소홀히 할 수 없는 대목일 것이다.

이를 위해 이 글에서는 북송 말의 신종대의 고려와 송의 관계에 대해 검토하고 이어서 요금이 교체되는 과정에서의 송과 고려의 관계의 변화를 고찰할 것이다. 계속해서 북송이 멸망하고 남송이 건국된 후 송과 고려의 갈등과 외교적 단절에 이르는 과정을 고찰할 것이다. 이를 통해 당시의 시대상에 대한 이해와 역사적 의미를 되짚어 보는 계기로 삼으려고 한다.

2. 북송 신종(神宗) 시기 신법당의 대외 정책과 대고려 외교

건국 후 중원의 오대 왕조와 이를 계승한 송과 외교 관계를 맺어오던 고려와 송의 외교 관계는 성종기에 이르러 심각한 위기에 처하게 되었다. 그것은 거란의 고려에 대한 압박과 침입에 따른 결과에 기인한 것이었다. 거란은 성종의 명에 의해 993년 소항덕(蕭恒德)을 파견하여 고려를 공략하였다. 거란의 고려 침공의 목적은 송을 공략하기 위해 우선 '후고(後顧)의 화(禍)'를 없애고, 고려의 북진정책을 저지할 목적이었던 것으로 보인다. 하지만 고려는 화해사(和解使) 서희(徐熙)의 활약으로 거란의 정삭(正朔)을 받드는 대신에 고구려의

2_박종기, 「고려 시대의 대외 관계」, 『한국사』 6, 한길사, 1994; 김순자, 「고려전기 대중국관계사 연구의 현상」, 『역사와 현실』 43, 한국역사연구회, 2002 참조.

계승권을 요로부터 승인받고 압록강 동안의 280리에 대한 영유권을 확보하였다.[3] 당시 고려는 993년 북송으로 원욱(元郁)을 비밀리에 파견하여 거란과의 협정이 불가피한 것이었다는 해명과 함께 송과 합세하여 거란을 칠 것을 제안하였지만 받아들여지지 않았다.[4]

이리하여 고려는 '연송공요'(聯宋攻遼) 정책을 포기하였고, 그동안 송과 맺어오던 공식적 외교 관계를 중단하였다. 즉, 고려는 994년부터 거란의 통화(統和) 연호를 사용하였고,[5] 이에 대한 화답으로 거란은 고려에 사절을 보내어 성종을 고려국왕으로 책봉하였다.[6] 또한 동경유수 소항덕의 딸을 고려 성종에게 출가시켰으며,[7] 고려의 동자(童子)를 파견하여 거란어를 배우도록 하면서 고려와 거란의 관계가 밀접하게 되었다. 이와 함께 송과는 조공 책봉 사신의 교류를 주요 내용으로 하는 공식적인 외교 관계가 단절되게 되었다. 물론 이후에도 송과 고려의 사신 왕래가 몇 차례 이루어졌지만 이전의 양국 간의 밀접한 정치 외교적 관계에 비할 바 아니었다.

상기와 같이 약 90여 년간 단절되었던 고려와 송의 관계는 고려 문종 말년과 송 신종 초부터 극적인 변화가 발생하여 빈번한 왕래와 사신의 교류가 이루어졌다. 이는 당시 적극적인 외교정책을 펴던 신종과 고려 문종의 의지가 맞아떨어졌던 것에서 기인한다.[8] 영종 사후 즉위한 청년 황제 신종(神宗)은

3_『고려사절요』 권2, 성종 12년 겨울 10월.

4_『고려사』, 성종 갑오 13년 6월. "원욱(元郁)을 송나라에 보내 우리에게 구원군을 파견함으로써 작년 거란에게서 받은 침략을 보복하는 데 원조하여 줄 것을 요구하였으나 송나라에서는 지금 북방 국경이 겨우 편안하여졌으니 경솔하게 군대를 동원할 수 없다 하고 다만 우리 사신을 후대하여 돌려보냈다. 이때부터 송나라와의 관계가 끊어졌다."

5_『고려사절요』 권2, 성종 13년 4월.

6_『고려사절요』 권2, 성종 15년 3월.

7_『遼史』 권10, 聖宗本紀, 統和14年, 147쪽. "三月壬寅, 高麗王治表乞為婚, 許以東京留守, 駙馬蕭恒德女嫁之."

8_고려와 송의 외교 관계를 시기별로 정리해 보면, 제1기는 962년(高麗 光宗 13년, 宋 太祖 乾隆 3년)부터 요의 고려 침입으로 국교가 단절되는 999년(高麗 穆宗 2년, 宋 眞宗 咸平 2년)까지의 약

곧 '연려제요책'(聯麗制遼策), 즉 고려와 연합하여 거란에 대항하는 정책으로 전환하였다. 당시 재상이던 왕안석은 대외 경략책으로, 먼저 서하를 정벌하고 이후 여세를 몰아 요(遼)를 정벌해야 한다고 주장하였다. 이와 같은 왕안석의 대외 경략책은 요·서하와의 화의를 강조하던 당시의 구법파 관료들과 확연하게 구별되었다. 하지만 '대유위(大有爲)의 재능(才能)을 자부하며 연운(燕雲) 지역을 수복하여 선열(先烈)을 빛나게 할 것을 바랐던'[9] 신종의 뜻과 정확하게 부합하였다. 당시 왕안석은 '천하를 조일(調一)시키고 이적(夷狄)을 겸병(兼併)'해야 한다는 사상을 지니고 있었으며, 신종은 왕안석의 이러한 적극적 대외 경략책을 적극 지지하였다.

왕안석(王安石)은 신종의 적극적 대외 경략책에 따라 우선 고려와의 외교 관계 복원이 시도되었다. 신종은 즉위 직후인 희녕(熙寧) 원년에 복건 전운사인 나증(羅拯)에게 지시하기를 '고려는 예로부터 군자의 나라이며 조종(祖宗)의 시대로부터 우리나라에 극진한 성의를 표시하여 왔는데 뒤에 이르러 서로 내왕이 끊어진 지 오래이다. 근자에 듣건대 그 나라 임금이 현명하다고 하니 사람을 보내 인사를 치르게 하라'고 하였다. 이에 희녕 원년과(1068)과 4년(1070)년 두 차례에 걸쳐 나증이 상인인 황신(黃愼)을 고려에 파견하니 고려 문종이 송의 특사 파견을 크게 환영하고 조공하겠다는 뜻을 알렸다.[10] 이리하여 고려도 민관시랑(民官侍郞)인 김제(金悌)를 특사로 파견하였으며, 송은 고려

37년간이다. 제2기는 1071년(高麗 文宗 25년, 宋 神宗 熙寧 4년)부터 북송이 멸망하는 1126년(高麗 仁宗 4년, 宋 徽宗 靖康 2년)까지 55년간이다. 제2기에 고려에서 송에 파견된 사신은 36회이고, 송에서 건너온 사신의 횟수는 17회이다. 이 시기는 특히 송 신종 휘종의 적극적인 친고려 정책이 전개된 시기로서 이 글의 주요한 고찰 시기이다. 제3기는 1127년(高麗 仁宗 5年, 南宋 高宗 建炎 1年)부터 1164년(高麗 毅宗 18年, 南宋 孝宗 隆興 2年)까지의 37년간이다. 제3기는 요가 망하고 송이 금의 남침을 받아 남으로 달아나는 국제 관계의 변화 속에서 진행되었다. 金渭顯 편저, 『高麗史中 中韓關係史料 彙編』, 食貨史學總書 참조.

9_趙翼, 『廿二史箚記』 卷26, 「王安石之得君」.

10_『고려사』 권8, 문종 24년 7월 辛巳.

의 사신단을 서하(西夏) 사신단과 동일하게 예우하였다.[11] 김제는 많은 예물을 가지고 송에 가서 들어갔으며, 1072년 막대한 송의 회사품(回賜品)을 가지고 돌아왔다. 이후 1073년 태복경(太僕卿) 김양감(金良鑑)과 중서사인(中書舍人) 노단(盧旦)이, 1076년에는 공부시랑(工部侍郎) 최사량(崔思諒)이 송에 파견하였다. 송은 7년 뒤인 1078년 국신사(國信使)·좌간의대부(左諫議大夫)인 안도(安燾)와 기거사인(起居舍人)인 진목(陳睦) 등을 파견하여 고려의 예성강에 도착하였다.[12] 파견된 송의 사신단이 고려에 도착하여 열렬한 환영을 받으면서 양국 간에 단절되었던 국교가 90여 년 만에 정식으로 재개되었다. 이렇듯 고려 문종의 적극적 친송책과 송 신종이 고려와 연합하여 거란에 대항하고자 했던 점은 당시 거란의 국력이 기울기 시작했다는 점과 연관 관계가 있다.

고려 송 양국 간에 재개된 외교 관계는 문종의 지병인 풍비(風痹)의 치료를 계기로 더욱 가까워졌다. 문종은 송 신종에게 명의와 약재를 보내 줄 것을 요청하였고, 신종은 1079년 7월 합문통사사인(閤門通事舍人)인 왕순봉(王舜封)과 한림의관(翰林醫官)인 형조(邢慥) 등 88명과 약재 100여 가지를 보내 주었다. 의관의 파견은 그 이후에도 이어졌으며 이들은 궁내에서 고려 의생의 교육도 담당하였다.

송조에 파견되었던 고려 사신에 대한 대우는 매우 주도면밀하고도 후하게 이루어졌다. 수도인 변경(汴京)에서는 동문관(同文館)에서 고려 사신을 접대하였는데, 특히 신종 원풍년간에 '고려사를 대우하는 것이 최고로 후(厚)했으며, 연변(沿邊)의 정자도 모두 일신하여 '고려정'(高麗亭)이라 불렀다고 한다. 이 '고려정관'(高麗亭館)은 규모가 매우 장려(壯麗)하여, 그 때문에 이를 짓기 위해 많은 백성이 동원되었다가 그 괴로움에 도망가는 자가 있을 정도였다.[13]

11_『長編』 권26, 희녕 4월 8월 병인. "閤門言, 高麗使入見, 欲依夏國例, 立班紫宸殿, 燕坐東朶殿, 從之."

12_『고려사』 권8, 문종 32년 6월 甲寅.

당시 판응천부(判應天府)였던 장방평(張方平)은 "臣은 二府[의 대신]을 역임하였는바 陪臣[고려] 때문에 屈辱을 당할 수는 없습니다"라고 하며 불평을 토로하기도 하였다.

휘종 정화 7년(1117)에는 루이(樓异)의 건의에 따라 명주(明州)에 별도로 고려사(高麗司)를 설립하고 내원국(來遠局)이라 칭했으며, 두 척의 큰 배를 만들고 '삼한세사'(三韓歲使)를 처리하려 했으며, 또한 광덕호(廣德湖)를 개간하여 전을 만들고 조를 거두어 그 비용을 처리하려 했다. 나중에 누이가 명주지주(明州知州)가 된 후에는 또한 명주의 시박사(市舶司) 서편의 보규정사(寶奎精舍)에 고려사행관(高麗使行館)을 만들어 전문적으로 고려 사신을 접대하였다. 또한 송조에서는 고려에 사신을 파견할 때 외모까지도 고려하여 안도가 고려에 사행으로 갈 때 원래 부사로 내정되었던 임희(林希)를 진목(陳睦)으로 교체하는 파격적인 모습을 보이기도 하였다. 뿐만 아니라 고려에 사자를 보낼 때 그 서장관(書狀官)은 반드시 시문(詩文)이 우수한 자를 선발하여 파견하였다. 당시 고려 사절에 대한 대접 비용이 '거만'(鉅萬)을 헤아려 명주(明州), 월주(越州) 등의 주(州)에서는 그 조달 비용으로 매우 힘들어 하여 소식(蘇軾)이 '공사고병'(公私告病)이라 칭할 정도였다. 이처럼 당시 송조가 '고려를 접대하는 예(禮)가 특별히 도타웠던 것'은 고려와의 관계를 특별히 중시했던 송조의 입장을 여실히 보여 주는 대목이다.

13_『東坡全集』 권15. "元豐七年, 有詔京東淮南築高麗亭館, 密海二州騷然有逃亡者. 明年軾過之, 歎其壯麗留一絶云."

3. 송·고려의 정치적 변화와 구법당(舊法黨)의 대(對)고려 인식

고려와 송의 외교가 사신의 왕래를 통해 일정 정도 복원되었지만 이후 양국 관계의 정상화에 중대한 변수가 발생하였다. 양국의 외교 관계를 적극적으로 추구하던 고려 문종과 연이은 송 신종의 죽음이었다. 1084년 문종이 죽고 그의 장자인 순종이 즉위하였지만 순종도 그해 10월에 병사하였다. 곧이어 1085년 신종도 사망하고 철종이 즉위하여 구법당이 집권하게 됨에 따라 양국의 관계와 교류가 한동안 소원해지는 계기가 되었다.

한편 송과 고려 양국이 신종대에 들어서 본격적으로 사신을 교환하면서 국교를 재개하였지만 서로 완전히 신뢰한 것으로 보이지 않는다. 먼저 송의 경우에는 구법파 계통의 인사들은 신법파 인사들이 추진하는 적극적 외교정책에 대해 불만을 품고 있었다. 이런 움직임은 일찍부터 있었지만 왕안석이 실각한 후인 원풍년간에 이르러 본격화되었다. 먼저 원풍 3년에 조정에서는 '항주(杭州)에 조(詔)를 내려 백성들이 변방의 기밀(機密)에 관한 것을 고려인에게 말하거나 파는 것을 금지하였다.' 아마도 고려가 거란을 위해 기밀 정보를 수집할 것을 우려해서 나온 것으로 보인다. 실제 명주(明州)의 상산현위(象山縣尉)인 장중(張中)이 고려공사(高麗公使) 박인량(朴寅亮)과 개인적으로 시문(詩文)을 창화(唱和)하다가 해당관서의 탄핵을 받아 면직되고 종신토록 현달하지 못했다. 장중(張中)이 고려의 사신단과 개인적으로 교유(交遊)했다고 해서 면직되고 평생 관직을 가질 수 없게 되었던 것은 당시 송의 폐쇄적인 대외 관계의 일면이다.

그뿐만 아니라 서적의 반출도 여전히 일부 제한되었다. 예컨대 원풍 8년 고려 사신이 와서 형법문서를 사길 원했지만 이를 불허하였고 대장경과 화엄경만 구입하여 가도록 하였다. 이런 점도 대장경이나 화엄경 같은 불교의 경전은 자국의 사정(事情)과는 아무 관련이 없었기 때문이며, 형법(刑法) 문서는 자국의 관련 법규를 명백히 외국에게 알려 주게 되는 까닭에 가져가지 못하도록 하였을 것이다.

이러한 고려에 대한 견제는 신종이 사망한 후 철종이 즉위하여 구법당이 집권하면서 보다 본격화되었다. 소식(蘇軾)은 해상(海商)들이 고려에 왕래하는 것을 금지했던 편칙(編勅)이 신종대에 와서 크게 완화된 점을 비판하고 이를 금지시킬 것을 주청하였다. 또한 철종 원우 7년 고려사(高麗使)가 와서 『황제침경』(皇帝鍼經)을 바치고 서적(書籍)을 사가기를 청했지만 당시 예부상서이던 소식이 격렬히 반대하였다. 당시 소식은 고려의 입송 사절들이 매번 중국의 서적을 구입하도록 허락해 줄 것을 요청한 것과 관련하여 그 부당함을 논하면서 고려사의 입공이 초래하는 '오해'(五害)를 논하였다.[14]

위와 같이 당시 고려에 대한 무역과 통교의 불요론(不要論)을 제기한 대표적 인물이 바로 구법당 인사인 소식(蘇軾)이었다. 그는 '우리는 조그마한 이익도 없는데 고려는 큰 이익을 얻고 있다. 만일 …… 우리 편에서 대접을 조금 후하게 하면 빈심(貧心)이 다시 일어나 조공(朝貢)이 분연(紛然)하게 되어 반드시 무궁(無窮)한 우환(憂患)이 될 것입니다'고 하여 고려와의 조공 무역에 따른 경제적 폐해를 강조하였다. 그뿐만 아니라 그는 고려 사신과 상인을 접대하느라 민폐(民弊)도 생기고 물자의 낭비가 많다는 것,[15] 보내고 받는 물건이 너무 값비싸다는 것, 송에서 보내는 물건이 고려인의 손을 거쳐 태반이 적국인 거란으로 유입된다는 것, 고려 사신과 상인이 가는 곳 마나 송의 산천지도를 작성하여 가므로 국가기밀이 누설된다는 것, 고려는 거란과 동맹국이라는 점을 들고 있다. 이런 이유로 그는 송의 서적이 고려로 유입되는 것을 반대하였다.

14_『東坡全集』 권63, 「論高麗買書利害劄子三首」.

15_소식(蘇軾)은 철종년간 고려사가 수년간 오지 않자 "2聖이 들어선 다음 高麗가 數年이나 오지 않으니 淮, 浙, 京東의 官吏와 백성이 잠시나마 쉬는 즐거움을 누릴 수 있었습니다"라고 하여 고려사의 왕래에 따른 폐해를 강조하고 있다. 『東坡全集』 권56, 奏議30, 「論高麗進奉狀」.

당시 송의 일부 논자들이 고려와의 통교에 대해 부정적이었던 것은 구법당에 소속되어 있었기 때문에 신법당(新法黨)에 의해 적극 추진된 '연려제요책'(連麗制遼策)을 전면적으로 부정하려는 의도가 강하였기 때문이다. 또한 일부 문화적으로 중화주의를 바탕으로 한 편협한 화이론에 얽매여 소국을 지나치게 과소평가하였던 때문이다. 또한 그의 '오해'(五害)론에서 고려는 "거란의 당(黨)이면서 우리의 배신(陪臣)입니다"고 하여 고려의 이중성을 비난하고 있였다. 소식의 고려 배척론은 당시 국제 정세가 사실상 요를 중심으로 운용 전개되었던 상황에 대해 비분강개하면서 자연히 요에 복속하고 있었던 고려에 대해 배타적이고 자기 방어적인 자세를 취했던 것으로 보인다.[16]

물론 앞서 언급했듯이 고려를 배척했던 현실적인 이유는 고려가 거란과 통하면서 송의 사정을 보고할지도 모른다는 기우에서 비롯되었다. 그것은 고려 사신과 상인이 송의 국내 산천의 지도를 작성하다가 송의 관리에게 압수당한 일이 있었고,[17] 복건 지방의 송 상인들이 고려와의 무역을 가장하여 해로를 이용하여 거란과 통하며 은(銀), 사(絲), 전물 등을 싣고 오다가 발각되기도 했기 때문이다.[18] 특히 고려는 송의 의도대로 움직이지 않고 계속 독자적인 외교 노선을 견지하였기 때문에 구법당 인사들이 반고려적 입장을 취하게 된 것으로 보인다.

요컨대, 송 관료들의 한반도에 대한 인식에는 두 종류가 있었다고 할 수 있다. 첫 번째는 고려와의 통교를 통해 요에 대한 정세 탐지 및 견제 등을 희망하는 긍정적인 인식이고, 다른 하나는 정략적인 목적 달성을 크게 기대할 수 없는 상황하에서 사행(使行)에 따른 경제적 손실 및 고려 측의 양면 외교에

16_이범학, 앞의 논문 83쪽.

17_『夢溪筆談』 권13, 「權智」. 고려의 사신은 송의 영역 내를 통과하면서 각 주현(州縣)으로부터 지도(地圖)를 구하여 도로, 산천의 형세 및 험이(險易)를 상세히 파악하였다고 한다.

18_『東坡全集』 권58, 「乞禁商旅過外國狀」.

대한 불신 등이 부정적 인식이라 하겠다.[19]

4. 휘종대(徽宗代) 송·고려의 우호 외교의 전개와 책봉

철종년간 구법당의 집권 등으로 소원해졌던 고려와 송의 외교는 신흥의 금의 등장으로 새로운 국면에 처하게 되었다. 즉, 여진족의 금이 만주 지역에서 급속도로 흥기하여 거란을 격파해 나가자 그동안 거란의 강대한 세력에 굴복해 조공 책봉 관계를 유지해 왔던 고려와 연운16주 등의 실지(失地) 회복을 간절히 바랬던 송은 이러한 국제 정세를 예의 주시하면서 상호 접근하는 태도를 보이게 되었다.

고려에서는 숙종의 뒤를 이어 송의 문화를 흠모하던 예종(睿宗)이 즉위하자 다시 송에 대한 적극적 외교 관계를 전개하였다. 예종이 송과 외교 관계를 적극적으로 전개하자 1109년(예종 4, 휘종 대관 3) 6월에 사신으로 송에 파견되었던 김상우(金商祐) 등이 고려로 귀국할 때 송 휘종이 '경(卿)은 나라를 잘 다스리며 송에 대한 문안의 예를 잘 지키고 사대(事大)의 성의를 공손(公孫)히 잘 나타내었도다. 앞으로도 종전대로 충성(忠誠)을 다하라'[20]고 하였다. 당시 고려는 비록 거란의 정삭(正朔)을 받들고 있었지만 송의 문화를 숭상하였기 때문에 송의 이런 태도에 대해 별다른 거부감을 보이지 않음을 표명하고 있다. 고려에 대한 적극적 우호의 표시였던 셈이다. 1111년(예종 신묘 6) 당시 송의 사신인 왕양(王襄), 장방창(張邦昌)이 가져온 국서(國書)에는 다음과 같은 내용이 들어 있다.

19_黃寬重, 「南宋與高麗的關係」, 『南宋史研究集』, 1985, 250-255쪽.

20_『고려사』 권14, 예종 4년 6월.

만리 바깥 일까지 통찰하는 우리 황제께서 우리나라에 대한 왕의 성의를 짐작하고 은혜를 베풀려 하다가 왕께서 이미 北朝(遼)의 冊命을 받았다는 말을 들은지라 남북 두 나라(송과 요)는 100년 동안이나 우호 관계를 유지하여 정의가 형제처럼 되었기 때문에 당시 왕을 책봉하지 아니 하고 다만 詔書를 보내 '權' 자를 없애 버리게 하였으니 이것이 곧 왕을 정식으로 승인하는 의례입니다. 그뿐만 아니라 이 조서는 바로 황제의 친필 御製인 바 北朝에서는 필시 이 같은 대우가 없었으며 문종 왕, 숙종 왕에게도 일찍이 이렇게 우대하는 절차가 없었습니다. 우리들이 와서 왕께서 조서를 받는 태도가 매우 공손하심을 보았는바 저희들이 귀국하여 이 말씀을 아뢰면 황제께서도 반드시 기뻐하여 은혜가 더 있을 것이오니 왕께서는 더욱 성의를 다하여 이에 보답하시기 바랍니다.

이에 예종은

나를 특별히 생각하여 준 데 대하여 감사한 마음 그지없으며 아무런 공적이 없음을 부끄럽게 여기는 바이다. …… 미처 사례할 겨를을 얻지 못하였더니 당신의 어진 마음으로 멀리 있는 사람을 특별히 생각하여 사신을 시켜 융숭한 물품을 보낼 줄이야 어찌 뜻하였으랴! 조상 적부터 연계를 맺어 온 지는 비록 여러 해라 하지마는 오늘처럼 친밀한 우정은 일찍이 보지 못하였다. 더군다나 보내온 글월을 보건대 나의 관작에서 '權' 자를 없애 주었으며 '책봉 문건과 책력 반포는 이미 遼에서 받았으므로 이를 새삼스럽게 시행하고 싶지 않다'고 하여 실정에 맞는 조치임을 밝히고 북방에 대한 근심을 완화하려는 뜻을 표시하고 있다. 당신의 치밀한 의도는 산악처럼 무겁고 나의 조심스러운 마음은 얇은 얼음을 밟는 듯하다. 오직 나의 마음을 기울여 당신의 好意에 보답하려 하는 바이다.[21]

라고 하여 '권'(權)자를 떼 준데 대한 감사와 책명을 받는 문제를 송에서 문제

21_『고려사』 권14, 예종 신묘 6년.

삼지 않기로 한 것에 대해 거듭 감사를 표시하고 있다. 송의 입장에서는 책명 문제로 고려와의 어색한 관계를 맺기 싫었던 것이며, 게다가 그동안 고려국왕에게 주었던 관직에서 '권'자를 떼 줌으로서 고려에 대한 우호적 의도를 거듭 표시하였다.

1115년(예종 10, 송 정화 5) 7월에 예종은 왕자지(王字之)와 호부시랑 문공미(文公美)를 송에 파견하면서 '고려가 일찍이 중국 문화를 사모하여 개보년간 때부터 신종에 이르기까지 항상 사신(使臣)과 생도(生徒)를 함께 보내어 중국 문화를 흡수하려 하였으나 중간에 한동안 단절되어 중국 문화의 유입이 태반으로 줄었다'는 점을 강조하면서 진사(進士)인 김단(金端), 견유저(甄惟底), 조석(趙奭), 강취정(姜就正), 권적(權適) 등 다섯 명을 파견하여 국자감에서 유학하게 해달라고 청하였다. 이듬해 6월 왕자지가 돌아오는 편에 송 휘종은 고려가 송에 대하여 취하는 공손한 자세를 칭찬하고 김단 등 다섯 명의 국자감 입학을 허락한다고 전하였다. 또한 휘종은 정화 5년에 고려의 사신을 국신사(國信使)로 승격시켜 서하보다 상위에 두었고, 요의 사신과 함께 추밀원(樞密院)에 예속시켰다.

이와 함께 휘종은 고려의 사신을 위해 연회까지 베풀기도 하면서 고려를 중시하였다.[22] 휘종은 1118년(예종 13, 휘종 중화 원)에도 고려국왕과 세자가 대맥창종과(大脈瘡腫科) 의사를 보내 달라는 요청에 따라 조의(曹誼)와 의사(醫師) 양종립(楊宗立), 두순거(杜舜擧) 등 일곱 명을 고려로 파견하였다. 고려에서도 정극영등을 송에 파견하여 유학생들에 대한 대우에 감사하면서 송과의 친교를 다져 나갔다.[23] 이처럼 예종년간 고려는 총 8회에 걸쳐 송에 사신을 파견하였는데, 이는 상당히 빈번한 것이었다.

송 측에서도 고려에 세 차례나 사절을 파견하면서 상호 간의 외교 관계를

22_『宋大詔令集』 권237, 政事91. "高麗依大遼例隷密院御筆手詔."

23_『고려사』 권14, 예종 13년 7월 무인 신사 갑신, 8월.

강화되어 갔다. 당시 송의 국신사였던 노윤적(路允迪)이 고려 인종에게 '우리 황제가 귀국의 선대 임금이 세상을 떠나고 태자(太子)께서 왕업을 계승하였다는 말을 듣고 일부러 사신을 보내 제전을 치르게 한 것인데 위문 조서와 제문은 다 황제께서 친히 짓고 쓰셨습니다'[24]라고 하면서 휘종이 직접 위문(慰問) 조서(詔書)와 제문(祭文)을 작성한 것을 강조하면서 고려에 대한 친밀한 관계를 강조하였다.

당시 휘종은 국신사 노윤적을 통해 인종에게 책봉을 수여받을 것을 제의하였다. 원래 고려는 요의 책봉을 받아 요의 연호를 사용하였지만 1116년 요가 금의 공격으로 대패하면서 요의 연호 사용을 중지하면서 오직 간지(干支)로 연도를 표시하고 있는 상황이었다. 이것은 고려와 요의 외교 관계의 공식적 단절을 의미하였다. 이에 송은 요를 대신해서 고려에 대한 책봉을 제의한 것이다. 당시 노윤적은 '선대 임금께서는 당시에 이미 요나라의 책봉을 받았었기 때문에 말썽이 나서 시끄러워 질까봐 따로 책봉하는 의식을 짐짓 피하였습니다. 지금은 요나라가 이미 없어졌으니 우리 조정에 책봉을 청할 수 있습니다'[25]고 하면서 송으로부터 책봉을 받을 것을 제안하였다.

이에 대해 인종은 '책명(冊命)이란 천자가 제후를 표창하는 중대한 예절인데 내가 아직 상기(喪期)를 마치지 못하고서 급작스레 중대한 예전을 청한다는 것은 의리에 타당하지 않으니 실로 미안하고 부끄럽다. 내년에 사신을 보내 후의를 사례하는 동시에 나의 성의(誠意)를 표시하려 하노니 당신들은 귀국 황제께 이 뜻을 잘 전달하기 바란다'[26]라며 송의 책봉 제안을 완곡하게 거절하였다.

당시 고려로서는 송의 책봉 제안에 대해 상중(喪中)이라는 특수 상황을 핑

24_『고려사』 권15, 인종 계모 원년6월 경자일.

25_앞 주와 동일.

26_앞 주와 동일.

계로 완곡하게 거절하였다. 하지만 사실상 당시 금이 흥기하여 요를 멸망의 위기로 몰아넣었고, 또한 고려에 대해 '兄大女眞金國皇帝致書于弟高麗國王'이라 하여 오만한 자세를 취하면서 고려와의 특수 관계 수립을 요구하였던 시기이다.[27] 이에 고려는 송에 대해 명확한 답변을 하지 않으면서 사실상 급변하는 국제 정세를 관망하기로 하였다.

결국 당시 고려와 북송의 관계는 유례없을 정도로 친밀한 외교적 관계로 발전하였지만, 책봉이라는 결정적 관계로 까지 이르지는 못하였다. 이것은 휘종이 고려를 정치 외교적인 목적으로 중시했던 것에 비해 고려는 송을 문화 경제적으로 중시했다라고 하는 전통적 기록의 근거가 될 만한 대목일 것이다. 하지만 그것보다 당시의 급변하는 요금 교체기의 격변 속에서 고려가 취할 수밖에 없었던 현실적 외교정책의 입장에서 나온 것으로 보인다. 결국 송과 고려 사이에 다시 책봉 관계가 성립되지 않았던 것은 격변기 속에서 현실적 실리 외교를 펼쳐야 했던 고려의 입장에서 어쩔 수 없었던 선택의 결과물로 보인다.

5. 결론

10세기 동아시아에는 새로이 등장한 거란의 존재로 인해 불안정한 국제 정세가 출현하였다. 복잡 미묘한 상황에 처해 있던 당시의 국제 정세는 몇 번에 걸친 전쟁을 통해 송과 거란은 '전연의 맹(盟)'을 맺어 평화 관계를 구축하

27_『高麗史』 권14, 예종 12년 3월 계축일. "兄大女眞金國皇帝致書于弟高麗國王. 自我祖考介在一方謂契丹爲大國高麗爲父母之邦小心事之契丹無道陵轢我疆域奴隷我人民屢加無名之師. 我不得已拒之蒙天之祐獲殄滅之. 惟王許我和親結爲兄弟以成世世無窮之好."

였고, 고려도 거란의 침공을 받은 후 송을 대신하여 새로이 거란과 조공 책봉 관계를 형성하면서 새로운 정세가 이루어졌다. 즉, 동아시아 삼국 사이에 새로이 안정된 삼각 구도의 외교적 관계가 정립되었던 것이다.

이렇듯 북송 진종(眞宗)기부터 안정되었던 삼국의 관계는 북송 후기에 이르러 약간의 변화의 조짐을 보이기 시작한다. 신종은 이전과 달리 적극적 대외 정책을 전개하였고, 또한 고려 문종의 의지가 맞물리면서 두 나라 사이가 급속도로 가까워졌다. 이후 양국은 정치적 상황에 따라 약간의 부침은 있었지만 이전의 소원(疏遠)했던 상태에서 벗어나 적극적 교류를 북송 멸망시까지 전개하였다.

이상과 같이 송 신종대에서 휘종대에 이르는 양국과의 관계를 고찰해 보았다. 이를 통해 다음과 같은 사실을 확인할 수 있었다. 첫째 송 신종대 양국의 관계는 적극적으로 사신을 왕래하며 관계가 개선되는 양상을 보였다. 당시 송은 거란을 견제하기 위해 고려에 대해 적극적 외교 관계를 전개하였다. 당시 고려도 송의 문화를 적극적으로 수용하려는 집권층의 의지로 양국의 관계가 급속도로 진전되었다. 하지만 양국 관계를 적극 추진했던 송 신종과 고려 문종의 갑작스러운 죽음으로 양국의 관계가 완전한 국교의 회복으로는 이어지지 않았다.

둘째, 철종대에 새로이 구법당이 집권하면서 고려와 송의 관계는 또 한 번 요동치게 되었다. 구법파의 대표적 인물인 소식의 견해를 살펴보면 고려는 송에 대해 어떠한 이익도 가져다주지 않고, 송에 대해 피해만 가져다주는 존재로 인식되었다. 예컨대 고려는 송의 국내 정보를 거란에 알려 주고, 사신이 올 때마다 각 지역에서의 접대로 많은 피해가 발생한다는 점, 회사품이 막대하여 국가 재정이 축난다는 점 등을 들 수 있다. 물론 소식의 이런 인식은 반드시 정확한 것은 아니지만 당시 주요한 정파의 입장을 대변한다는 점에서 고려와의 관계에서 중요한 변수로 작용했다고 할 수 있을 것이다.

셋째, 휘종대에 들어서면서 두 나라 사이는 가장 우호적 형태로 되었다.

휘종대의 정치가 신법파가 집권하면서 역시 적극적 대외 정책을 지니게 되었고, 당시 요도 쇠퇴기에 접어들면서 두 나라는 서로 접근하였다. 휘종은 인종에게 막대한 회사품을 주었으며, 고려국왕의 명칭에서도 '권'(權)자를 삭제하면서 우호적으로 접근하였다. 고려도 이에 사신을 파견하면서 양국의 관계는 급속도로 진전되었다. 다만 휘종이 인종에게 송의 책봉을 받을 것을 요청하였지만 인종이 상중(喪中)임을 들어 완곡하게 거절했던 점은 급변하던 국제 정세에 신중하게 대응하려던 고려의 현실적 대응이라 할 것이다.

10장

공녀를 통해 본 고려와 원과의 관계

이정신

1. 머리말

공녀는 고려 후기 사회가 몽골의 간섭 정도가 아니라 복속기였음을 나타내는 중요한 단서 중 하나로서 몽골과의 전쟁이 끝난 후 몽골이 요구한 조건 중에서 가장 치욕스런 사항이었다. 원 세조는 고려에 볼모, 호구조사, 역참, 조군(助軍), 군량미 보급, 다루가치 설치 등의 6개항을 요구하였다. 이는 고려뿐 아니라 몽골의 복속국이라면 어느 나라든 감당해야 할 사항이었다. 그러나 고려가 원의 부마국이 됨에 따라 원은 볼모, 조군, 군량미 보급 정도만 강력하게 요구했을 뿐 나머지는 사안에 따라 상당히 융통성이 있었다.

그런데 이에 포함되지 않는 공녀 징발은 고려가 원 간섭기를 벗어날 때까지 지속되었다. 역사적으로 전쟁은 남성이 주로 담당하지만 그 과정에서 가장 곤욕을 치루는 사람은 여성이었으니, 이는 여·몽 전쟁기에도 마찬가지였다. 고려가 원과 강화를 맺은 이후에도 공녀로 내몰리는 고려 여인의 상황은 당사자뿐 아니라 국가의 자존심을 무너뜨리고 백성들의 마음을 불안하게 만들었다.

공녀를 검토한 글로는 유홍렬의 논문과, 중국인 희뢰(喜蕾)의 저서, 그리고 박경자의 논문이 있으며 고려 후기 사회를 서술하는 과정에서 공녀를 언급한 고병익, 장동익의 논문이 있다.[1]

유홍렬은 원이 공녀를 요구한 원인을 고려 여자에 대한 야욕 만족책과 더불어 무력만으로는 쉽사리 굴복시킬 수 없음을 깨닫고 고려가 가장 치욕으로 여기던 인질[童女]을 요구함으로서 정신적으로 무기력하게 만들려는 고등정책의 하나로 보았다. 희뢰는 공녀 징발은 고려가 원의 복속국임을 확실하게 하기 위한 민족 압박 정책이며, 인질적 성격을 가진 야만적인 인구 약탈 정책으로 파악하였다. 장동익은 공녀 요구를 관제·관호의 개정, 역참 정비, 군기(軍器) 검열, 공물 요구와 같은 원의 고려에 대한 내정간섭 유형 중의 하나로 파악하였다.

이러한 선학들의 견해는 나름대로 타당성이 있으며 이에 필자도 동의한다. 원이 처음 고려에 공녀를 요구할 때는 이를 매개로 고려를 압박하여 자존심을 꺾으려는 의도가 분명했지만 이외에도 일상적으로 패전국에 요구하는 승자의 관행이었음도 사실이다. 그러나 고려가 원제국 체제에 편입되고 고려 국왕이 원 황제의 부마가 된 이후에는 고려 쪽에서 먼저 공녀를 바치는 경우도 생겨나고 있었다. 따라서 고려 여인들을 볼모로 지배층의 권력 유지의 수단으로 사용했던 정치적 거래 또한 무시할 수 없다. 이 글은 공녀 차출에 대한 원의 입장과 이에 대응하는 고려의 자세, 그리고 당시 국왕과 지식인들의 공녀에 대한 태도 등을 중심으로 원 간섭기 고려 사회 연구의 일환으로 분석

1_유홍렬, 「고려의 원에 대한 공녀」, 『진단학보』 18, 1957; 喜蕾, 『元代高麗貢女制度硏究』, 중국 북경: 民族出版社, 2003; 박경자, 「공녀 출신 고려 여인들의 삶」, 『역사와 담론』 55, 호서사학회, 2010; 고병익, 「원과의 관계의 변천」, 『한국사』 7, 1981, 433-435쪽; 장동익, 『고려 후기외교사 연구』, 일조각, 1994.

해 보려고 한다.

2. 공녀를 통한 원의 대 고려 정책

1) 원의 공녀 요구와 제국대장공주

몽골이 최초로 인질을 요구한 것은 1차 침입이 끝난 직후인 고종 18년 12월이었다. 몽골은 1차 침공에서 고려가 강화를 요청하자 사신을 파견하여 고려가 저고여를 죽인 것을 질책하며 다루가치의 설치와 더불어 금·은·좋은 구슬·수달피·거위털로 만든 좋은 의복[鵝嵐]과 왕손과 대관인(大官人)의 자녀 2천 명을 요구하였다. 여기에서 몽골이 요구한 왕손과 대관인의 자녀는 인질의 성격이라고 판단된다. 그러나 고려가 인질을 거부하자 다시 반으로 줄여 요구했는데, 이들의 요구는 전쟁에 승리한 자로서의 공물 요구 차원에서 이루어졌을 뿐 아직까지 특별히 공녀에 관심을 가졌던 것 같지는 않다. 이에 대해 고려는 강화도로 수도를 옮기고 끝까지 대항할 것을 결의하였으므로 몽골의 요구는 받아들여지지 않았다.

원이 공녀를 징발한 것은 삼별초의 난이 진압되어, 고려 내부에 원의 반대 세력이 무너졌음이 확인된 원종 15년부터였다.[2] 우선 몽골은 남송 군인에게 배필을 구해 주기 위해 여자를 요구하였다.

2_『고려사』 26, 원종 11년 윤11월 을유일에 다루가치가 여자를 요구한 적이 있으나 이는 고려 고관의 딸과 결혼하고자 하는 몽골 관리들의 개인적인 요구이므로 공녀의 범주에 넣기는 애매하다.

A-1) 원나라에서 蠻子媒聘使 肖郁을 파견하였다. 중서성의 통첩에 이르기를 "南宋 襄陽府의 生券군인이 처를 구하므로 委宣使 초욱에게 관청의 명주 1,640段을 주어 고려로 가게 하니 해당 기관에서 관리를 보내 함께 娶妻하는 일을 시행하게 하라"고 하였다. 초욱이 와서 남편 없는 부녀 140명을 선출하라고 요구하였는데 독촉이 매우 급하여 이에 結婚都監을 두었다. 이때부터 가을까지 항간의 과부, 역적의 처, 중의 딸을 샅샅이 뒤지어 겨우 그 수를 채웠는데 원망이 크게 일어났다(『고려사』 27, 원종 15년 3월 壬寅).

2) 원나라에서 楊仲信을 파견하여 폐백을 가져왔는데 이것은 歸附한 송나라 군사 500명을 위하여 처를 얻어주려 함이었다. 왕이 과부처녀추고별감인 正郎 金應文 등 다섯 명을 각도에 보냈다(『고려사』 28, 충렬왕 2년 윤 3월 甲子).

원이 처음 고려에 공녀를 요구한 것은 원에 귀부한 남송 양양부(南宋 襄陽府)의 생권(生券) 군인을[3] 결혼시키기 위해서라고 했다. 이들을 결혼까지 시켜 정착시키려는 까닭은 실전에 익숙한 생권 군인들을 일본 정벌에 이용하기 위해서라고 판단된다. 당시 원은 일부다처 사회이므로 만성적인 부녀자 결핍 상태였다. 그렇지만 남송 군인을 위해 고려에 여인을 요구한 이유는 이들을 회유하여 아직 항복하지 않고 있는 남송 내부를 교란시키기 위한 의도가 내포된 것 같다.

이때 그들은 폐백으로 명주까지 보내어 혼인에 필요한 최소한의 형식은 갖추었던 것이다. 그러나 이는 지극히 형식적인 것으로서, 원전장(元典章)에 의하면 결혼할 때 상호(上戶)는 금 1냥, 은 4냥, 채단 6개, 잡용견 40필이며, 중호(中戶)는 금 5전, 은 4냥, 채단 4개, 잡용견 40필이며, 하호(下戶)는 은 3냥,

3_生券은 熟券과 함께 남송시대에 군인들이 지급받은 일종의 廩給制度로서, 생권은 군사가 변방에 파견되어 전방수비나 실전과 같은 특소임무에 동원될 때 지급되는 것이고 숙권은 내지를 수비하거나 병영을 지키는 군인에게 지급되는 것이다. 安部健夫, 「生熟券支給制度略考」, 『桑原博士還曆記念東洋私學論叢』, 昭和 6년(1931) 참조

채단 2개, 잡용견 50필이다.[4] 그런데 원이 가져온 폐백은 1인당 명주 12필에 불과했다.

원은 처음에 120명을 차출하더니 이로부터 불과 2년 후인 충렬왕 2년에는 500명을 요구하였다. 처음 고려가 원에 보낸 여자는 과부, 역적의 처, 중의 딸 등 하류 계층의 여인들임에도 이들을 차출하는 데 6개월 이상 소요되었다고 한다. 이는 정부가 공녀를 보냄에 신중히 대처했음을 보여 주는 것이라고 판단된다. 그러나 정부가 별다른 이의를 제기하지 않고 원의 요구를 받아들이자, 이것이 빌미가 되어 다시 500명이나 요구하게 된 것이다.

이미 그 이전에 고려는 패전국의 예로서 여자를 보내지 않는다는 원의 질책을 받고 지배층의 딸 열 명을 보냈으나 그 중 여덟 명을 원 세조가 되돌려 보냈다. 이에 그 진의(眞意)에 부심하던 충렬왕은 다시 500명의 공녀 요구에도 감히 거부할 생각을 하지 못하였다. 여기에서 원은 하류층의 여자뿐 아니라 지배층의 딸까지 모두 요구하고 있다. 당시 충렬왕은 원세조의 부마로서의 입지를 강화시키기 위해서라도 거절할 입장은 아니었다. 이를 이용하여 원은 고려에 많은 공녀를 요구했던 것이다.

이후 당분간 원에서 공녀를 요구한 기록은 보이지 않는다. 충렬왕이 둔전군으로 고려에 머물던 몽골군과 결혼한 고려 여인조차 그 진위 여부를 철저하게 조사하여 보내는 등 강경하게 대처한 탓도 있지만, 몽골로서도 이상 더 멸망한 남송의 군인을 위해 무리한 결혼 정책을 시행할 필요성을 느끼지 못했을 것이다.

이 같은 상황이 바뀌어 하층민의 딸에서 양인 이상의 지배층의 딸로 구성된 공녀를 뽑아 보내게 된 것은 제국대장공주에 의해서였다. 제국대장공주는 여·몽 전쟁기부터 고려 여자를 선호하는 지배층의 욕구를 잘 알고 있었다고

4_『元典章』 18, 戶部 4, 婚姻嫁娶聘財等第.

생각된다. 공주는 충렬왕 7년, 제1황후의 부고를 받고 원에 갈 때 공녀를 대동하기 위해 양가(良家) 처녀를 선발하였다. 양가 처녀라는 말 속에는 과부나 역적·승려의 딸이 아닌 최소한 양인 이상의 처녀였음을 의미한다. 제국대장공주가 공녀를 대동한 것은 원에서 자신의 입지를 구축하기 위해 원 황실이나 고관들에게 선물로 주기 위함이었을 것이다. 이후 공주가 다시 공녀를 선발한 것은 충렬왕 13년이었다. 이때 역시 공주는 공녀를 데리고 원에 가다가 함평부에서 반란이 일어나 길이 막혀 다시 돌아왔다. 이 시기의 반란은 내안의 난을 지칭한다.

이해 충렬왕 역시 원에서 돌아온 후, 관청에 보고한 이후에 결혼할 수 있도록 하여 공녀 차출에 대비하였다. 이제 국가가 백성들의 지극히 개인적인 결혼 문제까지 관여하게 되었다. 양가집 처녀를 공녀로 차출하는 데에 조정 관원들의 반발이 없을 수 없었다. 그러나 관원들은 공녀를 거부할 적극적인 방비책을 강구하는 것이 아니라 자기 딸만 안전하게 지키려는 소극적인 대처에 주력할 뿐이었다. 제국대장공주는 고려인의 반발을 의식하여 염승익을 내세워 공녀 차출을 시행하면서 몽골 사람인 공주(公主)의 사속인(私屬人, 怯怜口)인 인후에게 그를 감시하게 했다. 이때 홍규의 딸도 공녀에 뽑혔다고 한다. 홍규는 공녀로 보내지 않기 위해 딸의 머리를 깎았다가 제국대장공주에 의해 귀양 가고, 결국 그의 딸은 원나라 사신에게 빼앗겼다. 다음 기록을 보자.

> B. 공주가 이 소식을 듣고는 크게 화를 내어 홍규를 잡아 가두고 혹독한 고문을 하였으며 그 집 재산을 몰수하였다. 또 그 딸을 잡아 가두고 물어 보니 딸이 말하기를 "내가 스스로 잘랐습니다. 우리 아버지는 사실을 알지 못합니다"라고 하였다. 공주가 그를 땅바닥에 자빠뜨리고 쇠로 만든 매로 난타하게 하여 몸이 온전한 데가 없었다. …… 공주가 분이 아직도 풀리지 않아서 그의 딸을 원나라 사신 아고대(阿古大)에게 주었다(『고려사』 106, 홍규).

홍규 사건은 이전의 하층민에서 최소 양인 이상의 공녀 징발로 바뀜에 따른 지배층의 저항을 나타낸다. 아무리 원세조의 딸인 제국대장 공주의 명령이지만 이같이 지배층의 딸들까지 공녀를 차출하는 것에 불만의 소리가 나오지 않을 리가 없었다. 이들의 불만을 잠재우기 위한 특단의 조처가 필요했는데 이때 희생양이 된 인물이 홍규였다. 공주는 홍규가 딸을 공녀로 보내지 않기 위해 머리를 깎았다는 이유로 잡아 가두어 고문을 하고 재산을 몰수하였으며 그리고 그의 딸은 원 사신, 아고대에게 주었다. 이는 반역을 저지르지 않는 한 공신에 대한 예우가 아니었다.

홍규(홍문계)는 무신 정권의 마지막 인물인 임유무를 제거하는 데 결정적인 기여를 하여 출세한 인물이다. 그는 임유무와 처남 매부 사이로서 지극히 가까운 사이였으나 원종의 편에 서서 삼별초를 끌어들여 국왕에게 왕권이 돌아가게 했다. 그는 고려가 원의 부마국이 되고, 그가 이끌던 삼별초가 난을 일으킨 것을 보고 우부승선직을 사퇴하였다. 이어 원종은 추밀원부사로 임명하였으나 그는 다시 7개월 만에 사퇴하였다. 여기서 홍규는 국왕과의 갈등이 있었던 것 같다. 그는 지나치게 원에 밀착하려는 국왕의 정책에 그다지 적극적인 지지를 표명하지 않았고, 국왕 역시 무신집정자 임유무의 인척이었던 그를 공신이라는 이유로 예우하는 형식만 갖추었을 뿐, 크게 중용했던 것 같지는 않다.

따라서 딸을 공녀로 보내는 것을 거부한 홍규에게 징계를 가한 것은 평소 홍규에 대한 불만이 터져 나온 것으로서, 국왕과 공주의 합작품이었을 것이다. 충렬왕은 제국대장공주를 내세워 홍규를 처단함으로서 국왕의 정책에 반대하는 자들을 가차없이 징계하는 선례를 남기고자 했다. 홍규 사건을 계기로 일단 공녀로 뽑히면 종실, 고위 관리 등 누구의 자식인지를 막론하고 무조건 끌고 갔으며 그렇더라도 감히 왕실에 저항할 생각을 품지 못하게 되었다. 충렬왕은 공녀를 무기로 관리들을 위협하는 데 사용했으니, 즉 고려국왕이 공녀 차출을 왕권 강화에 이용했던 것이다.

홍규 이후 고려 관원들 중 자기 딸을 공녀로 보내는 것을 거부한 인물은 송분과 정인경 정도이다.[5] 제국대장공주는 원 세조의 딸로서 특권을 누리는 지배자의 위치에서 권력을 행사했을 뿐 자신도 여성이면서 공녀에 대한 어떤 연민도 없이 원 황실과 관원들의 요구에 맹목적으로 따랐다. 특히 원순제의 비가 된 기황후도 자신도 공녀 출신이면서 공녀를 대신들에게 주는 뇌물로 사용하였다.[6] 원의 요구뿐 아니라 고려국왕이나 원 공주의 정치적인 수단으로 더 많은 공녀가 차출되어 고려 여인들의 삶을 더욱 힘들게 하고 있었다.

2) 공녀의 현황

몽골에 바쳤던 여자를 공녀라고 부르지만 『고려사』, 『고려사절요』에는 처녀·동녀가 주로 쓰이고 있다. 원래의 공동녀(貢童女)나 공처녀(貢處女)를 줄여서 공녀(貢女)로 쓰여졌다고 판단된다. 고려 시대에 동녀는 동남과 더불어 순결함의 상징으로 받아들여졌다. 선종대에는 가뭄이 심하자 동남·동녀 각 여덟 명을 춤추게 하여 비 오기를 빌었으며, 희종대에는 최충헌이 저택을 지으면서 비밀리에 동남·동녀를 잡아 오색 옷을 입혀 집의 네 모퉁이에 묻어 토목의 기운을 누른다는 소문이 퍼진 적도 있었다. 이같이 동녀는 13~16세의 순수한 소녀로서 아직 여인으로서의 모습은 갖추지 못한 상태라고 볼 수 있다.

5_『고려사절요』 21, 충렬왕 18년 11월에는 전 찬성사 宋玢과 동지밀직사사 鄭仁卿을 섬으로 유배하였는데, 두 사람이 명을 여기고 자녀를 결혼시켰기 때문이라고 한다. 그러나 정인경 묘지명에는 "그때(충렬 16~18년 사이) 內宦으로서 임금의 총애를 받는 자가 통혼하기를 청하였을 때 공이 義로서 거절하였다. 이를 분하게 여겨 임금에게 호소하여 해직되게 하였다"(김용선, 『역주 고려묘지명집성』 하, 한림대학교출판부, 2001)고 되어 있다. 정인경은 딸을 환관에게 시집보내지 않기 위해 결혼을 시킨 것 같다. 그는 충렬왕 25년에 복직되었다.

6_李龍範, 「奇皇后의 冊立과 元代의 資政院」, 『역사학보』 17·18, 1962.

이 같은 어린 여자 아이를 부모의 품을 떠나 외국에 끌려가게 한 것은 비록 극소수라 하더라도 사회적인 파장이 클 수밖에 없는 문제였다. 더욱이 한 해도 거르지 않고 요란하게 민가를 뒤져서 수십 명씩 끌고갔다는 것은 고려민의 분노를 살 만한 문제였다. 특히 공녀는 일반 양인의 딸뿐 아니라 왕족이나 고위 관리의 딸도 포함됨으로서 더욱 사회적인 파장이 커졌던 것이다. 이에 대해 원은 조금도 고려 정부의 입장을 배려하지 않고 무지막지한 정복국의 태도를 견지하였다.

충렬왕과 제국대장공주가 동녀를 차출한 이후 이제 원에 동녀를 바치는 것이 정례화되었다. 이어서 충렬왕 33년에 충선왕은 13세에서 16세의 처녀들은 반드시 관청에 보고하여 허락받은 이후에 혼인하며 이를 위반한 자는 처벌하게 했다. 충렬왕 13년에도 같은 명(命)이 내려졌는데 이같이 다시 지시한 것은 명(命)이 제대로 지켜지지 않았음을 의미한다. 더욱이 양인층뿐 아니라 왕족이나 고관의 자녀도 개별적으로 원 관리와 혼인하는 형태로 끌려갔다. 그리하여 고려 왕족이면서도 딸을 강제로 원으로 시집보낸 후 슬픔에 겨워 병들어 죽은 경우도 보인다.

> C. 延祐(1314~1320) 至治(1321~1323) 연간에 왕족의 딸을 찾아 바치라는 황제의 명에 그의 딸이 뽑혀 지금 河南等處 行中書省左丞 室烈門에게 출가하여 靖安翁主로 봉해졌다. 이에 귀여워하던 딸이 멀리 가게되자 옹주가 근심하고 번민하다가 병이 생겼다(김용선, 『역주고려묘지명집성』「王昷처 壽寧翁主 金氏 묘지명」).

위의 글로 보아 몽골 황제는 의도적으로 고려 왕족의 딸을 요구한 것 같다. 1314년에서 1323년 사이라면 충숙왕대이긴 하지만 1320년까지는 친원적인 성향이 가장 강한 충선왕이 실질적인 권력을 장악하고 있을 시기이며, 또한 심왕과의 갈등, 입성책동으로 왕권이 가장 흔들리던 때이기도 했다. 원에 있으면서 충선왕도 적극적으로 공녀를 요구하였는데, 여기에 종실이라도 예외는 아니었다. 당시 심왕과의 갈등으로 자신의 지위가 위태로웠던 충숙왕은 이를 거절할 입장은 아니었다. 결국 수녕옹주는 딸을 그리워하다가 만나지 못하고 죽게 되었는데 왕족의 딸조차도 한번 원으로 출가하면 만나기가 어려웠던 모양이다.[7]

옹주가 죽은 뒤 바로 그해(1335) 12월에 이곡은 어사대를 통해 황제에게 상소문을 올려 그 폐해를 논하였다. 이로 보아 옹주의 죽음이 당시 사회에 큰 방향을 일으켰다고 판단된다.

고려는 충선왕부터 충숙왕대까지가 공녀 요구가 가장 빈번했던 시기였다. 이는 국내 정치의 혼란과 밀접한 관련이 있다고 판단된다. 즉, 충렬왕 30년 이후부터 충혜왕에 이르는 빈번한 입성책동, 심왕 고의 고려왕이 되기 위한 시도 등이 얽히면서 고려국왕은 자신의 지위를 보존하기 위한 한 방편으로서 망설임 없이 공녀를 바쳤던 것이다. 그러나 한편으로는 여몽의 혼인 관계가 일상화됨에 따라 왕실이나 관원 중에는 아무런 거부감 없이 혼인 관계를 맺는 경우도 있었고 심지어는 자신의 출세를 위해 스스로 딸을 공녀로 보내기를 자청하는 사람도 나오게 되었다.

D-1) 중랑장 簡有之를 원나라에 파견하였다. 평장 阿哈馬가 미녀를 구하였는데 弘圓寺 眞殿直 장인경이 그의 딸을 보내 줄 것을 요청하였기에 간유지가 데리고 갔다. 이에 장인경에게 낭장직을 주었다(『고려사』 29, 충렬왕 6년 4월 병술).

2) 황제가 參理 金深을 高麗都元帥로 삼고, 조서를 부원수로 삼았다. 그때 深의 딸이 황제를 모셔 총애를 받았으며, 瑞의 딸도 또한 뽑혀서 황제의 총애받는 신하에게 시집갔기 때문에 이렇게 제수한 것이다(『고려사절요』 23, 충선왕 원년(1309) 3월).

3) 공민왕 초에 福安府院君으로서 원나라로 가서 황태자에게 딸을 바치고 太府監 太

7_그러나 일부 공녀 중에서는 노모의 시양을 위해 고려로 돌아오거나 어머니를 원에 모셔간 경우도 있었다고 한다(장동익, 「원에 진출한 고려인」, 『元代麗史資料集』, 서울대출판부, 180쪽). 그러나 이는 아주 예외적인 경우였을 것이다.

監 벼슬을 얻었다(『고려사』 131, 열전 권겸).

4) 공민왕 때에 딸을 원나라 황제에게 주고 集縣殿學士의 벼슬을 얻었다(『고려사』 131, 열전, 노정).

장인경은 이미 충렬왕 6년, 원이 공녀를 요구한 지 얼마 되지 않은 시기에 딸을 원의 평장에게 보내고 낭장직을 제수받았다. 그런데 평장 아합마가 명족(名族)이 아니라고 거부하여 크게 망신당하여 많은 사람들의 조롱 대상이 되었다. 그러나 점차 세월이 갈수록 달라졌다. 그 같은 인물이 계속 나오게 된 것이다. 처음에는 원에서 고려 여자를 요구하였지만 고려가 자진해서 여자를 보낸 경우도 나타나며 특히 관리뿐 아니라 왕실에서도 딸을 바치고 있다. 이후 고려는 필요한 일이 있을 때마다 공녀를 이용하여 문제를 해결하는 고식책을 썼던 것이다.

이같이 고려 관원들이 원나라 황실과 관계를 맺기를 열망하게 된 원인은 몇몇 고려 여인이 원 황제의 사랑을 받으면서 고려 내부에서의 입지가 강해진 데에 있었는데 특히 기황후의 경우는 유명하다. 이로 인해 당시 부모들이 아들보다 딸 낳기를 중히 여기게 되는 시대적 분위기를 만들기도 했다. 그러나 그들이 딸을 바치고 원에서 벼슬을 얻었으나 크게 출세하지는 못하였다. 그들의 의도는 딸을 바쳐 원의 벼슬을 얻음으로서 이를 계기로 고려에서 출세하고자 한 데 있었다.

우선, 아무리 딸이 황제의 총애를 받는다고 해도 고려인이 원에서 출세하는 데는 한계가 있었다. 즉, 몽골인·색목인·한인·만인을 엄격히 분리해서 임용하는 강고한 원의 체제에 들어가서 고관으로 출세하는 일은 매우 어려웠으리라 추정된다. 기황후의 경우는 예외로 봐야 하겠지만, 원에서는 출신기반을 내세울 수 없는 고려 여인들의 발언권이 그다지 크지 않았다고 판단된다. 기황후 집안 또한 기철을 위시한 기씨 집안 인물들이 대부분 고려에 있으면서 권세를 쥐었을 뿐 원에 진출하여 크게 출세한 인물은 없었다. 기껏해야 고려와 가까운 요양성의 관원이나 정동행성의 관리가 되는 정도에 불과했다. 그러나 신분이 미천할 경우라도 딸을 매개로 출세할 수 있었다는 점에서, 공녀는 역관이나 환관의 경우처럼 신분제가 강고한 고려 사회의 또 하나의 변환 요소로 작용하였다. 이에 따라 원에 가서 출세한 고려 여인들은 원제국에 기생하여 권력을 향유하는 계층이 되어 고려 사회에 직접 영향력을 행사하기도 하였다.[8]

3. 고려 정부의 대응

1) 국왕의 대응

처음 충렬왕은 공녀 요구에 강하게 저항하며 그들의 횡포를 막기에 노력하였다. 다음은 충렬왕과 원의 갈등을 통해 고려의 자세를 엿볼 수 있다.

E-1) 그대 나라는 왕족들이 동성 간에 결혼하는데 이것은 무슨 이치인가. 이미 우리와 한 집안이 되었으니 마땅히 우리와 서로 통혼해야 할 것이다. 만일 그렇지 않다면 어찌 한 집안의 도리라고 하겠는가. 또 우리 태조 황제가 13개국을 정복할 때에 그 나라 왕들이 다투어 아름다운 여인, 좋은 말, 보화를 바친 것은 그대도 들었을 것이다(『고려사』 28, 충렬왕 원년 10월 경술).

8_『고려사절요』 23, 충선왕 원년 5월. "과거에 왕이 順妃를 들였는데, 뒤에 淑妃가 총애를 받으니, 순비의 딸이 황태자를 모시면서 숙비를 욕보이기를 꾀하므로 왕이 근심하였다." 공녀의 사례에 관한 내용은 장동익, 위의 책. 180-181쪽 참조

2) 왕이 황제를 방문하니 …… 왕에게 말하기를 "흔도와 홍다구가 황제에게 '鎭邊種田軍이 돌아올 때에 그 처자들이 모두 고려의 관청에 의하여 억류되었다'고 보고하였는데 정말 그러한가"라고 하니 왕이 대답하기를 "지난해 여름에 황제의 명령을 받고 귀국할 때에 관리를 파견하여 원수부와 더불어 元軍의 妻妾이라는 혼인 증명서를 검사하여 증명서 없는 사람들만 추려 낸 것이고 무단히 억류한 것은 아니다. …… 군인들의 처자 관계를 구별한 것이 불법이라면, 군사들로 하여금 양민의 자녀를 위협하여 강제로 결혼한 것은 법이라 할 수 있느냐"라고 하였다(『고려사』 29, 충렬왕 5년 정월 병인).

고려국왕과 몽골 공주와의 혼인이 이루어진 것은 원의 입장에서는 치열하게 저항했던 고려를 회유할 필요성 때문이지만 다른 한편으로는 동방 3왕가의 세력을 의식한 조처로서,[9] 고려를 원의 확실한 번병(藩屛)으로 붙잡아 두기 위해서였다. 원 세조로서는 동방 3왕가의 영향력이 고려에까지 미쳐 반독립적인 세력으로 자리 잡는 것을 경계해야 했기 때문이었다. 원은 충렬왕과 제국대장공주의 결혼 이후에 본격적으로 공녀를 요구하였다.

E-1)은 승자에게 일상적으로 행해지는 공녀 납부를 고려가 시행하지 않음을 질책하고 있다. 이에 고려는 동녀 열 명을 보냈는데 몽골 황제는 고려가 바친 여자 중에서 최전(崔甸), 최지수(崔之守)의 딸을 제외한 나머지 딸을 모두 돌려보냈다고 한다. 최지수는 기록에 나타나지 않으나 최전은 『고려사』 74, 선거지 과목 충렬왕 12년에 지공거가 되었다는 기록이 나온다. 이미 충렬왕 초기부터 양가처녀뿐 아니라 고관의 딸도 무차별적으로 공녀로 보내야 하는 조짐이 나타나고 있었다.

임유무를 제압하기 위해 원종이 몽골군과 함께 들어온 이후 고려에는 삼별초, 일본 정벌 등을 이유로 몽골군이 여전히 상주하고 있었다. 이제 고려가

9_이명미, 「고려·원 왕실통혼의 정치적 의미」, 『한국사론』 49, 2003, 49쪽.

몽골에 완전히 편입되어 저항이 없으리라 판단한 원 세조는 그들의 군대를 원으로 철수시켰다. 이때 고려에 들어와 있던 몽골군 중에는 고려 여자와 사는 경우가 많았던 것 같다. 이에 충렬왕은 정식으로 혼인한 경우가 아니면 고려 여자를 몽골에 데려가지 못하게 하여 원 세조의 귀에 들어갈 정도로 큰 문제가 되었다. 이에 세조는 자식이 있는 경우에는 고려 여자를 원으로 데려갈 수 있게 하도록 조처하였으니, 이제 황제가 국왕을 지명하는 문제뿐 아니라 고려 여인을 관리하는 국내 문제까지 기준을 제시할 정도로 내정에 깊숙이 관여하는 결과를 초래하였다. 공녀의 논란을 통해 원의 간섭이 더욱 구체적으로 이루어지고 있었다.

그러나 충렬왕의 공녀 차출에 대한 소극적인 태도는 동왕(同王) 13년에 원에 다녀온 이후 확연하게 달라졌다. 그는 그해 8월에 원세조의 생일을 축하하기 위해 갔는데 이때 공녀 차출의 압력을 받았던 것 같다. 이제 국왕 스스로가 명을 내려 "양가(良家) 처녀들은 먼저 관청에 보고한 후에 출가시킬 것이며 위반하는 자는 처벌할 것이다"라고 하여 공녀 차출을 위해 고려 처녀들의 결혼을 통제하였다. 이에 대한 파장을 막기 위해 홍규를 처벌하였음에도 충렬왕 18년에는 그의 측근인 전 찬성사 송분(宋玢)과 동지밀직사사 정인경(鄭仁卿)마저 몰래 결혼을 시켰다고 한다. 이로서 사회적인 파장과 관원들의 불만은 더 커질 수밖에 없어 제대로 시행하기 어렵게 되었다.

이에 국왕은 순마소(巡馬所)에 명하여 원나라에 바칠 양가의 처녀를 선발하게 하였다. 순마소란 반몽골 세력을 뿌리 뽑기 위해 몽골의 다루가치가 설치한 것으로서 밤마다 순찰하여 사람들이 밤에 통행하는 것을 금지하는 역할이 주요 임무였다. 친위 군사 조직인 순마소를 동원하여 공녀 차출을 반대하는 세력을 잠재우려 한 것은 그만큼 저항이 거세다는 것을 반증한다. 처음 고려의 관리들은 공녀뿐 아니라 원나라 관리와의 결혼도 부정적이었다. 그러나 그들은 자신의 딸만 빼내려는 개인적인 저항만을 했을 뿐 국가 차원에서 원의 공녀 요구에 대한 비판을 공식적으로 제기한 사람은 이곡이 유일하다. 그럼에도 고려국왕은 몽골과의 관계를 원활하게 하고자 할 때 공녀를 뇌물이나 사태 무마용으로 썼다.

> F-1) (계국대장)공주가 왕비 趙氏가 총애를 독차지함을 질투하여 매우 화가 나서 위구르(畏吾兒) 글자로 글을 써서 濶濶不花와 濶濶歹를 원나라에 보내어 태후에게 고하려고 하였다. …… 金(?)의 妻를 闊闊不花에게 주었으니 公主의 노여움을 풀기 위해서였다(『고려사』 89, 열전 후비 계국대장공주).
> 2) (충렬왕을 복위시키고) 발로올이 돌아가는데, 대장군 姜純의 딸을 아내로 삼게 했다(상동).

F-1)의 기록은 충선왕의 비 계국대장공주가 충선왕이 조인규의 딸 조씨(趙氏)가 총애를 독차지함을 질투하여 활활불화(濶濶不花)와 활활대(濶濶歹)를 원나라에 보내어 태후에게 고하려고 하자 이를 무마하기 위해 김수의 아내를 활활불화에게 주었으며, 2)는 충선왕을 내쫓고 충렬왕을 다시 복위시킨 데 대한 감사의 표시로 사신 발로올에게 대장군 강순의 딸을 주었다. 고려 내부에 국왕과 세자가 왕위다툼을 벌여 서로 공녀를 바쳐 원에 아부하는 상황이 벌어진 것이다.

충선왕은 아버지 충렬왕을 퇴위시키고 왕위에 올랐으나 무려 24년간 왕위에 있으면서 강고해진 충렬왕 측근 세력의 거부감을 이기지 못하고[10] 재위 8개월 만에 다시 물러났다. 이로부터 10년 후, 충렬왕이 늙고 병들어 다시 실권을 잡게 된 충선왕으로서는 믿을 곳이 원밖에 없다고 판단했던 것 같다. 다음은 『고려사절요』에 보이는 충선왕 즉위 초기의 상황이다.

10_김당택, 복위 과정을 통해 본 賤系 출신 관료와 '士族' 출신 관료의 정치적 갈등」, 『원 간섭하의 고려정치사』, 일조각, 1998, 40쪽. 물론 충선왕의 퇴위에는 옛 제도로 복구하려는 개혁 의지에 대한 원의 의구심이 전제되어 있음은 말할 필요도 없다. 이기남, 「충선왕의 개혁과 사림원의 설치」, 『역사학보』 52, 1971 참조

G-1) 충렬왕 33년 6월 동지밀직사사 진양필을 원나라에 보내어 처녀를 바쳤다. 원나라에서 보낸 사자가 와서 처녀를 요구하니 26명을 뽑아 바쳤다(『고려사절요』 23).

2) 충렬왕 33년 10월 임자에 원나라에서 宦者 및 典酒 李彦忠을 보내 처녀들을 선발하였다(상동).

3) 충렬왕 33년 11월 임오에 동지밀직사사 진양필을 원나라에 보내 처녀 여덟 명을 바쳤다. 무자일에 도첨의 참리 김심을 원나라에 보내 처녀 열여덟 명을 바쳤다(상동).

5) 충렬왕 34년 4월 황태후의 명으로 처녀를 뽑았다(상동).

6) 충선왕 원년 10월에 대호군 尹吉甫를 원나라에 보내어 처녀와 환관을 바쳤다(상동).

이미 충렬왕 33년 3월부터 충선왕은 실권을 장악하여 9월에는, 13~16세의 처녀는 반드시 신고한 후에 결혼하게 하는 제도를 만들었다. 충선왕 또한 자신의 지위를 확고히 하는 데에 원의 협조를 얻기 위해 공녀를 이용하려 했다고 판단된다. 그리하여 충선왕이 실권을 행사하는 충렬왕 33년 6월부터 11월까지 무려 다섯 차례나 공녀를 보내었으니, 공녀 문제는 충선왕 때 가장 심각했던 것이다. 뿐만 아니라 그가 상왕으로 연경에 있던 충숙왕 2년 2월에는 자신에게 공녀를 바치게 하기까지 했다. 충선왕이 실권을 빼앗기고 귀양 간 충숙왕 7년 12월 이후부터는 공녀의 요구가 다소 줄어들었다.

충목왕 3년 10월에도 두 차례 공녀를 바쳤는데 이는 정치도감에서 기삼만이 죽은 일을 무마하기 위해서였다. 원 간섭을 벗어나기에 애쓴 공민왕조차도 원이 덕흥군을 왕으로 세워 고려를 침략하여 자신의 입지가 불안해지자 공녀를 보내 사태를 무마하려 하였다.

이같이 고려의 역대 국왕들은 공녀를 왕위 보존, 원의 환심을 사기 위한 정치적 수단으로 이용하였다. 이는 원이 고려국왕을 한 나라의 통치자로서가 아니라 원(元) 제실(帝室)의 부마나 제왕(諸王)의 하나로 취급한 데도 하나의 원인으로 들 수 있을 것이다.[11] 원은 제왕의 분봉 폐지 또는 원 행성의 승상직 교체와 유사하게 고려의 왕위도 교체시켰기 때문이다. 다음 기록을 보자.

H-1) 태상왕이 金郊에서 왕의 전별연을 열었는데, 술이 얼근하게 될 무렵 사신 발로올이 황제의 명이라 하며 국왕의 인신을 빼앗아 逸壽王에게 주었다(『고려사』 31, 충렬왕 24년 5월 壬申).

2) 충숙왕 7년 10월에 원나라 황제가 (충선)왕을 형부에 가두었다가 얼마 후에 머리를 깎게 하고 石佛寺에 유치시켰다. 12월 무신에 황제가 왕을 吐蕃 撒思吉로 귀양 보냈다(『고려사』 34, 세가 충선왕 5년 3월).

3) 왕이 백관을 인솔하고 조서를 받으려 征東省으로 갔더니 타적 등이 왕을 발로 차고 결박하였다. 이때 왕이 황급하여 高원사를 부르니 고용보는 왕을 꾸짖었다. 타적 등이 왕을 잡아 말에 태워 가지고 갔으며 고용보를 시켜 국사를 정리케 하였다(『고려사』 36, 충혜왕 後 4년 11월 甲申; 『고려사』 22, 열전, 고용보).

충렬왕과 충선왕의 갈등으로 서로 다투어 원에 기댐으로서 고려국왕의 위상은 더욱 땅에 떨어졌나. 특히 충선왕은 스스로 황세의 외손임을 자부하면서도 술자리에서 왕위를 빼앗기고 원 정부에 의해 최초로 유배당하는 고려국왕이 되었다. 이 같은 상황은 충혜왕의 경우에 더욱 확연하게 드러난다. 아무리 황제의 사신이라 하더라도 일개 관원과 환관이 왕을 발로 차고 꾸짖는 것은 충혜왕을 한 나라의 국왕으로 예우하기보다는 원 황제의 신하로 대우했음을 보여 준다. 또한 조인규의 딸인 충선왕비 조비는 원에 끌려갔다가 원에서 다른 몽골 남자와 결혼하였는데[12] 이는 계국대장 공주의 압력에 의한 것으로 판단된다. 즉, 한 나라의 국왕이 관원에게 발로 차이고, 일국의 왕비가 원 공주에 의해 강제로 다른 남자와 혼인하였다는 것은 국가의 원칙이나 품위 등 정신적인 존재 기반이 완전히 무너졌음을 보여 주는 것이다.

11_森平雅彦, 「附馬高麗國王の成立 —元朝における高麗王の地位についての予備的考察—」, 『東洋學報』 79-4, 東京: 東洋協會學術調査部, 1988.

12_『동문선』 70, 記 趙貞肅公祠堂記; 민현구, 「조인규와 그의 가문」, 『진단학보』 42·43, 1976·77 참조.

이 같은 상황은 원 간섭을 벗어나기에 애쓴 공민왕조차도 예외가 아니었다. 공민왕은 이몽고대(李蒙古大)의 딸을 뽑아서 포 1,500필을 주어서 원나라에 시집보냈다. 이 시기는 원이 덕흥군을 고려왕으로 삼아 고려를 공격하려는 시기였으므로 이를 무마하기 위해 이몽고대의 딸을 원의 고관(高官)에게 보낸 것 같다. 기황후의 노여움을 풀기 위해서 였는데, 반원 운동을 벌여 원의 간섭을 배제하고 기철 등을 죽인 공민왕조차도 공녀를 제물로 사용하고 그 친척들에게는 벼슬을 주어 무마하려 했던 것이다. 이는 공민왕조차도 원의 지배를 완전히 벗어나기가 쉽지 않았음을 보여 준다.

2) 지식층의 대응

공녀 제도가 충렬왕 대부터 공민왕대까지 지속적으로 이루어진 것은 고려 지배층과 원과의 이해관계에서 비롯된 면도 있지만 원칙적으로는 원의 고려 저항을 견제하기 위한 인질적 성격을 내포하고 있었음은[13] 부인할 수 없다. 이는 고려가 원에 대해 끊임없이 저항할 의지를 가지고 있었음을 역으로 보여 주는 것이다. 처음 고려 관원들은 공녀뿐 아니라 원나라 관리와의 결혼도 부정적이었다. 그러나 자신의 딸만 빼내려는 개인적인 저항만 보일 뿐 국가 차원에서 공식적인 비판은 제대로 하지 못하였다. 오히려 상당수의 관원들이 출세를 위해 자신의 딸마저도 바치는 분위기가 형성되고 있었다. 이 과정에서 공녀에 대한 공식적인 비판은 이곡이 유일하다. 이곡이 상소문을 올릴 수 있었던 것은 그 자신이 친원적인 인물이었기에 오히려 가능했다고 추정된다.

13_喜蕾, 『元代高麗貢女制度研究』, 중국 북경: 民族出版社, 2003, 187쪽

당시 공녀의 문제점을 심각하게 고민한 인물로는 박유와 이곡, 안축 그리고 최해가 보이며 공녀를 긍정적으로 보는 인물로서 김찬이 있다. 이들의 글을 통해 고려 여인들을 공녀로 끌고 가는 데 대한 지배층의 입장을 살펴보자. 충렬왕 때의 대부경 박유(朴楡)는 빈번한 공녀 징발로 인한 고려 사회의 인구 감소를 우려하고 있다.

> I. 우리나라는 본래 남자가 적고 여자가 많은데 지금 신분의 고하를 물론하고 처를 하나 두는 데 그치고 있으며 아들이 없는 자까지도 감히 첩을 두려고 생각하지 않습니다. 그런데 외국 사람들이 우리나라에 와서는 인원수 제한도 없이 장가를 드는데 이대로 두었다가는 사람들이 모두 북쪽으로 몰려가게 될까 두렵습니다(『고려사』 106, 열전 박유).

박유는 원이 공녀를 요구하는 것은 오랫동안의 전쟁으로 줄어든 인구를 보완하기 위해 여자를 요구한다고 판단하고 있는 듯하다. 박유는 고려 여인들이 외국에 끌려가는 고통과 약소국의 설움보다는 인구 감소가 국력 감소로 이어질 것을 우려하고 있다. 그런 그가 내놓을 수 있는 방책은 당연히 고려도 일부다처제를 도입하자는 것이었다. 이는 부녀자들의 분노를 사게 되어 무위로 끝났지만 당시 고려 지식층의 인식을 보여 준다고 생각된다. 이어서 최해는 수녕옹주 비문을 통해 공녀의 문제점을 거론하였다.

> J. 동방의 자녀들이 뽑혀 서쪽으로 들어가는 것이 건너뛰는 해가 없었다. 비록 귀한 왕실의 친족이라도 숨기지 못하며, 모녀가 한번 이별하면 아득하게 만날 기약이 없었다. 슬픔이 골수에 사무쳐 병이 들게 되어 세상을 떠나는 자도 한두 명에 그치지 않았으니 세상에 이보다 더한 원통한 일이 있겠는가(김용선, 『역주고려묘지명집성』, 「王昷처 壽寧翁主 金氏 묘지명」).

최해는 최치원의 후손으로서 16세에 국자감시 합격, 17세에 예부시 합격하고 34세(충숙왕 7년, 1320)에는 원 제과에 합격한 재원이었으나 크게 승진은 하지 못하고 부침이 심하다가 44세에 은퇴하여 시작(詩作)에만 몰두하였다. 그는 비문을 통해 공녀제도를 강력히 비판하고 있다.

안축은 그의 시 「왕소군」에서 "장차 이 몸은 오랑캐와 함께 늙을 것이니 / 오직 고운 얼굴이 빨리 늙지 않을까 걱정이네"라고 하였다.[14] 한대(漢代)에 흉노에 끌려갔던 왕소군을 공녀의 처지에 비유하여 현실의 고통을 잊기 위해 세월이 흘러가기만 고대하는 공녀의 마음을 표현하였다. 그는 같은 시기의 다른 문인에 비해 반원 인식이 확실하게 보인다. 그는 죽도시(竹島詩)에서 "장군들은 회유책을 잃고 / 간사한 관리들은 일을 그르쳤네 / 三戶 자손 가운데 그 누가 이 치욕을 씻으리 / 오랜 세월이 지났건만 백골은 아직 원한을 품고 있네"[15]라고 하여 조휘 탁청의 고사를 들어 단지 두 인물의 반역의 비판에 그치지 않고 원에 대한 반감도 함께 읊고 있다. 그는 원 간섭기 문인 중 그 의식이 원 중심 세계주의에 함몰되지 않은 흔치 않은 인물의 하나이다.

이곡은 원의 제과(制科)에 합격하여 관리가 되는 등 원의 관리들과도 밀접한 관계를 맺었던 인물로서 최해와 마찬가지로 고려가 원의 간섭을 받는 것을 어쩔 수 없는 대세로 수용하는 입장을 가지고 있었다. 그러나 그는 원에 고려의 실정을 하소연하여 공녀 제도를 폐지하려고 노력하였다. 그는 고려의 풍속은 중국과 달리 전통적으로 딸이 부모를 모심을 강조하였다. 즉, 고려의 풍속은 부모가 딸과 같이 사는 것이며 부모를 모시는 것은 딸의 임무이므로 공녀로 끌고 감이 부당하다고 하였다.

즉, 원에서 사신이 파견되면 사신들이 직접 마을에 나가 개개인의 집을 다 뒤졌다고 한다. 이 같은 공녀 선발은 몽골 관원이 직접 선발한 것으로 보이지

14_安軸, 王昭君, 『동문선』 6권, 七言古詩. "…… 將身已與胡兒老 唯恐紅顔凋不早 ……"
15_『고려명현집』 437, 竹島詩.

만『고려사』에는 다양한 선발 모습이 보인다. 즉, 순군, 홀치, 혹은 순마소에서 공녀를 색출하는 경우, 원의 환관과 관원이 직접 선발하거나 심지어는 국왕이 직접 선발하는 경우도 있었다.[16]

여기에서 이곡은 공녀를 황제의 명령을 받지 않은 관원들도 요구하며, 또 뇌물의 다소에 따라 공녀로 뽑혀 가는 대상이 달라짐을 밝혀 공녀 폐해보다 뽑는 과정상의 문제점을 지적하고 있다. 그는 사신들의 뇌물을 받고 전횡하는 문제와 더불어 원이 1년에 한두 번이나 혹은 2년에 한 번씩, 많을 때는 40~50명씩 끌고 가면서 혼인을 법으로 금지시키고 사신들이 민가를 뒤지는 무례함을 수시로 벌이는 상황을 설명하였다. 많은 수가 아니더라도 요란하게 민간을 뒤지는 것은 원이 공녀를 통해 고려민의 기를 죽이는 계기로 삼았던 것은 확실한 것 같다. 이와 반대로 공녀에 대한 긍정적인 글이 있어 눈에 띈다. 다음은 김찬(金贊)의 시이다.

> 사해가 모두 따라서 한 집이 되니 / 칙명으로 동토에서 궁녀를 바치라 한다 /
> 워낙 규중에 은밀히 감추었던 몸이라 /더구나 관에서 선발할 제 여러 눈 어이 거칠꼬 /
> 시름겨운 두 눈썹은 내리깐 채 푸르고 / 억지로 쳐든 얼굴 부끄러워 홍당무 /
> …… 아들 낳아 기러기 중천에 솟 듯하고 / 후비도 되어 봉황의 울음에 화합하리 /
> 하물며 지금은 황녀께서 하가 하니 / 피차에 황손들이라 남이 아니리
>
> _「童女詩」,『동문선』권18.

16_『고려사』 30, 충렬왕 13년 9월 巡軍 홀치(忽赤) 등으로 하여금 각 가정을 수색하게 하였다;『고려사절요』 22, 충렬왕 24년 정월 巡馬所에 명하여 원에 바칠 양가의 처녀를 선발하게 했다;『고려사』 32, 충렬왕 33년 10월 임자 원에서 宦者 및 典酒 李彦忠을 보내 처녀들을 선발하였다;『고려사』 34, 충숙왕 4년(1317) 정월 무오에 왕이 營王(충숙왕의 비 亦憐眞八剌 공주의 아버지)의 청으로 친히 동녀를 선발하였다.

김찬은 김통정의 조카로서 삼별초의 난이 일어났을 때 탐라에 가서 김통정에게 항복할 것을 설득한 적이 있었다. 그는 반란군 괴수의 조카라는 점 때문에 크게 출세하기는 어려웠을 것으로 보이나 종3품 대호군까지 역임하였다. 그가 이만한 지위에 오르기 위해서는 더 많은 노력으로 당시 체제에 무조건 순응하는 자세를 보였기 때문일 것이다.

김찬은 공녀로 가서 후비가 되어 황제의 자식을 낳는 것은 영광스러운 일로서 원의 공주가 고려왕과 결혼하는 것과 같은 의미로 비유하고 있다. 원 공주는 고려왕의 제1비로 오지만 고려 공녀가 원에 가서 황제의 눈에 들어 출세하기는 거의 불가능하다고 할 정도로 어려운 일인데, 특수한 예를 들어 공녀를 합리화하고 있다. 그런데 기황후 등 이 같은 상황에 맞게 몇몇 출세한 인물들이 나타남으로서 원에 가서 힘들게 사는 공녀의 문제점과 폐단에 대한 비판이 무뎌지게 하는 결과를 가져왔다. 고려의 관원들은 한마음으로 원에 공녀 제도를 거부하지 못했고 오히려 이를 찬성하는 관원까지 등장하였던 것이다. 이로서 공녀 제도는 고려왕조가 멸망할 때까지 간헐적으로 지속되었을 뿐 아니라 원에 이어 명도 요구하여 조선 초기까지 지속되었다.

4. 맺음말

원 간섭기에 들어서면서 고려 백성들에게 직접적인 충격을 준 사건은 공녀 차출이었다. 이는 고려가 남의 나라에 자기 백성을 제물로 삼는 것이기 때문에 그 파장은 클 수밖에 없었다. 처음 원이 공녀를 요구하게 된 것은 남송 군인들을 위해 하류층의 여자를 구하였는데 얼마 되지 않아 양인 이상의 동녀로 바뀌게 되었다. 처음 원이 공녀를 요구한 목적은 승전국으로서 자기과시와 고려인을 무력하게 만들려는 의도로 보이는데, 이것이 일상화된 것은 제국대장공주와 충렬왕에 의해서였다. 이어서 충선왕은 원에 바치는 공녀는 13~16세까지라고 하여 나이까지 명확히 하였다. 아직 어린아이에 불과한 동녀를 해마다 바치게 됨으로서 고려민의 국가에 대한 부정적인 인식은 높아졌다.

고려는 과부처녀추고별감, 결혼도감 등을 설치하여 공녀를 뽑았다. 이곡 상소문에 의하면 주로 한밤에 수색하여 처녀를 끌고 간다고 했다. 이 사실은 공녀 제도에 대한 거부감으로 딸들을 빼돌리거나 숨기는 일이 빈번했으므로 정부로서는 밤중에 기습적으로 각 가정을 조사할 수밖에 없었음을 보여 준다. 원과 강화를 맺어 원 간섭기에 들어선 지 80여 년이 지난 시기에도 여전히 이같이 강압적으로 시행되었다는 것은, 공녀 제도는 고려민이 도저히 받아들일 수 없는 충격적이고 굴욕적인 일이었기 때문이다.

특히 원 간섭기 고려국왕은 공녀를 왕권을 확립하거나 원의 환심을 사려할 때 정치적 목적으로 이용하였으므로 관리들도 일부러 자신의 딸을 원에 바치는 경우도 나타났다.

공녀에 대한 비판으로 이곡·안축·최해 등을 들 수 있으며 김찬은 공녀 제도를 찬양하는 글귀를 남겨 친원파의 전형을 보여 준다. 특히 이곡은 원에 상소문을 올려 공녀의 폐해를 거론하여 간곡하게 금지해 줄 것을 요청하였으나 무위로 돌아갔다. 고려국왕은 공녀를 원 고관들에 뇌물로 사용함으로서 스스로의 위상을 낮추었고 원 황제나 관원 또한 예쁜 고려 여자들을 바친다는 데 마다할 리가 없었다. 공녀의 폐해는 공녀로 그치지 않고 고려민의 마음을 피폐하게 하여 고려 정부에 대한 믿음을 상실하게 하였다. 이 같은 상황은 고려인의 자부심을 꺾고 피폐하게 만들어 원 간섭기를 벗어나서도 쉽게 회복되지 못하였고 원에 이어 명도 공녀를 요구하는 단서를 제공하였다.

| 2부 |

동아시아 경제 교류의 역사적 실상

11장

고려 시대 송상 왕래 연구 서설*

이진한

1. 머리말

고려 시대에 송상의 왕래가 많았다는 것은 잘 알려져 있다. 그러한 사실은 『고려사』와 『고려사절요』에 기록된 다수의 송상 내헌(來獻) 기사를 통해 확인된다.[1] 그리고 직접 송상이 왔다고 하는 기사 이외에도 고려와 송의 교류와

* 필자는 고려 시대 송상 왕래 연구라는 책을 준비 중에 있으며, 이와 관련하여 다음과 같은 논문을 발표하였다. 「高麗前期 對外貿易과 그 政策」, 『韓國硏究センター年報』 5, 2005; 「高麗時代 宋商 貿易의 再照明」, 『歷史敎育』 104, 2007; 「高麗時代における宋商の往來と麗宋外交」, 『年報 朝鮮學』 12, 2009; 「高麗時代における宋人の來投と宋商の往來」, 『年報 朝鮮學』 13, 2010.
이 글은 이 책의 서론에 해당되는 것으로 2~5장은 기 발표된 것을 새롭게 정리하였고, 6장은 차후 서술할 것을 간단히 요약하였다. 한편 각주를 최소화한다는 편집 방침에 따라 설명이 필요한 것을 제외하고, 전거나 참고 논문을 각주로 인용하지 않았는데, 실제 책이 발간될 때는 정확하게 제시할 것이다. 이 점 여러 선학들의 양해를 바란다.

1_고려 시대에 많은 송상이 왕래하였다는 것은 1930년부터 주목을 받아 연구되었고, 최근까지 송상의 내헌 기사를 근거로 무역이 활발하였다는 주장은 계속되고 있다.

관련된 기록의 내용을 분석해 보면 송상이 왔다고 이해할 만한 자료들이 적지 않아서, 최근 필자는 기존에 알려지지 않은 상당수의 새로운 송상의 왕래의 증거를 찾아냈다. 그것은 그동안 알고 있던 것보다 더 많이 왔다는 것을 증명한 것이지만, 송상의 잦은 왕래가 있었다고 해서 고려의 무역이 매우 활발했다는 통설을 획기적으로 바꾸는 것은 아니다.

그런데 고려 시대의 송상 왕래는 이러한 빈도의 차이를 넘어서, 매년 송상이 고려에 왕래하였고, 그들이 예성항과 개경에 장기간 머물며 무역을 하다가 돌아갔던 것 같다. 만약 이 가정이 사실이라고 한다면 고려의 무역은 다음과 같은 몇 가지 점에서 완전히 새롭게 해석되어야 할 것이다.

첫째, 고려 시대에 송상이 매년 왔다면 고려의 무역상은 언제나 송상과 교환한 물품을 준비할 것이고, 상인이 아니더라도 개경의 객관이나 예성항에 머물고 있는 송상을 찾아가 원하는 물품을 살 수 있었을 것이다. 고려인들의 송상과의 교역은 필연인 셈이다. 반면에, 송상이 불규칙하게 고려를 왕래할 때 이루어지는 무역은 우연적일 수밖에 없다. 고려 상인은 송상 왕래를 예측하지 못하기 때문에 그들과의 무역에 대비하기 어렵고, 보통 사람들도 운 좋게 송상이 왔을 때 해외의 진보(珍寶)를 사들일 수 있을 뿐이다. 이러한 상황에서 사치 풍조는 없다.

둘째, 송상의 정기적인 왕래는 서해 지역의 상업과 무역에도 큰 영향을 미쳤을 것이다. 『고려도경』에 서긍의 배는 서해를 횡단한 후 군산도, 마도 등에서 정박하여 물과 음식을 제공받고 휴식을 하였다. 송상들도 비슷한 여정을 거쳤을 것이다. 다만 사신이 아니었기 때문에 필요한 것을 얻기 위해 가져온 물품을 고려인들과 교역하였을 것이다. 송상이 매년 2회 이상 규칙적으로 왕래했다면, 그들의 주요 정박지는 정기적인 교역장이 되었을 것이다. 그렇지 않았다면 교역이 이루어져도 계획 없는 단순한 교환만이 있었을 것이고, 송상과의 교역을 통한 지방 상업의 발전을 생각하기 어렵다.[2]

셋째, 송상의 왕래가 매우 잦았고, 송상이 교대되면서 늘 고려에서 무역을 하였다면 송상의 고려 무역을 사헌무역(私獻貿易)이라는 독특한 형식으로 규정하던 것도 바뀌어야 한다. 이 견해는 송상이 가끔 고려를 찾아오고 주로 국왕을 만나 무역을 했다는 전제가 있다. 즉, 송상이 고려에 와서 최대 교역 상대인 국왕에게 헌상과 하사 형식의 무역을 하고 오래지 않아 송으로 귀국하는 것은 말 그대로 송상이 사헌무역을 위해 고려에 왔다고 해야 할 것이다. 그러나 송상이 고려국왕에게 바쳤던 것은 주로 진보였으며, 그 후 오랜 기간 머물며 교역을 하다가 떠났고 다른 송상이 또 왔다. 이처럼 송상이 자주 고려를 왕래했고 항상 고려에 송상이 있었다면, 송상의 고려국왕에 대한 사헌은 부차적이고 말 그대로 무역의 편의를 승인받기 위한 절차에 불과할 것이다. 그러므로 송상의 잦은 왕래는 사헌의 의미를 줄어들게 할 것이며, 개경과 예성항에서 송상이 거의 상주(常住)하며 무역했다고 할 경우, 왕실과 관청의 무역이 송상 전체 무역 가운데 차지하는 비중은 작아질 것이다.

넷째, 송상의 왕래는 고려와 송 간의 인적·물적 교류를 이해하는 데도 영향을 끼칠 것이다. 매년 송상이 고려와 송을 왕래했다면, 양국 사람들은 원하는 때에 언제든지 송상의 배를 이용하여 상대방의 나라로 갈 수 있었고, 불교와 예술 등의 문물 교류 역시 거의 '실시간' 전파가 가능하였을 것이다. 고려와 송 사이에 서해가 교통의 장애가 되었지만, 송상의 배로는 송의 명주에서 고려 예성항까지는 16일 남짓 걸리기 때문에,[3] 송 명주와 고려 예성항까지의

2_서긍이 예성항을 출발하여 송으로 귀국할 때 풍랑으로 자연도에서 6박, 군산도에서 14박, 6박을 하였던 것과 같이(『고려도경』 권39, 해도 6) 송상에게도 그러한 일이 있었을 것이며, 그들이 매년 수차례씩 서해안의 섬을 지나갔다면 송상의 정박지를 중심으로 활약하는 상인들은 송상과 교역 기회를 자주 가질 수 있었을 뿐 아니라 그들에게 필요한 식수와 음식을 제공하고 송상의 물품을 받는 방식으로 이익을 남길 수 있었을 것이다.

3_서긍이 고려에 올 때는 명주 정해현에서 바다로 나와 예성항까지 16일 정도 소요되었고, 예성항을 출발하여 송으로 귀국할 때는 42일 만에 도착하였는데, 풍랑으로 배가 움직이지 못한 날이 26일이었으므로 순수하게 항해한 날은 16일이다(조동원 외, 「『선화봉사고려도경』 해제」, 『역주 고려도경』, 황소자리, 2005, 16-18쪽). 다른 송상의 배가 고려에 오는 데 소요되는 시간도 대체로

시간적 거리는 바다나 강에서 떨어진 송의 내륙보다 가까운 것이다. 특히 남송대에는 송의 수도인 임안(臨安)과 명주는 매우 가까워서 선진 문물이 고려에 들어오기 좋은 조건이었고, 그것이 송상을 통해 고려에 전달되었다.

이렇듯 고려 시대 송상의 왕래는 그것이 매년 정기적으로 이루어졌는지, 그렇지 않았는지에 따라 고려의 대외무역과 국내 상업의 성격 및 고려와 송의 인적·물적 교류에 대한 이해가 크게 달라지는 중요한 문제였지만, 송상이 많이 와서 고려의 대외무역이 활발했다는 수준에 그치고 있다.

따라서 이 글은 송상의 왕래와 관련된 다양한 분야의 기사를 정밀하게 분석하여 궁극적으로 송상이 거의 매년 고려에 왔었다는 사실을 밝히고자 한다. 그것을 위해 먼저 고려의 대외무역정책을 검토하여 고려 초에 활발하던 대중국 무역이 성종대 이후 크게 위축되었으며, 결국 고려의 대외무역이 송상에 의존해 가는 과정을 설명할 것이다. 고려는 농업 사회를 지향하였을 뿐 아니라 대외무역으로 성장한 왕건과 같은 지방 세력가가 등장하는 것을 막기 위해 성종대 이후 고려인의 대외무역을 금지하였으며, 거란의 압력을 받아 대송 외교가 단절되면서 고려인의 해상무역이 존립 기반을 완전히 잃어버렸다. 반면에, 송은 대외무역을 장려하였기 때문에 서해를 오가던 고려 해상의 빈자리를 송상이 채우면서 마침내 그들이 서해 무역을 독점하게 되었던 것이다.

다음으로 고려 시대 주로 송상이라는 표현이 있는 기사를 집중적으로 고찰하였는데, 송상의 내헌 기사를 중심으로 왕래 횟수를 따졌던 것보다 훨씬 많은 송상이 고려에 왔던 것은 송상의 무역이 더욱 활성화되었음을 뜻하는 것이다. 이어 송 사신의 고려 방문이 송상의 도움을 받았으며, 송에 표류한 고려인이 고려에 송환되거나 몽골군에서 탈출하여 고려에 망명하고 송인이

이와 유사했을 것이다.

귀국하는 과정이 모두 송상의 배편을 이용했다는 것을 통해 고려와 송의 외교 및 양국의 표류민, 포로 송환이 결국 송상의 왕래를 알려 주는 간접 증거임을 설명할 것이다. 아울러 송인들이 고려에 내투한 사례가 많은데, 그들이 송상의 배를 타고 왔으며 송상의 내헌 기사와 비교할 때 서로 다른 해라는 점에서 약간의 사례를 제외하고 송인의 내투는 대체로 더 많은 송상의 왕래와 관련된다는 사실을 서술할 것이다.

마지막으로 실제 사례를 들며 고려 시대에 송상의 왕래가 많았다는 것을 증명한다고 해도, 여전히 송상이 오랫동안 오지 않았던 공백기를 완전히 채울 수 없으므로 그 한계를 넘어서기 위해, 송상의 왕래가 적어도 1년에 한 번 이상 있었을 개연성을 보여 주거나 규정이나 기록을 분석할 것이다. 정종대(靖宗代)에는 매년 팔관회에 송상이 참여하는 것을 상례로 했다는 『고려사』의 기록과, 문종대에는 고려에 가는 배가 1년에 두 척이었으며, 원종대에는 1년에 두 척의 배가 왕복했다는 중국의 기록은 송이 건국 이후 멸망의 시기까지 특별한 사정이 없는 한 1년에 1회 이상 송상이 고려를 왕래하였음을 말해 주는 것이다. 이와 같이 오랫동안 꾸준하게 정기적으로 송상의 왕래가 있었다면, 고려 시대 송상 무역의 성격이나 구조는 전혀 다르게 이해해야만 할 것이다.

2. 고려 초 대외무역정책의 변화와 송상의 왕래[4]

고려 시대에 예성항은 개경의 관문으로서 송을 비롯한 외국의 배가 와서 무역하는 곳이었다. 그러한 사실은 1930년대 고려 시대의 해상무역에 관한

4_이 장의 내용은 다음의 논문에서 자세히 서술되었다. 李鎭漢, 「高麗前期 對外貿易과 그 政策」, 『韓國研究センター 年報』 5, 2005.

선구적인 업적에서 제시된 이래 사적 유물론의 입장에서 고려 시대사를 기술한 백남운도 송나라 배가 남송이 멸망하기까지 거의 300여 년에 걸쳐 끊임없이 개경의 관문인 예성항을 방문했다는 점을 강조하였고, 민족주의 사학자인 안재홍은 조선의 폐쇄성에 대비되는 고려의 개방성의 예로써 예성항 무역을 들었다. 그리고 한국사 개설서와 중·고등학교 교과서에는 고려 시대 예성항 무역이 발달되어 멀리는 아라비아 상인도 찾아왔다고 서술되기도 하였다.

특히 예성항에 왔던 아라비아 상인들이 거의 전시기에 걸쳐 자주 왔던 것처럼 서술한 것은 사실과 다르다. 그들이 고려에 많이 왔다는 근거의 하나는 무신 정권기 이규보가 지은 「또 누각 위에서 조수(潮水)를 보며 동료 김군에게 주다」는 시에서[5] "배가 꼬리와 머리를 물어 서로 잇대었다"라거나 "한낮이 못되어 남만(南蠻) 하늘에 도착한다"는 표현이었다. 그러나 대식국의 상인이 왔다는 기록은 현종대에서 정종초에 세 차례일 뿐이고, 회회인이 등장하는 것은 원 간섭기이므로 11세기에서 12세기 사이에 대식의 상인이 고려에 자주 왔을 가능성은 거의 없다. 따라서 그 시의 문제되는 부분을 정밀하게 분석하고 올바른 의미를 찾아서 고려의 해상무역에 대한 정확한 실체를 파악하고자 한다.

다음으로 고려인의 해외무역에 대한 오해를 바로잡아야 할 것이다. 논란의 여지가 있는 사료를 이용하여 멀리 대식국의 상인들이 자주 왔다고 한 것처럼 고려인들의 해외무역도 약간은 과장된 듯하다. 고려 초인 934년 7월과 10월에 고려의 배가 중국에 가서 무역했다는 기록이 있고, 982년에 최승로가 교빙(交聘)의 사절에게 무역을 겸하여 행하게 하고 그 나머지는 모두 금하자는 건의를 통해서도 그 이전에 고려의 해상이 송에 다녔음을 확인할 수 있다.

게다가 고려의 해선이 자주 명주·등주에 표착했다는 기사가 『송사』 「고

5_김상기가 이 시를 해상무역에 활용한 이후, 북한의 학자와 최근의 연구자들도 같은 방식으로 이용하고 있다.

려전」에 실려 있다는 것과, 남송 말경에 이르러 명주 지방에서는 다른 외국 선박에 대해서는 15분의 1을 입구세(入口稅)로 징수했지만 고려의 상선에 대해서는 19분의 1을 세율로 하였다는 기사는 고려 해상의 활동이 후대까지 오랫동안 진행되었다는 증거라고 하였다. 하지만 해선은 반드시 해상무역상만이 이용하는 것은 아니며, 남송대 명주에 왔던 고려 상인은 고려의 국적을 얻은 송상일 수도 있다. 후자의 사례로는 『고려사』에는 송상으로 기록되었지만, 송대의 기록에는 고려 강수로 기록된 서덕영 등이 있다.[6] 그러므로 성종대 이후 고려인들의 해외무역에 관한 기록은 전면적으로 재검토하여 사실 관계를 확인해야 할 것이다. 고려는 요 및 금과의 국경 무역에 대해서도 원칙적으로 허락하지 않았고, 그것은 해상무역도 마찬가지이다.

이처럼 고려인들의 해외무역이 위축된 반면에 송상의 활동은 더욱 활발해져 갔는데, 그 계기는 고려의 국내적인 요인과 대외적인 요인이 혼재되어 있는 것 같다. 982년에 최승로는 "고려 태조가 정을 오로지 사대하는 데 두었다고 해도 수년에 한 번 사신을 보내 교빙의 예를 닦았을 뿐이었는데, 지금은 교빙 사절뿐 아니라 인하여 무역까지 하니 사신이 번거롭고 많아서 중국에서 천하게 여기는 바가 될 것입니다. 또 왕래로 인하여 배가 부서져 운명하는 사람도 많습니다. 청컨대 지금부터는 그 교빙하는 사신편에 겸하여 무역을 행하고 그 나머지 수시로 매매하는 것은 일체 금지하십시오"라고 하였다. 이 건

6_송대에 기록된 고려 상인은 고려 초에 송에 오던 고려 사람뿐 아니라 고려를 왕래하던 송상을 뜻한다. 예를 들어 서덕영(徐德英)은 송대 자료에 고려국 강수(綱首)였다고 하는데(『建炎以來繫年要錄』 권198, 紹興 三十有二年 閏二月) 『고려사』에는 송 도강으로 나타난다(『高麗史』 권17, 「世家」 毅宗 3년 추7월). 두 사람이 같은 인물이 분명하므로 송의 정부가 고려를 왕래하는 상인을 고려국 강수라고 하였던 것이다. 한편 송상으로 고려에 와서 투화하고도 계속 왕래하는 자들도 있었는데(李鎭漢, 「高麗時代における宋人の來投と宋商の往來」, 『年報 朝鮮學』 13, 2010) 송 지방정부는 이들도 고려인으로 인식하였을 것이다. 그것은 일본 博多에 거주하며 일본과 송을 왕래하는 宋商을 博多綱首라고 한 것과 같다(榎本涉, 「宋代日本商人の再檢討」, 『東アジア海域と日中交涉: 九~十四世紀』, 吉川弘文館, 2007).

의의 뜻은 사신간의 왕래 기회에 이루어지는 관무역(官貿易)이나 사신이 개인 자격으로 하는 교역인 부대무역(附帶貿易) 외에는 어떠한 형태의 무역도 금지시키자고 하는 것이다.

최승로는 그동안 교빙 사절과 무역 사절이 따로 송에 가서 무역을 할 수 있었던 것을 사신이 가는 편에 무역을 하는 것만 허용하고자 하였다. 그의 건의가 받아들여졌다면, 진봉이나 하례를 위한 공식 사절이 파견될 때 겸행무역만을 하게 되므로 일반 무역 또는 사무역은 크게 위축되고 공무역 중심으로 전환하였을 것이다.

그렇다고 해도 고려의 사신이 중국에 가기 위해서는 고려 해상의 도움을 받아야 서해를 건널 수 있었기 때문에 송과의 외교가 지속되는 한 고려의 해상들도 일정하게 무역에 참여하여 사행의 주체인 왕실이나 사신들과 더불어 이익을 공유할 수 있었다. 그런데 거란과의 1차 전쟁을 치른 이후 거란의 압력에 의해 고려와 송의 외교가 단절되었다. 대신에 994년부터 고려는 거란의 연호를 사용하기 시작하고 같은 해 4월에 시중 박양유(朴良柔)가 표를 받들고 거란에 가서 거란의 정삭(正朔)을 행하고 있다는 것을 알렸다. 이후 고려 초에 활발하게 서해를 오가며 송과 무역하던 고려 해상들은 성종 초에 외교와 무역을 겸하는 방식으로 전환하고 성종 말에 송을 대신하여 거란을 사대의 대상으로 삼게 되면서 사실상 합법적인 대송 무역은 불가능하게 되었다.

그리고 그것은 송상이 고려에 많이 오게 되는 계기를 마련해 준 것 같다. 고려와 송의 단교로 인해 고려의 대송 무역이 위축되었으나 고려의 송 무역품에 대한 수요는 여전하였다. 최승로가 상서문의 다른 곳에서 "서인(庶人)은 토산이 아닌 문채 있는 옷을 입지 못하도록 할 것과, 거마(車馬)와 의복의 제도는 토풍대로 할 것"을 주장한 것도 자신의 무역에 대한 규제가 실현될 경우에 송의 물산이 들어오지 못하는 데 따른 영향을 줄이고자 했던 것이었다. 그런 점에서 고려와 송의 외교가 중단된 이후에도 송과의 무역은 여전히 이루어져야 했고, 고려 해상들이 줄어들자 상대적으로 송상의 고려 왕래가 활발해져 갔다.

송의 개국 이후 고려를 왕래하던 송상이 현종대 이후 더욱 늘어난 것은 고려의 이러한 해상무역정책과 대외 관계의 변화 때문이었다. 시간이 흐를수록 송에 가는 고려의 상인은 적어졌고, 반대로 고려에 오는 송상의 수는 점점 많아졌다. 마침내 11세기 중엽에는 송상이 고려와 송 간의 해상무역을 완전히 주도하기 이르렀다고 생각된다.

1058년 8월에 문종이 탐라와 영암의 목재를 벌채하여 큰 배를 만들어 송과 통교하려 하였을 때 내사문하성이 거란과의 분쟁이 생길 것이라는 외교적인 이유와 더불어 "하물며 우리나라에는 문물과 예악이 행한 지 이미 오래되었으며 상박(商舶)이 연이어 내왕하여서 값진 보배가 날마다 들어오므로 중국과 교통하여도 실제로 이익이 없을 것입니다"라며 반대하였는데, 여기서 연이어 내왕하는 '상박'은 송상의 배였다. 따라서 내사문하성의 의견은 송상에 의존하던 당시 해상무역의 현실을 보여 주고 있다. 최승로의 건의가 실현되고, 송과의 단절과 회복을 반복하다가 1030년 이후 완전히 단절되고 오랜 기간을 거치면서 서해를 왕래하며 무역하던 고려 해상은 점점 사라지고 송상이 그 빈자리를 채워 갔던 것이다.

최승로 상소 이후 거란과의 1차 전쟁을 마치고 고려가 거란을 사대의 대상으로 삼았지만, 그래도 여러 차례 송에 사신을 보내 외교를 지속하려고 노력했다는 점에서 고려의 해상들이 송에 갔을 가능성이 있다. 그런데 거란과의 3차 전쟁을 마친 이후 고려가 오직 거란만을 사대로 삼은 이후에 고려의 상인이 송에 갈 명분이 없어졌기 때문에 고려와 송을 연결하는 교통·통신 수단은 송상만이 남았다고 해도 과언이 아니었다. 따라서 1030년 이전 양국의 교류에 대해서는 기본적으로 고려와 송의 해상을 이용했을 가능성을 열어 두지만, 1030년 이후에는 교류의 기사가 있다면 송상의 왕래했다고 이해해도 좋다.

3. 송상 무역의 재조명[7]

고려 시대 송상의 무역이 활발했다는 것은 『고려사』 「세가」 또는 『고려사절요』의 진헌 및 도래 기사를 근거로 설명해 왔다. 하지만 송상의 내헌 기사 이외에도 고려 왕래와 관련된 송상의 기사를 더 찾을 수 있다. 의천은 송상을 통해 정원법사(淨源法師)의 명성을 듣고 송에 유학할 것을 결심하였고 1085년에 송상 임영(林寧)의 배로 송에 건너갔다. 다녀온 이후에도 정원을 비롯한 많은 송의 승려들과 서신 및 경전 등을 교환하였는데, 양국을 오가며 그것을 전해준 송상의 이름은 홍보(洪保), 이원적(李元積), 진수(陳壽), 서도강(徐都綱), 곽도강(郭都綱) 등이었다. 이 가운데 이원적은 1081년 8월에, 홍보는 1098년 11월 등에 각각 고려에 왔었는데 서신에는 그보다 훨씬 많은 왕래 기록이 남아 있다. 그것은 『고려사』 등에 헌상의 기록을 남기지 않은 송상의 왕래가 더 많았다는 것을 알려 준다.

그리고 1054년 한식날에 송상 섭덕총(葉德寵) 등 87명을 오빈관에서, 황증(黃拯) 등 105명을 영빈관에서, 황조(黃助) 등 48명을 청하관에서, 탐라국 수령 고한(高漢) 등 158명을 조종관에서 각각 향연을 베풀어 주었다고 하며, 1148년 8월에 송 도강 곽영(郭英) 등 330명이 왔다고 했던 것 등은 복수의 상단이 동시에 고려에 와서 함께 활동했던 사례이다. 이처럼 많은 상단이 동시에 오는 경우가 많아서 중국의 상인들을[商旅] 대우하기 위해 네 개의 객관을 두었던 것이다. 송상의 왕래 기록은 한 달에 두 개의 상단이 잇달아 오거나, 때로는 수년에 한 번 왔다고 하였지만, 그 기록과 무관하게 더 많은 상단이 개경의 객관에 상주하였다는 의미일 것이므로 더욱 상세한 고찰이 필요하다.

한편 기존의 견해는 송상의 내헌 기사가 무신 집권기에 크게 줄어들기 때

7_이 장은 다음의 논문에 자세히 서술되었다. 李鎭漢, 「高麗時代 宋商 貿易의 再照明」, 『歷史敎育』 104, 2007.

문에 송상의 왕래가 매우 적어졌다고 설명하고 있다. 그러나 고려의 예빈성이 송 경원부(慶元府)에 보낸 첩에 의하면 몽골군을 탈출한 송나라 사람을 강수 범언화(范彦華)·유창(兪昶) 등의 배편에 귀환시켰고, 1258년에 송의 관인은 명주에서 고려에 가는 배가 1년에 세 척씩이었다고 했으며, 『삼도부』에는 강도에 장삿배[商船]와 공물을 실은 배[貢舶]가 만리에 돛을 이어 배가 오간다고 하였다. 이러한 사료들은 송상이 무신 정권기에도 정기적이고 대규모로 오갔다는 것을 보여 준다. 다만, 무신 정권기에 송상의 왕래는 여전했는데도 내헌 기사가 급격하게 줄어들었던 것은 무신 정권기 이전에는 고려에 온 송상이 국왕을 알현하고 내헌하였기 때문에 국왕과 관련된 의식으로서 『고려사』와 『고려사절요』에 기록이 남게 되었으나 무신 정권기에는 송상을 무신집정자가 직접 관리하고 무역의 이익을 차지하게 되면서 상대적으로 『고려사』에 적은 기록을 남길 수밖에 없었다.

고려 시대 송상이 많이 왔다고 하는 것을 가장 잘 증명하는 것은 송상의 내헌 기록이지만, 그에 더하여 『동국이상국집』 등에 있는 새로운 사료를 발굴하거나, 송상에 관한 기사가 그들의 고려 왕래와 관련하여 해석된다면, 송상의 무역의 성격은 매우 활성화되었다고 재조명될 것이다.

4. 고려·송의 외교와 송상의 왕래[8]

고려는 송의 건국 이후 외교 관계를 맺었고, 이후 거란과의 압력으로 잠시 중단되었다가 1071년에 다시 외교를 재개하였다. 양국이 외교를 유지하던

8_이 장의 내용은 다음의 논문에 자세히 서술되었다. 李鎭漢, 「高麗時代における宋商の往來と麗宋外交」, 『年報 朝鮮學』 12, 2009.

시기에는 고려와 송의 사신들이 자주 양국을 오가며 외교적 활동을 하였다. 그런데 고려와 송 사이에는 요가 있어서 육로 통행이 불가능하기 때문에 고려에 가는 유일한 방법은 송상의 배를 이용했을 것이다.

실제로 1071년에 고려와 송이 통교를 재개하고, 송이 처음 고려에 보낼 사절을 태우기 위해 신주(神舟)를 만들었다. 신종 때에는 그 명칭을 '능허치원안제신주'(凌虛致遠安濟神舟)와 '영비순제신주'(靈飛順濟神舟)라고 하였으며, 휘종 때에는 '정신이섭회원강제신주'(鼎新利涉懷遠康濟神舟)와 '순류안일통제신주'(循流安逸通濟神舟)라고 하였으며 그 운행은 고려를 왕래하던 해상들이 맡았다. 그리고 신주가 없었던 그 이전 시기에는 해상들의 배를 빌어 장식하고 창고와 방을 개조하여 사절의 배로 사용하였다. 신주가 만들어진 이전이든지 이후이든지 송의 사절이 고려에 오기 위해서는 고려를 왕래하던 송상의 도움이 필요했던 것은 분명하다. 비정기적으로 고려에 파견되는 송의 사신을 위해 운항의 전담자를 두는 것보다는 서해의 항로에 익숙한 해상들의 기용하는 것이 훨씬 효율적이었기 때문이다. 사절의 운송이라는 공적인 목적을 띠고 온 송상들이 고려에서 무역할 기간은 충분하지 않았어도 해상들이 사신과 함께 오갔다는 점은 분명하므로 송상의 왕래에 포함해야 할 것이다. 그것은 특히 송상 왕래의 공백기인 광종대에서 현종 초의 기간에 송상이 왕래하고 있음을 확인해 주는 중요한 단서이다.

그와 더불어 1078년 4월에 송의 명주교련사 고윤공(顧允恭)에게 첩을 주어 송 황제가 사신을 보내 통신하겠다는 뜻을 전했고, 1085년에 송의 밀주에서 황제가 붕어하고 황태자가 즉위하였음을 알려 주었다는 기사 등은 송상과 전혀 관련이 없어 보이지만, 송이 고려에 전달할 주요한 사실을 알리기 위해서 불가피하게 배를 타고 서해를 건너와야 했으므로 송상의 왕래를 간접적으로 증명한다. 실제로 1120년 7월에 송이 파견한 승신랑 허립(許立)이 본래는 상인이었다고 하였으며, 1123년 정월에도 송의 사신 허립이 왔다고 하였다. 허립은 송상이면서 임시로 사신의 직무를 수행하였던 것이다. 이와 같이 특별한 언급 없이 송의 외교문서가 전달되었다고 한 것 역시 송상의 왕래 사례에 더해져야 할 것이다.

한편 송에 표류했던 고려인들이 귀국하는 기사도 송상의 왕래와 관련하여 주목해야 할 것이다. 1019년 9월에 송 등주가 고려 진봉사 예빈경 최원신(崔元信)의 배가 뒤집혀 공물을 잃어버렸다는 것과 함께 명주와 등주가 여러 차례 고려 해선이 표류하여 경내에 들어오는 자가 있다고 보고하자 조서를 내려 존문(存問)하고 바다를 건널 양식을 주어 되돌려 보내는 것을 상례로 삼았다고 하였다. 고려의 배가 중국에 표류하는 경우가 많았다는 것을 알려 주며, 그들이 귀국하는 방법은 자신들의 배가 온전했다면 송 정부가 주는 식량을 받아 자신의 배를 타고 되돌아왔을 것이다.

그러나 그 배가 부서져 버렸다면 다른 배를 타고 고려에 귀국하는 것이었는데, 1229년 2월에 송 도강 김인미(金仁美) 등이 표류한 제주 사람 양용재(梁用才) 등 28명과 함께 왔다. 한편 고려가 1259년 4월에 몽골의 포로가 되었다가 탈출한 송 사람 승보(升甫) 등을 송상 범언화가 고려에서 송으로 되돌아가는 배편에 보내 주었다. 이와 같이 고려의 포로가 송으로 귀국할 때도 송상의 배편이 이용되었고, 송에서 고려에 오는 표류민이 송상의 배를 타고 왔던 것은 당시에 송과 고려를 연결하는 보편적인 교통수단이 송상의 배편이었다는 것을 알려 준다. 아울러 그러한 사실은 1088년 5월에 송의 명주가 표류한 고려 나주 사람 양복(楊福) 등 23명을 돌려보냈다는 기사가 바로 그때 송상이 고려에 왔다는 증거가 되며, 이러한 사례를 포함할 경우 송상의 고려 왕래 자료는 더욱 풍부해진다.

5. 송인의 내투와 송상의 왕래[9]

고려 시대에 송인들의 내투가 많았고 그들은 송상의 배를 타고 왔다. 하지만 그것을 송상의 고려 왕래와 관련시킨 연구는 없었다. 왜냐하면 고려 시대에 송상의 왕래가 매우 많았기 때문에, 더 많이 왔다는 것을 논증할 필요가 없었을 뿐 아니라 투화인들이 그 많은 배 가운데 하나를 타고 왔다고 생각했기 때문이다. 그러나 정작 송상이 왔다는 기사와 송인의 내투 기사를 정밀하게 비교하였을 때, 『고려사』에 기록되어 있지 않은 송상의 배를 타고 왔던 사례들이 적지 않다.

송상은 1012년(현종 3) 10월에 처음 왔다고 한다. 그러나 서필의 졸기에는 광종이 투화한인(投化漢人)을 후대하였다고 하고 송 양주(楊州) 사람 유지성(劉志誠)이 광종대에 내투하였으며, 송의 온주(溫州) 문사 주저(周佇)는 1005년(목종 8)에 내투하여 예빈주부를 제수받았다. 기존의 견해에 따라 송상의 왕래와 송인의 내투를 연계시켜 보면 1012년 이전에 고려에 내투한 사람은 고려의 배를 이용했거나 직접 배를 운항하여 서해를 건너 고려에 도착했어야 한다. 그런데 주저의 열전에는 상박을 따라 왔다고 하니, 그것은 송상의 배가 분명하다. 결국 송상의 내헌 기사에 의거하여 1012년 10월부터 송상이 고려에 오기 시작했다는 견해는 수정되어야 하며 그보다 더 이른 시기부터 송상이 고려에 왔다고 이해해야 할 것이다.

게다가 1012년 10월에 송상이 고려에 왔다고 한 이후 시기에도 송인의 내투는 더 많은 송상이 왔다는 것을 알려 준다. 송의 장주(漳州) 사람 임완(林完) — 뒤에 임광(林光)으로 개명 — 은 1112년(예종 7)에 상박을 따라와서 개경에 도착하였으며 1114년에 과거에 급제하였다고 한다. 그런데 임완이 고려에

9_이 장의 내용은 다음의 논문에 자세히 서술되었다. 李鎭漢, 「高麗時代における宋人の來投と宋商の往來」, 『年報 朝鮮學』 13, 2010.

왔던 해에는 송상이 왔다는 기록이 없고 1112년 이전에 왔던 송상은 1110년 6월에 이영(李榮), 7월에 지귀(池貴) 등만이 있으므로 임광의 내투도 송상의 왕래 횟수에 더해져야 할 것이다.

아울러 1184년 9월에 송 진사 왕봉신(王逢辰)이 상박을 따라와서 과거에 응시할 수 있도록 청하여 별사을과를 받았다. 내용상 그는 고려에 온 지 얼마 되지 않아 과거에 응시한 것 같은데 그 이전에 송상이 고려에 왔다는 기록은 1175년 8월에 송상 장붕거(張鵬擧) 등이 왔다는 것이다. 1184년 9월에 송인 왕봉진이 내투하여 과거에 급제했다는 기록은 송상이 그해에 왔었다는 것을 알려 준다. 이와 같이 송인의 내투는 고려에 더 많은 송상의 왕래가 있었다는 자료로 활용될 수 있다.

이상에서 송 사신의 파견, 송 정부의 문서 전달, 송에 표류한 고려 사람의 송환, 송인의 내투는 송상의 왕래가 더 많았다는 것을 증명해 준다. 왜냐하면 그러한 기사들의 내용 자체는 송상의 왕래와 관련 없지만, 그러한 일이 이루어지기 위해서는 송상의 왕래가 없어서는 안 되었기 때문이다. 이러한 방식으로 고려와 송과의 교류와 관계된 기사를 재해석하고 적극적으로 송상의 왕래에 관련된 기사를 찾아내면 기존의 견해가 설명하지 못했던 송상 왕래의 공백기를 더욱 빽빽하게 채워 나갈 수 있을 것이다.

6. 송상의 고려 왕래를 알려 주는 간접 증거들

최승로 상서문에서 언급된 것처럼 송에 가는 사신단이 무역을 겸하는 소위 '겸행무역'(兼行貿易)이 허용되면서 고려의 해상무역은 급격히 위축되었는데, 거란과의 전쟁 이후 사대의 대상이 거란으로 전환되면서 그나마 송에 갈 명분까지 없어지자 고려인의 해상무역은 밀무역이 아니고는 송에 갈 수 없게 되었다. 그 대신 송상의 왕래가 본격화되었고, 그에 맞춰 송상의 내헌 기사가 많아졌고, 그것이 표로써 정리되어 많은 송상들이 자주 고려에 왔다는 주장의 근거가 되고 있다.

그런데 조금 복잡한 논증을 거쳐야 하지만, 송상이 왔다고 이해해야 할 기사들을 적지 않게 찾아낼 수 있다. 이러한 자료들은 송상이라는 표현이 없기 때문에 놓치기 쉬운 것들인데, 사료를 정밀하게 해석하면 송상의 왕래와 깊은 관련이 있음이 확인된다. 이처럼 간접적으로 송상의 왕래를 증명하는 것으로 송의 사신 파견과 표류민의 송환, 송인의 고려 내투 사례들을 들었는데, 고려와 송의 교류와 관련된 기사를 검토해 보면 더 많은 사례가 찾아진다.

송대의 기록에는 1080년 정월에 고려 진봉사 유홍(柳洪) 등이 와서 명주에서 바람을 만나 공물(貢物)을 표실(漂失)하였다며 표를 올려 자신을 탄핵하자 조서를 내려 위로했다는 내용이 있다. 그리고 그보다 앞서 1079년 11월에 고려 공사(貢使)가 좌선(坐船: 사람들을 태울 배)을 살 것을 청하였다는 명주의 보고가 있었고, 황제가 조서를 내려 신주 두 척을 빌려 주었다. 전자는 유홍이 황제를 알현하며 공물을 잃어버린 자신의 잘못을 사죄한 것이고, 후자는 배가 부서져 송의 수도에 가기 어렵게 되자 운행할 배를 사고자 했고, 결국은 송 황제의 호의로 신주를 빌려 타고 가게 되었다는 것이다. 그렇다면 유홍이 사신의 임무를 마치고 고려에 귀환하는 것 역시 신주를 이용하거나 송상의 배를 빌려 타고 귀국했을 것인데, 어느 경우이든지 송에 갔던 유홍 등의 고려 사신단은 송상의 도움을 받아 왔을 것임에 틀림없다. 그러므로 유홍이 고려에 귀국하는 것은 송상의 왕래 사례가 되는 것이다.

이후 고려는 송에 사신을 보내면서 송상의 배를 이용하기도 해서 1090년에 사은겸진봉(謝恩兼進奉)을 위해 송에 갔던 이자의(李資義) 일행은 송상 이구(李球)의 배를 타고 갔다고 한다. 그러므로 1090년 7월에 이자의 등이 송에 갔던 것과 1091년 6월에 그들이 송에서 돌아왔다는 것이 송상의 왕래를 알려주는 것이다.[10] 그들이 송에 갈 때 송상의 배를 이용했다면, 돌아올 때 역시 송상의 배를 타고 왔을 것이다. 그것은 1090년 7월 이전에 송상 이구가 고려에 왔었으며, 다음 해 6월에 이자의를 태우고 송상이 왔다는 뜻이다. 이와 같이 고려 사신이 송에 갔던 것이 송상의 왕래를 간접적으로 증명하기도 한다.

또한 고려의 사신이 송에 간다는 것이 알려지는 것도 송상의 왕래를 알려준다. 『송사』 고려전의 기사에 의하면, 1132년 12월에 고려가 지추밀원사 홍이서(洪彝敍) 등 65명을 보내와서 조공한다고 아뢰므로 임안부(臨安府) 학관에 그 사절들을 묵도록 하였으나 비록 전쟁 중이나 가르침이 없어서는 안 되고 고려 사신들이 도성을 엿보는 바가 될 수 있다고 말하는 자가 있어서 고려인의 객관을 바꾸어 기다리게 하였으나, 마침내 오지 않았다고 한다. 송이 고려의 사신을 맞이할 준비를 하였지만 오지 않았다고 하는데, 고려가 송에 사신을 보낸다는 것을 전달하는 것은 당시 교통 여건상 송상이 없으면 불가능하다.

그리고 1133년 2월에 한유충(韓惟忠) 등을 송에 보내 사은하게 하였으나, 행차가 홍주 바다에 이르러 조난을 당하여 공물을 훼손되어 사행을 포기하고 되돌아왔는데, 거의 뒤집힐 뻔하였고, 조공품을 담은 바구니가 젖어 버렸기 때문에 송에 도달하지 못하고 되돌아왔다고 한다. 이와 관련된 내용이 송대 기록에는 고려 사신이 온다는 소식을 듣고 법혜사(法惠寺)를 객관으로 삼아 맞이하게 하였지만, 고려 사신이 홍주 바다에서 바람에 배가 부서져 결국 이르지 못했다고 되어 있다. 1133년에 고려 사신이 송에 간다는 것과 송에 가다

10_최근 1085년(선종 2) 이후 고려의 사신은 송상의 배를 이용하여 송에 갔다는 주목할 만한 견해가 제시되었다(김영제, 「宋·高麗 交易과 宋商: 宋商의 經營形態와 그들의 高麗居住空間을 중심으로」, 『士林』 32, 2009, 207-209쪽). 그것은 당시 고려의 배가 평저선(平底船)이어서 예성항에서 명주 지방을 왕래하는 항로에는 적합하지 않았기 때문일 것이다(金榮濟, 「麗宋交易의 航路와 船舶」, 『歷史學報』 204, 2009, 260-261쪽). 선종대부터 인종대까지 고려의 사신이 모두 송상의 배를 이용하였는지에 대한 확실한 사료는 없지만, 당시 조선술과 항해의 여건상 고려의 사신이 송상의 배를 타고 가는 것이 편리하고 안전하였을 것이라는 점에서 타당성이 높다.

가 홍주에서 조난을 당하여 가지 못하였다는 것들이 중국의 기록에 남아 있는 것은 고려를 왕래하는 송상을 통해 그 일을 송에 알렸기 때문일 것이다. 하지만 1133년을 전후하여 고려에 왔던 송상은 1131년 4월의 탁영(卓榮)과 1136년 9월의 진서(陳舒)만 있으므로 그것을 알린 것은 기록에 남아 있지 않은 어떤 송상이었을 것이다. 따라서 1132년 홍이서와 1133년에 한유충이 잇달아 송에 가는 것이 실패한 사건을 통해 적어도 세 차례 이상의 기록되지 않은 송상의 왕래가 더 있었다는 것이 확인된다.

고려와 송의 사람들이 양국을 왕래하는데도 송상의 배는 중요한 역할을 하였다. 1103년 6월에 송의 국신사 호부시랑 유규(劉逵) 등과 함께 고려에 왔던 의관 모개(牟介)가 1104년 2월에 송으로 귀국하였다. 그는 고려에 송의 사절이 타고 왔던 배를 타고 왔지만, 돌아갈 때는 송 사절이 송상의 배를 타고 갔을 것이다. 이 무렵 사절의 왕래는 1103년 2월에 명주교련사 장종민(張宗閔) 등이 왔었고, 송상은 1104년 8월에 주송(周頌) 등이 왔다. 모개가 귀국하던 1년 전에 명주 교련사가 왔었고, 6개월 후에 송상이 왔었다. 후자는 도착한 것이므로 해당되지 않고, 사명을 받고 왔던 명주교련사가 1년 이상 머물렀다고 보기 어렵다. 결국 모개는 현재 기록에 남아 전해지지 않는 어떤 송상이 고려에 왔다가 되돌아가던 배편을 이용했다고 이해된다.

그리고 이자겸은 인종을 옹립하고 권력을 잡은 뒤 사사로이 숭덕부주부 소세청(蘇世淸)을 송에 보내 표와 토물을 올리고 자칭 지군국사(知軍國事)라고 하였는데, 그가 송에 간 것은 1122년 11월이라고 한다. 그 시기에 송상은 1120년 6월과 1124년 5월에 왔었고, 송의 사신은 1122년 6월에 진무교위 요희(姚喜), 1123년 정월에 허립이 각각 지첩사로 왔었다. 그러므로 소세청이 이자겸의 명을 받아 송에 가는 방법은 배를 직접 준비하여 서해를 횡단하거나 송상의 배편을 이용하는 것인데, 고려의 정규 사절도 송상의 배를 타고 갔던 적이 있다는 점을 고려하건대 후자가 합리적인 선택이었을 것이다. 1122년 11월경에 소세청이 고려에 와 있던 송상의 배를 타고 송에 가서 임무를 마치고 돌아왔다면 송상의 왕래는 두 번이 더 있게 되는 것이다.

요컨대, 송나라에 간 고려의 사신의 배가 부서져 신주를 빌렸다는 것, 이자겸이 송에 사사로이 소세청이라는 사신을 보냈다는 것 등이 내용상 송상의 왕래와 전혀 무관해 보이지만 그 과정을 정밀하게 살피면 송상의 왕래가 없이는 불가능한 것이므로 송상의 왕래를 추정하는 간접 증거가 될 것이다. 이처럼 송과 고려의 교류 관련 기사를 송상과 연관시켜 고찰하면 뜻밖에 많은 사례들이 찾아진다.

7. 맺음말

이와 같이 사료의 해석 여하에 따라 송상 왕래와 관련된 기사들을 더 찾아낼 수 있을 것이다. 송상이 고려에 와서 헌상하는 일은 고려국왕의 권위를 높이며 당시에는 그들을 외교 사절에 준하는 것으로 대우하였기 때문에 사서에 많은 기록이 남아 있게 되었지만, 그것은 전체의 일부에 불과했던 것 같다. 실제 송상의 내헌보다 더 중요한 고려의 사신이 송에 간 것조차도 『고려사』와 『고려사절요』에 누락되기도 하였다.

예를 들어 1138년 정월에 고려국 왕해(王楷) — 인종 — 가 위위소경 이중연(李仲衍)을 보내 표를 받들어 하정하였다는 것이다. 이것은 우리의 문헌에는 없고 중국의 기록에만 있다. 이중연의 자세한 관력은 알 수 없으나 1131년 11월에 상의봉어로서 금에 가서 하정하였고, 1138년에 종4품 국자사업이 되었다. 이중연이 1138년에 종4품 위위소경으로 송에 갔으므로 승진 과정과 관품의 개연성도 있고, 금에 갔던 사신 경력이 송에 가는 데 도움을 주었을 것이다. 그러므로 두 사람은 동일인으로 추정되며, 그것은 이 사료의 신빙성을 높여준다.

1138년 정월 이중연이 송에서 하정했다는 것은 보통 고려 사신이 송에 가기 전에 송상에 의해 송에 사전 통지된다는 점에서 송상의 왕래와 관련되었으며, 이자의와 같이 송상의 배를 타고 사행을 했다고 가정할 경우, 1138년 정월 이전에 송상의 왕래가 적어도 두 차례 더 있었다는 것을 알려 준다.

주목해야 할 것은 『고려사』와 『고려사절요』에서 외교 사절의 파견과 같은 일이 기록되지 않았다는 점이다. 이런저런 이유로 적지 않은 송상 내헌 기사가 기록되지 않을 가능성이 있는 것이다. 그러한 사실은 지금까지 알려진 송상의 내헌 기사보다 새롭게 찾아낸 송상 왕래를 직간접적으로 알려 주는 기사가 더 많다는 데서도 드러난다.

이와 같이 송상이 고려에 자주 많이 왔지만 상당수는 기록에 남아 있지 않게 되었다는 점을 분명하게 보여 주기 위해 송상에 대한 선행 연구자가 했던 것과 같이 송상의 왕래표를 만들고자 한다. 그것은 선학들이 내헌 기사를 중심으로 만든 송상 왕래표를 기본으로 하고, 송상이 왕래했음이 분명한 것과 추정할 수 있는 것들을 더하여 만들 것이며, 그 명칭을 〈신송상 왕래표〉라고 할 것이다. 표의 특성상 사료의 내용을 구체적으로 설명하기 어렵기 때문에, 송상의 왕래를 몇 가지로 나누어 유형화하고자 한다.

송 사신이 고려에 왔던 것은 곧 송상이 왔다는 것이므로 '송사의 파견' 등으로 표현하여 송 사신의 파견을 하나의 유형으로 삼아 구분할 것이다. 그 밖에 고려의 사람이 송에 갔거나 송인이 고려에 왔던 것, 표류민과 포로의 송환, 문물의 교류 등도 각각 송상의 왕래를 간접적으로 증명하는 하나의 유형으로 파악할 것이다.

송상이 직접 언급된 왕래에 관한 자료와 더불어, 기록에 송상이라는 표현이 없어도 송상의 존재를 생각하지 않을 수 없는 간접 자료를 더할 경우 송상의 왕래가 크게 늘어난다는 것은 표로써 쉽게 확인될 것이다. 왜냐하면 새롭게 찾아낸 송상 왕래 사례를 기존의 송상 왕래표에 더해 새로운 표를 만든다면 송상의 왕래에 관한 기사가 더욱 촘촘하게 배열될 것이기 때문이다. 그러나 송상의 왕래를 사례로 제시하는 이러한 방법은 아무리 많은 사례를 찾아낸다고 해도 자료의 한계로 인해 기존의 견해와 비교하여 송상의 왕래가 더욱 잦았다는 빈도의 차이만을 밝히는 것에 불과하다.

그런데 『고려사』에는 1040년에 송상이 팔관회 때 진헌 의례에 참여하는 것이 상례화된 이후, 의종대에 만들어진 팔관회 규정에도 송상이 조하(朝賀)와 헌상을 하고 있다. 중국의 기록에는 1년에 적어도 두 척이 고려에 가서 1년간 머물다가 돌아왔다는 11세기 후반 송대의 규정이 있었으며, 1년에 세 척이 고려에 가고 다시 다음 해 같은 수의 배가 고려에 가면 먼저 갔던 배가 되돌아오는 방식으로 송상이 고려를 왕래했다는 13세기 중엽의 송대 관인이 남긴 기록도 있다. 이것들은 모두 송상의 배가 매년 한 차례 이상 고려에 왔다는 알려 주고 있다.

송상의 왕래에 관한 직간접의 기사를 모두 합하여도 매년 왔다는 것을 완벽하게 증명할 수 없다고 해도, 송이 건국된 960년경부터 송이 멸망할 때까지 송상은 거의 매년 고려에 왔다는 것이 사실에 부합하는 합리적인 해석일 것이다. 송상의 왕래가 이와 같았기 때문에 송상의 주요 교역 대상은 왕실과 국가기관을 포함한 개경과 그 주변의 사치품 수요자가 될 것이고, 그들은 언제나 송상과 무역하였을 뿐 아니라 때로는 필요한 물품을 주문하여 그 다음 번에 수령하는 방법으로 구매하기도 했다. 그와 더불어 고려와 송의 인물들이 오랜 기다림이 없이 양국을 왕래하였고, 양국의 문화 예술이 거의 '실시간'으로 전달되었던 것도 송상이 끊임없이 고려를 왕래하고 있었기 때문에 가능한 일이었다.

12장

14세기 동아시아 세계와 신안선

윤용혁

송의 사신 서긍이 예성강구를 통하여 고려에 입경한 지 꼭 200년 후인 1323년 전남 신안군 지도면 증도 앞바다에서는 중국 닝보(영파·경원·명주)를 출발하여 큐슈의 하카다를 향하여 항해 중이던 국제무역선 한 척이 침몰하는 사건이 발생하였다. 발굴 후 '신안선'(新安船)으로 명명된 이 선박은 1976년 10월부터 1984년까지 9년간 열한 차례에 걸쳐 문화재관리국에 의하여 조사되어 오늘에 이르고 있다. 한국에 있어서 수중 발굴의 역사를 새로 열게 된 발굴의 내용은, 무역선의 선체와 함께 여기에 적재되어 있던 대량의 고급 교역품이었다.

700년 만에 인양된 선체, 2만 점이 넘는 고급 자기, 거의 30톤에 달하는 동전을 비롯하여 다양한 금속 유물과 목간 등 인양한 유물은 양적으로나 질적으로나 놀랄 만한 세계적 사건이었다. 1984년까지 현장 조사가 마무리되고 이어 선박에 대한 보존 처리와 복원이 이루어지지는 한편 선체와 유물에 대한 연구가 진행되었다. 신안선 출토의 유물은 국립중앙박물관, 국립광주박물관, 그리고 목포의 국립해양문화재연구소에 각각 나누어 전시 혹은 보관되어 있고, 선체는 인양 이후의 장기적인 보존 처리 과정과 복원 작업을 거쳐 현재 목포에 전시되고 있음은 주지하는 바와 같다.

신안선은 우리나라 수중고고학과 해양사의 원점이며, 동시에 한·중·일의 동아시아 역사를 공통의 배경으로 하는 귀중한 자료로서 그 중요성은 새삼 부언할 필요도 없다. 그러나 그 의의와 중요도에 비하여 연구와 교육적 활용이 극히 미흡한 상태에 있다는 점도 부인하기 어려운 사실이다. 이러한 점에서 기왕의 조사와 연구 경과를 개략적으로나마 소개하고 점검함으로써 향후 이에 대한 연구와 관심의 제고를 도모하려는 것이 이 글의 목적이다.

1. 신안선의 발굴과 유물

전남 신안군 증도면 방축리 해역에서 14세기 무역선 '신안선'에 대한 수중 발굴 조사가 있은 지 30여 년이 되었다. 조사는 1976년 10월부터 1984년 9월까지 십여 차례에 걸쳐 거의 만 8년이 걸렸고, 1988년에 조사보고서가 간행되었다. 이에 의하여 2만여 점의 중국 도자기, 28톤(800만 개 추정)의 동전, 1천여 본의 자단목(紫檀木), 700여 점의 금속제품·목제품·석제품을 비롯하여 다양한 자료가 확인되었고, 길이 28.4미터(최대 길이 34미터 추정)의 선체가 인양되어 14세기 동아시아 무역에 대한 생생한 자료로서 주목되어 왔다.

신안선 발굴의 계기를 만든 것은 1975년 7월 한 어부(최형근)의 그물에 걸려 올려진 청자병 때문이었다. 집에 두고 꽃병으로 사용하던 청자병을 초등학교 교사인 동생(최태호)이 고향에 왔다가 신안군청에 신고를 하게 된다. 이에 의하여 신안 해저에서 잠자던 이들 유물은 침몰 700년 만에 세상에 알려지게 된 것이다. 종종 그물에 걸려 나오곤 하던 이 그릇이 큰 값이 나간다는 사실이 알려지면서 도굴 홍역을 한바탕 치른 후 당국은 해군 잠수부의 도움을 받으면서 발굴을 서둘렀다. 이렇게 하여 역사적인 발굴 조사가 시작된 것이지만, 조사를 완료하는 데에는 그로부터 10년 가까운 세월이 소요되었다. 우리나라 초유의 대규모 수중 발굴 조사의 책임은 윤무병 교수가 담당하였다. 발굴 이후 선체에 대한 보존 처리와 복원에는 다시 10년의 세월이 소요되어 2004년 복원된 신안선의 전시가 가능해졌다. 〈표 12-1〉은 발굴 및 보존 복원의 경과를 일목요연하게 보여 주고 있다.

신안선 발굴에서 조사된 유물 중 가장 많은 비중을 차지한 것은 무려 2만 점이 넘는 중국 송·원대의 도자기였다. 20,661점의 자기 중 약 60퍼센트에 해당하는 12,359점이 중국 원대 용천요(龍泉窯) 계통의 청자였으며, 그 밖에 청백자 혹은 백자류 5,303점, 흑유·갈유 등 다양한 도기류가 확인되었다. 도자기에는 고려청자 7점과 일본의 도·토기 4점이 포함되어 관심을 끌었다. 다양한 내용의 금속제품이 729점이었으며 금속 원료라 할 강철덩어리(강괴) 300점, 거기에 28톤 18킬로그램에 이르는 엄청난 량의 동전이 수습되었다. 동전의 수량은 대략 800만 개로 추산되었는데, 중국의 고화폐인 화천(貨泉)으로부터 요·금의 동전을 포함하는 다양한 내용을 보여 주었다. 거기에 1,017본에 이르는 막대한 량의 자단목을 인양하였으며, 목간이 364점, 은행·매실·호도 등 26종의 식물 유체와 석제품 43점, 선상에서의 생활 용구도 발견되었다.

자단목은 남방에서 생산되는 것으로 목공예에 사용되는 귀중한 것이었다. 700년 세월이 많은 목재를 부식시켰지만, 자단목은 그 원상을 거의 그대로 유지하고 있다. 자단목에는 원목의 소유주 등을 표시한 것으로 보이는 한자나 문양이 있는데, 그 수량은 3분의 1에 이른다. 화물의 적재 상황은 동전과 자단목 등 중량이 많은 것을 아래쪽에, 그 위에 파손 방지를 위하여 목함에 넣은 도자기를 적재하고, 다시 그 상층에는 후추, 직물, 서책 등 가벼운 것을 적재함으로써 선박과 화물의 안정성을 고려하였다. 도자기를 담은 나무상자는 정연히 쌓았으며, 고려청자 두 점(완과 탁잔)이 하단의 목함에 선적되어 있었다.

표 12-1 | 신안선 발굴 및 보존 처리, 전시 경과

구분		기간	주요 내용
유물 신고		1975. 5	어부의 그물에 도자기가 걸려 올라옴
발굴	1차 조사	1976.10.27~11.2	유물 잔존 여부 확인을 위한 예비 조사
	2차 조사	1976.11.9~12.1	유물 매장 확인
	3차 조사	1977.6.27~7.31	철제 그리드를 설치한 본격적 발굴 조사
	4차 조사	1978.6.16~8.15	철제 그리드 추가 설치 발굴 조사 및 기기 탐사
	5차 조사	1979.6.1~7.20	수중 촬영, 선체 내부 자단목과 동전 확인
	6차 조사	1980.6.5~8.4	선체가 클링커식 이음을 한 중국 배로 확인
	7차 조사	1981.6.23~8.22	일본 제품 발견
	8차 조사	1982.5.5~9.30	본격적인 선체 인양 작업
	9차 조사	1983.5.29~11.25	선체 인양 작업 중 용골에서 보수공 발견
	10차 조사	1984.6.1~8.17	선체 인양 후 잔존 유물 확인 작업
	최종 조사	1984.9.13~9.17	선체 인양, 주변 및 인근 해역 광역 조사
신안선 보존		1981~1999	PEG 처리법
신안선 복원		1982.10~1986.8	신안선 모형 제작
		1994~2002	전시관 제1전시실에 선체 복원
		2003~2004	선체 선형 스테인리스 스틸 받침대 제작
신안선 전시		1994~2004(현재)	국립해양유물전시관 신안선실(제2전시실)

출처: 국립해양유물전시관, 『신안선 보존·복원 보고서』, 2004, 11쪽.

신안선이 발굴된 해역 일대는 평소에도 3~4노트의 조류가 흘러 물살이 거칠고 늘 흙탕물 상태여서 물속의 시야도 좋지 않은 데다 수심은 20미터나 되었다. 그럼에도 불구하고 2만여 점의 도자기, 30톤에 가까운 무게의 동전, 1천 점에 육박하는 자단목, 이러한 유물의 무게 때문에 침몰선이 진흙층에 박힘으로써 선체의 상당수가 보존되고 유물은 흩어지지 않은 채 상당수가 남게 된 것이다.

신안선 발굴 유물에 대한 조사보고서는 1983년부터 1988년까지 도합 4권으로 간행되었다.[1] 2004년에 신안선 보존·복원 보고서가 간행되면서 같은 시기 신안선에 대한 국제심포지엄이 처음 열리게 된다.[2] 그러나 신안선 및 한

1_문화재관리국, 『신안해저유물』 자료편 1-3, 종합편, 1983~1985, 1988.

2_국립해양유물전시관, 『신안선 보존·복원 보고서』, 2004; 『신안선 보존과 복원, 그 20년사』, 국제

국의 수중고고학에 대한 본격적 연구의 계기를 조성한 것은 2006년 신안선 발굴 30주년을 기념하여 개최된 국제학술대회였다. 같은 시기에 이루어진 신안선 유물에 대한 특별전의 개최 및 신안선 유물에 대한 신보고서 간행은 신안선 자료에 대한 국제적 가치를 재인식하는 기회를 제공하였다.[3]

2. 신안선의 연대와 항로

신안선의 조사에서 가장 관심의 초점이 되었던 문제의 하나는 신안선의 연대에 관한 것이었다. 목간이 발견되기 전 신안선은 출토된 도자기의 편년 및 동전에 의하여 14세기라는 대략적 편년이 파악되었다. 동전 중 가장 연대가 떨어지는 지대통보(至大通寶)의 존재도 연대 파악에 도움이 되었다. 이것은 1310년에 처음 만들어진 것이기 때문이다. 연대에 대한 결정적 자료인 목간이 발견된 것은 조사가 마무리 단계에 이른 1982년의 일이었다.

신안선 조사에서는 360여 점의 목간(木簡)이 확인되었다. 이들 목간은 원래 화물에 부착되었던 라벨(荷札)로서 유물선의 성격을 파악하는 데 결정적 자료가 되고 있다. 그 가운데 '지치(至治) 3년'(1323)이란 연대가 표시된 목간이 8점이고, 날짜는 4월 22일부터 6월 3일까지 121점이 기록되어 있다. 날짜는 물품을 포장하여 적재한 시점을 의미하는 것으로 보이는데 5월 11일 36점, 6월 3일 55점이고, 확인된 자료 중 6월 3일이 마지막 날이 되고 있다. 이에 의하여 경원(慶元; 寧波)에서의 하물 적재가 대략 1323년 4월부터 6월 초에

학술대회 자료집, 2004.

3_국립해양유물전시관, 『14세기 아시아의 해상교역과 신안해저유물』(학술회의 자료집), 2006; 『신안선과 동아시아 도자교역』 특별전 도록, 2006; 『신안선』 1-3.

걸쳐 이루어졌고, 경원(닝보·영파)에서의 출발은 6월 3일 이후였음을 추정할 수 있게 된다.[4] 그러나 '지치 3년'(1323)의 목간에도 불구하고 신안선의 침몰 연대를 '1330년대 초'와 같이 조금 더 뒤로 보는 의견도 없지 않다. 인양 유물 중 칠기에 쓰여진 '신미'가 1331년을 의미한다고 보기 때문이다.[5]

신안선의 연대 1323년이 위치한 14세기 전반은, 몽골제국에 의한 정복 전쟁이 종식되고 동아시아에서 원 중심의 새로운 질서가 자리 잡아가는 시기이다. 고려는 원의 정치적 간섭하에 놓여지고 원은 세계 제국의 질서를 기반으로 대외무역을 활성화한다. 바로 그 전년 1322년 3월 영파(경원)에는 시박사(市舶司)가 다시 설치되었다. 일본과 원은 2차에 걸친 군사적 충돌 이후 공식적인 국교가 성립되지 않았음에도 불구하고, 영파(경원) 등의 항구를 통하여 무역선의 상호 왕래가 이루어지고 있던 시기이다.

신안 앞바다에 침몰한 신안선이 중국 절강성의 경원(영파)에서 출발하여 일본 하카다로 향하고 있었다는 점에 대해서는 대체적인 동의가 이루어져 있다. '慶元路'(경원로)라는 글자가 든 청동추가 발견된 것이 추정의 근거가 되었다. 1323년의 고려는 충숙왕 10년에 해당한다. 왕은 원의 대도(大都)에 머물고 있었으며, 부원배에 의한 이른바 입성책동(立省策動)이 집요하게 시도되고 있었고, 유배된 충선왕에 대한 처리 문제 등으로 고려는 정치적으로 매우 혼란한 시기였다.

기묘하게도 신안선의 연대는 역시 영파(경원·명주)를 경유하여 고려에 왔던 송의 사신 서긍의 고려 사행으로부터 꼭 200년 뒤의 일에 해당한다. 1123년 서긍의 고려 사행은 명주(영파·경원)에서 5월 16일에 출발하여 5월 26일

4_이용현, 「신안해저 발견 목간에 대하여」, 『고려 조선의 대외교류』, 국립중앙박물관, 2002, 164-165쪽.

5_三上次男, 「新安海底の元代寶船と沈沒の年代」, 『陶磁貿易史研究』 上, 中央公論美術出版, 1987, 260-261쪽.

정해현을 거쳐 예성항에 입항하는데, 예성항 입항은 6월 12일이었다. 다시 한 달 후 송의 사행선은 귀로에 올랐는데, 7월 15일 예성항을 출발하여 영파 부근의 항구인 정해현에 당도한 것이 8월 27일이었다. 이러한 사정을 살펴보면 신안선과 서긍의 고려 사행은 꼭 200년 만의 일인데다 출발의 시기도 큰 차이가 없었던 것으로 생각된다. 5월 16일 명주를 출발한 서긍의 사행선이 신안 연해를 통과한 것은 6월 4일로서 출발한 지 꼭 18일 만의 일이었다. 만일 신안선이 1323년의 6월 10일에 출발하였다고 가정한다면 여러 정황은 차이가 있지만, 산술적으로는 6월 28일경이 이 선박이 신안 연해에 이르는 시점이 된다.

신안선의 항로와 관련하여 우리가 갖는 오랜 의문은 역시 고려와의 관련성이다. 선박의 침몰이 고려의 연해, 조운로상의 위치였기 때문이다. 1123년 개경에서 귀로에 나섰던 서긍은 흑산도 부근을 지나다 풍랑을 만나 전복의 위기를 겪는다. 하는 수 없이 군산도까지 배를 물렸다가 다시 진행하였으나 역시 심한 풍랑으로 키가 모두 부러지는 등 천신만고의 어려움을 겪은 바 있다. 서긍은 바다에서의 항해는 사람의 힘으로 도달할 수 있는 것이 아니라고 하였다. '해동'(海動)이 일어나면 "바닥에서부터 솟구쳐 오르는 것이 마치 거센 불로 물을 끓이는 것과 같아" "몇 길의 배로 파도 사이에 떠 있는 것은 말(馬)의 털 끝 정도도 되지 않는다"는 것이다.

하카다로 항해 중이던 신안선이 중도 앞바다 신안에서 침몰하게 된 것은 태풍으로 인한 정상 항로의 이탈 등으로 해석되어 왔다. 어쩌면 서긍으로부터 200년 뒤의 신안선 역시 대양 한바다에서 폭풍에 휘말려 본래의 항로를 이탈하여 키가 부러지고 돛이 나간 채 신안 앞바다까지 밀려와 침몰한 것인지 모른다. 한 예로 2006년 7월 태풍 에위니아(EWINIAR)는 그 진로가 제주도와 신안 앞바다를 거쳐 한반도 중부에 상륙하여 빠져나간 적이 있다. 이 태풍이 신안 앞바다를 통과한 시점은 양력 7월 10일 오후 2시경이었다.

그러나 적재 유물 중 청자를 비롯한 고려의 유물이 확인된 것은 고려와의 관련에 있어서 의문을 끊임없이 부추겼다. 즉, 일본으로 가는 도중 이 무역선이 고려의 항구에 기항하였을 가능성이 그것이다. 혹자는 이 배가 일본뿐만 아니라 한반도의 서해와, 멀리는 필리핀까지도 연결하는 범위의 항로를 회항하는 무역선일 가능성도 제기하였지만 현재로서는 이러한 논의는 거의 가능성이 없어 보인다. 고려 항구에의 기항 가능성도 고려청자의 선적 위치, 혹은 중심 선적 품목인 도자기나 동전 등이 고려에서는 거의 필요하지 않은 상품이었다는 점에서 경원에서 이미 선적된 물품일 것이라는 것으로 정리되고 있다.

그러나 이 같은 논의에도 불구하고 신안선의 고려 기항 가능성은 여전히 제기되고 있다.[6] 최근의 한 연구에서도 14세기 전반 원-일본 간의 교역에 있어서 고려가 정례적 기항지로 이용되었던 것은 아니지만, 비정기적 기항이나 표착 가능성을 배제할 수는 없다고 하였다.[7] 또 일본 연구자 중에서도 신안선 유물 중 일부에는 고려행 물품이 포함되었을 가능성이 있다는 의견이 제기되기도 하였다.[8]

태풍 문제와는 다른 것이지만, 『고려사』에 의하면 신안선이 연해에서 침몰되던 무렵(1323년 6월) 이곳은 왜구의 출몰로 인하여 소란한 상태였다. "왜구가 회원(마산)의 조운선을 군산도에서 노략"하고(정해, 6월 27일), 다음 날(무자, 6월 28일)에 왜구가 추자도 등지를 횡행하며 포로를 잡아갔다. 그리고 7월

6_김병근, 「신안선과 고대 동아시아 해상항로」, 『수중고고학에 의한 동아시아 무역 관계 연구』, 국학자료원, 2004, 112-113쪽; 김성범, 「한국 수중고고학 현황과 신안해저유적, 그리고 전망」, 『14세기 아시아의 해상교역과 신안해저유물』(학술회의 자료집), 국립해양유물전시관, 2006, 396쪽.

7_이강한, 「'원-일본 간' 교역선의 고려방문 양상 검토」, 『해양문화재』 1, 국립해양문화재연구소, 2008, 187-195쪽.

8_신안선 금속유물에 대한 검토를 통하여 신안선의 항로를 '경원-하카다'로 설정하는 것에 대하여 의문이 제기된 바 있다. 거울 등 유물의 일부는 하카다 이전, 또는 하카다 이후 회항하는 항구용으로 적재되어 있었다고 보는 것이다. 久保智康, 「14세기 일본의 금속공예와 신안선 유물」, 『신안선출토 금속유물과 14세기 동아시아의 금속공예』(국제학술대회 자료집), 국립해양유물전시관, 2007, 137-144쪽 참조.

에 정부는 송기를 전라도에 파견하여 왜구 100여 명을 사살하였다. 이렇게 보면 서남 연해에서 왜구가 횡행하던 시점과 신안선의 침몰이 대체로 일치하고 있는 것이다. 신안선의 운항 시점과 때맞추어 나타나는 근해에서의 왜구의 요란한 출몰 현상은 신안선의 운명에 왜구가 일정 부분 연관되었을지도 모른다는 또 다른 가능성을 암시하는 것이기도 하다.

신안선 화물의 화주 내지 행선지와 관련해서는 하카다의 하코자키쿠(箱崎宮), 쵸쟈쿠안(釣寂庵), 혹은 쿄토의 도후쿠지(東福寺) 등의 기관명이 목간을 통하여 확인되었다. 특히 '동복사'(東福寺) 목간은 41점에 이르고 있는데 이들 신사와 절은 신안선 바로 몇 년 전인 1320년을 전후한 시기 소실된 상태였다. 따라서 신안선 적재 화물이 이들 절과 신사의 재건과 관련이 있을 것이라는 해석도 가능해진다. 도후쿠지의 재건 사업은 1325년 2월에 완성되었다. 신안선의 침몰로부터 1년 반이 경과한 시점이다.

3. 신안선의 구조와 승선자

신안선은 발굴 당시 총 720편의 선체편이 인양되었다. 매몰 상태는 우현(右舷)에 구멍이 나고 약 15도가 기울어진 상태였다. 이로써 신안선은 우현이 암초에 충격된 상태에서 침수에 의하여 침몰된 것이었음을 알 수 있다. 1981년부터 선체편에 대한 보존 처리 작업을 시작하여 1999년까지 보존 처리에 18년이 소요되었다. 다시 선체편에 대한 건조를 거쳐 2004년까지 잔존 상태의 복원을 완료하였다. 선체 인양 당시 잔존 척도는 길이 약 28.4미터, 최대폭 6.6미터, 높이 2.1미터이었다. 복원 규모는 최대 길이 34미터, 최대 선폭 11미터, 추정 배수량 260톤, 그리고 선체 내부는 격벽(隔壁)에 의하여 여덟 개의 선실로 구성된다.

신안선의 선박은 기왕에 조사된 송대 천주선(泉州船)과 유사한 첨저형(尖底型) 구조로서, 흔히 복선(福船)으로 불리는 유형에 속한다. 외판은 홈을 파 비늘처럼 겹쳐 이은 것이 특징이고, 돛대는 원래 세 개였던 것으로 보이나, 돛대 받침은 두 개만 확인되었다. 선체의 수종은 외판·갑판·용골을 비롯하여 거의 소나무가 사용되었는데, 이 소나무는 중국 남부의 대표적 수종인 마미송(馬尾松, Pinus massoniana)으로 밝혀졌다. 그 이외에 중국 남부 지역의 대표적 침엽수인 넓은잎삼나무(廣葉杉)가 부분적으로 사용되었고 현장(舷牆) 지주에 녹나무류, 용골 부목(副木)에 가시나무류 등이 일부 사용되었다.[9] 선박의 형태 및 수종의 조사 결과에 의하여 신안선이 중국에서 제작된 선박임이 분명해진다.

우현 제4격벽과 5격벽 사이에는 대형 수조(水槽)가 시설되어 있는데 용량은 50톤 정도로 추정된다. 좌현에도 이와 비슷한 규모의 수조가 있었을 것이다. 원양 항해에 있어서 물의 중요성은 말할 필요도 없거니와 이 용수 문제를 대형 수조의 설치에 의하여 해결하였던 것이다.

신안선의 승선자 규모는 대략 60~70명으로 추정된 바 있다. 이는 1123년 고려 파견 송 사신선단의 규모가 60명, 1183년과 1217년 일본인의 중국 표착자가 73명과 72명이었다는 것에 근거한 것이다. 신안선 문제에서 아주 흥미로운 것 중의 하나는 승선자 내지 승무원의 구성이 한·중·일 3국의 국제적 성격을 갖는다는 점이다. 화물의 대부분을 차지하는 중국 상품 이외에 일본제 세토(瀨戶) 도기 및 고려청자의 인양이 이를 암시하지만, 특히 선내에서 승무원 혹은 승선자의 선상 도구가 중국·일본·고려 3국의 것이 함께 확인됨으로써 승선자의 국적이 국제적 양상이었음을 확인하여 준 것이다. 이러한 점에서 선상 생활 용구의 양상은 매우 흥미 있는 문제의 하나이다.

9_박상진, 「신안선 수종조사」, 『신안선 보존·복원 보고서』, 국립해양유물전시관, 2004, 16-25쪽.

신안선 선상에서의 생활 용구를 국적별로 나누어 추려 보면 다음과 같다.

중국제: 조리도구 (손잡이 남비, 동제솥, 발, 잔, 깔때기, 등잔, 삽, 젓가락, 도마)
생활용품(동경, 나무빗, 촛대, 백자사발과 접시)
놀이용품(바둑돌)
종교용품(징, 바라, 향로, 제기, 목제보살입상)
일본제: 음식용구 (칠완, 칠배, 瀨戶매병)
생활도구(나막신)
차도구(흑유찻잔, 주전자, 돌맷돌, 합, 불 집게)
종교용품(정병, 발, 향로, 거울, 염주알)
무기류(호신용 칼 손잡이, 칼집)
오락도구(장기 말, 주사위)
고려제: 음식용구(수저, 젓가락), 동경, 오락도구(투호)

중국에서 일본으로의 항해, 중국제 선박, 일본인 화주, 일본으로의 화물 운송 등을 고려할 때, 승선자 가운데는 일본인들이 다수 포함되어 있었을 것이 우선 예상된다. 화물의 목패에 쓰여진 다양한 일본인 인명 자료도 이 같은 추측을 뒷받침한다. 3국의 승선자 중 중심을 이룬 것은 일본인이었을 것으로 추정하였지만, 그러나 선상 사용의 다양한 중국식 조리 기구는 중국인 선원이 다수였음을 암시한다. 더욱이 선박의 제작처 및 선적(船籍)이 중국으로 추정되는 것이어서 결국 중국(원)으로 회항하는 배였다는 점을 감안할 필요가 있다. 중국 제작의 선체에 나무상자에 쓰여진 중국 인명, 중국 음식 조리 기구, 계산용 주판(珠板알) 등의 선상용구로 볼 때 중국 선원이 다수 승선하였고, 이 점에서 신안선의 선적은 역시 일본이 아니라 중국이었을 것이다.[10]

10_山本信夫, 「新安海底遺物」, 『考古學による日本歷史』 10(對外交涉), 雄山閣, 1997, 163-164쪽 참조.

신안선의 조리 용구 각종(국립해양문화재연구소 사진)

유물과 관련한 또 다른 문제는 음식 용구와 거울, 오락 도구 등 고려 자료이다. 신안 유물 중에는 고려청자 7점 이외에 청동 숟가락(2점), 젓가락, 거울 등 고려의 생활 도구가 포함되어 있다. 젓가락은 22.5센티미터, 손잡이 부분에 대나무 마디 같은 마디를 장식한 것이다. 신안선의 거울은 20점에 이르는데 중국, 일본 및 고려의 거울이 모두 포함된 것으로 인식된다. 고려의 것으로 보는 거울은 지름 10.3센티미터 크기, 쌍어문과 '子厚'(자후)라는 명문이 있다. 이들 유물은 신안선의 선원 가운데 고려인이 포함되어 있었던 증거로 간주된다. 그러면 이 고려인은 과연 어떤 사람이었는지, 그 신원이 의문으로 떠오른다. 선원이었는지 아니면 승선자의 일원이었는지, 만일 선원이었다면 어떻게 이 배에 고려인이 선원이 될 수 있는 것인지, 승선자였다면 그가 무엇 때문에 중국에서 일본으로 가게된 것이었는지, 모두 의문의 대상이 되기 때문이다. 다만 출항지인 경원(명주)이 일찍부터 고려와의 내왕이 많아 심지어 고려사관(高麗使館)이 운영될 정도였다는 점을 감안하면 고려인의 승선이 전혀 의외라고만 생각할 수도 없는 일이다.

4. 신안선의 도자사적 의미

신안선 유물의 절대다수는 역시 중국제의 도자기였다. 20,661점의 신안선 인양 중국 도자기 중 가장 많은 비중을 차지하는 것은 1만2천여 점의 용천요 청자이다. 이 수량은 이스탄불 톱카피(Topkapi) 궁전이 보유한 1,350점 용천요 청자의 열 배에 이르는 엄청난 규모이다.[11] 그 가운데는 남송 후기의 것으로 생각되는 자료가 일부 포함되어 있는 것으로 보이지만, 대부분은 원대의 자기류로서 신안선은 도자기의 편년에 절대적 기준을 제공해 준 셈이 되었다.

신안선 발굴에 대한 최초의 학술회의는 발굴 개시 1년 뒤인 1977년 10월 국립중앙박물관 주관으로 개최되었다. 열네 명의 발표 주제 중 도자기에 대한 발표가 아홉 건에 이르러, 신안선 발굴이 특히 도자사적 관점에서 많은 흥미를 끌었던 점을 반영하고 있다.[12] 신안선의 출현은 일본에 있어서도 커다란 관심을 불러일으켰는데, 특히 논의의 중심은 여전 도자기에 있었다.

신안선 청자의 기형은 매우 다양하며 생활 용품으로 사발(碗)·고족배(高足杯)·발(鉢)·잔탁·정병 등이고, 장식용으로는 화병·향로·화분·수반·인물상·보살상 등을 들 수 있다. 신안선 보고서에 제시된 중국 도자기 20,661점의 분류별 수량은 다음과 같다.[13]

11_出川哲郎, 「신안 침몰선 출토 중국도자의 성격」, 『신안선과 동아시아 도자교역』, 국립해양유물전시관, 2006, 218-219쪽 참조. 한편 톱카피 궁전 박물관 소장 중국자기는 송원-청대 도합 1만여 점에 이르며, 헌상·구입·약탈 등 다양한 경로를 통하여 수집된 자료라 한다(三上次男, 「トプカプサライ博物館の中國陶磁」, 『陶磁貿易史研究』 下, 中央公論美術社, 1988).

12_국립중앙박물관, 『신안해저문물』, 국제학술대회주제발표, 1977.

13_문화공보부·문화재관리국, 『신안해저유물 종합편』, 1988.

신안선에 실려 있던 고려청자와 고려 수저(국립해양문화재연구소 사진)

용천요계 청자 12,359

주로 경덕진요 계통 청백자와 백자 5,303

흑유류 506

백탁유 188

토기호(갈유·잡유) 2,305

토기 사이호 등 197

유물의 절대다수를 차지하는 용천요(절강성) 청자 이외에 수량은 조금 적지만 주로 경덕진요(강서성)로 구성된 백자와 청백자가 주목된다. 그 밖에 길주요·정요·건요·자주요 등의 자료도 일부 포함되어 있는 것으로 파악되었다. 신안선 유물의 절대량을 차지하는 중국자기의 경우, 신안선 유물로 인하여 송-원대 간의 자기에 대한 편년을 재정립하게 된다. 일부 남송대 자료가 포함되어 있다고 볼 수 있지만 역시 자료 대부분을 원대 당시의 생산품으로 보는 것이 일단 상식에 부합하기 때문이다.

신안선에서는 중국의 도자기 이외에 고려청자 7점과 일본의 도기 2점이 포함되어 있다. 2점의 도기는 고세토(古瀨戶) 도기에 속하는 매병으로서, 제작 시기는 선박의 침몰에 매우 가까운 시기이며, 배에 승선해 있던 일본 승려 등 상류층이 사용한 것이었다고 여겨진다. 신안선에서 출토한 고려청자 7점은 특히 많은 관심을 끌고 있는데, 이 고려청자에서 논난되어 온 문제의 하나는 역시 청자의 연대이다. 신안선 보고서에서는 고려청자의 7점의 편년에 대하여, "청자반양각연당초문매병은 12세기 전반, 청자상감운학문대접은 12세기 중엽, 청자상감국화문탁잔은 12세기 후반, 청자상감모란국화문탁잔은 12세기 말~13세기 초경, 청자상감운학국당초문벼개는 12세기 후반경이며 청자사자연적은 13세기경, 청자상감국화문뚜껑은 14세기 초경"이라 추정하고 있다. 12세기 전반에서 14세기 초까지에 걸치고 있으며, 7점의 연대는 여섯 개의 서로 다른 편년을 가지고 있는 것이다. 이에 의하여 청자와 침몰선 간에는 150년 이상의 시간차가 형성되어 신안선은 남송 시대 고려와의 무역에서 수입된 골동품을 구입하여 적재한 것이 된다.

그러나 신안선의 고려청자가 1~2세기 전의 골동품을 구입한 것, 혹은 7점의 청자 편년이 무려 여섯 개의 편년을 가지고 있다는 것은, 여하튼 자연스럽지는 않다. 고려청자의 경우는 남송·원으로의 유입이라는 또 하나의 과정이 전제되어야 하기 때문에 시간적 격차가 예상되지만, 그럼에도 불구하고 이를 기존의 편년관에 적용하여 '골동품'으로 단정하고 다양한 편년을 제시하고 있는 것은 잘 납득되지 않는 점이 있다. 신안선 발굴 초기인 1977년의 학술회의에서 김원룡 선생은 이 점과 관련하여 12세기라는 종래의 편년이 절대적인 것인지는 "조심스럽게 검토되어야 할 것"이라 하였다. 최근의 연구는 이들 고려청자의 제작 시기가 연화문매병 이외에는 14세기 전반, 1323년에서 멀지 않은 시점이라는 의견이 제기되어 있다. 13세기의 자료에 비하여 퇴화한 것이며 '반복적인 문양과 둔중한 기형'이라는 점을 그 근거로 들었다.[14] 이들 청자 유물을 14세기 초 당대에 가까운 시기의 것이라 한다면, 신안의 고려청자는 고려청자 편년 설정에 중요한 기준을 제공하는 것이기도 하다.

5. 신안선 연구의 난관과 전망

대략 신안선 발굴 20주년이 되는 무렵인 1996년, 한 방송사(MBC)에서는 〈700년 전의 약속〉이라는 주제로 신안선의 루트를 재현한 바 있다.[15] 1996년 6월 5일 중국 영파(경원)항을 출발한 이 복원선은 30명의 승조원과 탑승객을 싣고 침몰 지점인 신안 앞바다를 거쳐 하카다항과 6월 23일 오사카항 입항, 쿄토 도후쿠지(東福寺)에 이름으로써, 1323년 신안선의 사건을 연출하였다.[16] 신안선은 선박과 유물이 갖는 고유의 가치 이외에, 한·중·일 동아시아 3국이 상호 연계되어 있는 자료라는 점에서도 매우 의미 있고 특징적인 자료이다. 후쿠오카 시립박물관에서 신안선 코너를 만들어 전시하고 있는 점도 이 같은 소재의 특성과 연관이 있다.

한국은 신안선과 출토 유물을 직접 발굴하고 보유하고 있다는 점에서 이 자료에 대한 기본적 조사 연구의 진전에 대한 가장 큰 책임을 가지고 있다. 그럼에도 불구하고 그동안 신안선 연구는 침체한 상태를 면하지 못하였다.

14_이 논문에서는 매병과 연적의 연대를 13세기 중반으로 일단 설정하면서도 이들 유물조차 14세기 같은 시기의 작품일 가능성을 남겨 두고 있다. 한성욱, 「신안선 출토 고려청자의 성격」, 『14세기 아시아의 해상교역과 신안해저유물』(학술회의 자료집), 국립해양유물전시관, 2006, 343-348쪽 참조.

15_〈700년 전의 약속〉은 MBC 창사 50주년 기념으로 김윤영 PD에 의해 제작되었다. 1995년 신안선과 같은 재질의 목재를 복건성의 武夷山에서 벌채하고 福州에서 선박을 건조, 영파에서 출항하였다. '700년 전의 약속'호는 2006년 이후 부산·제주 등지에서 관광선으로 이용되다 부산의 한국해양대학에 기증되었으나 2003년 태풍 매미의 기습으로 파손되어 폐선 조치되고 말았다고 한다(국립해양문화재연구소 곽유석 과장에 의함).

16_사안은 약간 다르지만 일본 나가사키에서도 1989년 4월 중국 福州에서 제작한 근세의 중국 무역선('唐船')이 나가사키항에 입항하여 공개되었다. 명말·청초 鄭成功의 군선을 모델로 복원한 160톤급(길이 31미터), '飛帆'이라는 이름의 이 선박은 중국과의 교류 우호를 증진하려는 시민단체(長崎歷史帆船協會/阿蘭陀船ば倉る會)에 의하여 사업이 추진된 것이었다(『每日新聞』, 1989/4/29). 필자는 2009년 12월 공주대-사가대와의 대학생 학술 교류시, '飛帆' 제작의 주역이었던 이치노세(一瀨 紀元) 씨의 안내로 나가사키항에 정박되어 있는 '飛帆'을 견학한 바 있다.

한 일본의 연구자는 지금까지 신안 유물에 대한 기초 작업은 "격화소양(隔靴搔痒)과 같은 기분이 든다"는 직설적 표현까지 서슴지 않았다.[17] "신을 신은 채 발바닥을 긁고 있는" 것처럼, 정리되어 있는 기초 조사와 연구의 진전 단계가 답답한 상태라는 것이다.

신안선 유물에 대한 자료 정리, 관련 연구와 활용이 오랫동안 부진했던 것은 조사 연구 환경의 열악성이 큰 요인이 되었다고 필자는 생각한다. 신안선 유물은 자료의 방대함과 특수성 등으로 개인 연구에 의한 진전에는 일정한 한계점이 있다. 국가 연구기관에 의한 조직적이고 체계적 접근이 뒷받침되어야 하는 사안인 것이다. 미비했던 환경이란 무엇보다 관련 연구기관이 신안선 조사 이후 바로 갖추어지지 못했던 점이다. 선체의 보존 처리를 위하여 목포에 '보존 처리장'이 설치된 것이 1981년, 그후 연구와 전시 기능을 갖춘 기관이 설치된 것은 1994년이 되어서의 일이었기 때문이다.

그러나 신안선 연구의 장애가 되었던 것은 관련 기관의 미비만은 아니다. 신안선에서 출토한 막대한 량의 유물이 출토 현장에서 멀리 떨어진 서울과 광주의 박물관에 수장되어 있는 점도 관련 분야 연구의 진전 내지 활용에 장애 요인이 되어 있다. 수중 유물은 조사의 방법과 조사 환경에서 일반 육상에서의 발굴 조사와 차이가 있을 뿐 아니라, 유물의 성격도 다른 의미를 갖게 된다. 더욱이 해양이 갖는 공간적 성격상 신안선과 같은 유물은 여타의 일반 문화재와 차별성이 있다. 바로 이 차별성에 입각하여 유물을 보존하고 관리하며 국제적 연구 역량을 축적해야 나가야 할 필요성이 있다. 신안선과 관련 연구의 진척을 위해서는 이 같은 관리 환경이 개선되어야 할 문제의 하나이다. 신안선과 유물은 어떤 의미에서는 동아시아 3국 공유의 문화재이고, 동시에 이를 보존 관리하고 있는 국가로서의 한국의 국가적 책임이 있기 때문이다.

17_모리모토 아사코(森本朝子), 「아시아 해저고고학」, 『바다의 아시아』 5, 다리미디어, 2005, 158쪽.

일본 역사 교과서(帝國書院, 『中學生の歷史』)에 실린 신안선 복원선. 〈700년 전의 약속〉

신안선 조사 초기 김원룡 선생은 이 신안선 발굴을 계기로 강진이나 부안으로부터 개성을 향하던 청자선의 발견 가능성을 예견하고 향후 서해 연안에서의 고려선 발견에 관심을 촉구한 바 있다. 신안선을 계기로 완만하나마 개선된 조사 연구의 여건은 근년 서해 연안 일대에서의 연이은 수중 조사를 통하여 주목을 받고 있다. 이에 의하여 서해 연안 해로 일대가 새로운 문화재의 보고로 각광을 받을 수 있게 된 셈이다. 태안에 유조선의 원유 유출이라는 엄청난 참사가 일어난 이후, 2007년부터 2008년까지 태안에서 조사된 고려 시대 청자선은 태안 지역에 새로운 발전 가능성과 희망을 열어 가는 사건이었다. 조사 결과 선체 일부를 포함하여 도합 23,815점의 유물이 인양되었으며, 그 대부분은 각종의 생활 청자기였다. 2009년도 이후로는 태안 마도 인근 해역에서의 조사가 진행 중이며, 이 같은 성과를 바탕으로 국립해양문화재연구소의 분관을 태안에 설치하는 논의가 급부상하였다. 한편 2005년 중국 산동성 봉래시(蓬萊市, 登州)에서 조사된 고선박 중 2척이 14세기 말에 제작된 고려 선박이라는 사실이 밝혀지게 되었다.

이 같은 조사 성과의 출발점에 신안선이 있는 것이지만, 신안선을 계기로 좀 더 서둘러 연구 기반을 조성했더라면 한국의 수중 문화유산에 대한 조사와 연구의 성과에 훨씬 많은 진전이 있었을 것이라는 아쉬움을 함께 갖게 된다. 이 점에 있어서 만시지탄의 감이 없지는 않지만, 근년에 들어 수중 문화유산에 대한 관심과 연구 역량이 급격히 확산되고 있음은 신안선을 비롯한 한국의 수중 문화유산 연구와 개척에 새로운 전망을 주는 요소이기도 하다. 그리고 그것은 한국이 자랑할, 귀중할 문화 자원의 개발과 가치 확산에 기여하는 일이 될 것이다.

13장

청조의 해외무역에 대한 인식의 일면*

강희·옹정 시기 일본과의 무역 관계를 중심으로

홍성구

1. 머리말

1644년(순치 원년) 청조의 입관(入關)은 동아시아 질서의 대전환을 상징하는 사건이었다. 몽골의 원조가 초원으로 물러난 후 276년 만에 다시 북방 민족이 중원을 정복하고 지배하는 역사가 시작된 것이다. 이후 청조는 1683년(강희 22) 대만을 정복함으로써 중국 정복을 완성하였고, 이어 건륭 시기에 이르러 서북 진출을 완성하여 지금의 외몽골·티베트·위그르 지역까지를 아우르는 최대 판도를 형성하였다.

필자는 전고에서 이와 같은 전대미문의 판도를 형성한 정복 왕조 청조 시대의 국제 질서의 특질을 규명하기 위해서 청조가 입관하기 이전 일본과의 관계를 살펴본 바 있다.[1] 여기서는 입관 이전 청조가 명·청 전쟁의 상황에서

* 이 논문은 拙稿, 「清朝의 日本認識」(『역사교육논집』 42, 2009)의 일부(166-180쪽)를 본 논문집의 기획 의도와 편집 방침에 맞게 대폭 수정·보완한 것이다.

일본의 강한 군사력을 견제하기 위해 일본을 청조 중심의 책봉 조공 질서의 범위 안에 위치시키려고 하였다는 사실을 논증하였다. 그런데 청조는 입관 이후에도 일본과 책봉 조공 관계를 수립하지 못했다. 그것은 무엇보다도 에도 막부의 일본이 청조와의 통교 관계 수립을 거부했기 때문이었다. 일본이 이러한 태도를 취한 것은 에도 막부가 청조의 등장을 원구(元寇)의 재현일지도 모른다고 우려했을 뿐 아니라, 청조를 세운 만주가 몽골과 마찬가지로 북방의 유목민이란 점에서 멸시하고 천시했기 때문이었다. 결국 입관 직후 스스로 명조를 대신한 천하공주(天下共主)임을 자임하며 명조 시대의 책봉 조공 질서를 계승·회복하고자 했던 청조의 시도는 성공하지 못했다. 하지만 청조가 이러한 상황을 그대로 받아들인 것을 단순히 외교 실패의 결과로만 이해하기는 곤란할 것 같다. 왜냐하면 명초의 상황을 보면, 명조는 일본을 조공국의 자리에 위치시키기 위해 부단히 노력한 반면, 청조의 일본 정책에는 그러한 노력이 그다지 뚜렷하게 드러나지 않기 때문이다. 왜 청조는 일본과의 관계 수립을 위해 명조 초기와 같은 노력을 기울이지 않았을까? 이에 대해서는 전고에서 이미 청조 시대 '화이의식의 변용'이라는 측면에서 시론적 설명을 제시한 바 있으나, 입관 이후의 청일 관계의 양상을 화이의식의 변용이라는 측면에서 어떻게 이해할 수 있는지에 대해서는 구체적으로 살펴보지 못하였다.

이에 이 글에서는 전고를 이어서 입관 이후, 특히 강희·옹정 시기 일본과의 무역 관계를 소재로 청조 중심의 새로운 동아시아 국제 질서 속에서 청일 관계의 전개 양상을 살펴보고, 그것이 청조 시대에 등장한 새로운 화이의식과는 어떠한 관계에 있는지를 생각해 보고자 한다.

1_拙稿, 「清 入關 前 동아시아 국제 질서의 再編과 日本」, 『明清史硏究』 33, 2010.

2. 반청 운동과 해금 정책의 영향

입관 직후 청조는 아마도 명조를 대신한 천하의 중심으로서 명조 시대의 국제 질서를 그대로 계승할 수 있다고 생각했는지도 모른다. 그래서인지 일본과의 관계에서도 명초와 마찬가지로 책봉 조공 관계를 통해서 전통적인 국제 질서를 복원하려고 했던 것 같다. 하지만 생각대로 청조가 명조의 지위를 그대로 계승할 수는 없었다. 일찍이 1636년 대청(大淸)을 수립하는 과정에서 조선과 두 차례나 전쟁을 벌일 수밖에 없었던 이유도 근본적으로는 조선이 청조[후금]의 지위를 인정하려고 하지 않았기 때문이었다. 그와 마찬가지 맥락에서 입관 이후 중원의 한인 지식인들도 청조 지배의 정당성을 인정하려 하지 않았고, 일본의 입장도 이와 크게 다르지 않았다. 청조는 안팎으로 청조의 지위를 인정하고 싶지 않은 세력과 그 이데올로기, 즉 한인이 만들어 낸 전통적인 화이의식과 대결하지 않을 수 없었다.

일본을 청조 중심의 책봉 조공 질서의 범위 안에 두고자 하는 청조의 의도와는 달리, 일본은 청조와의 관계 수립에 부정적이었을 뿐 아니라, 오히려 반청 운동의 구심점인 남명(南明) 정권 및 대만의 정씨 세력과 긴밀한 관계를 맺고 있었다. 실제 남명 정권과 정씨 세력은 청조에 저항하기 위해 여러 차례 일본에 군사 원조를 요청하기도 했고, 에도 막부는 신중하게 파병을 검토하기도 했다. 또 일본은 남명 정권 및 정씨 세력이 정치권력을 유지하는 데 필요한 막대한 경제력을 제공하는 무역 기지의 역할을 담당하고 있었다. 그러므로 청조는 입관 이전과 마찬가지로 반청 세력의 군사적·경제적 후원자의 역할을 담당하고 있는 일본을 경계하지 않을 수 없었다.

청조의 해금은 직접적으로는 남명 정권과 정씨 세력의 반청 활동을 진압하기 위해 실시된 것이었다. 당시 이들의 반청 활동은 청조에게는 대단히 위협적이었다. 1650년(순치 7) 정성공은 복건의 하문을 점령하여 반청 활동의 거점을 건설하였고, 1653년(순치 10)에는 해등(海登) 전투에서 청군을 격파하는 등 청조를 상대로 큰 전과를 올리고 있었다. 이에 1653년(순치 10)에 급사중 왕명악(王命岳)이, 또 1654년(순치 11)에는 예과급사중 계개생(季開生) 등이 해금을 실시할 것을 제안했다. 그리고 마침내 1655년(순치 12) 6월, 총독 둔태(屯泰)의 요청으로 연해 제성(諸省)에 해금이 실시되었다. 이때의 해금은 대선(大船)이 금지된 화물을 바다에 가지고 나가 번국(番國)과 무역하거나 몰래 해적과 교통하는 행위를 금지하였을 뿐, 민인의 소선(小船)이 허가를 받아 연해 근처에서 어업에 종사하거나 생필품을 구하는 것은 허용했다.[2] 하지만 이런 정도의 해금으로는 해상을 무대로 전개되는 반청 활동을 완전히 제압하기 어려웠다. 1659년(순치 16) 장강을 통해 접근한 정씨 세력이 남경을 포위한 사건은 이 정도의 해금으로는 정씨 세력의 반청 활동을 진압하기에 충분하지 않다는 사실을 극명하게 보여 주었다. 결과적으로는 정씨 세력을 패퇴시키고 남경을 지킬 수 있었지만, 청조는 이 사건을 계기로 정씨 세력의 실력을 절감할 수 있었다. 또 1660년(순치 17) 청조는 정성공의 근거지인 하문을 공격했지만, 1만에 가까운 병력을 잃는 등 막대한 피해를 입고 물러날 수밖에 없었다. 이에 강희제가 등극한 직후인 1661년(순치 18) 8월, 청조는 연해민을 내지로 이주시켜 해안을 공동화(空洞化)함으로써 정씨 세력과 내륙의 민인의 접촉을 근본적으로 차단하는 천계령을 실시하여 해금 정책을 대폭 강화하였다. 이후에도 정씨 세력은 대만을 점령하여 지속적인 항청 활동의 근거지를 마련하였고, 청조는 1672년(강희 11)에 이르러 재차 천계령을 반포하여 해금을 더욱 강화하였다. 이로써 청조 통치하의 민인은 공식적으로는 해외의 그 누구와도 관계를 맺을 수 없는 상황이 만들어졌다.

1655년(순치 12)부터 1683년(강희 22)까지 약 30년 가까이 청조 치하의 민인은 해외 교류와 교역이 원칙적으로 일체 금지되었다. 그러나 이와 같은 강

2_『欽定大清會典事例』 권629, 兵部88, 綠營處分例16, 海禁1.

력한 해금 정책에도 불구하고, 청조는 일본과의 해상 교역을 완전히 금지하지는 못했다. 이와오 세이치(岩生成一)의 수량적 고찰에 따르면, 천계령이 실시된 1661년부터 해금이 해제된 1684년까지 24년간 일본 나가사키에 내항한 중국선(中國船) 중 중국 대륙의 항구를 출범지로 하는 선박은 총 264척으로 연평균 11척이 내항한 셈이다. 이 숫자를 1647년부터 1660년까지 14년간 연평균 37척, 1685년부터 1700년까지 16년간 연평균 77척이 내항한 것과 비교해 보면, 청조의 해금 정책이 적지 않은 효과를 거두고 있었음은 분명하다. 그러나 천계령과 같은 강력한 해금 정책이 실시되고 있었던 사정을 감안하면, 연평균 11척의 내항도 결코 적은 수라고 말하기는 어려울 것이다.

그런데 이 기간 동안 나가사키에 내항한 선박의 출범지를 보면 복주선(福州船) 26척과 안해선(安海船) 25척이 전체 내항 선박의 19퍼센트를 차지한다. 그 밖에 천주선(泉州船) 1척, 금문선(金門船) 3척, 장주선(漳州船) 7척을 포함하면 복건선(福建船)의 비율은 23퍼센트에 이른다. 또 광동선(廣東船) 50척도 전체의 19퍼센트를 차지한다. 복건선과 광동선을 모두 합하면 42퍼센트에 달한다. 복건선의 출범지인 복주·장주·안해 등지가 정씨 세력의 근거지였다는 점을 상기하면 당시 일본 무역은 역시 정씨 세력에 의해 주도되고 있었음을 짐작할 수 있다.[3] 정씨 세력은 여기에서 막대한 무역 이익을 창출하였고, 이것이 정씨 세력의 반청 활동의 가장 중요한 경제적 기반이 되었다.

청조의 입장에서, 반청 활동을 진압하기 위해서는 무엇보다도 우선적으

3_岩生成一, 「近世日支貿易に關する數量的考察」, 『史學雜誌』 62-11, 1951, 11~12쪽의 "長崎來航支那船出帆地別船數表(1647~1700)" 참고. 이 표에 근거하여 기간별로 나가사키에 내항한 중국선의 총수와 연평균수를 정리하면 다음과 같다.

기간 / 출항지별 선박 수	1647~60(14년간)	1661~84(24년간)	1685~1700(16년간)
중국 대륙선 총수(연평균)	518(37)	264(11)	1,232(77)
남양선 총수(연평균)	168(12)	504(21)	224(14)
중국선 전체 총수(연평균)	672(48)	768(32)	1,440(90)

로 정씨 세력의 해상 활동을 봉쇄해야만 했다. 그것은 궁극적으로는 상품 공급지인 대륙과의 교통뿐 아니라, 상품 시장으로 기능한 일본과의 교통 모두를 차단해야만 성공할 수 있는 정책이었다. 하지만 후술하겠지만, 일본이 가지고 있는 동전의 원료인 동(銅) 공급처로서의 역할 때문에 청조는 사실상 일본과의 해상무역을 완전히 차단하거나 외면할 수만은 없는 처지였다. 그러면서도 다른 한편으로는 강력하게 해금을 실시하고 있는 상황에서도 정씨 세력이 일본 무역을 장악하고 있었고, 그것이 정씨 세력의 중요한 경제적 기반이 되어 있었던 이상, 청조는 일본을 경계하지 않을 수 없었다. 이러한 점에서 남명 정권과 정씨 세력의 반청 활동, 그리고 이를 진압하기 위한 해금 정책은 청조와 일본의 관계 수립에 가장 큰 장애 요소였다.

그런데 재차 천계령이 발포된 이듬해인 1673년(강희 12)에 삼번(三藩)의 하나인 평남왕 상가희(尚可喜)가 나가사키 부교(長崎奉行)에게 통상을 요구한 적이 있었다.[4] 상가희는 광동에 분봉된 번왕이었고, 1673년은 상가희가 아들 상지신(尚之信)과의 갈등으로 인하여 청조에 철번을 요청한 해이다. 이 사건이 오삼계가 주도한 삼번의 난의 직접적인 원인이 되었음은 주지의 사실이지만 당시 상가희 자신은 청조에 대해 반심을 품고 있지 않았다. 하지만 아들 상지신이 병권을 장악하고 있는 상황이었고, 그는 1675년(강희 14)에 오삼계로부터 초토대장군(招討大將軍)의 호칭을 받고 반청에 가담하였다가 이듬해인 1676년(강희 15) 다시 청군에 항복하였다. 그러므로 상가희가 나가사키 부교에게 통상을 요구한 것은 실제로는 상지신의 행위일 가능성이 있으며, 표면적으로는 청조의 유력한 권력자가 일본에 정식으로 통상을 요구한 사례처럼 보이지만 그렇다고 이것을 청조가 일본과 관계 수립을 시도한 예로 보기도 어려울 것 같다. 상가희·상지신 부자는 사실상 청조로부터 반(半)독립적인 지

4_『淸史稿』 卷158, 志133, 邦交6, 일본, 4617쪽.

위를 가지고 있던 세력으로, 굳이 말하자면, 대만의 정씨와 같은 반청 세력이 일본과의 교역을 통해 독자적인 경제적 이익을 확보하려고 했던 시도에 더 가까운 것이 아닌가 생각된다.

그래서인지 다시 청조에 항복한 상지신은 1678년(강희 17)에 해상의 반청 세력을 소탕하는 데 필요한 선박을 건조한다는 명분으로 강희제에게 해금 완화를 요청한 적이 있었다. 물론 강희제는 이 제안을 일거에 거절했다. 삼번의 난을 주도했던 오삼계 측에 가담했다가 다시 청조에 귀순해 온 상지신을 강희제가 신뢰했을 리 없다. 그런데 상지신의 건의를 거부한 강희제의 반대 논리가 상지신이 스스로 주장했던 논리를 그대로 역이용한 것이었다는 점은 흥미롭다. 즉, 상지신이 스스로 하문 등 정씨 세력의 근거지를 봉쇄하기 위해 해금을 실시해야 한다고 주장했으면서 이제 와서 상민(商民)으로 하여금 배를 건조할 수 있게 하고 어로 활동을 허용해야 한다고 주장하는 것 자체가 모순이라는 것이다.[5] 아마도 강희제는 상지신의 의도가 표면적으로 내세운 반청 세력 소탕이라는 명분과는 달리 통상을 통해 무역의 이익을 얻는 데 있다는 것을 정확히 간파하고 있었는지도 모르겠다.

이처럼 남명 정권과 정씨 세력 등이 일본과의 무역을 반청 활동의 경제적 기반으로 삼고 있는 상황, 게다가 삼번에 가담했던 상지신 역시 해상무역을 통해 경제적 이익을 확보하려고 시도하는 상황에서 청조는 일본과의 관계 수립에 몰두할 수 있는 여력이 없었고, 오히려 일본과 반청 세력의 연결을 경계해야만 하는 입장이었다. 따라서 입관 이후 삼번의 난을 진압하고 대만의 정씨 세력을 완전히 정복하여 중국 내지 통일을 완성할 때까지 청조가 정식으로 일본과 통교를 위한 실제 교섭을 진행한 사례는 사실상 전무했다고 할 수 있겠다.

5_『平定三逆方略』 권41, 康熙17年 9月 丙寅.

3. 강희 연간 일본과의 교섭 시도

1683년(강희 22) 대만을 정복함으로써 청조는 중국 내지에 대한 통일을 완성하였다. 이를 계기로 청조는 1684년(강희 23)부터 해관을 설치하기 시작하면서 해외무역을 개방했고, 민간 상선이 합법적으로 출항하여 일본의 나가사키에서 일본과 교역을 할 수 있게 되었다. 하지만 이후에도 청조와 일본은 정식 통교 관계를 수립하지 못했고, 이러한 상태는 1871년 근대적 조약인 청일수호조규(淸日修好條規)가 성립할 때까지 지속되었다.

하지만 이 기간 동안에 청조 당국이 일본과 통상을 시도한 사례가 전혀 없지는 않았던 것 같다. 청조 중앙의 직접적인 개입이 있었는지는 확인할 수 없지만, 해관을 설치하고 해외무역을 개방한 이듬해인 1685년(강희 24)에 청조의 지방 당국자가 일본과의 통상을 시도한 사례를 찾아 볼 수 있다. 『화이변태』(華夷變態, 권10)의 「오십일번복주선풍설」(五拾一番福州船風說)를 보면, 복주와 하문에서 관선(官船) 13척이 내항했는데, 거기에 복주총독 왕국안(王國安)과 하문의 정해후(靖海侯) 시랑(施琅)과 관계가 있는 관원 두 명, 즉 "하문에서 파견된 문관 양이수(梁爾壽), 나이 45세, 섬서부(陝西府) 진안현(鎭安縣) 사람", "복주에서 파견된 무관 강군개(江君開), 나이 60세, 복건 복주부 복청현(福淸縣) 사람"이 각각 "봉령대만부독포해방청"(奉令臺灣府督捕海防廳)과 "봉령독리흥판양선좌도덕"(奉令督理興販洋船左都督)의 직함을 가지고 파견된 것으로 기록되어 있다. 현재로서는 그 정확한 파견 주체와 경위를 파악할 수 없지만, 복주총독 왕국안과 하문의 정해후 시랑의 신분상 앞에서 언급했던 평남왕 상가희·상지신 부자의 경우와는 달리 청조 중앙과의 교감 속에서 일본과 교섭을 시도했을 가능성이 높아 보인다. 후술하겠지만, 이들이 일본과 교섭을 시도한 가장 중요한 배경은 일본과의 무역을 통해 동전 주조에 필요한 재료인 동을 구입할 수 있었기 때문이었다고 생각된다.

사실 강희제는 일본 무역에 대해 상당히 적극적인 입장을 가지고 있었던 것으로 보인다. 무엇보다도 대만을 정복한 이듬해(1684년)에 바로 해관을 설치하여 해외무역을 개방한 조치를 취한 사실만으로도 해외무역에 대한 강희제의 개방적인 자세를 짐작할 수 있지만, 좀 더 구체적인 사례를 들어 보면, 1689년(강희 28) 강희제의 다음과 같은 언급에서도 그의 입장을 엿볼 수 있다.

> (강희 28년 8월 무자) 원임 복건절강총독 왕척(王騭)이 소(疏)를 올려, "일본의 상선은 마땅히 정해산(定海山)에 정박하게 하고 관리를 파견하여 조사하여 검증하고 나서 무역을 허락해야 합니다"라고 말했다. 황제께서 대학사 등에게 유시하시기를, "이 일에는 이익이 없다. 짐이 남순할 때에 연도에 대좌(臺座)가 설치된 것을 보고 지방관과 촌장의 기로(耆老)에게 물었더니 그들의 말에 따르면, '명대에 왜에 대비해 만든 것입니다. 명조 말년에 일본이 와서 무역함에 대선(大船)은 해구(海口)에 정박하고 소선(小船)을 다고 곧바로 호주(湖州)에 이르렀습니다. 원래 겁략하기 위해 온 것이 아닌데도 안에 있는 관병에 의해 모두 살해당하고 아직 일찍이 한 사람도 놓아주지 않아서, 이로부터 흔단이 자라나 군대를 설치하여 방비했고 마침내 평안을 기약할 수 없게 되었습니다'라고 한다. 이제 우리 청조는 범사에 모두 상세히 살피고 깊이 헤아려 지극히 마땅함을 힘써 구하니 명말의 전철을 밟을 수 있겠는가! 그리고 선량한 백성이라도 누차 수해와 한해를 만나고 의식에 궁박하게 되면 또한 도적이 되는 것이다. 무비(武備)는 마땅히 미리 준비해야 하는 것이지만, 전담하는 관리가 잘 다스려서 백성을 어루만지고 때때로 조심하면 난은 스스로 없어질 것이다. 그렇지 않으면 도적이 벌떼처럼 일어나 난을 일으켜도 그 원인을 알 수 없게 될 것이니, 일본만이 문제가 되는 것은 아니다.[6]

이 사료에서 보이는 원임 복건절강총독 왕척의 견해는 일본과의 무역은 신중해야 하므로 반드시 검증과 통제가 필요하다는 것이었다. 다분히 명말 왜구의 폐해를 의식한 주장이라고 생각된다. 그런데 강희제는 왜구 사태의

6_『淸聖祖實錄』 권141, 25a-25b쪽.

책임은 명말 관병의 기강에도 문제가 있었다는 것을 강조함으로써 은연중에 일본이 문제의 근본 원인이 아니라는 점을 말하고 있다. 이것은 강희제가 일본과의 관계를 폐쇄적인 입장에서 접근하고 있지 않다는 사실을 보여 준다.

실제로 강희제는 일본에 깊은 관심을 기울이고 있었다. 강희제가 일본에 관한 정보를 수집하기 위해 직접 첩보원 파견을 지시했다는 사실은 강희제가 일본에 얼마나 많은 관심을 가지고 있었는가를 단적으로 보여 준다. 1700년(강희 39) 11월 강희제는 삼처(三處: 소주·항주·강녕)의 직조(織造) 중 한 사람을 동양(東洋: 일본)에 파견하여 정세를 파악하라는 명령을 내렸다. 이에 항주직조인 오림달(烏林達) 막이삼(莫爾森)이 1701년(강희 40) 6월에 비밀리에 상해를 출발하여 일본에 파견되었다가 같은 해 10월 초에 영파로 돌아왔다.[7] 이때 막이삼의 보고는 강희제의 일본 정책에 적지 않은 영향을 끼친 것 같다. 『옹정주비유지』(雍正硃批諭旨)에는 다음과 같은 옹정제의 비답이 보인다.

> 그해 성조(강희제)께서 일찍이 (일본에 관한) 동정을 듣고서 특별히 직조 오림달 맥이삼을 보내어 상인으로 가장하여 그곳에 가서 살펴보도록 하셨다. 돌아온 날 복명하니, 대략 거짓으로 헛된 말을 날조하여 그 유약하고 공순함을 지극히 말하였다. 이후 마침내 개의함이 없이 개양(開洋)의 조치가 이어서 일어났다.[8]

이 비답은 당시 막이삼이 강희제에게 일본이 유약하고 공순하다고 보고했다는 사실을 전해 주고 있으며, 이것이 해외무역, 특히 일본과의 무역을 개

7_王利器, 『李士禎李煦父子年譜』, 北京出版社, 1983, 284-285쪽. 烏林達 莫爾森에 관한 기록은 『康熙起居注』, 康熙55年 丙申 九月 初2日 戊午(2303쪽)와 『雍正硃批諭旨』 권174-8(28a-28b쪽)의 기사, 그리고 『李士禎李煦父子年譜』(284-285쪽) 등에서 확인할 수 있지만, 현재로서는 그에 관한 더 이상의 자세한 정보를 확인할 수 없었다. 그리고 『雍正硃批諭旨』 등에는 '麥爾森'이라고 표기하고 있기도 하다.

8_『雍正硃批諭旨』 권174-8, 28a-28b쪽.

방하는 데 결정적인 영향을 끼쳤음을 말해 주고 있다.

당시 강희제가 일본 정세를 파악하기 위해 막이삼을 첩보원으로 파견한 데에는 사실 그만한 이유가 있었던 것 같다. 당시 청조에는 소액 화폐로 민간에서 통용되는 동전을 주조하는 데 필요한 원료인 동이 만성적으로 부족한 상황이었고, 일본은 동의 주요 공급처였다. 즉, 당시 동양무역은 청조의 통화 정책과 직접 연결되어 있었던 것이다.

막이삼을 일본에 파견하기 전 해인 1699년(강희 38)에 청조는 주전(鑄錢)에 필요한 동을 공급하는 방법을 크게 바꾸었다. 이전까지는 각 관(關)의 감독[關差]이 상인에게 위탁하여 동을 구매하여 정부에 제공하는 '관차판동'(關差辦銅)의 방식을 취했는데, 1699년부터는 내무부(內務府) 상인이 동을 구매하여 정부에 제공하는 '내무부상인판동'(內務府商人辦銅)으로 바뀐 것이다. 사실 차이점은 단지 판동의 주체를 관차가 모집한 상인에서 내무부의 상인으로 바꾼 것에 불과한 것이었다. 자금을 관세 수입에서 충당한다는 점에서는 큰 차이가 없었다. 하지만 이러한 판동 방식의 변경은 청조의 재정 문제와 밀접한 관련이 있었다. 즉, 청조 황제의 최측근이라고 할 수 있는 내무부 '포의'(包衣)들이, 어차피 상인이 판동하는 것이라면 자신들이 판동 과정에서 발생하는 잉여금인 '절생은'(節省銀)을 더 많이 납부할 수 있다고 제안한 것이다. 청조로서는 같은 자금을 투자해서 더 많은 수입을 올릴 수 있는 제안을 마다할 이유가 없었다. 다만 이익을 거두기 위해서는 일본산 동[洋銅]의 수입이 원활해야만 했다. 강희제가 막이삼을 파견하여 일본의 사정을 정탐하고자 한 데에는 이러한 배경이 있었던 것이 아닌가 생각된다.[9]

이처럼 이미 강희 시기부터 일본 무역은 청의 경제구조와 밀접한 관련을 맺고 있었다. 그러므로 청조는 일본과의 무역 관계, 특히 청조가 일본에서 양

9_易惠莉, 「清康熙朝後期政治與中日長崎貿易」, 『社會科學』 2004-1, 96-99쪽.

동을 안정적으로 구매할 수 있는 관계를 공식화할 필요성은 있었다. 『조선왕조실록』에 보이는 다음 사료를 통해서 간접적이나마 청조 측에서 일본과의 통교 관계 수립을 원하고 있었다는 사실을 엿볼 수 있다.

> 동래부사 이야(李壄)가 변경의 정세를 비밀리에 계달하기를, "역관 한후원(韓後瑗) 등이 와서 풍문을 고하기를, '범왜(凡倭)의 말에, 「강호(江戶)로부터 병사를 움직이는 일이 있어 바로 장기도(長崎島) 근처로 향하였다」고 하기에 관(館)을 지키는 왜인을 보고 몰래 서로 자세히 묻게 하였더니 관왜가 말하기를, 「과연 이런 일이 있는데, 금년 2월 20일 후에 강호의 관백이 삼하묘(三河妙) 태수 중부(重富) 등 세 사람을 시켜 서해도(西海道) 근처에 가게 하였고 거느리는 군사가 거의 2만여 명이라고 하나 아직 향하는 곳은 알지 못한다」고 하므로 역관이 말하기를, 「서해도의 관할은 구주(九州)에 불과한데 어찌 향한 곳을 알지 못할 이치가 있겠는가? 이웃을 사귀는 도리는 성신을 귀하게 여기니 그대는 숨기지 말라」고 하니, 왜인이 빙긋이 웃으면서 말하기를, 「일개 섬의 생령이 오늘까지 보존된 것은 모두 귀국의 은혜인데, 일동일정(一動一靜)을 어찌 감히 조금이라도 숨기겠는가? 다만 강호에 이런 일이 있는 것은 혹시 구주도주(九州島主) 가운데 죄를 범한 자가 있어서 폐단을 개혁하려는 계책인지, (아니면) 또한 듣건대, 금년 정월 무렵에 당선(唐船) 12척이 장기도에 와서 정박했다고 하는데 혹시 사정을 탐지하려고 그곳에 보낸 것인지 중간의 사실은 자세히 알지 못한다. 이후에 선편이 있어야 바야흐로 확실히 알 수 있으며 이 밖에는 들은 바가 없다」고 한다'고 하였으니, 교활한 왜인의 실정과 거짓을 믿을 수 없지만 변경 정세에 관계되므로 감히 계문하지 않을 수 없습니다"라고 하였다. …… (중략) ……
>
> 몇 달 뒤에 동래부에서 다시 탐문하여 아뢰기를, "관을 지키는 왜인이 말하기를, '한상(漢商)이 무상으로 장기도에 왕래하는데 금년 봄에 당선이 토산물을 많이 싣고 장차 강호에 가서 인호(隣好)를 맺으려고 하니, 관백이 이를 듣고 특별히 세 태수를 파견하여 보내며 말하기를, 「한상이 수교하기를 원하는 것은 우리의 속마음을 떠보려는 데에서 나왔으니 너희들은 사리에 의거하여 엄하게 물리칠 것이며, 만일 다시 번거롭게 하거든 일체 모두 도륙하여 후일의 폐단을 막으라」고 하였다. 세 태수가 4월

18일에 장기에 이르러 교린의 일을 힐문하니, 한상이 말하기를, 「절강의 수관이 우리가 해마다 장기에서 무역하는 것을 알고 교린의 뜻을 강호에 알리게 하였다」고 하므로, 세 태수가 말하기를, 「강호는 절강에서 수로가 멀어서 피차 경계가 본래 관섭됨이 없었는데 교린을 원하는 것은 일이 매우 수상하다」고 하며 이내 몰아내려고 하자, 한상이 조금 머물면서 무역하고 가기를 간청하니 세 태수는 4월 27일에 철귀했다'고 하였습니다. 당초에 전하는 말은 매우 허망하였으나, 대개 왜인의 풍속은 일의 크고 작음을 막론하고 무릇 힐문할 일이 있으면 반드시 군사를 거느리고 가므로 한상의 일로 나갔다가 곧 철귀했다는 것은 실상인 듯합니다."[10]

이 사료는 1703년(강희 42) 한상(漢商)이 절강수관의 명을 받고 나가사키에 와서 에도 막부와 교린을 위한 교섭을 진행하려 했다는 사실을 보여 준다. 여기에서 말하는 '절강수관'이 당시 어느 직책의 누구인지 단정할 수 없지만, 『清代職官年表』(錢實甫 編, 第2冊, 中華書局, 1980)에 의하면, 당시 이 지역의 지방 장관으로는 민절총독겸복주장군(閩浙總督兼福州將軍) 김세영(金世榮)과 절강순무(浙江巡撫) 장태교(張泰交)가 있었다. 또 이 교섭이 청조 중앙의 지시를 받은 것인지, 아니면 전적으로 지방 장관이 개인적인 차원에서 시도한 것인지도 확언하기는 어렵다. 하지만 당시 청조의 정치 상황을 고려하면, 역시 청조 중앙과의 교감 없이 독립적으로 일본과의 교섭을 추진했을 가능성은 상당히 낮아 보인다. 흥미로운 것은 '절강수관'이 한상을 보내서 일본과 교섭을 진행한 1703년(강희 42)에 강희제가 남순(南巡)하여 항주에서 앞에서 언급했던 민절총독겸복주장군 김세영과 절강순무 장태교의 내조를 받았다는 사실이다.[11] 절강수관의 명령은 아마도 이때 강희제의 지시를 받았거나 의논을 거친 결과

10_『朝鮮肅宗實錄』 권38, 숙종29년 5월 庚申(16일).

11_강희제가 북경을 출발한 것은 1702년 정월 16일이고, 2월 14일 항주에 도착하여 이튿날인 15일 杭州將軍 丹岱, 福建將軍兼福建浙江總督 金世榮, 浙江巡撫張泰交가 내조하였다. 『清聖祖實錄』 권211, 3b쪽, 14b쪽.

일 가능성이 있다. 물론 결과적으로는 일본의 에도막부가 청과의 교린에 대해 상당히 과민한 반응을 보임으로써 '절강수관'의 교섭 시도는 실패로 돌아갔다. 하지만 이것만으로도 청조 측에서 통교 관계 수립의 필요성을 느끼고 있었고, 관계 수립을 위한 다방면의 모색을 진행하였다는 사실을 보여 주기에는 부족함이 없다고 생각한다.

4. 일본의 '정덕신례'와 무역 주도권의 변화

청조가 양동(洋銅)을 많이 수입할수록 일본에서는 동이 부족해졌다. 특히 1684년(강희 23) 해관 설치 이후 청조의 양동 수입량은 급격히 늘어났다. 이에 일본은 1685년(강희 24)부터 수입 상품의 대금으로 지급할 수 있는 은과 동의 액수를 제한하는 일련의 무역 규제책을 실시했다. 이것은 청조의 통화정책에 직접적인 영향을 끼쳐 청조가 판동 방식을 자주 바꿀 수밖에 없는 주요 원인이 되었다. 1685년(강희 24)에 이미 일본은 중국선의 수를 73척으로, 연간 무역액을 6천 관(貫)으로 제한하는 '정향령'(貞享令)을 발표했다. 그리고 1715년(강희 54, 일본의 정덕 5)에는 중국선의 수를 30척으로, 연간 무역액을 은 6천 관으로, 수출 동을 연 300만 근으로 제한하는 이른바 '정덕신례'(正德新例: 海舶互市新例)를 실시하였다. 이것은 청조가 판동 방식을 여덟 개 성의 독무(督撫)가 책임지고 상인을 모집하여 동을 공급하는 '팔성분판'(八省分辦)의 방식으로 바꾸는 계기가 되었다. 특히 '정덕신례'에서 새로 실시한 무역 허가제도인 '신패제'(信牌制)는 청일 무역에서 중요한 전환점이 되었다.

신패는 나가사키 부교쇼(奉行所)에서 청국 상인에게 발행한 무역 허가서이다. '정덕신례'가 중국선의 내항을 연 30척으로 제한했으므로 신패 역시 매년 30통을 발행하여 이듬해의 내항 중국선의 수를 통제했다. 따라서 '정덕신례'

는 결과적으로 청국 상인들 사이에 신패를 발급받기 위한 경쟁을 격화시켰다. 이에 신패를 발급받지 못한 상인들이 일본이 신패를 발행한다는 사실을 당국에 알리면서, 신패를 발급받은 청조의 상인들을 "청조를 배반하고 일본을 따르고, 통사(通事)와 약속하여 외국의 연호를 사용한 신패를 받았다"[12]는 이유로 관부에 고발했다. 이와 같은 '반역 혐의'는 아마도 청국 상인들이 '정덕신례'에 의해 제한된 무역 규제를 철폐하기 위한 침소봉대의 측면이 있었다고 할 수 있다. 사실 신패 문제가 관부에서 논의될 때에 이와 같은 '반역 혐의'는 거의 문제시되지 않았다.[13] 물론 이 문제가 조정에서 논의되는 과정에서는, 자국 상인이 외국(일본)에서 발행한 인신문서(印信文書)를 수령했다는 것과 거기에 일본의 연호가 사용되고 있다는 것은 국전(國典)에 관계되는 것이라는 의견이 제기되기도 했다. 하지만 최종적으로 강희제는 신패가 상인들의 상거래를 확인하기 위해 발행하는 것에 불과하므로 국전에 관계되는 일이 아니라는 결정을 내렸다.[14] '정덕신례'는 청과 일본 사이의 무역을 사실상 일본이 통제하는 것을 의미했다. 그럼에도 불구하고 강희제가 이러한 결정을 내린 것은 그만큼 강희제가 일본 무역을 중시하고 있었다는 것을 보여 주는 것이다.

강희제가 일본 무역을 얼마나 중요하게 생각했는가를 보여 주는 또 하나의 사례는 1684년(강희 23) 해관을 설치하여 해외무역을 개방한 이후 1717년(강희 56)에 다시 남양(南洋: 동남아)무역을 제한하는 해금을 실시할 때의 상황

12_「信牌方記錄」, 大庭脩 編, 『享保時代の日中關係資料1: 近世日中交涉史料集2』, 關西大學出版部, 1986, 20쪽.

13_岩井茂樹, 「清代の互市と"沈黙外交"」, 『中國東アジア外交交流史の硏究』, 夫馬進 編, 京都大學學術出版會, 2007, 368-370쪽.

14_'信牌' 문제를 둘러싼 청조 내부의 논의와 그 결과에 관해서는 佐伯富, 앞의 논문; 松浦章, 「康熙帝と正德新例」, 箭內健次 編, 『鎖國日本と國際交流』, 吉川弘文館, 1988; 易惠莉, 앞의 논문; 岩井茂樹, 앞의 논문에 상세하다.

을 보아도 알 수 있다. 이때의 해금은 동양무역을 제외한 남양무역만을 대상으로 했다는 점에서 주목된다. 야나기사와 아키라(柳澤明)의 연구에 따르면, 당시 남양무역을 제한한 이유는 청조를 둘러싸고 있는 서북 변강의 정세, 즉 준가르 정세와 밀접한 관련을 맺고 있는 대외 정책의 변화 때문이었다. 그런데 이처럼 대외 정책을 폐쇄적으로 전환해야 할 필요성이 제기된 시점에서도 동양무역을 제한하지 않았다는 것은 일본 무역이 그만큼 중요했다는 사실을 전제로 하고 있는 것이다. 사에키 토미(佐伯富)도 역시, 청조가 양동 수입의 중요성 때문에 일본에 대한 공포와 의혹에도 불구하고 자국 상인의 나가사키 출항을 금지하지 못했다고 지적한 바 있다.

일본과의 동 무역이 청조 경제에서 이처럼 중요한 의미를 가지고 있었음을 고려하면, 청조가 일본 상인의 내항을 허가하지 않은 것에도 아마도 특별한 이유가 있었던 것 같다. 옹정 시기 절강총독이었던 이위(李衛)는 일본 상인의 내항 금지 정책을 다음과 같이 평가하고 있다.

> 신(이위)이 조사해 보니, 일본은 비록 손바닥만 한 섬나라 오랑캐로서 동으로 주조한 포화를 가지고 멀리까지 공격할 수 있고 왜도(倭刀)를 비롯한 무기가 매우 예리하다는 것에 의지하여 전조 명조 시기에는 누차 해환(海患)이 되어 동양에서 강구(强寇)를 칭했습니다. 하지만 본조(청조)에 들어와서는 위령을 두려워하여 자취를 감추어 오랜 동안 중화를 범한 적이 없었습니다. 성조 인황제(강희제)께서 모여 의논하게 하시어 동양무역은 다만 내상(內商)이 가서 교역하는 것만 허락하시고 그들이 오는 것을 금지하신 것은 원래 깊은 뜻이 있으셨던 것입니다.[15]

사실 일본 상인이 중국에 내항하지 않은 이유는 일찍이 1633년 이래 일본 스스로가 쇄국령을 통해서 일본인의 해외 도항을 금지하고 있었던 상황과도

15_『雍正硃批諭旨』 권174-8, 25a-25b쪽.

밀접한 관련이 있다. 하지만 이 사료에서 볼 수 있는 바와 같이, 청조가 이와는 별개로 일본 상인의 내항을 금지한 것은 명말 왜구의 기억과 불가분의 관계에 있었고, 이것이 일본을 견제하는 적절한 정책이었다고 평가되고 있었다. 그런데 해관을 설치하고 자국 상인의 해외무역을 허용하면서도 일본 상인의 내항을 금지했던 조치가 중국선의 내항과 무역액을 제한하는 일본의 무역 규제 정책, 특히 '정덕신례'와 만나게 되면서 청조와 일본 사이의 무역은 사실상 일본이 주도하게 되었다.

절강총독 이위가 보고한 당시 일본 무역의 실태에는 이러한 새로운 무역 질서의 실상이 그대로 드러나 있다. 강희제의 결단으로 일단락 지어진 듯했던 '정덕신례'의 문제, 구체적으로는 나가사키 부교쇼에서 발행하고 일본 연호를 사용하는 '신패'에 의해 청일 간의 무역이 규제되는 상황은 또 다른 문제를 야기했다. 일본이 발행하는 무역 허가증인 '신패'에 의해 청일 간의 무역이 통제되기 시작하면서 일본은 '신패'를 활용하여 청국 상인들에게 자신들이 필요로 하는 정보와 문물을 거의 무제한으로 요구할 수 있었다. 절강총독 이위가 이러한 상황의 심각성을 인식하고 조사한 바에 따르면, 일본은 청의 상인을 통해서 법률전문가·군사전문가·의료전문가·문인·화가 등 다양한 전문 인력을 초빙했고, 이들과 함께 법률서·병법서·지리서·의학서 등 다양한 종류의 서책과 지도, 그림, 그리고 군선(軍船)과 무기 제조에 필요한 기술 등을 포함한 생산 기술, 약초를 위시한 식물의 종자 등 일본이 필요로 하고 원하는 대부분을 수입할 수 있었다.[16]

16_浙江總督 李衛는 '信牌'를 수령하여 東洋貿易에 종사하는 商人(鍾覲天, 沈順昌, 費贊侯 등)을 조사하였고, 일본의 사정을 정확히 파악하기 위해 일본 사정에 밝은 사람들을 상인으로 가장하여 일본에 첩보원(朱來章, 俞孝行 등)으로 파견하기도 했다. 이위가 이러한 방법으로 조사하여 파악한 내용은 『雍正硃批諭旨』에 수록된 浙江總督 李衛의 奏摺에서 확인할 수 있다. 『雍正硃批諭旨』의 浙江總督 李衛의 奏摺 중 옹정6년 8월 8일; 9월 25일; 10월 17일; 11월 3일; 12월 11일; 옹정7년 9월 20일; 8년 3월 10일; 9년 6월 19일자의 주접 등을 참고. 그리고 여기에 등장하는

그렇다고 이러한 문제를 해결하기 위해서 청조가 일본 무역을 중단할 수는 없었다. 앞에서 언급했듯이, 일본 무역은 청조의 통화정책과 매우 밀접하게 연동되어 있었기 때문이다. 일찍이 강희 시기부터 양동 수입을 대체하기 위해 운남의 동광을 개발하자는 논의가 이루어졌고 또 실천에 옮겨지기도 했지만, 청조가 동전 주조의 원료를 거의 전적으로 양동에 의지하는 상황은 건륭 시기까지도 계속되었다. 청조의 대책은 스스로 자국 상인을 단속하는 것뿐이었다. 이렇게 하여 실시하게 된 상총제(商總制)는 부유한 상인을 상총에 임명하여 상인들이 위금화물을 가지고 일본에 가거나 정보를 유출하는 행위를 단속하도록 한 조치였다. 이것이 다소간 자국 상인의 불법행위를 단속하는 효과를 거두었을지는 몰라도 일본이 양국 사이의 무역 질서를 주도하는 상황을 되돌릴 수는 없었다.

5. 결론을 대신하여: 만주 청조의 해외무역에 대한 인식

여기에서 다시 신패 문제로 돌아가 청조 당국에서 신패 문제를 논의하는 과정에서 주목되는 한 가지 점에 대해 언급함으로써 결론을 대신하고자 한다. 이미 이와이 시게키(岩井茂樹)가 서원몽(徐元夢)의 상주문을 분석하여 지적한 바와 같이, 처음 이 문제가 절강해관(浙江海關)에 접수된 이후 조정에 보고되기까지의 논의를 살펴보면, 절강해관 감독(監督)인 보짜이(保在)는 자국 상인이 신패를 수령한 것에 아무 문제가 없다며 상인에게 돌려주었고, 절강포정사 단지희(段志熙)와 안찰사 양종인(楊宗仁)는 자국 상인이 일본의 인신문서

상인들과 당시의 인물 왕래에 대한 연구는『唐船進港回棹錄·島原本唐人風說書·割符留帳: 近世日中交涉史料集』, 關西大學東西學術硏究所, 1974의「解題」, 大庭修를 참고.

를 수령한 것은 옳지 않다고 하였으며, 강남해관 감독 오키(鄂起)는 일본의 인신문서를 인정하면 신패가 없는 상인이 무역에 참여하지 못하게 되므로 결국 해관의 수입이 줄어들 것이라는 우려를 표명했다. 민절총독 맘보(滿保)와 절강순무 서원몽은 상인들에게서 신패를 거둬들이고, 신패 없이 일본에 가서 무역하도록 지시하여 '정덕신례'의 규제를 시험해 보려고 시도했으나 결국 이들은 무역을 성사시키지 못하고 돌아왔다. 이에 민절총독 맘보는 신패 제도로 인하여 무역이 제한되고 있고, 신패 자체가 국전(國典)에 관계될 수 있다는 점은 문제이지만, 호시(互市)에서 상거래를 하는 데에는 아무 문제가 없다는 의견을 올려 보냈다. 해관 감독인 보짜이와 오키는 기본적으로 신패가 국전에 관계되는 문제라고는 생각하지 않았고, 오키의 경우도 그것이 무역을 제한하여 해관 수입이 줄어들 것을 우려했을 뿐이다. 이처럼 무역이 제한 없이 지속되어야 한다는 입장에 선 이들은 모두 만주인들이었다. 반면에, 신패를 수령하는 것 자체를 국전에 관계되는 것으로 문제시 한 절강포정사 단지희와 안찰사 양종인은 모두 한인(漢人)이었다. 이러한 의견을 수렴하여 보고한 절강순무 서원몽은 만주인으로서, 그 자신의 의견은 결국 호시에서 상거래를 하는 데에는 아무런 문제가 되지 않는다는 것이었다. 이렇게 보면, 신패 문제를 바라보는 한인 관료와 만주인 관료의 시각이 극명하게 대비되고 있다는 사실을 발견할 수 있다. 강희제가 일본 무역을 중시하고 신패 수령을 문제시 하지 않은 것도 이와 같은 해외무역에 대한 만주인적인 시각이 반영되어 있는 것은 아닐까?

입관 이후부터 청조에게 일본은 사실상 무역의 상대로서의 의미가 중요해졌다. 하지만 남명 정권 및 정씨 세력의 반청활동과 이에 대한 대응으로써 전개되었던 해금과 천계령으로 인하여 청조와 일본의 관계는 거의 진전이 이루어지지 않았다. 1683년(강희 22) 대만 정복은 이러한 장애를 제거할 수 있는 중요한 전환점이 되었다. 이후 양동 무역을 중심으로 청조와 일본의 경제적 관계는 매우 긴밀해졌다. 명말 왜구 사태의 기억, 준가르와 관련된 서북 정세의 위기, 그리고 '정덕신례'의 실시로 인한 청조 국전(國典)의 훼손 우려에도 불구하고 청조가 일본과의 무역을 중단할 수 없었던 것은 일본과의 무역이 청의 경제에서 그만큼 큰 비중을 차지하고 있었기 때문이었다.

그런데도 청조는 자신이 주도하는 무역 질서를 수립하려고 하지 않고 일본이 주도하는 무역 질서를 묵인했다. 여기에서 신패 문제에 대한 만주인과 한인의 시각 차이를 상기해 보면, 만주 청조가 명조만큼 책봉 조공 질서에 집착하지 않았던 이유를 이렇게 짐작할 수 있을 것이다. 아무래도 책봉과 조공은 한인 세계의 질서 논리였다. 그리고 이러한 대의명분은 이미 조선이라는 책봉 조공 질서의 모범 국가를 통해서 충분히 구현되고 있었다.[17] 일본에 대해 무리하게 이러한 질서 원리를 강요하기에는 일본의 경제적 중요성이 너무나 컸다. 게다가 청조는 내륙 아시아에서 교역을 기반으로 흥기한 나라였다. 청조에게는 교역의 실질적 이익을 포기하고 책봉 조공의 대의명분을 선택할 이유가 없었을 것이다.

17_졸고, 「18세기 중국의 조선인식」, 박원호 외, 『15~19세기 중국인이 조선인식』, 고구려연구재단, 2005.

14장

근대 동아시아 삼국의 유통 네트워크와 거류지 삼국 상인의 자본회전

김윤희

1. 머리말

19세기 말에서 20세기 초 동아시아는 세계무역 통화의 변화로 금융시장의 혼란을 겪어야 했다. 1812년 영국에서 시작된 금본위 통화 체계는 19세기 말 독일, 미국, 스웨덴-노르웨이, 인도, 네덜란드, 스위스, 프랑스, 벨기에, 러시아, 미국 등으로 확산되었고, 세계무역 통화가 금에서 은으로 바뀌어 갔다. 금과 은의 가격 격차가 벌어지면서 금본위화폐(금화를 포함해서)를 사용하는 서구 자본주의 국가는 동아시아 특히 중국으로 대량의 자본을 진출시켰다. 종래 은덩어리(銀兩)와 스페인·멕시코 은화를 무역 통화로 사용했던 동아시아 지역은 세계 은화가 집중되고 은화의 가치 하락이 심화되면서 금융시장의 혼란이 발생했다.

19세기 말에서 20세기 초 세계무역 통화의 변화와 자본 이동 양상 속에서 동아시아 삼국의 경제적 관계 역시 긴밀해져 갔다. 특히 1897년 동아시아 삼국 중 제일 먼저 금본위제를 채택한 일본은 자국의 산업 발전과 더불어 일본 통화(금태환 지폐)의 삼국 간 유통을 통해 동아시아 자본주의 발전에서 우위를 점하기 시작했다. 세계무역 통화의 변화 그리고 동아시아 삼국에서 일본의 금본위제 실시는 동아시아 삼국의 유통 네트워크의 작동에도 변화를 가져왔다.

인천은 두 개의 상품유통망을 연결하는 지위를 갖고 있었다. 하나는 나가사키, 오사카 등의 일본 지역과 상하이, 지푸 등의 중국 지역과의 해외 유통망이었고, 다른 하나는 평양, 군산, 목포 등을 연결하는 서해안 유통망이었다. 해외무역과 국내 무역의 중심지로서 인천항의 성장은 서울을 중심으로 하는 광범한 소비 시장을 갖고 있었기 때문에 가능한 것이기도 했다. 이로 인해 1894년 이후 인천항은 총 무역액의 60퍼센트를 점하는 최대 무역항이면서 수입 상품의 공급지로서 기능했다. 따라서 인천을 중심으로 형성된 동아시아 유통 네트워크의 작동을 살펴보는 일은 19세기 말에서 20세기 초 한국 근대 자본주의의 특징을 포착할 수 있는 일이기도 하다.

2. 1876~97년 동아시아 삼국 유통 네트워크의 형성

1) 세계무역 통화와 동아시아 삼국 화폐 유통의 변화

19세기 세계무역 통화가 금에서 은으로 바뀌기 시작하면서 은을 무역 결제 수단으로 사용해 왔던 동아시아 삼국의 자본시장도 변화를 겪었다. 동아시아 삼국의 은화 유통은 세계 기준 통화가 은에서 금으로 바뀌면서 변화를 겪기 시작했다. 1816년 영국, 1873년 독일, 미국, 스웨덴-노르웨이, 인도 등이 금본위제를 실시하고 1875년과 1876년에 네덜란드, 스위스, 프랑스, 벨기에, 러시아, 미국 등이 무역 은(銀)의 법화 자격을 정지시키는 등 세계 각국이 금본위제를 실시하고 금화를 무역 결제 수단으로 사용했다. 이로 인해 금본위제 국가에서 은본위제 국가로 대량의 은이 유입되어, 은화의 가격하락으로 물가가 상승하고 금융 부족 현상이 나타나기 시작했다. 1840년대 이미 홍콩에서 널리 사용되고 있었던 멕시코 은화는 1880년대에는 광동, 대만, 산동 등지에서 무역 표준 화폐처럼 사용되었다. 또한 1871년 오사카 조폐창에서 발행된 일본 은화는 나가사키와 오사카 등지에서 활동하던 청상에 의해 점차 동아시아 무역 결제 수단의 지위를 획득해 갔다. 청에서 유통되는 다양한 종류의 은화는 수급에 따라 각기 환율이 달랐으며, 청 거류지에서 생사와 차의 판매가 절정기에 이르렀을 때 은화에 높은 프리미엄이 형성되었다.

청에서는 1877년부터 무역 적자가 누적되면서 직접적으로는 1883년 그리고 1890년대 상하이 금융 공황이 발생하였다. 금융 공황은 자기자본비율이 낮았던 상하이 전장(錢莊)의 파산을 가져왔고, 동시에 외국계 은행의 지위를 확고히 하는 계기가 되었다. 일본은 은화 가치의 하락과 무역 적자의 증가로 재정 부담이 가중되고 있었다. 이에 일본은 긴축재정을 실시하고 불환 지폐를 정리하는 개혁을 실시하였다.

일본에서는 1871년 오사카 조폐창에서 은화를 발행하기 시작한 이래 대청 무역 결제 수단으로서 오사카 은화를 사용하였으며, 국내 유통에서는 주로 일본 지폐(은태환권)를 사용했다. 그러나 일본 지폐는 지불 준비가 확보되지 못한 사실상의 불환 지폐로 은화와 지폐 간 가격 차이가 존재하였다. 일본 지폐의 신용 하락은 일본 화폐시장을 불안정하게 만드는 요인이기도 했다. 동아시아 삼국이 은화를 무역 결제 수단으로 사용했던 데 비해 서양은 금화를 무역 결제 수단으로 사용하기 시작했다. 1890년 은값의 급격한 하락 그리고 영국, 인도, 미국 등과의 무역 적자가 크게 발생하면서 금융 공황이 나타났다. 일본은 재정 적자를 타개하기 위해 국채를 발행하고 차관을 도입하여 정부 주도의 산업화 전략을 시행해 갔다. 그리고 그와 동시에 금본위제 국가의 무역상품이 원자재와 기계였기 때문에 국내 산업화를 위해서는 금본위제로의 이행을 통해 환율의 불안정성을 해결해야 했다. 그러나 대청 무역 흑자로 이익을 얻고 있었던 일본 자본가들은 금본위제가 실시되면 대청 수출 상품의 가격 조건이 악화될 것이며, 이로 인해 청 시장을 상실할지도 모른다는 우려로 반대하는 입장이었다.

금본위제 국가와 무역이 확대되고 있었던 청과 일본의 화폐시장은 은화 가격의 하락으로 불안정하였으며, 재정부담의 증가와 함께 금융 부족 현상이 나타나고 있었고, 두 나라에서는 화폐 기준을 은에서 금으로 바꾸어야 한다는 제도 개혁 요구가 높아졌다.

지방정부의 권한을 장악하지 못한 청은 지방정부의 화폐 주조와 지폐 발행을 통제할 수 없기 때문에 통화제도 개혁을 실시하지 못했다. 이로 인해 시장의 불안정성이 지속되는 가운데 청의 금융시장은 외국자본에 대한 의존도가 높아졌다. 외국계 은행의 입지 강화로 자본력에서 열세였던 전장(錢藏)은 파산하고, 전장수도 크게 줄어들었다. 불안정한 시장에서 살아남기 위해 전장은 자본을 확대하였지만, 이와 동시에 부실화도 확대되고 있었다. 반면에, 일본은 1880년대 긴축재정과 불환 지폐 정리를 통해 그리고 최종적으로 1897년 금본위제를 실시하여 화폐시장의 불안정성을 극복하고, 차관과 국채 발행을 통해 산업자본을 확충해 나갔다. 화폐시장의 안정화는 국내 산업의 발전을 위한 장기 투자 환경을 구축하는 데 있어서 필요한 조치였다. 화폐시장 불안정성의 위기에 대한 대응 양식의 차이는 두 국가의 자본주의 발전의 방향을 다르게 갈라놓는 계기가 되었다.

개항 이전 조선의 대청 무역 결제 수단은 은덩어리[銀兩]였다. 천은(天銀), 정은(丁銀) 등은 순도와 무게에 따라 가치가 달랐다. 은덩어리는 운반과 순도 감정의 불편함이 존재하였지만, 위조 은화로 인한 손실을 피하기 위해 여전히 무역 결제 수단으로 사용되고 있었다. 개항 전후 청과의 무역 적자가 컸기 때문에 조선의 은냥 또는 금이 청으로 유출되는 경향이 있었다. 일본과 조선의 무역 결제 수단으로서 사용된 통화는 은화와 일본 지폐(은태환권)였다. 개항장을 중심으로 사용되었던 일본 은화는 일본 지폐에 비해 신용이 높았고, 조선 정부와 일본 제일(第一)은행 부산 지점의 해관세 취급 계약에 의해 관세 납부용으로 사용되었다. 동남아시아에서 멕시코 은화와 일본 은화의 경쟁이 치열하였던 것과 달리 조선에서는 관세 납부용으로 일본 은화가 선호되었다.

1876년 부산항이 개항되면서 일본 상품의 유입이 급격히 증가하기 시작했고, 부산을 중심으로 전라도와 부산과 해로를 통해 교역하고 있었던 원산 등지가 부산항에 유입된 일본 상품의 소비지가 되었다. 그러다가 1883년 원산, 인천 그리고 서울이 개항되면서 청·일본과의 무역 네트워크가 확대되었다. 특히 청의 초상국(招商局) 활동으로 인천이 삼국 무역 네트워크의 중심으로 부상하기 시작했다. 인천 개항 초기 무역 상황은 나가사키를 통한 해외 상품의 수입과 오사카 등지로의 곡물 수출에 의해 좌우되는 상황이었다. 인천항 중국 상인 역시 상하이 시장과 연결되는 직항로가 개설되지 않았기 때문에 대부분은 나가사키를 경유하여 영국산 옥양목 등을 수입하고 있는 실정이었고, 이로 인해 1889년까지 인천항 수입액 중 대일 수입액은 1,100달러였던 데 비해 대중국 수입액은 700달러 정도에 그쳤다. 그러나 초상국이 위안스카이(袁世凱)와 재인천청상들의 직항로 개설 요구를 수용하여, 상하이-지푸(현재 옌타이)-인천을 연결하는 직항로가 개설되면서 상황이 변화되었다. 1890~94년까지 대청 수입액이 대일 수입액을 앞지르기 시작했고, 1890~93년까지 인천항 대일 무역은 흑자를 기록했다. 이는 충청도와 전라도 일대의 풍작으로 미곡 수출이 증대되었던 데도 원인이 있었지만, 다른 한편 대일 수입이 대청 수입에 압도되는 경향과도 맞물려 있었다.

상하이-인천 간 직항의 개설은 인천항 수입 상품의 변화를 가져왔다. 먼저 영국산 옥양목 수입 경쟁에서 청상(清商)이 일상(日商)을 누르고 우위를 점하기 시작했고, 일상(日商)은 옥양목 수입보다는 자국산 면제품을 수입하여 청상(清商)과의 경쟁을 피하려는 경향이 발생했다. 이로 인해 옥양목 수입 경유지였던 나가사키와 인천항 간의 수입무역액이 점차 줄어들고 대신 면공업 지대였던 오사카와의 무역이 확대되기 시작했다. 인천항과 오사카 간 무역이 확대되면서 인천항 수입무역을 지원하기 위해 오사카에 본점을 둔 제18은행(第十八銀行)의 지점이 1890년에 설립되었다.

청상은 조선 상인과의 거래에서 은덩어리의 사용이 가능하였으며, 본국과의 결제를 위해 은덩어리와 은화를 선호한 반면, 일본 지폐를 꺼려 했다. 따라서 청상에 의해 개항장 일본 은화는 유출되는 반면, 일본 지폐는 잔류하는 현상이 나타났다. 일본 지폐는 일본 국내 통화로서 조선에 진출한 일상과 본국 은행과의 거래 통화였다. 지금 가치를 갖는 은화와 달리 지폐는 사실상의 불환 지폐로 1886년까지 신용이 확립되지 못했다. 따라서 조선 거류 청상은 일본 지폐를 거류지 은행과 전장을 통해 나가사키·고베·요코하마 등지로 다시 수송하거나 관세 납부용 은화로의 태환을 요구하는 데 사용했다. 대청무역 적자와 대일 무역 흑자라는 조선의 무역 구조하에서 은화(멕시코와 오스카 은화)는 청상의 손에 의해 상하이 등지로 반출되었고, 일본 지폐는 청상에 의해 일본으로 환류되었다.

한편 은덩어리와 은화가 무역 결제 수단으로서 조선을 매개로 일본에서 청나라로 유입되는 경향이 나타나고 있었지만, 조선 국내시장의 결제 수단은 엽전이었다. 청상과 일상은 수입 상품의 판매를 통해 얻은 엽전으로 수출 상품을 구입하였다. 그래서 일본 지폐가 국내시장에서 유통되는 양은 제한될 수밖에 없었다.

거류지 외국 화폐의 이러한 흐름으로 인해 청상은 조선 거류지 환전 시장의 주도권을 장악했다. 일본 지폐와 일본 은화 그리고 한전의 교환에서 청상은 일상에 비해 유리한 지위를 점하고 있었다. 한전, 은덩어리, 은화 그리고 일본 지폐를 취급했던 청상은 한전과 지폐의 교환 시세에 따라 은냥 또는 은화의 매입량을 조절하는 한편, 상하이 시장의 은냥 및 은화 시세의 변동에 따라 일본 지폐의 교환양을 조절할 수 있는 위치였다. 그러나 청일전쟁 이전까지 조선 거류지 외환시장은 이후에 비해 크게 확대되지는 못한 채, 청상과 일상 간의 환전 거래가 큰 부분을 차지하고 있었다. 수입 상품의 판매 대금으로 수출 상품을 구입했던 일상은 엽전을 일본 지폐로 교환하는 양이 그리 많지 않았지만, 판매 대금과 구매 대금의 차이로 인해 일본 지폐와 엽전의 교환이 필요했다. 청상은 수입품을 판매한 대금으로 조선 시장에서 금은 지금을 흡수하였기 때문에 화폐교환의 필요성이 크지 않았다.

환전 시장이 아직 확대되는 않았기 때문에 거류지에서 형성된 일본 지폐와 엽전 간 환율은 청과 일본 시장의 금화와 은화 환율에 비해 변동 폭이 크지 않았다. 그러나 일본 지폐에 대한 엽전 환율의 변화 추이는 당시 상하이의 동전과 은값의 변동 추이와 다른 양상을 보이고 있었다.

영국 파운드에 대한 상하이의 동화와 은은 1874년 2천 문(文)에 모두 6파운드 8펜스였는데 1883년에는 동화 6파운드 3펜스, 은화 5파운드 8펜스였다. 동전과 은화 환율의 차이는 더욱 벌어져서 1889년에 동화는 5파운드 11센트, 은화는 4파운드 9센트였다. 금태환권에 대한 동전과 은화의 가치 하락이 동시에 일어나기는 했지만, 은화에 비해 동전의 가격이 상대적으로 높게 형성되어 있었다. 이는 국제 동값의 등귀 현상이 반영된 것이었다.

반면에, 부산항의 엽전은 1885년 이후 일본 지폐와의 환율이 상하이 시세와는 달리 하락하는 추세였다. 더욱이 일본 지폐는 일본 은화와 비교하여 1887년까지 가치가 낮게 평가되고 있었기 때문에 조선 시장에서 엽전 가치는 더욱 낮게 평가되는 것이었다. 그 원인에는 실질 가치를 담보하지 못한 악화였던 당오전이 한전 시세를 전반적으로 하락시키고 있었던 점과 동시에 국내 수출입 무역에 따른 엽전 수급차이의 요인도 함께 존재하고 있었다. 따라서 이 시기 엽전 중에 동의 함량이 높은 것은 대부분 청상을 통해 상하이 시장으로 유출되어 갔다.

국내시장에서 악화였던 당오전의 발행과 평양전의 유통 확대로 조선 거류지 화폐시장이 안정되지는 못했지만, 1897년 이전 한전의 시세 변동은 상하이 시장과 비교해 볼 때 큰 폭으로 진행된 것은 아니었다. 조선에 유입되는 수입 상품 가격은 일차적으로 청과 일본 시장에서 은과 금의 가치 변동에 의해 결정되고 있었다. 금본위제 국가의 자본제 상품은 홍콩, 상하이 그리고 오사카를 거치면서 은화로 표시된 가격의 꼬리표를 달고 조선 시장에 유입되었다. 이 점은 조선 환율 변동이 청과 일본에 비해 상대적으로 안정되었던 요인이었지만, 다른 한편 무역 결제 통화의 교환을 위한 다양한 금융 기구의 발달을 지체시키는 요인이기도 했다.

2) 1897년 일본의 금본위제 실시와 동아시아 삼국 유통 네트워크의 형성

1897년 이전 동아시아 삼국이 동일한 은화 체계를 갖고 있는 가운데 전개된 해외무역은 인천-상하이 그리고 인천-나가사키·오사카를 연결하는 유통망이 밀접하게 연결되지는 않았다. 또한 영국산 옥양목 등 중계 무역 성격의 수입무역에서 청·일상의 경쟁이 치열하게 전개되었기 때문에 인천항을 중심으로 형성된 두 개 해외무역망은 각기 청·일상의 수입 상품 루트로서 기능하고 있었다.

그러나 1897년 일본이 금본위제를 실시하고 삼국의 통화 체계가 각기 상이하게 형성되면서 두 개의 유통망은 인천항 일본 지폐의 유통 루트로서 긴밀하게 연결되기 시작했다. 즉, 은과 동화 통화 체계의 청, 금태환권 통화 체계의 일본, 은·동화·금태환권 통화 체계의 조선 사이에 진행된 무역의 확대는 청·일의 자금 흐름을 매개하는 역할로서 조선 시장이 부상하게 되는 계기가 되었다.

인천항에서 일방적으로 수입무역을 전개했던 청상은 상하이 시장으로부터 물건을 구입했는데, 상하이 시장은 1900년 이후 일본 면제품 특히 오사카 지역 방적사가 다량 수입되는 지역으로 일본과의 무역 적자가 누적되는 상황

그림 14-1 | 1900~04년 인천항 대청·일 무역수지 변동

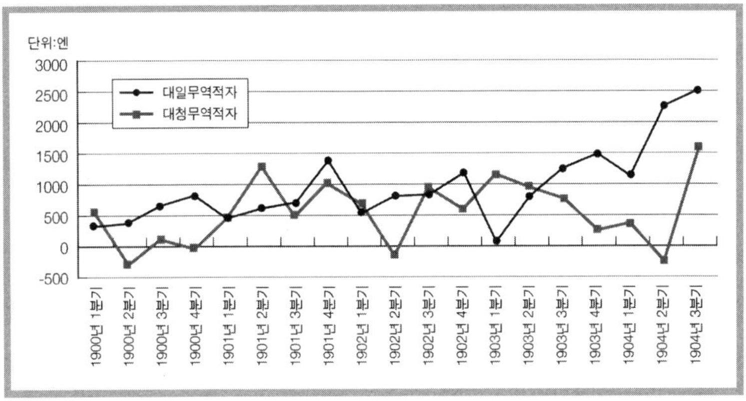

이었다. 여기에 국제 은화 시세의 급격한 하락으로 상하이는 금본위제 국가로부터 수입되는 상품의 가격 조건이 악화되고 있었다. 한편, 일본은 금본위제 실시 이후 정화를 확보하기 위해 인천·서울 지역으로부터 다량의 금을 매집했다. 금은 거류지에서 일본 지폐로 매집되었고, 인천과 서울에서 금의 수출이 증대될수록 일본 지폐의 유입이 확대되고 있었다.

반면에, 인천항의 백동화와 일본 지폐 간 환율은 상하이의 영국 파운드와 은화 환율에 비해 상대적으로 격차가 적었다. 즉, 상하이의 은화가 영국 파운드에 비해 1900년부터 60퍼센트의 하락률을 기록하는 데 비해 인천항은 1903년에 와서야 60퍼센트의 하락률을 기록했다. 인천항의 금은 시세 격차가 상하이 시장에 비해 작았기 때문에 청상(淸商)은 상하이 환율 하락으로 수입 상품의 가격 조건이 악화되면 손실을 만회하기 위해 인천항에 상품을 판매하여 일본 지폐를 매집했다. 청상은 인천항에서 매집한 일본 지폐를 상하이 시장에 들여올 일본 상품을 구입하기 위해 다시 오사카와 나가사키로 수송하거나, 상하이 시장으로 수송하여 수입 상품 결제에 사용했다. 인천항을 중심으로 형성된 청상과 일상의 화폐 유통 흐름으로 인해 인천항 환율과 상하이 환

율 변동이 연동되는 현상이 나타났다. 특히 상하이 환율 시장의 변동에 따라 대조선 수출 상품의 증감을 결정할 수 있었던 청상의 활동은 조선의 환율 시장을 상하이 환율 시장과 연동하게 하는 주요한 요인이었다. 즉, 상하이 은화 시세가 하락하면, 청상은 수입 상품의 결제액 상승에서 오는 손실을 줄이기 위해서 조선에 상품 수출을 크게 증가시켰다. 청상은 조선에서 수입 상품을 팔아 얻은 백동화를 일본 지폐로 교환하여 상하이에서 발생한 결제액을 청산하였다. 그 과정에서 청상이 일시적으로 백동화를 판매하였기 때문에 백동화 시세는 다시 크게 하락했다. 또한 청상은 결제 대금의 확보뿐만 아니라 상하이와 인천의 환율 차이에 따른 이익을 얻을 수도 있었다. 당시 영국 파운드에 대한 상하이와 서울의 환율 변동 추이를 보면 상하이 은과 동전 시세는 1870년에 하락하기 시작하여 1903년 영국 파운드에 대해 은이 약 60퍼센트, 동전이 약 30퍼센트의 하락률을 보였다. 상하이와 하락의 시차는 존재했지만, 서울 시장에서 일본 지폐에 대한 백동화 시세는 1898년에 하락하기 시작하여 1903년에 60퍼센트의 하락률을 기록했고 부산 지역 엽전 시세는 30퍼센트의 하락률을 기록했다. 상하이와 서울 시장의 금태환권에 대한 환율 변동은 상하이에서 서울로 연쇄되는 과정에서 발생하는 시간차가 존재했기 때문에 이 시간차에 의해 청상은 환차익을 얻을 수 있었다. 그러나 이러한 상황은 러일전쟁 이후 사라기지 시작했다. 여기에는 두 가지 요인이 있었다. 하나는 1903년 하반기 이후 상하이와 인천 간 환율 격차가 거의 발생하지 않았기 때문이었으며, 다른 하나는 러일전쟁 이후 만주 지역으로 일본 상품의 수출이 증대되어 청상이 인천항에 수입된 일본 상품을 이 지역으로 수송하는 역할을 담당했다. 이로 인해 1904년 5월 이후 상하이-인천 간 무역이 급증하는 가운데 인천항 외국 상품의 대청 수출이 급증하기 시작했다.

인천항에서 형성된 인천-상하이, 인천-나가사키·오사카 간 유통망은 1897년 일본이 금본위제를 실시하면서 일본 지폐와 청상의 자금 흐름에서 긴밀하게 접합되어 갔다. 여기에 상하이-오사카 간 무역의 확대는 청상의 자금 흐름이 인천항을 매개로하여 진행되는 배경이 되고 있었다.

3. 한국 거류지 삼국 상인의 자금 네트워크의 형성

1) 거류지 수입 상품 구성의 변화와 삼국 상인의 경쟁 관계 변화

1890년 인천-상하이 직항로의 개설로 옥양목 수입 경쟁에서 청상이 일상보다 우위를 점하게 되었고, 일상(日商)은 자국 면제품 공업의 발전을 배경으로 하여 자국산 면제품 수입으로 전환하기 시작했다. 이로 인해 수입 상품의 구성이 다양화되면서 동일 상품의 판매 경쟁에서 오는 배제적 관계에 변화가 생겼다. 대청일 수입 상품이 각기 다른 소비 시장을 분점하면서 인천항을 중심으로 삼국 상인 간 상호 거래가 증대되었는데, 이는 환차손에 대비한 환전 거래의 확대와 함께 인천항 거류지 삼국 상인 간 신용거래를 확대시키는 배경으로 작용하였다.

1901년에서 1905년 사이 인천항 수입 상품 구성비를 보면, 면제품의 비중이 낮아지고 잡품 수입 비중이 높아졌으며, 견직물과 잡직물에서는 대청 수입 상품이이 잡품에서는 대일 수입 상품의 비중이 높아졌다. 또한 면제품에서의 경쟁 관계였던 청상과 일상은 점차 각기 다른 소비층을 분점하는 양상을 띠게 되었다. 면제품은 옥양목, 씨이팅 등 광폭면포[金巾], 일본 목면(木綿), 그리고 방적사 등이었다. 서양산 광폭면포[洋金巾]는 1894년 이전 대청·대일 수입액에서 차지하는 비중이 높은 편이었다. 그러나 점차 일본 면직업의 발전으로 일본산 광폭면포[和金巾]가 수입되어 면제품의 수입 상품에 변화가 생겼다.

표 14-1 | 1901년~05년 인천항 대청·일 수입 상품의 구성 변화 (단위: 퍼센트)

시기	면제품		모제품		견직물류		잡직물		금속류		잡품	
1901년 1분기												
1901년 2분기	34.8	(35.8)	0.9	(65.8)	15.5	(97.2)	11.8	(97.1)	4.8	(26.1)	32.2	(30.0)
1901년 3분기												
1901년 4분기	40.5	(36.8)	2.9	(9.9)	9.7	(94.8)	0.1	(40.0)	3.8	(21.4)	42.9	(63.9)
1902년 1분기	25.1	(80.9)	0.5	(44.6)	13.3	(94.7)	8.8	(99.8)	4.7	(16.9)	47.5	(13.7)
1902년 2분기	20.3	(55.3)	0.6	(66.7)	9.8	(96.8)	14.7	(99.5)	2.8	(51.1)	51.9	(52.0)
1902년 3분기	50.5	(58.1)	1.8	(50.4)	6.9	(98.1)	1.2	(95.9)	3.1	(40.3)	36.4	(35.5)
1902년 4분기	46.3	(25.2)	0.6	(27.6)	5.4	(92.0)	0.2	(10.9)	2.0	(38.0)	41.2	(15.2)
1903년 1분기	27.6	(59.2)	0.4	(43.2)	9.6	(98.4)	7.1	(99.6)	2.7	(30.5)	33.8	(30.1)
1903년 2분기	25.9	(36.4)	0.5	(52.9)	7.0	(96.4)	13.0	(99.4)	3.8	(31.0)	48.2	(48.0)
1903년 3분기	38.4	(26.7)	0.5	(53.6)	4.9	(96.8)	2.4	(97.2)	4.2	(23.7)	62.1	(82.1)
1903년 4분기	37.3	(39.4)	0.9	(49.5)	5.7	(93.2)	0.1	(35.3)	3.0	(19.9)	52.0	(35.6)
1904년 1분기	17.9	(35.5)	0.3	(23.8)	4.2	(93.3)	0.4	(94.2)	2.7	(7.2)	55.3	(10.6)
1904년 2분기	32.8	(35.6)	0.3	(12.7)	5.0	(96.6)	6.7	(95.8)	2.3	(17.8)	67.7	(7.6)
1904년 3분기	36.9	(63.0)	0.7	(51.8)	4.9	(92.7)	3.8	(96.0)	2.2	(28.7)	55.6	(22.9)
1904년 4분기	38.2	(54.7)	0.7	(32.0)	7.3	(86.0)	0.2	(16.1)	1.9	(14.2)	53.1	(19.5)
1905년 1분기	17.1	(56.4)	0.4	(49.5)	8.8	(95.2)	5.1	(97.7)	8.0	(76.4)	39.4	(23.7)
1905년 2분기	17.0	(8.8)	1.0	(30.3)	4.8	(89.8)	13.4	(98.0)	5.2	(7.9)	58.7	(13.6)
1905년 3분기	27.6	(46.9)	1.1	(26.6)	3.4	(92.2)	7.0	(95.0)	2.4	(17.7)	58.4	(12.2)
1905년 4분기	41.2	(38.9)	1.1	(38.3)	3.6	(88.4)	0.2	(20.1)	1.2	(5.2)	52.7	(14.8)

출전: 『通商彙纂』 해당 연도 季報.

주: 1. 수입 상품 비중은 대청·일 수입액을 100으로 한 비중

2. ( )는 대청·일 수입액에 대한 대청 수입액의 비중

서양산 광폭면포는 주로 대청 수입으로 상류층의 소비품이었고, 일본산 광폭면포는 대일 수입품으로 중류층의 소비품이었다. 일본산 소폭 면포인 목면은 수입량이 다른 면제품에 비해 크게 확대되지 않았지만, 하류 소비 제품으로서 일상에 의해 수입되었다. 그런데 1900년 이후에는 일본산 방적사의 비중이 점차 줄어들고 대신 일본 목면의 비중이 높아졌다. 이는 일본 목면과 방적사가 시장에서 경쟁 관계에 있었기 때문이다. 일본 목면은 오사카 지방에서 조선 시장만을 위해 소규모의 공장이 생산하는 면제품으로 폭과 질감에서 광목[土布]과 비슷한 것이었다. 일본 목면은 주로 인천항을 통해 평양·군산 등지로 다시 수출되었는데, 소비층은 하류층이었다. 면제품의 소비층 분점 현상 속에서 대일 수입 상품이었던 방적사와 일본 목면이 오히려 경쟁 관계에 놓이기도 했다. 수입 방적사를 이용한 토포(土布)와 목면이 같은 소비층을

겨냥한 것으로 방적사의 증가는 일본 목면 수입의 감소를 야기하는 것이었다. 또한 방적사는 1903년에 일본산 광폭면포의 수입 확대로 수입 감소의 영향을 입기도 했는데, 이는 중류의 소비 상품이었던 일본산 광폭면포가 하류 소비로 확대되어 있었던 경향이 반영된 것이기도 했다. 방적사는 일본 목면에 의해 그리고 다음에는 일본산 광폭면포에 의해 판매에 영향을 받았다. 따라서 일본은 의도적으로 방적사의 수입을 줄이고 일본 목면과 일본산 광폭면포의 수입을 늘렸다.

면제품 이외의 수입 상품은 양국 상인 간 더욱 뚜렷한 차이가 있었다. 견제품은 거류지 일본인 소비를 위한 일본산을 제외하면 대부분 청으로부터 수입되었다. 미곡과 잡곡류의 수입량도 청으로부터 수입되는 것이 대부분이었다. 특히 1898년 4월 인천항 미가의 상승으로 청상의 곡물 밀수가 크게 성행했다. 석탄은 거의 대일 수입품이었고, 담배 수입에서도 지권련(紙卷煙)은 일본, 엽연초(葉煙草)는 청 수입으로 소비층도 상류와 하류로 구분되어 있었다. 성냥 그리고 가옥의 바닥재로 수입된 양지(洋紙) 역시 일본 수입이었다.

일상적 소비품인 면제품의 경우 상류 소비 제품은 대청 수입품이, 중·하류 소비 제품은 대일 수입품이 점하고 있었으며, 계절적으로 여름 면제품은 대청 수입품이었다. 또한 잡품에 해당하는 성냥, 석탄, 양지 그리고 권련(卷煙)은 대일 수입품, 엽연초는 대청 수입품이었다.

일상적 소비 상품으로 자리 잡기 시작한 이들 상품 이외에도 거류지 일본인의 일상용품으로서 식품류, 장식품 등의 소비가 점차 서울을 중심으로 하는 경인 지역 한인들 사이에서도 소비되었고, 인천항 잡품 수입 증가에 한몫했다. 서울 지역에서 소비가 늘고 있었던 대표적인 상품은 맥주, 설탕, 장식품 등이었다. 맥주는 양반들 사이에서 크게 유행하기 시작하여 1901년 3분기의 수입액이 전년 3분기와 비교하여 두 배 이상이었다. 설탕과 장식품의 수입도 점차 증가하였는데 특히 장식품 수입은 1901년 3분기에 1만여 원이던 것이 1902년 2분기에 2만4천여 원으로, 동년 3분기에는 12만여 원으로 크게 증가했다. 이는 당시 한인의 소비경향이 점차 바뀌기 시작했음을 보여 준다. 이외에도 일본인 소비 상품이었던 갑배견(甲褙絹), 일본산 도기, 양산 등의 소비가 한인들에게도 확대되었는데 양반 중에 생계에 여유 있는 자들은 점차 서양과 일본의 장식품과 다른 잡화를 이용하고 있었다.

수입 상품의 다양화는 인천항 거류지 삼국 상인의 거래처가 다변화되는 현상을 야기했다. 한 예로 안성의 일본인 잡화상은 방적사, 광폭면포[金巾], 성냥, 비누, 담배 등을 처음에는 서울의 일상으로부터 구입하였으나, 서울의 청상으로부터 구입함이 더 편리하다는 것을 알게 되어 모든 상품을 청상으로부터 구입하고 있었다.[1] 청상의 일본 수입 상품 거래는 조선 거류 최대 상업회사였던 동순태(同順泰)를 매개로하여 이루어졌다. 용인(龍仁), 전의(全義), 공주(公州), 홍주(洪州), 안산(安山) 등지의 청상은 인천항으로 들어온 일본산 수입 상품을 동순태를 통해 매입하여 판매하였다.

청·일상 수입 상품의 소비 시장 분점 현상과 청·일상 간의 거래가 확대되는 가운데 이들 상인의 수익률에 결정적인 영향을 미치는 요인으로 등장한 것은 백동화의 환율이었다. 1894년 갑오개혁의 '신식화폐발행장정'에 의해 발행되기 시작한 백동화는 청일전쟁에 따른 일본 지폐의 유통 확대로 인해 처음에는 거류지 거래 통화로 사용되지 못했다. 그러다가 1897년 일본의 금본위제가 실시되고 1898년 일본 은화의 통용을 금지하면서 인천항 일본 은화 중 3분의 1이 일본으로 환류되고 가치도 하락했다. 여기에 1898년에서 1900년까지 국제 은화 시세가 상승하면서 인천항에서 저평가되고 있었던 은화는 상하이·대만 등지로 유출되었고, 백동화가 거류지 삼국 상인 간 결제 통화로서 부상했다. 이제 삼국 상인의 판매 수익은 백동화의 가격 변동에 따라 결정되게 되었고, 백동화 유통을 장악하고 있었던 한상에게는 거류지 자

1_『京城領事館報告』, 「農商況視察報告書」, 1902년 1월 14일.

금 흐름을 주도할 수 있는 유리한 조건이었다.

이러한 상황에 대해 일본 상인들은 한상이 유리한 조건을 가지게 되었다고 다음과 같은 불만을 토로했다.

> 무릇 거류지 일상이 한인에게서 쌀과 콩을 매입함에 있어서 한전이 충분히 등귀한 때는 한상은 관내에서 엽전과 백동화를 매입하고 그것을 일화로 바꾸어서 저축하거나 또는 서울에 가서 환어음을 결제하는 것이 많다. 그러나 만약 한전이 저락한 때에는 그 대금으로서 엽전과 백동화 대신 예탁 어음을 청구하고 다른 날 한전 시세가 등귀할 때를 기다려 발행인인 일본인에게 결제를 청구함으로써 일본인이 최초에 저락한 한전을 예탁하고 반환 시에 등귀한 것을 구입하여 반제하지 않을 수 없으므로 그 불이익이 실로 적지 않게 된다.[2]

이처럼 한상은 거류지의 백동화 환율 변동에 따라 거류지 시장과 국내시장에 대해 수입 상품과 국내 상품의 수급을 조절하여 환율 변동에 따른 환차익을 얻을 수 있었다. 서울 지역 상인은 거류지와 국내시장의 백동화 시세 차이를 이용해 지방민에게는 수입품을 높은 가격에 판매하고, 지방의 생산품 가격은 저가로 매입하여 상품유통에서 초과이윤을 얻을 수 있었다. 1902년 면화의 풍작과 면포 생산이 활성화되었지만, 그 이윤은 고스란히 서울 지역 한상의 손에 넘어가는 상황이 빚어지기도 했다.

2) 자본회전을 위한 삼국 상인 신용거래

인천항 수입 상품 구성이 변화되고, 거류지 통화로서 백동화가 부상함으

2_岡庸一, 『新韓國事情』, 394쪽; 오두환, 앞의 책, 231-232쪽

로써 삼국 상인은 상품 매매 그리고 일본 지폐와 백동화 교환을 위해 상호 거래를 확대시켜 나갔다. 그리고 환율 변동이 극심하게 일어났던 불안정한 시장 상황에 공동으로 대응하기 위해 삼국 상인 간 신용거래는 확대되고 있었다.

한상이 발행한 백동화 어음은 비교적 확실한 신용을 갖고 있었고, 청상과 일상과의 거래에서도 사용되고 있었다. 비교적 한정된 공동체 안에서 유지되었던 신용은 한상의 성장과 더불어 더욱 높아졌다. 여기에 대한천일은행이 어음 할인과 대출 업무를 실시하면서 어음 유통 지역은 더욱 확대될 수 있었다. 서울과 인천 및 개성 지점을 통한 어음 할인과 대출이 가능했기 때문이었다. 한 예로 대한천일은행 회계장부에 나타난 한상의 지불수단은 어음과 표(일람불어음), 그리고 환취표(換取票: 일종의 당좌어음) 등이 있었다. 어음과 표는 개인 또는 회사 명의로 발행되어 은행이 신용을 제공하지 않더라도 개인 또는 사업장의 신용에 의해 유통되고 있었는데 대한천일은행은 어음과 표에 대해 할인 및 대출을 실시하였다. 대한천일은행 회계장부에 나타난 한상 발행 어음과 표의 할인 및 대출 빈도를 비교해 보면 한상은 표를 발행하기보다는 어음 발행이 일반적이었다. 한상의 어음은 청상 사이에서도 거래되었고, 이들은 대한천일은행을 통해 할인을 했다.

청상은 어음 발행뿐만 아니라 표를 발행했는데, 동순태와 서성춘(瑞盛春)을 비롯하여 공원복(公原福), 유성인(裕盛仁) 등 대자본 청상은 일람불어음으로서 '지표'(紙票)를 발행했다. 청상의 지표 발행은 청상의 독특한 금융 기구의 활동에 기인하고 있었다. 당시 일본 상인들은 "일상의 금융 기구가 불과 두세 개에 그치고 있는 데 비해 청상인의 금융기관은 표장(票莊),[3] 은장(銀莊),[4] 전포(錢鋪),[5] 은로(銀爐)[6] 등이 활동하고 있어서 일본 상인이 도저히 따라잡을 수

3_환업무를 전문으로 하는 금융업자로 어음할인 및 송금을 주로 담당하였다.

4_환 및 대부금을 취급하는 데 대개 신용대부를 취급하며, 화물을 담보로 어음 할인은 하지 않았다.

없을 정도"라고 했다.[7] 이러한 금융 시스템을 배경으로, 청상은 자신의 발행 '지표'를 자유롭게 유통시킬 수 있을 정도로 신용이 높았다. 이로 인해 청상과 한상(韓商) 사이에는 서양산 광폭면포 등과 같은 주요 수입 상품을 한상과 거래할 때는 연불 거래하는 것이 일반적이었다.

반면에, 일상은 어음 발행과 신용거래에 적극적으로 참여하지 못하였다. 이는 개항 초기부터 서울과 인천 시장에 진출한 일상이 모험적이고 투기적인 형태로 영업을 하는 한편, 자본력에 있어서도 매우 취약한 자들이 대부분이었기 때문이었다. 일상의 신용이 낮았기 때문에 청상·한상은 그들과의 거래에서 현금을 선호하는 경향이 강했으며, 일상 역시 일확천금의 모험을 감행하기 때문에 단기간 최대한의 이익을 얻기 위해 청상·한상과의 거래에서 현금을 받기를 원했다.

신용에 제약을 받고 있었던 일상이 신용거래에 침여할 수 있는 쉬운 방법은 예탁 어음을 이용하는 것이었다. 일본인은 수출 상품 중개상인 한상에게 상품을 매집하고 백동화 예탁 어음을 발행했다. 예탁 어음을 받은 한상은 지급기일이 따로 정해져 있지 않았기 때문에 한전 시세가 상승하는 시기에 지불을 요청하였던 반면, 일상은 백동화의 시세가 하락하면 할수록 환차익을 얻을 수 있었다. 그러나 예탁 어음 발행도 신용이 높지 않을 경우 발행이 쉽지 않았다. 한 예로 1899년 서울 금 매집상이었던 오쿠라구미(大倉組)의 서울지점 이와사(岩佐) 상점의 파산으로 일상의 예탁 어음 발행이 위축되는 경우도 있었다. 이들은 1899년 설립된 대한천일은행에 당좌 계좌를 개설하여 어음을 발행하기도 했다.

그러나 일상(日商)에게는 청상·한상과 같이 자유로운 어음 발행이 쉽지는

5_외환업자로서 銀兩, 洋銀 그리고 동전 등의 교환, 대부를 하는 금융 기구.

6_각 종 은덩어리를 改鑄하는 것이 본업으로 실제 화폐를 주조하기도 했다.

7_『通商彙纂』, 「在韓淸國人貿易商の勢力」, 明治 33년, 제165호.

않았기 때문에 자금 회전이 원활하지는 않았다. 특히 수출 상품 대금으로 받은 백동화를 환전하려고 해도 거류지에 진출했던 일본계 은행들이 받아 주지 않았다. 이들은 청상과 한상을 통해 환전을 하거나 또는 일본에 수출할 상품을 구입하여 백동화를 처분해야 했고, 그로 인해 시장 상황의 변동에 따른 손실 위험이 높았다. 더욱이 수입 상품의 보관료, 상품담보 발행 어음의 수수료 그리고 하루를 기준으로 하는 고리(日步)의 대출금리로 인해 자본회전에 많은 어려움을 안고 있었다. 일상의 이러한 자본회전 방식은 신용판매를 주저시키는 요인임과 동시에 일상 간의 과다한 경쟁을 유발하는 요인이었다. 이에 일상은 자본 부족과 신용 구축의 미비에 따른 손실을 만회하고자 동업자 간 조합을 결성하여 내부 경쟁을 차단하고자 하는 한편, 청상·한상과 연불 거래를 시도하려고 노력했다. 또한 일상은 비교적 신용이 두터운 청상에게 수입 화물을 넘기는 것을 선호하기까지 했다. 그러나 청상과의 연불 거래를 할 때도 일상은 가격 조건에서 청상·한상에 비해 불리했다. 따라서 일상의 신용거래가 증가되는 속에서도 현금거래에 대한 그들의 요구는 지속적으로 일어났다. 특히 러일전쟁의 위기가 고조되기 시작하면서 일상은 청상·한상과 연불 거래를 중지하고 현금 판매를 시도했고, 이로 인해 상거래가 침체될 정도였다. 일상은 현금매매와 자본회전의 장애로 인해 청상과 한상에 비해 불안정성 시장에 대한 대응력이 약할 수밖에 없었다. 따라서 이들은 대한제국 시장에서 자유로운 활동을 하기 위해 시장의 개방을 요구하는 한편, 일본 정부가 이를 위해 대한제국에 정치적 영향력을 행사하기를 바라고 있었다. 일상은 통감부의 재정 정리로 청상·한상과의 신용거래가 일시적으로 정지되었을 때 자신들이 안정적으로 참여할 수 있는 시스템의 구축을 요구하였고, 그 결과 수형조합, 창고회사 등이 설립되었다.

삼국 상인의 신용거래 양상은 차이가 있었지만, 거류지 환율 시장의 불안정성으로 인해 상품의 매매에 있어서 백동화 시세 변동은 삼국 상인 모두에게 주요한 문제였다. 또한 수입상에게 있어서 상품 가격의 상승은 판로의 확대에 커다란 장애 요소가 되고 있었다. 따라서 삼국 상인은 어음과 연불 거래를 통해 자본회전의 편리성을 획득하는 한편 환차손에 대비하려 하였다. 인천 시장에서 삼국 상인 간 신용거래의 확대는 자본력이 취약한 상인들의 도태를 촉진했다. 불안한 시장 환경은 자본가에게 자본 규모를 확대하도록 요구했고, 여기에서 소외된 소자본의 상인들은 외상의 상권 확대라는 이중의 부담을 안고 있었다. 신용 시스템의 발전은 자본가의 분화를 촉진하면서 대자본가에게는 더 많은 이윤을 가져다주었지만, 소자본가에게는 성장의 기회를 박탈하는 것이었다.

4. 동아시아 삼국 유통 네트워크와 한상

인천-상하이, 인천-오사카를 중심으로 하는 인천 유통 네트워크의 작동으로 다양한 수입 상품이 유입되었던 인천항은 경인 지역과 평양, 군산, 목포 등지에 수입 상품을 공급하는 역할을 담당했다. 인천항 국내 유통 네트워크는 인천과 서울 지역 한상의 성장 기반이 되고 있었다. 먼저 인천-서울 간 무역에서 한국산 취급은 대부분 한상이 장악하고 있었다. 그리고 1901년부터는 서울 지역 한상이 인천항으로부터 대량의 일본산 면제품 수입에 손을 대기 시작했다.

대일 수입 상품이었던 방적사와 일본산 광폭면포의 서울 수입 상황은 일상의 퇴보와 한상의 비약적 성장을 보여 준다고 할 수 있다. 반면에, 서울 지역 청상의 서양산 광폭면포 수입 독점 현상은 여전히 유지되고 있었다. 서울 지역 삼국 상인 간 면제품 수입액의 이러한 양상은 자본력의 차이에서 오는 것이었으며, 특히 방적사 수입액에서 한상 취급액의 증가는 한상 자본력이 급격히 상승하고 있었음을 보여 준다고 할 수 있다. 이는 앞서 살펴보았듯이

그림 14-2 | 인천-서울 방적사 수입 상황 (단위: 파운드)

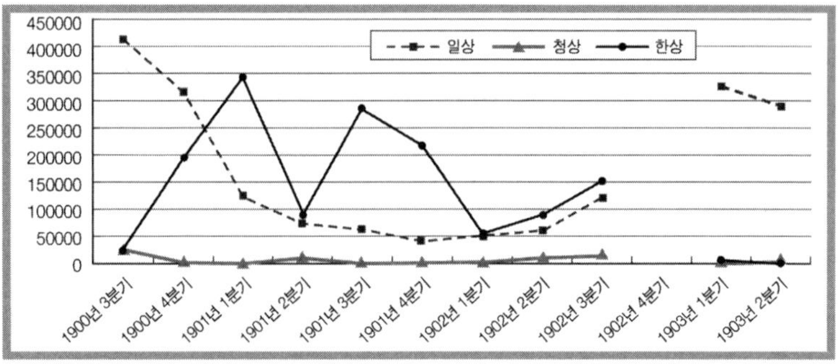

출전: 『通商彙纂』 해당 연도 季報.

그림 14-3 | 인천-서울 일본산 광폭면포 수입 상황 (단위: 파운드)

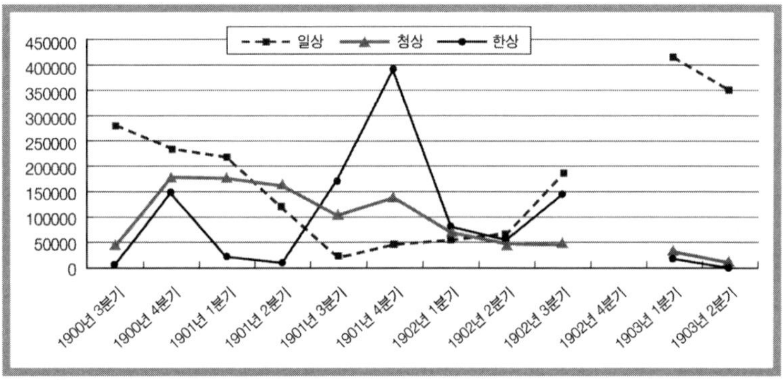

출전: 『通商彙纂』 해당 연도 季報.

그림 14-4 | 인천-서울 서양산 광폭면포 수입 상황 (단위: 파운드)

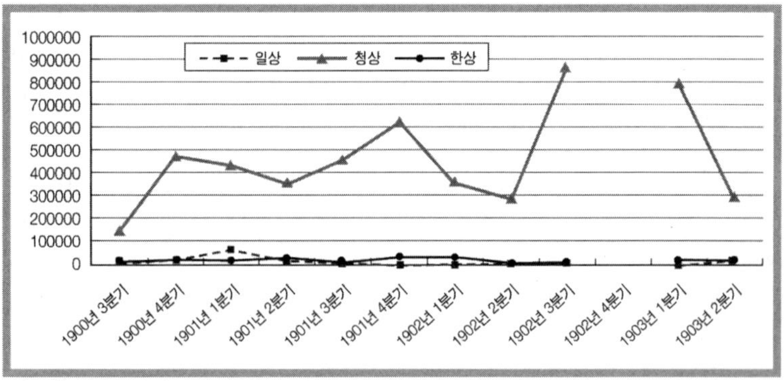

출전: 『通商彙纂』 해당 연도 季報.

그림 14-5 | 인천항 국내 무역량의 변화

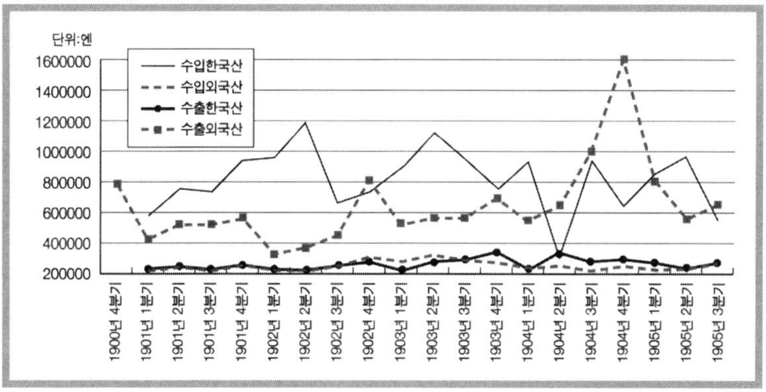

출전: 『通商彙纂』 해당 연도 季報.

백동화의 수급을 조절할 수 있었던 대자본 한상은 자본회전에서 유리한 지위를 갖고 있었기 때문이었다.

인천항 방적사 수입 일상과의 신용거래 확대를 기반으로 하여 서울의 한국 수입상은 방적사, 일본산 광폭면포를 연매 방식으로 소매상에 팔았다. 가령 일상이 연금으로 50원을 받고 상품을 판매한다면, 한상은 그것보다 50전을 싸게 판매하는데 그 이유는 연불 거래로 자본회전 기간을 늘릴 수 있기 때문이었다. 연불 거래는 인천과 서울 간 수입 상품의 거래에서뿐만 아니라 서울 지역 도매상과 소매상 사이에서 일반적 관행으로 행해졌기 때문에 현지 사정과 거래 상인의 신용을 탐문할 수 있었던 한상은 판로의 확대에서 청상과 일상에 비해 유리한 지위에 있었다. 이처럼 경인 철도를 이용한 인천-서울 간 수입무역의 확대는 서울 한상의 성장 기반이 되고 있었다. 그러나 이러한 활동도 1903년 백동화 환율이 급격히 상승하여 상품 가격이 등귀하자, 서울의 한상은 인천항을 통해 국내산 면제품을 수입하는 쪽으로 전환하기 시작했다. 이로 인해 1903년 인천항의 한국산품 유입이 급증하기도 했다.

해로를 이용하여 평양·군산·목포 등 서해안 지역과의 국내 무역 추이를 살펴보면, 분기별 변동이 큰 가운데 국내 무역이 꾸준히 진행되고 있었다.

〈그림 14-5〉에서 보는 바와 같이 인천항을 통해 수출되는 외국산 상품량과 인천항으로 유입되는 국내산 상품량은 증감이 교차하면서 반대의 경향을 보이고 있었다. 이는 외국 상품의 가격 상승으로 인해 외국 상품에 대한 소비가 감소하는 대신 국내 상품의 소비가 증가했기 때문이었다. 인천항의 국내 유통 상품액의 이러한 변화 추이는 인천항을 무대로 활동하는 한상들이 국내 소비 시장의 변화에 따라 유통 상품을 결정할 수 있었기 때문이었다. 즉, 수입 상품의 가격 상승으로 판매가 위축될 때는 수입 상품을 대체할 수 있는 국내 상품을 취급함으로써 영업 활동의 위축을 방지하고 있었다는 점이다. 이로 인해 수입 상품의 유입이 정체되어 인천항 청상·일상 거류지의 영업 상황이 위축될 때에도 국내 유통의 확대에 따라 인천항 한상의 영업은 위축되지 않는 경향도 나타나고 있었다.

거류지와 국내시장 상황의 차이는 두 시장을 무대로 활동했던 한상들이 청상·일상에 비해 상업 이윤을 획득할 수 있는 유리한 조건으로 작용했다. 인천항 거류지 환율 변동이 경인 지역 등 개항장 밖 시장에 영향을 미치기까지는 일정한 시간적 차이가 존재했다. 수입 상품의 구입을 위해 인천항에는 백동화가 집중되는 특성을 갖고 있었던 반면, 인천항 거류지 밖 시장에서는 반대로 수입 상품의 결제를 위해 백동화의 유통량이 줄어드는 특성을 보였다. 백동화는 수요와 공급에 의해 단기 변동을 거듭했기 때문에 지역 간 수급의 차이는 상품에 대한 백동화의 가치 차이를 발생시키고 있었다. 서울과 인천 거류지에서 백동화는 수입 상품 결제 통화로서 국제 은 시세의 영향을 일정하게 받으면서 유통량에 따라 결정되고 있었다. 반면에, 지방에서 백동화는 정부의 공납용 수요가 대부분이었기 때문에 전적으로 유통량에 의해 시세가 결정되고 있었다. 유통량이 많지 않았던 지방의 백동화는 인천과 서울에 비해 시세가 높게 평가되는 경향이 강했다. 거류지와 국내시장 간 백동화 가치의 차이가 발생하는 가운데 해외 유통망과 국내 유통망을 연결하고 있었던 인천항 한상은 백동화 가치 차이에 의해 발생하는 초과이윤을 얻을 수 있었다.

이러한 한상의 활동에 대해 일본인들은 "한상은 임기응변에 익숙하고, 유력한 한인 중에는, 한전 환율은 물론 오사카와 고베의 미곡 가격 등도 전보로 탐지할 뿐만 아니라, 한전 시세가 하락하면 한전을 지방에 가져가서 시세가 오를 때는 기다려서 판매하기 때문에, 거류지 상인이 한전 거래상에서 한인에 의해 좌우되는 경향"이라고 토로했다.[8] 또한 국내 지역 간 백동화 시세변동을 쉽게 감지할 수 있었던 한상은 수입 상품과 국내 상품의 가격 조건에 의해 이익을 얻을 수 있었다. 예를 들어 수입 목면 1필의 가격이 가령 5원이라고 하면, 한상은 서울과 인천의 환율 상승분을 반영하여 지방에 대해서는 한전으로는 7원 50전에 판매했던 반면, 지방에서 한화 1원에 구매하는 목면은 환율을 반영하지 않고 그대로 일본 화폐 1원의 가치로 판매를 했다. 따라서 이재에 밝은 한상은 한화와 일화의 차이가 격심하다고 알려지지 않은 곳을 알고 거류지에서 저락한 한화를 휴대하고 지방의 목면을 매입하여 서울과 인천 등에 판매했다. 이처럼 국내 유통은 거류지 환율 시장의 변동과 결합되어 거류지 한상이 초과이윤을 획득할 수 있는 조건으로 작용하고 있었다. 그러나 거류지와 국내시장의 백동화 가치 차이는 대한제국 시장 질서를 대자본 중심의 독점적 질서를 구축할 수 있는 조건이기도 했다. 즉, 거류지 환율 시장을 조절할 수 있는 대자본 한상은 거류지에서의 환차익과 국내시장의 가격 조건의 차이라는 양자를 선택할 수 있는 지위에 있었고, 그들의 자본이 이러한 단기 화폐시장에 집중될수록 금융시장의 불안정은 더욱 크게 요동치기 때문이었다. 이로 인해 불안정한 시장에 대한 대응력이 약한 소자본 상인은 시장에서 점차 도태되어 갔다. 또한 지방의 소상품 생산자는 인플레이션하에서

8_岡庸一, 『新韓國事情』, 393-394쪽; 오두환, 앞의 책, 230쪽.

자신이 생산한 상품의 가치를 정당하게 인정받을 수 있는 기회를 상실했다. 대자본 한상은 거류지와 국내시장의 백동화 시세 차이를 이용해 지방민에게는 수입품을 높은 가격에 판매하고, 지방의 생산품 가격은 저가로 매입하여 상품유통에서 초과이윤을 얻을 수 있었다.

5. 맺음말

1890년 전후 조선은 인천-상하이, 인천-오사카 지역 간 상품유통을 중심으로 하는 해외 유통 네트워크를 형성하고 있었다. 두 개의 해외 유통 네트워크는 1897년 일본이 금본위제를 실시하고 상하이-오사카가 무역이 확대되기 전까지는 각기 청상(淸商)과 일상(日商)의 상품 수입 루트로서 작동되고 있었다. 이로 인해 청·일상 간 중계 무역상품 수입 경쟁이 전개되기도 했다.

그러나 1894년 청일전쟁 이후 수입 상품 구성에 변화가 생기면서 거류지 청·일상 간 치열한 경쟁 관계는 점차 보완적 관계로 변화되어 갔다. 대청일 무역상품이 각기 다른 소비 시장을 분점 했고, 청상(淸商)은 수입 일상(日商)으로부터 대일 수입 상품을 인수하는 중간도매상의 역할을 담당하기도 했다. 인천항으로부터 국내시장으로 수입 상품을 공급하는 지위에 있었던 한상(韓商)은 1897년 인천항 거류지 통화로서 백동화가 부상하면서 거류지 백동화 수급을 조절할 수 있는 지위에 올랐다.

한편 각기 자국을 경유하여 상품을 수입하는 루트로 이용되었던 두 개의 해외 유통 네트워크는 1897년 일본이 금본위제를 실시하여 한청일 삼국 간 상이한 통화 체계가 형성되면서 일본 지폐 유통을 위한 루트로서 접합되어 갔다. 은화와 동화 유통의 상하이로 금태화권 유통의 오사카의 면제품이 대량 유입되면서 은화·금태화권이 자유롭게 유통되었던 인천항은 상하이 수입 면제품 결제 수단으로 사용되는 일본 지폐의 조달지로서 기능했다. 또한 금본위제 실시 이후 정화를 확보하기 위해 다량의 금이 인천항을 통해 유출되었고, 금 수출 결제를 위한 다량의 일본 지폐가 유입되었다.

이러한 구조하에서 상하이 은화 시세가 급격하게 하락했고, 상하이 시장에서는 금본위제 국가로부터 유입되는 상품의 가격 조건이 악화되기 시작했다. 상하이를 통해 인천항에 상품을 수입하고 있었던 청상은 상하이 가격 조건이 악화되면 대량의 상품을 인천항으로 들여와서 판매하였고, 일본 지폐를 매집하여 오사카 지역 면제품을 구입하는 데 사용했다. 청상의 활동으로 인천항 환율은 상하이 시장과 연결되어 연동되면서 하락했으며, 인천항 일본 지폐는 오사카 지역으로 대량 유출되었다. 1900년 이후 일본 군대의 만주 진출, 그리고 1904년 러일전쟁 이후 만주 시장이 열리면서 인천항 일본 지폐가 청상에 의해 이 지역으로 유통되면서 일본 지폐 유통 시역이 확대되기도 했지만, 기본적으로 상하이-인천-오사카를 연결하는 해외 유통망의 작동은 지속적으로 유지되고 있었다.

대청일 무역상품이 각기 다른 소비 시장을 분점하면서 종래 중계무역상품 경쟁 관계는 점차 보완적 관계로 전화되었고, 삼국 상인의 상호 거래가 확대되었다. 또한 청상의 활동에 의해 인천 환율 시장의 변동 폭이 극심하게 진행되면서 인천의 화폐시장은 매우 불안정했다. 인천항 거류지 삼국 상인은 불안정한 인천 거류지 시장에 대응하기 위해 신용거래와 외환 거래를 확대시켜 나갔다.

거류지와 국내시장 간 형성된 백동화 가치의 차이는 해외시장과 국내시장을 무대로 활동했던 한상의 성장 조건이 되고 있었다. 거류지 환율 변동의 영향이 시간적으로 차이가 나고 있었던 국내시장은 백동화 가치가 거류지 시장에 비해 높게 평가되고 있었다. 이러한 가격 조건의 차이는 인천항 국내 무역과 연결되면서 국내 무역 소장에 영향을 미쳤다. 환율이 상승하여 수입 상품의 가격 조건이 악화되면 한상은 국내 상품을 다량 인천항으로 구입해 왔다. 이러한 과정에서 거류지 시장과 국내시장에서 가치 차이가 발생했던 백동화는 국내시장으로 유통이 확대되었고, 이 과정에서 한상은 초과이윤을 얻을 수 있었다.

그러나 삼국 상인 간 진행된 신용거래는 소자본의 도태를 촉진하였다. 거류지와 국내시장을 무대로 백동화의 수급을 조절하고, 거류지 시장과 국내시장의 백동화 가치 차이에서 초과이윤을 장악했던 대자본 한상의 활동으로 인해 지방의 소상품 생산자의 상품은 시장에서 정당한 가격을 받지 못했으며, 신용거래에서 배제된 소상인은 시장 변동에 대한 대응력을 가질 수 없었다. 여기에 환율 변동으로 인한 화폐시장의 불안정성은 소자본가의 시장 대응력을 약화시켜 나갔다.

15장

일제하 조·중 경제 교류의 실상*

무역을 중심으로

송규진

1. 머리말

1876년 강화도조약이 체결되기 이전까지만 해도 조선의 가장 중요한 경제 교류의 대상국은 중국이었다. 조선은 무역을 중심으로 중국과 경제 교류를 하면서 중국의 선진 문물을 받아들였다. 강화도조약은 당시 쇄국정책을 고수했던 조선이 문호를 개방한 것으로, 세계 자본주의 체제에 편입되었음을 의미하는데, 과거의 중국 중심의 경제 교류가 일본을 비롯한 세계 자본주의 국가와 경제 교류를 활성화시키는 계기가 되었다.

이러한 상황에서 중국은 일본과 조선의 무역 시장을 둘러싼 쟁패를 벌였

* 이 글은 필자의 논문인 「일제하 관세정책의 변화가 조선의 대중국 무역에 끼친 영향」, 『아세아연구』 116호, 고려대학교 아세아문제연구소, 2004; 「1930년대 이후 조선의 대중국 무역」, 『東洋學』 39, 檀國大學校 東洋學硏究所, 2006을 중심으로 그동안 필자가 발표한 논문들을 정리한 것임을 밝혀 둔다.

고 결국 일본이 청일전쟁의 승리로 획득한 정치적 권리를 이용하여 조선 무역에서 주도권을 갖게 되었다. 그래도 중국은 여전히 조선에서 중요한 무역 대상국이었으며 조선이 식민지로 전락한 후에도 조선 무역에서 계속 중요한 위치를 차지했다.

그런데 일제하 조선 무역에 대한 선행 연구는 식민지적 성격을 밝히는 것에 집중되었다. 일제의 경제적 목적을 위한 식료품 및 원료품의 공급지, 상품 시장으로서의 역할, 자본 투하 시장으로의 역할을 통해 일제하 조선 경제가 왜곡되었으며 무역을 통해서도 수탈이 이루어졌다는 부정적인 견해가 주류를 이루었다.[1] 그런데 최근에는 '외래적'이든 '내재적'이든 일제하 조선 무역이 질적으로 변화하는 등 경제가 발전했으며, 그것이 8·15 이후 한국 자본주의 발전에 토대가 될 수 있었다는 '식민지근대화론'이 등장하여 한국학계에 충격을 주고 있다.

이러한 '식민지 근대화론'을 비판하면서도 감정적으로 수탈만을 강조하는 설명으로는 다른 제국주의 지배하의 식민지 사회와 어떠한 차별성이 있는지

1_일제하 조선 무역에 대한 대표적인 연구 성과로는 1943년에 조선무역협회에서 발행한 朝鮮貿易史를 들 수 있다. 이 책은 식민지 무역의 양적 팽창에 초점을 맞추어 양적 팽창 속에서 무역구조도 질적으로 변화했다고 전제하면서 경제 발전의 원동력으로서 양적 팽창의 의의를 높이 평가했다. 『朝鮮貿易史의 '식민지 근대화론' 또는 '무역발전론'적 식민지 경제상은 해방 후 안병직·정도영·이상구·차병권·오상락·안태호·박진희 등에 의해 적지 않게 비판되었다. 비판의 요점은 조선은 조선 후기 이래 내재적 근대화를 추진했지만 식민지가 됨으로써 식민 모국인 일본의 경제적 목적만을 위하여 식료품 및 원료품의 공급지이자 완제품 시장으로서의 역할, 자본투하 시장으로의 역할을 수행하면서 지속적으로 수탈당했다는 것이다. 이에 대해서는 安秉直, 「日本植民統治의 經濟的 遺産에 관한 硏究」, 『經濟論集』, 서울대학교 한국경제연구소, 1965; 鄭道泳, 「日帝下의 韓國貿易」, 『大同文化』3, 大同文化硏究院, 1966; 李相球, 『韓國貿易의 近代的 發展過程』, 高麗大 博士學位論文, 1968; 車輧權, 「日帝下에 있어서 韓國의 貿易政策: 關稅政策을 중심으로」, 『日帝의 經濟侵奪史』, 玄音社, 1971; 吳相洛, 「20世紀 韓國貿易史」(其1, 其2), 『經營論集』, 서울대경영대, 1973; 安台鎬, 「우리나라 植民地 經濟의 形成內容과 貿易推移에 대한 考察」, 『論文集』 6, 한국외국어대학, 1973; 朴眞嬉, 「解放前과 後의 貿易構造 變化에 關한 硏究」, 高麗大碩士學位論文, 1993; 李大根, 『韓國貿易論』, 法文社, 1995.

분석할 수 없으며 수탈 구조의 특수성이 무엇인지를 이해하기 어려울 뿐만 아니라 일제하의 대일본 무역이 조선 경제에 끼친 영향 등을 다각적으로 파악할 수 없다는 한계를 지적하면서 일제하 조선 무역을 단계별로 분석한 연구가 나온 바 있다.[2] 그러나 그 초점은 기본적으로 대일본 무역 관계에 있었다.

중국은 역사적으로 그것이 긍정적이든 부정적이든 한국과 불가분의 관계를 맺고 있었으며 정치·경제·사회·문화 등 각 분야에서 다양한 교류가 이루어졌다. 이것은 일제하 조선에서도 계속 이어졌다. 그런데도 일제하 조선과 중국의 경제 교류에 대해서는 그동안 연구자들이 거의 주목을 하지 못했다. 다만 민족해방운동과 관련된 측면만이 부각되었을 뿐이다. 암울했던 일제시기에 행해진 중국과의 경제 교류, 그 가운데에서도 무역의 실상을 통해 조·중 경제 교류를 구체적으로 밝힐 필요가 있다.

2. '특별관세정책'[3]과 조·중 무역

1) 특별관세정책과 관세 법규의 정비

1910년 8월 조선총독부는 '한국병합'과 동시에 종래 대한제국과 조약을 체결하여 최혜국대우를 받고 있던 독일·미국·오스트리아·헝가리·벨기에·

2_송규진, 『日帝下의 朝鮮貿易 硏究』, 고려대학교 민족문화연구원, 2001.

3_이 글에서 사용하는 '특별관세정책'과 '관세동화정책'의 의미에 대해서는 송규진, 「식민지조선 관세정책의 비교사적 분석」, 『아세아연구』, 46-2, 고려대학교 아세아문제연구소, 2003 참조.

중국·덴마크·프랑스·영국·이탈리아 및 러시아 각국에 이 사실을 통고하여 이들이 대한제국과 맺은 조약이 무효임을 선언했다. 아울러 조선에 체류하는 외국인의 영사재판권을 폐지하고 모든 재판권을 일본법하에 두었다.

이러한 사정을 고려할 때 일본은 대한제국의 관세권을 말살하고 일본의 관세 영역으로 편입해야 했다. 그러나 일본 정부는 1910년 8월 '한국병합에 관한 조약'에서 종래 조선과 통상조약을 맺을 당시 저율 관세를 강요했던 각국에 대하여 '한국병합'이후에도 10년간 대한제국의 관세를 그대로 유지하겠다고 약속했다. 또한 조선과 일본의 무역에서도 종전의 대한제국 관세를 10년간 그대로 유지하겠다는 것을 천명했다. 이것을 실천하기 위해 조선총독부는 제령 제4호 '조선에 있어서의 관세 및 이출입세에 관한 건'을 공포했다.

조선총독부는 칙령 제331호 '조선으로부터 이입하는 화물의 이입세 등에 관한 건'을 공포하여 조선으로부터 일본, 대만 및 사할린에 화물을 이입할 경우에도 종래의 수입세와 동일한 세율의 이입세 및 톤세를 부과하기로 결정했다. 이 칙령에 근거하여 일본의 대조선 이입 무역에 대해서도 종래의 대한제국 관세제도를 그대로 유지시켰다.

일제가 일본 내부의 대한제국의 관세제도를 유지해야 했던 이유는 우선 서구 열강의 눈치를 봐야 했던 당시 일본의 외교적 상황을 들 수 있다. 조선 강점에 대한 구미 열강의 여론과 반발을 무마해야만 했던 일본 정부는 당면한 외교정책의 필요성에서 대한제국 관세제도를 유지하는 정책을 채택했던 것이다. 일본은 합병을 단행하기에 앞서 대한제국과 조약을 맺거나 최혜국 관계를 갖고 있던 국가에 미리 합병조약과 선언문을 전달하여 '한국병합'이 이루어졌음을 설명했는데, 이때 각국 정부는 '한국병합' 이후 조선에서의 치외법권, 관세, 이권 문제에 대해 크게 관심을 표명했다. 특히 영국은 조선에서 대한제국의 관세를 상당 기간 유지할 것을 일본 정부에 요구했다. 영국의 그레이 외상은 1910년 7월14일 런던 주재 가토 대사와 회담, 일본이 어떠한 방법으로 조선에서 지위를 강화시키든 반대하지 않을 것이나, 경제적 이유에서 일본 관세율의 조선 적용은 상당한 우려를 자아내는 것이라는 영국의 입장을 전달했다. 일본 외상 고무라주타로(小村壽太郎)는 일본 정부가 당분간 대한제국의 관세율을 유지하기로 한 데 대하여 당시로서는 불가피한 정책임을 강조했다. 그는 외국인이 조선에서 먼저 점유하고 있던 경제적 이익에 불리한 영향을 주는 것을 피하는 것이 크게 볼 때 유리하기 때문에 대한제국의 관세제도를 유지하여야 한다고 주장했다. 이러한 일본의 관세 유지 선언에 대하여 서양 열강은 만족을 표시했다.

외교적인 상황 못지않게 일본 정부가 '특별관세정책'을 실시한 데는 경제적인 이유도 있었다. 일제가 조선과의 무역에서 다른 외국과 같이 종래 관세장벽을 존속시키는 정책을 채택할 수밖에 없었던 까닭은 '한국병합' 후 곧바로 일본의 관세법을 적용할 경우 조선의 대외무역에 급격한 변화를 줄 뿐만 아니라, 일본 경제에도 중대한 영향을 미치게 될 것이 분명했기 때문이었다. 일본 농업은 1909년부터 계속되는 불황으로 인해 여러 가지 곤란한 문제에 직면하고 있었는데, 특히 조선 쌀이 일본 쌀보다 싼 가격으로 일본 시장에 공급되어 일본 농민은 커다란 타격을 받고 있었다. 그러므로 조선과 일본 간에 관세마저 폐지될 경우 일본 농업은 상당한 타격을 받게 될 것이었다. 일본 정부는 1905년 곡물관세를 제정하면서까지 일본 농업을 보호하기 위해 노력했다.

아울러 조선총독부의 조세수입에서 차지했던 관세수입의 비율도 고려해야 한다. 당시 세출 규모는 식민지 지배의 기초 정비 과정에서 높은 팽창률을 기록하고 있었고 이로 인한 만성 적자를 해결하기 위해 조선총독부는 일본의 일반회계로부터 보충금을 전입시키고 있었다.[4] 당시에는 조세수입에서 관세수입의 차지하는 비중이 상당히 높았다. 그리고 당시의 관세수입은 일본과

4_이 시기 재정 일반에 대해서는 禹明東, 『日帝下 朝鮮財政의 構造와 性格』, 고려대 박사 학위 논문 1987 참조.

이출입 무역을 통한 이출입세가 절대적인 액수를 차지하고 있었으므로 조선총독부의 재정 형편상 일본과의 관세를 철폐하기가 무척 어려웠을 것이다.

이와 같은 국제정치적인 이유와 일본 내부의 정치·경제적인 상황, 그리고 조선총독부의 통치 차원에서 이 시기 조선에서는 '특별관세정책'이 적용되고 있었다. 그런데 조선에서의 '특별관세정책'은 다른 식민지 지역의 그것과는 다른 차별성을 갖고 있다. 다른 제국주의 국가의 경우 '특별관세정책'을 실시하더라도 자국의 식민지와는 외국과 다른 특혜관세를 인정했던 것이 일반적이었다. 그러나 이와 달리 일본은 조선에서 외국에 적용하는 관세를 자기 나라에도 똑같이 적용했다는 것이 가장 큰 특징이라 할 수 있다.

사실상 관세정책이라는 측면에서 이 시기 '특별관세정책'을 비판했던 논자들의 주장처럼 일본과 조선은 '한국병합'을 실현시키지 못했던 것이다. 이처럼 '한국병합' 초기에는 조선과 일본의 완전한 경제적 통합이 이루어지지 못한 가운데 서서히 조선 경제가 일본 경제에 편입되어 갔는데 이와 같은 특징이 무역정책에서도 드러나고 있었음을 알 수 있다.

'한국병합' 이후 10년간은 대한제국 관세제도가 그대로 유지되었으므로 조선의 관세제도에는 본질적인 변화가 없었다. 그러나 조선총독부는 '조선의 관세제도는 원래 한국 정부가 각국의 조약에 기초하여 취급했을 뿐만 아니라, 관례에 따르고 문서화되지 않은 것이 많아 그 운용상 불편한 점이 많을 뿐만 아니라 번잡하고 부과의 공평을 기하기 어려우며 산업 발달을 저해하는 일이 적지 않다'는 등의 이유를 들어 '한국병합에 관한 조약'에 위배되지 않는 범위 내에서 관세 행정의 기초가 되는 여러 법규를 제정했다.

1912년 3월 조선총독부는 제령 제17호 '조선관세령', 제령 제18호 '조선톤세령', 제령 제19호 '조선보세창고령', 제령 제20호 '조선관세정률령' 등을 공포함과 동시에 부령 제48호 '조선관세령시행규칙', 부령 제49호 '조선톤세령시행규칙', 부령 제50호 '조선보세창고령시행규칙' 등을 공포하고 이를 동년 4월 1일부터 실시했다. 그리고 1913년 3월 제령 2호 '조선육접국경관세령'을 공포하고 이를 동년 4월 1일부터 실시했다.

새로운 법규는 조선과 일본의 무역을 촉진시키기 위해 일본의 관세제도에 준거하여 틀을 짜고 조선의 특수사정을 고려하여 만들어졌다. 이는 일본이 '한국병합에 관한 조약'에서 대한제국 관세제도를 유지하겠다고 선포했기 때문에 발생한 손실을 최소화하기 위한 방편이었다. 또 점진적으로 조선 경제를 장악하기 위해 관세제도의 변화를 모색하고 있었음을 반영한다.

조선에서는 일본의 관세 영역에 포함되지 않는 독자적인 관세제도가 유지되었기 때문에 다른 외국 상품의 경우 당시까지는 조선에서 일본 상품과 대등한 조건에서 경쟁할 수 있었다는 것이다. 이는 곧 조선을 완전히 독점하고자 했던 일본 자본가들에게 일정한 장애 요인으로 작용했으며 대중국 무역이 계속 활성화되는 데 한 요인이 되었다.

2) 대중국 무역의 활성화

대한제국 시기 중국 무역이 증가한 것은 '한국병합' 이후에도 계속되었다. 〈표 15-1〉은 1910년대의 대중국 무역액 추이를 표기한 것이다. 이에 의하면 1910년을 기준 연도로, 1919년에 수출은 5.6배 증가했고 수입은 15.8배 증가했다. 수출입 합계는 11.3배로 증가했다. 이러한 무역의 팽창은 당시 식민 모국이었던 대일본 수출입 합계의 증가보다도 더 컸다. 그러나 이러한 조선의 무역액 증가는 '한국병합' 이전부터 있어 온 일반적 경향과 맥을 같이 하고 있음을 유의해야 한다. 이전 시기부터의 흐름을 외면한 채 일제하에서만 무역 성장을 통해 조선 경제가 발전했다고 주장하는 것은 논리 비약이다. 이 시기 관세정책이 근본적인 변화가 없었기 때문에 '한국병합' 이후에도 대중국 무역에 특별한 장애 장치가 없었다는 것이 그 추세를 계속 잇게 된 이유로 설명할 수 있을 것이다.

표 15-1 | 대중국 무역액 추이(1910~19년) (금액 단위: 엔)

연도	수출		수입		합계		수입초과
	금액	지수	금액	지수	금액	지수	
1910	3,025,836	100	3,845,274	100	6,871,110	100	-819,438
1911	3,009,012	99	5,442,443	142	8,451,455	123	-2,433,431
1912	4,058,164	134	7,027,454	183	11,085,618	161	-2,969,290
1913	4,183,561	138	9,764,567	254	13,948,128	203	-5,581,006
1914	4,518,021	149	7,760,909	202	12,278,930	179	-3,242,888
1915	5,599,280	185	8,022,188	209	13,621,468	198	-2,422,908
1916	8,061,828	266	9,565,355	249	17,627,183	257	-1,503,527
1917	11,953,667	395	12,668,562	329	24,622,229	358	-714,895
1918	15,096,133	499	22,725,491	591	37,821,624	550	-7,629,358
1919	17,039,549	563	60,600,235	1,576	77,639,784	1,130	-43,560,686

출전: 『조선 무역연표』 각년판.

전체적으로 수출입이 증가한 원인을 다각적으로 살펴볼 수 있다. 우선 조선총독부의 평가대로 조선 강점 초기에는 지방의 치안을 정비했기 때문에 물자 수송에서 오는 여러 가지 불안감을 해소했다는 것을 하나의 원인으로 들 수 있다. 또 이와 같이 수출이 급증하게 된 것은 경제적인 요인에서도 찾을 수 있지만 조선총독부도 인정했듯이 조선인들의 저항을 누르고 원활한 소통이 이루어지도록 한 당시 무단통치 상황을 고려해야 한다. 또한 도로·항만·철도·통신 등과 같은 기간 시설의 정비도 수이출입 증가의 한 원인이 될 수 있었다.

조선총독부는 수출 증가의 원인으로 전체 산업생산액의 비약적인 발전을 강조했다. 하지만 수출 증가를 주도했던 것은 농산물, 그중에서도 미곡·홍삼 등의 농산물이었다. 특히 미곡은 품질을 개선하여 당시 만주 등지에서 좋은 평가를 받았다. 1912년 4월 이후에는 대부분의 수출세가 폐지됨으로써 더 한층 수이출 호황을 가져오게 했다.

수입 증가의 원인에 대해서도 조선총독부는 수출의 호황 등에 기초한 자본축적으로 생활필수품의 수요가 증가되었다는 점을 강조했다. 그러나 수출 미곡을 대신한 보조 식량이 훨씬 중요한 비중을 차지했다. 또 한편으로 제1

차 세계대전의 발발이라는 국제 정세의 큰 변화가 수출입 팽창에 중요한 계기가 되었다. 수입의 경우에서도 마찬가지이다. 따라서 이 시기에 비록 대중국 무역액이 비약적으로 팽창했다 하더라도 그것의 가장 큰 요인은 외부의 사정에서 기인하는 것으로 조선 산업의 구조적인 발전으로 설명하는 것은 설득력이 약하다.

이 시기에는 수출 증대보다도 수입 증대가 훨씬 컸기 때문에 무역수지의 적자 폭은 더욱 확대되었다. 대중국 무역수지도 수출액에 비해 수입액의 확대가 훨씬 컸기 때문에 훨씬 심각했다. 조선무역협회에서는 이 시기 무역수지 적자는 각종 건설자재 기타 원재료 등 조선의 산업 개발에 자원이 될 화물의 수이입 증가에 기인한 것이기 때문에 비관할 만한 것은 아니라고 평가했다. 하지만 실제적으로 무역수지 적자는 조선을 식민 통치했던 당국자로서는 시급히 해결해야 했던 문제였다. 당시 조선의 식민 통치를 위한 사업자금을 조달하기 위해 조선총독부는 조선은행의 태환권 발행력에 의존했다.[5] 그런데 조선의 무역수지 적자는 조선은행의 태환권의 기초를 위협했다. 그런 까닭에 조선총독부는 수출 경쟁력을 높이기 위하여 조선 상품을 개발함으로써 무역수지 적자를 해소하려고 노력했다. 이것으로 미루어 볼 때 당시 무역수지 적자는 조선무역협회의 평가와는 달리 상당히 우려할 만한 수준이었다.

이 시기의 대중국 중요 수출 상품은 미곡·인삼·연초·목재·우피·엽연초·선어·조선지·해삼·숙피·콩·소·건어·고치·건하·석탄 등 농산물을 비롯한 1차 산품이 중요 수출 상품의 대부분을 차지했다. 중국 중요 수입 상품은 좁쌀·중국마포·석탄·소금·목재·연초·미곡·엽연초·시멘트·철도차·철솥·선박·설탕·도자기 등으로 완제품이 많았다. 일본으로 미곡이 이출되어 조선 내 식량 사정이 악화되었던 상황에서 대중국 수출 역시 미곡이 가장 큰 비중을

5_裵永穆, 「植民地 朝鮮의 通貨 金融에 관한 硏究」, 서울대 박사 학위 논문, 1990 참조.

차지했다. 이러한 식량난을 완화하기 위한 목적으로 대중국 수입에서는 좁쌀이 가장 큰 비중을 차지했다.

3. '관세동화정책'과 조·중 무역

1) 관세동화정책과 관세특례의 실시

일본 의회에서 조선과 일본 간의 관세를 철폐하는 '관세동화정책'의 실시에 관한 논의가 진행될 때 조선인들은 이에 대해 반대 의사를 표명했다. 당시 조선 언론은 조선 문제에 대하여 이해관계가 없고 또 조선 사정을 잘 알지 못하는 일본인들이 조선을 위하여 그 정성을 다할 리가 없다고 주장하면서 조선과 일본 간의 관세 철폐를 강력히 반대했다.

조선과 일본과의 관세가 통일되어 식민 모국과 식민지 간에 자원 이전의 장애가 제거될 경우 자본은 투자의 효율성이 높은 식민지로 이전되기 마련이었다. 따라서 조선과 일본 경제의 성격은 식민지와 제국주의 경제 관계로 자리를 잡았고 조선 경제는 단순히 일본의 종속 시장으로서의 기능만을 담당했을 뿐이다. 그리하여 조선 경제는 식료품과 원료품의 공급지로서의 역할과 일본 완제품 판매지로서의 역할에 충실하게 되는 전형적인 식민지 경제로 고착되어 단순히 일본에만 종속되는 경제 관계를 이루게 되었다.

조선인들의 거센 반발에도 불구하고 1920년 8월 29일을 기하여 일단 조선과 일본은 같은 관세법 체제하에 들어가게 되었다.[6] '한국병합'을 전후로 조선의 관세 문제에 민감한 반응을 보였던 영국도 이미 조선이 일본의 관세 영역에 편입되는 것에 양해를 했다. 영국 외무차관 휴스 위트는 영국 하원에서,

영국 정부는 1920년 8월 이후 일본이 조선의 관세를 정리하는 것에 대해 하등 이의를 제기하지 않을 것이라고 했다. 그러나 조선의 관세제도를 완전히 일본과 동일하게 할 경우, 조선인들이 반대하는 논거로 내세웠던 문제들을 포함하여 여러 가지 복잡한 상황이 초래될 가능성이 있었다.

조선총독부에서는 이미 이러한 상황을 고려하여 1917년 3월 훈령 제8호 '관세조사회규정'을 제정했다. 조선총독부는 이 규정에 근거하여 관세조사회를 설치하여 정무총감을 회장으로 하고 조선총독부 및 소속 관서 중 관계부국의 직원 58명을 직원 또는 촉탁으로 임명하여 총경비 약 3만5천 엔을 들여 '관세동화정책' 실시 이후 조선의 관세제도 및 그 정책 등에 관한 여러 가지 사항에 대하여 조사했다.

관세조사회는 조선에서는 '관세특례'를 실시하기로 결정했다. 관세특례의 실시는 일본과 조선의 완전한 관세 통합이 이루어지지는 않았음을 의미하는 것이다. 이는 관세자주권이 존재했던 지역을 경제적으로 통합하는 것이 얼마나 힘든 가를 보여 주는 단적인 예라 할 수 있다.

일제는 1920년 8월 법률 제53호 '관세법, 관세정율법, 보세창고법 및 가치장법 등의 조선에 있어서의 특례에 관한 건'을 공포하고 이를 8월 29일부터 시행함으로써 외국에 대한 관세특례 규정을 실시하도록 했다. 일제는 일본에 대한 관세특례도 실시했다. 1920년 8월 조선총독부는 제령 제19호 '조선에 이입하는 물품의 이입세 등에 관한 건', 제령 제20호 '조선관세령 등의 폐지에 관한 건', 부령 제120호 '1920년 제령 제19호 시행에 관한 건' 등을 공포하여 이를 실시했다. 이에 따르면 일본에서는 조선 상품에 대한 이입세는 전폐했으나 조선에서의 일본 상품에 대한 이입세는 관세특례의 하나로 그대로 유지시켰다.

6_이에 대해서는 송규진, 「일제하 '일본관세법'의 조선적용과 변용」, 『韓國史學報』 32, 高麗史學會, 2008 참조.

원래 1921년 3월 말을 기하여 이입세를 전폐하기로 했으나 총독부 당국은 재정상의 이유를 들어 유효 기한에 관한 부칙의 규정을 삭제하고 이를 계속 유지시켰다. 이것은 '관세동화정책'의 실시로 일본과 조선이 같은 관세제도하에 있으면서도 완전히 관세장벽을 제거하지는 못했음을 의미하는 것이다.

그런데 조선총독부는 여러 차례에 걸친 개정을 통하여 이입세를 철폐하려 했고 그때마다 조선인들은 완강한 반대 의사를 표시했다. '관세동화정책'의 실시는 모든 토착 자본이 완전 몰락하게 될 것이라는 위기의식을 크게 증폭시켜 물산장려운동이 일어나게 하는 배경이 되기도 했다.

1922년 10월경 보도를 통하여 총독부와 일본 대장성이 1923년 4월부터 일본과 조선 간의 관세를 철폐할 것을 협의하여 곧 일본 의회에 상정할 것이라는 소식이 전해지자 일본과 조선 간의 관세가 철폐되는 경우, 조선의 모든 토착 산업이 완전 몰락하게 될 것이라는 위기의식이 크게 증폭하여 당시 각 신문과 잡지에는 본격적으로 자작자급운동을 호소하는 글들이 실리기 시작했다. 물산장려운동은 민족해방운동 차원에서 전개된 것이 아니고 관세 문제에서 촉발되어 일어난 것이며 일본 상품 배척 운동으로까지 나아간 것은 아니었다.

어찌되었건 물산장려운동이 적극적으로 추진하게 된 것은 일본과 조선 간의 관세 철폐 때문이었다. 이것이 이입세의 완전 철폐를 유보하게 된 하나의 원인이 되었다. 다시 말하면 이입세 철폐 문제가 조선인들이 물산장려운동의 한 요인이 되었고 3·1운동 이후 '문화 정치'를 실시했던 조선총독부가 조선인들의 요구를 일정 부분 받아들여 이입세의 완전 철폐를 유보하게 되었다.

이입세를 계속 존속시켰던 것은 가장 중요한 요인은 총독부에서 이입세 철폐를 일부 유보했던 것은 앞에서 서술한 바와 같이 조선인 자본가를 포섭하려는 이 시기의 정책과 밀접한 관련을 갖는다. 당시 물산장려운동을 통해 가장 호황을 누린 부분은 무명·두루마기 등의 직물업 부분이었는데, 이러한 상황에 비추어 총독부가 이입세 철폐를 일부 유보했을 것으로 판단된다. 이 시기 직물세가 완전 철폐된 것이라는 소문이 일자 경성직물동업조합에서는 박윤근·이정규 등을 대표로 선출하여 조선총독부를 두 차례에 걸쳐 방문하여 직물세의 완전 철폐를 철회할 것을 진정했다.

2) 관세동화정책의 실시와 조·중 무역의 상대적 정체

'관세동화정책'을 실시한 이후 중국 상품은 일본의 조선 무역정책에 의해 큰 디격을 반게 되었다. 대표적인 중국 상품은 견직물이다. 1920년대 초만 하더라도 조선에서 견직물 판매를 둘러싸고 일본 제품과 중국 상품은 치열한 경쟁을 벌이고 있었다. 1924년까지 견직물 수이입 금액에서 일본 제품이 차지하는 비율은 59퍼센트 정도였다. 그러나 조선총독부에서 1924년 8월 법률 제24호 '사치품 등의 수입세에 관한 건'을 공포한 이후 중국 견직물에 대한 관세율은 배나 인상되었고 이로 인하여 중국 견직물의 수입은 급격하게 감소하게 되었다. 그리하여 1925년부터는 견직물 수이입에서 일본 제품이 차지하는 비율은 99퍼센트 이상을 넘게 되었다. 이를 통해 법률 제24호는 중국 견직물의 조선 수입시에 큰 장애요인으로 작용했음을 알 수 있다.

그런데 견직물의 수입은 정상적인 거래에 의하여 이루어지지 않았지만 밀수입의 형태로 계속 조선 시장에서 거래되고 있었다. 밀수 방법은 상당히 다양하여 육로나 해로, 또는 철도, 소포 등을 통해 곡류나 목재 등에 넣고 혹은 다른 물건으로 가장하거나 몸 안에 숨겨 들여오기도 했다. 세관은 국경 및 해안선의 감시망으로 밀수 방지를 위해 노력했지만 특히 압록강 및 두만강을 중심으로 밀수입은 활발하게 이루어졌다. 그리하여 일제는 정상적인 수이입품 및 조선 산품에 대해서는 정당품이라는 것을 표시하여 그 안전을 보증하

표 15-2 | 대중국 무역액 추이(1920~31년)

(금액 단위: 엔)

연도	수출		수입		합계		수입초과
	금액	지수	금액	지수	금액	지수	
1920	19,367,403	100	67,834,288	100	87,201,691	100	-48,466,885
1921	19,228,721	99	50,188,770	74	69,417,491	80	-30,960,049
1922	16,661,084	86	62,787,663	93	79,448,747	91	-46,126,579
1923	19,835,217	102	74,559,869	110	94,395,086	108	-54,724,652
1924	21,399,150	110	73,010,110	108	94,409,260	108	-51,610,960
1925	23,415,738	121	83,361,747	123	106,777,485	122	-59,946,009
1926	23,597,046	122	92,312,266	136	115,909,312	133	-68,715,220
1927	27,283,463	141	89,953,503	133	117,236,966	134	-62,670,040
1928	31,421,449	162	81,086,464	120	112,507,913	129	-49,665,015
1929	34,745,505	179	73,058,792	108	107,804,297	124	-38,313,287
1930	24,577,945	127	60,944,710	90	85,522,655	98	-36,366,765
1931	12,086,084	62	39,507,421	58	51,593,505	59	-27,421,337

출전: 『조선 무역연표』 각년판.

는 동시에 부정품을 단속하는 등 보다 구체적인 밀수입 방지를 위해 노력했다.

조선에서는 기본적으로 1920년 이후 관세동화정책이 실시되면서 조선 무역의 대일 종속이 강화되었으며 식민지 무역 구조는 확립되었다. 대일 종속의 강화는 대중국 무역을 약화시키는 주요한 요인으로 작용했다. 특히 수입에서는 그러한 특징이 두드러지게 나타난다.

〈표 15-2〉는 1920~31년의 대중국 무역액 추이를 표기한 것이다. 이에 의하면 이 시기에는 무역액의 측면에서 1910~19년 시기와는 다른 양상을 보이고 있음을 알 수 있다. 1920년대 초기에는 일본 재계 공황의 영향으로 수출입 무역이 감소하는 경향을 띠다가 1920년대 중반에는 다시 증가하는 추세로 돌아서게 되었다. 이 시기에도 무역액이 1929년까지는 약간 증가하는 양상이 이어지 얼마간 증가하긴 했지만 1910년대의 폭등 양상과 비교하면 상대적으로 정체적이었음을 알 수 있다. 특히 1929년 이후부터는 세계 불황이 더 심화되어 일반 물가가 상당히 떨어졌고 무역 역시 불황에 빠졌다. 특히 수출

부문에 있어서는 중국에서 관세율을 인상하고, 은가의 폭락 등으로 중국 수출이 감퇴함에 따라 수출이 크게 격감했다. 수입에 있어서도 만주 좁쌀, 기타 보조 식량의 수입이 격감했다. 또한 각종 사업이 부진하고 소비가 위축되어 수입 감소가 심화되었다.

1920년을 기준 연도로, 1931년에 수출은 0.62배로 급격하게 감소한 상태였고 수입도 0.58배로 급격하게 감소한 상황에 처하게 되었다. 이에 따라 수출입 합계도 0.59배로 급격하게 감소했다.

1910년대는 대중국 무역이 폭등하면서 수출보다는 수입의 증가폭이 훨씬 컸다. 그런데 이 시기에는 대중국 무역이 전반적으로 약화되는 상황에서 수입의 약화가 수출보다 더 두드러지게 나타났다. 조선총독부는 1925년 통첩 제45호 '관청용품 및 관공영공사 재료로서 조선물산 충용에 관한 건'을 발포하여 관공서의 수요품이나 관영 공사의 경우 조선 상품의 사용을 장려하여 무역수지의 흑자를 유지하기 위하여 힘썼다. 그런데도 무역수지의 적자 폭은 여전히 개선되지 않았다.

이 시기 대중국 중요 수출 상품은 설탕·인삼·목재·미곡·우피·선어·과일·염어·철·해삼·엽연초·건어·고치·연초·콩 등이었다. 표면적으로는 대중국 수출 품목의 1위는 설탕이었다. 하지만 설탕은 수이입액이 수이출보다도 훨씬 많았기 때문에 조선 상품이라고 판단하기가 어렵다. 이것을 고려하면 이 시기에는 인삼이 실질적으로 가장 중요한 수출 상품이었다. 인삼은 조선 후기 이래 중요한 수출 상품 가운데 하나였다. 이 시기 전체 대중국 수출액이 정체적이었던 것과는 달리 대중국 수출 인삼액과 수량은 계속 증대했다. 이 시기 중요 수입 상품은 좁쌀·석탄·비료·중국마포·목재·소금·콩·팥·기장·미곡·견직물·솜·엽연초·옥양목/막베·면직사·모직물·연초 등이었다. 이 가운데에서도 가장 중요한 것은 좁쌀이었다. 좁쌀 수입이 수량의 측면에서 급증함으로써 조선의 식량난을 완화시키는 역할을 담당하기도 했다.

4. 수출진흥정책 및 무역통제정책과 조·중 무역

1) 수출진흥정책과 무역통제정책

세계경제공황 이후 세계 각국이 공황 타개책으로 관세장벽을 높이고 외국무역의 관리 또는 특정 상품의 수입을 금지하여 자국 생산품을 강제적으로 사용하는 조치를 취하게 되자 일본도 관세 문제에 대한 많은 조사와 연구를 실시했다. 그 결과 일본은 1932년에 관세 개정을 통해 보호주의 무역정책을 강화하기 시작했다. 특히 일본은 자국의 보호주의 무역정책을 영국의 오타와 협정에 대한 불가피한 방어 수단으로 인식했고 영국이 식민지에 착취주의를 견지한 결과 영국의 블록경제는 식민지가 반발하여 붕괴될 것이라고 전망했다.

1933년 개최된 국제경제회의는 주요 국가 사이에 의견이 일치되지 않음으로써 결렬되었다. 이에 따라 각국이 안으로는 국민경제의 자급자족을 강화하고 밖으로는 관세율 인상은 물론, 수입할당제도·수입허가제도·환관리 등을 행하면서 통상 장벽을 높이자 일본의 국제무역은 더욱 어려운 상황이 되었다.

이런 상황에서 수출진흥책이 실시되었는데 만주국과 중국에서 실효를 거두었다. '수출조합법'의 제정, '중요수출품검사제도'의 실시, 일본 제품의 해외 선전 및 무역 통신원의 설치, '수출보상법'의 제정 등 수출진흥을 위한 관련 법안을 제정했다. 또한 일본 정부는 1934년 4월 법률 제45호 '무역조절 및 통상옹호에 관한 법률'을 공포하여 이를 5월부터 일본에서 시행하고 조선에서도 칙령 제118호 '무역조절 및 통상옹호에 관한 법률을 조선, 대만 및 사할린에 시행하는 건'을 확대하여 적용했다. 이 법의 운용에 의해 한편으로는 보복수단을 강구하고, 상대국의 일본 상품 수입 방지에 대처하는 것과 함께 협정주의에 기초하여 각국 간 무역 확대를 도모하려고 했다.

조선총독부는 1932년 경성에서 각도 산업과장 및 관계자에 의한 협의회를 개최하여 조선무역협회를 설립할 것을 결의했고 1933년 2월에는 소기의 결실을 거두게 되었다. 1933년 4월부터 본부를 경성에 두고 지부를 봉천에 두어 집무를 개시했다. 그해 7월 1일 조선무역협회는 사단법인으로 발전했는데 처음에는 대만주국 무역의 촉진을 위해 주력했다.[7]

이후 조선무역협회는 만주국뿐만 아니라 조선의 주요 도시, 관동주, 중국의 각 주요 도시에 지부를 설치하면서 조선 상품의 소개·선전·거래중개알선 및 무역을 촉진하는 데 필요한 시황 및 각 지역의 경제 사정을 통보하여 무역 진흥에 전력했다. 조선무역협회의 이러한 노력은 조선의 대중국 무역 활성화에도 영향을 끼쳤다.

조선무역협회는 화북 지방 산업 정세를 조사하여 이를 무역업자에게 알리고 대화북 무역을 원활하게 하기 위해 직원을 파견하여 화북 지역에 대한 경제 조사를 실시했다. 또 상품 견본을 진열하여 선전·소개 및 대량 거래를 도모하는 시장인 견본시를 화북 지방에서 자주 개최했다. 1936년에 개최한 제3회 화북 지방 견본시는 전년도에 비해 무려 세 배의 실적을 보임으로써 조선무역협회 관계자들을 고무시키기도 했다.

중일전쟁 직후에는 대화북 수출을 보다 활성화하기 위해 조선무역협회는 천진사무소를 설치하여 무역 상황 조사, 정보 수집, 조선에 대한 선전, 조선 상품의 소개·알선 등의 업무를 하도록 했다. 견본시도 개최했는데 조선총독부는 견본시 출장에서 돌아온 사람을 모아 좌담회를 개최했다. 또 조선 무역 관계자들이 좌담회를 개최하기도 했다.

1939년 11월에는 조선총독부가 주최하고 조선무역협회와 조선상공회의

7_송규진, 「일제하 조선과 만주국의 무역에 관한 연구」, 『중국학보』 52, 한국중국학회, 2005 참조.

소의 알선으로 즉매회(卽賣會)를 개최했다. 즉매회는 상품을 벌여 놓은 현장에서 곧바로 판매하는 것이다. 당시 즉매회 개최의 목적은, 대중국 무역의 진흥, 선무공작의 협력, 현지 산업 경제의 조사, 조선에 대한 선전, 현지 일본군의 위문 등이 포함되어 있다. 견본시가 무역을 포함한 경제적인 목적 외에 일본의 전쟁 수행을 원활하게 하기 위한 목적 때문에 개최되었다는 것을 주목할 필요가 있다.

조선무역협회는 대중국 무역에 관한 조사연구회를 자주 개최했다. 1939년 3월의 경우 조선총독부, 중앙시험소, 상공장려관, 경성제국대학교, 경기도, 일만실업협회(日滿實業協會), 조선은행, 미쓰이물산, 조선우선회사 등을 대표한 무역 관계자들이 출석했다. 이때에는 1939년도 사업 계획으로 조선 무역진흥을 위해 신속히 실시되어야 할 사항을 협의했다. 또 중국과의 무역 확대를 위해 조선 상품을 진열하기 위해 노력하기로 했다.

당시 조선무역협회 부회장은 중국의 점령 지역이 확대되면서 대중국 무역을 보다 원활하게 하기 위한 여러 가지 방안을 제기했다. 먼저 화북·화중을 경제개발하기 위해 조선은 쌀·보리·면화·축산 등을 증산하고 화북의 자원 개발에 필요한 자재를 공급해야 한다는 것이다. 또한 화북에서 도로·항만을 개수하거나 광산 작업에 필요한 시멘트와 폭약을 조선이 수출하고 화북에서 생산되는 면화·수모(獸毛)·소금 등을 수입해야 하며 조선의 항만과 부속시설의 개수 정비는 물론, 정기항로의 설정 등을 가장 긴급히 실현해야 할 것으로 규정했다.

일제는 대중국 무역의 발전을 촉진하기 위해 대중국 항로를 증설했다. 대화북 무역은 중일전쟁 이전에는 해로를 통해 직접 천진(天津)·청도(靑島)로 통하거나, 철도로 봉천(奉天)을 경유한 대련(大連) 중계를 통해 이루어졌다. 천진·청도의 해로를 통한 무역은 운임이라는 측면에서는 철도보다 유리했지만 당시 '배일고율 관세'로 인하여 지장을 받았기 때문에 철도를 통한 대련 중계에 의한 화북과의 거래가 많았다. 그러나 중일전쟁 이후 화북의 친일 정권이 관세율을 낮춤으로써 천진·청도를 통한 해로 무역이 유리하게 되었다.

당시 만철(滿鐵)이 철도총국을 봉천으로 이주하고 중요 업무를 신경(新京)으로 이관함에 따라 대련의 중계항으로의 지위는 더욱 약화되었다. 대련은 천진·위해(威海)와 교역하기는 편리했지만 청도·해주(海州)와의 교역은 거의 이루어지지 않았기 때문에 조선은 대련을 경유할 필요가 없게 되었다. 이제 조선은 천진·위해·청도·해주와 직접 교역하는 것이 유리했기 때문이다.

전쟁이 확대됨에 따라 화북교통선(華北交通線)과 조선우선회사 항로의 연락 및 동(同) 항로 경유의 조선철도선과의 연락운송 등이 각 방면으로부터 요망되었다. 1941년 6월부터는 이것이 실현되어 여객 및 수하물 취급이 개시되었다. 이 항로는 청도-인천 간으로 월 6회 왕복했다. 1942년에는 전쟁으로 대규모 배가 부족해지자 민선(民船)으로 중요 물자를 수송하는 것으로 변경되었다.

중일전쟁을 거치면서 조선 무역과 대륙 경제가 더욱 밀접한 관련을 맺게 되었다. 그러나 1937년 10월 조선총독부가 '임시수출입허가규칙'을 공포하여 수출입을 강력히 통제하면서 대 엔블록 수출을 제한하자 당시 조선무역협회 부회장은 우려의 목소리를 냈다. 대 엔블록 수출 제한이 점차 발흥하는 조선 공업을 좌절시키고 특히 엔블록의 소비를 대상으로 하는 경공업에 커다란 악영향을 미칠 것이라고 전제하고 기업 투자가 화북을 비롯하여 기타 외국으로 유치될 것이므로 대 엔블록 수출 제한을 완화해야 한다고 주장했다.

그런데도 9월 일본 정부는 이른바 '엔블록수출제한령'을 발포하고 조선에도 이를 적용하기 위해 '임시수출입허가규칙'을 개정함으로써 대 엔블록 수출 제한을 더욱 강화했다. 중일전쟁이 장기화되면서 '블록 내의 자급자족과 원활한 물자 교류'라는 이상은 서로 모순을 초래했다. 이러한 모순을 해결할 수 없었기 때문에 결국 조선 무역은 엔블록 수출을 제한하려 했지만 중국을 비롯한 엔블록 무역으로 더욱 협소해졌다.

1940년 8월 대 엔블록 무역 통제 기관으로 동아수출입조합연합회 및 동아필수품수출조합이 설립되었다. 당시 화북·화중에서는 화북대일수입조합연합회, 중지나일본물자수입배급조합연합회(中支那日本物資輸入配給組合聯合會)에서 수입품을 통제했다. 또한 조선 상품을 통제하기 위해 청도조선물산수입조합(青島朝鮮物產輸入組合), 중지나조선수입배급조합(中支那朝鮮輸入配給組合)이 설립되었다.

이들 기관들은 수출 조정에 의한 무역 통제법의 강화와 수입 기구의 조정과 맞물려 일본의 수출 기관과 협력 체계를 갖추었다. 종래 일본의 수출 기구 일원화에 대응하여 통제 기관으로 도자기 외 23개의 상품별 수입 배급 조합 및 이들을 소속 조합으로 하는 연합회가 결성되었다. 중지나조선수입배급조합는 1941년 1월부터 업무를 개시하여 동(同) 조합 통제 물품을 화중 지역으로 수출할 경우 동 조합에서 발급하는 인증서를 요구했다. 그런데 실제적으로 이들 수입 배급 기구들은 크게 실효를 거두지 못한 것 같다. 화북 지역의 경우 실제의 운영에 각종 미묘한 문제들이 발생했다. 이것은 조합 결성을 너무 급진적으로 한데다가 수입 물자와 현지 생산품과의 관계 및 이미 결성된 조합과 새로 급조된 조합과의 관계 등의 문제에 기인한 것이다.

1941년 4월 조선동아무역주식회사를 설립하고 7월 '임시수출입허가규칙'을 개정한 뒤 엔블록 무역의 조정 기관으로 선정했다. 이 회사는 일본의 조정 기관과는 달리 하부 기관이 없고 개개의 업자와 직접 교섭을 해야만 하는 번잡함 때문에 회사와 무역업자 쌍방이 불편함을 느끼게 되었다. 상품별유통조합은 1942년 7월 이후 차례로 결성되었고 이미 설립한 조합도 점차 협력 기관으로 개조되었다.

조선 산업구조를 질적으로 바꾸지 않고 무역정책만으로 무역 발전을 도모하려는 의도는 기본적으로 많은 한계를 지닐 수밖에 없었다. 그러나 대중국 무역의 경우 일제의 대륙 침략을 위한 목적으로 무역 발전을 끊임없이 모색함으로써 양적으로 성장세를 일정하게 유지하게 되는 한 요인이 되었다.

표 15-3 | 1932~44년 시기의 대중국 무역액 추이 (금액 단위: 엔)

	수출		수입		합계		무역수지
	금액	지수	금액	지수	금액	지수	금액
1932	947,840	100	3,772,679	100	4,720,519	100	-2,824,839
1933	1,598,605	169	5,857,997	155	7,456,602	158	-4,259,392
1934	2,007,644	212	7,796,226	207	9,803,870	208	-5,788,582
1935	3,312,938	350	16,448,267	436	19,761,205	419	-13,135,329
1936	3,702,394	391	15,148,347	402	18,850,741	399	-11,445,953
1936	3,702,394	391	15,148,347	402	18,850,741	399	-11,445,953
1937	4,842,350	511	10,367,605	275	15,209,955	322	-5,525,255
1938	22,155,354	2,337	12,217,258	324	34,372,612	728	9,938,096
1939	33,565,918	3,541	10,334,033	274	43,899,951	930	23,231,885
1940	39,160,000	4,131	17,454,000	463	56,614,000	1,199	21,706,000
1941	42,145,000	4,446	38,833,000	1,029	80,978,000	1,715	3,312,000
1942	42,405,000	4,474	29,257,000	775	71,662,000	1,518	13,148,000
1943	47,646,000	5,027	37,800,000	1,002	85,446,000	1,810	9,846,000
1944	35,020,000	3,695	26,555,000	704	61,575,000	1,304	8,465,000

출전: 『朝鮮貿易年表』 각년판; 『朝鮮經濟年報』, 朝鮮銀行調査課, 1948, Ⅲ-44~45쪽.

2) 대중국 무역의 활성화 그 의미

〈표 15-3〉은 1932~44년 시기의 대중국 무역액 추이를 표기한 것이다. 대중국 무역은 지속적으로 증가하는 경향이었다. 특히 중일전쟁이 발발한 이후에는 수출의 증가폭이 수입 증가폭보다 훨씬 컸다. 1932년을 기준 연도로 하여 1944년에 수출은 37배 증가했고 수입은 7배 증가했다. 수출입 합계도 13배 증가했다.

중일전쟁 이전 시기에는 중국의 고율 관세로 인해 대중국 무역에 약간의 어려움이 있었다. 고율 관세로 밀수 문제가 발생했다. 중국 정부는 밀수품을 단속한다는 구실로 일본 상품을 배척하는 정책을 펴기도 했는데, 중국 정부의 밀수품 단속정책은 조선 상품의 대중국 수출에 일정 정도 견제 역할을 했다. 당시 남경의 국민정부는 중국 사회에서 큰 문제의 하나였던 밀수가 일본의 사주에 의해 이루어진 것으로 인식하고 국산품 애용 운동을 전개했다. 이에 대해 조선무역협회에서는 상당한 우려를 표명하기도 했다.

중일전쟁 이후에 특히 점령 지역인 화북에서는 관세 개정으로 수입세가 경감되었을 뿐만 아니라 수출세도 점차 폐지하는 추세에 있었다. 일본은 중국의 점령 지역 치안을 확보하기 위해 노력했고 1938년 화북에서는 연은권(聯銀券)에 의한 통화 통제가 더욱 강화되었다. 중국의 남북해관이 일제에 의해 접수되고 일본인의 중국 이주가 증가하는 상황에서 군수품과 일본인의 수요가 증가함으로써 일제는 대중국 무역에 보다 유리한 조건을 갖추게 되었다. 1938년의 경우 조선의 대중국 무역을 지방별로 보면 중일전쟁이 발발한 직후 일본의 점령 지역에 포함되지 않았던 산동성(山東省) 및 호남성(湖南省)에 대한 수출은 줄어들었지만 점령 지역인 화북에 대한 수출은 군용물자의 공급으로 급격하게 증가했다.

중일전쟁이 확대되면서 점령 지역의 확대, 치안의 확보, 일본인 이주의 증가에 따라 조선 상품의 대중국 수출도 더욱 증가하게 되었다. 이제 중국은 신시장 개척이라는 측면에서 만주국보다 더 유망한 시장으로 인정받기에 이르렀다고 평가될 정도였다.

외국은 말할 것도 없고 일본과의 무역도 정체 내지 축소하는 경향이었던 상황에서 이루어진 대중국 무역의 급증, 특히 수출의 급증은 주목되는 현상이라 할 수 있다. 또 대중국 무역은 중일전쟁이 발발한 다음 해인 1938년을 경계로 무역수지가 적자에서 흑자로 전환되는 모습을 보인다.

대중국 무역의 확대가 곧바로 대부분의 조선인들에게 경제적 부를 축적하는 기회로 활용될 수는 없었음을 유의해야 한다. 견본시에 출품한 사람들을 살펴보면 조선인은 눈에 띄지 않고 대부분 일본인이었다. 한 예로 중일전쟁 이후 최초의 견본시가 1937년 10월 14일에서 15일에는 천진의 일본조계지 내의 조선민회유치원에서 실시되었다. 출품자 76명, 출장자 25명에 달했는데 조선인은 한 명도 참여하지 못했다. 또 조선 상품을 취급하는 업자도 대리점과 특약점도 있었지만 주로 일본의 대기업이었다.[8] 이는 조선무역협회에는 임원과 직원은 물론 일반 회원에 이르기까지 대부분 일본인과 일본인 단체가 참여하고 있었기 때문에 결국 조선 무역을 일본인이 완전히 장악한 것과 밀접한 관련이 있는 것이다.

대중국 수출품 가운데 중요한 것은 쌀·밀가루·설탕·청주·홍삼·인조견·흑연·목재·면직물·차량과 동 부속품이었다. 대중국 수입 중요 상품은 좁쌀·콩류·참깨·면자(綿子)·고추·소금·조면·중국마포·석탄·철강이다.

이렇게 볼 때 이 시기에도 기본적으로 수출입 구조는 크게 바뀌지 않았다. 그런데 이 시기 두드러진 것이 미곡 수출이다. 미곡은 중일전쟁 이전까지는 대중국 무역에서 차지하는 비율이 그리 높지 않았으나 1939년 39.4퍼센트를 차지하면서 대중국 무역에서 절대적인 위치를 차지하면서 가장 중요한 상품이 되었다. 1935년 만주국의 좁쌀 흉작으로 대만주국 수입이 감소하자 대중국 좁쌀 수입이 일시적으로 격증하게 되었다. 그런데 중일전쟁 이후 중국의 식량 부족으로 대중국 좁쌀 수입이 급격하게 줄어들었고 1938년 이후에는 수입이 완전히 두절되었다. 콩류와 참깨의 경우도 1935년부터 급격하게 늘어났다가 중일전쟁 이후에는 급격하게 줄어들었다. 이는 중일전쟁 직후 중국 정부가 밀의 금수 조치뿐만 아니라 잡곡에 수출세를 부과하는 등 밀·좁쌀 등의 농산물 수출을 억제하는 정책과 밀접한 관련을 지니는 듯하다. 특히 중국 정부는 1939년 9월 좁쌀의 금수 조치를 단행함으로써 조선에서 중국 좁쌀을 수입할 수 없게 되었다. 이는 조선의 식량난을 가중시키는 한 요인이 되었다.[9]

이렇게 수출입 상품을 볼 때 조선 무역의 질적 발전의 모습은 크게 눈에 띄지 않는다. 이는 당시 무역 실무자들도 토론한 바 있다. 미쓰이물산 지점장

8_당시 조선무역협회 靑島 출장소주임은 조선의 상인들은 성질이 나쁘고 물품이 손상된 경우가 많았기 때문에 분쟁 당사자를 조정하려고 애쓰고 있다며 일본의 대기업이 조선 상품을 취급하는 것을 합리화시켰다.

9_쌀 이출과 좁쌀 수입으로 인한 조선인의 1인당 식량 소비량의 감소에 대해서는 송규진, 「일제하 '쌀이출 좁쌀 수입' 구조의 전개 과정」, 『史叢』 55, 歷史學硏究會, 2002 참조.

인 오쓰카 도시오(大塚俊雄)는 중국 무역을 비관적으로 평가했다. 당시 화북과 비교하여 1인당 수입액이 네 배에 이르고 공업화가 진행되고 있지만 기본적으로 조선은 농업국이라고 평가하면서 농업국과 농업국의 무역을 증진시키는 것에는 많은 한계가 있다고 지적했다. 그는 당시 조선무역협회가 화북과의 무역을 강조했지만 실제적으로 조선 경제에 기여하지 못했으며 조선 상품은 군관계만 조금 수출되고 있을 뿐이라고 주장했다.

조선무역협회 상무이사였던 구토 산지로(工藤三次郎)도 기본적으로 중국 무역이 증대될 것이라고 기대하면서도 중국은 생산 발전 단계로 보면 아직 농업국이며 조선도 공업 발전이 현저하지만 공업국이라고는 볼 수 없다고 하면서 조선과 중국 모두 자본 부족과 노동력 과잉이라는 공통성이 있고 금융상 상호 의존성이 없기 때문에 무역 증진에 많은 어려움이 있다고 평가했다.

조선의 중국 무역이 호전되었던 근거는 산업의 발전과 같은 내적인 요인이라기보다는 대륙병참기지로서의 역할 때문이었다. 조선과 중국은 기본적으로 농업국이었으며 정상적인 상황에서 농업국과 농업국의 무역이 발전을 할 수 없는데도 양적으로 크게 성장한 것은 군관계 때문이라는 자조적인 발언은 당시 일본인들의 솔직한 심정을 대변하는 것이다. 이를 통해 조선 경제의 발전을 통해 조선 무역이 질적으로도 발전했다는 주장은 근거가 희박했음을 알 수 있다.

5. 맺음말

일제하 조·중 경제 교류의 실상을 무역을 중심으로 살펴보았다. 이를 통해 일제하 조·중 무역은 '특별관세정책'을 실시한 시기에 가장 활발하게 이루어졌으며 '관세동화정책'을 단행한 이후 상대적으로 정체되다가 일제가 대륙을 침략하는 시점에서 대륙병참기지화 정책의 일환으로 기형적으로 확대되었음을 알 수 있다. 이하 이 글을 요약함으로써 맺음말을 대신하고자 한다.

일제는 1910년대에 '특별관세정책'을 실시했다. 일본의 관세 체제에 편입되지 않은 '특별관세정책' 시기에 대중국 무역은 폭증했다. 이것은 대한제국 시기 대중국 무역이 꾸준히 증대한 양상과 맥을 같이 하여 그 연장 선장에서 이루어졌다고 할 수 있다.

'특별관세정책'이 실시되자 '한국병합' 이후에도 중국 상품은 조선에서 일본 상품과 대등한 조건에서 경쟁할 수 있었다. 이 시기에는 대중국 무역액이 엄청나게 증가했다. 1910년을 기준 연도로 하여 1919년에 수출은 5.6배 증가했고 수입에서는 15.8배 증가했다. 수출입 합계는 11.3배 증가했다. 그 '특별관세정책' 시기에 대중국 무역액이 폭발적으로 급증한 것은 조선총독부의 무역정책도 일정 부분 역할을 한 것은 사실이지만 기본적으로 제1차 세계대선으로 인한 외적 요인이 상당 부분 작용했다. 또 이 시기에는 수출보다는 수입이 증가함으로써 무역수지의 적자가 확대되었다.

'특별관세정책' 시기의 대중국 중요 수출 상품은 미곡·인삼·연초·목재·우피·엽연초·선어·조선지·해삼·숙피·콩·소·건어·고치·건하·석탄 등 농산물을 비롯한 1차 산품이 중요 수출 상품의 대부분을 차지했다. 이 중국 중요 수입 상품은 좁쌀·중국마포·석탄·소금·목재·연초·미곡·엽연초·시멘트·철도차·철솥·선박·설탕·도자기 등으로 완제품이 많았다. 일본으로 미곡이 이출되어 조선 내 식량 사정이 악화되었던 상황에서 대중국 수출 역시 미곡이 가장 큰 비중을 차지했다. 이러한 식량난을 완화하기 위한 목적으로 대중국 수입에서는 좁쌀이 가장 큰 비중을 차지했다.

일제는 1920년에 '관세동화정책'을 실시했다. 조선에 절대적으로 필요했던 좁쌀 등의 물품을 안정적으로 수입하기 위해 일부 관세특례를 설정했지만 '관세동화정책'의 실시로 대중국 무역을 일정하게 제약했다. '관세동화정책' 시기에는 '특별관세정책' 시기 무역 규모가 폭증한 것과 비교하면 상대적으로

이 시기에는 무역 규모가 정체되었다. 특히 세계 대공황이 발생한 1929년에는 대중국 무역도 급감했다. 1920년을 기준 연도로 하여 1931년에 수출은 0.62배로 급감했고 수입도 0.58배로 급감했다. 수출입 합계도 0.59배로 급감했다. 조선총독부가 무역수지를 개선하기 위해 노력했음에도 적자 폭은 보다 확대되었다.

'관세동화정책' 시기 대중국 중요 수출 상품은 설탕·인삼·목재·미곡·우피·선어·과일·염어·철·해삼·엽연초·건어·고치·연초·콩 등이었다. 표면적으로는 대중국 수출 품목의 1위는 설탕이었다. 하지만 설탕은 수이입액이 수이출보다도 훨씬 많았기 때문에 조선 상품이라고 판단하기가 어렵다. 이것을 고려하면 이 시기에는 인삼이 실질적으로 가장 중요한 수출 상품이었다. 인삼은 조선 후기 이래 중요한 수출 상품 가운데 하나였다. 이 시기 전체 대중국 수출액이 정체적이었던 것과는 달리 대중국 수출 인삼액과 수량은 계속 증대했다. 이 시기 중요 수입 상품은 좁쌀·석탄·비료·중국마포·목재·소금·콩·팥·기장·미곡·견직물·솜·엽연초·옥양목/막베·면직사·모직물·연초 등이었다. 이 가운데에서도 가장 중요한 것은 좁쌀이었다. 좁쌀 수입이 수량의 측면에서 급증함으로써 조선의 식량난을 완화시키는 역할을 담당하기도 했다.

일제는 수출진흥책으로 중국 무역에서 큰 성과를 거두었고 중일전쟁 이후에는 대륙 경제와의 연결이 보다 심화되었다. 그러나 일제는 외화 획득을 위해 대 엔블록 수출에 대한 제한정책을 펴기도 했는데 이는 중국과의 무역을 제약하는 요인으로 작용했다. 그런데도 중국 무역은 양적으로 보면 비약적으로 성장했다. 1932년을 기준 연도로, 1944년에 수출은 37배 증가했고 수입은 7배 증가했으며 수출입 합계는 13배 증가했다. 또한 중일전쟁이 발발한 다음 해인 1938년을 경계로 무역수지가 적자에서 흑자로 전환하게 되었다. 그런데 중국 무역의 확대의 수혜자는 대부분 일본인들이었음을 유의해야 한다. 견본시에 출품한 명단을 분석해 보면 대부분 일본인들이었다. 이는 당시 무역을 총괄했던 조선무역협회의 집행부 대부분이 일본인들이었다는 것과도 상관관계를 지닌다.

당시 조선 경제를 연구했던 일본인 학자나 무역 관계자들은 조선 경제가 질적으로 변화했으며 이것이 무역에서도 드러난다고 주장한 바 있다. 그러나 식료품·원료품과 식료품·원료품의 교환 체계였다는 한계는 계속 유지되었다. 대중국 수출품 가운데 중요한 것은 쌀·밀가루·설탕·청주·홍삼·인조견·흑연·목재·면직물·차량과 동 부속품이었다. 대중국 수입 중요 상품은 좁쌀·콩류·참깨·면자(綿子)·고추·소금·조면·중국마포·석탄·철강이다.

특히 미곡은 중일전쟁 이후 급증하여 1939년에는 39.4퍼센트를 차지함으로써 가장 중요한 상품이 되었다. 이는 중일전쟁이라는 상황과 관련이 있다. 중국인들의 기호 변화로 조선 미곡에 대한 관심이 높아졌다는 것만으로는 미곡 수출이 1937년을 기준 연도로 하여 1939년에 90배 이상 증가한 것을 설명할 수 없다. 중국에서 조선 미곡 배급시에 육군특무기관에서 관여한 것을 보면 이는 전쟁에서의 군 식량 보급과 밀접한 관련이 있기 때문일 것이다.

1930년대 이후 조선 무역이 질적으로 발전했다는 주장은 중국의 사례를 통해서도 근거가 약했음을 알 수 있다. 조선과 중국 간의 무역은 기본적으로 농산물과 농산물의 교환 체계였다. 그런데 중일전쟁 이후 쌀은 정치 군사적인 목적으로 많은 양이 중국으로 수출되었던 반면, 좁쌀은 중국의 좁쌀 수출 금지 정책로 1938년부터 수입되지 못하여 조선인들의 식량난이 가중되는 데 일조했다.

요컨대, 일제하 중국과의 활발한 경제 교류가 이루어졌지만 그것은 근본적으로 한계가 있을 수밖에 없었다. 그 단적인 예가 미곡 수출이다. 일본의 대륙침략에 필요한 군수품으로 미곡은 대중국 무역을 급증시킨 가장 중요한 물품이었다. 이를 통하여 당시 조선이 대륙병참기지로서의 역할을 얼마나 충실히 이행하고 있었는지를 알 수 있다. 이 시기의 미곡은 경제적인 논리보다는 정치 군사적인 논리에 의해 수출되었으며 일제의 중국 현지 각 기관들은 조선 미곡 수입을 상호 긴밀하게 협조하고 있었다.

16장

재화(在華) 일본 기업에 대한 중국 공장법의 적용과 중일 관계

김지환

1. 서론

산업혁명 이후 근대적 공업이 비약적으로 발전하면서 노동자가 사회의 주요한 계층으로 성장하게 되자 구미 각국은 노동조례의 입법화를 통해 이들의 보호에 적극 나서지 않을 수 없었다. 이와 같은 배경하에서, 1802년 영국에서 처음으로 공장법이 반포되었으며, 아시아에서는 일본이 1881년에 공장법의 필요성을 인식하고, 30년에 걸친 조사와 협의를 거쳐 1911년에 초보적인 공장법을 입안하여 1916년부터 시행하였다. 중국 역시 제1차 세계대전을 거치면서 동일한 문제에 직면하게 되었다.

1919년 가을 워싱턴에서 제1회 국제노동회의가 개최되어 여공 및 소년공의 야간근무를 금지하는 조약이 체결되자 북경 정부 농상부(農商部) 역시 1923년 3월 29일 잠행공창통칙(潛行工廠通則) 28개조를 반포하였으며, 비록 국회를 통과하지 못한 농상부 훈령이기는 하였지만 중국 공장법의 효시라고 할 수 있다. 남경국민정부 역시 1927년 4·12정변 이후 노동자들의 불만을 정권

차원에서 용해하고 이들 세력을 적극 포섭하기 위해 공장법을 비롯한 노동법의 입안과 실시에 적극 나서지 않을 수 없었다.

국민정부 공장법에 대해서는 중국을 중심으로 수편의 논문이 있는데, 주로 공장법의 역할과 그 효과에 주목하고 있다.[1] 1937년 중일전쟁 이전까지 공장법이 원안대로 시행되지 못한 이유와 관련해서는 당시 중국 경제의 발전단계와 노동환경, 그리고 자본가들의 저항 등이 주요한 문제로 거론되고 있다. 그러나 제1차 세계대전 이후 중국에서 외자 기업, 특히 일본 기업의 발전과 중국 공업 경제에서 차지하는 막대한 비중에도 불구하고 공장법에 대한 이들의 이해 및 대응과 관련해서는 상대적으로 연구가 거의 이루어지지 못하고 있는 형편이다.

필자는 중국 방직공업의 사례를 통해 위에서 남경국민정부 공장법의 내용과 성격을 살펴보고, 이 법인이 원안대로 실시되지 못하고 굴절된 이유를 재화 일본 기업의 이해 및 저항, 그리고 중일 관계 속에서 규명해 보고자 한다.[2] 특히 당시 중국과 일본의 일간신문 등을 통해 공장법에 대한 중일 양국

1_국민정부 공장법에 관한 전론적인 연구는 2000년대에 들어서 비로소 본격적으로 시작되었다고 할 수 있는데, 그 원인은 종래 중국 경제사 등 개설서에서 공장법에 대한 서술과 평가가 정치사의 영향을 탈피하지 못하였기 때문이라고 할 수 있다. 근래 饒水利, 「論1929年工廠法的實施效果」, 『法制與社會』, 2007年 5期; 朱正業, 「南京國民政府工廠法述論」, 『廣西社會科學』, 2007年 7期; 彭南生·饒水利, 「簡論1929年的工廠法」, 『安徽史學』, 2006年 4期 등은 법제적 관점에서 공장법의 각 조항을 세밀히 분석하는 동시에 남경국민정부의 공장법이 노동자의 권익 보호와 공업 발전을 위해 일정한 성과를 거두었다고 평가하였다. 朱正業·楊立紅, 「試論南京國民政府≪工廠法≫的社會反應」, 安徽大學學報, 2007年 6期는 공장법이 자본가와 외자기업의 반대로 예정대로 실시되지 못하였다고 지적하였으나 그 과정에 대한 설명은 매우 소략하다. 상해당안관 연구원인 馬場林, 「上海租界內工廠檢查權的爭奪」, 『學術月刊』, 2002年 5期의 논문은 上海檔案史料를 발굴하여 공장법에 대한 조계내 외자기업의 반대와 저항을 서술하였다. 그럼에도 불구하고 전적으로 중국 측의 사료에 의존한 결과 외자 기업의 내부적 이해와 저항에 대한 깊이 있는 분석이 제한된 측면이 있다.

2_근대 산업부문에서 방직공업 노동자는 전체의 60~70퍼센트를 차지하여 공업노동자로서의 대표성을 가지며, 외자 기업 가운데 가장 큰 비중을 차지한 산업부문 역시 방직공업이었다. 1933년

의 인식과 여론을 살펴볼 것이다. 그뿐만 아니라 기존의 연구에서 재화 일본 기업과 관련된 1차 사료 발굴과 활용이 거의 전무했음에 비추어, 일본의 외교 사료 등 각종 정부 문서를 통해 일본의 대중국 정책 및 정부와 일본 자본가들과의 교감 및 상호 관계, 공장법에 대한 일본 기업의 이해 및 법안 시행의 굴절 등 전 과정을 살펴보고자 한다. 이와 같은 과정을 통해 국민정부 공장법의 성격과 그 역사적 의의를 도출해 보고자 한다.

2. 국민정부 공장법 제정의 배경

1925년에 발생한 5·30운동은 일본 자본 내외면사창(內外綿紗廠)에서 중국 노동자에 대한 사측의 가혹한 처분에 반발하여 발생한 노동운동이 일본 자본 사창(紗廠) 전반으로 급속히 확산된 사건이었다. 배일 운동과 결합된 노동운동은 상대적으로 자본·기계·경영 등에서 열세에 있던 중국 자본 사창(紗廠)에게 가뭄의 단비와 같은 효과를 불러일으켰다. 그러나 자본가들의 기대와는 달리 노동자들은 배일 운동과 일화 배척 운동의 과정에서 본격적으로 노동운동을 학습하였으며, 곧 중국 자본 공장에서도 노동운동이 빈번히 발생하였다.

5·30운동을 계기로 광범위하게 확산된 노동운동은 직종별 공회(工會)의 탄생 및 발전과 밀접한 관련을 가지고 있으며, 그 배후에는 중국공산당의 적극적인 지지와 지도가 있었다. 1920년 상해공산주의소조(上海共產主義小組)가

중국 공업 중 방직공업의 비중을 살펴보면 자본에서 전체공업 가운데 42.5퍼센트, 생산액에서 45.9퍼센트, 공장수에서 39.5퍼센트, 노동자수에서 64.8퍼센트를 차지하였다. 趙明遠, 「近代紡織工業在工業中的比重」, 『中國近代紡織史硏究資料匯編』 17輯, 1992, 15쪽.

성립된 이후 '공인반일학교'(工人半日學校)와 '공인보습반'(工人補習班)이 설립되었으며, 1924년에는 공인구락부(工人俱樂部)가 설립되어 독서와 교육, 오락 등 각종 활동을 통해 노동자들에게 마르크스주의를 교육하는 등 노동운동을 지도하는 핵심적인 조직으로 성장하였다. 중국공산당의 샹잉(項英), 덩중샤(鄧中夏), 윈따이잉(惲代英), 류화(劉華) 등은 수시로 이곳에서 강연을 통해 노동자들에게 계급투쟁을 강조하였다.

이와 같은 배경하에서 일본 사창(紗廠)인 동흥사창(同興紗廠), 내외면사창(內外綿紗廠), 일화사창(日華紗廠) 등에 공우구락부소조(工友俱樂部小組)가 조직되었으며, 소속 노동자의 수자가 2천여 명으로 발전하였다. 공인구락부는 화북 지역 노동운동의 중심인 장신점공회(長辛店工會)와 긴밀히 연계하면서 각각 남북에서 노동운동을 선도하는 핵심 기구로 발전하였다.[3] 1925년의 파업에는 재화 일본 사창인 내외면 제5창(廠), 제7창, 제12장의 노동사 9천여 명이 참여하였으며, 일화사창(日華紗廠), 대강사창(大康紗廠), 풍전사창(豊田紗廠), 동흥사창(同興紗廠), 유풍사창(裕豊紗廠), 동아마대창(東亞麻袋廠) 등 22개 공장 3만5천명의 노동자도 동맹파업에 합세하였다. 이들은 파업과 동시에 중국공산당의 지도 아래 내외면사창공회위원회(內外綿紗廠工會委員會) 및 공인규찰대(工人糾察隊)를 출범시켜 파업을 이끌었는데, 이는 중국 노동운동사에서 최초의 노동자 무장 역량으로 평가되고 있다. 이들은 4·12정변 이후에도 자본가들에 대한 투쟁을 전개하였으며, 임금 삭감에 반대하는 파업과 자본가들의 공장폐쇄 및 신체검사에 대한 반대 투쟁 등을 지속적으로 전개하였다.

자본가들은 공업의 성쇠가 노동운동과 불가분의 관계에 있음을 비로소 명확히 인식하게 되었다.[4] 방직 자본가들의 동업공회인 화상사창연합회(華商紗廠聯合會)가 발간하는 『화상사창연합회계간』(華商紗廠聯合會季刊)은 "노동운

3_中國近代紡織史編纂委員會, 『中國近代紡織概貌』, 1991, 33쪽.
4_禪雲, 「紡織業與工潮」, 『華商紗廠聯合會季刊』 6卷2期, 1928, 8쪽.

동이 당초 5·30운동 시기에는 일본 사창에 한정되었으나, 이를 기점으로 노동운동이 광범위하게 확산되었다. 노동운동의 배후에는 사실상 적화를 조종하는 무리가 있었다", "상해총공회(上海總工會)는 5·30운동을 틈타 각 공장에서 공회를 조직하여, 상해의 경우 공회(工會)가 없는 공장이 없었다. …… 특히 공회의 불량분자는 이 틈을 타 잠입하여 노동자들을 선동하였으며, 이들의 조종하에서 수많은 파업이 발생하였다"라고 노동운동에 대한 중국공산당의 지도와 지지를 지적하였다.

그런데 중국공산당의 영도하에 진행된 노동운동의 명목적 슬로건은 노동조건과 노동환경의 개선이었으며, 노동운동은 중국공산당의 계급의식을 고취하기 위한 교육과정인 동시에 수단이기도 하였다. 실제로 1921년 11월 중국공산당의 지도 아래 오송대중화방직공사(吳淞大中華紡織公司) 노동자들의 파업은 중국 노동운동사에서 최초로 '8시간 노동제'를 쟁취한 선구로 기록되고 있다.[5] 1923년과 1924년에 항풍사창(恒豊紗廠)의 노동자들은 중국공산당의 지도 아래 노동자에 대한 구타와 임의 체벌 등에 반대하여 파업을 단행하여 마침내 요구를 관철하였다. 이와 같이 중국공산당은 열악한 노동조건의 개선을 주창하며 노동운동을 지도하였으며, 이를 통해 이들의 계급의식을 고취하고 사상 교육을 진행하였다.

광범위하게 확산된 노동운동의 근본적인 원인은 역시 생활비와 노동임금과의 상관관계에서 명확히 드러난다. 1929년 현재 면사를 생산하는 사창(紗廠)에서 노동하는 남녀 노동자의 하루 임금을 살펴보면 다음의 〈표 16-1〉과 같다.

위의 표에서 나타난 바와 같이 사창(紗廠)의 남녀 노동자 임금에서 여공이 상대적으로 저렴하였으며, 이것이 바로 상해에서 여공의 비중이 압도적으로

5_周宏佑, 「五四后至抗戰前的紡織産業工人運動」, 『中國近代紡織史硏究資料匯編』 5輯, 1989, 19쪽.

표 16-1 | 1929년 사창 노동자의 임금 비교 (단위: 元)

직공 종류	임금	직공 종류	임금
粗紗 男工	최고 0.77	粗紗 女工	최고 0.53
	최저 0.37		최저 0.30
細紗 男工	최고 0.75	細紗 女工	최고 0.586
	최저 0.30		최저 0.331
少年工	최고 0.48	少年女工	최고 0.265
	최저 0.24		최저 0.245

출처: 潛圃, 「工人之生計與工資」, 『華商紗廠聯合會季刊』 7卷1期, 1929, 2쪽.

높은 이유였다. 소년공, 특히 소년여공의 임금은 이보다 훨씬 낮아 공장주가 이들을 고용한 이유가 바로 원가 절감이라는 경영전략과 밀접한 관계를 가지고 있음을 잘 알 수 있다.

생활비와 사창 노동자 임금과의 상관관계는 다음과 같이 설명할 수 있다. 한 가정에 부모 모두 사창 남공·여공으로 노동하고 두 자녀가 있을 경우, 각종 공정상 남녀 평균 노동임금을 합치면 두 사람의 하루 임금은 9각(角) 6분(分) 2리(厘)가 된다. 한 달에 26일 노동할 경우 총 수입은 25원(元) 1분 2리에 달한다. 이를 위의 한 달 생활비와 비교하면 2원 9각 8분 8리 부족한 결과가 산출되며, 이를 1년으로 계산할 경우 모두 35원 8각 5분 6리가 부족하게 되는 것이다.

이 밖에 1929년 현재 상해의 사창(紗廠)을 대상으로 다수의 표본조사를 통한 생활비가 조사되어 표준 비용이 정해졌다. 특히 기존의 생활비는 지역 및 표본과 공장에 따라 오차의 범위가 존재할 수 있음에 비해, 이 조사는 상대적으로 상해의 많은 사창을 대상으로 조사하여, 생활비를 다음의 세 가지 표본으로 구분하여 산출하였다. 첫 번째는 남녀 독신자 한 명이 생활할 경우이고, 두 번째는 부부 두 사람이 생활할 경우, 세 번째는 부부 두 명과 자녀 둘, 이 가운데 한 명은 유아이고 한 명은 5~6세 정도의 아동일 경우로 산정되었다. 그리하여 조사한 결과 다음과 같은 평균 생활비가 산출되었다(표 16-2).

표 16-2 | 상해 각 사창의 생활 방식에 근거한 1개월 생활비 조사 (단위: 元)

품목	독신 남공 1명	부부 2명	부부와 자녀 2명
쌀	3.260	5.540	8.150
부식물	1.690	2.870	4.230
조미료	625	1.060	1.560
연료	1.000	1.500	1.800
차	120	200	300
방세	800	2.500	2.500
양사(洋紗)	250	380	380
의복	1.785	3.570	5.000
잡비	520	780	1.040
오락비	800	1.200	2.000
총계	10.850	19.600	26.950

출처: 奎暄, 「日本人論上海紗廠工人之工資與生活費之關係」, 『華商紗廠聯合會季刊』 7卷1期, 1929, 1-2쪽.

이와 같이 저임금과 장시간의 노동강도, 상대적으로 낮은 생산 효율성 등 열악한 노동환경은 노동운동의 온상이 되었으며, 특히 5·30운동을 계기로 급속히 증가된 공회(工會)는 노동운동의 조직화와 일상화를 위한 토대를 마련했다고 할 수 있다. 따라서 자본가의 입장에서도 노자 분규를 해소하기 위한 국가권력의 개입과 이를 제도화할 수 있는 노동관계법의 조속한 제정이 필요하다는 사실에 공감하게 되었다. 방직연합회가 발간한 『화상사창연합회계간』(華商紗廠聯合會季刊)은 이 문제에 대해 "연래 노자 분규가 하루도 그칠 날이 없다. 법령이 아직 정해져 있지 않아 노자 쌍방이 이 문제를 해결할 수 있는 근거가 마련되어 있지 않다. 이를 이용하여 방직업계와 관련 없는 사람들이 끼어들어 공회를 조직하고 공장주를 위협하고 노동자를 선동하여 파업을 부추긴다. 만일 당국이 이를 방지할 수 있는 대책을 조속히 마련하지 않는다면 군벌(軍閥)이 사라지고 없는 자리를 공벌(工閥)이 대신하게 될 것"[6]이라고 주장하였다.

6_聶潞生, 「提唱國貨聲中之紡織業」, 『華商紗廠聯合會季刊』 7卷4期, 1929, 3쪽.

국민정부는 1928년 6월 9일 노자쟁의처리법을 제정하고, 1929년 1월 23일 공장법 초안을 입법원에 송부하였으며, 입법원은 1929년 12월 21일 제67차 회의에서 이 법안을 통과시켰다. 법안은 1929년 12월 30일 반포되었으며, 공장법의 시행을 위한 시행 조례가 1930년 12월 16일 반포되어 다음 해인 1931년 2월 1일부터 시행이 예고되었다.

공장법은 노동자의 권익 보호와 처우 개선을 위한 수많은 조항으로 구성되어 있었는데, 핵심적인 내용은 다음의 몇 가지로 요약할 수 있다. 첫째, 비록 제한적인 규정을 달고 있기는 하지만 8시간 노동제를 규정하여 노동시간을 제한했다는 점, 둘째, 여공과 소년공에게 육체적으로 감당하기 쉽지 않은 야간근무를 금지시켰다는 점, 셋째, 14세 미만의 소년공 고용을 금지했다는 점, 넷째, 7일마다 하루를 쉬도록 하여 휴일의 강제 규정을 두었다는 점, 다섯째, 기존 사측, 즉 경영에서 자본가의 고유한 영역으로 간주되어 왔던 공장회의를 자본가와 노동자의 동수로 구성하여 공장의 경영을 협의하여 운영한다는 점이다.

그런데 만일 국민정부 공장법에서 규정하는 바와 같이 소년공에 대한 연령 제한과 야간근무 금지 조항이 실행될 경우 공장 경영에서 자본가들에게 적지 않은 부담이 아닐 수 없었다. 그러나 자본가들에게 초미의 관심은 소년공보다 여공에 관한 조항이었다. 왜냐하면 여공에 비해 소년공이 차지하는 비중은 상대적으로 낮았으며, 더욱이 그 추세가 점차 줄어들고 있었기 때문이다. 더욱이 이는 소년공을 고용하는 것 자체가 경제적 효율성이 그다지 높지 못하다는 사실에 근거한 결과이기도 하였다. 1930년대 초 중국 사창(紗廠) 노동자의 비율을 살펴보면 남공이 30.6퍼센트, 여공이 66.2퍼센트, 소년공이 3.2퍼센트를 차지하고 있어, 여공의 비율이 절대적이었음을 알 수 있다. 따라서 생산의 주력인 여공에 대한 노동법의 적용과 제한은 자본가들에게 초미의 관심이 아닐 수 없었던 것이다.

자본가들은 공장법에 대응하기 위해 스스로의 역량을 결집시키기 위한 대의기관으로서 중화공업총연합회를 결성하였다. 이 조직은 일찍이 1928년 공장법에 적극 대응하기 위한 목적에서 탄생하였다. 중화공업총연합회는 1931년 2월 1일의 공장법 실시를 앞둔 1월에 류홍성을 비롯하여 상해총상회장 왕샤오라이(王曉賴)와 위챠칭(虞洽卿) 등 세 명을 대표로 선출하여 남경국민정부에 파견하여 공장법의 엄격한 조항을 완화해 줄 것과 시행 시기를 연기해 주도록 청원하였다.[7] 그 결과 마침내 자본가들의 청원은 남경국민정부 수뇌부에게 받아들여졌으며, 공장법은 같은 해 8월 1일부터 실시하도록 연기되었다. 이러한 가운데 1931년 8월 1일 공장법의 시행을 앞두고 상해 자본가들은 정부에 공장법의 시행을 연기해 주도록 또다시 청원하였다.

이러한 결과 1931년 8월 1일이 되어서도 공장법은 당초의 계획대로 시행될 수 없었다. 자본가들이 반대한 이유에 대해 언론은 "노동시간의 제한, 여공, 소년공의 야간근무 금지, 공휴일에도 임금을 지불하는 문제 등은 중국 방직공업의 유일한 강점인 저렴한 임금에 큰 타격을 줄 것임에 틀림없다"라고 지적하였다.

이 사이에 만주사변·상해사변이 발발하여 공장법의 실시는 다시 연기될 수밖에 없었다. 1932년 11월 국민정부 실업부는 이미 1931년 공장법에서 규정하고 있는 최저임금제와 관련하여 행정원에 국난을 당해 민생이 어려운 시기에 처해 있으므로 이 조항의 실시를 연기해 주도록 상신하였다. 이러한 가운데 노동운동이 빈발하자 공장주 사이에서는 공장법 조항의 수정을 요구하는 목소리가 비등하였다. 이러한 결과 소년공의 야간근무 금지 및 성년 노동자의 노동시간 제한, 분만 기간 중의 임금 지급 등을 완화하고, 공장회의에서 노동자의 선거권, 노동자의 복리 규정 등을 다소 수정하여 1932년 12월 30일 수정 공장법 및 시행 조례를 공포하였다.

7_各国労働法制並政策関係雑件/中国ノ部1. 工廠法 (アジア歴史資料センター).

주목할 점은 상해 이외의 지역을 중심으로 공장 경영에서 노동자의 권익 보호와 노동환경의 개선에 대한 점진적인 개선이 미력하게나마 이루어지기 시작했다는 사실이다. 그럼에도 공장법은 원안대로 실시되지 못하였는데, 특히 공장법 제13조의 여공 야간근무 금지가 주요한 장애가 되었다. 국민당 중앙정치회의는 이 조항을 적용할 경우 종래 여공의 야간근무를 남공으로 대체해야 하는데, 이럴 경우 숙련된 노동자를 찾기 어려우며 나아가 여공의 실업을 초래할 우려가 있다는 사실에 공감하였다. 2년간의 준비 기간이 만료되는 1933년 말이 되어서도 국민정부는 부득불 공장법을 재차 연기하지 않을 수 없었다.

3. 공장법에 대한 재화 일본 기업의 대응

국민정부의 공장법에 대해 외자 기업, 특히 가장 큰 비중을 차지했던 일본 사창(紗廠)은 어떻게 대응하였을까? 주지하다시피 제1차 세계대전을 계기로 일본은 종래의 수출 대상 지역이었던 중국 시장을 자본 투자 대상으로서 그 성격을 강화시켜 나갔으며, 그 결과 상해를 비롯하여 청도·천진 등에는 방대한 재화 일본 방직공업이 형성되었다. 그런데 일본 방직공업의 대중국 투자를 이끈 원인 가운데 하나가 바로 일본에서의 공장법 제정 및 실시와 불가분의 관계를 가지고 있었다. 즉, 1919년 워싱턴에서 개최된 국제노동회의는 여공과 소년공의 야간근무를 금지하였으며, 일본 대표로 파견된 종연방적사장(鐘淵紡績社長) 무토 산지(武藤山治) 역시 이와 같은 결의안에 서명하지 않을 수 없었다. 그러나 방직공업에서 여공의 비중이 높았던 현실에 비추어 무등산치는 일본이 이를 실시할 경우 타격이 심대하다고 호소하여 1925년까지는 여공 및 15세 미만의 소년공, 이후에는 16세 미만의 소년공에까지 이를 적용하도록 유보를 요청하였다.

이후 일본은 1923년의 관동대지진 등 일련의 사태를 빌미로 수차례 공장법의 제정과 시행을 연기하였으나, 일본의 국제적 입장에 비추어 실시 시기를 계속 연기하는 일이 용이하지 않았다. 따라서 1926년에 공장법을 일부 수정하여 3년간의 준비 기간을 두어 1929년 7월 1일부터 시행하도록 하였다. 주요한 골자는 노동시간이 10시간을 초과하지 못하도록 제한하였으며, 여공과 소년공의 경우 오후 10시에서 다음 날 새벽 5시까지의 야간근무를 금지하였다.

이러한 이유에서 야간근무가 자유로운 중국의 노동환경은 일본 자본가들로 하여금 중국에서 공장을 경영하는 것이 일본 국내보다 유리하다고 판단하도록 만들었던 것이다.[8] 따라서 여공·소년공의 야간근무 금지 조항의 일본 공장법을 회피하기 위해 중국으로 투자처를 변경한 일본 자본가들에게 여공 및 소년공의 야간근무를 금지하는 중국 공장법의 조항은 적지 않은 부담이 아닐 수 없었다.

문제의 핵심은 조계 내에 위치한 수많은 일본 자본 사창(紗廠) 등 외자 기업의 경우 치외법권의 규정에 따라 공장법의 적용을 회피할 수 있다는 사실이다. 따라서 중일 자본 간의 치열한 시장 경쟁의 와중에서 공장법이 외자 기업에 적용되지 못한다면 이는 다시 중국 자본 공장에도 적용될 수 없는 주요한 이유가 되는 것이다. 즉, "정부가 공장법을 강제할 수 없는 이유는 정부의 법률이 미치지 않는 외자 기업의 고용주와 협정을 체결할 수 없기 때문이다." 이러한 이유에서 1931년 1월, 상해시 사회국장 판공잔(潘公展)은 신문기자들에게 공장법이 실시되면 중국 자본 공장에는 물론 조계 안에 위치한 외자 공

8_실제로 1920년 2월 이래 일본 방적 업계에서는 불황이 도래하여 제품 시가가 생산원가 이하로 하락하였음에 비해, 같은 시기 중국에서는 면사 1梱當 30兩 정도의 수익을 거두고 있었다. 濱田峯太郎, 『支那に於ける紡績業』, 日本堂書店, 1923, 14쪽.

장에도 적용될 것임을 분명히 천명하였다.

여기서 문제가 되는 것은 상해 조계 내의 공장 검사권 문제였다. 상해의 예를 보면 중국 자본 사창이 모두 28개였는데, 이 가운데 23개 공장이 조계 내에 위치해 있었으며, 방추수로 보자면 약 80~90퍼센트, 노동자의 수의 약 82퍼센트에 달하였다. 따라서 이러한 권리가 확보되지 못한다면 이들 사창에 대한 검사 역시 진행할 수 없는 상태가 되어 공장법이 사실상 무용지물이 되고 마는 것이다.

1931년 2월 1일의 공장법 실행을 앞두고 1월 24일 국민정부 실업부와 상해시 사회국 대표는 재화일본방적공업동업공회(在華日本紡績工業同業公會) 총무이사 후나즈 신이치로(船津辰一郎)와 영미연초공사의 바셋(Basset), 시참사회(市參事會)장 맥노턴(Macnaghten), 중화인촌공사의 류홍성(劉鴻生)을 초치하여 공장법의 실시와 조계 내 공장에의 적용 문제를 협의하였다. 그러나 이 자리에서 바셋과 후나즈는 중국의 경제 여건에 비추어 공장법을 실행하기 어려우며, 특히 노동시간의 단축, 여공 및 소년공의 야간근무 금지는 실행이 불가능하다. 만일 이를 강제할 경우 문자 그대로 다수 노동자의 실업을 초래할 것이며 생산 감소 및 공장폐쇄의 우려가 있음을 전달하였다. 이에 대해 상해시 사회국장은 노동시간의 경우 원칙적으로 8시간이지만, 경우에 따라 10시간이 될 수 있으며, 천재지변 등 불가항력의 경우에는 12시간까지도 가능하다고 지적하였다. 그럼에도 불구하고 외자 기업의 대표들은 공장법을 외자 공장에 적용하고 실행하기 위해서는 외국과의 협의가 필요하며, 조계 내에서 실행하기 위해서는 조계 당국과의 협의가 필요하다는 사실을 강조하였다.

국민정부로서도 8월 1일로 연기한 공장법을 예정대로 시행하기 위해서는 외자 기업과 조계 내 공장에의 적용이 관건임을 잘 인식하고 있었으며, 따라서 각국 영사단 및 조계 공부국과 이와 관련된 협상을 진행하였다. 이러한 사실은 1931년 3월 10일 개최된 영사단회의에서 네덜란드 영사가 공부국과 중국 정부 사이에 공장법을 조계 내에서 실시하는 문제와 관련하여 의견을 교환중이라는 사실을 언급한 기록으로부터 잘 알 수 있다. 그런데 같은 해 5월 18일 일본의 상해총영사는 시데하라 키쥬로(幣原喜重郎) 외상에게 보낸 전문에서 공부국과 중국 정부와의 협의가 진행 중이지만, 여공 및 소년공의 야간 근무 제한에 대해 만족할 만한 합의에 이르지 못하였다고 보고하였다. 이로부터 국민정부가 조계 내에 공장법을 적용하려는 협상이 조계 당국과 각국 영사단의 저항과 반대에 부딪혀 소기의 성과를 거두지 못하였음을 알 수 있다. 결국 조계 내의 외자 공장에 공장법이 적용될 수 없다는 사실은 다시 중국 자본가가 공장법을 반대하는 합당한 빌미를 제공하였으며, 따라서 1931년 8월 1일로 실시가 연기되었던 공장법은 재차 연기되지 않을 수 없었다.

1931년 7월 29일, 재화방적동업공회 총무이사인 후나즈(船津)는 공장법이 원안대로 실시되지 못한 이유에 대해 "공장법은 당초 8월 1일부터 실시될 예정이었으나, 이에 대해 중국 공장도, 우리들도 진보적인 공장법이 급격하게 실시된다면 아직 성숙되지 못한 중국의 공업 발전을 저해하게 될 것이라는 이유로 연기 운동을 전개하였는데, 이 운동이 주효하여 실시가 연기될 것으로 보인다"[9]라고 하여, 중국 자본가와 일본 사창의 반대가 주요한 원인이었음을 지적하였다.

1931년 8월 2일 공동조계 공부국은 성명서를 발표하고 중국의 법규 규정의 취지에는 찬성하나 공장법에서 규정하는 여공 및 소년공의 노동 제한 등이 법령만을 가지고 실행될 수 있는 문제는 아니라는 입장을 천명하였다. 다시 말해 공부국은 사실상 공장법의 조항에 반대 의견을 개진한 것이다. 결국 1931년 7월 31일 중앙정치위원회는 결의를 통해 여공 및 소년공의 야간근무 금지의 규정을 2년간 연장하기로 결의하였다. 휴일 임금 지급의 조항도 국무회의에서 공장주와 노동자 사이에서 단체계약에 의해 처리하도록 변경되었다.

9_『大阪朝日新聞』, 1931.7.30.

이러한 가운데 1931년 9·18 만주사변과 1932년 1·28 상해사변의 발발로 말미암아 공장법의 실시는 연기될 수밖에 없었다. 이후 1933년 초 상해시 사회국은 조계(租界) 내의 공장을 검사할 의향을 표명하였으나 조계 당국의 반대에 직면하였다. 1933년 2월 1일부터 조계 공장에 대해 중국 당국이 검사를 실시할 예정이라는 중국 신문의 기사에 대해 공부국은 "중국의 조계 내 공장 검사는 시참사회의 강경한 항의가 있어 인정할 수 없다. 조계 내 및 월계 지역에 위치한 공장에 대한 상해시 사회국원의 검사를 거부한다. 만일 공장이 공부국의 지배 밖에 있을 경우에는 사회국원으로 하여금 먼저 당해 총영사관의 허가를 취득한 이후 공부국으로부터 의뢰를 받아야만 할 수 있다"라는 입장을 표명하여 자신들의 동의 없는 공장 검사를 받아들이지 않을 뜻임을 명확히 표명하였다.

1933년 3월 20일 일본의 상해총영사는 본국에 보고를 통해 "공부국이 이미 조계 내에서 중국 측 관헌의 검사를 수용할 수 없다는 의사를 천명하였다. 일본으로서는 일본인 검사관으로 하여금 일본 공장을 검사하도록 할 것, 공장주동맹(employer federation)에도 일본 자본 방직 자본가가 참석하여 적극 의견을 개진할 예정"임을 보고하였다. 이와 함께 "조계 밖의 외자 공장의 경우 중국인 검사원의 검사를 받아야 한다고 중국이 주장하고 있지만, 일본으로서는 이를 거부할 예정"임을 보고하였다.

한편 1933년 1월 18일 시참사회는 4월 19일 개최 예정인 납세자회의에서 공장 등기와 관련된 조계장정(租界章程)의 제34조를 수정하는 의안을 상정하기로 결정하였다. 이러한 목적은 공부국이 조계 내에 있는 공장들에 대한 검사권을 행사하기 위해 공장 등기와 관련된 조항을 수정하여 법적인 근거를 만드는 데 있었다. 기존 조계장정의 34조는 각종 영업소를 개설할 경우 공부국의 허가를 득해야 하며, 위반할 경우 100원의 벌금을 내도록 하는 내용을 포함하고 있었다. 기존의 조항에는 '노래방, 극장 등 각종 영업장소'라는 문구의 조항이 있었는데, 수정안에서는 여기에 '공장'이라는 두 글자가 첨가되었다. 다시 말해 조계 내에서 공장을 설립하려는 자는 반드시 조계 당국의 허가서를 취득해야 하며, 공부국은 허가서에 근거하여 공장 내의 노동자를 보호하기 위해 공장 검사를 행사할 수 있는 권한을 갖게 되는 것이다.

1933년 4월 19일 납세자회의는 공부국에 공장 검사권을 만장일치로 부여하였다. 특히 이 회의에는 많은 일본인들이 참석하였는데, 총 출석자 1350명 가운데 일본인이 무려 551명에 달하였다.[10] 이와 같은 사실은 상해 조계에 가장 많은 외자 기업을 보유하고 있던 일본에게 공장법의 수정은 매우 중요한 문제였으며, 따라서 공부국의 독자적인 검사를 위한 법적인 근거를 부여하는 데 적극적인 역할을 했음을 잘 보여 주는 것이다.

이에 대해 상하이 시장 우테청(吳鐵城)은 공장 검사가 중국의 노동 행정에 속한 권한으로서 공부국은 결코 이와 같은 권한을 소유할 수 없다는 입장을 천명하였다. 또한 공부국이 조계장정을 개정한 행위는 불법적으로 권한을 확장한 것이라고 비난하였다. 상해시정부는 4월 27일 각국 영사단에 항의서를 제출하는 동시에, 상해시당부(上海市黨部)는 5월 2일 상해시상회에 훈령을 보내 공부국이 실시하는 조계 내에서의 공장 검사에 대해 모든 중국 자본 공장들이 검사를 거부하도록 지시하였다. 이와 함께 중국국화유지회, 시민제창국화회, 기제연합회 등에 대해서도 공부국의 공장 검사에 대해 반대 운동을 일으키도록 지시하였다.

그럼에도 5월 2일 오후 2시 상해의 영사단은 미국 영사관에서 특별 회의를 개최하고 납세자회의의 결의를 승인하여 공부국에게 조계 내 공장 검사권을 부여하기로 의결하였다. 이와 동시에 상해시정부가 영사단에 보낸 항의서에 대한 반박문을 작성하여 우테청 시장에게 송부하기로 결정하였다.

더욱이 조계 내의 중국 자본 공장에 대한 공부국의 검사를 거부하라는 상

10_各国労働法制並政策関係雑件/中国ノ部/工場法関係 2, 在上海総領事館 (アジア歴史資料センター).

해시 당국의 지시 역시 조계 경찰권이 공부국에 장악되어 있는 현상에서 관철되기 어려운 일이었다. 이와 같이 외자 기업 및 각국 영사단의 반대는 공장법이 조계 내에서 실행될 수 없었던 근본적인 원인이었으며, 이는 다시 중국인 자본가들에게 공장법의 실시가 불가능하다는 빌미를 제공하였다.

국민정부는 조계 내에서 공장법의 실시를 관철시키기 위해 이후에도 지속적인 노력을 경주하였다. 1934년 9월 25일 상해 일본 영사관의 기록을 보면, 국민정부는 만국노동회의에 조계 내 공장들의 설비와 열악한 노동 상황을 보고하였으며, 치외법권을 소유한 조계 당국이 중국 검사관의 주권 행사에 결단코 반대하고 있다는 보고서를 제출하였다.

1935년 일본의 히로타 고키(廣田弘毅) 외상이 아리요시 아키라(有吉明) 공사에게 보낸 보고서를 살펴보면, 1934년 중국 실업부가 일본 자본 공장에 공장 검사관을 파견하겠다는 뜻을 타진하였으나, 일본 정부가 매번 이를 거절함으로써 실행에 옮길 수 없었다고 지적하고 있다. 보고서에서 히로타 외상은 아리요시 공사에게 일본 자본 공장은 일본 공장법의 적용을 받고 있다는 사실을 전하고 중국 측의 제안을 계속 거부하도록 지시하였다. 이렇게 볼 때, 공장법에 대한 일본 기업의 반대와 저항은 일본 정부 차원의 정책 결정과 불가분의 관계에 있었음을 잘 알 수 있다.

4. 공장법의 성격과 역사적 의의

국민정부는 1924년 제1차 전국대표대회의 선언 가운데에서 노동자의 이익을 보호하고, 이들의 생활을 개선하며, 공회의 발전과 보호를 도모하기 위한 노동법규를 제정하여 통과시켰다. 그 주요한 골자는 노동법의 시행, 8시간 노동제, 최저임금제, 14세 미만 소년공의 고용 금지, 노동자의 출판 집회, 파업의 자유 등을 보장하는 내용이었다. 같은 해 11월 쑨원(孫文)이 대원수에 즉위한 이후 국민당은 당강에 의해 21개조에 달하는 공회안(工會案)을 제정하여 공회의 집회 및 파업의 권한을 부여하였다.[11] 이후 1926년 국민당 제2차 전국대표대회는 노동법의 실행, 8시간 노동제, 최저임금제, 소년공, 여공의 보호 및 14세 미만 소년공의 고용 금지를 내용으로 하는 노동법을 제정하였다.

1926년 8월 16일 국민정부는 노자중재위원회를 조직하여 정부에서 한 명, 노자 쌍방에서 각각 두 명 등 총 다섯 명으로 위원회를 구성하였다. 위원회의 사명은 노자 간 일체의 분쟁과 확산을 방지하는 것이다. 1927년 8월 남경에 수도를 정한 남경국민정부는 전문적인 노공 행정기관이 필요하다는 사실을 인식하고 노공국(勞工局)을 설치하여 마차오쥔(馬超俊)을 국장으로 삼아 일체의 노공 사업을 처리하도록 하였다. 주요한 업무는 노동자의 생활 개선, 공농 교육 발전, 실업자 구제, 각종 공회의 조직 등이었다.

이상과 같이 국민정부의 노동정책은 노동자의 권익을 보호하고, 집회와 결사의 자유를 부여하는 등 노동자의 이해를 적극 고려한 진보적인 정책이라고 평가할 수 있다. 그러나 1927년 4월 국민정부의 청당(淸黨) 이후 이와 같은 방향에는 일정한 수정이 가해졌다. 즉, "노동운동이 공업의 발전을 방해해서는 안 된다", "공업의 발전도 노동자의 이익을 침해해서는 안 된다"라고 균형을 잡기 시작하였다. 또한 각 도시에 공회개조위원회(工會改組委員會)를 두어 공회를 개조해 나갔는데, 이는 중국공산당이 공회를 조종할 가능성을 차단하기 위해 노동운동, 민중운동, 농민운동을 제도권 내에서 통제하기 위한 목적이었다. 이를 위해 기존의 공인부·농민부·상인부·청년부·부녀부를 모두 폐지하고 민중훈련위원회를 조직하여 일체의 민중운동을 통제하기 시작하였다. 이와 함께 정부로서는 노동자의 권익을 보호하기 위한 노동법규, 예를 들

11_滿鐵總務部編, 『中國勞働運動狀況』, 1934, 196-197쪽.

면 공장법·공회법·노자쟁의처리법 등을 제정하는 동시에 노동자의 복리를 증진하기 위한 공인보험·교육·합작사 등 일련의 정책에 착수하게 된 것이다.

이와 같은 배경하에서 1928년 북벌 완성 이후 남경국민정부는 1929년 12월 30일 공장법을 정식으로 반포하였으며, 1930년 12월 16일에 공장법 시행조례를 반포하여 1931년 2월 1일부터 시행을 예고한 것이다. 이와 같이 남경국민정부의 성립과 장제스(蔣介石)의 집권 이후 기존 노동자의 이해를 일방적으로 강조하던 노동정책으로부터 자본가들의 이해를 동시에 고려하는 노동정책으로 입장을 선회했음을 알 수 있다. 그럼에도 불구하고 국민정부가 반포한 공장법은 노동자의 권익 보호와 노동환경의 개선을 여전히 지향하고 있었다고 평가할 수 있다.

공장법은 근대화와 국민국가의 건설 과정에서 국민정부가 노동자의 보호를 입법화·제도화한 조치로서 높이 평가할 수 있다. 1930년 11월 27일 상해에서 중국 경제 및 공업 경제의 상황을 조사한 영국인의 보고서에는 공장법에 대해 "새로운 공장법의 적용은 30명 이상의 노동자를 고용한 모든 공장으로 범위가 확대되었으며 특히 여공과 소년공에 대한 보호를 강조하고 있다. 공장법은 노동시간과 노동조건, 복리시설, 안전, 건강 등에서 적극적인 혁신을 제기하고 있다"[12]라고 평가하였다.

당시 중국보다 공장법을 선구적으로 실시하고 있었던 일본조차도 중국의 공장법에 대해 "14세 미만의 경우 남녀 구별 없이 노동을 금지한 점은 일본보다도 진보적이다. 또한 5시간 이상 계속적인 노동을 금지하고 30분간의 휴식을 강제하였으며, 주휴제(週休制)를 규정한 점도 일본보다 진보적이다"라고 평가하였다.

국민정부 공장법은 노동조건의 개선과 노동자의 권익 보호를 법제화했다

12_禪愚, 「英國遠東經濟巧察團巧察中國棉業報告書」, 『華商紗廠聯合會半年刊』 10卷1期, 1931, 10쪽.

는 점에서 적지 않은 의미를 가지고 있다. 그러나 공장법은 노동자의 권익 보호라는 목적과 동시에 5·30운동 등에서 드러난 바와 같이 노동운동이 중국공산당과 결합되어 지나치게 정치적 이슈로 흐를 우려를 차단하고 노동자와 노동운동을 제도권 내로 흡수함으로써 정부의 통제하에 두려는 의도가 명확히 드러나고 있다.

이러한 점은 『방직주간』(紡織週刊)에서 "공장법에는 노자 합작의 정신이 곳곳에 스며 있다. 공장법이 노동자의 보호를 위해 제정되었지만 자본가들의 이익과 보호를 의도한 조목도 적지 않다. 예를 들면 제12조에서 노동자가 폭력으로 공장의 업무 진행을 방해하거나 화물·기계를 파손하거나 강제적인 협박 등을 통해 노동자들의 파업을 선동하는 등의 행위가 있을 경우는 공장주가 효과적으로 이를 단속할 수 있는 권한을 부여하고 있다"라고 지적하고 있다.

이 밖에 공장법 31조는 "노동자가 공장 규칙을 위반하거나 3일 이상 연속 결근할 경우 일방적으로 계약을 해지할 수 있다"고 규정하였다. 제73조는 "노동자가 폭력으로 공장의 업무 진행을 방해할 경우 형법 최고형에 의거 처벌한다", 제74조는 "노동자가 폭력을 행사하여 타인에게 파업을 강요할 경우 즉시 해고하는 동시에 관부로 압송하여 법에 따라 처벌한다"라고 규정하고 있어 경제 외적, 즉 중국공산당 등에 의한 자의적 정치적 파업을 법률적으로 차단하고 있음을 알 수 있다.

1928년부터 노공사사장(勞工司司長)으로서 공장법을 기초한 주마오칭(朱懋澄)은 자본가의 동업 단체인 중화공업연합총회(中華工業聯合總會)가 노자 동수로 구성된 공장회의가 경영에 간섭할 우려가 있다는 지적에 대해 "우리가 분명히 인식해야 할 것은 공장회의의 주요한 목적은 노자가 함께 경영하도록 하는 데 목적이 있는 것이 아니고 노자의 협상 기구라는 점이다. 즉, 공장과 노동자의 관계를 개선하고 분규를 해결하는 데 주요한 목적이 있는 것이다. 말하자면 공장법은 노자 사이의 분규를 해소하기 위한 것이다"라고 설명하였다.

이러한 이유에서 공회(工會)의 영수들은 공장법 가운데 특히 공회의 발전을 제한하고 있는 조항에 대해 불만을 표시하고 반대의 의견을 제기하였다. 이들은 "파업이 정당한 것인가 아닌가의 여부가 노동법상에 명확하게 규정되어 있지 않아 전적으로 당국의 판단에 달려 있다"라고 비난하였다.

중국공산당은 국민정부의 공장법에 대해 "첫째, 공장법은 노동자의 집회·결사의 자유를 박탈하는 법안이다. 둘째, 그 업종에 재직하고 있지 않은 자가 공회에 가입할 수 없도록 규정하여 사실상 파업의 자유를 박탈하였다. 셋째, 파업을 금지하고 있어 공회는 사실상 자본가의 장난감으로 전락하였다"라고 평가하였다. 다시 말해 공장법이 실행될 경우 업종 이외의 자인 중국공산당으로서는 노동운동에 대한 적극적인 관여가 용이하지 않을 수 있다는 계산이 있었다고 볼 수 있다.

따라서 중국공산당은 공장법이 지주·자본가 계급의 이익을 일방적으로 옹호하는 반면, 노동자를 착취하는 법안이라고 신랄하게 비판하였다. 1931년 4월 24일 중국공산당은 공장법에 대한 성명서를 발표하고 "공장법이 8시간 노동제를 원칙으로 규정하고 있으나 유사시 10시간으로 연장할 수 있으며, 사변·계절·천재지변 등의 경우 12시간으로 연장할 수도 있다는 조항이 첨부되어 있다. 더욱이 수공업이나 소규모 공장의 경우 공장법의 적용을 받지 못해 법적 보호로부터 유리되어 있다. 따라서 공장법은 공허한 문장과 수식에 불과하며, 노동자를 속이는 법안일 뿐이다"라고 맹렬히 비난하였다.

중국공산당은 국민정부의 공장법을 비판하는 동시에, 국민정부에 비해 노동자 보호의 색채를 한층 강화한 독자적인 노동법안을 입안하였다. 1930년 5월에 개최된 중화소비에트 제1차 대표대회는 전문 8장 44조로 구성된 노동보호법을 통과시켰는데, 여기에는 "모든 사업단위 국영, 사영, 조합 등 모든 생산단위는 본 노동법의 적용 대상이 된다. …… 노동시간은 하루 8시간을 초과할 수 없다. 야간근무에 종사하는 노동자의 경우 통상 작업시간보다 노동시간을 1시간 감한다. …… 체력 소모가 많은 작업에는 소년공 및 여공의 노동을 금지한다. …… 18세 이하 남녀 노동자의 야간근무를 금지한다"[13]는 조항을 포함하고 있었다. 이 법안은 1931년 12월 1일 중국공산당 주석단 상무주석회의에서 정식으로 통과되었다.

이미 살펴본 바와 같이 국민정부가 제정한 공장법은 중국 자본가와 외자 기업의 이해 및 저항에 직면하여 예정대로 실시되지 못하고 말았다. 그러나 그렇다고 해서 국민정부의 공장법이 평가절하되어서는 안 되며, 일정한 역사적 작용과 의의가 있었음을 간과해서는 안 될 것이다.

9·18사변 직후 중국 전역에서는 격렬한 배일 운동과 일화 배척 운동이 전개되었다. 이러한 가운데 1932년 8월 상해의 여론은 상해의 공공조계 내에서도 머지않아 공장법이 시행될 것이며, 공부국이 노동자의 안전과 위생 그리고 복리를 위해 이를 시행할 것이라고 보도하였다. 다시 말해 조계 공부국이 국민정부의 노동법과 중국인 공장 검사원을 받아들이는 형태는 아니지만, 국민정부의 공장법 입법화를 계기로 조계 내 외자 기업 및 중국 자본 공장의 노동환경과 노동자의 권익을 보호하기 위한 독자적인 입법화와 법제화를 추진하기 시작한 것이다. 1935년 3월 19일 일본의 상해 총영사 이시이 이타로(石射猪太郎)가 자국 외무성에 공장의 노동환경을 개선하기 위해 공부국이 시행한 일련의 조치 및 정책을 보고하였다. 이에 따르면, 공부국은 약품을 사용하는 공장이 위험 물질을 그대로 하수도로 흘려보내서는 안 되며, 공장 건물의 안전 여부, 화재 및 위험 요인에 대한 단속 및 검사, 취급의 주의 및 노동환경의 개선 등에 관한 일련의 통제와 정책을 적극적으로 시행하였다.

비록 국민정부가 입안한 공장법이 조항대로 시행되지는 못했지만 상해를 비롯한 각지에서 초보적이고 유사한 노동자의 보호 방안이 강구되고 시행되었다. 주목할 점은 공장법에서 노동자를 보호하기 위해 노동시간 등을 제한

13_各国労働法制並政策関係雑件/中国ノ部16, 中華「ソヴィエト」共和国·(18) (アジア歴史資料センター).

한 조치가 생산성의 저하를 초래한다는 자본가들의 반대 논리가 반드시 타당한 것은 아니라는 사실이다. 이러한 사실은 천진의 보성사창(寶成紗廠)이 8시간 노동제를 비롯하여 일련의 노동보호정책을 시행한 이후의 경영성적에서 잘 보여지고 있다. 8시간 노동제를 실시한 이후 보성사창의 경영성적을 살펴보면, 첫째, 오히려 생산성이 4~5퍼센트 증가하였으며, 둘째, 임금의 증가율은 종전과 다름없었으며, 셋째, 노자 쌍방 사이의 대립이 완화되었으며, 넷째, 12시간 노동제의 시기에는 노동자들이 가사노동 등으로 직무에 태만한 경우도 종종 있었지만, 8시간 노동제를 실시한 이후에는 업무가 끝난 이후 귀가하여 가사업무를 처리할 수 있어 종래와 같은 폐단이 사라졌다. 다섯째, 노동자의 휴식시간이 증가하였기 때문에 야간교육을 받을 기회도 증가하였다. 이러한 사례는 노동법의 실행이 오히려 공장의 경영과 중국 공업 경제의 전반적인 발전을 가져올 수 있다는 중요한 단서가 아닐 수 없다.

그뿐만 아니라 상해의 사례를 살펴보면, 1929년의 경우 노자 분규가 모두 338회, 관련 공장이 4,237개소에 달하였으나, 1932년에는 노자 분규가 253회, 관련 공장이 1,452개소로 급격히 감소되고 있음을 알 수 있다. 이와 같이 국민정부의 공장법이 조계 내에서 관철될 수 없었지만 중국의 기타 지역과 심지어 조계 지역 내에서조차 유사한 공장법이 제정되고 초보적으로 시행됨으로써 노동자들의 열악한 노동환경을 개선하고 권익을 보호하는 데 적지 않은 기여를 했다는 사실에 주목하지 않으면 안 될 것이다.

5. 결론

국민정부가 입안한 공장법은 북경 정부 이래의 정책적 연속성을 가진 것으로서, 제1차 세계대전 이후 중국 산업의 전반적 발전과 노동자의 보호라는 시대적 조류에 부합하는 것이었다. 특히 8시간 노동제 등 노동시간의 제한, 휴무 규정, 여공과 소년공에 대한 보호 등의 조항은 당시 공장법을 선진적으로 실시하고 있던 일본의 경우보다도 노동자의 권익 보호와 처우 개선에서 더욱 적극적인 내용을 담고 있었다.

저임금과 장시간의 노동강도, 상대적으로 낮은 생산 효율성 등 열악한 노동환경은 노동운동의 온상이 되었으며, 중국공산당 주도의 노동운동에 빌미를 제공하였다. 남경국민정부는 노동운동을 법률적으로 통제하고 제어함으로써 중국공산당 등 외부 세력에 의한 분규의 조장 및 확대를 사전에 차단하고 이를 제도권 내에서 포섭하고자 하였다. 이를 실현하기 위해서는 노동자의 복리 증진과 권익 보호를 위한 정책의 입안과 시행이 전제되지 않으면 안 되었으며, 바로 이러한 배경하에서 공장법이 출현하게 된 것이다.

그러나 국민정부의 공장법은 노동자의 보호와 동시에 자본가의 이해를 함께 고려하는 성격을 강하게 내포하고 있었다. 이는 1929년 세계공황 이후 경제적 여건의 변화 속에서 공업의 발전과 노동자의 권익 보호를 동시에 추구함으로써 노자 쌍방의 이해를 균형 있게 반영하려는 노력을 견지한 결과라고 할 수 있다. 따라서 국민정부의 공장법이 중국공산당에 비해 노동자에 대한 보호의 정도가 상대적으로 미흡하기는 하였지만, 그러한 이유만으로 공장법에 대한 평가가 크게 저하될 수는 없을 것이다. 중국 산업의 현실적 여건을 고려하여 공장법의 조항이 자본가의 이해와 공장 생산력의 제고를 균형 있게 반영한 점은 노동자가 그 과실을 공유할 수 있다는 점에서 적지 않은 의의가 있다고 보여진다.

국민정부의 공장법에 대해 조계 내의 외자 기업, 특히 가장 세력이 컸던 일본 기업과 자본가들은 적극적인 반대 의사를 표명하였다. 각국 영사단과 조계 당국은 이와 같은 외자 기업의 이해를 조계장정의 수정을 통해 반영하는 동시에, 외자 기업에 대한 공장법의 적용을 거부하였다. 더욱 중요한 것은 외자 기업에 대한 공장법 적용의 반대가 다시 조계 내 중국 자본가들이 공장법의 실시를 반대하는 주요한 빌미를 제공하였다는 사실이다. 이와 같이 공장법 실시의 연기와 좌절의 과정은 중국인들로 하여금 근대화의 실현은 정치적 독립성과 주권의 확립이 전제되지 않으면 안 된다는 사실을 재차 상기시켜 주었다.

그럼에도 불구하고, 중국 경제에서 절대적인 비중을 차지하고 있던 상해 지역의 기업, 공장에서 비록 국민정부의 직접적인 행정력이나 법률 적용을 통해서는 아니라 할지라도, 조계 당국에 의해 유사한 노동자 보호 방안이 강구되고 시행되었다는 점에 주목할 필요가 있다. 그뿐만 아니라 조계 이외의 지역에서는 노동자의 권익 보호 및 노동환경의 개선이 이미 돌이킬 수 없는 대세가 되었다. 이는 결과적으로 점진적이나마 중국 노동자에 대한 노동환경의 개선에 기여하였으며, 이는 다시 노동자의 보호와 경제의 전반적인 발전에 기여할 수 있는 단초를 제공하였다는 점에 주목할 필요가 있다. 이와 같은 변화를 추동한 동인 역시 국민정부의 공장법이라는 사실에서도 그 역할과 의의가 적지 않다고 보여진다.

| 3부 |

근대 전환기 동아시아 지역 질서의 변모

17장
1840년대 청조의 풍경

이영옥

1. 전쟁을 보는 시선

우리말에서 전쟁이란 "국가와 국가, 또는 교전(交戰) 단체 사이의 무력을 사용한 싸움"을 의미하고, 유사한 낱말로는 "군려(軍旅)·병과(兵戈)·병혁(兵革)·전역(戰役)·전화(戰火)" 등이 있다고 정의된다. 중국어에서 전쟁이란 "정치적 목적을 위해 진행하는 무장투쟁"을 의미한다. 한편, 대립하고 있는 상대국보다 더 강력한 무력을 소유한 국가(집단)의 입장에서 본다면, "전쟁은 우리의 의지를 구현하기 위해 적을 강요하는 폭력 행동"이라는 클라우제비츠의 정의가 더 타당해 보인다.[1] 현실에서는 이해 당사국들이 대화와 협상을 통해 갈등을 해결할 수 없고 극단적인 대립으로 치닫게 될 때, 전쟁이 일어날 가능성이 높아진다고 할 수 있다. 그리고 전쟁이 끝난 후에 붙여진 명칭은 그 전쟁을

1_카알 폰 클라우제비츠, 김만수 옮김, 『전쟁론』 제1권, 갈무리, 2005, 46쪽.

어떤 관점에서 바라보고, 성격을 어떻게 규정하느냐에 따라 달라질 수 있다.

19세기 중반 이후 청조는 영국·프랑스·일본 등과 전쟁을 치르게 되었다. 현재 중국 학계에서 이들 나라와의 전쟁은 각각 아편전쟁·중프전쟁·(중일)갑오전쟁이라고 불린다.[2] 우리는 일반적으로 사용되고 있는 이 명칭들을 역사 용어의 '선택'이라는 관점에서 접근하였을 때, 두 가지 흥미로운 사실을 발견할 수 있다.

첫째, 명칭들에 청조가 없다. 교전을 벌인 주체를 근거로 전쟁의 명칭을 부여한다면, 당연히 명칭에 청조가 포함되는 것이 자연스럽다. 하지만 전쟁의 명칭에는 청조를 대신하여 중국이 들어가 있거나 아예 없다. 왜 그랬을까? 이러한 명칭 부여 방식은 청말 혁명파들의 청조에 대한 반감, 중화민국 초기의 청사 저작들이 보여 준 대외 관계의 서술, 그리고 중국 학계의 시대구분론으로 이어지는 과정에서 굳어진 것으로 보인다.

혁명파였던 추용(鄒容)과 진천화(陳天華)는 각각 『혁명군』(革命軍, 1903)과 『경세종』(警世鐘, 1905)에서 이미 중국을 국호의 의미로 사용하였는데, 그 목적은 한인 중심적인 관점에서 만주인의 청조를 부정하는 데 있었다. 예를 들어, 추용의 "중국은 중국인의 중국", 진천화의 "한인(漢種) 만세! 중국 만세!"라는 구절은 그들에게 이미 조국은 과거에 한인이 주도하였고 미래에도 한인이 주도해야 하는 중국이었음을 보여 준다.[3]

2_이들 전쟁의 명칭은 중국의 학술 논문 제공 사이트인 중국 지식 기초시설공정(中國知識基礎設施工程, China National Knowledge Infrastructure, 약칭 CNKI)에서 1979년부터 2009년까지의 논문 제목을 검색하여 확인한 결과이다. CNKI에서 검색되는 글이 모두 학술 논문은 아니다. 그 중에는 신문이나 일반잡지에 게재된 글도 포함되어 있다. 하지만 중국에서 통용되는 역사사건의 명칭을 파악하는 데 도움을 받기에는 충분히 유용하다. 프랑스와의 전쟁에는 중국에서 中法戰爭이라는 용어가 사용되는데, '法'이 프랑스를 음차한 것이기 때문에 그 첫 글자를 따서 중프전쟁이라고 하는 것이 옳다. 中佛戰爭은 주로 일본에서 사용되는 용어이다. 그렇게 부르게 되면, 중국에서 프랑스를 음차하여 표기한 것을 다른 글자로 음차하는 결과를 가져오게 된다.

3_「中國者, 中國人之中國也」, 鄒容, 『革命軍』, 華夏出版社, 2002, 23쪽; 「漢種萬歲! 中國萬歲!」, 陳

청조가 무너지고 등장한 중화민국의 초기 청사 저작인 『청사찬요』(淸史纂要, 1914)·『청사기사본말』(淸史紀事本末, 1915)·『청감역지록』(淸鑒易知錄, 1917) 등을 살펴보면, 청사를 다루고 있음에도 불구하고 간혹 대내적인 사건에만 '청정'(淸廷)·'정부'(政府)를 사용할 뿐이고, 대외적인 사건에는 '중국'이라는 용어를 사용하고 있다.[4] 예를 들면 이렇다. "프랑스가 베트남을 자주국이라고 여겨도 중국은 간섭하여 막을 수 없었다"(『청사찬요』, 145쪽), "중일전쟁은 이로써 그치게 되었다"(『청사기사본말』, 469쪽), "일본과 러시아가 평화를 잃게 되어도 중국과 전쟁을 하지는 않는다"(『청감역지록』, 908쪽) 등.

또한 『청사찬요』와 『청사기사본말』은 프랑스와의 전쟁을 "프랑스·베트남의 병사[法越兵事]"라고 하여 문제를 프랑스와 베트남 사이의 전쟁으로 축소하여 서술하였고, 『청감역지록』과 『청감강목』에서는 중프전쟁이라는 용어를 사용하였다. 그리고 일본과의 전쟁은 『청사찬요』와 『청사기사본말』에서 갑오전쟁이라는 용어로 서술되었는데, 『청감역지록』과 『청감강목』에서는 중일전쟁이라는 용어가 사용되었다.

전쟁 명칭에 청조가 없는 현상은 시대구분론의 영향 속에서 굳어지게 되었다. 중국 학계는 원래 1840년부터 1919년까지의 시기를 근대사로 보았다. 그런데 1950년대에 이미 1949년까지를 근대사로 보려는 움직임이 나타났고, 1979년 이후 보편적으로 받아들여지게 되었다. 이러한 시대구분은 1840년부터 1949년까지의 중국사가 연속성을 지니며 반제반봉건을 기치로 새로운 중국을 건설하기 위한 지난한 과정이었고, 그 중심에는 '청조'의 신민(臣民)이 아

天華, 『警世鐘』, 華夏出版社, 2002, 106쪽. 혁명파에게 '중국'이 갖는 의미는 좀 더 상세하고 폭넓은 분석이 필요할 것으로 보인다. 다만, 이 문제는 이 글의 주요 분석대상이 아니므로 두 사람의 언급만을 간략하게 제시하였다.

4_劉法曾, 『淸史纂要』, 中華書局, 1914(中華書局 1935年 5版); 黃鴻壽, 『淸史紀事本末』, 進步書局, 1915(上海書店 1986年 影印本); 許國英, 『淸鑒易知錄』, 蔡思堂, 1917(北京古籍出版社 1985年 校閱本).

닌 '중국'의 인민이 있었음을 강조하는 것이다. 그리고 이러한 관점에서 근대사의 국가 간 전쟁을 지칭할 때 사용되는 용어는 봉건적인 냄새를 풍기는 '청조'가 아니라 '중국'이 대외적인 명칭으로 적절하다고 여긴 것으로 보인다.

둘째, 명칭들은 편의적이다. 우리는 어느 나라든 자국이 치른 전쟁을 편의적으로 해석하는 경향이 있음을 부인하기 어렵다. 다만, 그렇다고 하더라도 각 전쟁에서 움직일 수 없는 사실이 사라지는 것은 아니다. 먼저, 1840년 영국과의 전쟁은 동서양 제국의 충돌이나 무역 갈등과 같은 요소가 작용하고 있었다. 그런데 그 전쟁이 아편전쟁이라는 명칭을 부여받는 순간 선과 악 사이의 대결이나 피해자 '중국'(청조나 청국이 아님)과 가해자 영국이라는 도식이 만들어지게 되었다.[5]

그리고 1894년 일본과의 전쟁은 중국에서 일반적으로 갑오전쟁이라고 불린다. 이 명칭은 청조와 일본 사이의 동아시아의 패권 다툼이라는 전쟁의 본질을 정확하게 보여 주지도, 양국 사이의 충돌이라는 사실을 보여 주지도 못하는 것으로 보인다. 물론 전쟁의 명칭에 반드시 국가가 포함되어야 국제 전쟁이라는 의미가 부각되는 것은 아닐지라도, 갑오년이라는 연도와 전쟁을 병기한 명칭은 동아시아의 역사에서 그 전쟁이 차지하는 비중을 축소시키는 듯한 느낌을 지우기 힘들다. 보충해서 말하자면, 1883년의 전쟁은 승패가 불분명한 측면이 있기 때문에 몇몇 전투에서 승리하였다고 주장하면서 중프전쟁이라고 부르고, 처참하게 패배한 1894년의 전쟁은 애써 그 의미를 축소하기 위해 갑오전쟁이라는 명칭을 더 선호하는 것은 아닐까라는 의문이 든다는 것이다.

19세기 중후반에 벌어진 전쟁 명칭에 청조가 아닌 중국을 사용하고 전쟁을 편의적으로 해석하는 것이 문제라면, 어떤 명칭을 부여하는 것이 타당할

5_전쟁이 갖는 의미에 대한 孟森·蕭一山·鄭天挺 등의 논의는 다음을 참조. 유장근, 「漢·毛澤東主義的 近代像과 滿淸的 近代像 사이에서」, 『明淸史硏究』 제32집, 2009, 287쪽.

것인가? 당시 전쟁을 수행한 주체를 명확히 밝히고 청조의 역사를 둘로 쪼개는 시기구분법을 넘어서기 위해서 청영전쟁·청프전쟁·청일전쟁 등으로 부르는 것이 타당할 것으로 보인다. 사실, 청프전쟁이나 청일전쟁은 국내에서 일반적으로 사용되는 용어이기 때문에 그다지 특별할 것이 없다. 이제 논의의 초점을 청영전쟁에 맞추기로 한다.

국내에서는 1840년 전쟁에 "중영전쟁"이라는 용어를 사용한 경우도 있다. 하지만 중영전쟁은 전쟁의 주체였던 청조나 시대를 명확히 반영한다고 보기 어렵다. 최근에 유장근은 1990년대 중국 학계의 사회사연구동향을 소개·전망하는 글에서 청조의 연속성과 객관적인 접근을 위해 아편전쟁보다는 청영전쟁이 더 중립적인 용어라고 주장하였다.[6] 나는 기본적으로 그의 주장에 동의하며 공감한다. 다만 아편전쟁이라는 용어에 대해서는 좀 더 상세한 검토가 필요할 것으로 보인다. 앞서 말했듯이, 현재 중국에서 아편전쟁은 이미 노덕과 선악의 평가가 전제되어 사용되는 용어이다. 그런데 아편전쟁이라는 용어에 처음부터 그러한 평가를 의도하지는 않았던 것으로 보인다. 그 용어 자체가 전쟁을 제삼자의 입장에서 서술한 일본인에 의해 먼저 사용되었다는 사실도 하나의 이유가 될 수 있다.

원래 일본에서 청영전쟁에 관한 저술은 전쟁이 끝난 지 얼마 되지 않은 시점에서 출현하였다. 『아편시말』(鴉片始末, 1843)을 비롯한 『영국침범사략』(英國侵犯史略, 1844)이나 『청영전기』(淸英戰記, 1848)에서 청영전쟁의 경과와 교훈이 서술되었다. 이들 서적들은 전쟁이 발생한 원인, 충신과 간신관리들의 죄상, 영국의 횡포 등을 통해 일본인들에게 교훈을 줄 목적에서 저술되었다. 다만, 이 저술들은 중국으로부터 들어온 서적이나 후세쯔쇼(風說書)를 수집하여 정리한 것으로 보인다는 점에서 1880년대 이후 등장한 전문적인 역사학 저

6_유장근, 「1990년대 以後 中國 淸史學界의 社會史 硏究動向」, 『이화사학연구』 제39집, 2009.

작들과는 구분된다.

1888년 이치무라 산지로(市村瓚次郞)는 다키가와 가메타로(瀧川龜太郞)와 함께 편찬한 『지나사』(支那史)에서는 "아편연(鴉片煙)의 전쟁"이라고 하였다. 그 뒤, 1890년 이치무라 산지로는 단독으로 저술한 개정판에서 "아편의 전쟁[鴉片の戰爭]"이라고 하였고, 『지나사요』(支那史要)에서도 같은 용어를 사용하였다. 다나카 스이이치로(田中萃一郞)는 1893년 『동방근세사』(東邦近世史)의 「제10장 아편전쟁의 본말 및 장모적의 거병」에서 "아편전쟁"(鴉片戰爭)이라는 용어를 사용하였다.[7] 여기에서 "아편의 전쟁"과 "아편전쟁"은 소유격 조사 '의'가 있고 없는 점에서 다를 뿐이다. 하지만 전쟁을 아편의 밀수와 금지를 둘러싼 분쟁으로 보느냐, 아편 문제로 동서양의 서로 다른 체제를 가진 두 국가가 대립하게 된 사건으로 보느냐는 관점의 차이가 용어를 달라지게 한 것이었다.

1898년 무술변법 이후, 일본의 중국사 저술들이 번역되어 소개되기 시작하였다. "1901년부터 1903년까지 번역 출판된 일본의 역사지리 서적은 120여 종"이나 되었고, 중국 최초의 역사 교과서라고 평가되기도 한 『역대사략』(歷代史略, 1902)은 "원왕조(元王朝) 이전까지는 나카 미치요(那珂通世)의 『지나통사』(支那通史)를 번역한 것이었다." 그 뒤, 『동방근세사』는 1903년부터 21회에 걸쳐 『호북학보』(湖北學報)에 번역되어 게재되었다. 1904년 출간된 요조의(姚祖義)의 『중국 역사 교과서』(中國歷史敎科書)에서 청조와 영국 사이의 전쟁은 "아편조흔"(鴉片肇釁: 아편이 다툼의 빌미가 됨)이라는 제목 아래 서술되었다. 제목에서 알 수 있듯이 요조의는 아편 때문에 전쟁이 발생하게 되는 과정

7_田中萃一郞, 「第10章 鴉片戰爭の本末幷に長毛賊の擧兵」, 『東邦近世史』, 東京: 丸善株式會社書店, 1893, 424-448쪽. 梁啓超는 1899년 『東邦近世史』가 "사실을 수집하고 그것들을 엮어서 동서양 민족의 권력 추세를 밝힐 수 있었으니, 동양사 중에서 가장 뛰어난 책"이라고 평가하였다. 梁啓超, 「東籍月旦」, 『飮氷室全集』, 臺北:文化圖書公司, 1981, 349쪽.

을 간략하게 서술하였을 뿐이고, 그 전쟁이 지니는 의미까지 제시하지는 못하였다.

중국인의 저술에서 처음으로 "아편전쟁"이라는 용어를 사용한 것은 1906년에 출간된 왕영보(汪榮寶)의 『본조사강의』(本朝史講義)였고, 아편 밀수의 연원부터 전쟁 경과와 그 영향에 이르기까지 체계적으로 서술되었다. 하지만 이 책은 상당 부분 일본 서적을 참고한 것이었고 독창적인 저술로 보기 어려우며 큰 영향력을 가진 것도 아니었다. 그 때문에 중화민국 초기에 출간된 저술들이 일률적으로 아편전쟁이라는 용어를 사용한 것은 아니었다. 즉, 아편의 화전(鴉片之和戰, 『청사찬요』), 아편의 전쟁(鴉片之戰爭, 『청사기사본말』), 아편지전(鴉片之戰, 『청감역지록』), 아편안(鴉片案), 『청사강의』(清史講義) 등으로 일정하지 않았다. 그 후, 중국 대륙에서는 범문란(范文瀾)이 1941년에 『중국통사간편』(中國通史簡編)을 저술한 이후부터 아편전쟁이라는 용어가 보편적으로 사용되었고, 도덕과 선악의 평가가 개입되었다. 또한 1980년대 이전까지 청조의 역사는 '아편전쟁'을 경계로 하여 대체로 고대와 근대 두 분야로 나눠진 채로 연구되었다. '아편전쟁'의 대포소리는 청조의 역사뿐만 아니라 중국 전체의 역사를 두 쪽으로 나눠 버릴 정도로 위력적이었던 것이다.

여기에서 이런 의문이 제기될 수 있다. 1840년의 전쟁을 서술할 때 도덕과 선악의 평가가 개입된 아편전쟁보다는 청영전쟁이라는 용어를 사용하는 것이 더 바람직하다고 주장하는데, 그렇다면 아편전쟁 대신에 청영전쟁이라는 용어를 사용했을 때 무엇을 얻을 수 있는가? 나는 청영전쟁이라는 명칭은 연구자의 귀를 먹먹하게 만들었던 '아편전쟁'의 위력적인 대포소리로부터 벗어나서, 청조의 끊어진 흐름을 복원하고 전쟁을 보는 굳어진 시선으로부터 벗어나는 데 도움을 줄 수 있을 것이라고 생각한다. 다시 말해서 그 많은 '아편전쟁'에 관한 논저들에서 부패하고 무능한 것으로 묘사되었던 청조가 그 구성원들에게 지녔던 '힘'을 재발견할 수 있다는 것이다.

청조가 그 구성원들에게 지녔던 '힘'은 청영전쟁의 과정과 그 전쟁이 끝난 뒤에 '천조'(天朝)를 지키기 위해 어떠한 노력들이 기울여졌는가를 통해 드러날 수 있다. 이제 먼저 다음 장에서 청조가 영국과 전쟁을 수행하는 과정에서 처벌을 받은 일부 관료들이 왜 처벌을 받았고, 그 처벌을 어떻게 평가할 수 있는가에 대해 살펴보겠다.

2. 전쟁 책임자의 처벌

과거 청영전쟁이 저항파와 투항파라는 이분법적인 틀 속에서 서술될 때, 임칙서(林則徐)는 나약한 투항파와 선명하게 대비되는 굳건한 저항파의 대표적인 인물로 묘사되었다. 일반인과 상당수 '학자'들의 머릿속에 그려지는 저항파와 투항파의 이미지는 이렇다. 임칙서로 대표되는 저항파는 열린 사고와 애국심을 바탕으로 영국의 침략에 저항하려 했으나, 도광제(道光帝)로 대표되는 투항파는 권력을 유지하고 자리를 보전하는 데 급급하였다. 물론 이러한 이미지는 이미 여러 논문들이나 저술을 통해 의문이 제기되었고, 당시의 상황을 좀 더 실증적인 측면에서 분석해야 한다는 주장도 힘을 얻고 있다. 하지만 과거의 이미지는 상당수 '학자'들의 머릿속이나, 일반인들을 대상으로 하는 영상물 속에 여전히 남아 있고 학술적인 저술보다 더 큰 호소력을 지닌 것으로 보인다.

그렇다면 임칙서에 관한 서술이 '시대를 앞서는 열린 사고와 애국심을 가지고 국가를 구하려 한' 인물이라는 틀을 벗어난 경우가 거의 없는 이유는 무엇인가? 그 이유는 1840년이 고대와 근대를 구분하는 기준점이 되면서 왕조시대와는 다른 사고를 지닌 인물을 필요로 했기 때문이었다. 하지만 임칙서가 설령 시대를 앞서는 열린 사고를 가졌다는 점을 긍정하더라도, 그가 '자기 나라를 소중히 여기는 것'을 의미하는 애국심을 가지고 있었다는 서술이 적절한지는 의문이다. 왕조시대의 관료가 가장 소중하게 여겼던 가치는 애국심이 아니라 황제를 받들고 왕조의 안위를 지키는 것이었다. 그가 아무리 유가의 가치에 따라 백성들을 아끼고 싶다고 하더라도 황제의 신임을 통해 자리를 보전하지 않는 한 백성을 위해 봉사할 수 있는 기회조차 갖기 어려웠다. 임칙서에게 관료라는 '자리'는 유가의 가치를 실천할 수 있는 수단이었지만, 그 '자리'의 여탈권은 도광제가 가지고 있었다. 그리고 도광제는 관리의 임면과 자리 이동을 결정할 때 '천조'의 안위를 중요한 기준으로 삼았다.

청영전쟁이 진행되는 과정에서 임칙서에게 내려진 문책은 왕조시대의 정치적 판단이라는 관점에서 이해되어야 한다. 도광제는 아편 밀수와 무역 방식을 둘러싼 영국과의 갈등이 전면적인 무력 충돌로 나아가게 되면서 임칙서에 대한 신뢰를 접었고, 전쟁이 일어나게 만든 책임이 있다고 여기게 되었다. 당시의 상황을 좀 더 자세히 살펴보면 이렇다.

1840년 여름, 영국군은 광주(廣州)를 공격하지 않고 북상하여 하문(廈門)과 정해(定海)를 공격하였다. 등정정은 하문에서 영국군이 순순히 물러나자 자신이 적군을 격퇴하였다고 생각하였고, 오랑캐와 관련된 일에 "성상(聖上)께서 마음 쓰실까 걱정하여 역마(驛馬)를 이용하여" 급히 승전보를 알렸다. 7월 5일, 영국군이 하문을 공격했다는 소식을 들었을 때, 도광제는 등정정(鄧廷楨)의 대처에 대해 "처리를 괜찮게 하였다.[所辦好] 따로 지(旨)가 있을 것이다"고 주비(朱批)하였다.[8] 그리고 다음 날 정식 상유에서 "처리를 아주 잘하였다.[所辦甚好]"며 현지 장령들에게 상을 내리고 다친 병사들을 위무하도록 하였다.

등정정의 입장에서 보자면, 전시에 적군을 물리쳤다는 보고를 한 관료가

8_당시 영국군이 지방관을 만나는 것보다 중앙의 황제와 담판하여 문제를 해결하는 가장 좋은 방법이라고 여기고 있었기 때문에 廈門을 그다지 중시하지 않았고 점령할 생각도 없었다. 鄧廷楨은 그들의 의도를 제대로 파악하지 못하여 격퇴하였다고 보고하였다. 이 글에서 인용된 황제와 관료 사이의 대화는 다음 자료를 참조하였음. 第一歷史檔案館編, 『鴉片戰爭檔案史料』, 天津古籍出版社, 1992.

승리에 대한 기쁨이나 자부심이 없을 수 없었다. 그리고 도광제의 입장에서도 영국군의 무력행위를 물리쳤다는 데 나무랄 수 없었다. 하지만 도광제가 크게 기뻐한 것도 아니었다. 정식 상유에서 "아주 잘하였다[甚好]"고 하였지만, 원래 주비에서 "괜찮았다[好]"고 말한 것도 큰 칭찬은 아니었다. 어찌되었든 등정정의 기쁨은 오래가지 못하였다. 하문의 승전보를 올리고 이틀이 지난 뒤, 등정정은 영국군이 정해에 나타났고 방어를 강화하고 있다고 보고해야만 하였다. 그로부터 다시 삼일 만에 정해가 함락되었다.

도광제는 아편을 엄격하게 단속하는 과정에서 영국과 무력 충돌이 벌어지는 상황까지는 고려하지 않았던 것으로 보인다. 그가 생활과 재정적인 측면에서 늘 절검(節儉)을 강조하였다는 점을 고려한다면, 전쟁처럼 많은 비용이 필요한 일을 회피하려는 방향의 정책을 추진하였던 것도 당연한 일이었다. 정해의 함락 뒤에 계속해서 불리한 전황이 보고되자, 도광제는 임칙서가 올린 아편 단속에 관한 주접을 읽다가 감정이 격앙되고 말았다. 그는 임칙서가 대외적으로는 영국에게 청조의 위엄을 세운다더니 통상 문제를 제대로 처리하지 못하였고 대내적으로는 아편 단속을 강화하여 문제를 해결하라고 했더니 범법자들을 조사하여 잡아들이는 일도 지지부진하다고 여겼다. 그래서 이렇게 비아냥거렸다. "헛소리로 어물쩍 넘어가지 않은 적이 없고, 결국 실제적인 성과도 없을 뿐만 아니라 오히려 수많은 파란(波瀾)만 낳았다. 생각하면 어찌 화가 치밀지 않겠는가? (상황이 이 지경인데) 네가 무슨 말로 짐에게 대꾸하는지 보겠다!"

충직한 신하 임칙서는 황제의 노기에 찬 비답을 받아들고 어찌할 바를 알지 못하였다. 그는 무릎을 꿇은 채 비답을 읽고서 땅에 엎드려 머리를 조아렸고, 부끄럽고 두려운 마음이었다. 그는 이렇게 말하였다. "실로 군주 어버이[君父]께 드릴 말씀이 없습니다. 오직 성주(聖主)께 우러러 바라건대 신을 무겁게 치죄하시어 무능함을 경계하십시오. 너무도 몸이 떨리고 두려워서 견딜 수 없습니다." 임칙서는 황제에게 현지 상황을 정확히 알리면 노기를 가라앉

힐 수 있을 것이라고 생각하였다. 그래서 영국군을 "무력으로 누르지 못하면 후환이 그치지 않을 것이고, 다른 나라는 그 잘못된 것을 본받을 것이니 염려하지 않을 수 없습니다"라며 월해관(粵海關)의 수입 중 10퍼센트를 가지고 무기를 만들어야 한다고 건의하였다. 하지만 그의 말은 황제의 분노를 더욱 부채질하였다. 도광제는 "너는 영국 오랑캐가 협박하는 것이라고 하면서 너도 영국 오랑캐를 본떠서 짐을 협박하려는 것이지. 말이 안 된다. 가증스럽구나!", "완전히 헛소리다!"며 화를 냈다. 사실 도광제는 임칙서가 두려운 마음으로 주접을 작성하고 있을 무렵 이미 그를 관직에서 혁직(革職)하기로 결정하였고, 주접이 임칙서의 손을 떠난 지 얼마 되지 않아 그에게 혁직 상유가 내려졌다.

도광제는 "영국 오랑캐의 선박이 연해에서 활개를 쳐서" 여러 성으로부터 "잇따라 군대를 동원하여 군량을 소모하고 군대를 힘들게 하였는데, 이것은 모두 임칙서 등이 일처리를 잘못하여 그리 된 것이다"고 여겼다. 그는 원래 임칙서가 시급한 아편 문제를 원만하게 처리할 것이라고 "두터운 신뢰를 갖고 있었다." 하지만 아편 문제가 2년이 넘도록 해결되지 않고 무력 충돌까지 일어나게 되자 임칙서에게 전쟁이 일어난 책임을 물었던 것이다.

임칙서의 혁직에 대해서는 도광제가 그를 혁직함으로써 영국과 타협하려 했다는 견해가 일반적이다.[9] 그런데 도광제에게 타협파의 대표라는 낙인을 찍어 버리면 이듬해 청조가 영국에 선전포고와 함께 전면전을 벌인 것을 설명하기 어렵다. 사실, 도광제는 몰수한 아편을 소각하고 통상을 중단한 것이 영국을 자극하였으므로 양국 사이의 마찰을 유발한 임칙서를 혁직하고 통상

9_저항파와 투항파라는 이분법적인 틀 속에서는 도광제가 임칙서의 관직을 박탈한 것은 영국과 타협하기 위해 걸림돌이 되는 저항세력을 제거했다는 '비난'을 피할 수 없었다. 중국에서 가장 널리 쓰이는 대학의 중국 근대사 교재에도 道光帝가 오락가락 행보를 했다고 서술하고 있다. 李侃·李時岳·李德征·楊策·龔書鐸, 『中國近代史』, 中華書局, 1998, 21쪽.

을 회복하면 문제가 해결될 것이라고 판단하였다. 그래서 엘리오트와 접촉하고 있던 이리포(伊里布)에게 "다행스럽게 그들은 무역을 하려하고 또한 억울하다고 하니, 우리에게 처리하기 쉬운 기회이며 어찌 한두 마디 말과 짤막한 글로 십만의 군대를 크게 이기기는 것이 아니겠는가?"라고 주비하였다. 그는 임칙서를 혁직함으로써 막대한 전쟁 비용을 절감하고 영국과의 분쟁을 되도록 빨리 해결하려 하였다. 그렇다고 해서 영국에 저자세를 보이거나 요구를 일방적으로 들어줄 생각도 아니었다. 이 점은 문제의 해결을 위해 광주로 보낸 기선(琦善)의 주접과 도광제가 내린 주비를 통해 알 수 있다.

1840년 9월, 영국이 천진(天津)으로 압박해 들어오자, 기선은 광주에서 협상하자는 말로 일단 상황을 모면하였었다. 하지만 11월 말, 기선(琦善)은 광주에서 영국이 만만한 상대가 아님을 알게 되었다. 영국은 아편을 배상해 주지 않으면 다시 "정해를 점령할 수밖에 없고 앞으로 임 총독과 같은 사람이 있으면 (그도) 이곳을 떠나 다른 곳으로 가게 될 것이오"라고 목소리를 높였던 것이다. 이 말은 기선이 자신에게 협조하지 않으면 임칙서의 전철을 밟게 될 것이라고 협박하는 것이나 다름이 없었다. 도광제는 기선의 주접에서 영국이 아편의 배상이나 평등한 왕래를 요청하고 있으며 입장이 강경하다는 부분을 읽다가 이렇게 주비하였다. "이 상황을 보니 그놈들이 거듭 방자하여 이치를 가지고 깨우쳐 주기 어려운 듯하다. 반드시 한편으로 이치를 밝히고, 다른 한편으로 준비를 해야 한다. 여러 측면에서 견제하다가 그 모양새가 피로할 때 기회를 봐서 살육하면 복종시킬 수 있을 것이다."

결국 1841년 1월에 도광제는 아편의 배상이나 홍콩의 할양과 같은 영국의 무리한 요구를 받아들일 수 없다는 판단에서 전면전을 선포하게 되었다. 하지만 전쟁에 대한 대비는 12월에 이미 시작되었고, 이것은 군사시설을 정비하고 있다는 기선에게 내린 주비에서도 확인된다. "어찌 허락할 이유가 있단 말인가? 짐의 뜻은 이미 정해졌다. 두 차례의 육백리가급(六百里加急) 유지를, 경은 받아본 뒤에 저절로 잘 알게 되었을 것이다. 짐이 바라는 것은 경이

나라의 위엄을 선양하게 되었을 때 후한 상을 내리는 일이다. 힘쓰고 또 힘쓰라."

한편, 현지에서 영국과 접촉하고 있던 기선과 이리포는 영국의 군사력에 압도당하였고, 그 때문에 영국군과 전쟁을 벌이는 것이 용이하지 않다는 주접을 올렸다. 하지만 그들은 황제의 마음을 읽는 데 실패하였다. 도광제는 "무능하기가 더 참을 수 없는 지경이로다! 너는 놈들에게 협박을 당하고 기꺼이 그 더러운 이름을 영원히 남기는 일을 하였다. 이제 다시 여러 사실을 가지고 짐을 협박하는데, 짐은 두렵지 않도다", "주접을 보니 몹시 분노가 치민다! 네가 이처럼 주저하고 두려워할 줄은 생각하지도 못하였다. 어떻게 나라를 위해 힘을 다할 수 있겠느냐?"라며 격노하였다.

잘 알려져 있듯이, 영국과의 전면전을 시작한 이후 청조의 군대는 줄곧 전투에서 패배하였다. 그리고 1842년 7월 남경조약이 체결됨으로써 청영전쟁은 막을 내렸다. 도광제는 기영(耆英)으로부터 화의의 진행 상황을 보고받고서 "단지 분노와 증오가 더하지만 백성의 고통을 생각하여 마음을 억누르고 마지못해 따른다"고 주비하였다. 그는 영국에 대한 분노를 억누를 수 없지만 전쟁을 치르는 과정에서 고통받을 백성들을 생각하여 화의를 받아들일 수밖에 없었다.

이제 전쟁이 끝났으니 전쟁의 패배를 어떻게 받아들이고, 패배에 따른 책임을 누가 지느냐는 일이 남아 있었다. 1842년 10월 11일, 도광제는 절강성의 군대가 철수하는 상황을 보고하는 혁경(奕經)의 주접을 받아 본 뒤, "짐은 오직 내 자신이 부끄럽고 내 자신이 밉고 화가 날 뿐이다"고 주비하였다. 그리고 바로 그날 '혁산·혁경·문울(文蔚) 등에게 참수형을 내리고 하옥하여 추심을 기다리게 하라[斬監候]'는 상유를 내렸다.

무엇이 도광제를 그렇게 자기 자신이 부끄럽고 밉고 화가 나게 만들었을까? 이 의문에 대한 해답은 10월 11일 이전에 혁경이 올린 주접에 내린 주비를 통해 알 수 있다. 6월 21일, 혁경은 전쟁의 패색이 짙어가던 상황에서 군대를 추가로 징발하면 "통렬하게 살육하여 놈들의 환란을 소탕할 수 있을 것입니다"라고 주접을 올렸다. 그러자 도광제는 이렇게 주비하였다. "절강의 상황이 보여 주지 않았는가? 조그마한 전공도 없었을 뿐만 아니라 오히려 적의 세력을 더욱 키워 놓고 말았다. 짐은 내 자신이 부끄럽고 내 자신이 미울 뿐이다. 사람을 알아볼 수 없었다." 그는 양강총독(兩江總督) 우감(牛鑑)이 보낸 주접에 대한 주비에서도 "나는 내 자신이 사람을 알아보는 현명함이 없었음을 미워할 뿐이다"고 하였다. 여기에서 우리는 도광제가 "자신이 부끄럽고 밉고 화가 났던" 이유를 알 수 있다.

도광제는 혁경 등이 영국과의 전투를 잘 치러 낼 것이라고 믿고 일을 맡겼지만, 그들은 결국 영국군에게 처참한 패배를 당하고 말았다. 그래서 그는 사람을 제대로 알아보지 못했다는 사실에 자신이 부끄럽고, 밉고 화가 났던 것이다. 우리는 도광제의 태도를 어떻게 받아들일 것인가? 도광제는 영국의 군사력이나 의도를 간파하지 못한 잘못이나 정책 결정의 과정에서 저지른 오류를 인정한 것일까? 아니다. 그는 모든 정책의 최종결정권자인 황제로서 자신의 잘못을 인정하기보다는 현지에 파견된 신하들의 무능함 때문에 전쟁에 패배했다고 여겼다. 그렇다고 도광제에게 타협파라는 낙인을 찍을 수도 없다. 앞서 인용한 주비에서 볼 수 있듯이, 도광제는 원래 과도한 배상금이나 국체(國體)를 손상시키는 영토 할양을 받아들일 생각은 없었다. 하지만 영국의 막강한 군사력 앞에서 어쩔 수 없이 그들의 요구 조건을 들어줄 수밖에 없었다.

사실 과거 중국의 대다수 학자들은 청조가 임칙서처럼 철저하게 대비했다면 영국의 침략을 격퇴할 수 있었을 것이라고 여겼고, 그러한 생각은 일반적인 상식으로 굳어져서 여전히 많은 중국인들에게 받아들여지고 있다. 당시 세계 최강의 병기로 무장한 영국군과 재래식 병기를 지닌 청군 사이의 현격한 격차가 밝혀졌음에도,[10] 과거가 '다를 수도 있었다'는 믿음은 많은 중국인들 사이에서 여전히 굳건한 것으로 보인다.

한 가지 주목해야 할 사실이 있다. 그것은 임칙서가 영국군과 실질적인 전투를 치르지 않았고, 전쟁 중간에 혁직되었기 때문에 역사적으로 훨씬 더 긍정적인 평가를 받게 되었다는 점이다. 당시에 임칙서는 자신의 충정을 받아들이지 않은 황제에게 섭섭한 마음을 품었을지도 모르지만, 결과적으로 도광제는 임칙서를 중국 역사에 길이 남는 영웅으로 만드는 데 기여하였다. 우리가 도광제나 임칙서에 대한 평가를 좀 더 객관적으로 하려면, 당시 시대적 상황을 고려해야 한다. 임칙서에게 내려진 처벌은 혁경 등과 비교했을 때도 상대적으로 가벼운 편이었고, 혁경 등보다 늦기는 했지만 1845년에 섬감총독(陝甘總督)으로 복귀하게 되었다. 우리는 다음 사실도 고려해야 한다. 관료가 직무와 관련된 과실 때문에 좌천이나 유배를 당하는 일은, 황제가 모든 것을 결정하고 관직에 대한 경쟁이 치열해서 경쟁자들이 '눈'을 부릅뜨고 있는 상황에서는 흔히 일어날 수 있었다. 그리고 좌천이나 유배는 영원히 관직에 나갈 수 없게 하는 처벌도 아니었다. 도광제가 임칙서를 이리(伊犁)로 보낸 것은 훗날 다시 등용할 가능성의 문을 열어 둔 것으로 볼 수 있다.

요컨대, 도광제를 중심으로 하는 청조는 무역을 통해 관계를 맺게 된 영국이라는 나라와의 전쟁에서 패배했는데, 그 패배의 원인을 인재를 잘못 등용하였기 때문이라고 결론을 내렸다. 그리고 무력 충돌을 유발한 것으로 지목된 임칙서·등정정과, 전투를 제대로 지휘하지 못한 혁경 등을 처벌함으로써 전쟁을 마무리하였다. 이것이 '천조'가 오랑캐와의 전쟁에서 패배했다는 부끄러운 기억을 묻어 버리고 국체를 유지하는 방식이었다.

그렇다면 도광제를 중심으로 한 청조 중앙은 몇몇 관료들에게 직무상의 과실을 물어 처벌함으로써 청영전쟁에서 입은 마음의 상처를 완전히 치유하고, 사람들의 기억 속에서 전쟁의 기억을 사라지게 할 수 있었을까?

10_많은 중국인들은 중일전쟁을 들어 청영전쟁이나 청일전쟁의 무기력한 대응을 비난했는데, 茅海建은 『天朝的崩壞: 鴉片戰爭再硏究』에서 청조와 영국 사이의 전투력을 비교함으로써 '혁명' 중국이 만들어 낸 "신화"를 무너뜨렸다.

3. 간신 책임론의 제기

청영전쟁이나 그와 관련된 인물들은 1840년대가 저물면서 사람들의 기억 속에서 사라지는 듯이 보였다. 하지만 도광제라는 보호막이 사라지자, 그의 총신(寵臣)들은 이미 과거 일이라고 여겼던 청영전쟁의 패배에 대해 어떤 식으로든 책임을 져야만 하였다. 죽은 권력은 새롭게 등장한 권력으로부터 더 이상 자신의 총신들을 보호할 수 없었다.

1850년 1월, 정월대보름을 하루 앞두고 도광제가 세상을 떠났고 향년 예순여섯이었다. 그는 서른여섯의 나이로 황제의 자리에 올라 궁핍한 재정을 염려하여 늘 절검을 강조하였고, 재위 후반기에는 오랑캐의 전화로부터 '천조'를 지키기 위해 전전긍긍하였으며, 전쟁을 겪으면서 재정적으로 더욱 어려워지는 상황을 지켜보았다. 그리고 이제 하늘의 부름을 받아 세상을 떠나면서 '천조'를 넷째 아들에게 물려주었다. 일반적으로 청대에 황제는 자신이 죽기 전에 직접 후계자를 결정하고, 그것을 착오 없이 진행하도록 하기 위해 여러 믿을 수 있는 권신(權臣)들에게 유조(遺詔)를 내려 뒷일을 맡긴다. 도광제도 죽기 전에 넷째 아들 혁저(奕詝)를 황태자로 세웠고, 그것을 목창아(穆彰阿)·새상아(賽尙阿) 등을 비롯한 군기대신들에게 유지로 내렸다.

혁저는 제위를 놓고 이복동생 혁흔(奕訢; 공친왕)과 경쟁하였는데, 사부였던 두수전(杜受田)의 도움으로 도광제에게 어질다는 평가를 받아서 어좌를 차지할 수 있었다. 어좌에 앉은 함풍제는 더 이상 어진 모습이 아니었다. 그는 함풍이라는 연호를 정식으로 사용하는 해가 되기 전에 자신이 명실상부한 최고권력자라는 사실을 명확히 하고 도광 시대의 흔적을 지울 생각이었다. 1850년 10월, 함풍제는 목창아의 관직을 박탈하고 기영을 좌천하는 주비유지(朱批諭旨)를 내렸다.

주비유지에 담긴 함풍제의 뜻은 이랬다. 먼저, 목창아의 경우 청영전쟁 때 요영(姚瑩)이 대만에서 세운 공적이 자신에게 해가 될까 걱정하여 요영을 궁지에 몰아넣었고, 지금도 임칙서의 건강을 트집 잡아서 광서성의 토비를 소탕하러 가게 할 수 없다고 억지를 부린다. 이처럼 목창아는 과거에도 자신의 뜻에 맞지 않는 사람들을 내치더니 여전히 그 버릇을 버리지 못하고 있다. 우수한 인재의 앞길을 막고 나라를 병들게 하는 행동을 용납할 수 없다. 따라서 목창아의 관직을 박탈하고 영원히 관적에서 제명한다. 다음으로, 기영의 경우 무능하면서도 백성들을 억압하고 영국 오랑캐를 치켜세우고 나라의 일에 주의를 기울이지 않았다. 그는 영국 오랑캐가 어떻게 두려우니 어떻게 응대해야 한다는, 미친개가 짖는 소리나 다름없는 말을 지껄이면서도 황제에게 자신의 무능함을 숨기면서 자리를 보전하려 하였다. 따라서 기영을 5품의 6부 원외랑 후보로 강등한다.

함풍제의 주비유지에 대해 두 가지 의문을 제기할 수 있다. 첫째, 주비유지에 담긴 목창아와 기영에 대한 처벌은 청조 중앙의 밖에서 어떻게 받아들여졌을까? 둘째, 두 사람에 대한 처벌이 사실에 근거하여 내려진 것인가?

그럼 첫 번째 의문부터 살펴보겠다. 함풍제의 주비유지는 간단히 말해서, 목창아와 기영이 과거에 황제를 제대로 보필하지도 '천조'의 위엄을 지키지도 못하였고, 여전히 잘못을 알지 못한 채 지난날의 행태를 되풀이하고 있는 '간신'이라는 이유로 처벌한다는 것이었다. 흥미로운 사실은 주필유지에 담긴 요영과 관련된 내용은 하섭(夏燮)의 『중서기사』(中西紀事)와 양정남(梁廷枏)의 『이분문기』(夷氛聞記)에 나타난 서술과도 일치한다는 점이다. 이것은 결국 당시 요영이나 임칙서를 처벌한 일에 대해 비판하는 것이나 마찬가지였다. 그리고 과거의 잘못된 일을 바로잡기 위해서는 책임자를 문책하는 것이 필요하다는 것도 분명하였다. 『중서기사』는 1850년 12월에 초고가 나왔고, 『이분문기』는 늦어도 1853년 이전에 완성되었다. 어찌되었건, 두 저술은 함풍제의 주비유지가 내려진 뒤에 출간되었다. 그렇다면, 하섭과 양정남은 함풍제를 중심으로 하여 청조 중앙에서 목창아나 기영을 어떻게 처리할 것인가에 대해 논의되고 최종적으로 내려진 결정을 받아쓰기한 것일까? 소위 살아 있는 권력의 의중을 헤아린 관변(官邊) 저술이었던 것일까?

결론부터 말하자면, 그 대답은 '아니다'는 것이다. 우선, 양정남은 임칙서가 혁직을 당했을 때 개인적인 왕래가 있었다. 두 사람은, 새로 양광총독(兩廣總督)에 부임한 기선의 타협적 태도를 바로잡으려면 지역 신사(紳士)들이 나서야 한다는 의견을 나눌 정도로 가까운 사이였다. 그리고 양정남은 광동의 명문가 출신으로 오랫동안 지역사회에서 "높은 학식과 예술적 소양을 갖춘 인사들과 관계망을 지니고 있었다."[11] 이런 점을 고려한다면 양정남의 『이분문기』는 자신의 경험과 지역의 여론을 바탕으로 청영전쟁의 전개 과정을 서술한 것으로 볼 수 있다.

하섭의 경우 '영국 오랑캐'에 대한 강한 반감을 바탕으로 청영전쟁이 진행되는 동안 벌어진 사건들을 상세하게 기록하였다. 그의 눈에 기영은 영국에 비굴한 태도를 보이는 것으로 비춰졌다. 예를 들면 이렇다. 기영이 영국과 교섭한 것은 "(자신의) 의지를 굽혀 회유하려고 (그들의) 요청을 살펴주지 않음이 없는" 행위였다. 그리고 요영의 억울한 처벌은 "밖(현지)에서 기영이 주도하고 안(중앙)에서 목창아가 주도한" 모략이었다.[12] 하섭은 명문가에서 태어나서 오랫동안 학문에 정진하면서 많은 인사들과 교류하였으며, 말년에는 증국번(曾國藩)의 막료를 지냈다. 이런 점에서 하섭의 저작도 학인들 사이의 청영전쟁과 관련된 여론을 일정하게 반영하고 있었다고 할 수 있다.

이러한 상황을 종합하면, 청영전쟁이 진행되던 과정에서 이미 목창아나 기영에 대한 부정적인 여론이 존재하였다. 도광제가 죽은 뒤, 제위를 계승한 함풍제는 권력을 강화하려는 과정에서 두 권신(權臣)의 잘못된 행태를 문제로

11_陳恩維, 「論嶺南愛國學者梁廷枏的交遊與其學術成長」, 『嶺南文史』, 2008年 第1期, 24-29쪽; 吳寶祥, 「梁廷枏年譜簡編」, 『佛山科學技術學院學報』, 2002年 第4期.

12_夏燮, 앞의 책, 100쪽. 姚瑩과 관련된 梁廷枏의 서술은 다음을 참조. 梁廷枏, 앞의 책, 106-109, 130-135쪽.

삼아 처벌하게 하였는데, 여기에는 청영전쟁 때부터 형성되었던 여론이 반영된 것으로 볼 수 있다.

이제 두 번째 의문에 대해 살펴보겠다. 목창아가 요영이 세운 전공이 오히려 자신에게 해가 될까 두려워서 요영을 궁지에 몰아넣었다는 것은 사실과 다르다. 요영은 과장된 보고 때문에 수도로 압송되어 하옥된 다음 조사를 받았고, 오히려 도광제가 요영의 처지를 이해하여 근신할 수 있는 기회를 주기 위해 변방으로 유배를 보냈다고 보는 편이 더 타당하다. 목창아가 임칙서의 건강을 트집 잡아서 광서성의 토비를 소탕하러 가게 할 수 없다고 억지를 부린다고 하는데, 그 말이 오히려 더 억지스럽다. 임칙서는 당시에 실제로 건강이 좋지 않았고, 목창아는 그 상황을 황제에게 아뢴 것이었다. 결국 목창아의 의견은 훌륭한 인재의 등용을 가로막는 행위라고 묵살되었고, 임칙서는 병든 몸을 이끌고 홍수전의 '반란'을 잠재우기 위해 새로운 임지로 가던 중 사망하고 말았다. 이러한 사실관계는 목창아의 관직을 박탈하고 영원히 관적을 박탈하는 처벌이 정당하지 않고 정치적인 목적에 의해 이뤄졌다는 것을 보여준다.

제도적인 측면에서 보더라도 목창아가 군기대신으로서 권력을 마음대로 휘두를 수 있는 가능성은 적었다. 가경제 때부터 군기대신의 권한을 제한하여 신료들이 황제에게 상주할 때 "따로 군기처에 보내는 부본(副本)을 있을 수 없고" "상주하는 일을 미리 군기대신에게 알려서도 안 된다"고 하였다.[13] 이것은 황제가 권력을 확고하게 장악하고 있는 한 신료들이 모든 정책이 결정되는 과정에서 그의 뜻을 거스를 수 없었음을 의미한다. 결국 함풍제가 진정으로 요영의 처벌에 대해 문제를 삼고 싶었다면, 자신의 아버지 도광제에게

13_梁章鉅·朱智, 「訓諭」, 『樞垣記略』, 中華書局, 1997, 7쪽. 梁章鉅(1775~1849)는 穆彰阿와 동시대 사람으로 軍機長京·禮部主事·兩江總督 등을 거쳤다. 따라서 그가 淸 중기까지 서술한 군기처에 관한 내용은 신빙성이 높고 참고할 만하다고 볼 수 있다.

화살을 돌렸어야 옳았다.

한편, 기영은 자신의 무능함을 숨기기 위해 영국의 군사력을 과장함으로써 자리를 보전하려 했다는 이유로 처벌받았다. 함풍제는 기영이 영국 오랑캐를 옹호하여 천조의 위신을 깍아 내렸다고 보았다. 기영에 대한 비난은 1846~48년 광동에서 벌어진 일과 관련이 있었다.[14] 1846년, 홍콩의 신임 총독 데이비스는 영국인들이 광주의 성안으로 들어가도록 해달라고 요청하였고, 기영은 광주의 개방을 선포하였다. 하지만 광주인들은 영국인들이 성안으로 들어오는 것을 반대하며 무력으로 저지하였다. 1847년에는 영국인이 불산(佛山)을 유람하다가 지역민들의 돌에 맞아 상처를 입는 사건이 벌어졌다. 데이비스는 격분하여 함대를 이끌고 황포(黃埔)까지 들어와서 광주성을 위협하였다. 상황이 긴박하게 돌아가자, 기영과 데이비스는 2년 후에 광주성을 개방하기로 협약하였다. 그러나 기영의 후임 서광진(徐廣縉)은 그 협약을 이행할 생각이 없었고, 양측의 대립은 무력 충돌을 야기하였다. 서광진은 현지의 단련과 연합하여 영국이 광주성으로 들어오는 것을 저지하였다. 그 결과 광주성의 개방을 둘러싼 사건은 기영의 간사하면서도 무능한 태도와 서광진의 성공적인 반외세 투쟁을 보여 주는 것으로 이야기되었다.

기영을 간사하면서도 무능한 인물로 보는 것은 재고되어야 한다. 그는 양광총독으로 재임하는 동안 영국과의 관계를 남경조약에 따라 처리하는 것을 원칙으로 삼았다. 광주성에 영국인을 거주하게 하는 일은 청조가 무턱대고 거부할 문제가 아니었다. 침략자 영국과 피해자 중국(청조)라는 틀에 집착하게 되면 서광진의 행동을 통쾌하다고 여길 수 있겠지만, 국가 사이에 체결된 약속이라는 관점에서 보면 불가피한 사정에 의해 개방을 연기할 수는 있어도 그것을 파기하려 해서는 안 된다. 국가 사이에서 약속의 파기는 약속을 하기

14_廣州城의 개방 문제는 다음을 참조. 程曉燕, 「徐廣縉與廣州反入城鬥爭新探」, 『廣東社會科學』 2008年 第4期; 茅海建, 「關於廣州反人城鬥爭的幾個問題」, 『近代史研究』 1992年 第6期.

전 상황으로 되돌아가겠다는 것을 의미하기 때문이다. 청조와 영국이 남경조약을 체결하기 전 상황으로 되돌아가는 것은 바로 무력 충돌을 의미하였다.

사실, 기영은 현실론자였다. 그가 양광총독으로 재직하고 있을 때 일부 인사들은 영국과 프랑스의 관계가 좋지 않으니 프랑스와 연합하여 영국에게 본때를 보여서 복종하게 만들어야 한다는 주장을 하였다. 그는 강경론자들에게 이렇게 반박하였다. "만약 그들 병력을 도움 삼아 영국 오랑캐를 공격하면 승패를 예단할 수 없는데도 군사비를 지급해야만 한다. 승리하지 못하면 영국 오랑캐는 그것을 구실로 원한을 갖게 될 것이고 변경의 불안은 더 가중될 것이다. 승리하더라도 그들은 자신에게 공적이 있음을 믿고서 끊임없는 요구를 하게 될 것이니 통제하기가 더욱 어려워질 것이다. 좋은 계책이 아니니다." 기영은 전통적인 이이제이 정책이 "제압할 수 있는 힘이 없으면 이쪽 오랑캐를 이용하여 저쪽 오랑캐를 제압"하는 것으로 이해하였다. 그리고 당시 청조는 힘이 약하더라도 "오랑캐들의 속은 헤아리기 어렵기" 때문에 선불리 연합할 수 없다고 여겼다. 그보다는 "은혜와 신뢰를 보여 주고 적절히 회유하는 한편, 해안 방어를 강화하여 군대의 내실을 정비해야 한다"고 생각하였다.

이러한 주장을 근거로 판단해 보면, 기영이 영국의 군사력을 과장함으로써 무력 충돌을 차단하고 현지에서 자신의 임기를 편안하게 지내려 했다는 비난은 지나친 감이 없지 않다. 그는 기본적으로 영국을 신뢰하지 않았고 통제의 대상으로 본 것이지 협력할 대상으로 여긴 것이 아니었다. 다만 청조는 더 군사력을 키워야 영국과 단독으로 대적할 수 있기 때문에 즉각적인 무력의 사용을 주장하기는 어렵다고 판단하였다. 그리고 영국의 실체를 인정해 주는 "은혜"를 베풀고 남경조약에 담긴 약속을 지키는 "신뢰"를 보여 줌으로써 조정과 일반 백성들의 부담을 가중시키는 무력 충돌을 막아야 한다고 주장하였다.

기영의 언행은 함풍제의 그에 대한 처벌이 목창아의 경우와 마찬가지로 억지스러운 측면이 있다고 하지 않을 수 없음을 말해 준다. 더구나 기영은

1852년에 4품의 공부 원외랑으로 승진하였다. 이것은 기영의 처벌이 임시방편이었음을 보여 준다. 즉, 함풍제는 영국 오랑캐에 대해 타협적이었다는 이유로 목창아를 제거하기 위해 기영도 같은 이유로 함께 처벌함으로써 명분을 확보하려 했던 것이다.

요컨대, 함풍제가 1850년 자신의 연호를 사용하기 전에 목창아와 기영을 처벌한 것은 청영전쟁 이후 일부 인사들 사이에서 형성되었던 패전의 책임이 간신에게 있다는 여론을 '사실'(事實)로서 받아들인 것이다. 또한 함풍제는 명실상부한 권력을 갖기 위하여 도광 시대의 흔적을 지워 버리고 새로운 판을 짜기 위하여 '간신' 목창아를 제거하였고, 명분을 확보하려는 의도에서 기영도 함께 처벌하였다.

4. 천조를 위한 변명

이 글은 19세기 후반 중국에서 일어난 전쟁의 명칭에 대한 의문에서 시작되었고, 청영전쟁을 치르는 과정에서 전쟁 책임자를 처벌하고 전쟁 이후에 간신 책임론이 제기된 상황을 분석하였다.

국가와 국가 사이의 전쟁에 부여되는 명칭은 그 전쟁의 성격과 의미를 규정한다. 19세기 중반 이후 청조와 외국 사이에 일어난 전쟁을 서술할 때, 중국 학계는 전쟁의 명칭에 그 전쟁을 수행한 주체인 청조를 드러내지 않거나 명칭을 편의적으로 사용하였다. 이러한 문제점으로부터 자유롭기 위해서는 전쟁 수행의 주체를 명확히 드러낼 필요가 있고, 아편전쟁의 경우도 청영전쟁이라고 부르는 것이 더 타당하다.

1840년 청조와 영국 사이의 전쟁에 아편전쟁이라는 명칭이 부여된 것은 일본인들에 의해 시작되었다. 전쟁이 끝난 후, 일본인들은 청조의 위기로부터 교훈을 얻으려는 생각에서 전쟁에 관련된 정보를 수집하여 정리하였고, 1880년대부터는 역사로서 전쟁을 연구하여 동아시아의 역사에 전쟁이 지니는 의미까지 서술하게 되었다. 청말민초 중국인의 역사 저술에서는 1840년 전쟁의 명칭이 일률적이지 않았는데, 1941년 범문란의 저술이 나온 뒤부터 아편전쟁이 보편적으로 사용되었다. 그리고 중국에서 아편전쟁은 도덕과 선악의 평가가 개입된 명칭이다.

청영전쟁이 진행되던 때와 전쟁이 끝난 후에 발생한 일들에서 도덕과 선악의 평가를 배제하게 되면 새로운 시각으로 접근할 수 있는 여지가 마련된다. 임칙서의 혁직에 대해 많은 중국의 논저에서 타협파의 우두머리인 도광제가 영국과의 타협에 방해되는 저항파의 대표 임칙서를 제거하였다고 서술되었다. 하지만 당시 청조의 입장에서 보았을 때 전쟁을 통해 아편 문제를 해결하는 것은 여의치 않았다. 왜냐하면 도광제는 아편을 엄격하게 단속해야 한다는 강한 의지가 있었지만 청조가 재정적으로 궁핍하였기 때문에 많은 비용이 들어가는 전쟁을 수행하기는 어려웠기 때문이다. 이러한 상황에서 그는 정책의 최종결정권자로서 왕조의 이익과 전체적인 상황을 고려하여 '개인' 임칙서에게 전쟁 발발의 책임을 묻지 않을 수 없었다. 그렇다고 '천조'의 권위까지 포기할 수는 없었기 때문에 영국의 지나친 요구를 거부하고 '천조'의 위엄을 지키기 위해 전면전을 선포하였다.

현격한 군사력의 차이는 청조의 패배를 피할 수 없게 만들었다. 이제 도광제는 패전에 대해 신료와 백성들이 납득할 만한 이유를 제시해야만 하였다. 그는 패전이 원인이 자신에게 있다는 점을 인정하였다. 다만 영국 오랑캐와 청조의 군사력을 비교하거나 체제내의 문제점을 제기하는 방식이 아니라 자신의 인재 등용이 잘못되었기 때문이라고 보았다. 그래서 잘못 등용된 인재였던 혁경·혁산 등을 처벌함으로써 전쟁을 마무리하였고, 이것이 도광제가 대내적으로 '천조'의 위엄을 지키는 방식이었다.

청영전쟁이 끝난 뒤에도 관료 사회 밖에서 목창아의 전시 행위에 대한 논란은 계속되었다. 목창아는 도광제가 살아 있는 동안 자리를 보전할 수 있었지만, 황제의 보호막이 사라지자 도광 시대의 그림자를 지워 버리려는 함풍제에 의해 영원히 관적을 박탈당하게 되었다. 함풍제는 목창아가 자신의 자리를 보전하기 위해 요영을 처벌하고 임칙서를 배척하려 한 잘못된 행태를 보였다고 비난하였고, 기영은 영국 오랑캐와 결탁하여 천조의 권위를 실추시키고 자신의 자리를 보전하는 데 급급하였다고 질책하였다. 목창아와 기영은 함풍제의 눈에 정사(政事)에 해를 끼치는 간신에 다름 아니었다.

하지만 목창아와 기영에 대한 평가는 당시의 실제 상황을 고려하여 진행되어야 한다. 함풍제는 도광 시대의 흔적을 지우고 자신의 권력을 강화하기 위하여 청영전쟁이 진행되던 때부터 일부 인사들 사이에 형성된 목창아와 기영에 대한 비판적 여론을 받아들였다. 사실, 목창아는 도광제의 뜻을 어기면서 자신의 자리를 보전하기 위해 요영의 처벌과 임칙서의 배척에 앞장섰던 것이 아니라, 황제의 뜻의 충실히 따른 것이었다. 또한 요영은 실제로 과장된 보고를 했고, 임칙서는 황제의 부름에 응하기에 건강이 좋지 않았던 것도 사실이었다. 기영의 경우에도 영국의 군사력을 과장하여 무사안일하게 자신의 자리나 지키려 했다는 비난은 지나친 감이 없지 않다. 그는 청조의 군사력이 약한 상황에서 영국을 인정하는 '은혜'를 베풀고 남경조약의 약속을 지키는 '신뢰'를 통해 평화를 유지해야 한다는 입장이었다.

이처럼 임칙서·요영·목창아·기영 등에게 내려진 처벌에는 영국 오랑캐의 침략으로부터 천조를 지키기 위한 도광제의 정책적 판단과, 자신의 권력을 강화하려 했던 함풍제의 정치적 의도가 작용하고 있었다. 그리고 정책적 판단과 정치적 의도는 둘 다 '천조'를 유지하고 지키는 방식이었다.

결국 권력의 교체와 함께 정치적 의도에서 비롯된 대외 강경책은 두 번째 청영전쟁을 불가피하게 만들었다. 당시 청조에게 필요했던 것은 소위 '간신'을 축출함으로써 대외적인 강경 노선을 견지하는 정책이 아니었다. 이것은 천조가 군사적으로 열세였을 때 펼쳤던 전통적인 이이제이 정책과도 모순되었다. 청조는 무엇보다도 '나약한 천조'라는 뼈저린 '현실'을 받아들일 필요가 있었다. 하지만 통치 권력의 강화라는 국내 정치의 논리가 외교의 논리를 넘어서지 못하고 말았다.

우리는 도덕과 선악의 잣대가 아니라 당시 상황 속에서 이해하게 되었을 때 1840년대 청조의 풍경을 조금 더 있었던 그대로 그려 낼 수 있다. 또한 전쟁 기간과 전쟁이 끝난 후에 벌어진 사건들의 맥락을 이해할 수도 있다. 다시 말해서 과거의 중국 학계가 19세기 중반 이후 청조 중앙을 쇠퇴와 무능 그리고 부패 등을 상징하는 것으로 전제함으로써 잘못 그려 놓았던 청조의 풍경을 수정할 수 있게 된다. 이것은 청영전쟁 이후에 청조가 두 세대 이상 지속될 수 있었던 원인을 밝히는 출발점이다. 사실, 19세기 중반 청조의 연구에서 필요했던 것은 청조가 얼마나 부패하고 타락했다는 것을 보여 주는 것만이 능사는 아니었다. 이제 우리는 부패하고 무능해서 침략당한 청조라는 틀을 넘어서 '천조'가 어떤 식으로 위기를 관리하고 있었는가에 대해서도 보여 주어야 할 때가 되었다.

18장

19세기 후반 조선의 개항과 동아시아 국제 질서의 변화

최덕수

1. 서론

국제 관계가 전쟁과 외교·통상을 포함한 여러 국가 간의 교섭을 의미하는 것이라면 그와 같은 국제 관계는 지구상에서 각기 복수의 국가가 등장한 고대사회 이래의 일상적인 것이므로 근대사회 특유의 것이라 할 수는 없다. 그러나 전근대 사회에서 국가 간 교류가 주로 문명을 단위로 이루어졌고 교류의 주체와 내용 또한 제한적이었던 것과 달리 산업혁명 이후 형성된 국제 관계는 전 지구를 하나의 단일 시장으로 묶는 시장 체제 위에 형성되었다. 19세기 중반 이후 조선이 직면했던 국제 질서와의 관계맺음에 대한 객관적 이해를 위해서는 무엇보다 동아시아 지역에서 중국 중심의 전통적인 화이 질서가 무력을 앞세운 서양 열강의 침략으로 해체되어 서구 중심의 만국공법적 국제 질서에 편입되어 가는 과정, 그리고 이렇게 새로운 질서가 형성되는 가운데 조선과 청국, 조선과 일본, 일본과 청국 간의 관계와 역할이 어떻게 변화해 갔는지 밝혀져야 할 것이다.

이 글은 이른바 21세기 세계화 시대의 역사적 출발점이었던 19세기 후반, 조선 사회가 오늘날과 같은 규모의 세계와 처음 만났던 시기의 조선이 세계를 어떻게 인식하였고 대응하였던가에 대한 역사적 검토이다. 주지하다시피 19세기 중엽 동아시아, 곧 한국·중국·일본에 대한 서구 자본주의 열강의 개방 압력은 오늘날과 달리 공통적으로 폭력적인 수단을 동원하여 진행되었다. 역사적으로 조선에 대한 서구의 통상 개방 요구는 1832년 영국의 동인도회사 소속 상선 로드 암허스트(Lord Amherst)호에 의해 처음으로 시도되었다. 1832년에 영국 정부는 그때까지 동인도회사가 가지고 있었던 대중국 무역 독점권을 폐지하고, 국가가 중심이 되어 중국 시장 개방을 본격적으로 추진하기 시작했다. 다시 말하면 동아시아 지역에서 새롭게 전개되고 있던 영국의 세계정책에 조선도 포함되었던 것이다. 그 후 영국은 청국에게 명분 없는 전쟁을 도발함으로써, 또한 미국은 일본에 대하여 무력시위를 통하여 각기 1842년과 1854년에 불평등조약 체제를 강제하여 동아시아에 진출하였다. 그러나 청국 및 일본과 달리 조선은 병인·신미(1866~71)년에 프랑스와 미국이 대규모의 전력을 동원하여 수도 서울의 백리 이내의 땅에서 전쟁을 도발하였으나 끝내 개방을 거부하였다. 이와 같은 당시 조선 정부의 대외 정책을 상징적으로 보여 주는 것이 오늘날에도 지방 곳곳에 남아 있는 척화비라 할 것이다. 즉, 조선 정부는 1871년 6월, 다음과 같이 척화비 건립을 각 군현에 명령하였다.[1]

'洋夷侵犯 非戰則和 主和賣國—戒我萬年子孫 丙寅作 辛未立—'

위 비문은 "양이가 침범하는데 싸우지 않는 것은 곧 화해하는 것이며, 화해를 주장하는 것은 곧 나라를 파는 것이다"라는 내용으로, 이것은 열강의 침

1_『高宗純宗實錄』, 高宗8年 4月 25日.

범과 통상 요구에 대한 철저한 저항 선언이었다. 비문의 끝부분에는 이것이 만들어지고 비를 세워 백성에게 정부의 의지를 밝힌 시점이 바로 병인양요와 신미양요 시기였음을 밝혀 주고 있다. 실제로 척화비 건립 조칙이 반포되었던 날은 신미양요 당시 최대의 격전이었던 광성보 전투 다음 날이기도 했다. 척화비가 전국 군현에 세워졌던 이 시기는 앞에서 제시한 바와 같이 중국과 일본이 서구 열강의 무력에 굴복하여 국내시장을 개방하였던 때로부터 이미 20여 년이 지난 다음이었다. 그리고 청국과 일본이 경험하였던 서구 열강의 위협과 비교해 보더라도 조선이 맞닥뜨렸던 그것은 남북전쟁을 마친 지 얼마 되지 않은 미국이 최신의 무기를 동원하여 조선의 수도로부터 매우 가까운 지점에서 전투를 벌인 것이었다. 미국 측 기록에 의하면 광성보 전투에서 희생된 조선군은 243명 전사에 20여 명이 부상하였고, 미국 측은 3명 전사에 9명이 부상하였다고 한다. 이와 같은 전투 현장에서의 열세에도 불구하고 조선은 서구 열강의 예상과 달리 통상과 개방 요구에 대해 한층 더 강고한 자세를 견지하였던 것이다. 그로부터 5년이 지난 뒤 조선은 같은 문명권의 일본에 의한 무력 도발의 결과 형식적으로는 근대적인 조약, 즉 조일수호조규를 체결하게 되었다. 그러나 조선은 일본과의 조약 체결 이후에도 여전히 서구 열강에 대해서는 개방을 거부하는 입장을 견지하였다.

위에서 개관한 바와 같이 조선의 개방 과정을 동아시아의 인접국 중국 및 일본의 개방 과정과 비교해 볼 때 공통점과 아울러 차이점을 확인할 수 있다. 크게 보면 개방 압력의 주체, 그리고 개방 압력의 양적·질적 차이가 바로 그것이다. 우선 조선을 서구 자본주의 시장 체제로 편입을 강제하였던 세력은 당시 자본주의 세계의 패권 국가로 세계 최강의 해군력을 보유하고 있던 영국이 아니라, 1830년대 내지 1840년대에 국내의 산업혁명을 경험하였던 후발 자본주의 국가인 프랑스와 미국이었다. 그러나 이들은 최신의 무기를 동원했음에도 불구하고 조선을 개방시키고 통상하려는 목적을 달성하는 데 실패하였다. 이들을 대신하여 조선을 자본주의 시장 체제에 강제적으로 편입시키는 데 중간적인 역할을 했던 나라는 그 자신이 서구 열강과 체결했던 불평등조약 체제하에서 고통을 겪으면서 조약개정에 나서기 시작한 동일 문명권의 일본이었다. 또한 일본과 조약을 맺은 후에도 서구 열강에 대해서는 여전히 개방을 거부하였고, 이후 전통적으로 동아시아 국제 질서의 주축국이었던 청국의 중개를 통해 개방이 단계적으로 이루어졌다. 즉, 청국과 일본이 각기 영국·미국 등 특정 국가의 무력행사에 굴복하여 개별 국가와 조약을 체결하여 문호를 개방하고, 곧바로 동일한 내용의 조약을 프랑스·미국·러시아 등 열강과 순차적으로 조약을 체결하였던 것과 달리 조선은 일본과 형식적으로는 근대적인 조약을 체결한 이후에도 서구 열강과의 조약 체제 편입을 상당 기간 거부하였던 것이다. 또한 중국의 중재하에 미국(1882)과 불평등조약을 체결하여 문호를 개방한 이후에도 영국(1883)·러시아(1884) 그리고 프랑스(1887)와 시차를 두고 단계적으로 조약을 체결해 나갔다. 그리하여 산업혁명 이후 전 지구를 하나의 시장으로 통합해 가고 있던 자본주의 세계 체제는 마지막으로 조선을 편입함으로써 이른바 세계 자본주의 체제가 실제적으로 완성되었던 것이다.

이 글에서 주목하는 것은 이와 같은 조선의 개방 과정이 서구 열강의 개방 압력을 다 같이 받고 있었던 동아시아의 지역 내의 중국과 일본이 대내외적으로 추진하고 있었던 개혁과 개방 정책과 밀접한 관련을 가지면서 이루어졌다는 점이다. 따라서 조선의 개방 과정을 구조적으로 파악하기 위해서는 조선 내에서 개방을 둘러싼 정치 세력 간의 갈등뿐만 아니라, 조선이 대외 개방 정책을 추진하는 데 깊이 관여하였던 중국과 일본의 국내외적 요인에 대한 이해가 요구된다. 다시 말하면 '내정'이 곧 '외교'란 말에서 드러나듯이 서구 열강의 개방 압력으로부터 국가의 자주와 독립을 지키기 위해 동아시아 삼국이 각기 추진하였던 대내적외인 개혁 정책은 서로 간에 연동되어 진행되었던 것이다. 이 글에서는 조선의 개방 과정에서 중요한 전환기이며, 동시에 동아시아 3국의 연관이라는 구조적 특징이 비교적 잘 드러나는 것으로 판단되는 시기인 1873년과 1880년에 분석의 초점을 맞추었다.

2. 1873년 전후 일본의 국내 정치 변동과 조선 정책

1863년과 1867년, 조선과 일본에서 같은 해(1852)에 태어났던 두 사람, 곧 고종(高宗, 1852~1919)과 메이지천황(明治天皇, 1852~1912)이 각각 전제군주국의 왕위에 올랐다. 이 두 명보다 약간 앞선 시기(1861)에 중국에서는 이들보다 4년 뒤에 태어났던 동치제(同治帝, 1856~75)가 황제에 즉위하였다. 거의 비슷한 시기에 동아시아 3국의 통치자들이 새로운 인물로 바뀌는 가운데 각국에서는 대내외적으로 변화가 시작되고 있었던 것이다.

1874년 3월 14일, 경상도 동래부의 왜관에 주재하고 있던 일본관원 오쿠기세이(奧義制)는 다음과 같이 조선 내의 정치 상황의 변화를 보고하였다.

> 동래부사와 기타 이 근처의 여러 진사(鎭使)들이 교체된 것은 저번 1호의 보고서에 말씀드렸던 대로 국왕이 혼자서 권력을 마음대로 행사하게(專權) 되었고, 이제까지 모든 권한을 장악하고 있던 대원군의 심복들은 자연스레 배척(擯斥)을 받게 된 형세이므로 여러 관리들에게 모두 진퇴가 있었다는 점을 듣게 되었습니다.[2]

위의 보고는 그 전 해 10월 조선 정부 내에서 국왕 고종을 대신하여 실제로 조선의 대내외 정치를 주관하였던 대원군 세력이 국내외 정치에서 후퇴하게 되었던 상황에 대한 내용을 담고 있다. 그런데 여기서 주목할 만한 사실은

2_「大院君引退ノ結果東萊府使等交迭セラルベシトノ噂等報告ノ件」, 『日本外交文書』 권7, 문서번호 206, 350쪽.

조선에서 고종이 실제로 정치의 전면에 나서면서 정치적 갈등이 시작되기 불과 한 달 전, 일본에서도 메이지유신 후 집권 세력 내의 정치적 갈등이 조선에 대한 외교정책의 추진 방향을 둘러싸고 표면화되었다는 점이다. 정한론을 둘러싼 일련의 정치적 대립과 정한파의 정계 은퇴로 이어진 '메이지 6년 정변'이 바로 그것이다. 일본과 조선에서 약 1개월의 시차를 두고 새로 등장한 집권 세력 내부의 갈등이 파국을 맞이했던 것이다. 여기에서는 메이지 정부가 수립된 지 6년이 지난 시점, 한편으로 조선에서는 고종이 왕위에 오른 지 10년이 되는 해이기도 했던 1873년 당시 조선과 일본 정부 집권 세력 내의 정치적 대립의 원인과 경과, 그리고 정치적 갈등을 딛고 새롭게 정치적 기반을 확보한 세력의 집권 이후에 추진되기 시작한 대외 정책이, 이전의 것과 어떻게 달라졌는지에 대해서 살펴보고자 한다.

주지하다시피 메이지 정부는 왕정복고를 선언(1868년 12월)한 직후부터 막부 체제하에서 조선 외교를 담당하고 있던 쓰시마번에게 천황 정권의 성립과 신정부가 외교권을 행사한다는 사실을 통고하도록 명령하였다. 쓰시마번은 왕정복고 통고가 조일 간의 새로운 외교 관계의 시작이라는 중요성을 감안하여 중앙정부의 외교 담당관과 상의하여 왕정복고를 알리는 외교문서의 원안을 작성하였다. 이때 쓰시마번의 입장으로서는 조선 정부로부터 받아 사용하였던 도서(圖書)의 변경 등에 대하여 조선 정부가 이것을 승인하리라는 것은 거의 기대할 수 없다는 점을 잘 알고 있었다. 그리하여 쓰시마번은 조선국 담당 관리의 양해를 얻기 위하여 정식 사절 파견에 앞서 실무 관료를 파견하면서 외교문서의 변경에 대해 설명하고 양해를 구했다. 이때 문제가 되었던 외교문서는 다음과 같다.

日本國左近衛小將對馬守 平朝臣義達

呈書 朝鮮國 禮曹參議公 閤下

> 아뢰올 바는 우리나라의 시세가 크게 바뀌어서 정권이 황실에 돌아갔다는 것입니다. 이는 귀국과의 隣宜를 굳게 하는 데에 있어서도 크게 기뻐할 일이라 하겠습니다. 머지않아 別使를 보내어 그 전말을 具陳할 것이므로, 여기서는 갖추지 않겠습니다. 제가 지난번에 京都에서 조정으로부터 칙명을 받아 특별히 상을 받고 작위를 올려 받아 좌근위소장으로 進官하였습니다. 거기에 또한 교린의 직을 영원토록 담당하도록 명을 받았습니다. 또한 證明印記를 받았으니, 요컨대, 양국 교제는 더욱 誠信을 두터이 하고 영원히 변함이 없도록 하라는 叡慮(천황의 뜻)이니 은혜가 지극합니다. 이번 서한에는 특히 신인을 찍어 조정에 성의를 표합니다. 귀국 역시 마땅히 받아들여야 할 것입니다. 지난날 圖書를 받아 (교제를 해) 온 것은 후의에서 나온 것으로 알고 있으며 따라서 쉽게 바꿀 수 없으나, 그러나 조정의 특명이니 어찌 以私害公할 이유가 있겠습니까? 제 뜻이 이와 같습니다. 귀조가 다행히 이를 체량하시기를 깊이 바라는 바입니다.[3]

대원군 집권기에 대일본 외교의 창구 역할을 담당하였던 동래부의 왜학 훈도 안동준은 '황실'(皇室) '봉칙'(奉勅) 등 종래 사용하지 않았던 용어와 함께, 전통적으로 교역에 사용하였던 조선으로부터 받은 도서(圖書)를 무단으로 폐지한 것 등을 이유로 들어 즉각적으로 이것의 접수를 거부하였다. 동래부의 외교문서 접수 거부에도 불구하고 일본 측은 외교문서의 접수와 회답을 거듭 요청하였다. 조선의 입장으로서는 일본이 기존에 유지하고 있던 교린 관계의 예에서 벗어나는 것을 허용할 수 없었으나, 쓰시마번은 신정권의 외교 노선에 따른 것이었다. 결국 이 사건은 해결의 실마리를 찾지 못한 채 교섭이 지체되고 장기화되기에 이르렀다.

1869년 6월 27일, 메이지 정부의 군대가 북부 하코다테를 점령함으로써 천황 정부에 의한 국내의 정치적 통일은 일단 달성되었다. 이후 일본 정부는

3_玄明喆, 「개항전 한·일 관계의 변화에 대한 고찰」, 『國史館論叢』 72, 國史編纂委員會, 1996, 12쪽에서 재인용.

판적봉환(版籍奉還, 7월 25일)을 실시하여 번주(藩主)를 번지사(藩知事)에 임명하고, 정부에 의한 권력 집중을 한층 강화하였다.[4] 외교적으로도 천황 정부는 1870년 1월 7일 외무성출사(外務省出仕) 사다 하쿠보(佐田白茅), 외무소록(外務少錄) 모리야마 시게루(森山茂) 등을 조선에 파견하였다. 이들은 4월까지 부산에 머무르면서 임무를 수행하였다. 유신 정부의 외무성 관리로서는 처음으로 조선에 파견된 이들은 부산에 도착한 뒤 자신들을 서계수리를 독촉하기 위한 일본 정부의 관리라고 설명하고, 그간의 경위에 대한 해명을 요구하였다. 왜학훈도 안동준은 동래부사와 협의하여 서계의 접수를 거부하는 것이 조정의 뜻임을 다시 한 번 일본 측에 전달하였다. 이들보다 앞서 1868년 12월에 쓰시마주를 통해 파견되었던 관리들도 조선 정부의 입장을 확인하고 이를 외무경에게 보고한 바가 있었다. 특히 사다와 모리야마는 귀국 후 제출한 복명서에서 천황 정부가 무력을 바탕으로 하여 조선에 직접 사절을 파견할 것을 건의하였다.[5] 그는 50일 만에 약 30개 대대 병력으로 조선 정복이 가능하다고 주장하여 막말과 유신내전(戊辰戰爭)기의 정한론이 정부 안팎에서 다시 논의되는 계기를 마련하였다. 조선 정부가 서계의 접수를 거부한데 대하여 일본의 조야에서는 이른바 정한론(征韓論)이 비등하기 시작하였다.

사절단의 의견서를 바탕으로 일본 외무성은 교착 상태에 빠져버린 조선 문제를 해결하기 위한 방안으로 다음과 같은 세 가지 안을 마련하였다. 즉, 제1안은 조선과 교제를 단절하고 사태를 방임한다는 단교론(斷交論)이었다.

4_메이지 정부는 8월 15일 '政府令'을 공포하여 중앙정부의 관제를 혁신하였다. 그것은 겉으로는 복고적이고 신권적인 색채를 띠는 것으로 백관의 위에 신기관을 두고, 별도로 大政을 통리하는 太政官을 설치하였다. 태정관의 밑에 民部·大藏·兵部·刑部·宮內·外務의 6성을 두었다. 이때 처음으로 外務省이란 명칭이 등장하였다.

5_「外務省出仕佐田白茅等ノ朝鮮國交際始末內探書」, 『日本外交文書』 권3 문서번호 87, 131-138쪽; 「朝鮮國ヨリ歸朝セシ外務省出仕佐田白茅等ノ建白書提出ノ件」, 같은 책, 문서번호 88, 附屬書 1·2·3, 138-143쪽 참조.

이 안을 실행에 옮길 경우의 문제점은 러시아가 조선을 합병할 우려가 있다는 데 있었다. 제2안은 '황사'(皇使)를 파견하여 '개항개시 양국왕래자유'(開港開市兩國往來自由)를 보장하는 조약 체결을 요구하며, 조선 측이 거절할 경우에는 무력을 사용한다는 안이었다. 제3안은 대청교섭선행론(對淸交涉先行論)으로 조선과의 수교에 앞서 청국과 대등한 관계를 구축한 다음 조선과 교섭한다는 안이었다. 청국과 대등한 입장에서 일본이 조선에게 개항을 요구하면 이를 받아들일 수밖에 없을 것이고, 만약 조선이 이를 거절하여 전쟁을 도발할 경우에도 청국이 개입하지 않을 것이라고 예상하였다. 이후 메이지 정부 성립 초기의 대조선 정책은 사절파견을 통한 직접교섭론과 무력정한론, 그리고 청국과의 교섭을 선행하는 우회안 등이 각 시기 정부 내 여러 세력의 정치적 위상과 맞물리면서 시도되었다.[6]

1872년 하나부사 요시모토(花房義質)를 조선으로 파견하여 부산의 동향을 파악하고 쓰시마번 상인들을 철수시켰던 일본 정부는 1873년 들어서 부산의 왜관을 일본 공관으로 이름을 바꾸었다. 그러면서 대조선 외교에서 쓰시마번을 배제하고 해당 업무를 완전히 외무성이 접수하게 되었다. 이때부터 종래 쓰시마번 소속의 관원과 한정된 상인의 근거지였던 왜관을 중앙정부가 관할하게 되면서 쓰시마 상인이 아닌 도쿄의 상인이 공공연히 조선 무역에 진출하였다. 물론 여기서 일본 외무성이 왜관을 자국의 공관으로 삼은 것은 조선 정부와 협의를 거친 것이 아니었으며, 일방적으로 통고했다는 점에서 많은 문제점을 가지고 있었다는 것은 기존의 연구에서도 지적하고 있는 바이다. 이에 대해 조선 정부는 쓰시마 상인이 아닌 상인의 불법적인 상행위와 밀무역을 엄격히 규제할 것이라고 통고하였다. 일본 정부는 동래부가 왜관 앞에 게시한 방문의 내용 중 일본을 '무법지국'(無法之國)으로 표현한 점 등을 들어

6_이 글의 2장과 3장 내용 가운데 조일 양국의 외교적 교섭에 관한 기본적인 사실에 관한 서술은 필자의 『개항과 朝日관계』, 고려대학교출판부, 2004, 5~36쪽을 참고하여 정리하였다.

조선에 대한 강경한 대응책을 모색하였다.[7]

이때에 이르러 일본 정부 내에서는 무력을 이용하여 조선 문제의 해결을 주장하는 강경론이 하나의 실체를 가진 정책으로서 논의되기 시작하였다. 각의에서 태정대신 산조 사네토미(三條實美)는 거류민 보호를 명분으로 파병을 제안하였다. 특히 참의였던 사이고 다카모리(西鄕隆盛)는 먼저 조선에 사절을 파견하여 교섭하되, 교섭이 결렬될 경우 곧바로 개전할 것을 주장하였다. 그는 1873년 8월 17일자로 이타가키 다이스케(板垣退助)에게 보낸 서한에서 만약 파견된 사절이 조선에서 '폭살'(暴殺)이라도 당한다면 천하의 인심이 여기에 집중하여 유신 정부에 대한 국내 사족과 농민의 반감을 밖으로 돌릴 수 있는 호기가 될 것이라고 주장하고 있었다.

메이지 정부의 중심 세력이었던 이와쿠라 도모미(岩倉具視), 기도 다카요시(木戶孝允), 오쿠보 도시미치(大久保利通), 이토 히로부미(伊藤博文) 등이 서구 열강들과의 불평등조약 개정의 예비 교섭 및 문물 제도 시찰을 위해 구미에 파견(이와쿠라 사절단)된 가운데 8월 17일, 각의에서는 사이고를 조선에 파견할 대사로 결정하고 천황의 재가를 얻었다. 다만 사절의 조선 출발은 이와쿠라 등이 귀국한 이후로 미루어졌다. 이 해 9월 13일, 1년 10개월 만에 귀국한 이와쿠라, 오쿠보 등은 사이고가 주장한 정한책(征韓策)이 성공할 경우 자파의 정치적 위상이 약화될 것을 우려하여 사이고의 움직임에 제동을 걸었다. 외유파의 중심인물 이와쿠라는 사할린 우선해결론을, 오쿠보는 내치우선론을 내세워 사이고의 조선 파견에 반대하였다. 이와쿠라와 오쿠보 등은 정치공작을 벌인 끝에 천황의 동의를 얻어서 정한책을 물리쳤고, 일종의 절충안

7_「朝鮮貿易阻害ノ實情報告, 在鮮商人ノ家族呼寄ノ願出ニ對スル處置伺竝ニ病氣ニ付嚴原迄歸還ノ上靜養シ度旨申請ノ件」, 『日本外交文書』 권6, 문서번호119, 附屬書2 附記, 282-283쪽. 이른바 정한론의 직접적인 계기가 된 이 '東萊府使傳令書'가 실재하는가의 여부에 대해서는 조선 측의 관련 사료에는 나타나지 않고 있다는 점 등을 들어 의문이 제기되기도 했다. 李瑄根, 『韓國史: 最近世編』, 乙酉文化社, 1961, 332-334쪽.

으로 사절파견연기론을 내놓았다. 이를 수용할 수 없었던 사이고 이하 이타가키를 비롯한 여러 참의들은 일제히 사직하고 각자의 고향으로 내려갔다. 조선 문제는 정부 내의 파벌 대립과 얽히면서 마침내 메이지 정부의 정변으로까지 비화됐던 것이다.[8] 여기서 유의할 점은 정한론을 주장하던 사이고와 내치를 우선시한 오쿠보 사이에서 조선 문제는 당시 일본이 시급하게 처리해야 할 여러 문제와의 관계 속에서 어느 정도나 우선시되고 있느냐의 차이밖에 없었다는 점이다. 이러한 점은 러시아와의 사할린 처리 문제가 해결되고 난 이후 머지않아 운양호사건이 발생하였다는 점을 통해서 확인할 수 있다.

일본 정부가 정한책보다 시급하다고 판단했던, 러시아와의 사할린 문제 해결에 착수할 즈음 일본 국내에서는 사족의 반정부 운동이 점차 강해지고 있었다. 사이고를 제외한 사직 참의들은 이타가키를 중심으로 '민선의원설립건백서'(民選議員設立建白書)를 제출하면서 자유민권운동을 개시하였다. 또한 조선의 무례를 심문한다는 명분으로 사가(佐賀) 지방에서는 고토 쇼지로(後藤象二郎)가 무장봉기하기도 했다. 이에 충격을 받은 메이지 정부는 정한론자들의 불만을 국외로 돌릴 필요가 있음을 절감하고, 때마침 표류한 류큐인들을 대만 원주민이 살해한 사건을 구실로 삼아 대만 침공을 계획하였다. 그리하여 사가의 난이 3월 1일 진정되었음에도 불구하고, 대만 출병을 서둘러 1874년 5월 2일 대만을 무력으로 침공하였던 것이다.

8_藤村道生, 「征韓論争における外因と内因」, 『國際政治』 37(『日本外交史の諸問題』 3, 有斐閣), 1967; 毛利敏彦, 『明治六年政變研究』, 中央公論社, 1979; 吉野誠, 『明治維新と征韓論』, 明石書店, 2002.

3. 고종의 친정(1873)과 대일 정책의 전환

정한론을 둘러싼 메이지 정부의 분열이 있은 지 약 한 달 후인 1873년 11월, 조선에서도 집권 세력 내의 정치적 갈등이 표면으로 부상하기 시작했다. 즉위 10년째를 맞이한 고종은 10월 재야 유생 최익현을 승정원 동부승지로 임명하였다. 그러나 최익현은 동부승지를 사임하면서 국왕에게 상소를 올렸다. 그는 상소의 끝부분에서 "현재 나라 일이 폐단 없는 곳이 없으니, 명분이 바르지 못한 것과 말의 순하지 못한 것은 글 쓰는 사람을 번갈아 기록하더라도 다하지 못할 것입니다"라고 하여 대원군의 정치운영 전반에 대해 총체적으로 비판하면서 대표적인 실정의 사례로 만동묘 철거, 서원 폐쇄, 국적(國賊)의 신원, 청전의 사용 등을 들었다. 그리고 그는 마지막에 "…… 친친의 열에 속한 사람은 다만 그 지위를 높이고, …… 나라 정사에는 간여하지 말도록 할 것"을 되풀이하여 주장하면서 대원군의 하야와 고종의 친정을 요구하였다.

이러한 최익현의 상소에 대하여 11월 15일과 16일에는 영의정 등 고위 관료들이, 17일에는 호조·예조·공조·병조 판서들이 사직서를 제출하였고, 성균관의 유생들이 이른바 동맹휴학으로 최익현을 규탄했다. 고위 관료들의 반발에 부딪쳐 고종은 최익현을 일시 관직에서 해임했다. 최익현의 상소문제 처리를 둘러싸고 갈등을 빚었던 홍순목·강로·한계원 등의 시원임대신들도 물러났으며, 결과적으로 최익현 상소 이후 한 달 안에 조정 내 대원군 지지 세력이 제거되었다. 이 시기 정권의 이동을 단적으로 보여 주는 것이 대원군파의 홍순목이 물러나고 대원군과 대외 정책에 있어 다른 입장을 가지고 있던 이유원과 박규수가 중용된 것이었다. 그리고 조정의 핵심 세력 교체에 이어 1874년 들어 고종은 각 지방에 열두 명의 암행어사를 파견하여 수령들을 감찰하면서 지방에 대한 중앙정부의 통제를 강화하고자 하였다.

이 시기 지방에 파견되었던 암행어사 활동 중 대표적인 사례가 경상좌도에 파견되었던 박정양(朴定陽)이라 하겠다. 박정양의 주요 활동은 크게 경상도관찰사 김세호(金世鎬)와 동래부사 정현덕(鄭顯德) 그리고 왜학훈도 안동준(安東晙) 등에 대한 조사와 처벌이었고, 다른 하나는 부산의 왜관 주재 관리와의 접촉이었다. 특히 이들 세 명은 대원군의 측근으로 일본에 대한 강경책을 주도하고, 한편으로는 대원군에 대하여 재정적 지원의 역할을 담당하고 있던 이들이었다. 박정양의 보고에 따라 김세호와 정현덕은 각각 처벌을 받고 정배되었으며, 안동준은 몇 차례 심문을 받은 후 1875년에 효수되었다. 박정양의 활동에서 드러나는 바와 같이 고종 친정 이후 중앙과 지방에서 대원군 세력의 몰락이 가시화되기 시작했으며, 더불어 대외적으로는 일본과의 관계 개선이 급속히 추진되기 시작하였음을 알 수 있다.

앞에서 제시했던 바와 같이 1874년 3월 왜관에 주재하였던 오쿠 기세이는 조선 국내의 정치 상황 변화를 외무성에 보고하였고, 이 보고를 접한 외무성은 곧바로 외무 6등 출사 모리야마 시게루(森山茂)를 조선에 파견하였다. 조선 정부가 이 시기 일본과의 관계 개선에 적극적으로 나섰던 것은 대략 두 가지 이유에서 비롯된 것으로 생각된다. 즉, 일본의 대만 침공에 관한 소식과 대만사태에 뒤이어 일본이 조선에도 파병할 가능성을 알린 청국 자문의 영향을 들 수 있을 것이다. 다른 하나는 고종을 비롯한 조선 정부의 신집권 세력이 대원군과 달리 대외 정세의 변화에 능동적인 자세를 가졌다는 점이다. 특히 1874년 중반 이후 고종을 중심으로 하여 조선 정부 측은 적극적인 대일 외교를 시도하고 있었다.

조선 정부의 대일본 적극 외교는 공식적인 창구를 비롯하여 개인적인 친분과 지방관 차원에서도 다양하게 전개되었다. 우선 신임 왜학훈도 현석운(玄昔運)에게 1874년 9월 3일 고종 친정 이후 조선 정계의 변화를 이용하여 일본 정부가 파견하였던 모리야마와 국교 재개 문제에 대해 회담하도록 하였다. 이것은 메이지유신 이후 조선과 일본 양국 정부 차원에서 이루어진 최초의 공식 회담이었다. 이 회담에서는 지금까지 외교문서의 내용 중 조일 양국이 가장 크게 이견을 보이고 있던 '황'(皇)과 '칙'(勅)의 문제를 회피하기 위한 방법으로 양측은 외교문서의 창구를 조선의 예조판서와 일본 외무성의 외무경으로 하기로 합의하였다.

10월 하순 도쿄로 돌아온 모리야마는 대조선 외교에 낙관적인 견해를 정부에 피력하였다. 외무성은 그 건의를 채택하여 이미 결정되었던 전(前) 대마도주(對馬島主)의 부산 파견을 중지하고, 12월에 가서 모리야마를 외무소승(外務少丞)으로 승진시켜 다시 부산에 파견하면서 국교 재개 교섭을 적극적으로 추진하였다. 이와 같은 일본 정부의 정책은 중국과 대만 문제를 성공적으로 종결지은 오쿠보 정권의 대외적 자신감을 반영한 것이라고 할 수 있다. 그러나 좀 더 직접적인 요인은 상술한 바와 같이 대원군 실각 이후 조선 정부의 대일 외교의 변화라고 볼 수 있을 것이다. 이 두 가지 여건이 맞물리면서 그 동안 난항을 거듭하고 있던 조선과 일본의 교섭이 재개되었던 것이다.

일본 정부는 모리야마를 이사관으로 승진시켜 재차 파견하였고, 그는 1875년 2월 하순 부산에 도착하여 서계를 전달하고 조선의 당국자들과 교섭을 시작했다. 일본 측의 새로운 외교문서를 접수한 동래부의 보고를 받은 후 조정에서는 회의가 열렸다. 이 회의에서 주목할 만한 발언이 나오게 되는데, 그 내용은 다음과 같다.

> 상이 이르기를, "올라온 서계(書契)를 끝까지 받아 보지 않는다면 자못 성신(誠信)의 도리가 아닌 듯하다. 또한 저 왜인이 받아 본 뒤에 만일 따르기 어려운 일이 있으면 비록 백 번을 물리치더라도 마땅히 도로 받아서 가겠다고 약조를 하였으니, 이번에는 가져와 보게 해서 실로 격식을 어긴 점이 있으면 다시 물리치는 것이 불가하지 않을 듯하다." (中略) 상이 이르기를, "장계(狀啓)가 올라온 지 이미 여러 날 되었으니 즉시 품처하지 않으면 안 된다. 왜인의 실정은 별로 의심할 만한 것이 없음을 분명히 알 수 있겠다."[9]

9_『承政院日記』, 高宗12年 2月 5日.

1868년의 서계 접수 거부 시기의 논의와 다른 점은 외교문서를 일단은 접수하여 검토해 보자는 입장이 새로 나타났다는 데 있다. 주목되는 점은 이와 같이 서계를 접수하여 적극적으로 대일 외교를 풀어 가자는 입장의 선두에 국왕이 있었다는 점이라 할 것이다. 고종은 서계의 내용에 문제가 있다고 하더라도 서계 접수 자체의 거부는 "성신(誠信)에 어긋난다", "왜인의 실정은 별로 의심할 만한 것이 없음을 분명히 알 수 있겠다", "이번의 서계는 개수한 곳이 있다"고 하여 서계 접수를 주장하였다. 이와 같이 국왕이 대일 수교에 적극적인 태도를 분명히 하였음에도 불구하고, 조정대신들의 여론은 여전히 서계 접수를 거부하는 쪽이 다수였다. 이러한 상황은 6월 9일, 시원임대신들과 2품 이상의 대신들이 모여서 논의한 자리에서도 마찬가지였다. 이날 회의에는 35명이 참석했는데 박규수나 이최응 같이 서계를 받아들여야 한다고 입장을 표명한 대신이 5명, 김병학이나 김병국 같이 서계 수납 반대를 반대한 이들이 7명, 그리고 가부 판단이 어렵다고 하거나 명확하게 입장을 표명하지 않은 대신들이 23명이었다.

예상과 달리 고종의 친정 이후에도 조선과의 교섭이 난관에 봉착하게 되면서 모리야마는 국면 타개를 위해 4월 외무경 앞으로 조선 정부의 정권 교체기를 틈타 무력시위를 통해서 현안을 해결할 것을 건의하였다.[10] 이에 일본 정부는 춘일(春日), 운양(雲揚), 제이정묘(第二丁卯) 등 군함 세 척을 조선 근해에 파견하였다. 그 가운데 운양호가 9월 20일 한강 하구 강화도 해안에 정박하여 한강 하구를 거슬러 올랐을 때 초지진 포대에서는 이에 대해 포격을 가했다. 운양호는 초지진의 포격에 대응하여 초지진을 파괴시킨 뒤, 돌아가는 길에 영종도에 상륙하여 다수의 민간인을 살상하고 관아와 민가를 불태운 다음 일본으로 돌아갔다. 이른바 운양호사건이 발생한 것이다.

10_「朝鮮國內訌ニ際シ交涉促進ノ為 軍艦派遣アリ度旨具申ノ件」, 『日本外交文書』 권8, 문서번호 29, 71-72쪽.

일본 정부는 1875년 12월 9일 운양호사건 처리와 수교 교섭을 위해 육군 중장 겸 참의 구로다 기요다카(黑田淸隆)를 특명전권대신으로, 원로원의관 이노우에 가오루(井上馨)를 특명부전권변리대신으로 임명하였다. 구로다 일행은 일본이 미국의 강압에 의해 문호를 개방하였던 역사적 경험을 역으로 이용하여 1876년 1월 6일 군함 세 척, 기선 세 척을 거느리고 도쿄만을 출발하여 조선으로 향했다.

조선과의 교섭에 임하는 이노우에 가오루에게 내려온 일본 정부의 훈령은 운양호사건에 대한 책임은 전적으로 조선 정부에 있으니 이에 대해 상응하는 배상을 받아야 한다는 점을 강조하고 있었다. 그러나 사건 발생 이후 부산 거류 일본인에 대한 대우가 전과 다름없으며, 조선 정부가 일본과의 관계 단절을 선언한 바도 없었음을 고려하여, 만일 조선 정부가 수호조약의 체결과 무역 확장을 포함한 일본의 요구를 수락하면 이것을 사건에 대한 충분한 '사과'와 '배상'으로 인정한다는 것이었다. 다음으로 조선과의 새로운 국교를 수립함에 있어서는 과거 도쿠가와 막부의 구례(舊例)에 구애됨이 없이 ① 조일 양국의 대등 조건으로 수호조약을 체결하고, ② 부산과 강화도 또는 서울 부근에 무역항을 개설하며, ③ 일본 군함과 상선에 대하여 조선 영해 내에서 항행과 측량의 자유를 확보하라는 내용도 담고 있었다.

담판의 진행 방법에 대해서는 조선 측이 ① 전권 대표를 모욕하거나 폭행을 가할 경우에는 적절한 방위 수단을 취한 다음, 쓰시마로 물러나 도쿄에 이를 보고하고 훈령을 기다릴 것, ② 폭행은 가하지 않으나 교섭을 거절할 경우에는 상대방의 무성의를 책망하고 조선 영토 내에 머물면서 도쿄에 훈령을 청하고 명령을 기다릴 것, ③ 청국과 조선의 종속 관계를 빙자하여 조선 측이 일본 측의 요구에 대한 회답을 지연시킬 경우에는 중국의 회답이 도착할 때까지 서울과 강화도에 병력을 주둔시킬 권리를 주장할 것, ④ 조선 측이 전례에 따라 일본의 요구에 응하지 않을 경우에는 상대방에게 장차 엄중한 조치가 있을 것이라 경고한 다음 신속히 귀국할 것 등을 추가적으로 훈령하였다.

이상과 같이 대표단의 기본 사명은 평화적인 것을 표방하였으나, 이것을 달성하는 방법으로 강력한 해군력에 의한 시위와 위협, 즉 서구식 포함 외교의 수법을 택하였다. 그래서 당시 일본 해군이 동원할 수 있는 최신의 함선을 동원하여 원정대를 편성하였다. 이리하여 편성된 함대가 군함 세 척과 경무장(輕武裝)한 수송선 세 척이었다. 정부전권대표(正副全權代表)와 수행원, 그리고 210명의 해병 의장대를 포함한 800여 명의 인원이 나누어 타고 1876년 1월 13일 쓰시마에 집결하였고, 이틀 후 부산에 입항하였다.

이른바 운양호사건은 앞에서 제시하였던 조선 파견 외무성 관리들의 제안을 그대로 실행에 옮긴 것이었다. 일본 정부는 운양호사건을 빌미로 조선 외교 문제를 해결하기 위해 구로다 일행이 출발하기에 앞서 청국이 종주권을 구실로 개입할 것을 우려하여 청국으로 모리 아리노리(森有禮)를 파견하여 이홍장과 조선의 속방 문제에 대하여 교섭하였고, 서구 각국의 공사들에게도 이를 알리고 동의를 얻었다.

운양호사건에 이어 일본함대의 출현으로 조선의 항간에서는 위기감이 확산되었고, 정부는 대응책을 마련에 고심하였다. 회담은 공식적으로는 3차에 걸쳐 진행되었다. 1차 회담에서 일본 측은 운양호사건에 대한 책임을 제기하고, 2차 회담에서 운양호사건에 대한 해결책으로 조약 체결을 요구하였다. 3차 회담에서 일본은 일본의 제안에 대한 회답이 지연될 경우 무력을 사용할 수 있음을 통고하였다. 일본의 조약 체결 요구에 대하여 2월 14일 고종은 영돈녕부사 김병학, 영중추부사 이유원, 판중추부사 홍순목과 박규수, 그리고 영의정 이최응, 우의정 김병국 등 시원임대신들을 소집하여 대응책을 논의하였다.

김병학은 일본의 태도와 행동으로 보아 그 목적은 수호(修好)에 있는 것이 아니라 전쟁을 도발하는 데 있다고 비난하였다. 이유원·홍순목·이최응 등도 여기에 동의하였으나, 어느 누구도 구체적인 대응책을 제시하지는 못하였다. 다만 "일본이 수호를 칭하면서도 군함과 군사를 대동하고 왔으니 그 의도를 파악하기가 쉽지 않다. 그러나 수호를 위한 사신이라고 말하고 있으니 우리가 먼저 이를 공격할 수는 없는 일이다. 만약 예상치 못한 사태가 발생한다면 병사를 동원할 수밖에 없을 것"이라는 박규수의 주장은 일본이 무장 병력을 대동하고 강화부에 들어와 조약 체결을 요구하고 있는 상황에 대해, 그들을 힘으로 제압할 수 없는 조선의 입장을 보여 주고 있다. 이날 회의는 우의정 김병국의 제의에 따라 접견대관 신헌의 보고를 기다려 대책을 결정하기로 하였다.

제3회 회담에 관한 접견대관의 보고와 일본 측의 조약안 한문 번역본이 다음 날 보고되었고, 사흘 뒤 의정부는 조약 체결 요구를 받아들이라고 신헌에게 통보하였다. '황'(皇)과 '칙'(勅) 등의 용어와 신인(新印) 사용 등 외교문서의 형식이 문제가 되어 8년간 타협점을 찾지 못하고 있던 조선과 일본과의 외교 교섭이 새로운 전환점을 맞이하게 된 것이다. 서계문제와 운양호사건 이후 일본 측의 조약 체결에 대해 정부의 공식적인 회의에서는 여전히 외교문서의 접수 거부를 주장하는 논의가 대세를 이루고 있었던 점을 감안한다면 이와 같은 결정은 돌출적인 사건으로 비추어질 수도 있는 것이었다. 전권대신의 보고를 접하고 조약 체결을 결정을 확정하기까지 사흘이 걸렸고, 이 기간 동안 공식적인 회의는 개최된 적은 없었다.

고종과 시원임대신들이 회의에서 개항에 대해 논의하기 시작했을 때 대원군 세력 및 재야 유림 측에서는 개항을 반대 움직임이 나타났다. 이를 논했던 대표적인 인물은 최익현(崔益鉉)과 장호근(張皓根)이었다. 고종이 친정을 단행하게 된 결정적 계기를 제공했던 최익현이 이 시점에서는 고종이 선도하고 있는 대일 수교에 적극적으로 비판을 하고 나선 것이었다. 그의 개항반대론은 이른바 '왜양일체론'(倭洋一體論)이 핵심을 이루었다. 최익현은 상소에서 "전하의 뜻으로는 '어찌 저들 온 자는 왜인이고 양인이 아니며, 그 거듭 말하는 것이 이미 수호라 하였으니 왜인과 수구(修舊)하는 것이 무엇이 해로운가' 하시지 않겠습니까?"라고 하여 고종의 개항 명분을 정면으로 비판하였다. 최익현의 이와 같은 비판에 대해 고종은 다음과 같이 자신의 입장을 분명히 하였다.

> 전교하기를, 왜인(倭人)을 제어하는 일은 왜인을 제어하는 일이고, 양인(洋人)을 배척하는 일은 양인을 배척하는 일이다. 이번에 왜선이 온 것이 양인과 합동한 것인 줄 어떻게 확실히 알겠는가? 왜인이 양인의 척후라 하더라도 각각 응변할 방도가 있을 것이다.[11]

고종은 '양인'은 '양인'이고 '왜인'은 '왜인'이다. 즉, '왜양일체'(倭洋一體)를 부인한 것으로 '왜'(倭)와 '양'(洋)을 분리하여 일본과의 조약 체결 문제에 접근하고 있었다. 이와 같은 '왜양분리론'(倭洋分離論)에 입각한 고종의 조약 체결에 대한 견해는 '조일수호조규'(朝日修好條規)의 전문(前文)에서 조약 체결의 배경을 '重修舊好'(大日本國與大朝鮮國 素敦友誼 歷有年所 今因視兩國情意未洽 欲重修舊好 以固親睦)로 드러나고 있다. 당시의 기록 속에서 나타나고 있는 고종의 '조일수호조규' 인식은 전통적인 교린 관계의 연장에서 접근하고 있던 것으로 평가할 수 있을 것이다.

4. 1870년대 이후 청국의 조선 문제에 인식과 대응

청국은 1871년 신미양요가 발생하던 시기까지 조선이 "속국(屬國)이기는 하나 정교금령(政敎禁令)은 자주적으로 행하여 왔다"고 하여 조선 문제에 적극적으로 간섭하지는 않았다. 하지만 1873년 일본과 청일수호조규를 비준하고

11_『承政院日記』, 高宗13年 1月 27日.

교환하기 위해서 회담이 진행되는 가운데 조선 문제가 거론되기 시작하였다. 조약의 1조에 규정된 내용 가운데 '소속방토'(所屬邦土)에 과연 조선이 들어가는가를 두고 청국과 일본 사이에 해석이 달랐기 때문이다. 중국 측으로서는 이 조항에 근거하여 일본의 조선 침략을 억제할 수 있을 것으로 보았다. 하지만 이듬해 일본이 무력을 동원하여 대만을 침공하는 것을 경험하게 되면서 청국의 관리들은 자신들이 생각하는 만큼 이 조항에 실효성이 있는 것은 아니라는 점을 깨닫게 되었으며, 일본에 대한 경각심을 가지게 되었다. 이를 통해서 해방론(海防論)과 방일론(防日論)이 내부적으로 대두하기 시작했다.

1874년 일본의 대만 침공이 한창 진행되고 있던 중 일본이 대만을 정복한 다음에는 조선을 침공할 것이며, 이를 예방하기 위해서는 청국이 먼저 조선으로 하여금 각국과 조약을 체결하고 통상하도록 해야 한다고 건의가 있었다. 이 제안을 받아들인 총리아문은 예부를 통해서 조선에 자문을 보냈다. 하지만 조선 정부는 회자문(回咨文)을 통해서 양요를 일으켰던 프랑스와 미국을 비난하면서 청국의 통상 권고를 거절했다. 이에 대해 청국으로서는 당시 대만 문제를 둘러싸고 일본에서 파견된 오쿠보 도시미치와의 협상을 통해 전쟁으로 확대할 것인지 화해를 도모할 것인지를 결정하는 것이 우선이었기 때문에 조선 문제에 대하여 논의를 더 진행할 여유는 없었다.

그러한 가운데 1875년 조선에서 운양호사건이 발생하고, 조선과 일본 사이에 조일수호조규가 체결이 논의되는 시기에 이홍장은 주청 일본 공사 모리 아리노리와 조선이 중국의 속방인가 아니면 자주국인가의 문제를 두고 논쟁을 벌이게 되었다. 여기서 일본 측은 조선이 하나의 자주국이므로 조선과 일본 사이의 외교적 문제에 중국이 간여할 수는 없다는 입장이었다. 한편 중국 측의 경우 조선이 내치와 외교는 자주였으나 예전부터 중국의 정삭(正朔)을 받아왔다는 점을 들어 속국이라고 주장하였다. 이 논쟁에서 청일수호조규의 1조 '소속방토' 조항의 해석이 특히 문제가 되었는데, 일본 측은 조약문에 조선이 중국의 영토로 명기되지 않았다는 점을 지적했다. 이에 대하여 중국 측은 18개의 성을 비롯하여 조선과 유구를 '소속방토'로서 추후의 조약에 명시할 수도 있다는 입장이었다. 결국 이 때의 속방 논쟁에서 양측의 입장이 상당히 달랐기 때문에 합의점을 이끌어낼 수는 없었다. 하지만 적어도 일본 측은 청국이 조선과 수교에 직접 개입하지 않으리라는 것을 예상할 수 있었고, 이것은 1876년 2월 조일수호조규의 체결로 이어졌다.

청국 정부의 대내외 정책을 이끌어 갔던 이홍장이 조선 문제에 대하여 적극적으로 관심을 가지고 접근하기 시작한 것은 대체로 1878년 이후부터였다. 이 시기에 청국은 러시아와 이리 지역을 둘러싸고 영토 분쟁을 벌이고 있었으며, 러시아가 흑룡강 일대로 해군 병력을 집결시키고 있었기 때문에 이것이 조선 침략으로 이어지지는 않을까 우려하고 있었다. 한편 1879년 4월 일본은 마쓰다 미치유키(松田道之)를 류큐에 파견하여 이곳을 병합하면서 오키나와 현으로 만들었다. 러시아와 일본이 청의 영역을 잠식하면서 무력을 통해 압박을 가하는 것이 가시화되면서 중국 내부의 위기감은 점차 증폭될 수밖에 없었다. 그러한 위기의식은 조선에 대해 주목하게 되었고, 관료층 내에서 조선 문제에 대해 논의가 적극적으로 나오는 것으로 이어졌다.

1879년 들어 이홍장의 막료들을 비롯하여 총리아문, 주청영국공사 등이 일본 및 러시아의 조선 침략 가능성을 제기하면서 이를 방지하기 위해 조선으로 하여금 서구 열강과 통상조약을 체결하도록 해야 한다고 건의하였다. 영토문제로 러시아 및 일본과 첨예하게 갈등을 빚고 있던 청국으로서는 조공관계를 유지하고 있던 조선도 그렇게 되지 않으리란 보장이 없었기 때문에 위기의식이 한층 고조되었던 것이다. 조선의 경우 청국과 국경을 맞닿고 있었으며, 조선이 위태로워지면 청국의 동삼성(東三省)도 곧바로 타격을 받게 되는 것이 필연의 수순이라고 생각하고 있었기 때문이다.

실제로 이홍장의 경우 조선이 서양의 각국과 통상해야 한다는 권고를 1875년의 중국 사행을 계기로 서신을 주고받기 시작한 이유원과의 개인적 관계를 통해서 진행한 바가 있었다. 이홍장이 간접적으로 조선의 통상을 언

표 18-1 | 1878~80년 사이 이홍장과 이유원의 주요 왕복 서신

날 짜	서신의 발신 / 수신	서신의 주요 내용
1878.9.29	이홍장 → 이유원	서양과의 수교통상 권고
1879.2.16	이홍장 → 이유원	수교통상의 필요성 강조
1879.8.26	이홍장 → 이유원	수교통상 공식권고
1879.10.7	이유원 → 이홍장	이홍장의 권고를 비공식적으로 거절
1880.10.31	이홍장 → 이유원	수교 권고

출처: 권혁수, 『근대 한중 관계사의 재조명』, 혜안, 2007, 105쪽 참고하여 작성.

급하기 시작한 것은 1878년 9월에 쓰고 1879년 8월 26일에 보낸 편지 속에서 수교통상을 공식적으로 권고하였다. 여기서 이홍장은 "만약 귀국이 먼저 영국·독일·프랑스·미국과 통교를 하게 되면 일본을 견제할 수 있다. 그뿐만 아니라 러시아인들이 틈을 엿보는 것도 더불어 막을 수 있을 것이다. 그러면 러시아도 역시 강화(講和)와 통호(通好)를 따르게 될 것이니"라고 했다. 그러면서도 "귀국의 정교(政教)와 금령(禁令)은 모두 자주(自主)에서 기인한다는 점을 생각하고 있으므로 이렇게 큰일을 우리들이 어찌 간여할 바이겠는가?"라고 하여 조선이 이 문제에 대하여 자주적으로 결정할 것을 권고하였다. 이홍장의 서한에 대하여 이유원은 권고했던 내용을 상론하여 이를 각각 비판하면서 서양 세력과 통상조약을 체결할 수 없다는 입장을 밝혔다. 이것은 1879년 당시 서양 세력과의 통상이라는 문제에 대하여 조선 측과 청국이 받아들일 수 있는 여건이 달랐음을 보여 준다고 하겠다.

청국의 조선에 대한 문호개방 권고는 1880년 2차 수신사로 김홍집이 일본으로 파견되었을 당시 주일청국공사 하여장(何如璋)을 통해서 계속되었다. 하여장은 1877년부터 주일공사로 일본에 파견되어 활동하고 있던 인물이었다. 그는 특히 러시아의 남하에 대하여 촉각을 곤두세우고 있었다. 하여장은 김홍집과 만나 여러 차례에 걸쳐 담화를 하는 가운데 최근 러시아의 동향을 언급하면서 이에 대응하기 위해서는 조선이 미국과 수교해야 한다는 점을 강조했다. 그가 강조했던 요체는 김홍집이 일본을 떠나기 전, 황준헌을 시켜 작

성하고 건네주었던 「사의조선책략」(私擬朝鮮策略)을 통해서도 잘 드러나고 있다. 조선이 러시아의 침략을 방지하기 위해서 '친(親)중국·결(結)일본·연(聯)미국'해야 한다는 내용이 담겨 있었다. 김홍집이 「조선책략」을 가지고 귀국한 후 조선 측에서 미국과 수교하겠다는 의사를 타진해 오자 하여장은 본국 정부에 「주지조선외교의」(主持朝鮮外交議)를 제출하였다. 여기에는 조선에 대하여 속방으로서의 지위를 강화하고, 내정에도 간섭해야 한다는 강경한 입장이 담겨 있었다. 그의 주장은 당시 이홍장이 구상하고 있던 대조선 정책보다도 한층 강경한 것이었기 때문에 곧바로 정책으로 받아들여지지는 않았다. 하지만 이후 전개되는 조선과 미국 사이의 수교 교섭에 이홍장이 개입하고 중개하는 가운데 조약문에 조선이 청국의 속국이라는 점을 적극적으로 명시하려는 방향으로 나아가게 되었다. 중국으로서는 조선이 미국과 체결하는 근대적 성격의 조약문 속에 '속방'(屬邦)이라는 점을 삽입하여 조선이 자신들의 관할 아래에 있다는 점을 분명히 하려 했다. 청국의 이러한 시도는 조선을 독립국으로 간주한 미국 측의 반대에 부딪혀 조미수호통상조약의 조항 속에 삽입되지는 않았다.

5. 맺음말

이 글에서는 19세기 중반 조선이 오늘날과 같은 규모의 세계와 만나는 초기 과정을 검토하면서 동아시아 삼국에 대한 열강의 개방 압력의 질적인 차이점에 주의하는 한편, 동아시아 3국의 대내적인 개혁 추진과정과 대외 정책과의 관련성에 주목하였다.

이를테면 조선이 서구 자본주의 열강의 개방 압력에 직면했던 1860~70년대는 18세기 후반 산업혁명을 거쳤던 선발 자본주의 국가 영국과 1830년대

40년대 산업혁명을 수행했던 후발 자본주의 국가인 프랑스·미국·독일·러시아 등이 동아시아 지역에서 지구 전체를 대상으로 그들의 세력권 확보를 위해 서로 간에 치열하게 각축을 벌이던 시기였다. 다시 말하면 조선과 달리 동아시아의 인접국인 청국과 일본이 각기 영국과 미국에 의해 개방 압력을 받았던 1840년대 및 1850년대 전반기는 열강들 사이에 동아시아 지역에서 세력권 확장을 위한 경쟁이 본격적으로 전개되지 않았던 시점이었다. 덧붙여 조선 개항의 직접적 계기가 자본주의 열강으로부터 불평등조약을 강요당했던 같은 문명권의 일본에 의해 주어졌다는 사실 또한 이후 조선이 새로운 국제 질서에 능동적으로 대응하는 데 장애를 초래하는 중대한 원인이 되었다.

끝으로 조선 개항의 일차적 계기가 되었던 메이지유신 이후 일본의 대조선 정책과 조선의 대일정책에 대해서 언급하고자 한다. 메이지유신 이후 일본의 대한정책의 원천을 이루는 것이 정한론이었다. 그 간에 진행된 여러 연구에서 풀리지 않는 의문점 가운데 하나가 정한론의 정책화를 둘러싼 일본국내 정치세력 간의 갈등, 다시 말하면 정한론쟁을 통해 '정한'(征韓)보다 '내치'(內治)를 앞세웠던 오쿠보파의 승리로 정한파가 정권에서 물러났음에도 불구하고 왜 일본은 대만 출병과 운양호사건으로 이어지는 강경 노선을 추구하였나 하는 점이었다.[12]

한편 같은 시기에 조선에서도 정치세력의 교체가 있었다. 즉, 재야유생의 저항을 계기로 대원군이 물러나고 국왕 고종의 친정 체제가 구축되었던 것이었다. 친정체제를 구축한 고종은 일차적으로 기존의 대일정책을 버리고 보다 적극적인 자세로 전환하였으나, 결과적으로 이를 관철하지 못하고 운양호사건으로 이어졌었다.

일본 측의 대조선 정책이 실천에 옮겨지는 과정에서 오쿠보를 중심으로

12_高橋秀直, 「明治維新期の朝鮮政策」, 山本四郎 編, 『日本近代国家の形成と展開』, 吉川弘文館, 1996.

하는 이른바 내치파가 해결해야 할 정책 과제가 대외적으로는 청국(류큐) 및 러시아와의 영토 문제(사할린)와 조선 문제였고, 국내적으로는 메이지유신 이후 여러 정치 세력들의 불만 해소 방안이었다. 그런 면에서 조선 문제는 메이지유신을 거치면서 성립한 신정부 내의 대립하는 두 정치 세력 간의 개혁과 대외 개방 정책과 맞물려 있는 과제였다. 대내외 정책 추진 과정을 둘러싼 정치 세력 간의 힘의 변화와 밀접하게 연동되는 가운데 대조선 정책이 수립되고 추진되었던 것이다.

한편 조선 내 상황에 대해서는 다음과 같은 점을 지적할 수 있을 것이다. 최근 고종에 대한 연구 가운데는 친정 이전부터 대외 정세의 변화에 민감하게 반응하였으며, 친정 시기에 대원군과 달리 대외 개방에 적극적인 자세를 유지하였음을 지적하고 있다. 그러나 이 글에서는 정한론에서 운양호사건으로 이어지는 1873년부터 1875년 사이의 조선의 대외 정책의 수립 과정에 대한 총체적 이해를 위해서는 다음과 같은 두 가지 요인에 대해 주목해야 한다는 점을 지적하였다. 첫째, 조선 내부의 문제로는 고종 친정과 함께 등장한 세력의 대외 정세에 대한 인식의 실상과 아울러 그들의 정치적 기반이 실제로 정책 추진이 가능한 정도였는가 하는 점 등을 시기적으로 면밀히 검토되어야 한다. 둘째 조선 문제를 둘러싼 청국과 일본 국내 집권세력 내 개혁을 둘러싼 갈등과 대조선정책의 연관성에 대한 구조적 파악이 그것이다.

19장

갑신정변과 동아시아 국제 질서 재편의 함수관계

박은숙

1. 머리말

19세기 동아시아에 불어 닥친 서세동점의 물결은 중국 중심의 전통적 동아시아 국제 질서를 뒤흔들면서 해체하기 시작했다. 이 시기 한반도 문제는 단순히 조선의 일국사에 그치는 것이 아니라, 동아시아 질서의 해체와 재편 과정에 중요한 변수로 작용하는 '뜨거운 감자'로 떠올랐다. 갑신정변은 조선과 일본·중국이 한반도에서 처음 교전하게 된 사건으로, 동북아 삼국의 세력 관계와 동아시아 질서 재편 과정에 있어서 중요한 결절점이 되었다는 점에서 주목된다.

1876년 개항 후 조선은 이웃 나라 일본과 멀리 서구 세력까지 들어와 침략적 야욕을 다투는 외세의 각축장이 되어 가고 있었다. 1882년 임오군란을 계기로 중국은 군대를 파견하고, 시효가 다해 가는 반동적 조공 체제를 강요하면서 '속국' 조선에 제국주의적 외압을 가하기 시작했다. 이에 조선 정계 내 서구식 근대화를 지향하는 개화당 세력은 고종의 암묵적 지지를 기반으로 반청(反淸) 독립의 목소리를 높여 가고 있었다.

1884년 베트남 문제를 둘러싸고 청불전쟁이 일어나자, 중국은 조선 주둔군의 절반을 빼내갔으며, 일본은 적극적 조선 정책으로 전환하여 그간의 퇴세를 만회하려 했다. 그리고 조선의 개화당은 이러한 대외 정세 변화를 포착하여 갑신정변을 일으켰다. 그러나 개화당의 예상과 달리, 청군의 개입과 일본군의 철수가 조속하게 단행되면서 자체적 군비를 미처 정비하지 못한 채 갑신정변은 무너졌다.

실패한 갑신정변의 후과는 컸다. 조선 정계의 권력 판도를 바꾸었을 뿐만 아니라, 조선과 청·일 관계, 청과 일본 관계가 재정립되고, 동아시아 국제 질서 재편 과정에 있어서 중요한 전기를 제공하였다. 특히 정변의 사후 처리를 위한 한성·톈진 조약은 청일전쟁의 발판이 되었으며, 전통적 동아시아 국제 질서의 종말을 예고하고 있다는 점에서 주목된다.

이 글에서는 개항 후 갑신정변에 이르기까지 조선의 정세 변화와 외세의 함수관계를 예의 주시하면서 갑신정변의 진행과 사후 처리 과정에 작용한 외세의 동태와 상호 관계를 검토하고, 그 성격을 파악해 보려 한다. 이로써 갑신정변이 동북아 삼국의 패권 구도에 미친 영향과 현실을 들여다보고, 정변 이후 청일전쟁과 전통적 동아시아 국제 질서의 종말로 이어지는 역사적 맥락을 이해하고자 한다.

2. 개항과 전통적 외교 관계의 변화

1) 일본에 강요된 개항과 흔들리는 동아시아 국제 질서

예로부터 조선을 포함한 동아시아는 화이(華夷)사상에 기초한 중국 중심의 세계 질서에 편입되어 있었다. 중국은 종주국이 되어 책봉의 권한을 행사하고 조선을 비롯한 주변 나라는 속방으로서 중국에 예물을 바치는 조공 제도가 동아시아 국제 질서로 작동하고 있었다. 그러나 이러한 조공 제도는 상호 공존을 위한 교류 방식으로 직접적 지배·피지배 관계는 아니었다.

19세기에 불어 닥친 서세동점의 거대한 세계사적 조류 속에서 중국 중심의 동아시아 국제 질서는 흔들리기 시작했다. 중국은 아편전쟁(1840~42)에 패하여 영국에 무릎을 꿇고 서구 세력에 문호를 개방하였다. 이어 영국과 프랑스의 무력 앞에 완전히 굴복한 북경 함락(1860)은 더 이상 중국이 동아시아의 종주국이 될 수 없음을 여실히 보여 주었다.

일본 또한 미국의 무력에 굴복하여 미일화친조약(1854)을 체결하고 개항을 단행하였다. 이로써 200여 년 이상 지속된 도쿠가와(德川) 막부의 쇄국정책이 무너졌으며, 일본도 서양 세력이 도입한 근대적 조약 체제에 편입되었다.

조선도 서세동점의 세계사적 추세를 벗어날 수 없었다. 중국의 북경 함락과 일본의 개항은 조선 사회에 큰 충격을 던져 주었으며, 서구 세력에 대한 우려의 목소리가 높아지고 있었다. 서구의 충격(the impact of West)은 곧 조선의 현실로 다가왔으니, 병인양요(1866)와 신미양요(1871)가 바로 그것이다. 이때 조선은 개항 통상을 요구하는 프랑스와 미국을 물리치기는 했지만, 위기감이 고조되어 갔다.

서양 세력의 침략을 직접 경험하고 중국·일본의 개항을 목도한 조선 정부는 메이지유신 이후 일본의 개항 통상 요구에 대해 강경론만 고집할 수는 없었다. 1868년 일본 정부에서 왕정복고를 알리는 외교문서, 곧 서계(書契)를 보내오자, 대원군 정권은 황제를 의미하는 '황'(皇), '칙'(勅) 등 용어와 전례에서 벗어난 내용을 들어 접수를 거부하였다.

1873년 조선에서는 대원군이 실각하고 고종의 친정(親政)이 시작되는 정치적 변동이 있었다. 일본 정부는 고종의 친정에 주목하고 1875년 2월 하순 조선 정부에 다시 서계를 보냈다. 일본의 서계가 도착하자, 고종은 내용상 문제가 있더라도 접수할 것을 주장했으나, 조정대신들은 황제를 의미하는 용어 등을 문제 삼아 반대하였다. 결국 서계는 접수되지 않았다.[1]

이를 빌미로 일본 정부는 군함 운요호(雲揚號)를 파견하여 1875년 8월에 강화도와 영종도를 공격하였으며, 조선 정부는 이에 대한 대응책을 논의하기 시작했다. 조정 내 여론은 여전히 수교반대론이 우세하였지만, 박규수·이최응·이유원 등 소수의 개국론자들은 고종의 지지를 바탕으로 현실적 측면에서 수교의 필요성을 역설했다. 이에 고종은 신헌(申櫶)을 접견대관, 윤자승(尹滋承)을 부관으로 임명하고, 전권을 위임하여 교섭에 임하도록 하였다.

1876년 2월 27일(음력 2월 3일) 양국의 전권대신 신헌과 구로다(黑田淸隆)는 강화도에서 일본과 조일수호조규(朝日修好條規), 이른바 강화도조약을 조인·체결했다.[2] 강화도조약은 전문(前文)에 '대일본국과 대조선국'을 나란히 병기하고, 제1조에 '조선국은 자주의 나라로 일본국과 평등한 권리를 보유한다'고 규정함으로써 조선과 일본의 평등 관계를 인정했다. 이는 근대 조약의 전제이지만, 일본은 이를 통해 조선에 대한 청의 종주권을 부인하고 중국 중심의 동아시아 질서를 와해시키려 했다. 또한 제5조는 부산 이외의 두 항구를 20개월 이내에 개항 통상하도록 하였으며, 제7조에서는 일본의 조선 연안 측량을 허용하였고, 제10조는 개항장에서의 치외법권을 인정하였다.

곧이어 양국은 1876년 8월 24일, 조선의 조인희(趙寅熙)와 일본의 미야모토 쇼이치(宮本小一) 간에 조일수호조교 부록과 통상장정인 '무역 규칙'을 체결했다.[3] 무역 규칙에서는 근대 통상조약 사상 유례를 찾아볼 수 없는 무관세 무역이 묵인되었으며, 이후 1883년까지 7년간이나 지속되었다. 이러한 무관

1_최덕수, 『개항과 조일관계』, 고려대출판부, 2004; 김기혁, 「개항을 둘러싼 국제정치」, 『한국사시민강좌』, 1990, 일조각.

2_『고종실록』, 고종 13년(1876) 2월 3일(양 2.27).

3_『고종실록』, 고종 13년(1876) 7월 6일(양 8.24).

세무역과 치외법권, 일본 화폐유통권 허용 등은 개항 초기 일본의 조선 침투를 가속화시키는 데 일조하였다.

강화도조약이 체결됨으로써 조선 사회는 공식적으로 자본주의 세계 체제에 편입되었다. 조선의 문호개방이 같은 문명권 내 이웃 나라 일본에 의해 이루어졌다는 사실은 조선의 근대화와 외압의 성격을 규정하는 중요한 요인이 되었으며, 중국·일본과 다른 길을 걷는 요소가 되었다.

개항 후 조선 사회는 더 이상 중국 중심의 조공 체제에 안주할 수 없게 되었다. 일본에 이어 서구 열강과도 수호조약을 체결하고 새로운 세계 질서에 적응해 나갔다.

조선과의 수호조약에 적극적 관심을 가진 서양 세력은 미국이었다. 병인양요 때 물러났던 미국은 중국 이홍장(李鴻章)의 거중조정으로 조선과 수교 관계를 추진했지만, 중국에서 주장하는 '속국' 조항은 받아들이지 않았다. 1882년 5월 22일(음력 4월 6일) 전권대신 신헌과 슈펠트(Shufeldt, R.W)는 제물포에서 14개 조항으로 된 조미수호통상조약을 체결했다. 제1조에서는 다른 나라로부터 '경모'(輕侮)를 당하게 되면 '반드시 서로 돕는다'(必須相助)는 조항을 넣어 거중조정의 역할을 명시하였고, 그 외 치외법권의 잠정적 규정, 관세자주권 인정, 거류지의 조선 영토권 인정 등 다른 조약에 비해 불평등이 배제된 주권국 간의 쌍무적 협약이었다.

이어 조선 정부는 영국·독일 등과도 외교 관계를 맺었는데, 영국과의 조영수호조약은 관세를 5~20퍼센트로 대폭 낮추고, 영국 상인의 무역 특권 보장, 치외법권 보장, 무조건적인 최혜국(最惠國) 대우 권리를 보장한 철저한 불평등조약이었다.

이처럼 일본·미국 등 '오랑캐' 나라와 수호조약을 체결함으로써 조선 사회는 본격적으로 세계 체제에 편입되었다. 이에 따라 한반도에는 전통적 동아시아 질서와 새로운 세계 질서가 공존하면서 이원적으로 작동되고 있었다. 청일전쟁으로 전통적 조공 체제가 종말을 고할 때까지 ……

2) 임오군란과 반동적 조공 체제의 출범

1882년 7월(음력 6월) 서울에서 임오군란이 일어났다. 임오군란은 '도봉소(都捧所)사건'이라는 훈련도감 군사들의 급료 분쟁에서 시작되었으나, 진행과정에서 도성 주민들이 대거 동참하면서 군민(軍民) 저항운동으로 확산되었다. 군인들은 포도청을 습격하여 동료를 구출하고, 개화파 관료를 공격하여 민겸호·이최응 등을 살해하고, 민비도 찾아내어 살해를 기도하였다. 이어 군민들은 일본 공사관에 돌입하여 방화하고 일본인들을 닥치는 대로 살육하여 수십 명의 일본인이 죽었다.

질풍노도와 같이 몰아치는 군민들의 저항을 진압할 수 없게 되자, 고종은 대원군에게 국정을 일임하였다. 이에 대원군은 정권을 장악하고 각종 개혁정책을 단행하였으나, 구제도로 회귀하는 성격이 강하였다.

개항 후 조선이 일본의 영향을 받게 되자, 중국은 조선에 대한 정책을 재검토하고 종주국의 위상을 만회할 기회를 노리고 있었다. 그러던 차에 임오군란의 소식이 전해지자, 중국은 재빨리 오장경(吳長慶) 휘하 3천 명의 군대를 서울에 파견하여 대원군을 납치·유폐시키고, 관련 군인들을 체포하고 주모자 10여 명을 참수하였다. 이어 고종의 왕권을 회복시키고, 종주국으로서의 위상을 만방에 과시하였다.

중국은 3천 명의 군사를 서울·경기 지역에 주둔시키고, 조선의 정치·외교에 직접 간섭하기 시작했다. 이어 조중상민수륙무역장정(朝中商民水陸貿易章程)을 체결했는데, 전문에서 조선이 청의 '속방'임을 명기하고 양국 간 통상에 관한 내용을 법제화하였다. 서울의 개시장화, 청상의 내지행상권·연안무역권 등을 규정한 무역장정은 근대적 식민 지배의 속셈을 명문화한 것으로, 시종일관 변질된 종주국의 특권을 강제한 불평등조약이었다.

이후 청의 조선에 대한 정치적 간섭과 경제 침탈이 심화되어 가고 왕권조차도 위협받는 지경에 이르자, 조선 사회에는 반청정서가 급속히 확산되어 갔으며, 특히 서구식 근대화를 지향하는 변법 개화파들의 불만이 고조되어 갔다.

개항 후 교련관 파견 등을 통해 조선 사회에 영향력을 키워 왔던 일본은 임오군란으로 커다란 타격을 받았다. 별기군 교관 호리모도(掘本禮造)를 비롯한 다수의 민간인이 살해되었고, 일본 공사관이 소실되는 등 인적·물적 피해가 컸다. 무엇보다 조선인의 반일 감정이 폭발하여 저항운동 확산의 기폭제 역할을 한 것은 조선 침략을 노리는 일본에게 치명적이었다.

임오군란 사후 처리 과정에서 일본 정부는 자국의 인적·물적 피해에 대한 보상과 사죄를 조선 정부에 요구하고, 함흥·원산·양화진 개시 등을 추가로 요구하였다. 그동안 해결보지 못한 통상 특권과 개항장 문제를 단번에 해결하려 하였으나, 조선 정부의 반대에 부딪혔다. 결국 1882년 8월 30일에 주모자 처벌과 배상금 지불, 수비대 병력 수눈 등을 규정하는 제물포조약을 체결함으로써 일단락 지었다.

서구 세력 또한 조선의 내란을 자국에 유리한 방향으로 이용하려 했다. 조영수호조약을 체결했던 영국은 조약 내용이 불리하다는 점을 들어 비준을 거부하다가, 임오군란이 일어나자 재빨리 자국에 유리하도록 조약 개정을 서둘렀다. 주일영국공사 파크스(Parkes, Harry Smith)는 일본에 온 수신사 박영효·김옥균과 접촉하면서 조약 개정 의사를 타진하는 등 적극적으로 노력했으며, 결국 1883년 11월 26일 조약 내용을 대폭 개정하여 특권으로 일관한 조영수호조약을 비준했다.

이처럼 개항 후 심화된 내적 모순으로 촉발된 임오군란은 국내의 정치 지형을 바꾸었을 뿐만 아니라, 조선 내 외세의 권력관계에 변동을 가져오고 동아시아 국제 관계에도 중대한 영향을 미쳤다. 이후 한반도는 전통적 동아시아 질서와 서구적 세계 질서가 이원적으로 작동하면서 동아시아 세력 및 서구 열강의 이해가 맞부딪히는 각축장이 되어 갔다.

3. 청의 제국주의적 외압과 정변 주도 세력의 결집

1) 청의 식민지적 간섭과 외세의 각축

임오군란 이후 조선 사회는 반동적 조공 체제 아래 왕조 말의 복잡다단한 대내외 문제를 풀어나가야 할 과제를 짊어지고 있었다. 또한 변태적 종주권을 행사하려는 중국과 호시탐탐 침략의 기회를 노리는 일본, 자국의 이익을 저울질하는 서구 열강이 약소국 조선을 둘러싸고 각축을 벌였다.

중국은 무역장정에서 '속방'을 명시하여 반동적 조공 체제를 강화하고 조선의 상권을 침식하기 시작했으며, 조선의 군대를 청국식으로 편제하여 군권을 수중에 넣고, 묄렌도르프를 외교고문으로 파견하여 관세와 외교권을 장악했다. 이로써 청은 조선의 내치와 외교에 직접적 영향력을 행사하였으며, 왕권까지도 제한했다.

중국은 한반도에 대한 배타적 지배권을 계속 행사하기 위해 조선 정부 내 친청적 정치 세력 기반을 조성하기 시작했다. 청은 군사력과 종주국의 위상을 내세워 민씨척족과 김윤식 등 친청파를 부식하는 데 성공했으며, 그들의 정치적 기반을 보장해 주면서 조선의 정국을 좌우하였다. 그러나 청국의 식민지적 속방 정책은 자주독립을 주장하는 개화파의 거센 저항에 부딪혔으며, 왕권 행사에 제약을 받고 있는 고종의 불만을 샀다. 나아가 청군과 청상의 횡포에 대한 민중의 반발도 거세어지고 있었다.

중국은 조선 내부의 반청 움직임을 예의 주시하면서 일본과 열강의 개입을 우려하였다. '흠명주찰조선총리교섭통상사의'(欽命駐紮朝鮮總理交涉通商事宜)라는 긴 직명으로 조선에 파견되었던 원세개는 정변 이전 조선 정치 세력의 동향을 본국의 이홍장에게 다음과 같이 보고했다.

조선 군신(君臣)이 일본인의 조롱거리가 되어 미혹함에 빠진 것을 깨닫지 못하고, 또한 왕에게 먹혀들어 왕도 그 미혹함에 깊이 빠져 중국으로부터 벗어나고자 하며, 다른 방도를 생각하고 있다. …… 이 시기를 틈타 강한 이웃을 끌어들여 자위(自衛)하려 하고 자주라 칭하고 있다. 아울러 어가를 몰아 중국을 따르지 않고, 타인에게 고개를 숙이지 않는다. 이러한 의견은 전국 권세가들의 반이 모두 이와 같다. 오직 김윤식·윤태준·민영익의 의견은 점차 갈라져 왕의 뜻을 크게 거스르니 왕이 점점 소원해졌다.[4]

1884년 4월 청국은 속방 안남(베트남)을 침략한 프랑스와의 전쟁을 위해 조선에 주둔한 3천 명 가운데 1천500명을 빼내갔다. 청의 폭압에서 벗어나고자 했던 고종과 변법 개화파는 이를 매우 기쁜 일로 받아들였다. 1884년 6월에 접어들면서 청불전쟁의 소식과 전황이 전해지기 시작했으며, 개화당은 이를 조선 독립의 기회로 이용하려 했다.

일본은 임오군란으로 막대한 인적·물적 피해를 입고 자국의 영향력이 급격히 위축되자, 조선에 대한 외교 방략을 재검토하기 시작했다. 일본 정계에는 적극개입론과 현상유지론이 양립하였지만, 일본 정부는 청과 정면 대립을 피하면서 기득권을 유지하는 소극적 입장을 취하기로 결정했다. 이러한 조선 정책 기조에 따라 일본 정부는 고종의 위임장을 갖고 온 김옥균의 차관 요청에 대해서도 협조하지 않고 소극적 태도를 취하였다. 그 결과 개화파의 일본 정부에 대한 불신이 깊어졌으며, 일본 공사와의 관계도 멀어졌다.

1884년에 들어서 청불전쟁이 본격화 할 조짐을 보이자 일본 정부는 외교적으로 불일동맹을 모색하고, 조선에 대한 정책을 다시 검토하였다. 결국 조선에 상당한 원조를 하여 독립을 촉진하되 청과의 충돌은 피하는 것으로 정리되었는데, 이는 일본이 조선에서 강경책을 취하더라도 청불전쟁 중인 청국

4_임명덕(林明德), 『원세개와 조선』(袁世凱與朝鮮), 대북 중앙연구원 근대사연구소, 1894, 46쪽

이 이를 감수할 것이라는 판단에 근거하고 있었다.

1884년 9월 서울에 돌아온 일본 공사 다케조에 신이치로(竹添進一郎)는 고종에게 청불전쟁 이후 조선의 주변 상황을 언급하고 "만약 뜻밖의 일이 생기면 신이 마땅히 귀 군주를 보호할 것입니다"[5]라고 하여 일본의 조선 정책 변화를 시사하였다.

이어 다케조에는 친청파들을 공개적으로 비난하고, 주한 외국 공사관들에게도 일본의 청에 대한 강경입장을 전달하였다. 그리고 김옥균을 만나 일본의 대한정책이 적극적인 정책으로 전환하였음을 알리면서 정변을 추동했다. 다케조에의 갑작스런 행동변화는 조선 정계에 의구심을 불러일으켰으며, 한반도 내 청일전쟁의 가능성과 정변에 대한 의혹이 제기되고 있었다.

일본 공사 다케조에는 김옥균 등이 정변을 구체화시켜 나가자, 본국에 정변이 임박했음을 알리고, 그 대책을 문의하였다. 제1안은 개화당을 선동하여 조선에서 내란을 일으키도록 하되, 청국과의 전쟁은 일어나지 않도록 하며, 단지 조선국왕의 의뢰에 의하여 국왕의 보호와 대궐의 수비라는 명분으로 임한다는 것이었다. 제2안은 청국과 분쟁을 야기하지 않고 조선을 그대로 두는 것이 최선의 방책이라면 개화당이 큰 화를 당하지 않도록 하는 데 그치도록 한다는 것이었다. 그러나 일본 정부의 답변이 도착하기 전에 조선의 개화당은 큰 소리치는 다케조에를 끌어들여 갑신정변을 일으켰다.

서구 세력은 자국의 동아시아 정책의 테두리 내에서 움직이고 있었으며, 정변 이전 미국과 영국·독일 등이 서울에 진출해 있었다.

미국은 조미수호통상조약에서 거중조정의 역할을 명시하였으며, 조선주재공사의 지위를 주청(駐淸)·주일(駐日) 공사와 동급인 특명전권공사로 부여하고 조선에 돈독한 우의를 표시하였다. 이에 개화당과 고종은 미국의 힘을

5_윤치호, 『윤치호일기』, 1884년 9월 17일(양 11.6).

빌려 청국의 간섭에서 벗어나려는 기대감을 갖고 있었다. 다른 나라로부터 '경모'(輕侮)를 당하게 되면 '반드시 서로 돕는다'(必須相助)는 조항을 넣어 거중조정의 역할을 명시하였고, 그 외 치외법권의 잠정적 규정, 관세자주권 인정, 거류지의 조선 영토권 인정 등 다른 조약에 비해 불평등이 배제된 주권국 간의 쌍무적 협약이었다.

그러나 미국의 조선에 대한 관심은 점차 약화되어 갔다. 그것은 미국의 해외 진출이 정책적으로 구체화되지 않은 상태에서 어설프게 조선 정책이 운용되었고, 경제적 교류로 인한 이득 또한 미미했기 때문이다. 미국의 해외 진출 정책이 1890년 후반에 이르러 구체화되었던 점을 고려하면, 오히려 조미수호통상조약 후 조선에 보인 태도가 예외적인 경우라 할 수 있다.

미국 공사 푸우트(Foote, Lucius Harwood)는 개화당 세력과 빈번하게 접촉하면서 그들의 구데타 구상을 잘 알고 있었다. 김옥균 등이 거사를 암시하면서 협조를 요청하자, 푸우트는 '조용히 시기를 기다릴 것'을 조언하였으며, 신중을 기하여 개화하는 길에 방해가 되지 말도록 당부하였다. 그러나 개화당의 정변 계획은 확고부동하여 그의 충고는 받아들여지지 않았다.

영국은 러시아의 남하를 견제하려는 동아시아 정책의 연장선상에서 조선에 접근하였으며, 청국의 조선에 대한 반동적 속방정책을 묵인하는 대신 중국에서의 이익을 최대화하려 했다. 이에 영국은 주한 외교관의 격을 영사급으로 하여 주청공사에 예속시킴으로써 청의 조선에 대한 종주권을 외교적으로 뒷받침해 주고 있었다. 영국 영사 애스턴은 개인적으로 개화당 인사들과 친분관계를 유지하고 있었지만, 현실적으로 도움을 줄 수 있는 입장이 아니었다. 이에 김옥균의 거사계획을 듣고 더 기다리라는 조언을 하는 정도에 그쳤을 뿐이었다.

이처럼 정변 이전 한반도에는 청국이 제국주의적 외압을 배타적으로 행사하는 가운데, 일본은 조선 내 영향력 회복을 위한 기회를 엿보고 있었고, 서구 세력은 자국의 동아시아 정책의 틀 속에서 이익을 저울질하고 있었다.

1884년 청불전쟁이 일어나자 중국은 조선 주둔군의 반을 빼내갔고, 일본은 적극적 조선 정책으로 전환하여 퇴세를 만회하려 했으며, 조선의 개화당은 대외 정세의 변화를 재빨리 포착하여 정변의 계기로 적극 이용하였다.

2) 반청 독립 노선과 정변 주도 세력 결집

임오군란 이후 자행된 청의 약탈적 외압은 조선 정계 내 정치 세력의 분화를 가져오는 중요한 요인이 되었으며, 청에 대한 태도는 정치 노선을 결정짓는 중요한 척도가 되었다. 당시 집권 세력은 대부분 친청적 입장에 서 있었으며, 김옥균·박영효 등 소수의 개화당 인사만이 반청적 입장을 취했다. 친청적 민씨 일파와 반청적 개화당은 개화 정책과 외교 방략을 둘러싸고 사사건건 대립하였으며, 적대적 정적 관계로 나아갔다. 고종은 두 세력 사이에서 다양한 권력 운영의 카드를 쥐고 왕권 유지·확대를 위한 전략을 구사하고 있었다.

개화당 세력은 반청 독립을 대의명분으로 내세우고 정변 세력을 결집하는 계기로 이용하였으며, 고종의 동조를 끌어내어 정변으로 연결시킬 수 있었다.

1884년 6월에 청상(淸商) 회관 문제를 둘러싸고 '이범진 사건'이 발생하였다. 이범진의 땅 때문에 청상회관의 통로가 막히자, 청국 상인 수십 명이 양반 관료인 이범진을 두들겨 패고 강제로 진술서를 쓰게 하였다. 이 사건은 양국 간 외교 문제로 비화하였으며, 개화당은 진상을 밝혀 독립국가의 체모를 세우도록 고종의 결단을 촉구했으나, 민씨 일파 등 친청 세력은 조용히 마무리하려 했다. 두 정치 세력은 이 문제를 둘러싸고 격렬한 설전을 벌였는데, 후영사 윤태준(尹泰駿)은 '성상의 걱정을 끼치는 난신적자'라고 김옥균을 비판했으며, 김옥균은 '이홍장의 밑으로 가 그 신하가 되지 않는가?'라고 맞받아쳤다. 고종은 개화당의 주장에 힘을 실어주었으며, 결국 청이 사과하고 주동자

를 파직함으로써 일단락되었다.[6]

이어 청이 파견했던 묄렌도르프가 외아문 협판에서 해임되었는데, 이 또한 개화당의 주장을 받아들인 고종의 결단으로 이루어진 것이었다.

이러한 일련의 사건을 통해 개화당 세력은 고종의 공감을 얻어 자신들의 입지를 굳히고 자주독립의 대의명분을 세울 수 있었다.

고종 또한 국권과 왕권 행사에 제약을 받고 있었기 때문에 개화당 못지않게 반청의 입장에 서 있었다. 고종은 청에 대하여 '우리나라가 그 도움을 필요로 하지 않을 뿐 아니라, 도리어 자주국체를 손상시키고 있는 것'이라고 생각했다. 이에 고종은 서구 세력을 끌어들여 청의 지배에서 벗어나려 했으며, 영국·독일과의 조약비준에 대해서도 "영국·독일 공사들이 정약하지 않고 돌아간다면 이는 청국인들을 기쁘게 하여 더욱 교만하고 업신여기게 될 것이다"라고 하면서 관세의 불이익을 감수하더라도 조약을 체결할 것을 강력하게 주장하였다.[7]

청은 고종과 민비의 불평불만을 잘 알고 있었으며, 조선에 주둔한 청군의 위세와 대원군의 존재를 최대한 활용하여 반청 움직임을 억누르려 하였다. 민씨 일파는 청에 의지하여 국사를 새롭게 할 것을 건의하고, 청의 무교사(武敎師) 파견을 요청하기도 했다. 그러나 고종과 민비는 청의 교만함에 대해 '분한'(忿恨)을 터뜨리곤 했다.

개화당 인사들은 반청 독립의 대의명분을 자파의 단합·결집과 이탈자를 막는 데 십분 활용했으며, 행동 대원들의 포섭·동원에도 적극 이용하였다.

> 9월부터 김옥균·홍영식·박영효·서광범·서재필과 때때로 모임을 가졌으며, 혹은 유대치 집에서 모이기도 했다. …… 서광범의 집에 갔더니 박영효·김옥균·홍영식·서

6_박은숙, 『갑신정변 연구』, 역사비평사, 2005, 76-77쪽.
7_윤치호, 『윤치호일기』, 1883.10.3(양 11.2), 1883.10.8(양 11.7), 1884.4.23(양 5.17).

재필이 와 있었다. 나는 들어가지 못하고 그 말을 들었는데, 조선독립에 대한 논의였으며, 박영효가 누누이 강조하였다.

그 후 김옥균이 들어왔으므로 매 7일에 한 번 모임이 있는 날에 가서 만나 자주 상종하였다. 따라가서 얻어듣는 것은 '서양 각국은 모두 독립국이다. 어느 국가를 막론하고 독립한 연후에야 가히 화친할 수 있는데, 조선은 유독 중국의 속국이 되어 있으니, 심히 부끄럽다'고 하였다. …… 박영효가 '너는 조선인으로서 마땅히 지각이 있을 것이다. 조선은 이때를 타서 독립국이 될 수 있다'고 말했다.[8]

이처럼 개화당의 반청 '자주독립' 노선은 국가에 대한 충성을 강조한다는 점에서 대내외적으로 정당성을 확보할 수 있는 대의명분이었을 뿐만 아니라, 고종의 동조를 구하고 정변 주도 세력의 결속을 다질 수 있었으며, 행동 대원을 포섭·동원하고 일본 세력을 정변에 끌어들일 수 있는 핵심적 이슈였다. 그러나 정변 주도 세력은 반청 독립에 치중하면서 다른 외세와의 결탁이 가져올 수 있는 위험성을 묵과하였다.

4. 갑신정변과 동북아 삼국의 패권 경쟁

1) 갑신정변, 조선과 외세의 동상이몽

1884년 12월 4일(음력 10월 17일), 개화당 세력은 우정총국 개설 축하연을

8_『추안급국안』(推案及鞫案) 제324책 대역부도죄인 희정등국안, 이윤상(李允相)·신중모(申重模) 공안.

계기로 갑신정변을 일으켰다. 그들은 곧바로 창덕궁으로 달려가 고종에게 변란을 알리고 경우궁으로 이어하도록 했다. 또한 일본 공사의 호위를 요청하는 고종의 친필 글씨를 전달하여 일본군을 끌어들였다. 이튿날 자정을 지나면서 한규직·이조연 등 정적을 살해하고 개혁인사를 단행하였으며, 고종·민비의 환궁 요구로 이재원(李載元) 집으로 옮겼다가 창덕궁으로 환궁했다. 12월 6일 마지막 날, 개혁구상을 담은 정령(政令)을 반포하고 민심을 다독이려 했지만, 청군의 공격을 받으면서 46시간의 삼일천하는 막을 내렸다.

정변 협조를 약속했던 일본 공사는 쿠데타에 대한 자국의 답신이 도착하기 전에 정변이 일어나자, 자신이 보고한 방안 중 제1안대로 움직였다. 정변 당일 밤 10시경 다케조에 공사는 '일본 공사는 와서 호위하시오'(日使來衛)라는 고종 친서를 받고 군사를 동원하여 국왕에 대한 호위를 시작했으며, 중간 수위를 남낭했다. 이튿날 그는 정변에 등을 돌린 고종과 민비가 정략적 차원에서 주장하는 환궁을 개화당과 협의도 없이 수락하는 월권행위를 했다. 결국 방어상 문제가 있는 창덕궁으로 환궁하게 되었는데, 이는 정변 패착의 한 원인이 되었다.

12월 6일 오전에 일본 공사는 만약의 사태에 대비하여 식량을 점검하고 예비탄약을 가져왔다. 이때 청군 200명이 전날 밤 남양 지방에서 경성으로 들어와 합류하였다는 소식이 전해졌다. 곧 다케조에 공사는 '일본 군사가 오래 주둔할 수 없는 형세'라는 점을 들어 일본군을 철수시키려 했다. 이에 김옥균이 자립 방안을 마련할 수 있는 3일쯤 후 철수하는 방안을 내놓고 설득함으로써 당장의 철수는 미루어졌다.

그런데 정변을 책동하면서 "북악을 점거하면 2주 동안은 지탱할 수 있으며, 남산을 점거하면 2개월 동안 수비할 수 있다"[9]고 장담했던 일본 공사가

9_김옥균, 『甲申日錄』, 1884년 11월 25일(음 10.8).

왜 갑자기 군대를 철수하려 한 것이었을까? 정변에 개입하지 말라는 본국의 지령 때문이라는 설이 있으나, 자국의 명령을 거부하는 외교관은 거의 없다는 점에서 설득력이 약하다. 그보다는 정변에 개입하려는 청군의 움직임을 파악하고, 청일전쟁의 가능성을 피하기 위해 퇴각을 결정한 것으로 판단된다.

오후 3시경 청군이 포성을 울리면서 공격해 들어오기 시작하자, 일본군은 개화당 무력과 합세하여 청군과 싸웠다. 이때 정변에 적대적인 조선의 좌·우영군이 청군에 합류하여 일본군을 공격하였다. 전세가 불리해지자 일본 공사와 정변 주도 세력은 퇴각을 결정하고 일본 공사관으로 철수했다가 인천으로 도망갔다. 당시 조선 군민은 퇴각하는 일본군과 개화당에 대한 공격을 가하고, 일본 공사관을 습격하여 방화하였으며, 수십 명의 일본인과 개화 당원들을 살해하였다. 그러나 '원호'를 약속했던 청군은 더 이상 그들을 추격하지 않았다.

이처럼 일본은 갑신정변에 군사를 동원하고 영향력을 행사하였지만, 어디까지나 조선국왕의 요청에 의한 '호위' 명분을 끝까지 고수함으로써 외교적 분쟁의 소지를 차단하려 했다. 정변에 작용한 일본 공사의 행태는 단순한 지원군이 아니라, 언제든 자국의 이해관계에 따라 향배를 달리할 수 있는 제국주의적 침략자로서의 본색을 드러내고 있었다.

조선에 배타적 종주권을 행사해 왔던 중국은 갑신정변으로 국왕이 개화당과 일본의 수중에 들어가자 매우 당황했다. 더구나 갑신정변은 반청 독립을 대의명분으로 내걸고, 개혁안 제1조에서도 대원군 배환과 조공 체제의 폐지를 주장함으로써 청의 간섭을 정면으로 배격하였다.

이에 청은 갑신정변을 타도하기 위해 여러 방안을 모색하고 물밑 작업을 진행하였다. 그러나 일본군이 개입되어 있는 상황에서 명분도 없이 섣불리 개입하기 어려운 실정이었다. 오조유(吳兆有)·원세개 등 중국 장수들은 고종의 동태와 의중을 파악하는 한편, 군사 개입을 위한 명분을 확보하는 데 주력했다.

중국 장수들은 이튿날인 12월 5일부터 본격적인 행보에 돌입하였다. 궁궐 호위에 동원된 조선군 영관(領官) 신태희(申泰熙) 등을 포섭하여 반정(反正)을 책동하고 은 600냥을 지급하기로 약속했으며, 이어 경기도에 있던 청군 200여 명을 서울로 배치하고, 저녁에는 창경궁 선인문을 잠그지 말라고 통보함으로써 정변에 대한 개입의사를 간접적으로 암시하였다.

12월 6일 새벽에 호조참판 남정철 등이 청군의 개입을 요청하자, 우의정 심순택(沈舜澤)으로 하여금 공식적으로 청군 출동을 요구하도록 하였다. 고종 또한 정변이 왕권의 유지·강화와 거리가 있다는 사실을 알게 되자, 입궐해 있던 심상훈(沈相薰)을 통해 청군 개입 요청 의사를 표명했으며, 이는 심순택에게 전달되었다. 이에 심순택은 조선 정부의 대표자 자격으로, 청나라 '3영 대인(大人)'에게 파병하여 국왕 '보호'를 긴급히 의뢰하였다.[10]

중국은 국왕 보호라는 대의명분을 확보하고, 군대를 동원할 준비를 서둘렀다. 오후에 청의 오조유는 고종에게 문안 서신을 보내고 알현을 요청했다. 김옥균 등은 오조유의 서신을 고종에게 전달하고 답신을 보냈으나, 고종 알현시 군사를 거느리고 오는 것은 허락할 수 없다는 점을 분명히 했다. 이어 청은 일본 공사에게도 편지를 보내어 조선국왕을 '보호'하고 일본 공사를 '원호'(援護)할 뜻을 전달하였으며, 그럼으로써 일본에 대해 적대적으로 대응할 의사가 없음을 분명히 하였다.

이처럼 국왕 호위 명분을 확보하고 고종과 일본 공사에게 편지를 보낸 후, 이내 청군은 포성을 울리면서 동·남문으로부터 공격해 들어갔다. 청군은 개화당 세력과 일본군을 상대로 전투를 벌였지만, 전면전으로 치닫지는 않았다. 오후 3시경 시작된 양측의 전투는 저녁 7시경까지 계속되었으며, 청군의

10_신기석, 「갑신정변과 한·청·일 외교 관계」, 『대한국제법학회논총』 4-1, 1959, 16쪽; 『고종실록』, 고종 24년(1887) 윤4월 21일(양 6.12).

승리로 마무리되었다. 청군은 편지에서 언급한 것처럼 일본군의 퇴로를 열어 주고 추격하지 않았다.

이후 고종은 홍영식·박영교 등의 호위를 받으며 북묘(北廟)로 갔다가 청나라 오장경 진영으로 가서 머물렀으며, 다음 날 하도감에 있는 원세개 진영으로 옮겨 지내다가 12월 10일 창덕궁으로 환궁했다. 청으로부터의 자주독립을 꿈꾸었던 고종은 오히려 청의 도움으로 왕권을 회복하게 되었으니, 이후 청에 대한 예속의 심화는 불 보듯 뻔한 일이었다.

정변의 조짐을 알고 기회를 기다릴 것을 조언했던 미국 공사와 영국 영사는 갑신정변이 일어나자 중립적 입장을 취하였다. 정변 주도 세력은 12월 5일 새벽에 각국 공사관에 사람을 보내어 안심하도록 위문하였다. 이에 미국 공사와 영국 영사가 아침 8시경 경우궁으로 찾아와 고종을 알현하고 위로하였다. 이들은 갑신정변을 근대국가로 나아가는 과정에서 발생한 과도기적 사건으로 이해하고, 정변을 관망하면서 예의 그 추이를 지켜보았다.

이와 같이 개화당 세력은 청불전쟁을 계기로 나타난 청군 감축과 일본의 조선 정책 변화를 포착하여 정변을 일으켰으며, 이를 통해 자주독립과 개화를 달성하려 했다. 일본은 정변을 지원함으로써 자국의 퇴세를 만회하고 청의 종주권 해체를 기대하였지만, 청일전쟁으로의 확대는 경계하였다. 중국은 기존의 종주권이 유지될 수 있는 선에서 대응하기로 하고, 조선국왕 보호와 일본 공사 원호를 밝히고 정변에 개입하였다. 청일전쟁으로 비화되는 것을 원치 않았던 양국은 서로의 피해를 최소화하는 것에 암묵적 동의를 하고, 적당한 선에서 공격하고 퇴각하는 것으로 마무리 지었다. 결국 개화당은 정변의 모든 책임을 짊어지고 역적으로 낙인찍혀 조선 정계에서 철저하게 거세되었다. 그들에게 있어 외세는 어디까지나 이용의 대상이었지만, 외세의 담합·역이용 가능성과 그에 대한 대비는 소홀히 했다.

2) 청의 외압 강화와 고종의 이이제이 전략

갑신정변 후 조선 사회는 정변 뒤처리와 후유증으로 몸살을 앓았다. 청의 외압이 가중되면서 왕권은 철저하게 제약되었고, 친청파들이 실권을 장악하면서 권력 구조의 변동을 가져왔으며, 개화파의 처단과 반개화 목소리도 커지고 있었다. 대외적으로는 정변을 후원했던 일본 정부와 정변책임·피해보상을 둘러싼 외교적 문제가 산적해 있었고, 정변시 교전했던 청·일 간에도 해결해야 할 과제가 남아 있었다.

정변 직후 고종은 정변을 역적의 난으로 규정하고, 12월 4일부터 6일까지의 '전교'(傳敎)를 모두 환수하고 관련 문서 시행을 금지함으로써 정변 중 진행된 모든 조치를 무효화했다. 이어 통리군국사무아문을 비롯한 개화 정책 관련 기구들을 폐지하고 의정부·6조 체제로 일원화하였으며, 유배 중인 대원군 세력과 위정척사 세력을 대거 석방하였다. 이로써 고종은 자신을 옥죄고 있는 정변 책임론에 대한 부담을 털어 내려 하였다.

한편으로 정부는 일본 공사에게 정변 개입 문제를 항의하고, 청국 진수당에게는 청군 출동에 대한 사의를 표명하였으며, 미국·영국·독일 외교관에게는 정변에 대한 공정한 판단을 요청하는 외교적 조치를 취하였다. 곧이어 예조참판 서상우와 통리교섭통상사무아문 협판 묄렌도르프를 일본에 파견하여 일본의 정변 개입에 항의하고, 김옥균 등 망명자의 송환을 요구하였다.

자국의 군대를 파견하여 정변을 진압한 청은 조선의 대내외정책에 대한 간섭을 더욱 강화하였으며, 친청파를 앞세워 고종의 왕권 행사를 제한하려 했다. 조선 정국은 친청 세력들이 전진 배치되었는데, 청군의 출동을 요청했던 심순택은 영의정에, 김홍집은 좌의정 겸 외아문독판에, 김윤식은 병조판서 겸 강화유수와 외아문 협판에, 어윤중은 선혜청제조에 임명되었다. 반면에, 민씨척족은 전영사(前營使)에 민영익이, 한성부 판윤에 민종묵이 임명되었을 뿐이었고, 그나마 민영익은 부상으로 직임을 수행할 수 없었다. 이로써 김홍집·김윤식·어윤중 등 친청파들이 군사·재정·외교권을 장악하고 민씨 세력을 견제하면서 국정을 주도하였다.

> 저녁 때 가친께서 미국 공사를 내방하여 개탄하기를 "지금 우리 군주는 위협 속에 앉아 있어 모든 일을 능히 자유로이 하지 못하고 있다. 좌의정과 병조판서가 선봉이 되고, 묄렌도르프가 후진(後陣)이 되고 모주(謀主)가 되었으며, 청군이 원진(圓陣)을 치거나 방진(方陣)을 쳐서 군주가 핵심에 들어 있어서 일체 개화 등의 말은 아무도 감히 입을 열지 못한다고 하였다"고 하였다.[11]

그러나 한편으로 청은 조선 국왕과 정계의 반청 움직임과 타국과의 결탁 가능성에 대해 우려하지 않을 수 없었으며, 일방적으로 궁지에 몰아넣을 수만은 없었다. 이러한 청의 입장을 파악한 고종은 자신의 왕권을 강화할 수 있는 여러 방안을 모색하고 있었다.

정변 후 정치권에서는 갑신정변의 원인과 책임을 둘러싼 논의가 활발하게 일어났으며, 대부분 내부적으로 개화당을, 외부적으로 일본을 지목하였다. 집권 관료들은 고종과 개화당을 분리하여 고종도 정변의 피해자라는 입장을 취하였지만, 화이론의 시각을 가진 송근수는 정변의 원인과 책임을 고종에게 돌리고 반성을 촉구했다.

정변책임론에서 자유로울 수 없었던 고종은 1885년 1월 15일(음력 11월 30일) 특별 윤음을 발표하여 정치에서 손을 떼겠다는 뜻을 밝혔다. 그러나 표면적 입장 표명과는 달리, 고종은 청의 압제를 배제하고 왕권 회복을 위한 물밑 작업을 진행시키고 있었다.

고종은 1884년 12월 권동수(權東壽)와 김용원(金鏞元)을 블라디보스토크에 파견하여 러시아의 보호를 요청하는 한편, 갑신정변 사후 처리를 위해 일본

11_윤치호, 『윤치호 일기』, 1884년 11월 5일(양 12.21).

에 파견했던 묄렌도르프를 통해 일본 주재 러시아 공사 다비도프(Aleksandre Petrovich Davydov)와 접촉하여 러시아 군사 교관의 파견 등을 부탁했다. 이처럼 고종은 러시아의 보호를 요청하는 조·러 밀약을 추진하여 청의 간섭을 배제하고 청·일 간 군사적 충돌을 예방하려는 이이제이 외교 전략을 구사했다. 그러나 그의 친러 정책은 이후 청·일 양국이 러시아 침투에 공동 대체하게 하는 빌미를 제공하였으며, 영국의 거문 사건을 불러왔다.

청은 고종의 반청 전략을 견제하기 위해 조·러 밀약을 추진했던 묄렌도르프의 해임을 요구하여 1885년 8월 관철시켰고, 흥선대원군의 귀국을 추진하여 10월에 대원군이 돌아왔다.

고종은 외교적 노력과 아울러 대내적으로 군주권을 확보하는 데 주력하였다. 이에 김윤식·어윤중 등 친청 세력을 권력의 핵심에서 밀어내기 위한 기회를 엿보고 있었으며, 1885년 5월에 병조판서 김윤식과 선혜청 당상 어윤중을 해임시켰다. 그리고 그 자리는 민병석(閔丙奭)·민종묵(閔種默)·민영환(閔泳煥)·민응식(閔應植) 등 민씨척족 세력들로 채워 나갔다. 따라서 의정부·6조를 기반으로 한 친청파 중심의 권력 독주는 그리 오래가지 않았다.

이러한 대내외에 걸친 기반 조성을 통해 고종은 점차 갑신정변의 책임론에서 벗어나 통치권을 회복해 나갔다. 이를 바탕으로 정변 발발 5개월 후인 1885년 5월에 이르러서는 한성주보 발간을 승인하였고, 7개월 후인 1885년 7월에는 개화·자강 업무를 추진할 내무부(內務府)를 대궐 안에 설치하였다. 고종은 내무부 요직에 민씨척족과 친위 세력을 대거 등용하고, 부국강병을 위한 개화·자강 정책을 적극 추진해 나갔다. 정부의 정책에 있어서 정변의 반동과 역효과는 그리 오래 지속되지 않았으며, 고종의 정치적 주도권도 빠른 속도로 회복되었다. 청국 또한 자국의 기득권이 유지되는 선에서 고종의 행보를 묵인했다.

3) 한성·톈진 조약에 드러난 동북아 삼국의 패권 구도

갑신정변은 조선 내부의 정치적 사건에 그치는 것이 아니라, 일본의 군사 동원과 청·일의 교전 등 동북아 삼국이 직접 얽혀 있는 사안이고, 미국·영국의 거중조정이 거론되는 등 국제적으로도 그 파장이 적지 않은 사건이었다. 따라서 사후 처리 또한 조선과 청·일의 이해관계가 날카롭게 대립하면서 유리한 고지를 선점하려는 암투가 계속되었으며, 협상은 어디까지나 힘의 논리에 따라 진행되었다.

정변 초기부터 군사를 파견하여 정변에 개입했던 일본은 정변 책임론에서 벗어날 수 없었다. 12월 7일 아침 군대를 거느리고 입궁한 일본 공사의 책임을 묻는 조선 정부의 글이 전달되자, 일본 공사는 즉시 고종의 요청으로 호위한 것뿐이라는 반박 글을 보내고, 아울러 전날 청군이 보낸 편지에 대해서도 답신을 보냈다. 이어 김옥균 등 '난당'의 인도 요구에 대해 양국 간에 범인인도조약이 체결되지 않은 점을 들어 거부하였다.

당시 일본에는 갑신정변을 둘러싸고 강·온의 두 기류가 있었지만, 전권판리대신(全權辦理大臣)을 파견하여 협상에 임하도록 결정하였다. 이에 일본 정부는 다케조에를 조선에 미리 파견하여 조약 체결을 위한 예비 교섭을 시도하도록 했다. 12월 26일 서울에 도착한 다케조에는 경성사변시말서(京城事變始末書)를 제시하며 정변 당시 행적을 정당화시키려 했다.[12] 그러나 조선 정부는 다케조에가 사건의 당사자이고 김옥균 등을 일본으로 피신시킨 인물이라는 점을 들어 교섭의 여지가 없음을 분명히 했다.

곧이어 1885년 1월 3일 전권대사 이노우에 가오루(井上馨)는 군부대를 이끌고 서울에 도착하여 협상을 시도하였다. 조선 정부는 좌의정 김홍집을 전

12_『구한국외교문서』 제1권 일안(日案) 문서번호 352(1884.12.16); 문서번호 369(1884.12.24); 문서번호 370(1884.12.24); 문서번호 371(1884.12.29); 문서번호 372(1884.12.30) 등.

권대신으로 임명하여 교섭에 임하도록 하였다. 이때 일본은 자신들의 책임은 회피하고 강화조약 체결을 서둘렀으며, 오히려 소실된 일본 공사관 건축비 지불과 이소바야시 신조(磯林眞三) 대위 살해범 처벌 등을 요구하였다. 그러나 김홍집은 강화조약 체결 이전에 정변의 책임 소재를 분명히 할 것과 김옥균 등의 망명자를 인도해 줄 것을 요구하였다.

이에 이노우에는 조선 정부에서 계속 일본 공사의 책임론을 거론한다면 전쟁도 불사하겠다는 강경입장을 내세우는 한편, 비공식적으로 과대한 배상금과 굴욕적인 문구를 요구하지 않을 것이며, 청·일 양국 군대의 철수와 정변에 관련된 다케조에와 시마무라(島村久)의 소환 의사를 전달하였다. 아울러 청국 또한 조·일 간 분쟁을 원하지 않는다는 사실을 암시하였다. 이처럼 일본 측은 강온 전략을 구사하면서 조선 정부를 압박했다.

조선 정부는 내부의 반발이 우려되었지만, 당장 일본의 전쟁 위협을 극복할 방안이 없고, 청 또한 믿기 어렵다고 판단하여 일본 공사의 책임론을 거론하지 않기로 했다. 약소국 조선은 정변 관련자 소환과 조선을 억누르던 청군 철수에 위안을 삼을 뿐이었다.

재차 회담이 진행되고 있을 때 조선에 파견된 오대징(吳大徵)은 종주국 사신으로서 '속국' 조선과 일본 간의 협상에 개입하기 위해 이노우에와의 회견을 요청했다. 그러나 이노우에는 오대징이 전권대신이 아니라는 이유를 들어 단호하게 거절하고 조선에 대한 청의 종주권을 아예 인정하지 않았다. 그러자 오대징은 조선의 약체(弱體)와 강력 대응할 수 없는 자국의 형편을 한탄하였다. 결국 조선과 일본은 1885년 1월 9일(음력 1884년 11월 24일) 한성조약(漢城條約)을 체결함으로써 갑신정변에 관련된 문제들을 일단락 지었다.[13]

13_『고종실록』, 고종 21년(1884) 11월 24일(양 1885. 1. 9).

〈한성조약〉

제1조 조선국은 국서를 일본국에 보내 사의(謝意)를 표명할 것.

제2조 해를 당한 일본국 인민 유족과 부상자를 구휼하고, 훼손·약탈당한 상인의 화물을 보전하여 조선국에서 11만 원을 지불할 것.

제3조 이소바야시 대위를 살해한 흉도를 조사 체포하여 정형(正刑)에 처할 것.

제4조 일본 공관은 새 기지로 옮겨 건축해야 하는데, 조선국은 마땅히 기지와 집을 교부하여 공관과 영사관으로 사용하도록 하고, 그 수축증건하는 곳은 조선국이 2만 원을 지불하여 공사비에 충당하도록 할 것.

제5조 일본 호위병 병영은 공관 부근에 택하여 정하고, 임오속약(壬午續約) 제5관에 따라 시행할 것.

이처럼 한성조약은 일본 정부의 입장이 일방적으로 관철되어 있을 뿐, 일본 공사의 책임과 망명자 송환 등을 요구한 조선 정부의 입장은 단 한 줄도 반영되지 않았다. 아무리 힘없는 약소국이라 할지라도 이처럼 굴욕적인 조약은 찾아보기 힘들 정도다. 정작 한성조약에서 관철되어야 했던 정변책임론 등은 아이러니하게도 이후 청·일 간 조약의 쟁점이 되었다.

갑신정변 당시 총부리를 겨누며 교전했던 청·일은 조선 문제를 둘러싸고 공식적 협상을 진행하였다. 그것은 한반도에 대한, 나아가 동북아시아 및 동아시아에 대한 패권을 장악하기 위한 일종의 파워게임으로, 철저하게 힘의 논리가 지배하였다.

청·일 양국은 갑신정변 문제가 전쟁으로 확대되는 것을 경계하였으나, 한반도에 대한 유리한 고지를 점령하려는 침략자로서의 입장은 팽팽하게 맞섰다. 1885년 4월 3일 중국 톈진에서 양국 전권대신 이홍장과 이토 히로부미(伊藤博文)가 마주 앉아 협상을 시작했다. 이토는 조선 내 청·일 양군의 공동 철병과 일본 공사를 공격한 장수의 처벌, 청병의 일본 상민 살해에 대한 보상 등을 요구했다. 이홍장은 다케조에 공사의 정변책임론을 제기하고, 양군 군대의 공동 철병 문제는 동의했으나 나머지 사안에 대해서는 강력하게 부인하였다. 무려 6차에 걸친 치열한 공방 끝에 다음과 같은 내용의 톈진조약을 체결했다.[14]

1. 양국은 4개월 내에 조선 주둔 군대를 철수시킨다.
1. 양국은 조선 국왕에게 권고하여 군사를 훈련시키고 스스로 치안을 유지하도록 한다.
1. 장래 조선국에 변란과 중대 사건이 발생하여 중·일 양국, 혹은 어느 한 나라에서 파병할 경우 먼저 상호 간에 문서로 통지해야 하며, 사건이 진정되면 즉시 철수한다.

위의 조항을 보면, 이토가 주장한 양국 군대 철수가 전면에 관철되어 있는 반면, 이홍장이 주장한 다케조에 공사의 정변책임론은 전혀 반영되어 있지 않다는 것을 알 수 있다. 또한 내용 전체가 한·중·일 삼국의 군사 문제로만 채워져 있는 점도 주목된다. 청·일 군대의 철수와 파견에 집중된 톈진조약은 장차 한반도 내 양국의 교전 및 전쟁 가능성을 염두에 둔 타협안으로, 이후 청일전쟁의 근거로 이용되는 것은 자연스러운 귀결이라 하겠다. 톈진조약을 통해 중국은 조선에 대한 종주국으로서의 기득권을 유지할 수 있었고, 일본은 청군의 철수를 이끌어 내어 이후 청일전쟁의 발판을 마련할 수 있었다. 조선 또한 청군의 철수로 제삼국의 군사교관을 초청하여 '자주국방'을 달성할 수 있는 기회가 주어졌지만, 제대로 활용하지 못했다.

톈진조약은 조선에 대한 청·일 양국의 관계를 공식 조율한 첫 국제 협약이다. 이 조약에서 만방의 종주국을 자처하는 중국이 '속국' 조선의 문제를, 또 다른 속국으로 간주하던 일본과 대등한 입장에서 논의한 것은 이미 전통적 동아시아 국제 질서의 해체 과정의 한 단면이라 하겠다. 또한 일본의 주장이 주도적으로 관철된 것은 양국의 국력과 현실적 입장을 반영한 것이다.

14_『고종실록』, 고종 22년(1885) 3월 4일(양 4. 18).

이상에서 살펴본 바와 같이, 갑신정변 사후 처리를 위한 한성·톈진 조약에는 중국의 종주권이 전혀 허용되지 않았으며, 조선과 중국에서 주장한 일본의 정변책임론은 한 줄도 반영되지 않았다. 오히려 일본의 주장이 대부분 관철되어 있을 뿐이었다. 특히 톈진조약은 중국의 쇠락과 일본의 부상을 국제적 문서로 공인한 것으로, 청일전쟁과 동아시아 국제 질서의 종말을 예고하는 한편의 서막이었다.

5. 맺음말

개항 이후 조선 문제는 세계 체제와 상호 작용을 하면서 전통적 동아시아 국제 질서의 해체와 새로운 동아시아 질서의 패러다임 형성에 있어서 핵심적 이슈로 떠올랐다.

조선 정부는 새로운 세계 체제와 조응하면서 부국강병의 길을 모색해 나갔다. 조선 사회에는 개항을 강제한 일본 세력이 들어와 근대화 정책에 영향력을 행사하고 있었으며, 서구 열강과도 수교하여 교류가 시작되고 있었다. 그러나 임오군란을 계기로 중국은 군대를 파견하고 시효가 다해 가는 조공체제를 내세워 제국주의적 외압을 가하기 시작했으며, 조선에 작용하는 외세의 권력관계를 일거에 반전시켜 버렸다. 청의 반동적 간섭이 심화되면서 청에 대한 반감이 증대되어 갔으며, 정계에는 반청 독립의 목소리가 높아지고 있었다.

1884년 12월 개화와 반청 독립을 주장하는 개화당은 고종의 암묵적 지지와 청불전쟁을 계기로 나타난 대외 정세 변화를 이용하여 갑신정변을 일으켰다. 정변을 부채질하면서 적극적 지원을 약속했던 일본 공사는 정변 도중 퇴각할 뜻을 밝히는가 하면, 청군의 '원호'(援護) 편지에 호응하여 양국의 교전에서 소극적 자세를 취했다. 결국 자체적으로 군비를 정비하지 못한 단계에서 청군의 조속한 개입과 일본군의 철수가 이루어지자 개화당의 갑신정변은 실패로 돌아갔다.

갑신정변은 조선 내 정치권력의 변동을 가져왔을 뿐만 아니라, 동북아 삼국의 패권 구도, 동아시아 질서의 재편 과정에 중대한 영향을 미쳤다. 총부리를 겨누었던 조선과 일본·중국은 정변의 사후 처리 과정에서 유리한 고지를 점령하기 위해 날카로운 외교전을 벌였으나, 국제 관계가 늘 그렇듯이 힘의 논리에 의해 처리되었다.

한성조약에는 조선이 주장한 다케조에 공사의 정변책임론은 한 줄도 반영되지 않고 일본의 손해배상 주장이 일방적으로 관철되었으며, 청·일 간의 텐진조약에서도 일본 공사의 정변책임론은 전혀 반영되지 못한 채 대부분 일본이 제기한 군사 문제를 조율하는 선에서 그쳤다. 한성·텐진 조약은 외세에 흔들리는 조선, 부상하는 일본, 퇴조하는 중국이라는 동북아 삼국의 세력 관계를 확인하는 계기가 되었다.

갑신정변은 우리나라 근대 변혁 운동의 시발점으로서의 역사적 위상을 차지하고 있을 뿐만 아니라, 전통적 동아시아 국제 질서의 해체 과정에 중대한 영향을 미친 사건이다. 또한 동북아 삼국의 패권 구도를 재정립하고 동아시아 국제 질서 재편 과정에서 있어서 중요한 결절점이 되었다. 정변의 사후 처리를 위한 한성·텐진 조약은 청일전쟁의 발판이 되었으며, 전통적 동아시아 국제 질서의 종말과 새로운 동아시아 질서의 출현을 예고하고 있었다.

20장

‘소송’ 안건을 통해 본 19세기 한중 관계의 변모*

이은자

1. 서론

주지하듯이 19세기 한중 관계사는 청일전쟁을 전후로 변화를 보인다. 아편전쟁 이후 체결된 중·영 남경조약(南京條約, 1842)으로 중국은 서구 열강과 (불평등하지만) 근대적 조약 체제로 전환한 반면, 조선에 대해서는 기존의 조공 체제를 그대로 유지하였다. 중국의 조선 정책은 1870년대부터 점차 변모하였다. 한일수호조규(1876)의 체결로 조선이 개국하고, 일본의 대만 출병으로 중국의 조공국이었던 류큐(琉球)가 오키나와(沖繩) 현으로 편입된 사건(1879)이 변화의 계기였다. 중국은 조선 문제에 적극 개입하여, 조선에서 일본의 영향력을 막기 위해 조선과 구미 열강과의 수교를 권유하였다. 중국의 적극적인 권유로 조선은 구미 열강 중 최초로 미국과 조약을 체결하였다. 그리고 곧

---

* 이 글은 「청일전쟁 이전과 이후 재한(在韓) 한중간(韓中間) ‘소송’ 안건 비교 분석」, 『아시아문화연구』 17, 2009에 실린 필자의 논문을 수정하여, 이 책의 체제에 맞게 재편집한 것입니다.

이어 중국은 1882년 조선의 임오군란 직후 조청상민수륙무역장정(朝淸商民水陸貿易章程. 이하 장정(章程)으로 약칭)을 체결하여 조선이 중국의 '속방'(屬邦)임을 명문화하였다.

청일전쟁이 발발하자 조선 정부는 기존에 중국과 맺은 장정(章程)을 폐기한다는 공식적 입장을 발표하였다. 청일전쟁의 패배로 맺은 중·일 마관조약(馬關條約) 제1조는, "중국은 조선국이 완전무결한 독립 자주국임을 확인하고, 독립 자주 체제를 훼손하는 모든 행위, 예컨대 조선이 중국에 행한 공헌(貢獻), 전례(典禮) 등은 이후 전부 폐지한다"고 명시되어 있다. 청일전쟁의 패배로 중국은 최후의 조공국이었던 조선이 독립국임을 승인하였던 것이다. 청일전쟁 이후 한중 간 전통적 조공 체제가 무너짐에 따라 한중 관계는 새로운 단계로 진입하였다. 특히 1899년 체결된 한청통상조약(韓淸通商條約)은 기존의 조공국이었던 대한제국과 책봉국이었던 중국 간에 체결된 '대등한 조약'이라는 점에서 중요한 의미를 갖는다.

청일전쟁 이후 한중 관계의 변화상에 대한 연구는 주로 한청통상조약 체결 과정, 그 해석을 둘러싼 외교 분쟁, 대한제국기 한중 간 영토 분쟁 — 간도 문제 — 등을 중심으로 진행되었다. 이 글은 19세기 한중 관계의 변모상을 조선(혹은 대한제국)에서 발생한 한중 양국민의 소송 안건을 중심으로 살펴보고자 한다. 소송 안건은 한중 간 분쟁의 양상과 그것을 처리하는 과정에서 양국 간 힘의 격차를 그대로 보여 주는 긴요한 주제라고 생각하기 때문이다. 소송 안건 중에서 '명안'(命案) — 살인 사건 — 은 가장 중대한 형사 안건으로 한중 간 교섭 과정에서 큰 비중을 차지하기 때문에 비교적 그 처리 과정과 결과가 잘 드러나 있다. 따라서 본문에서는 『청안』(淸案)에 수록되어 있는 소송 안건 중 청일전쟁 이전과 이후 원고와 피고의 국적이 교차되는 '명안'을 하나씩 선정하여, 한중 관계의 변모상을 살펴볼 것이다.[1]

2. 재한(在韓) 한중 간 소송 안건의 처리 과정

1) 조청상민수륙무역장정(朝淸商民水陸貿易章程) 시기

(1) 소송 안건 처리 과정의 법률적 근거

청일전쟁 이전 소송 안건 처리 과정의 법률적 근거는 1882년 체결된 조청상민수륙무역장정 제2조에 규정되어 있다.

> 중국 상민이 조선의 통상구안(通商口岸)에서 제소할 것이 있으면 중국 상무위원(商務委員)의 심판을 받는다. 그 외에 재산, 범죄 등의 안건은 만일 조선 인민이 원고이고 중국 인민이 피고이면 중국 상무위원이 체포 심판한다. 만일 중국 인민이 원고이고 조선 인민이 피고이면 조선 관원이 피고죄인을 내어 중국 상무위원과 회동하여 율(律)에 따라 심판한다. 조선 상민이 중국의 통상구안에서 행한 모든 재산, 범죄 등의 안건은 피고, 원고가 어느 국 인민인가를 막론하고 모두 중국 지방관이 율(律)에 따라 심판하고, 아울러 조선 위원에게 조회(照會)로 이를 알려 준다. 조선 인민이 받아들일 수 없으면 해당 국 상무위원이 대헌(大憲)에게 재심을 청구하여 공평함을 기할 수 있게 한다. ……

위의 규정에 의하면, 조선의 중국인은 영사재판권을 향유할 수 있다. 예컨대 조선인이 원고이고 중국인이 피고인 경우 영사급 외교사절이라고 할 수 있는 중국 상무위원이 체포·심판한다. 그런데 중국인이 원고이고 조선인이 피고인 경우에, 조선 정부가 범인을 체포하여 중국의 상무위원에게 인도한

1_이 글은 『淸案』, 고려대학교 아세아문제연구소 편, 舊韓國外交文書 제8-9권, 고려대학교출판부, 1970~71에 수록되어 있는 '명안'(命案)을 검토하였다. 『淸案』은 1883년부터 1905년까지 20여 년간 조선 통리아문(統理衙門: 이후 外部)과 조선 주재 청국공관(淸國公館)과의 공식적 외교 왕래 문건을 정리한 자료집으로 소송 안건과 관련된 많은 기록이 포함되어 있다.

후 양국이 공동으로 심판을 하도록 되어 있다. 이는 영사재판권상의 피고주의 원칙을 넘어 확대 적용된 경우로, 사실상 중국인과 관련된 사건에서 중국은 사건의 종류 여부나 원고·피고를 불문하고 단독 혹은 공동으로 재판권을 행사할 수 있다는 말이다. 이로써 중국은 조선에서 중국인 피고사건뿐 아니라, 중국인이 원고이고 조선인이 피고인 사건에 대해서도 간섭할 수 있는 법적 근거를 마련하였다.

(2) '명안'(命案)의 처리 과정

가. 중국인 살인 사건: '청상(淸商) 초학인(初學仁) 살인 사건'

1885년 총리교섭통상사의(總理交涉通商事宜)의 직함으로 조선에 파견된 원세개(袁世凱)는 청일전쟁이 발발한 1894년 귀국하였다. 이 시기 발생한 중국인 살인 사건으로 '청상 초학인 살인 사건'을 검토해 보고자 한다. 이 사건은 1892년 9월 16일[2] 원세개가 조선의 독판교섭통상사무(督辦交涉通商事務) 이용직(李容稙)에게 보낸 조회(照會)에서 처음 알려졌는데, 그 내용은 다음과 같다.

대리용산상무위원(代理龍山商務委員) 유영경(劉永慶)은 청상 초문계(初文堦)가 품문(稟文)을 올려 그의 조카 초학인이 길에서 피겁당하고 돌에 맞아 죽은 사건을 호소한 내용을 원세개에게 보고하였다. 품문에서 청상 초문계는 그의 조카 초학인이 일이 있어 인천을 거쳐 한성으로 갔다가 며칠이 되어도 돌아오지 않아 찾아 나섰는데, 한강 남안에서 돈과 물건을 빼앗기고 돌에 맞아 죽었음을 알게 되었다면서, 해당 포도아문에 알려 범인을 체포해 줄 것을 요청하였다. 9월 18일 이용직은 원세개에게 좌우 포도아문에 지시하여 범인을 잡아 법에 따라 처벌하겠다고 회신하였다.

2_이하 청일전쟁 이전 시기는 음력을 사용하였다.

그러나 15일이 지나도 조선 측에서 사건의 경과에 대해 아무런 조회를 보내지 않자, 원세개는 10월 4일, 새로 선임된 독판교섭통상사무 조병직(趙秉稷)에게 이 사건을 속히 해결해 줄 것을 재촉하였다. 조병직은 다음 날(5일) 곧바로 원세개에게 신속히 처리하겠다는 회신을 보냈지만, 원세개는 10월 22일 이 사건의 처리를 재차 독촉하였다. 그러나 10월 27일까지도 범인은 체포되지 않았다.

초학인 살인 사건의 처리 과정은 11월 18일 원세개가 조병직에게 보낸 조회에서 구체적으로 알려졌다. 그에 의하면, 우포도청의 군관 이영식(李永植), 김군상(金君相) 등이 연안(延安)에 거주하던 민인신(閔仁信)과 광주(廣州)에 거주하던 안성칠(安成七) 등 두 명을 범인으로 붙잡아 청상 초학인을 죽인 정황을 조사하고 있다면서, 범인을 장정에 따라 이송하고 용산상무위원 당소의(唐紹儀)와 회심(會審)하여 조치해 줄 것을 알렸다. 다음 날(19일) 조병직은 범인을 장정에 따라 용산이사서(龍山理事署)로 이송하고 당소의와 회심하겠다는 조회를 보냈다.

12월 12일 원세개는 조병직에게 조회를 보내 사건 처리 결과를 통보하였다. 그에 따르면, 장정에 따라 범인을 용산이사서로 이송한 뒤 한성부부윤(漢城府少尹) 김사철(金思轍)과 용산상무위원 당소의가 회심하여, 한강의 모래사장에서 범인들이 청상 초학인을 살해하였다는 자백을 받아 냈다. 율(律)에 따르면 '강도취중살인'(強盜聚衆殺人)은 수종(首從)을 불문하고 모두 참수·효시해야 하므로, 범인을 한성부소윤에게 넘겨 구금하도록 하고 언제 형을 집행할지를 먼저 알려 달라고 하였다. 또한 범인을 체포한 군관 이영식과 김군상에게는 상을 내릴 것이라고 하였다.

원세개는 이후에도 체포된 두 명의 범인 외에 다섯 명의 공범 체포를 요청하였으나, 그 결과에 대해서는 확인되지 않는다. 따라서 청상 초학인 살인 사건은 조선 정부가 조선인 범인 두 명을 체포하여 중국공서(中國公署, 여기서는 용산이사서)로 넘긴 뒤, 양국 관리의 회심을 거쳐 범인 두 명을 참수하는 것으로 마무리되었다.

나. 조선인 살인 사건: '조선 병사 이덕명(李德明) 구타·치사건'

다음에는 역시 원세개 시기 발생한 조선인 살인 사건으로 '조선 병사 이덕명 구타·치사건'을 살펴보기로 하자. 이 사건은 1890년 6월 16일 당시 독판교섭통상사무 민종묵(閔種默)이 원세개에게 보낸 조회에서 처음 알려지는데, 그 내용은 대략 다음과 같다.

통위영(統衛營) 포대 초장(哨長) 김봉래(金鳳來)의 품문에 따르면, 포대 병정 이덕명이 6월 9일 귀가하는 길에 중국인 김씨 상점에서 물건 값을 홍정하는 과정에서, 김씨가 욕을 하고 몽둥이로 구타하자 도망했다고 한다. 그런데 이덕명이 도망가는 것을 본 중국 순차(巡差) 유씨(兪氏)가 김씨의 무고만을 듣고 철편(鐵鞭)으로 이덕명을 마구 때려 기절시켰고, 그 후 이덕명은 다행히 귀가하였으나 온몸의 통증으로 대소변을 가리지 못하고 물도 입에 넣지 못하는 상황이 며칠 동안 계속되었다는 것이다. 김봉래의 보고에 따라 원세개와 당소의에게 그 중국 상인과 순차를 체포해 줄 것을 요청하였으나 아직 회신을 받지 못했다. 그런데 해당 병정이 상해를 입은 지 7일 뒤인 6월 15일, 음식을 먹지 못해 결국 사망하였다는 보고를 다시 들었다. 그러므로 중국 상인 김씨와 순차 유씨를 신속히 체포해 줄 것을 요청한다.

원세개는 다음 날(6월 17일), 사안이 중대한 만큼 신속히 조사하여 회신을 보내 주겠다고 하면서, 민종묵이 앞서 보냈다는 문서를 받은 적이 없으니 누가 어떤 사람에게 전해 주었는지를 알려 달라고 하였다. 민종묵은 원세개의 문의에 대해 역시 그 다음 날(6월 18일), 문서를 전해 주러 간 병사의 착오로 원세개에게 문서가 전달되지 못했다고 회답하였다.

그런데 6월 19일 원세개는 민종묵에게 장문의 조회를 보내 이 사건에 대해 이의를 제기하였다. 그 내용은 대략 다음과 같다. 용산상무위원 당소의의 품문에 따르면, 순원(巡員) 정득붕(丁得鵬)이 보고하기를 6월 9일 동가(東街)에 있는 중국 상점 앞에서 조선인 병사 네 명이 술을 마시고 난동을 부리자, 이등 순차 우화룡(牛化龍)이 이들을 제지하는 과정에서 조선인 병사가 먼저 순차의 머리에 돌을 던졌다고 한다. 이에 통위영의 대장에게 문제를 일으킨 병정을 조사하여 엄히 단속해 줄 것을 요청하였다. 여기서 대장은 병사가 부상을 입었다는 말을 하지 않았다. 그런데 10일에는 병사가 상해를 입었으니 치유되기를 기다린 후 조사하겠다고 하였고, 3일 후에는 병사가 중국인 순차에게 구타당하여 중상을 입었다고 하였으나 그 후 대장의 어떠한 답도 듣지 못했다. 그런데 갑자기 6월 16일 한성부소윤이 (당소의에게) 조회를 보내, 이덕명이 중국 상점에서 물건을 사는 과정에서 따지는 말을 하다가 구타를 당해 죽음을 당했으니 범인을 체포해 줄 것을 요청하였다. 그러나 조선 정부는 지난해(1889) 한성의 삼화흥호(三和興號)에서 중국인 세 명이 죽은 화재 사건과 덕흥호(德興號)에서 중국인 한 명이 죽은 화재 사건에 대해서 아직까지도 범인을 체포하지 못했다. 지난해부터 조선의 중국 상민을 보호하기 위해 순차를 두었는데, 오히려 조선 병사가 술에 취해 난동을 부리고 순차에게 돌을 던진 행위는 공령(公令)을 어긴 것이다. 순차가 스스로를 방어하기 위해 몽둥이를 사용한 것은 당연하다. 죄의 경중을 따져보면 조선 병사가 먼저 죄를 범한 것이다. 지금은 중복이라 날씨가 무더워 역병이 유행하고 있다. 7일 간 다른 정황이 없다고 보장할 수 없는데도 왜 병을 치료하지 않고, 하필 상해로 인해 죽음을 당했다고 말하는가. 원세개는 이와 같이 우화룡의 행위가 공무로 인한 것이고 이덕명의 죽음은 우화룡과 무관하다는 논리를 전개하였다.

원세개는 더 나아가 6월 21일 조선 병사의 단속을 철저히 요청하는 조회를 보냈다. 이에 대해 민종묵은 같은 날 중국 상인들이 안심하고 생업에 종사할 수 있도록 조치를 취하겠다고 회신하였다. 원세개는 이덕명 구타·치사건을 조선 병사의 잘못 때문에 일어난 것으로 호도하려 함을 알 수 있다.

이덕명 구타·치사건에 대해 원세개는 거의 한 달 뒤인 7월 16일 민종묵에게 재차 조회를 보냈다. 그 내용은 다음과 같다.

목격자들에 의하면 조선 정부가 지적한 순차 유씨(혹은 김씨)는 이등 순차 우화룡이고, 중국 상인 김씨는 천우흥호(天佑興號)의 진후련(陳厚連)이다. 순차 우화룡의 진술에 의하면 조선 병사가 먼저 돌을 던져 저항하였기 때문에 등나무 곤봉으로 때린 것이라고 한다. 이는 주변의 상인들도 입증하였다. 그런데 형률을 살펴보면 이 경우에 비교해 볼 만한 율이 없어 판결을 내리기 어렵다. 판리조선상무장정(辦理朝鮮商務章程) 제7조에 중국 상민이 죄를 범하여 그 정황이 중대하면 중국의 해당 지방관에게 보내 율에 따라 엄히 처리한다는 규정이 있다. 이 안건은 교섭에 관한 것이므로 응당 공정하게 처리해야 한다. 이에 우화룡을 중국 천진(天津)으로 보내 해당 지방관이 조사하도록 하고 그 결과를 조회로 알려 주겠다고 하였다. 그리고 8월 22일자 조회에서는 순차 우화룡을 천진에 보냈음을 회보하였다. 앞의 6월 19일자 조회에서는 우화룡의 행동이 공무로 인한 것이고 이덕명 구타·치사건과 무관하다는 주장을 하였는데, 7월 16일과 8월 22일자 조회에서는 우화룡의 행위가 이덕명 구타·치사건과 관련이 없지만 어떤 법률을 적용해야 하는지 확실하지 않으므로 우화룡을 천진으로 보내 해당 지방관이 판결하도록 하고 그 결과를 알려 주겠다고 하였다.

5개월 뒤인 1891년 1월 25일 원세개는 민종묵에게 조사 결과를 조회로 알렸다. 그 내용은 다음과 같다.

중국 상인을 보호할 의무가 있는 순차 우화룡이 조선 병사 이덕명의 소란을 진압하기 위해 격투를 벌인 것이고, 이덕명의 죽음은 양자가 격투한 뒤 일주일 뒤에 발생한 일이므로 우화룡과는 무관하다. 중국 내에서 구타로 인한 사망 건을 처리하는 데 상흔의 유무를 판단의 근거로 삼는다. 그런데 조선 병정 이덕명과 우화룡이 서로 구타한 뒤 당시 이덕명의 상흔(傷痕)을 증험(證驗)하지 못한 채 이덕명이 7일 뒤에 사망하였다. 또한 중국 관원과 조선 관원이 회동하여 검시할 때 조선 관원이 이덕명의 상흔에 대해 언급하지 않았기 때문에 우화룡은 죄가 없다. 비록 우화룡이 죄는 없으나 이덕명을 관부로 보내 조사하지 않고 등나무 채찍으로 구타한 것이 적합한 행위는 아니었으므로, 장책(杖責)은 면해 주되 원적(原籍)으로 보내 관속(管束)하도록 판결을 내렸다. 이로써 이덕명 구타·치사건은 우화룡을 원적으로 보내 관속하는 것으로 종결되었다.

2) 한청통상조약(韓淸通商條約) 시기

(1) 소송 안건 처리 과정의 법률적 근거

청일전쟁 이후 소송 안건 처리 과정의 법률적 근거는 1899년 체결된 한청통상조약 제5관에 규정되어 있다.

> 중국 민인(民人)으로 한국에 있는 자가 범법을 행하면 중국 영사관은 중국 율례(律例)에 따라 심판한다. 한국 민인으로 중국에 있는 자가 범법을 행하면 한국 영사관이 한국 율례에 따라 심판한다. 중국 내에 있는 한국 민인의 생명과 재산을 중국인이 범하면 중국 관원이 중국 율례에 따라 심판한다. 한국에 있는 중국 민인의 생명과 재산을 한국인이 범하면 한국 관원이 한국 율례에 따라 심판한다. 양국 민인 간에 소송 사건이 있으면 해당 안건은 피고 소속국의 관원이 본국 율례에 따라 판결한다. 원고 소속국에서는 관원을 파견하여 청심(聽審)할 수 있다. 승심관(承審官)은 예(禮)로서 청심관(聽審官)을 대우하고 청심관이 만일 증인을 소환하여 심문하거나 혹은 반대 심문하기를 원하면 그 편리함을 들어준다. 청심관은 승심관의 판결이 불공정하다고 생각하면 상세히 논박할 수 있다(제1조). …… 이후 양국 정부가 법률과 소송 절차를 정돈 개정하여 현재 수용하기 어려운 부분을 모두 없앤다면, 장래 양국 관원이 상대방 국가에서 자국민을 심리하는 권리를 회수할 수 있다(제4조).

위의 규정에 의하면, 한국의 중국인은 영사재판권을 향유할 수 있다. 예컨대 한국인이 원고이고 중국인이 피고인 안건의 경우 중국 영사관이 중국 법률에 따라 심판하였다. 이때 피고 소속국 중국 관원은 원고 소속국 한국 관원이 청심관(聽審官)으로 재판에 참석하여, 재판 과정에서 증인을 심문하거나 반대 심문하며 판결이 불공정하다고 생각하면 논박할 수 있도록 보장해야 했다. 여기서 영사재판권의 피고주의 원칙, 청심권(聽審權) 규정이 포함되어 있음을 알 수 있다.[3] 원래 서양 제국 간 맺는 통상조약 곧, 평등조약에서는 영사재판권 규정이 없어야 하지만, 중국 정부의 강한 반발로 한청통상조약에서는 쌍무적인 영사재판권 규정이 명문화되었다. 다시 말하자면 조선의 중국인뿐 아니라, 중국의 조선인도 영사재판권을 향유할 수 있게 되었다.

이로써 대한제국 내에서 중국인이 피고이고 한국인이 원고인 사건이 발생하였을 경우, 중국 영사가 영사재판권의 피고주의 원칙에 입각하여 중국인 피고를 중국 법률을 적용하여 재판하되, 한국 관원이 청심관으로 재판에 참석할 수 있었다. 또한 한국인이 피고이고 중국인이 원고인 사건이 발생하였을 경우 중국 관원 역시 청심관으로 재판에 참석할 수 있었다.

(2) '명안'의 처리 과정

가. 중국인 살인 사건: '해주(海州) 중국 선호(船戶) 구타·치사건'

허태신(許台身)은 1901년 11월부터(2월부터 대리공사) 1905년 2월까지 주한공사로 재직하였다. 이 시기 발생한 중국인 살인 사건으로 '해주(海州) 중국

3_원래 청심권은 중국과 열강 간에 맺은 조약에서 처음 언급된다. 이는 1858년 중·영 천진조약(天津條約) 제16관, 1876년 중·영 연대조약(煙臺條約) 제2단(端) 제3조, 1880년 중·미 속약부관(續約附款) 제4관 등을 거쳐 분명해졌다. 조선에서는 1882년 미국과 맺은 한미수호통상조약에서 도입되었다. 그런데 실제로 조선 정부가 법적 지식이나 세력에서 압도적으로 열세에 놓여 있었기 때문에 영사재판에서 청심권을 효과적으로 이용하는 데 한계가 있었던 반면, 미국은 조선 측이 재판권을 가지는 사안에 대해서 합법적인 압력 수단으로 활용하였다.

선호(船戶) 구타·치사건'을 살펴보자. 이 사건은 중국 공사 허태신과 영국 공사 조오단(J. N. Jordan)이 각각 1904년 11월 22일[4] 한국 외부대신 이하영(李夏榮)에게 보낸 조회에서 처음 언급되는데, 사건 경위는 다음과 같다. 산동 등주부(登州府) 위해위(威海衛)의 선호들이 위해위 영국 영사관의 호조(護照; 비자)를 가지고 식염을 운반하여 음력 9월 23일 황해도 해주에 도착하였다. 그런데 뜻하지 않게 해주 지방관이 중세(重稅)를 강요하자 선호들이 이에 불복하여 해당 지방관에게 기존의 예에 따라 처리해 줄 것을 요청하였다. 의논이 정해지지 않았는데 해주의 점주(店主) 박민형(朴敏炯)이 관서(官署)의 차역(差役)과 결탁하여 여러 차례 판매가를 강제로 정하였고, 이후 임의로 의리를 위배하고 무리를 모아 선호들을 구타한 결과 중상자 두 명 가운데 영국 호조를 갖고 있는 손연방(孫連芳)이 사망하였다. 이 안건은 영국 호조를 지닌 중국인이 한국인에 의해 치사된 사건이었기 때문에, 한국 관원과 영국 및 중국 관원이 해주에서 회심을 하였다.

해주의 재판에서 한국인과 중국인 당사자 간의 진술이 서로 달랐다. 또한 재판에 영향을 미치는 새로운 사태가 발생하였다. 중국 관원의 숙소와 중국 선호의 거처에 한국인들이 투석을 한 사건이 발생하자, 중국 공사관은 이를 강력 항의하고 투석 사건에 한국 관원의 사주가 있었는지를 분명히 밝히라고 요구하였다. 그러나 재판 과정에서 한국 외부는 한국 상인들이 중국인을 구타한 일이 없다고 주장하면서, 치사된 중국인 손연방은 평소에 간질을 앓았는데, 간질 치료를 하는 과정에서 중국인 곽성(郭姓)에게 맞아 죽은 것이라는 새로운 사실을 제시하였다.[5]

4_이하 청일전쟁 이후 사안에 대해서는 양력을 사용하였다.

5_『淸案』에는 해주 중국 선호 구타·치사건에 대한 한국 외부(外部)의 입장이 구체적으로 서술되어 있지 않다. 이에 대해서는 조선의 중앙과 지방 관청에서 생산한 공문서를 수집한 『各司謄錄』을 검토하였다.

양국의 주장이 상반된 상태에서, 1905년 1월 23일 영국 공사의 주관하에 한국 외부에서 양국 관리의 회동이 이루어졌다. 여기서 한중 양국은 중국인 관련자들에게 배상금 동화(銅貨) 2,764원(元)을 지불하는 것으로 이 안건을 해결하기로 결정하였다. 곧이어 한국 정부는 이 사건과 무관하다는 이유로 주모자 박민형을 석방하였다.

한청통상조약 제5관에 의거하면, 한국인이 피고인 한중 양국인 혼합 사건에서 중국 영사는 청심관을 파견하여 재판 과정에 참여할 수 있다. 해주 안건의 재판에서 중국 청심관은 한국인 박민형을 주모자로 지적하고 그 처벌을 요청하였다. 그러나 한국 승심관은 중국인 선호 손연방이 간질을 앓고 있었다는 새로운 증거를 이유로 중국 청심관의 의견을 받아들이지 않았다. 결국 한중 양국 관원은 안건의 타결을 보지 못한 채 해주를 떠나야 했다. 한국 정부는 해주 사건이, 지방관이 중국 상인에게 불법으로 식염 판매를 허가하는 조건으로 세금을 거두고, 그 과정에서 중국 선호를 구타하여 한 명을 사망에 이르게 한 중대한 사건이라고 간주하였다. 그러면서도 구타한 사람들이 모두 외촌(外村) 사람으로 찾아 처벌하기가 어렵고 손연방의 죽음은 구타가 아니라 간질 때문이라는 이유로 범인으로 지목한 박민형을 옹호하였다. 결국 중국인 피해자에게 보상금을 지불하는 대신, 주모자 박민형은 무혐의 처리하였다.

나. 조선인 살인 사건: '강녀(姜女) 명안(命案)'

증광전(曾廣銓)은 1905년 2월부터 11월 을사조약이 체결되기까지 주한 공사로 재직하였다. 이 시기에 발생한 조선인 살인 사건으로 '강녀(姜女) 명안(命案)'을 검토해 보자. 이 사건은 1905년 7월 19일 한국 외부대신 이하영(李夏榮)이 중국 공사 증광전에게 보낸 조회에서 처음 언급된다. 이 조회에서 이하영은 강녀 명안과 관련하여 한중 양국 간에 의견차가 있으니 기한을 정하여 회심하자는 제안을 하였다. 이보다 앞서 7월 15일 한국 법부에서 외부에 보낸 조회에 의하면 강녀가 중국 상인 장홍해(張紅海)에 의해 구타·살해된 안건의 경위는 다음과 같다.

강녀 명안에 대해 한중 양국 간 이견의 차이가 있어 3검을 해야 하지만, 중국 영사관 측은 양의(洋醫)의 검안서에 의거하여 사체에 상해의 흔적이 없다는 이유로 장홍해를 보내지 않아 부검에 차질이 발생하고 있다. 또한 장홍해의 화물을 한국인 최윤봉(崔允奉)과 김학수(金學秀)가 훔쳐가자 장홍해가 최윤봉의 집에 가서 그 모친 강녀를 추궁해 자신의 점원과 같이 김학수의 집으로 데리고 갔으며, 김학수가 집에 오지 않자 그녀만 내버려두고 돌아왔다는 장홍해의 공술은 믿기 어렵다. 강녀의 사체 부검 결과 상흔이 분명히 보이므로, 강녀의 죽음은 장홍해의 구타가 원인이다.[6]

중국 공사 증광전은 7월 19일자 한국 외부의 제안에 대해, 다음 날(7월 20일) '강녀 사인에 대한 실제와 장물 도범(盜犯)의 체포 요청'에 관한 내용을 외부에 보내, 강녀 안건과 중국 상인 장홍해의 상점에서 일어난 도난 사건은 아무런 상관이 없으니, 신속히 처리해 주길 바란다고 하였다. 한국 외부가 중국 공사관의 회신 내용을 반박하고 재차 회심을 요구하자, 중국 공사관은 8월 12일 강녀가 구타당한 뒤 중독으로 치사되었다는 한국 측의 주장에 따를 수 없다며 다른 증거의 제시를 요구하였다. 또한 장물 추적에 대해서는 이 안건과 별도로 처리해 줄 것을 요구하였다. 그 뒤 강녀 명안이 어떻게 처리되었는지에 관한 더 이상의 기록은 보이지 않는다. 강녀 명안에 대해 한국 측의 회심 요청에도 불구하고,[7] 중국 공사는 이 안건을 장홍해의 상점에서 일어난 도

6_『淸案』에서는 강녀 명안에 대한 한국 외부의 입장이 자세히 서술되어 있지 않다. 강녀 사건 경위와 한국 법부 및 외부의 대응에 대해서는 역시 『各司謄錄』을 참고하였다.

7_『各司謄錄』에 의하면, 한국의 법부는 외부에 보낸 문서에서 강녀 명안의 경우 회심(會審)이 필요한 이유를 다음과 같이 설명하였다. 이 사건은 두 가지로 성격이 규정될 수 있다. 한국인 최윤봉이 자신의 모친이 피살되자 중국 상인 장홍해를 고소한 사건으로 보면, 최윤봉이 원고이고 장홍해는 피고가 된다. 한편 장홍해가 자신의 양복점에서 화물을 도난당했다고 최윤봉을 고소한 사건으로 보면, 원고는 장홍해이고, 피고는 최윤봉이 된다. 이 안건은 양국민이 모두 서로 원고와 피고의 권리를 갖고 있으니, 한청통상조약 제5관에 의거하여 양국의 관리가 모두 청심(聽審)해

난 사건으로 규정하고 강씨 안건과 아무런 상관이 없다는 입장을 굽히지 않아, 재판 자체도 열지 않았음을 알 수 있다.

3. 결론

이 글은 청일전쟁 이전과 이후 조선(대한제국)에서 발생한 한중 간 소송 안건의 처리 과정을 분석함으로써 19세기 한중 관계의 변모상을 살펴보았다. 소송 안건 중에서 청일전쟁 이전과 이후 시기 발생한 명안(살인 사건)을 하나씩 선정하여 그 처리 과정과 결과를 검토하였다.

먼저, 청일전쟁 이전 소송 안건 처리 과정의 법률적 근거는 1882년 체결된 조청상민수륙무역장정 제2조에 규정되어 있다. 그에 의하면, 조선에서 중국인이 피고이고 조선인이 원고인 경우 중국 상무위원(영사급 외교사절)이 체포·심판한다. 중국인이 원고이고 조선인이 피고인 경우 조선 정부가 범인을 체포하여 중국 상무위원에게 인도한 후 양국이 공동으로 심판한다. 이로써 중국은 조선에서 중국인이 피고이고 조선인이 원고인 사건에 대해서는 단독 심판, 중국인이 원고이고 조선인이 피고인 사건에 대해서는 조선 정부와 공동 심판을 할 수 있게 되었다.

'청상 초학인 살인 사건'은 1892년 9월 한강 남안에서 청상 초학인이 피겁·살해된 사건이다. 총리교섭통상사의 원세개가 이 사건의 범인 체포를 요청하자, 조선 정부는 조선인 범인 두 명을 체포한 뒤, 장정에 따라 중국 공서(용산이사서)로 압송한 뒤 중국 관원(용산상무위원)과 이 사건을 회심하였다. 회

야 한다. 따라서 양국민의 죄의 유무를 불문하고 재판을 행하여 공술을 취해야 한다.

심의 결과 조선 정부는 '강도취중살인'(强盜聚衆殺人)은 수종(首從)을 불문하고 모두 참수·효시해야 한다는 율에 의거하여 이 사건을 처리하였다. '조선 병사 이덕명 구타·치사건'은 1890년 6월 이덕명이 중국인 순차 우화룡에게 구타·치사된 사건으로, 독판교섭통상사무 민종묵은 중국인 순차 우화룡을 범인으로 지목하여 그 처벌을 원세개에게 요청하였다. 그러나 원세개는 우화룡의 행위가 공무로 인한 것이고 이덕명의 죽음은 우화룡과 무관하다고 주장하였다. 이 안건은 우화룡을 중국의 천진으로 보내 조사한 뒤, 우화룡이 이덕명 구타·치사건과 무관하지만 구타가 적합한 행위는 아니었으므로 원적(原籍)으로 보내 관속(管束)하도록 했다는 처리 결과를 원세개가 조선 정부에 통보하는 것으로 마무리되었다.

다음으로, 청일전쟁 이후 소송 안건 처리 과정의 법률적 근거는 1899년 체결된 한청통상조약 제5관에 규정되어 있다. 그에 의하면, 대한제국 내에서 중국인이 피고이고 한국인이 원고인 경우 중국 영사가 재판하되 한국 관원이 청심관으로 재판에 참석할 수 있고, 한국인이 피고이고 중국인이 원고인 경우 한국 관원이 재판하되 중국 관원이 청심관으로 재판에 참석할 수 있었다. 청심관은 재판 과정에서 증인을 심문하거나 반대 심문하며, 판결이 불공정하다고 생각하면 논박할 수 있도록 보장되었다.

'해주 중국 선호 구타·치사건'은 1904년 11월 중국 선호 손연방이 해주에서 한국인 점주 박민형 등과 식염 거래를 하던 중 구타·치사된 사건이다. 해주에서 열린 재판에서 청심관으로 참여한 중국 관원은 박민형의 처벌을 강하게 요청하였으나, 한국 승심관은 박민형 등이 중국 선호들을 구타한 일이 없다고 하면서, 치사된 중국인 손연방은 간질 치료를 하는 과정에서 죽음에 이른 것이라는 새로운 증거를 제시하였다. 이 사건은 결국 영국 공사의 주관 아래 중국인 피해자들에게 배상금을 지불하는 것으로 마무리되고, 한국 정부는 주모자 박민형을 석방하였다. '강녀 명안'은 1905년 7월 강녀가 중국 상인 장홍해에 의해 구타·살해된 사건이다. 그러나 중국 공사는 장홍해의 화물을 한국인 최윤봉과 김학수가 훔쳐가자 장홍해가 최윤봉의 집에 가서 그 모친 강녀를 추궁하여 김학수의 집으로 데리고 갔으며, 김학수가 집에 오지 않자 그녀만 내버려두고 돌아왔다는 장홍해의 진술을 근거로, 강녀 명안과 장홍해의 상점에서 일어난 도난 사건은 아무런 상관이 없다고 주장하였다. 한국 외부의 요청에도 불구하고, 중국 공사는 이 안건을 장홍해의 상점에서 일어난 도난 사건으로 규정하고 강씨 사건과 무관하다는 이유로 재판 자체도 열지 않았다.

청일전쟁 이전 소송 안건의 처리 과정에서 중국 측은 중국인 피고사건(조선 병사 이덕명 구타·치사건)뿐 아니라 중국인 원고 사건(청상 초학인 살인 사건)에 대해서도 재판권을 행사하였다. 반면에, 조선 측은 조선인 피고 사건(청상 초학인 살인 사건)을 중국 관원과 공동 재판하고, 조선인 원고 사건(조선 병사 이덕명 구타·치사건)의 중국 측 일방적 처리 결과에 대해서도 이의를 제기하지 못했다. 청일전쟁 이후 소송 안건의 처리 과정에서 중국 측은 중국인 피고 사건(강녀 명안)에 대해 영사재판권의 피고주의 원칙에 따라 자국민을 보호하여 재판을 열지 않았다. 그러나 중국인 원고 사건(해주 중국 선호 구타·치사건)에 대해 중국 관원을 청심관으로 파견하였으나 한국 정부는 한국인 피고를 무혐의 처리하였다. 이러한 상황은 중국인 피고·원고 사건에 대해 중국 관원이 모두 단독 혹은 공동 심판권을 행사하였던 청일전쟁 이전 시기와는 차이를 보인다. 청일전쟁 이후 한국 측은 한국인 피고 사건(해주 중국 선호 구타·치사건)에 대해 무혐의를 입증하여 피고를 석방하였다. 한국인 원고 사건(강녀 명안)에 대해서는 결과적으로 중국 관원의 거부로 재판이 열리지는 않았지만 중국 관원에게 적극적으로 회심을 요청하였다. 한국 정부의 이와 같은 대응은 조선인 피고 사건을 중국 관원과 공동 재판하고, 조선인 원고 사건의 일방적 처리 결과에 대해서도 중국 측에 이의를 제기하지 못했던 청일전쟁 이전 시기에는 불가능한 것이었다.

21장

근대 일본의 팽창과 만주*

조명철

1. 머리말

1931년 일본은 만주사변을 일으킴으로써 만주에서 중국의 군벌 세력을 몰아내고 만주를 일본의 실질적인 영토로 확보했다. 물론 만주에는 일본 총독부가 아니라 만주국이 세워졌으나 그것은 일본의 괴뢰 정부로서 내용상 일본의 식민지 통치기관이었다. 만주사변은 메이지 시기부터 대륙 진출을 갈망했던 일본의 세력 팽창에 있어서 커다란 매듭이 지어지는 순간이었다. 당시 중국의 영토에 속하지 않았던 티베트와 신장을 제외하면 만주가 중국의 전 영토에서 차지하는 비중은 엄청난 것이었다. 일본은 만주를 차지함으로써 대만과 한반도를 거쳐 만주에 이르는 광대한 영토와 주변 해양을 동시에 확보한 거대한 제국을 구축했다.

* 이 글은 『동아시아 속의 한일관계사』, 제이앤씨, 2010에 게재된 「근대 일본의 팽창정책과 만주 문제」를 조금 수정하여 전재한 것임.

그럼에도 불구하고 일본의 만주 장악이 완결점으로 보이지 않는 이유는 일본의 대외 침략이 만주에서 멈추지 않고 중국 본토를 타고 내려가 마침내는 동남아시아를 거쳐 미국에 대한 선전포고에 이르기까지 끝없이 확대되었기 때문이다. 이런 이유로 만주사변은 일본 팽창의 종착역이 아니라 잠깐 머물다 떠나는 간이역처럼 보였다. 만약 일본이 만주를 영토 팽창의 종착역으로 삼았다고 한다면 중일전쟁이나 태평양전쟁은 일어나지 않았을 것이다. 왜냐하면 당시 중국은 일본과 전면전을 감당할 만큼 준비되어 있지 못했고 미국에게도 만주를 중국에 되돌려 주기 위해 일본과 전쟁을 해야 할 만큼 절박한 이유가 없었기 때문이다. 하지만 중국 본토는 달랐다. 일본이 중국 본토로 침략을 감행하자 미국은 중국 본토로부터 일본군이 철수해야한다는 주장을 끝까지 포기하지 않았다. 이렇게 발생한 미국과 일본의 대립은 결국 전면전으로까지 이어졌다. 즉, 일본이 미국과의 전쟁을 회피하면서 팽창할 수 있었던 팽창의 종착역은 만주였다.

그렇다면 일본은 언제부터 만주를 자신들의 시야에 놓고 움직이기 시작한 것일까. 만주에 대해 일본은 언제부터 전략적으로 또는 정책적으로 움직이기 시작한 것일까. 일본이 근대국가로 체제를 갖추고 나서 일으킨 두 번의 전쟁(청일전쟁·러일전쟁)은 만주를 직접적으로 겨냥한 전쟁은 아니었지만 결과적으로 만주 문제가 발생하거나 만주가 부분적으로 전쟁의 구실과 원인을 제공한 전쟁이었다. 이 점에 있어서 만주 문제는 근대 일본의 팽창과 분리해서 생각할 수 없다.

여기서는 일본이 만주를 대상으로 팽창 정책을 전개하기 시작한 시기부터 만주 문제가 러시아와 일본 사이의 쟁점으로 부각하는 과정을 간략하게 살펴봄으로써 동아시아 근·현대사에 있어서 일본의 대륙 정책을 재조명하고자 한다.

2. 만주의 경계

현재 중국의 헤이룽강성(黑龍江省)·지린성(吉林省)·랴오닝성(遼寧省) 세 개 성으로 이루어진 둥베이지방은 북쪽으로 시베리아, 동쪽으로 연해주를 경계로 삼고 동남쪽으로 토문강과 압록강을 경계로 한반도와 접해 있다. 만주의 남쪽으로는 황해와 발해만을 접하고 있고 서남쪽으로는 만리장성을 따라 북으로 허베이성(河北省)과 경계를 이루고, 서북쪽으로는 내몽골 자치구와 경계를 이루고 있다. 만주의 총면적은 122만 제곱킬로미터로서 중국 전체 면적의 13퍼센트에 해당한다.

만주는 일본인으로부터는 '만슈'(滿州), 서구인으로부터는 '만츄리아'(Manchuria)로 불렸다. 만주 지역이 지금과 같은 경계선을 갖게 된 것은 19세기 중엽, 청국과 서구 열강의 충돌이 잦아지면서부터였다. 1842년 청국이 아편전쟁에 패하여 영국과 불평등조약을 맺고 청국의 항구가 서구 열강에게 개방될 당시, 러시아는 서구 열강 중에서 유일하게 청국과 국경선을 접하고 있던 관계로 이미 네르친스크조약(1689)과 캐프트조약(1728)을 통하여 청국과의 국경 문제를 정비한 바 있었다. 전자는 헤이룽 강과 오호츠크 해 지역의 국경선을 확정한 조약이고 후자는 육상 무역을 규정하는 조약이었다.

하지만 아편전쟁 이후, 구미 열강의 청국 진출이 활발해지자 기회를 엿보고 있던 러시아는 1851년 헤이룽 강 지역의 국경 문제를 재논의하고자 했다. 처음에 청국은 협상에 응하지 않았지만 1857년 2차 아편전쟁에서 영국과 프랑스에게 패하여 광저우(廣州)가 점령당하자, 중재에 나선 러시아의 도움을 받아들일 수밖에 없었다. 러시아는 중재역으로 수고한 대가로 청국을 협상 테이블로 끌어내는 데 성공했다. 1858년 5월 시베리아 총독 무라비예프는 헤이룽 강 장군 이산(奕山)을 만나 헤이룽 강 지역의 국경 문제를 러시아에 유리하게 해결했다. 이렇게 체결된 것이 아이훈(愛琿)조약이었다.

하지만 같은 시기에 청국은 2차 아편전쟁의 결과 체결한 톈진조약의 비준을 미루고 있어서 아이훈조약의 비준도 이루어지지 않고 있었다. 결국, 1860년 청국과 구미 열강 사이에 다시 전투가 벌어지고 베이징이 영국·프랑스군에게 점령당하는 상황에 이르러서야 청국은 아이훈조약과 톈진조약을 비준해 주었다. 더불어 청국은 새로 베이징조약을 체결해야 했다. 아이훈조약은 모두 3조로 구성되어 있으나 주요 내용을 정리하면 다음과 같다.

1. 헤이룽 강의 좌안은 러시아령(領), 우안은 우수리 강부터 서쪽을 청나라 영토로 하고, 이 강부터 동쪽으로 바다까지를 두 나라가 공동 관리한다.
2. 헤이룽 강 좌안의 만주인 촌락은 청나라가 관할한다.
3. 헤이룽·쑹화(松花)·우수리(烏蘇里) 세 강의 항행은 두 나라의 배로 제한한다.
4. 이 세 강의 연안 주민은 서로 무역을 해도 좋다.[1]

아이훈조약의 제1조에 따르면 우수리 강의 동쪽 지역은 러시아와 청국이 공동 관리하도록 되어 있었지만 1860년 북경이 점령되었을 때, 러시아가 중재자 역할에 대한 보수로서 그 지역을 러시아에 넘겨줄 것을 요구하여 1860년 10월, 청국과 러시아 사이에 베이징조약이 체결되었다. 이처럼 아이훈조약·톈진조약·베이징조약에 의해 만주의 경계가 정해지고 만주의 항구도 서구 열강에게 개방되었다. 앞의 세 조약은 모두 청국이 서구 열강에게 압박을 당하는 곤란한 상황을 이용하여 러시아가 청국으로부터 얻어 낸 전리품과 같은 것들이었다. 물론 아이훈조약이 체결되었다고 해서 바로 러시아와 청국 간의 교역이 증대된 것은 아니었지만 러시아와 청국의 국경은 명확해졌다. 이후 우수리 강 동쪽은 연해주(沿海州)라는 명칭으로 불리게 되었다. 이렇게 해서 연해주 지역은 청국의 영토로부터 제외되었고 현재 만주로 불리는 지역의 경계가 정해졌다.

1_谷雲編, 『中國近大史上的不平等條約』, 香港朝陽出版社, 1976, 31-33쪽.

3. 청일전쟁과 만주 문제

청일전쟁은 1894년 8월 1일, 일본이 청국에 선전포고한 이후 일방적으로 진행되어 9월에 평양이 일본군에게 점령되었고 10월에는 랴오둥 반도에 상륙한 일본군이 진격을 거듭하여 11월에 다리엔(大連)과 뤼순(旅順)을 점령했고 다음 해 2월에는 일본 육군과 해군이 웨이하이웨이를 협공하여 청국의 주력 함대인 북양 함대를 격파하였다. 만주는 청일전쟁의 원인과는 전혀 무관했지만 일본군이 랴오둥(遼東) 반도로 진입하면서 랴오둥 반도에 대한 일본 정부의 인식에 변화가 생겼다. 즉, 단순한 전투 지역에서 전쟁이 종료되어도 지속적으로 소유하고 싶은 점령 지역으로 성격이 바뀌게 되었다.

전쟁이 만주로 확대되면서 전쟁의 성격이 변질될 것을 우려한 열강은 일찌감치 전쟁 종결을 위한 중재에 나섰다. 실제로 일본군이 만주로 진입하자 10월 8일, 주일 영국 대사는 무쓰(陸奥宗光) 외상을 찾아와 조선의 독립을 열강이 보장하고 청국은 전쟁 배상금을 지불하는 선에서 전쟁을 종식시킬 것을 제안하였다.[2] 일본은 영국의 제안을 정중히 거절하고 만주에서의 작전을 계속 전개했으나 열강의 중재 압력은 계속되었다.

사실 무쓰 외상은 10월 8일, 영국이 종전을 제안한 날, 바로 강화조약의 조건에 대해 기본적인 뼈대를 세웠는데 놀라운 것은 강화조건 속에 청국의 영토인 다리엔·뤼순·대만이 포함되어 있었다는 것이다. 10월 8일은 일본군이 아직 랴오둥 반도를 점령하지 못한 시기였지만 일본 정부는 전쟁이 종결되면 그 지역을 식민지로 지배할 계획을 수립해 놓고 있었다.

그러던 중 11월 26일, 무쓰 외상은 뤼순이 일본군에게 함락되었다는 소식을 듣자 이토 수상에게 서신을 보내어 랴오둥 반도의 점령을 정당화시킬 명

2_『伊藤博文傳』下, 春畝公追頌會, 1940, 140쪽.

분을 신속히 마련하여 대내외에 천명하는 것이 긴요하다고 제언했다.

> 일본이 랴오둥 반도를 점령한 논거, 즉 장차 조선의 독립을 유지하고 청국의 간섭과 침투를 막기 위해서는 바다에서 막을 뿐만 아니라 육지에서도 상당한 방어선을 구축하지 않으면 안 된다고 하는 논거는 가장 공명정대한 구실로서 적어도 제삼자가 수긍할 수 있는 내용이라고 생각됩니다.[3]

무쓰 외상의 서간에서 첫째, 전쟁이 종료되더라도 랴오둥 반도를 계속 소유하려는 일본의 의지를 읽을 수 있다. 둘째, 랴오둥 반도를 장악함으로써 조선에 대한 청국의 침투를 저지시킬 수 있다는 말은 조선에 대한 지배력을 확실히 하기 위해서는 만주에 일본의 방어선, 즉 전초기지를 만들어 놓아야 한다는 것이다. 셋째, 무쓰 외상은 랴오둥 반도의 군사적 가치를 매우 높게 평가하고 있다. 이로써 만주에 일본의 식민지를 설정해 놓아야 한다는 발상이 국정 운영자들에 의해 정책으로 구체화되어 가는 과정을 확인할 수 있다.

이처럼 당시 일본 정부 내에는 랴오둥 반도를 일본의 식민지로 삼아야 한다는 발상이 존재하고 있었다. 일본 정치가의 팽창 욕구는 일본군의 작전 속도보다도 훨씬 빠른 속도로 전개되고 있었다. 팽창의 대상이 한반도를 넘어 만주로 치닫고 있음을 알 수 있다. 전세가 일방적으로 일본에게 유리하게 전개되자 1895년 1월 17일, 일본은 승리를 예상하고 어전회의를 열어 강화조건을 논의하였다. 그리고 그 자리에서 랴오둥 반도의 할양이 최종적으로 채택되었다.

강화회담이 개최되기 전부터 일본이 청국의 영토를 요구하리라는 것은 공공연한 비밀이었다. 특히 러시아는 일본이 만주의 일부를 할양하지 않을까 신경을 곤두세우고 있었다. 실제로 2월 14일, 주일 러시아 공사는 일본 외상

3_『伊藤博文關係文書』 7권, 塙書房, 1979, 311쪽.

을 방문하여 청일 강화 문제에 대해 의견을 나눈 자리에서 대만을 조차지로 하는 데는 이견이 없으나 대륙을 할양하는 것은 바람직하지 못하다는 러시아의 입장을 전달했다. 이에 대해 일본 외상이 수긍하지 않자 러시아 공사는 대륙으로 영토를 확장하려는 일본의 시도에 대해 열강이 반드시 이의를 제기할 것이라고 경고하였다.

한편, 청국은 일본이 강화조건으로 영토 할양을 요구하리라는 사실을 감지하면서도 뚜렷한 대응책을 찾지 못하고 강화협상 테이블로 나왔다. 다만 청국의 전권대사로 일본에 건너온 이홍장(李鴻章)은 4월 1일, 일본 측의 요구사항을 본국에 상세히 보고하면서 이 내용을 은밀히 영국·러시아·프랑스에 알려 줄 것을 상주했다.[4] 청국은 일본의 지나친 강화조건에 대해 강경하게 반발하지는 못했지만 대신에 중요한 정보를 구미 열강에게 노출시킴으로써 서구 열강의 도움을 받고자 했다. 1895년 4월 17일, 랴오둥 반도의 할양이 포함된 시모노세키(下關) 강화조약이 체결되자 불과 6일 만에 러시아·독일·프랑스로부터 이른바 삼국 간섭이 나왔다.

삼국 간섭의 주동자로 지목되는 러시아는 강화조약이 체결되기 6일 전에 일본으로부터 조약 내용을 통지받았다. 러시아는 바로 특별 회의를 열어 대책을 논의했다. 이 자리에서 알렉세이 대공은 러시아가 랴오둥 반도의 할양을 인정해 주는 대가로 조선 연안에서 부동항을 획득하는 방안을 제시했다. 하지만 재상 위테는 이에 반대하면서 "일본이 남만주를 점령하고자 하는 것은 우리에게 위협이다. 그리고 이후에는 전 조선이 일본에 병합될 것이다"고 경고하고 "(일본의) 남만주 점령을 용인할 수 없다는 사실과 우리의 요구 조건을 이행하지 않을 경우에는 우리가 상응하는 수단을 취하지 않으면 안 된다는 사실을 단호하게 선언"할 것을 주장했다.[5] 외상 로마노프(Romanov, P.M.),

4_蔣廷黻編, 『近代中國外交史料輯要』中, 商務印書館, 1959, 574쪽.
5_べ, ア, ロマーノフ, 山下義雄譯 『滿州における露國の利權外國史』, 原書房, 1973, 96-97쪽.

육상(Vannovskii, P.S.) 등 다른 각료들이 이에 찬성하여 특별 회의는 대일 간섭을 실행하기로 결정했다.

러시아는 바로 영국·프랑스·독일에게 공동 간섭을 제의했다. 이에 대해 영국은 러시아의 남하를 저지하기 위해서는 오히려 일본과 우호 관계를 유지는 편이 좋겠다고 판단하여 참가를 보류했지만, 독일과 프랑스는 간섭에 찬성했다. 독일은 러시아의 관심을 동아시아로 향하게 하여 유럽에서 러·불 동맹의 효력을 약화시키고자 하였다. 1895년 4월 23일, 러·불·독 삼국의 주일 공사들은 제각각 외무성으로 가서 외무차관 하야시 다다스(林董)에게 강화조건에서 랴오둥 반도 할양 항목을 철회할 것을 요구하는 각서를 제출했다.

러시아는 간섭의 이유에 대해 "랴오둥 반도를 일본이 소유하게 되면 언제든지 청국의 수도를 위협할 뿐만 아니라 동시에 조선의 독립을 유명무실한 것으로 만들어 장래 동아시아의 영원한 평화를 위해 장애가 될 것이라고 믿는다"고 하여 일본이 랴오둥 반도를 차지하면 청국과 조선의 안보를 동시에 위협하게 된다는 사실을 정확히 지적하면서도 비교적 부드러운 외교적 수사를 사용하였다. 독일과 프랑스의 각서도 대개 비슷한 내용이었는데 독일의 경우 "삼국과의 싸움은 애초부터 일본에게 (승리할) 희망이 없는 것이니 귀국은 이 일에 대해서 양보하지 않을 수 없을 것이다"고 하여 무력행사를 노골적으로 시사하면서 일본에게 압력을 가했다.[6]

항의 각서만 보면 독일이 가장 분량도 많고 강경한 태도를 취한 것으로 보이지만 일본은 삼국 간섭의 주도자가 러시아라는 사실을 간과하지 않았다. 삼국 간섭에 직면한 일본은 다음 날 히로시마(廣島)의 대본영에서 어전회의를 열고 대책을 논의했다. 이 회의에는 병세가 깊어진 무쓰 외상은 불참했다. 이토 수상은 거절 안, 열국회의에서 처리하는 안, 간섭 수용안 등 세 가지 대안

6_『日本外交書』 권28, 2冊, 19쪽.

을 제시했으나 결국 열국회의에서 처리하는 안으로 결론을 내었다. 이토는 "오늘날 삼국 연합의 해군은 말할 것도 없고 러시아 함대만 해도 (일본이) 대항하기에 거의 불가능하다. 때문에 지금은 도저히 제3국과의 화친을 깰 수 없다. 새로 적국을 만드는 것은 결코 득책이 되지 못한다"는 이유를 달았다. 다음 날인 25일, 이토는 요양 중인 무쓰 외상을 찾아가서 어전회의 결과를 알려 주었다. 그러나 무쓰 외상은 어전회의 결과에 반대하며 만약 열국회의가 열리면 "각국이 각자 자기에게 유리한 이익을 주장할 것이 분명하다. 회의의 결과는 반드시 랴오둥 반도에 관련된 일에만 머물지 않을 것이다. …… 이것은 우리가 나서서 구미 열강의 새로운 간섭을 받아들이는 것과 같은 미련한 대책이 될 것이다"고 단언했다.[7]

결국 정부는 무쓰 외상의 의견대로 삼국의 권고를 받아들이기로 방향을 정하고 4월 30일, 각의를 열어 랴오둥 반도를 포기하기로 결정했다. 전부 토해 내는 것이 아쉬웠던 일본은 반환의 대상에서 랴오둥 반도의 요충지인 금주청(金州廳; 뤼순·다리엔·금주를 포함)을 제외시켰다. 그리고 이 내용을 삼국에 통지했다. 하지만 러시아가 즉각 이의를 제기했고 청국도 비준을 연기하려 했기 때문에 일본은 랴오둥 반도 전부를 포기하지 않을 수 없었다.

독일 공사로 나가 있던 강경파 아오키 슈조(青木周藏)는 일본이 무력하게 랴오둥 반도를 반환하는 것에 분개하여 자신에게 독일과 교섭할 수 있도록 전권을 위임해 줄 것을 일본 정부에 호소하면서 랴오둥 반도는 "장차 청을 정벌하고 러시아를 정벌할 때에 전개할 작전의 대전제가 된다"고 하여 어떻게 해서든지 만주에 발판을 마련해야 한다는 점을 강조했다.[8] 아오키 공사의 러시아 정벌 발언은 지나치게 앞서간 느낌이 없지 않지만 그의 예상은 러일전쟁에서 정확하게 적중되었다. 러일전쟁에서 뤼순 공방전은 러·일 간의 최대

7_中塚明校注, 『新頂蹇蹇錄』, 岩波書店, 1983, 306-307쪽.
8_坂根義久校注, 『青木周藏自傳』, 平凡社, 1970, 285쪽.

분수령이 되었다. 일본 정부는 삼국 간섭에 굴복하면서도 랴오둥 반도를 반환하는 대가를 청국에 요구하여 11월 8일, 3천만 량을 받는 조건으로 랴오둥 반도 환부조약에 조인했다.

삼국 간섭으로 일본의 만주 진출은 좌절되었고 만주에서의 근거지를 모두 상실하고 말았다. 그렇다고 만주의 영원한 안전이 보장된 것은 아니었다. 오히려 만주가 열강의 식민지 쟁탈지가 될 수도 있다는 새로운 국면이 조성되었다. 물론 청일전쟁 이후 만주만이 식민지 쟁탈의 대상이 되었던 것은 아니다. 만주에 비해 많은 인구를 보유하고 있어서 시장으로서의 가치가 높은 중국의 다른 지역들, 특히 해안 지역이나 양자강 지역은 청일전쟁 이후 열강의 집중적인 공략의 대상이 되었다.

4. 러시아의 만주 선점

1) 시베리아 철도와 동청철도

청일전쟁을 통해 청국의 허약함이 여실히 드러나자 서구 열강은 청국에 대해 영토 분할 정책을 추진했는데 이것은 실질적으로 식민지화의 초기 단계였다. 서구 열강의 청국 분할 정책은 철도와 항구, 항로와 같이 교통수단을 장악하는 것으로부터 시작되었다. 일찍부터 남하 정책을 추구해 온 러시아는 동아시아에 안전하고도 항구적인 부동항을 확보하는 것이 지상 과제였다. 러시아는 연해주를 얻고 나서 블라디보스토크를 군항으로 개발하기 시작하여 1871년 완성했지만 아쉽게도 겨울철에는 결빙으로 사용할 수 없었다. 동아시아에서 러시아 영토와 근접한 지역에서 부동항을 찾는다면 그 대상은 당연히 한반도와 랴오둥 반도가 될 수밖에 없었다. 러시아가 한반도에서 부동항을 구축하려는 시도는 1885년 4월, 영국이 예방적 차원에서 거문도를 점령함으로써 좌절되었다.

러시아가 동아시아로 진출하는 데 있어서 난제는 부동항만이 아니었다. 특히 유럽에서 동아시아까지 군대를 수송하는 데 18개월이나 소요되었기 때문에 동아시아에서 러시아의 군사력을 강화시키기 위해서는 수송 수단으로서 철도의 건설이 무엇보다 절실했다. 1886년 하바로브스크 총독과 이루크츠크 총독은 황제 알렉산더 3세에게 청원서를 보내 시베리아 철도의 건설을 제언했다. 1887년 러시아 정부도 이 제안을 수용했지만 막대한 비용이 소요되는 대공사라 쉽사리 손을 대지 못했다.

이러던 중 만주에 대한 청국의 움직임이 러시아를 자극하게 되었다. 청국은 1880년부터 직예총독 이홍장을 중심으로 북양함대를 창설하고 프랑스 해군 윌리암 아서의 지휘를 받아 랴오둥 반도의 뤼순에 해군 요새를 건설하기 시작했다. 나아가 1890년, 이홍장은 조선에 대한 영향력을 강화하기 위해 산해관(山海關)에서 지린을 거쳐 혼춘(琿春)에 이르는 관외 철도의 건설을 계획하고 그해 5월, 영국인 철도 기술자 킨더에게 위촉하여 예상 노선을 답사하도록 했다.

이러한 정보를 접수한 러시아는 1891년 2월 서둘러 시베리아 철도 건설 계획을 최종적으로 결정하여 황제의 칙허를 얻어 냈다. 그 해 3월 31일에는 블라디보스토크에서 황태자 니콜라이(Nicholas)가 참석한 가운데 기공식이 열렸다. 블라디보스토크와 서시베리아에서 동시에 착공한 철도의 건설은 1892년 재정대신에 취임한 비테(Witte, S.Iu.)에 의해서 크게 진척되었다. 비테는 뒤처진 러시아의 경제를 서구 열강의 수준에 올려놓기 위해서는 미개척지인 동아시아의 영토와 시장을 러시아의 지배하에 두는 것이 필요하다고 확신했다. 비테는 시베리아 철도야말로 동아시아에서 다른 열강과의 경쟁에서 러시아가 우위를 확보할 수 있는 확실한 수단이라고 보았다.[9] 비테가 재상으로 취임할 시기에 러시아는 독일에 대항해서 프랑스와 동맹을 체결했지만 프랑스로부터 시베리아 철도의 건설 자금을 충분히 확보하지는 못했다. 비테는 부족한 자금을 영국과 독일의 금융시장에서 차관을 얻어 충당할 정도로 시베리아 철도 사업에 매진했다.

시베리아 철도에 대한 일본의 반응은 매우 민감했다. 시베리아 철도에 대한 계획만으로도 일본의 위기감은 충분히 고조되었다. 1890년 초, 시베리아 철도 계획이 일본에 전해지자 일본 정계는 커다란 충격에 휩싸였다. 당시 수상이었던 야마가타 아리토모(山縣有朋)조차 시베리아 철도가 완성되면 러시아가 동아시아를 압박하여 일본의 '이익선인 조선'에서 러·일 간에 분쟁이 발생하고 "동양에서 큰 변동이 일어날" 것이라고 경고했다.[10]

평정심을 상실한 것은 수상뿐만이 아니었다. 외상인 아오키도 "러시아는 이 철도를 이용하여 아무런 방해도 받지 않고 바로 정예군을광활하고 거의 수비도 없는 청국의 국경이나 일본의 코앞에 수송할 수 있게 된다"는 점을 지적하면서 자신이 작성한 문서를 각료들과 육군의 지도층에 보내어 주의를 환기시켰다. 시베리아 철도로 러시아에 대한 경계심은 일부 정치인에 그치지 않고 여론을 통해 일반인에게까지 확대되었다. 1891년, 러시아 황태자가 시베리아 철도 기공식에 참석하기 위해 블라디보트토크로 가던 중에 잠시 일본에 들러 관광을 하다가 테러를 당하여 부상을 입은 오오쓰(大津) 사건은 러시아에 대한 일본의 경계심을 보여 주는 대표적인 사건이었다.

러시아는 1891년 5월부터 시베리아 철도 건설에 들어갔으나 하바로브스크에서 스레텐스크의 구간이 기술적으로 난공사 구간임이 알려지자 그 해결책으로 만주를 관통하여 블라디보스토크에 이르는 노선을 고려하고 있었다. 실제로 1895년 2월 비테 재상은 로마노프 외상에게 만주횡단철도에 대한 건

9_ロマーノフ, 『滿州における露國の利權外國史』, 74-78쪽.
10_大山梓, 『山縣有朋意見書』, 原書房, 1966, 196-197쪽.

설 계획을 정식으로 제안했다. 그해 11월에 러시아 황제는 비테의 제안을 허가하여 1896년 4월, 북경 주재 러시아 공사 카시니에게 만주횡단철도의 승인을 청국에 요청하도록 했으나 청국은 자체 계획이 있다는 이유로 러시아의 요구를 거절했다.

재상 비테는 난공사 지역을 거쳐야 하는 철도 공사의 어려움을 해소하는 비용 절감책으로 만주횡단철도를 제안했지만 이 철도의 정치·군사적 의미에 대해서 무지했던 것은 아니었다.

이 철도는 러시아에게 블라디보스토크로의 병력 수송의 기회를 제공해 준다는 점에서 정치적·전략적 중요성을 지니고 있다. 그것도 언제든지, 최단 노선으로 러시아의 병력을 황해에 연한 만주로 그리고 청국 수도 가까이에 집중시키는 데 중요한 역할을 하게 될 것이다. 위 지역에 상당 규모의 러시아 병력이 출현할 수도 있다는 가능성만으로도 청국뿐만 아니라 동아시아 어디에서나 러시아의 국위와 영향력을 대폭 증강시켜 줄 것이다.[11]

비테는 만주를 관통하는 철도가 병력 수송에 이용될 때에 만주에 대한 군사적 영향력은 물론 북경을 압박할 수 있다는 사실까지 명확하게 인식하고 있었다. 만주횡단철도의 부설권에 대한 표면적인 명분은 철도 건설 비용의 절감이었지만 그 배후에는 만주에 대한 주도권을 장악하려는 노림수가 있었다. 청국 정부는 만주횡단철도의 군사적 이용이 초래할 결과에 대해 숙지하고 있었기 때문에 자체의 건설 계획을 핑계로 러시아의 요구를 거절했던 것인데 그렇다고 만주에 철도를 건설할 정도로 재정적인 여유를 갖고 있지도 못했다.

이에 비해 러시아는 만주횡단철도 문제를 조기에 타결하고 싶어 했다. 일례로 청국이 니콜라이 2세의 대관식에 호북포정사 왕지춘(王之春)을 파견하

11_말로제모프, 『러시아의 동아시아 정책』, 지식산업사, 2002, 119쪽.

려고 했을 때, 러시아 정부는 외교적 결례를 무릅쓰고 왕지춘을 반대하고 대신에 이홍장을 지명했다. 러시아 정부는 이홍장과 같은 거물을 안방으로 불러들여 러·청 간의 현안(만주횡단철도 문제)을 러시아의 의도대로 타결짓고자 했다.

1896년 5월 초부터 비테는 페테르부르크에서 이홍장 일행과 만주횡단철도를 놓고 협상을 시작했다. 비테는 일본을 방어하기 위한 군사동맹을 떡밥으로 주면서 만주횡단철도의 부설권을 집요하게 요구했다. 비테는 처음부터 만주횡단철도와 이 철도에서 랴오둥 반도로 뻗어 나오는 지선을 모두 요구했다. 이 작업을 위해 비테는 이홍장에게 성공 보수로서 300만 루블의 커미션을 약속했다고도 한다. 이홍장으로서는 러시아의 파상 공세에 밀려 랴오둥 반도를 거쳐 황해에 이르는 지선의 요구를 거절하는 것이 전부였다. 결국 한 달 간의 협상 끝에 6월 3일, 이홍장은 러·청 비밀군사동맹을 맺으면서 그 넷째 조항에 만주횡단철도에 대한 조항을 넣었다.

러시아군이 침략받을 우려가 있는 지점에 도달하는 것을 용이하도록 하기 위해 또 저항 수단을 확보하기 위해 청국은 헤이룽 강성 및 지린성을 횡단하여 블라디보스토크에 이르는 철도의 건설에 동의하고 철도의 건설 및 운영의 권리를 러청 은행에 제공한다.[12]

만주를 관통하는 동청철도는 형식상 러·청 비밀군사동맹의 부산물처럼 보이지만 사실은 이것이 비밀군사동맹의 핵심이었다. 왜냐하면 이후 러·청 비밀군사동맹의 다른 내용들은 성실히 지켜지지 않았던 반면에 동청철도에 대한 규정만이 실현되었기 때문이다. 그럼에도 불구하고 이홍장은 "이 조약으로 인해 앞으로 20년간 중국은 안전할 것"이라고 자랑했다고 한다. 청국 측이 러·청 비밀군사동맹에 크게 기대하고 있었던 것은 1898년 초에 러시아가

12_外務省條約局編, 『英米佛露ノ各國ト支那國間ノ條約』, 1924, 2104-2105쪽.

뤼순 항구를 조차할 때, 커다란 배신감을 느꼈다는 사실에서도 쉽게 알 수 있다. 러시아는 동청철도를 신속히 진행시키기 위해 1896년 9월 8일, 동청철도회사 설립에 관한 계약을 체결하였다.[13] 그해 12월 말, 일본 정부는 동청철도회사 정관을 입수하는 데 성공하지만 러·청 비밀군사동맹의 실체는 끝내 파악하지 못하고 해를 넘겨야 했다.

이로써 러시아는 아무르 강을 우회할 필요 없이 치타에서 만주 북부를 관통하여 블라디보스토크에 이르는 지름길을 확보할 수 있게 되었다. 1897년 3월에 설립된 동청 철도 주식회사는 1년 뒤인 1898년 5월부터 하얼빈에서 양방향으로 철도 건설을 개시하였다. 철도의 부설권은 기본적으로 경제적 이권에 속하지만 동청철도의 경우는 군사 전략적 가치가 워낙 크기 때문에 러시아는 동청철도에 대한 부설권의 획득으로 만주에 대한 지배력을 비약적으로 강화할 수 있었다.

러시아의 세력이 철도를 타고 만주까지 남하하자 일본은 긴장하지 않을 수 없었다. 한국을 일본의 이익선으로 설정해 놓고 있었기 때문에 러시아의 남하가 한국에 대한 일본의 독점적 지위를 위협할 수 있다고 본 것이다. 일본이 러시아의 만주 진출을 한국 지배에 대한 심각한 위협으로 인식하게 되면서 이른바 만주 문제는 출발한다.

2) 러시아의 뤼순 장악

1896년이 러시아가 동청철도의 부설권을 획득함으로써 만주에서의 지배력을 비약적으로 강화시킨 한 해였다고 하면 1897년은 청국이 만주의 관문

13_『英米佛露ノ各國ト支那國間ノ條約』, 1982쪽.

이라고 할 수 있는 랴오둥 반도를 지키기 위해서 나름대로 고심한 한 해였다고 할 수 있다. 이홍장은 러시아가 동청철도로부터 랴오둥 반도로 뻗는 지선의 부설권을 장악하지 못하게 하려고 자체적으로 철도 부설 계획을 추진하였다. 때문에 이홍장은 1897년 3월 러시아가 동청철도의 지선의 부설권을 요구하자 단호하게 거절하였다. 이홍장은 러시아의 외교적 방해에도 불구하고 남만주 개발의 주도권을 장악하고자 노력하였으나 이러한 모든 노력은 1897년 11월, 독일이 교주만을 점령함으로써 수포로 돌아가고 말았다. 왜냐하면 독일의 교주만 점령이 러시아의 뤼순 장악을 자극했기 때문이다.

1897년 11월 1일, 산둥반도에서 두 명의 자국 선교사가 살해당하자 독일은 불과 6일 뒤인 11월 7일 자우저우(膠州)만의 점령을 독일 함대에게 명령하였다. 이처럼 신속한 군사행동은 독일이 이전부터 교주만을 노리고 있었다는 사실을 방증하는 것이라고 할 수 있다. 1897년 11월 13일 상해에 성박 중인 독일 함대 세 척이 교주만으로 진입하여 별다른 저항 없이 교주만의 포대와 항만을 점령했다. 동시에 칭다오(靑島)를 독일의 관할하에 둘 것을 선언했다. 그해 12월, 독일은 청국에게 교주만의 조차를 요구하고 나섰다. 독일은 다음해 3월, 교주만 조차조약을 체결하여 교주만 반경 50킬로미터를 99년간 조차하는 데 성공하였다.

무력을 배경으로 한 독일의 칭다오 점령은 물리력 행사를 자제해 왔던 서구 열강의 인내심을 단번에 무너뜨렸다. 독일이 1897년 12월, 청국에 교주만의 조차를 요구하고 나서자, 러시아는 12월 15일에 자국의 함대를 뤼순 항구로 파견했다. 러시아는 영국이 뤼순과 다리엔을 점령하는 것을 예방하기 위한 우정 어린 조치라는 구실을 달면서 사태의 추이를 관망하고 있었다. 독일이 1898년 3월 6일, 교주만 조차에 성공하자 러시아도 뒤질세라 뤼순과 다이렌 두 항구의 조차와 더불어 동청철도와 뤼순 간의 철도 지선의 부설권을 요구했다. 러시아의 요구는 3월이 가기 전에 관철되어 랴오둥 반도 조차조약이 체결되었다.

러시아는 추가적인 조약들을 통해 뤼순항을 군항으로, 다리엔을 무역항으로 삼았다. 물론 조약에 따르면 군항인 뤼순항을 출입할 수 있는 것은 러시아와 청국 함대뿐이었다. 또한 조차지의 주변 60마일까지 중립 지역으로 설정하고 그 지역의 철도 부설권과 광산 채굴권을 러시아가 독점할 뿐만 아니라 그 지역으로 청국 군대가 진입할 경우 러시아의 동의를 받도록 했다.

이러한 조항은 굴욕적인 차원을 넘어서 조차지를 중심으로 식민지가 형성될 수 있는 환경이 조성되었음을 의미했다. 1898년에 들어서면서부터 청국 전역에서 전개된 서구 열강의 노골적인 영토 침탈은 만주에서도 전형적으로 나타나고 있었고 그 중심에 러시아가 있었다. 러시아의 뤼순, 다리엔 항구 조차는 동청철도라는 이권을 내어 주면서 얻어 낸 러·청 비밀군사동맹을 방패막이로 랴오둥 반도를 지키고자 했던 청국에 커다란 배심감을 안겨 주었다.

이번에는 영국이 가만있지 않았다. 영국은 그해 6월, 홍콩 섬에 머물렀던 조차 지역을 구룽(九龍)반도 전체로 확대하고 조차 기간도 그 때부터 99년으로 변경하였다. 다음 달에는 랴오둥 반도를 조차한 러시아를 견제하기 위해 산둥(山東) 반도의 웨이하이웨이(威海衛)를 조차하면서 러시아가 뤼순을 점령하고 있는 한 영국은 웨이하이웨이를 포기하지 않을 것이라는 점을 분명히 했다. 그해 11월에는 프랑스도 광조우만(廣州灣)에 대한 99년간의 조차조약을 맺었다. 서구 열강은 청국의 주요 항구들을 거침없이 잠식해 갔지만 청국은 서구 열강의 파상적인 공세를 저지하기에는 역부족이었다.

이상에서 본 바와 같이 1898년, 청국의 영토는 실질적으로 분할되어 가고 있었다. 분할의 방식도 실력 행사를 앞세운 전형적인 제국주의 방식으로 진행되었다. 열강의 중국 분할 정책은 조차지를 획득한 후 주변의 광산 채굴권과 공장 설립, 철도 부설권 등으로 확대되었다. 결과적으로 조차지를 중심으로 중국 내에서 열강의 세력권이 구축되는 상황이 전개되었다. 만주 지역은 러시아가, 산둥·허난(河南) 지역은 독일이, 산시(山西)·스촨(四川) 지역은 영국과 프랑스가, 구이저우(貴州)·광시·윈난 지역은 프랑스가 각각 장악해 나갔다.

주목할 것은 이 시기 서구 열강의 노골적 침략 행위는 일차적으로 청일전쟁에 패함으로써 드러난 청국의 허약성에 기인하고 있지만 반드시 모든 원인이 청국에만 있었던 것은 아니었다. 중국 분할과 무관하게 세계 각지에서는 이미 구미 열강의 제국주의적 팽창과 식민지 쟁탈전이 전개되고 있었다. 예를 들어 필리핀은 그 지배권을 놓고 1898년 미국과 스페인이 전쟁을 벌여 스페인의 식민지에서 미국의 보호국으로 바뀌었다. 태평양 지역에서는 이미 영국이 보르네오 북부와 뉴기니 동부, 솔로몬을 영유하였고 프랑스는 타히티 섬과 뉴칼레도니아 섬을 획득하고 독일도 마셜제도와 비스마르크제도를 장악했다.

따라서 중국 분할은 당시 전 세계적으로 진행되고 있던 제국주의의 식민지 쟁탈의 연장선에 있었다. 거꾸로 보면 세계 각지에서 식민지 확보 경쟁이 고조되는 가운데 청일전쟁 후 거대한 영토의 보존 능력이 의심되는 중국이 서구 열강의 사냥감으로 부상되기 시작했다고 볼 수도 있다.

5. 러·일의 대립과 만주 문제

1900년 봄부터 거세게 일기 시작한 의화단 세력의 배외 운동은 청국 정부의 비호 속에 확대되더니 결국 북경을 포위하기에 이르렀다. 북경 주재 서구 열강의 공사관은 의화단 세력에 의해 완전히 고립되었고 외부와 연락이 두절된 채로 두 달가량 의화단 세력과 청국 정부의 공격을 막아내야 했다. 이 초유의 사태로 인해 청국 전역은 치안 부재의 상황이 연출되었다. 이른바 의화단 사건이 발생한 것이다.

의화단 사건은 만주 문제가 동북아의 민감한 외교 현안으로 부상하는 계기를 만들어 주었다. 왜냐하면 만주에서 의화단 세력과 청국 정부의 군대가 러시아가 부설한 철도를 공격하기 시작했기 때문이었다.

의화단에 대한 원조를 의미하는 6월 8일자 청조정의 명령은 6월 18일 봉천(奉天)에 도착하자 동원령이 발동되고 봉천 군대는 남만주 철도 지선인 봉천·요양(遼陽)·철령(鐵嶺) 등 주요 도시를 공격하고 철도를 파괴하기에 이르렀다. 지린성 군대는 같은 달 하순 하얼빈 보호를 위해 출동하지만 장군 장순(長順)의 뜻에 반하여 철도를 파괴하기에 이르렀다.[14]

철도를 공격당한 러시아는 만주 전역에 걸쳐서 군사작전을 전개했고 얼마 지나지 않아 만주의 주요 지역을 군사점령하기에 이르렀다. 애초의 명분은 철도 설비와 인원을 보호하기 위한 불가피한 조치였다고 하지만 군사행동이 확대됨에 따라서 러시아군은 각지에서 치안과 행정까지 장악하기에 이르렀다. 우장(牛莊)의 경우 일반 행정은 물론 관세까지 장악하여 일찌감치 식민지적인 정책이 시행되기도 했다.

만주에 대한 러시아의 군사행동을 가장 민감하게 받아들이고 가장 강력하게 반응한 국가는 일본이었다. 일본의 외교 라인은 즉시 움직였다. 일본 정부의 대응은 크게 두 가지로 나누어 정리할 수 있다. 첫째는 러시아의 만주 점령이 기정사실로 굳어지기 전에 한국과 만주를 놓고 러시아와 흥정하는 이른바 '만한교환론'(滿韓交換論)이었다. 둘째는 '만한교환론'이 러시아에 의해 거부당한 후, 일본 정부가 만주로부터 러시아의 세력을 철수시키기 위해 취한 '만한불가분론'이었다. 놀랍게도 일본은 만주의 러시아 영토화를 저지하기 위해 영일동맹을 체결하는 등 일전을 불사하는 '만한불가분론'의 태도로 나왔다.

14_外務省編, 『日露交涉史』, 原書房, 1967, 312쪽.

의화단 사건의 발발과 함께 일본 외무성은 러시아의 움직임을 예의 주시했다. 가장 먼저 반응을 보인 것은 1899년 6월 한국에 부임한 하야시 곤스케(林權助) 공사였다. 주한 일본 공사로 부임하여 러시아의 마산포 토지 매입 기도를 저지시킨 하야시 공사는 청국에서 의화단 사건이 일어나자 7월 5일, 자신의 의견을 외무대신 아오키 슈조(靑木周藏)에게 상신하였다.

> 우선 첫째 상시로 군함을 인천항에 두어서 발해만과의 연락을 취하고(만주 및 상해의 전선은 언제 단절될지 알 수 없고 또 그러한 경우에 天津과 仁川 사이에 첩보선을 왕복시키는 것이 필요하게 됨) 나아가 전적으로 우리의 병참근거지로 삼는 것도 가능하다. 이렇게 되면 세상의 이목을 끌지 않고 단번에 서울 이남은 자연히 우리 세력권으로 귀속하게 되리라고 생각된다.[15]

하야시 공사의 의견서는 일본 정부가 영국의 출병 요청에 대해 결론을 내리기도 전에 제출되었다. 이 의견서에서 하야시 공사는 세계의 시선이 북경에 쏠리고 있는 틈을 이용하여 일본이 군함을 동원하여 인천을 점령해야 한다고 주장했다. 만약 일본이 인천을 장악하면 서울 이남의 지역은 자연히 일본의 세력권으로 귀속될 것이라는 논지였다.

하야시 공사의 생각은 러시아가 군대를 동원하여 만주를 점령하려는 상황에 대해 일본도 늦기 전에 군사력을 동원하여 한국의 요충지를 선점해야 한다는 것이었다. 러시아가 만주에 생성시킨 지배력과 동일한 영향력을 일본이 한국에서 만들어 내지 않으면 안 된다는 발상은 러시아가 만주를 차지하면 일본은 한국을 차지해야 한다는 발상이다. 기본적으로 만한교환론적인 발상이라고 할 수 있다.

하야시의 경우는 한반도 전부를 대상으로 삼지는 않았지만 만주에 생성

15_『日本外交文書』 권33, 北靑事變中, 380쪽.

된 러시아의 이익과 같은 이익을 일본이 한반도 내에 확보하고 있어야 "(일본이) 평양·원산 이북에 군대를 주둔시키지 않겠다는 조건을 러시아 측에 제의할 수 있다. 만약 그 타이밍이 적절하다면 그들도 역시 수긍하지 않을 수 없다"는 계산을 하고 있었다. 즉, 대등하고 동질적인 이익이 있어야 양자 사이에 상호 인정과 교환이 가능하다는 논리였다.

한국에서의 강력한 지배력을 확보하기 위해 서둘러 인천을 점령해야 한다는 하야시의 과격한 주장은 물론 실행되지 않았다. 당시 야마가타 수상조차도 "이번 기회(의화단 사건)를 틈타 조선을 점령하고 러시아의 남하를 미연에 막아야 한다"는 강경론은 러·프·독과 전쟁을 벌이자는 것과 같다고 하여 한국에 대한 군사행동을 일축했다.[16] 하야시는 만한교환론의 입장에 서있었지만 교환이 가능한 조건을 갖추기 위해서는 군사행동도 불사해야 한다는 점에서 급진적인 강경론자였다.

비슷한 시기에 하야시 공사와는 달리 과격한 수단을 동원하지 않고 만한교환론을 실현시키려는 제안이 나타났다. 러시아 주재 일본 공사 고무라 주타로(小村壽太郎)는 7월 22일, 만주에서 러시아의 군사작전이 전개되는 상황에서 다음과 같은 대안을 주장했다.

> 다른 열강은 한국에 중대한 이해를 갖고 있지 않기 때문에 한국 문제는 다른 열강과는 관계가 없고 러일 간에 처리해야 할 문제로서 지금이 안전하고 항구적인 기반 위에서 러시아와 합의를 도출해 낼 절호의 기회라고 보인다. 러시아의 만주 점령은 결국 기정사실로 굳어지고 또 러시아와의 충돌 가능성은 한국에서 일본의 산업상의 진출을 후퇴시킨다고 생각되는바, 추구해야 할 최선의 길은 세력 범위를 정하자고 제안하는 것이다. 즉, 러일 양국은 각각 한국 및 만주에서 자유 수단을 보유하고 각자의 세력 범위 내에서 상호 통상의 자유를 보장하는 것이다.[17]

16_大山梓, 『山縣有朋意見書』, 原書房, 1966, 262-263쪽.

고무라 공사는 만주가 러시아의 세력권으로 굳어지기 전에 일본은 만주와 한국을 놓고 러시아와 흥정해야 한다는 만한교환론을 들고 나왔다. 즉, 일본이 만주를 러시아 세력권으로 인정해 주는 조건으로 러시아도 한국을 일본의 세력권으로 인정해주면 일본은 러시아가 만주에서 했던 것처럼 한국에서 군사행동의 자유를 누리겠다는 것이다. 이처럼 고무라는 러·일이 만주와 한국을 서로의 세력권으로 교차 승인함으로써 '자유 수단'이라는 강력한 지배력이 생겨날 수 있다는 점을 강조했다. 만약 러시아가 동의하여 한국과 만주의 맞교환이 이루어진다면 일본은 손쉽게 한국을 자신들의 보호국으로 만들 수 있었다.

일본 정부도 7월 26일, 고무라 공사에게 즉각 러시아와 협상에 착수하도록 지시했다. 고무라 공사는 그달 29일, 러시아의 람스도르프(Lamsdorf, V.N.) 외상과 회담했으나 긍정적인 반응을 얻지 못했다. 그 후에도 고무라 공사는 만한교환론을 러시아 정부에 제의했으나 성공하지 못했다. 러시아로서는 만주에서 군사작전을 전개한 초기였기 때문에 일본의 제안에 선뜻 응하기 어려웠을 것이다. 무엇보다도 러시아의 군사점령을 통해 발생하는 이익은 한국에서 일본이 갖고 있는 상업적 이익에 비하면 훨씬 강력했기 때문이었다.

고무라 공사는 1898년 봄, 한국에서 러시아와 일본이 니시·로젠 협정을 맺을 당시부터 만한교환론을 강력하게 주장해 왔다. 고무라 공사는 러시아 정부의 부정적인 반응에도 불구하고 러시아의 만주 점령이 거의 끝난 1900년 10월 2일 얄타까지 가서 비테 재상과 회담했다. 그 자리에서도 고무라는 만한교환론으로 비테 재상을 설득하였다. 고무라는 현재 '한국에서 최대의 이익을 보유'하고 있는 일본과 '최근 만주에서 대단히 막대한 이익을 설정해 놓고' 있는 러시아가 '서로 그 중대한 이익을 보호'하는 협상을 맺는 것이 '쌍

17_『日本外交文書』권33, 699쪽.

방의 이익'이 된다고 역설했다.[18]

고무라 공사의 논리 정연한 제안에도 불구하고 비테 재상은 '한국의 독립과 보전'을 해치는 어떠한 협상도 반대한다고 못 박으면서 고무라의 만한교환론을 일축하였다.[19] 고무라 공사의 만한교환론이 실현되었을 때, 러시아와 일본이 만주와 한국에서 확보하게 될 이른바 '자유 수단'을 러시아는 이미 군사점령을 통해 획득했기 때문에 굳이 만한교환론을 수용할 이유가 없었다.

어째든 의화단 사건을 계기로 만주 문제는 한국 문제와 연계되어 복잡한 양상을 띠기 시작했다. 특히 일본은 만주 문제를 한국 문제와 연계시켜 풀어내려고 했다. 하지만 일본 정부가 생각하는 만한교환론은 러시아와 일본이 만주와 한국에서 확보하고 있는 이익의 성격이 동일하지 않았기 때문에 쌍방이 교차승인하거나 맞교환할 수 없었다. 그럼에도 불구하고 일본은 만주 문제를 한국 문제와 분리시켜 대응하지 않고 오히려 하나의 문제로 엮어서 일괄 처리하고자 했다.

6. 맺음말

동아시아에서 청국이 서구 열강에게 순수한 상품 시장이 아니라 식민지 또는 조차지로서 영토 침탈의 대상으로 인식되기 시작한 것은 역시 청일전쟁 이후부터였다. 청일전쟁을 통해 청국의 허약함이 여실히 드러나자 서구 열강은 청국에 대해 영토 분할 정책을 추진했고 이것은 실질적으로 식민지화의 초기 단계였다. 서구 열강의 대청국 분할 정책은 철도와 항구, 항로와 같이

18_『日韓外交資料集成』 권8, 406-407쪽.

19_外務省編, 『小村外交史』上, 1953, 91-92쪽.

교통수단을 장악하는 것으로부터 시작되었다. 만주 지역은 남하 정책을 추구해 온 러시아가 가장 관심을 갖는 지역이기도 했다. 러시아는 만주의 관문인 뤼순을 조차하고 만주를 관통하는 동청철도의 부설권을 얻어 냄으로써 어느 열강보다도 랴오둥 반도와 만주에 대해 유리한 위치를 점할 수 있게 되었다.

러시아의 세력이 만주까지 남하하자 일본은 긴장하지 않을 수 없었다. 한국을 일본의 이익선으로 설정해 놓고 있었기 때문에 러시아의 남하가 한국에 대한 일본의 독점적 지위를 위협할 수 있다고 본 것이다.

러시아의 만주에 대한 영향력 강화가 일본의 한국 지배에 대한 심각한 위협으로 인식하게 되면서 이른바 만주 문제는 출발한다. 청일전쟁 후 만주에 대한 이권을 획득하는 단계에서는 러시아가 일본에 비해 앞서 갔다. 일본은 조선에서조차 러시아를 압도하기 힘들었다. 반면에, 러시아는 동청철도의 부설권과 뤼순을 획득함으로써 만주에서의 지배력을 강화시켜 나갔다.

의화단 사건을 통해서 만주 문제는 러시아와 일본 사이에 첨예화한 현안이 되었을 때, 일본은 만주 문제에 대해 협상력을 높일 수 있는 논리로서 만한교환론을 갖고 나왔다. 러시아는 만주 문제와 한국 문제를 분리해서 처리하고 싶어 했지만 일본은 집요하게 만주 문제와 한국 문제를 하나의 문제로 묶어서 처리하고자 했다. 이후 만주 문제는 러일전쟁에 이르기까지 한국 문제와 연계된 만한 문제로 다루어지게 된다. 만주 문제가 한국 문제와 연계되어 만한교환론이 등장하는 과정에 대한 이해가 없이는 당시 한국영세중립국안이 왜 등장하게 되었는가를 정확히 파악할 수 없다. 이 점에 있어서 만한교환론에 대한 보다 정확한 규명이 필요하다.

| 4부 |

동아시아(상호) 인식과 담론

22장
최치원 저술에 보이는 동아시아적 문화 교류

김복순

1. 머리말

최치원(857-?)의 저술은 한국 고대사 연구에 있어 매우 큰 비중을 차지하고 있다. 그것은 자료가 귀한 한국 고대사 연구에 풍부한 사료를 제공해 주었다는 이유와 함께, 그가 당나라와 신라에서 문한(文翰)이었던 까닭에 그의 저술은 자연 국제성을 띠게 되어, 신라와 당을 중심으로 한 동아시아적 문화 교류의 이해에 크게 도움을 주고 있기 때문이다. 또한 국제인으로서의 그의 행보가 오늘날의 상황과 잘 맞아진 까닭도 있어 보인다. 이에, 그에 관한 연구사를 정리한 논고만도 수편에 이를 정도이다.

이 글은 최치원 저술과 그의 행보에 나타난 국제성을 동아시아적 문화 교류의 측면에서 살펴본 것이다. 우선 최치원에 관한 연구사를 정리하여, 연구 시각이 변화된 내용을 보고, 다음으로 그의 생애에 관한 쟁점 사항을 중심으로 논하여서 그의 인식이 국제적인 감각을 가지게 되는 배경으로 삼으려 한다.

그 다음으로는 그의 저술에 보이는 동아시아적 문화 교류에 관해 언급해 보려 한다. 이는 그가 재당 시절 문인들과의 교류를 활발히 하였을 뿐 아니라, 귀국하면서 중국 황제의 사신 자격으로 오고, 신라에서 중국에 보내는 외교 문서를 전담하다시피 하면서 동아시아적 문화 교류의 측면이 여러 부분에서 나타나고 있기 때문이다. 또한 그는 당의 문화를 신라에 이식한 부분도 있고, 자신의 저술을 통해 신라 문화를 당에 알린 측면도 있다.

마지막으로 그의 인식에 나타난 국제성에 관한 것이다. 그는 신라인으로 중국과 함께 주변국으로서의 발해를 인식하고 있었고, 멀리 기자조선과 삼한에 대한 그의 견해를 가지고 있었다. 유학자였지만 삼교혼융적(三教混融的) 인식이 있었고 특히 효선쌍미적(孝善雙美的) 측면이 보인다는 점이다. 그뿐만 아니라 중국 중심의 세계관 특히 당 중심의 세계관을 가지고 저술한 점을 특기할 수 있다. 이러한 그의 인식은 고려와 조선조의 유학자에까지 큰 영향을 끼쳤다는 점이다. 이 글에서는 기존의 논의 가운데 쟁점이 될 만한 문제들을 중심으로 살펴보고자 한다.

2. 최치원을 보는 연구 시각의 변화

최치원은 당 유학생으로 중국에서 사환을 하고 신라에 돌아와 경륜을 펼치려다가 실패한 정치인의 표상으로, 이우성은 그가 남북국시대에 시대성을 읽지 못한 인물로 주목한 바 있다.

하지만 그는 천부적인 문인으로서의 재질을 가지고 있었다. 어느 곳에 가든지 어떤 상황에 처하든지 간에 자신의 의지대로, 혹은 왕명 내지 왕실, 또는 친우의 부탁으로 많은 문학작품들을 남겨 놓았다. 그에게 늘 따라붙는 동국의 문종(文宗)이라는 별호는 사실상 가장 적합한 호칭이라고 할 수 있다. 때문에 1960년대와 1970년대에는 문학과 철학 방면에서 그에 대한 고구(考究)가 있었다.

역사학에서 최치원을 부각시킨 것은 1970년대 최병헌이 최치원의 '사산비명'(四山碑銘)을 중심으로 한 신라하대 선종 9산문에 대한 연구를 내놓으면서부터이다. 이 논문은 최치원 연구에 전기가 된 논고로, 신라하대 육두품과 선사들의 활동이 나말여초의 변혁 세력인 호족과 관련이 있다는 것을 밝혀주었는데, 후속으로 몇 편의 논고가 더 나오기도 하였다. 김두진 역시 비슷한 시기에 최치원의 사산비명 가운데 하나인 「낭혜화상비」에 주목하여 신라하대 변화상과 호족과의 관계를 밝혔다.

이들에 의해 촉발된 최치원 저술의 활용은 다음과 같은 두 가지 양태의 연구 활동을 낳게 하였다.

하나는 최치원의 저술과 기타 보조 자료를 활용하여 신라하대 고려 초의 변화상을 고구한 논고들이고(이기동·최병헌·김두진), 다른 하나는 최치원의 사산비명을 비롯한 신라하대 육두품 유학자들이 찬술한 선사비명에 관심을 가지 정리한 역주서의 양산이다(이지관 편, 한국고대사연구회 편, 한국역사연구회 편).

전자의 경우 신라 말~고려 초의 정치적 상황과 사회적 변화상을 밝히는데 최치원 자료의 활용은 결정적인 역할을 하였고, 후자의 경우 최치원 저술의 번역 성과를 이루어 역사학에서뿐 아니라 철학·조경·서예 등 여러 부문에서 활용이 이루어졌다. 즉, 신라불교사 연구의 활성화, 최치원의 역사 인식, 3교 융합에 대한 연구, 포석정이나 석각 등에도 관심을 가지게 된 것이다.

1992년 중국의 개혁개방으로 중국 방문이 자유로워지자 한중 관계사에 관심이 쏠리게 되었다. 한국 고대사의 경우 유학승과 유학생, 사신단의 여정, 신라방과 신라소 등 중국 내 관련 유적지에 관한 논문들이 나오게 되었다. 최치원과 최언위, 원측(圓測)과 승랑(僧朗), 무상(無相) 연구의 활성화, 의상과 자장, 원광 등 중국 유학승에 대한 논고가 줄을 이었다.

중국은 정부 차원에서 이를 활용하였는데, 1998년 처음 우이현에서 열린

학술회의에서 최치원을 주요 주제로 다루었고, 2000년 최씨 문중이 주동이 되어 율수현에 최치원 동상을 세우기도 하였다. 그리고 2001년 양주에 최치원기념관을 만들면서 한중국제학술회의를 열어 최치원을 중심 주제로 부각시킨 바 있다.

한편 최치원을 중심으로 한 박사 학위 논문들이 나왔는데, 이재운·이구의·최영성·당은평(党銀平)·장일규 등의 논문이다. 또한 최치원 저술을 활용한 논문으로는 조인성·김복순·곽승훈·이현숙·황선영·김영미·남동신·조범환 등의 논고가 있다. 이들의 연구 내용은 본문 중에서 자주 언급하게 될 것이므로, 구체적인 내용은 생략하도록 하겠다.

이상의 내용을 정리해 보자면, 최치원에 관한 연구는 개인의 정치적 영달의 실패라는 인식에서부터 출발하여, 그의 저술이 가지고 있는 사료적 가치가 주목을 끌면서 논문의 자료로 적극 활용되는 단계를 넘어, 그의 역사 인식이 새롭게 조명되고 있다.

3. 국제성 형성의 배경

최치원이 동아시아의 국제적인 인물로서 형성되는 배경은 그의 생애에 드러난 다음과 같은 쟁점을 통해 알아보고자 한다.

첫째, 그는 당 유학생으로 당나라의 빈공진사가 된 인물이라는 점이다.[1]

1_최치원은 12세인 869년(경문왕 9)에 국비 유학생인 국자(國子)로 선발되어 당에 유학한 조기 유학생이다. 그의 아버지 최견일이 당나라로 떠나는 어린 아들에게 10년 안에 급제하지 못한다면 나의 아들이 아니라고 할 정도로 그에 대한 신망이 높았다고 할 수 있다. 그는 숙위 학생으로 국자감에서 수학한 지 6년 만인 874년에 지공거 예부시랑 배찬하에서 진사로 급제하였다. 그는 남들보다 열 배(人百己千)의 노력을 경주하였는데, 주로 유교경전과 『문선』 등을 고구하였다. 그의

그가 당나라로 유학을 가는 과정에서부터 급제를 하기까지에는 두 가지 쟁점이 있다. 하나는 그가 사비(私費)로 유학을 간 것인지 국비(國費)로 간 것인지에 대한 논의이다. 신형식은 신라 숙위학생 연구에서 최치원이 사비로 유학을 간 것으로 보았고, 이후의 연구자들도 대개 이를 따랐다. 이 문제는 전미희가 경문왕대의 '능관인'(能官人) 정책을 고구(考究)하는 과정에서 최치원은 경문왕이 보낸 국비 유학생이라는 주장을 한 이래, 문경현은, 그의 유학이 국가에서 선발하여 보내진 것이라고 주장하고 있다.

또 하나는 그의 급제가 빈공과에서인가 진사과에서인가의 문제이다. 최해가 빈공과에서 급제하였다고 언급한 이래 이를 그대로 따랐으나, 당은평(党銀平)에 의해 제기된 빈공진사의 논의가 문경현에 의해 진사과에 급제한 것으로 고증되었다. 그리고 그가 당에 가서 숙위학생으로 공부를 할 때 장안이 아닌 낙양에서 수학하였다는 설(장일규)이 제기되어 있다.

둘째, 그는 당에서 사환하면서 당의 문물을 깊이 이해할 수 있었다는 점이다.[2]

최치원이 당에서 벼슬한 시기에 대해서는 남동신·장일규·조범환·문경현·김복순 등이 언급한 바 있다. 필자는 율수현위로 나아간 것이 876년, 그만둔 것은 878년, 고병에게 나아간 것은 880년으로 보고, 국자감 수학 6년, 낙양에서의 2년, 현위로서의 3년, 시험 준비에 1년, 종사관으로 4년, 귀국 과정에서의 반년 등 17년간의 행적으로 정리하였다. 그러나 그가 현위로 나아간 것과 그만둔 시점에 대해서는 이견이 분분하다.

학문적 기반은 이때 형성되었다고 할 수 있다.

2_그는 황금방에 걸린 후에도 벼슬을 얻지 못하여 낙양에 머물며 글을 지어 주고 때를 기다리고 있었다. 그리고 율수현의 현위로 부임하였다가, 고급관료가 되기 위한 박학굉사과의 준비를 위해 현위를 그만두었다. 전하지 않는 『중산복궤집』은 이때 찬술한 것이다. 시험공부를 하다가 여의치 않자 다시 벼슬을 구하게 되었다. 양주에 있는 친우의 도움으로 고병에게 기덕시(紀德詩) 30수를 올려 그의 문재를 인정받음으로써 고병의 종사관으로 활동하게 되었다.

최치원은 당에서 저술한 것을 『계원필경집』으로 정리하였다. 이 책에는 고병이 황제와 귀족들에게 보낸 공식 문서와 자신이 중국에 있는 동안 머물렀던 곳의 시대적 환경과 체험 내용을 쓴 문장도 싣고 있고, 율수현과 양주가 신라의 당 유학생 내지 재당 신라인들과 어떠한 연관 관계에 있었는지도 살펴볼 수 있는 자료를 제공해 주고 있다. 그가 국제적인 인물이라는 사실은 이 한권의 책으로도 충분하다고 할 수 있을 정도이다.

셋째, 그는 양주에 있으면서 신라의 물품을 구해 고병의 생일 선물을 하는 등 고국의 문물을 구입한 점이다.

물론 양주에 있던 재당 신라인 사회에서 신라의 물품을 구했을 가능성이 크겠지만, 그들 역시 신라와의 교역에서 구할 수 있었을 것이다. 『계원필경집』(권18) 「헌생일물장」에는 해동인형삼·해동실심금·인삼·천마 등의 물품이 나오고 있다. 최치원은 해 돋는 나라인 신라에서 캐서 천지를 건너온 인삼을 특기하고 있다. 즉, 사람의 형상인 삼아오엽(三椏五葉)의 형태와 특이한 질, 인삼향 등을 기록하고 있다. 이는 그가 중국인들이 해동인형삼을 매우 귀하게 여기고 있다는 사실을 알고 선물한 것이다.

이렇게 중국 문화의 영향을 받으면서, 신라의 물품도 중국에 전하는 등 동아시아적 문물 교류가 이루어진 점을 지적할 수 있다.

넷째, 최치원은 신라로 귀국한 이후 한림학사로서 중국에서부터 발휘하였던 그의 문재(文才)를 국서(國書)의 작성에 활용한 점이다.[3]

3_최치원이 875년 신라로 귀국하자 헌강왕은 그에게 여러 벼슬을 주었는데, 『삼국사기』에는 총괄해서 시독겸 한림학사 수병부시랑 서서원학사로 부르고 있다. 그러나 그의 중앙정계에서의 활동은 주로 문한에 관계되는 일로써, 외교문서의 작성과 불사(佛事) 관계 결사문과 사산비명(四山碑銘)을 찬술하였다. 그는 왕경에서 경세가로서의 포부를 펴보려 하였지만, 왕경인들은 그를 문장가로서 높이 평가하였을 뿐이지 정치가로서 신라의 중앙정치에 간여하는 것을 바라지 않았다. 이에 그는 지방고을의 책임자로서 태인·서산·함양 태수를 지내었다. 하지만 그는 한림학사로서 당에 보내는 공식적인 외교문서는 계속 작성하고 있었으며, 진성여왕에게 올린 시무10여 조의 작성도 이 시기에 이루어졌다.

그는 신라와 당의 국제 교섭에 관련된 중요한 외교문서를 10여 년간 독점해서 쓰다시피 하였는데, 당시 신라에서는 최치원을 비롯한 당 빈공과 출신들이 나당 간의 국제 교섭 분야와 유학에 대한 지식으로 왕권을 위해 매우 필요한 존재로 파악되고 있다. 그가 헌강왕에게 올린 『계원필경집』 등이 그의 문재를 알리는 계기가 되어 이후 국서 작성을 전담하였던 것으로 보고 있다(『계원필경집』).

다섯째, 최치원은 신라 사회의 개혁을 요구하는 시무책을 작성하여 진성여왕에게 올렸다는 사실이다.[4]

그의 사회 개혁론의 요체라 할 수 있는 시무책이 전하지 않고 있어 그 내용에 대한 추정과 논의가 있었다. 이기백에 의해 시발된 연구는 조인성·최영성·이재운·김복순·장일규 등으로 이어졌다. 그 내용 가운데 신라의 조세제도와 방위 체제에 대한 개혁안이 있었을 것이라는 점이 여러 연구자들에 의해 강조되고 있다. 그가 당에 유학하였던 때가 양세법의 실시와 번진 체제로 대표되던 시대였으므로 이를 참고하였을 것이다. 당의 양세법은 당대는 물론 송대와 청대까지 계속 실시된 민생의 안정과 조세 확보의 두 가지 측면을 지니고 있던 조세정책이었다. 당대 말이기는 하지만 최치원은 이 양세법의 장점을 살려 신라에도 비슷한 조세정책을 실시하도록 건의했을 것으로 보인다. 실제로 신라는 진성왕 3년 이후 조세저항에 부딪히게 된 것이 『삼국사기』에 나타나고 있어, 당의 양세법 실시가 크게 참고가 되었을 것으로 생각된다. 또한 당의 번진 제도의 장점 역시 강조되었을 것으로 보인다.

또한 최치원은 육두품으로서의 한계를 당의 권위와 학문의 힘으로 만회

4_그는 자신이 남긴 글이 후대에까지 자신을 평가하리라는 사실을 알고 있었다. 그럼에도 저술가로서 만족하지 못한 그는 유학자로서 현실 정치의 개혁에 대한 미련을 버리지 못하였다. 결국 마지막으로 정치개혁안인 시무10여조를 894년 진성여왕에게 올려 당시의 정황을 변화시켜 보려 하였다. 하지만 왕에 의해 가납되어 아찬에 제수되었을 뿐인데, 신라 조정이 개혁안을 실행할 수 없었음을 의미하는 것이다.

해 보려는 생각이 있었을 것이므로, 학문을 기준으로 인재를 등용하는 과거제 실시의 주장과 '능관인'(能官人) 정책 등 인사 정책의 객관성을 강조하였을 것이다. 그리고 그의 개혁안에는 불교의 사회적 기능의 회복과 불사(佛事)로 인한 폐해를 시정해야 함이 담겨져 있었을 것이다. 불교 행사로 인한 과다한 비용지출이나 백성들의 심한 노역에 대해 비판적이었다고 생각된다.

여섯째, 그가 893년 이후 다시 입당사(入唐使)로 당에 들어갔는가의 문제이다.[5]

김부식에 의한 재입당설은 「지증대사비문」에 나오는 그의 직함이 다른 비명에 나오는 것과 다른 것은 그가 재입당 이후 받아 온 직함이라는 설과 결합되어, 신라에서 어대제(魚袋制)와 문산계(文散階)가 실시된 것으로 보는 논의가 활발히 진행된 바 있다.

그런데 이러한 견해들은 「지증대사비문」의 직함이 사산비명의 다른 세 개의 비명과 왜 다른가 하는 점에 의구심을 가지지 않았다. 그것은 이 비가 최치원에 의해 비명이 찬술된 지 30여 년 만에 건립되었을 뿐 아니라, 비의 건립에 고려의 중요 인사인 봉암사 사주(寺主) 능선의 주도하에 아자개·희필과 같은 고려계 인사들이 단월로서 경제적 뒷받침을 하였다는 사실을 간과한 때문이었다. 이는 최치원의 '계림황엽 곡령청송'(鷄林黃葉 鵠嶺靑松)의 밀찬조업설(密讚祖業說)과 함께 그를 친고려 인사로 부각시키려는 의도하에 「지증대사비문」의 직함이 변개되었을 가능성이 높은 것으로 본 필자의 논고로 비판되었다.[6] 따라서 그의 재입당설은 사실상 가능성이 희박해 보인다. 894년 시

5_『삼국사기』 권46, 「최치원」 전에 의하면, 893년 납정절사 병부시랑 김처회가 바다에 빠져 죽었으므로, 추성군 태수 김준이 고주사로 가고 부성군 태수로 있던 최치원이 하정사가 되었으나 해마다 흉년이 들고 도적이 사방에서 일어나 길이 막혀 가지 못하였다고 한다. 그런데 바로 이어서 그 후에 최치원이 사신으로 당에 간 적이 있으나 다만 어느 해였는지 알 수 없다고 한 기록이 있는데, 이 부분에 대한 논란이다.

6_김복순, 「고려의 최치원 만들기」, 『신라문화』 32, 2008, 77-79쪽.

무책 헌납과 아찬 제수 사건 이후, 그는 전국을 유오하며 정계를 떠나고 있기 때문이다.

일곱째, 그는 정치적 혼란을 피해 해인사에 은거해 있으면서도 신라와 당의 고승전 찬술을 계속하고 있다는 사실이다.[7]

그는 898년경 가족을 데리고 해인사로 은거하여, 「부석존자전」·「법장화상전」 등의 승전(僧傳)과 해인사 관련 저술을 하였다. 그는 자신의 저술을 동아시아의 세계에서 회자될 것을 염두에 두고 집필하였다. 그리고 「수창군호국성팔각등루기」(908)를 끝으로 저술이 보이지 않게 된다. 때문에 20년 후인 927년에 작성된 「답견훤서」가 최치원 작이라고 한 것을 사실로 보는 견해도 있지만, 후대의 부회일 가능성이 크다.

4. 저술에 보이는 동아시아적 문화 교류

최치원은 전 생애를 통해 명문장을 구사한 문필가로서 큰 족적을 남기었다.

그의 저술은 신라의 최대 문호답게 『동문선』 등에 십여 장르 195개의 작품이 전하고 있고, 그의 저술을 종합한 내용이 『최문창후전집』에 전해지고 있다. 대표적인 저술로는 신라왕을 대신해서 쓴 당에 보내는 외교문서, 신라왕의 명을 받아 수찬한 네 개의 비명인 〈사산비명〉(四山碑銘), 『제왕연대력』, 「부석존자전」과 「법장화상전」 등 승려전기, 결사문, 해인사 관련 기문, 난랑비서, 향악잡영 5수 등이 있다.

7_그는 자신의 포부를 신라정치에 관철하려던 것이 허무하게 끝났으므로, 전국을 소요하였는데, 그가 머물렀던 많은 곳을 명소로 만들어 놓았고 곳곳에 석각을 새겨 놓았다. 후에 이를 본뜬 가짜 석각의 출현으로 진위 논쟁이 벌어지기도 하였다.

이 글들은 온전히 전해지는 글이 있는가 하면, 제목만 전하는 글도 있고, 여러 역사책에 단편적으로 전하는 글에 이르기까지 최치원의 글들은 다양한 양태를 보이고 있지만, 대부분 동아시아적 문화 교류를 알려 주는 역사적으로 귀중한 사료로 취급되고 있다.

그런데 그의 글은 동아시아적 교류라는 측면에서 볼 때, 양극적인 평가를 받고 있다. 즉, 그의 저술 전반에 걸쳐 나타나는 소중화적 자존 의식에 대해, 중국의 제후국 가운데 중국과 가장 유사한 나라라고 자부하는 것으로 보며(이기동), 「격황소서」의 풀이를 통한 최치원의 한계점을 "그 자신 신라의 비주류 출신이면서도 중국의 비주류 혹은 하천민인 황소를 정벌하는 데 앞장선 최치원은 엄격하게 말하자면 자기 정체성에 대한 허약한 인식의 소유자이며, 동시에 중국에 동화되어 자신이 마치 중국 중심부의 주류인 양 행세하는 것이 중국 변방 국가의 비주류임을 벗어날 수 있다고 착각하는 허위의식의 소유자이기도 하다. …… 문장과 글쓰기에 대한 평가는 그 역사성을 고려하지 않고 그 자체로서만 평가할 수 없다. 탈역사적 문장, 수사적 기교로만 이루어진 문장을 명문장이라고 평가하는 자세는 문학의 역사적 책무를 망각하는 것이다. …… 이러한 교훈을 우리는 최치원의 「격황소서」에서 찾을 수 있는 것이다"[8]라고 지적한 김혈조의 논고가 있다.

반면에, 최치원은 자기 역사와 문화를 동방 문화권의 중심 주체로 인식한다는 주장(이현혜·최경숙·이재운·최영성)과 함께 최치원에 대한 재당 시기의 고찰이 중국학자들에 의해 본격화되면서 한·중·일의 공동 어문학을 조성한 중심인물로 "8~9세기, 즉 만당 시기는 한자 문화권인 동아시아에서 한시 문학이 한·중·일 3국에서 확산되어 공동어 문학이 형성되던 시기이다. 최치원은 한자 문화권이 형성되던 만당 시기 동아시아의 중심국가인 한·중·일 3국에

8_김혈조, 「최치원의 「격황소서」에 대한 일고」, 『동아인문학』 9, 2007, 104쪽.

서 문학 명성을 구가하며 공동어 문학의 형성과 발전에 공헌했으며, 나말여초 한문학의 정립에도 기여했다. …… 근래 한국과 중국 양국에서 최치원을 중심으로 한중 교류 문화사에 대한 연구가 깊이를 더해 가고 있다. 보다 체계적이고 면밀한 분석을 통한 동아시아에서 공동 어문학이 형성되던 만당 시기 한중 문인 상호 간 교류와 함께 전개된 문화 교류의 면모가 보다 명확하게 밝혀지길 기대한다"[9]고 한 박병선의 논고도 있다.

이에 그의 저술에 보이는 국제적인 문화 교류의 측면을 다음과 같이 정리해 보았다.

첫째로 시를 통한 중국 문인들과의 교류이다.

『계원필경집』은 양주 시절에 지은 것들을 모아 엮은 것인데, 많은 시가 전하고 있다. 그는 시인으로서 많은 작시를 하였는데, 재당 시절부터 그 명성을 얻은 바 있다. 즉, 처음 당에 유학하였을 때 강동의 시인 나은(羅隱)과 서로 알게 되었다. 나은은 재주를 믿고 자만하여 남을 쉽게 인정하지 않았는데 최치원에게는 자기가 지은 시 다섯 축을 보여 주었다. 또 고운은 최치원이 귀국하려 하자 시를 지어 송별하였다. 이 시는 그의 중국에서의 정황을 요약해서 대변해 주고 있어 많이 회자되고 있다.[10]

그는 재상급에 해당되는 정전(鄭畋), 정응적(鄭凝績) 부자와 각별했으며, 소구(蕭遘), 배철(裵徹), 정종당(鄭從讜) 등과도 사신을 주고받을 정도로 친교가 있었다. 또한 만당의 시인들이라고 할 수 있는 나은, 장교(張喬), 오만(吳巒),

---

9_박병선, 「당대 한중 문인의 교류에 관한 연구: 동국문종 최치원을 중심으로」, 『중국어문학논집』 46, 2003, 466-467쪽.

10_『삼국사기』 권46, 「최치원」 전에 소개되어 있는 顧雲의 시는 다음과 같다.

"내 들으니 바다에 금자라가 셋이 있어 금자라 머리에 이고 있는 산 높고도 높구나
산 위에는 구슬과 보배와 황금으로 장식된 궁전이 있고, 산 아래에는 천리만리의 큰 바다라
가에 찍힌 한 점 계림이 푸른데 자라산 수재를 잉태하여 기특한 이 낳았네
열두 살에 배를 타고 바다를 건너와 그 문장 중국을 감동시켰네
열여덟 살에 글싸움하는 곳에 나아가 한 화살로 金門策을 꿰었네"

양섬(楊贍), 주번(周繁) 그리고 고운등과 가깝게 지내면서 여가를 이용하여 산천을 여행한다든지 역사유적들을 돌아보면서 시회를 즐긴 것으로 생각된다. 「요주파양정」(饒州鄱陽亭), 「등윤주자화사상방」(登潤州慈和寺上房), 「추일재경우이현기이장관」(秋日再經盱眙縣寄李長官), 「산양여향우화별」(山陽與鄉友話別), 「고소대」(姑蘇臺) 등의 시는 이때 지은 시들이다. 요주(饒州)의 번양은 현재의 강서성 파양(鄱陽)이고, 윤주(潤州)는 강소성 진강시(鎭江市)이며, 우이(盱眙)는 양주(揚州) 서북에 있는 고대도시이고, 산양(山陽)은 지금의 강소성 회안시(淮安市)이며, 고소(姑蘇)는 강소성 소주시(蘇州市)이다.

둘째로 그는 중국의 관인으로 체류하는 동안 중국문인들의 문장을 많이 보고, 그의 글에 이를 원용한 점이다.

그는 고변의 종사관으로 있으면서 많은 글을 지었는데, 입막(入幕) 초기에 고변이 자기의 소장 진품인 「법운사천왕비기」(法雲寺天王碑記)와 「연화각기비본」(延和閣記碑本) 1축을 빌려 주어 보게 한 일이 있었는데, 이는 최치원이 글을 짓는 데 참고하라고 한 뜻에서였을 것이다. 최치원은 이에 대한 답으로 글을 보내면서 장차 신라에 돌아가 이 글을 펴 본다면 용의 턱 구슬이 값이 떨어질 것이라며 매우 고마워한 바 있다(「謝借示法雲寺天王記狀」, 「謝示延和閣記碑狀」, 『계원필경집』 권18). 그런데 그는 특히 만당 시절 유행하던 4.6 변려체에 능하여 많은 고사와 전거를 인용해 가면서 변려체를 구사하여 글을 지었다. 이러한 경험은 후일 신라에서의 비문 찬술과 같은 저술을 하는 데 영향을 주었다고 생각된다.

셋째로 중국에 보내는 외교문서인 국서를 오랫동안 담당하면서 신라 사신과 학생 등에 대한 예우 문제를 국제 교류의 측면에서 언급한 점이다.

이는 그동안 발해와의 쟁장(爭長) 사건으로 변인석 등에 의한 언급이 있었다. 그런데 『삼국사기』 「최치원전」에는 그가 쓴 「상태사시중장」을 전문 인용하여 신라와 당의 역사적 교류 사실과 양국 간의 사신 왕래에 따른 예우를 보여 주고 있다. 사신에 대한 예우 문제만을 언급해 보면, 진성여왕의 사신이 당의 황제를 제대로 만나지 못하고 있는 상황에서 이를 해결해 줄 수 있는 태사시중에게, 이전의 헌덕왕(817)과 헌강왕(882) 당시의 예를 들어 수륙의 통행증, 지방관사에서 선박·식사·짐말·사료의 공급과 호위장졸의 공여 등 필요한 사항을 요구하고 있다. 또한 이러한 여건이 제대로 이행이 되지 않을 때에는 다시 외교문서를 보내 이를 제대로 시행해 줄 것을 요구하고 있다. 이는 양국 간의 교류가 각국의 입장이 충분히 반영되고 있음을 알려 주는 내용이라고 하겠다.

넷째로 그가 심혈을 기울여 쓴 「법장화상전」(904)은 자신의 글이 동아시아 세계에서 인정받을 수 있는 명문장임을 자부한 점이다.[11]

「법장화상전」은 최치원의 생각을 잘 보여 주는 후기에 "전(傳)의 초안을 이룬 뒤 한 꿈을 꾸었는데, 어떤 노승이 책 한권을 들고 와서 나에게 일러 주었다. '영휘(永徽)는 이 영찬(永粲) 원년이니라' 이 글자를 써 놓고 시험 삼아 스스로 해석해 보았다. 이것은 혹 찬술한 기록이 영원히 아름다운 소리를 떨치고 사적이 길이 맑아진다는 소리요, 오늘로부터 시작하기 때문에 원년이라고

11_법장은 당나라의 화엄종을 완성하였다는 평가를 받는 인물로, 측천무후의 명으로 천복사(薦福寺)에 주석하면서 화엄종을 선양한 인물이다. 천복사는 현재 중국 서안의 소안탑이 있는 그 사찰이다. 현수법장은 의상과 함께 중국 화엄종의 제2조인 지엄의 문하에서 동문수학하며 매우 절친하게 지냈던 인물로, 의상의 귀국 후 그의 저술을 보내 읽어봐 줄 것을 요청하기도 할 정도였다. 그런데 지엄, 의상, 법장은 모두 불타발타라가 번역한 60화엄을 주요한 텍스트로 해서 『화엄경』을 수학한 이들이므로 경의 번역자와 번경(飜經) 장소에 대해서도 관심을 가졌을 것이다. 60화엄의 번경 장소에 대해서는 ① 양주의 사사공사(謝司空寺)였다고 하는 청량징관의 설과 ② 혜원의 주선으로 남경의 도량사에서 50권본의 화엄경을 이루었다가 다시 윤문을 거쳐 60권본의 화엄경이 이루어졌다고 「법장화상전」에서 언급한 최치원의 설이 있다. 번경의 자세한 시말은 접어두더라도 최치원이 중국 화엄종의 제4조로 추앙되는 청량대사의 설을 채택하지 않고, 나름대로의 설을 가지고 전을 편찬한 것은 그가 남경과 양주에서 관인을 지내면서 이에 대한 나름대로의 식견을 가질 수 있었기 때문으로 생각된다. 그는 재당시 내지는 귀국 후에도 남경과 양주 지방에서의 자료와 전문을 나름대로 구할 수 있었을 것이기 때문에, 여산(廬山)의 혜원을 중심으로 60화엄이 역출될 수 있었던 상황을 그려낸 것이다.

한 것이 아닌가고 생각하였다"라고 하여 자신이 이 전기를 지은 것을 신라가 중국 연호 영휘를 처음 사용한 것에 비견하고 있을 정도로 자부한 것이다. 신라가 중국 연호인 영휘를 사용하기 시작한 것은 오늘날 서기를 쓰는 것과 같은 것으로 고유성에서는 부정적인 평가를 받고 있지만(김철준), 국제화라는 측면에서는 긍정적인 측면이 강하다고 할 수 있다.

최치원은 중국 화엄종의 제3조 법장화상의 전기인 「법장화상전」을 지으면서 혜원 등이 쓴 『찬영기』(纂靈記), 염조은(閻朝隱)이 지은 비문, 호유정(胡幽貞) 찬의 『감응전』(感應傳), 청량 징관의 『화엄경소연의초』 등을 참고하는 등 기존의 전(傳)과 비(碑)를 망라하여 법장의 생애를 10과(科)로 저술하였다. 법장의 전기로 전해지는 23종 가운데 최치원의 전이 최고로 평가되고 있어 그의 국제적인 식견이 돋보이는 저술이라 하겠다. 그는 자신이 저술한 「법장화상전」으로 신라 지식인의 저술이 국제적인 경쟁력을 갖추게 된 선구적인 역할을 한 것으로 자부하고 있음을 알 수 있다.

다섯째 그에 의해 한문 문장으로 채록된 신라의 풍속과 불교 관계 기사는 『삼국사기』 등에 빠져 버린 고대 문화를 보존해 주었다는 측면에서 매우 큰 역할을 한 것이다. 이와 함께 유상곡수(有觴曲水)터와 관련한 시인들의 시회(詩會), 전국에 남긴 그의 친필 석각과 같은 측면은 신라의 문화를 국제적인 풍토로 변화시키려는 노력이라 할 수 있다. 하지만 그의 이러한 노력에 대한 평가는 엇갈리고 있는데, 동인 의식을 잘 표현한 것으로 긍정적인 평가를 하고 있는가 하면(유승국·최영성), 신라 문화를 개악한 처사라고 부정적으로 평가(김철준)하고 있기도 하다. 현재적 관점에서 볼 때, 최치원의 이러한 노력은 신라 문화를 세계화하는 과정에서 생겨난 문제라고 할 수 있으므로, 시대에 따라 변화되는 그에 대한 평가를 고려할 필요가 있을 것이라 생각된다.

5. 최치원 인식의 국제성

최치원의 생애와 저술에 보이는 동아시아적 문화 교류는 자연 그의 인식에 동아시아적 보편성이라 할 국제성을 드러내게 하였는데, 이는 곧 유학자로서의 인식 문제라고도 할 수 있다.

첫째, 그의 역사 인식에 보이는 국제성이다. 이는 여러 면에서 나타나고 있는데, 가장 먼저 언급할 수 있는 것은 한국 상고사에 관한 것이다. 그가 우리나라 역사를 기록상에 남길 수 있게 가장 멀리 인식한 것은 기자에 관한 것이었다.

> 1) 신이 살펴 보건대, 본국은 …… 더군다나 9주의 남은 법도에 의지하고 일찌감치 8조의 교훈을 받았는데야 더 말해 무엇하겠습니까(矧假九疇之餘範 早襲八條之敎源). 말할 때에는 반드시 하늘을 두려워하고, 걸어 다닐 때에는 모두 길을 양보하였으니, 이는 대개 仁賢의 교화를 받아서 군자의 나라라는 이름에 실제로 부합되었기 때문입니다(최치원, 「양위표」, 『동문선』 권43(『고운집』, 196쪽).

그는 신라의 연원을 9주(九疇)와 8조(八條)를 빗대어 언급하였다. 즉, 9주는 홍범구주로 기자가 주 무왕을 위해서 백성을 다스리는 아홉 가지 방법을 전해 준 것이고, 8조는 기자가 남겼다는 8조의 법금을 말하므로, 인현(仁賢)인 기자(箕子)의 교화를 받은 군자국으로서의 신라의 근원을 서술하였다.

최치원은 전문적인 통사를 편찬하지는 않았지만, 『사기』의 기자동래설, 『삼국지』「동이전」의 기록을 근거로, 신라가 일찍부터 그 문화의 기원을 중국에 두고 있다는 것을 강조하고 이를 통하여 자신의 관념세계를 합리화시킨 것이다. 최치원이 중국 고대 사서인 『사기』, 『삼국지』 등에 보이는 기자까지만 한국 상고사의 상한으로 언급한 것은, 김부식과 이후의 유학자들에게 큰 영향을 끼쳤다.

김부식은 단군으로 추정되는 평양의 선인(仙人)에 대해 『삼국사기』「고구려 본기」 동천왕 21년조에 "…… 평양성을 쌓아 백성과 묘사(廟社)를 옮겼다. 평양은 본래 선인 왕검이 살던 곳이다. 혹은 왕의 도읍 왕험이라고도 한다"로 하여 그 존재를 알고 있었다. 그럼에도 그는 고대사를 편찬하면서 유교사관에 배치되는 고대 문화적 요소를 전부 삭제하고, 연표에서 한국 상고사의 상한을 기자(箕子)로 못 박고 있다. 김부식이 삼국 이전의 역사를 언급하지 않고, 다만 「연표」에서 기자와 위만에서부터 우리 역사의 시작을 언급한 것은 전적으로 유학자로서 최치원과 인식의 궤를 같이 한 것이다. 최치원의 한국 상고사에 대한 국제적인 인식이 고조선이 아닌 기자조선에서부터 언급하게 하였고 이를 김부식이 계승한 것이다.

반면에, 일연은 최치원과 김부식이 쓰지 않았던 단군 등의 상고사에 대해 특별히 언급하고 있어 신이사관을 나타내 주고 있다. 중국적 세계관은 인정하지만, 우리도 중국의 요임금과 동시대의 연원을 가진 나라로 인식한 것으로, 최치원과 김부식의 역사 인식 위에 신이사관을 더한 것이다. 조선의 유학자들은 삼국의 본기에 앞서 「외기」(外紀)를 설정하여 단군과 기자에 대한 내용을 서술하고 있다. 조선 시대 사서에서의 「외기」의 설정은 고려 말의 역사 인식을 조선 초에 수용한 결과일 것이다.

다음으로 언급할 수 있는 내용은 최치원의 삼한 삼국 계승론 내지 삼한이 곧 삼국이라는 주장이다.[12] 이는 고려, 조선에 이르기까지 삼한의 위치를 어디에 비정할 것인가를 놓고 많은 학자들이 언급할 정도로 영향력이 있었다.

그런데 근래 최치원의 마한-고구려 계승 인식과 관련한 연구에서 여러 이견이 나온 바 있다. 즉, 최치원이 중국 군현과 대립했던 마한을 고구려와 자

12_『삼국유사』 권1, 「진한」조에는 "또 최치원은 이렇게 말했다. '진한은 본래 연나라 사람이 피난해 와 있던 곳이다. 그런 때문에 탁수(涿水)의 이름을 따서 그들이 사는 읍과 마을을 사탁·점탁이라고 불렀다"'고 하여 중국과의 연관을 언급하고 있다.

의적으로 연결하여, 그 후예인 발해의 당에서의 정치적 입지를 축소시키려는 의도에서 이러한 계승 인식이 나온 것으로써, 신라가 발해와 대립하고 있던 현실의 산물이라는 견해(이도학)가 있다. 이에 앞서 최치원이 『제왕연대력』을 제작하게 된 대외적인 의도로서 고구려를 이어 일어난 발해에 대한 경계심의 발로였음을 주장(이재운)한 논고가 있다. 반면에, 고구려의 마한 계승 인식이 고려 시대의 사서(史書)에 집중적으로 소개된 것은 고구려의 평양 천도를 통해 형성된 고조선 계승인식이 준왕의 남래로 마한과 연결되었고, 보덕국의 금마 지역 건립과 연결되어 마한에서 고구려로의 국가 계승 인식이 확립된 것이라는 주장(조법종)이다.

이는 신라와 발해를 보는 관점의 문제와도 연결된 것으로, 남북국 문제와 관련하여 언급한 이우성의 연구에 이어, 신라인의 양면적 인식을 나타낸 견해(송기호·조이옥)로 의견이 모아져 있다. 그러나 최치원이 현실적으로 발해를 염두에 둘 수밖에 없는 상황이기는 하였지만, 삼한 삼국 계승론은 삼국의 연원을 좀 더 올려 보고자 했던 그의 의도에서 나왔다고 하겠다. 김부식과 일연은 이를 계승하여 그의 설을 적극적으로 채택하여 그들의 사서에 활용한 것이라고 하겠다.

그 다음으로 언급할 수 있는 것은 그는 유학자로서 3교 회통적 인식을 가지고 풍류 내지는 한국 고대불교사를 정리한 점이다.

그는 자신을 늘 腐儒로 표현하면서도 유학자임을 잊지 않고 있지만, 3교 각각의 공능에 대해 분명히 인식하고 있었다. 즉, 불교는 호국을, 유교는 정치를, 도교는 길흉화복을 각각 맡고 이 3교가 함께 공존하는 것으로 인식하였다.

신라하대 경문왕과 정강왕 대의 유불 일치론이 불교의 출가를 둘러싼 신라사회의 유불 대립을 유교를 중심으로 조화하려는 경향에서 추구되었다고 보기도 하고(김영미), 유불 일치론을 포함한 삼교 융합의 풍조가 당시 지식층의 대세였다고 보기도 한다(남동신). 그렇지만 최치원이 활동하게 되는 진성여왕 시대는 정치적인 불안 속에서 나라의 안위가 걱정되던 때였다. 때문에 그는 유·불·도 삼교가 가지고 있는 각각의 공능을 인식하면서, 만당의 시기에 황소의 난을 당해 인식하고 있던 삼교의 공능을 그대로 신라에 대입시켜 인식한 것으로 생각된다. 특히 그가 해인사에 은거하게 된 것은 유학자였지만 삼교에 대한 회통적 입장이 있었기 때문으로 생각된다.

그는 조선조 성리학자 들과는 달리 불교와 도교에 대해 우호적이었다는 점이 가장 큰 특징으로 나타나고 있다. 때문에 그에게는 심지어 우화등선(羽化登仙)하였다는 이야기까지 전해지고 있다. 『신증동국여지승람』 권30에는 '해인사 독서당: 최치원이 가야산에 숨어 살았다. 하루아침 일찍 일어나 문 밖에 나갔는데, 갓과 신을 숲 사이에 버려두고 간곳을 몰랐다'는 것이다. 그러나 그의 무덤이 홍산에 있다고 하는 것을 보면, 이는 전설이라 하겠다. 이렇듯 여러 설화를 양산시킨 최치원은 도교와 불교에 해박하였던 신라하대를 풍미한 유학자이다. 그의 사상이 유·불·도 삼교의 혼융적 경향을 띤다고 하는 것은 이를 대변해 주는 표현이다.

최치원의 이러한 인식은 외침이 잦았던 고려조에서도 널리 수용되었다. 그의 삼교 융회적 입장은 최언위, 최승로 그리고 고려 유학을 부흥시킨 최충에게도 보이고 있다. 삼교는 상호 공능을 인정하고 서로 비교해 가면서 공존을 도모한 것이 삼교 공존론이라고 할 수 있다. 이는 고려의 유학자들 가운데 출가는 하지 않으면서 불교에 귀의한 거사로서 생활한 이들이라 할 수 있는 이자연, 윤언이, 권단, 채홍철 등에게서 나타났던 사안으로, 최치원에게서도 보인 측면이다. 최치원의 이러한 인식은 많은 불교 관계 저술을 남기게 하였고, 고대 문화의 보존이라는 측면에서 매우 큰 역할을 한 것으로 평가받고 있다. 삼국의 불교 공인, 신라하대 선종의 유입, 이에 따른 교종과의 갈등, 한중불교사, 화엄종의 연원, 화엄경 역경사와 화엄법사의 생애 등을 저술한 바 있다. 사서에서는 불교 관계 내용을 전혀 언급하지 않은 김부식도 대각국사 의천의 비문을 찬술한 것은 최치원의 예를 참고한 것이라고 하겠다. 하지만 김부식은 최치원이 국제적인 사고를 가진 인물로서 당위주의 역사 서술을 한 점에서는 후한 점수를 주고 있지만 그가 불교에 대해 긍정적이었던 것에 대해서는 함구하고 있다. 이러한 평가는 이후 조선조의 유학자들도 그대로 따르고 있다.

둘째로 그의 인식의 국제성은 당나라를 중심에 둔 세계관을 기본 바탕으로 하였다는 점이다. 최치원은 12세의 어린 나이에 조기유학생으로 유학하여 당나라의 진사, 현위, 종사관을 지내고 17년 만인 29세에 신라에 왔으므로, 그가 당 위주의 세계관을 가지게 된 것은 당연하다고 할 수 있다. 때문에 그가 중국 중심의 세계관을 보인 예를 그의 저술 속에서 들어 보면 다음과 같이 여러 가지 측면에서 지적할 수 있다.

우선 하나는 중국 연호를 매우 중시하고 있다는 사실이다. 최치원이 『계원필경집』 권1의 제일 첫머리에, 당이 광명(廣明) 원년(880)을 중화(中和) 원년(881)으로 고친 것에 대한 축하의 글인 「하개연호표」(賀改年號表)를 배치해 놓은 것은 그가 얼마나 연호를 중요하게 생각하고 있는지를 웅변해 주는 것이라 하겠다. 앞에서 언급한 「법장화상전」의 저술은 신라가 당의 연호인 영휘(永徽)를 처음 쓴 것에 비유할 정도로 자부심을 내보인 점이다. 이는 그가 당나라를 세계시장으로 간주하고 있음을 보여 주는 것으로, 신라인으로 당당히 자신의 저술을 내세우고 있는 것이다. 그리고 「무염화상비문」에서 낭혜 무염화상의 입적 시기를 당의 문덕(文德) 연호와 연결시켜, 화상의 덕을 첫머리에 드러내고 있다. 이상의 예에서 보이는 바와 같은 그의 중국 연호 중시 현상은, 뒤에서도 언급하겠지만 『삼국유사』 왕력에서도 이를 차용하여 연호를 연대를 구분하는 기준으로 제시하는 등 그대로 통용되고 있다.

다음으로는 신라하대 선사들의 선조의 근원을 중국에서 찾기도 하였는데, "선사의 법휘(法諱)는 혜소요 속성은 최씨이다. 그의 선조는 한족(漢族)으로 산동에서 벼슬하는 집안이었다. 수나라군대가 ……"(「진감선사비문」)에서 보이는 바와 같이 진감선사의 선조를 중국의 화족(華族)으로 비유한 것을 말한다.

이러한 그의 서술은 나말여초 선사비문을 작성한 유학자들의 전범이 되기도 하여 많은 선사들의 선조를 중국에서 구하는 현상이 있기도 하였다.

그 다음으로 당 중심의 세계관은 자연 수나라와의 관계 설정에서 두찬(杜撰)이 나타나고 있다는 점이다.

신라는 남조와의 관계에 이어 수와의 외교에 있어 수유학승인 원광과 안함(혹은 안홍)의 노력에 힘입은 바가 컸다. 원광의 「걸사표」(乞師表) 작성과 안함의 수 문제 불교치국책의 도입과 같은 것이다. 안함은 안홍과 같은 인물로 보고 있는데, 『해동고승전』에 의하면, 신라 최초의 국비 유학승으로 기록되어 있는 안함은 진평왕 23년인 601년에서 진평왕 27년인 605년 사이에 중국에 다녀왔다. 즉, 안함은 수에 유학하였다가 서역 출신 삼장법사 세 명인 북천축 오장국의 비마라진제, 농가타, 마두라국의 불타승가와 수나라 승려 두 명을 대동하고 귀국하였다. 이들은 황룡사에 머물면서 밀교 계통의 경전으로 추정되는 『전단향화성광묘녀경』을 번경한 사실이 있다.

9) 최치원이 지은 「의상전」에 말하기를 "의상은 진평왕 건복 42년(625)에 태어났다. 이 해에 동방의 성인 안홍법사가 서역의 세 사람의 삼장과 중국 승려 두 사람과 함께 당나라에서 돌아왔다"고 하였다. 주석하여 말하기를 "북인도 오장국의 毘摩羅眞諦는 44세, 農加陀는 46세, 마두라국의 佛陀僧伽는 46세였다. 52개국을 경유하여 비로소 중국에 이르렀고, 드디어 신라에 왔다. 황룡사에 머물면서 『栴檀香火星光妙女經』을 번역하였는데, 신라 승 曇和가 그것을 받아 적었다. 얼마 뒤에 중국 승려들이 글을 올려 중국으로 돌아가게 해달라고 청하므로 왕은 허락하여 보냈다." 그 안홍은 아마 (안함)화상일 것이다(『해동고승전』 권2, 「안함전」).

10) (진흥왕)37년에 …… 안홍 법사가 수나라에 들어가 구법하였다. 호승인 비마라 등 두 명의 승려와 함께 돌아와 『능가경』, 『승만경』 및 불사리(佛舍利)를 바쳤다(『삼국사기』 권4, 「진흥왕」 37년조).

안함에 대한 기록에 있어, 안함의 귀국연대를 최치원은 625년 수나라가 아닌 당나라에서의 귀국이라는 두찬을 한 반면, 김부식은 진흥왕 37년에 자리 매김하면서도 수나라를 명시하고 있다는 사실이다. 신종원은 『삼국사기』의 기사에 대해 강한 의문을 표시한 바 있다. 즉, 당시는(576) 수나라 건국 이전이므로 유학한 국명에 잘못이 있으며, 여타 구법승들과는 달리 편년 상의 출국과 입국 기사가 없이 유학간 그해에 돌아 온 것처럼 쓰여져 있다는 것이다. 그는 안홍의 활동 연대와 사상을 염두에 두면, 『삼국사기』 권4 진흥왕 37년조의 기사가 착오임이 분명하다고 언명하고 있다. 그런데 같은 내용의 기사를 최치원은 진평왕 건복 42년인 625년에 당나라에서 돌아온 것으로 기록하고 있다.

이렇게 안함의 귀국 연대에 대해서는 진흥왕 37년인 576년의 『삼국사기』설, 진평왕 47년인 625년의 최치원설, 그리고 진평왕 27년인 605년의 『해동고승전』설 등 다양한 견해가 나와 있다. 즉, 최치원은 625년에 당에서 돌아왔다고 하였고, 김부식은 576년에 수에 들어가 구법을 하였다고 하였다. 최치원이 수나라 대신 당나라에서 귀국하였다고 하여 당을 의식한 반면, 김부식은 수나라는 그대로 두되 연대에 있어 엉뚱한 곳에 위치시키고 있는 것이다.

이는 김부식이 최치원의 기록을 보고 선택한 방법이 진흥왕 37년조의 배치였다고 생각된다. 수나라의 건국이 581년임을 감안하여 5년간의 유학 시기를 따져 576년으로 배치한 것이 아닌가 추정된다. 605년 안함이 수나라에서 귀국한 일은 613년 수나라 사신 왕세의(王世儀)가 방문하여 황룡사에서 백고좌법회를 열었던 사건 만큼이나 신라 사회에 파장을 일으켰을 것이었다. 중국에서 사신이나 승려의 내방은 간혹 있는 일이었지만, 인도 승려가 신라에 온 것은 매우 이례적인 일이었을 것이기 때문이다. 더구나 경전의 번역까지 이루어지고 신라 승이 필수까지 하였으므로, 신라 사회는 이를 계기로 중국어는 물론 범어까지 외국어에 대한 관심을 불러일으켜, 원측과 같이 여러 나라 말에 능통하였을 뿐 아니라 천축의 말을 듣고 중국어로 번역할 수 있었던 인물을 배출할 수 있었던 배경이 되었을 것이다. 신라사에서 본다면 버리기에는 아까운 사료라고 할 수 있다. 그러나 중국이 수나라에서 당나라로 바뀐 정국에서 신라 조정은 이들 수나라 유학승 출신의 친수파(親隋派)들을 어떻게 평가할 것인가의 문제가 생겨났을 것이다. 최치원의 저술에 나타난 안함에 대한 두찬은 이러한 그의 고민을 대변한 것이었다고 할 수 있다. 이는 전술한 바와 같이 수·당의 교체 정국의 상황에서 동방의 성인으로까지 평가된 안 함에 관한 기사를 버릴 수도 없고, 그렇다고 제대로 서술할 수도 없었기 때문에 벌어진 현상으로 보인다. 즉, 안함의 친수적인 경향이 당나라에서 사환까지 한 최치원으로써는 신라가 당과의 외교가 긴밀한 상황에서 문제 삼아지지 않도록 사안의 조정이 필요했을 것으로 생각된다. 이는 그가 찬술한 「법장화상전」이 중국인들 특히 당나라 사람들이 읽어볼 것을 염두에 두고 썼다는 사실에서, 「부석존자전」인 「의상전」 역시 당나라 사람들이 볼 것을 염두에 두지 않을 수 없었을 것이기 때문이다.

그 다음으로는 향악(鄕樂)과 향사(鄕史)라는 용어를 통해 본 중국과 신라와의 관계 설정에서 나타난 그의 인식 문제이다. 그는 중국의 당악과 당사에 대비하여 우리나라의 음악을 향악이라고 하고 우리 기록을 향사라고 한 것이다.

향악은 최치원의 '향악잡영'(鄕樂雜詠)이란 표현 외에 『삼국사기』 권44의 「김인문전」과 권45의 「박제상전」에도 보이고 있다. 이들은 모두 당과 고구려, 왜 등 신라와 국제 관계를 가진 인물들로서 혹 대외적인 표현을 할 때 쓴 것이 아닌가 하는 생각도 든다. 향악이라는 표현은 중국의 당악에 대비해서 향악이라고 하였던 것인데, 조선조에 당악을 향악으로 바꾸는 과정이 나오고 있다. 결국 향악은 중국과의 관계 속에서 설정된 명칭으로, 기록상으로 최치원이 언급한 향악이라는 설정에서부터 우리의 것을 향으(鄕)로 표기한 것이 아닌가 한다. 향가(鄕歌)라는 용어도 『삼국사기』 권11, 진성왕 2년 춘2월조에 보일 뿐, 실제로 향가는 현금포곡, 대도곡, 문군곡 등 곡명으로 쓰여지고 있다는 점이다.

즉 유학자로서 중국의 제(帝)와 신라의 왕(王)으로 표기하여 중국과 신라의 역사적 사실을 비교 서술한 연표형식이 『제왕연대력』으로, 대개 중국과 삼국이 포함되는 것은 인정하고 있으나, 가야와 발해를 포괄하는 것에 대해서는 이견이 있다. 이렇게 신라와 중국과의 관계설정이 신라의 음악을 향악·향가로, 신라의 역사를 향사라는 용어로 사서에 정착시킨 것이 아닌가 한다.

6. 맺음말: 국제인으로서의 한계

최치원의 한계는 중국에서부터 느꼈을 것이다. 예를 들면 최치원이 당의 관인(官人)으로서 신라인이라는 차별이었을 것이다. 그는 양주에서 종사관 시절 도통순관(都統巡官)에까지 임명되었다가 스스로 사양하여 관역순관(館驛巡官)으로 내려온 바 있다. 이는 그 스스로 주위의 눈을 의식해서였을 것이다. 이와 함께 『신당서』 「예문지」(藝文志)에는 "최치원의 『사륙집』(四六集) 1권, 『계원필경』 20권이 있다"고 하고 그 주에(註) "최치원은 고려 사람으로 빈공급제하여 고변의 종사관이 되었다"고 하였다. 그러나 이규보는 「당서불립최치원열전의」(唐書不立崔致遠列傳議, 『동국이상국집』 권22)에서 그가 당서에 입전될 정도의 인물이었음에도 그렇게 되지 못한 것은 신라인이었기 때문이었다고 토로한 바 있다.

그러나 그는 이러한 한계를 그가 쓴 글을 통해 국제인으로서 신라인의 자긍심을 가지고 동아시아적 문화 교류라는 측면에서 노력하였다. 때문에 『제왕연대력』에서 그는 신라, 고구려, 백제, 중국의 왕대력을 편찬하면서 거서간·차차웅·이사금·마립간의 호칭을 모두 왕(王)으로 바꿔 썼고, 이로 인해 김부식에서부터 비판받고 있기도 하나, 일연은 『삼국유사』 「왕력」에서 연호 중심의 표기를 함으로써 최치원의 견해를 그대로 따르고 있기도 하다.

이 글은 최치원을 보는 연구 시각의 변화를 개인의 정치적 영달의 실패라는 인식에서부터 출발하여, 그의 저술이 가지고 있는 사료적 가치가 주목을 끌면서 논문의 자료로 적극 활용되는 단계를 지나, 그의 역사 인식이 새롭게 조명되는 데까지 와 있다고 보고, 그의 저술에 나타난 동아시아적 문화 교류의 측면을 다음과 같이 정리해 보았다.

우선 그가 국제인으로서의 인식이 형성되는 배경을 그의 생애를 통해 살펴보았다. 즉, 당 유학생에서, 빈공진사, 율수현위, 고병의 종사관을 거치면서 당의 문물을 깊이 이해하였고, 당에서 있으면서 신라의 문물을 접하였던 점을 들었다. 그리고 고국에 돌아와서는 중국에서부터 발휘하였던 문재를 외교문서인 국서의 작성과 시무책 헌납, 승전을 저술 등을 통해 동아시아적으로 문명을 날리면서 국제인으로서의 인식이 형성된 것으로 보았다.

다음으로 저술을 통해 본 동아시아적 문화 교류에서는 시를 통한 중국 문인들과의 교류, 중국의 명문장을 섭렵한 점, 국서를 작성하면서 신라와 당을 서로 교류하는 대상으로 본 점, 자신의 글이 동아시아에서도 명문장으로 통할 수 있다는 자부심을 가지고 「법장화성전」 등을 저술한 점을 들어 보았다.

마지막으로 최치원의 인식의 국제성을 역사 인식의 측면에서의 국제성과 당나라를 중심에 둔 세계관을 기본 바탕으로 한 인식을 가지고 있다는 점에서 밝혀 보았다. 이는 기자와 삼한, 발해에 대한 인식, 삼교 혼융적 인식과 함께 당 연호의 중시, 당나라를 인식한 수나라 관련 사실의 두찬 등을 들어 설명하였다.

23장

프로이센의 선교사 칼 귀츨라프(Karl Gützlaff)와 19세기 동아시아의 발견

라인하르드 죌너(Reinhard Zöllner)

칼 귀츨라프(1803~51)는 중국·일본·한국 등지를 방문한 최초의 독일인이다. 그가 여행을 감행한 시기는 아시아의 그 어떤 나라도 서양과의 관계를 원치 않았던 시기이다. 귀츨라프는 기독교가 전혀 환영받지 않았던 시기였음에도 불구하고 기독교의 가르침을 전파하기 위한 여행을 했다. 더욱 놀라운 것은 이러한 선교 활동을 위해 떠났던 사람들 중에서 귀츨라프만큼 잘 준비된 두 번째 유럽인은 없었다는 점이다.

1821년 귀츨라프는 아시아 선교사가 되기 위해 베를린에서 교육을 받았다. 그는 터키어와 아랍어를 배웠고 1827년에는 바타비아(오늘날 자카르타)에서부터 싱가포르와 태국에까지 이르는 선교 여행을 시작했다. 또한 이 시기에 중국어와 베트남어를 배웠다. 1831년 귀츨라프는 영국 무역 회사의 통역관이 되어 마카오에 정착했다. 1832년에는 2월 무역 회사 일원의 자격으로 영국의 상선인 "암허스트 호"에 오르게 되었다. 이 배는 중국의 해변가를 돌기로 예정되어 있었으며 제일 먼저 중국의 중요한 무역항이던 홍콩과 상하이에 도착하게 되었다. 그곳에서 선장은 늘, 자신들이 일본에서 왔으며 인도로 가길 원했지만 잠시 길을 잃은 것이고, 자신이 그들과 무역을 원한다고 말하곤 했다. 사실 항해의 숨은 목적은 항구들의 상태를 조사하고 항구를 관리하는 중국 해양청의 능력을 살피는 것이었다. 그리고 그들은 이곳들에서 계획된 도발·뇌물·협박 등으로 쉽게 성과를 거둘 수 있겠다고 결론지었다. 후에 귀츨라프는 직접 고백하기를, 자신들이 마치 생쥐를 구석으로 모는 것처럼 중국인들을 유도했던 사실에 크게 양심의 가책을 느꼈다고 했다. 그렇지만 그의 가장 큰 목적은 항상 기독교 전파였노라고 덧붙였다.

1832년 7월 17일, 귀츨라프는 상선 암허스트 호를 타고 황해도 앞 한국의 서해안에 도착했다. 그곳에서 조선의 왕(순조)에게 보내는 서신을 조선의 관리들에게 건네려고 시도했으나 실패하였고, 배는 7월 22일 충청도 앞으로 항해를 계속하여 고대도 앞바다에 닻을 내리게 되었다. 그곳에서 8월 17일경까지 머물렀다. 한국에서 그들의 체류는 정확히 한 달이었다. 그 어떤 독일인도 귀츨라프 이전에 이곳까지 와본 이가 없었다. 그 당시 유럽에서는 전무라고 해도 좋을 만큼 한국에 대해 알려진 것이 없었다. 한국에 대한 그 자신의 인상은 1833년 그가 펴낸 여행기에서 22쪽에 걸쳐 소개되고 있다. 그에게 특별히 인상적이었던 것은 한국인의 일상생활과, 정부가 외국인들과의 접촉을 방해하려고 했음에도 불구하고 외국인들에게 쉽게 다가가는 일반 백성들의 개방성이었다.

귀츨라프의 목적은 한편으로는 왕과 접촉하는 데 있었다. 그래서 기독교 서적과 탄원서가 조선의 왕에게 전달되도록 왕의 직속 관리들에게 그것을 건네주었다. 다른 한편으로, 귀츨라프는 외국의 배를 위해 식료품을 공급해 준 현지의 백성들과 접촉할 방법을 찾고 있었다. 그는 현지인들과 함께 기독교에 대해 이야기하고, 또한 감자 재배법을 가르쳤다.

그는 중앙 관리들과 한문 필담으로 대화했지만, 백성들과의 의사소통을 위해서는 더 많은 수고를 해야 했다. 그는 많은 백성들이 한글로 쓰인 문서들을 읽을 수 있었던 것에 놀랐다. 귀츨라프는 1832~33년에 영어와 독일어로

'한국어'에 대한 많은 논문을 펴냈다. 유럽인으로서는 최초로 한국어의 자음과 모음 구조에 관한 지식을 쓴 것이다. 그는 동아시아(중국을 제외한 한국·일본·류큐섬과 베트남의 북부 지방)의 문학과 문명화는 중국으로부터 대부분 기인했다고 썼다. 동아시아는 모두 한자를 사용하지만 다르게 발음하고, 한자는 중국 고유의 문자인데 각국은 토착어의 개념을 설명하기 위해서 한자를 들어왔으며 그러면서 고유의 문자가 발명되었다는 것이다. 그는 여기서 한글을 예로 든다. 귀츨라프는 한글은 무척 간단하지만, 시대적으로 가장 천재적인 언어라고 언급하고 있다. 한글의 자음과 모음에 대해 간략히 묘사한 후, 귀츨라프는 한국어의 단어와 문장은 중국의 영향을 크게 받았다라고 주장했다. 또한 그는 한국어와 일본어의 유사점에도 놀라워했다. 총체적으로 한글은 너무 강하지도 너무 부드럽지도 않은, 아름다운 울림에 중점을 둔, 매우 다양한 표현이 가능한 언어라고 말하고 있다. 그러나 귀츨라프는 한국 현지의 책들을 보거나, 모으는 데는 실패한다. 한국의 책이라고 알려진 것은 중국 문서들이었다. 대부분의 한국인들이 한자를 읽을 줄 알았으며, 귀츨라프는 중국 서적들을 제외하고서는 결코 언급할 만한 한국 문학작품들이 없다는 사실을 믿을 수 없었다.

순조 당시의 기록을 보면 귀츨라프의 방문과 그에 대한 왕실의 반응이 전해 내려오고 있다. 이에 따르면 충청수사는 왕에게 보고하길, 암허스트 호는 중국만큼 거대하다는 영국에서 왔으며, 프랑스·태국·네덜란드 그리고 아프리카와 무역 관계를 맺고 있다고 했다. 그는 자세한 선박 구조와 67명의 선원들, 그들의 옷, 가져온 물건들과 그 물건의 가치 등을 설명하며 영국이 매우 부유하며 영예로운 나라며, 그가 아는 바로는 아메리카가 영국령이며, 남아프리카, 즉 남해·말레이시아·싱가포르도 마찬가지라고 덧붙였다. 마지막으로 그는, 암허스트 호의 여행의 목적은 왕에게 선물과 편지를 전달하며 무역 허가를 받기 위해서라고 전달한다.

마을 주민들은 귀츨라프를 비롯한 선원들이 왕에게 줄 선물과 소식들을 자신들에게 부탁하고자 시도했다고 한다. 마을 주민들이 이를 거부하자, 그 외국인들은 끝내 서너 권의 책과 선물들을 해변에 던져 버렸고, 주민들은 그 물건들을 다시 돌려주려 애썼다는 것이다.

중앙관청(비변사)은 우선 그들의 선물을 보관하기로 결정했고 그 지방을 담당하고 있던 군관과 지방관 두 사람을 해고했다. 이 두 사람은 귀츨라프와 함께 필담으로 대화를 했고, 그 회담에서 귀츨라프 일행과는 더 이상 협상을 할 수 없다고 했다. 그들은, 한국은 "소국"이라 "대국" 중국의 허가가 없이는 영국과 관계를 맺을 수 없고 "번국"(한국)은 개별적으로 다른 나라와는 교류할 수 없다"고 밝혔다.

이는 당시 한국의 대외 정책의 모토였던 "사대교린"에 따른 것이었다. 즉, 사대교린이란 큰 나라(중국)를 받들어 섬기며 이웃과 교류한다는 뜻이다. 그들에 있어서 이웃 나라란 오직 한국처럼 중국의 치권에 속해 있던 나라들뿐이었다. 그 이웃 나라에 영국이 속하지 못한다는 것은 당연한 일이기도 했다. 결국 영국은 한-중 관계 사이에 자리를 차지할 수 없었으며 그렇기 때문에 그들의 배는 한국의 해안가에서 떠나야만 했다.

그러나 암허스트 호는 중국으로 바로 뱃머리를 돌리지 않고, 류큐섬으로 향했다. 그러면서 그들은 유럽인들이 퀠파트라 부르던 제주도를 지나치게 된다. 제주도는 1787년도에 이미 이 섬에 들렀던 라페루즈에 의해 매우 아름다운 섬이라는 극찬을 받은 바 있었다. 귀츨라프는, 그 섬은 일본·한국·만주 지역과 중국과 쉽게 무역할 수 있는 위치에 있으며 선교관을 세우기에 최적의 장소라고 덧붙였다. 그러면 그들이 당한 바 있는 통상 금지 시스템(유럽인이 나라에 발을 들이는 것을 금지)에게 한 방 먹이는 셈이라는 것이다.

1832년 8월 22일, 한국을 떠난 지 닷새째 되는 날에 상선 암허스트 호는 당시 류큐 제도의 수도였던 오키나와 섬의 나하에 도착한다. 그곳에는 이미 여러 번 유럽인들의 방문이 있던 차였다. 그러나 그들이 깨닫지 못한 것은, 겉으로는 류큐섬이 자주적인 왕국이었지만 오래전부터 일본의 간접적 지배하에 있었다는 점이었다. 왕의 관리들은 그들을 방문한 외국인들에게 심지어 류큐섬은 일본과 아무런 관계도 맺고 있지 않다고 속여 왔다. 여기서도 귀츨라프는 현지 주민들과 접촉했으며 중국어로 된 성경과 유럽의 약을 나누어 주었다. 그는 오키나와의 주민들을 "가장 사랑스러운 사람들"이라 여겼으며 그들을 대상으로 선교하면 좋은 결실을 맺을 거라는 희망으로 가득 찼다.

그리고 8월 26일, 암허스트 호는 오키나와를 떠나 마카오로 돌아갔다.

1834년에는 영국의 첫 중국 선교사였던 로버트 모리슨이 세상을 떠났다. 그 후로 바로 귀츨라프는 모리슨이 시작했던 성경 번역에 착수하기 시작했고, 이번 역본은 1836년에 발간된다. 또한 이 시기는 귀츨라프가 요한복음을 일본어로 번역하기 시작한 때였다. 1835년 말에 귀츨라프는 일본 선원 세 명을 돌보고 있었는데 그들은 1832년도에 캐나다로 항해하다가 폭풍우를 만나 난파되어 모험에 가까운 여정을 거쳐 중국에 도착해 구조된 사람들이었다. 영국인들은 기회를 봐서 이들을 일본으로 데려다 주려고 계획하고 있었다. 왜냐하면 이것을 계기로 일본에게 항구 개방을 요구하는 좋은 기회라 여기고 있었기 때문이다.

어찌되었든 귀츨라프는 이 세 일본인의 도움으로 1836년에 요한복음의 번역본을 완성했다. 오늘날 시각으로 보면 그것은 거의 읽을 수 없고 엉망이었다. 그 일본인들은 단순한 뱃사람들이었기 때문에 귀츨라프의 문서를 향상시켜 줄 만큼 훌륭한 일본어 수준을 갖추지 못했던 것이다. 그러나 16세기의 예수회 회원들이 완성했던 번역본이 망실되면서 귀츨라프의 번역본은 일본어 성경 중 가장 오래된 것으로 꼽히고 있다.

귀츨라프는 1837년 일본어에 대해서도 논문을 펴냈다. 그의 평가에 따르면 일본어는 "동아시아에서 사용되는 언어 중 가장 빛나고 완성도 높은 언어"라는 것이다. 일본어는 한국어와 매우 흡사하고, 중국어에서 그대로 가져온 문자들도 있지만, 특히 만주어의 발음과 무척 닮았다는 것에 귀츨라프는 놀랐다고 한다. 그래서 그는 오래 전 만주의 이주민들이 일본으로 건너간 것이라 짐작했다. 일본어에 방언은 없지만 신분이 높고 낮음에 따라 사용하는 언어가 무척 다르다고 주장했다. 그들의 발음은 배우기에 무척 어렵고, 문자도 다른 언어에 비해 난이도가 높으며, 소수의 사람들만 겨우 몇 개의 한자를 읽을 수 있고, 학식이 있다고 여겨지고 싶은 이들은 중국 문학에 통달해야 한다고 주장했다. "우리는 이와 같은 편견이 이 나라의 발전을 가로막고 있다고 생각한다. 왜냐하면 읽기를 위해 배우는 시간이 많이 필요하다면, 상대적으로 필요한 지식을 배우기엔 적은 시간밖에 사용할 수 없다는 뜻이기 때문이다. "그런 이유로 일본은 한자를 포기하는 것이 나았을지도 모른다." 일본어는 그 자체로 최고 수준의 문명을 이룩하기 위한 완벽한 도구라고 귀츨라프는 생각했고, 무엇보다도 그는 일본인들에게 외국 문물을 배워 오기 위하여 여행을 떠나는 것이 허락되어야 한다고 주장했다.

귀츨라프의 이 같은 관찰들이 모두 학문적인 진실과 부합하는 것은 아니었다. 일본을 방문하여 첫째로 일본의 개방을 위해, 둘째는 기독교를 위해 일하겠다는 열정은 그를 1837년 일본으로 가는 미국 상선 "모리슨호"의 여정에 참여하게 했다. 그 배는 중국의 선교사로서 귀츨라프의 스승이기도 했던 로버트 모리슨의 이름을 딴 것이기도 했다. 배가 1837년 7월 마카오를 떠날 때에 모리슨호에는 기존의 사람들 외에도 일본으로 항해하다가 난파된 일곱 명의 사람들이 함께하고 있었는데, 거기에 상인인 찰스 윌리엄 킹과 두 명의 미국 선교사들이 포함되어 있었다. 선원들은 일본의 쇼군에게 줄 편지와 선물을 지참하고 있었는데, 일본어 성경은 거기서 제외된 상태였다. 왜냐하면 일본인들이 성경을 엄격히 금지하고 있었기 때문에 자신들을 처벌할지도 모른다는 두려움 때문이었다.

귀츨라프는 먼저 오키나와에 도착해서야 갑판으로 올랐다. 그는 영국의 함선과 함께 영국이 식민지로 삼기 원했던 오가사와라 섬들을 여행하기 위해 항해를 계속하였다(그러나 일본인들이 이미 차지한 뒤였다). 류큐섬 왕의 관리들은 모리슨호를 떠나서 일본으로 돌아갈 수 있도록 도와주겠다고 난파된 일본인들을 설득했다. 그러나 그들은 배에 머무르기로 결정했다. 1837년 7월 30일, 그 배는 에도(오늘날 도쿄) 근처에 있는 우라가 근교에 도착했다. 그러나 일본 관리들과 접촉하여 쇼군에게 서신을 건네는 것에는 실패하고 만다. 그때까지는 5년 전 한국 방문과 비슷한 양상을 띠고 있었다. 귀츨라프와 그의 동료들은 이 협상을 위해서 많은 시간을 기다려야만 했다. 그러나 결국 7월 31일 대포 공격을 받고 쫓겨나듯이 멀리 바다로 도망쳐야 했다. 귀츨라프는 1825년 일본 정부가 모든 외국 배는 무력을 사용하여 해안에서 멀리 떨어뜨려야 하며 어떠한 종류의 상륙도 금지한다는 명령이 내려졌다는 사실을 모르고 있었다. 일본 관리들은 그저 충실히 이 명령을 수행했을 뿐이었다.

모리슨호가 후퇴했던 큐슈섬의 가고시마에서는 조금 더 오래 정박했다. 그곳 영주의 관리들과 짧은 협상을 가졌지만, 여기서도 이틀 뒤 대포 공격을 받아 귀츨라프의 일행은 달아나야 했다. 그리고 모리슨호는 8월 27일 다시 마카오로 돌아오게 되었다.

귀츨라프는 자신이 일본에서 이루고자 했던 목적들 중 단 하나도 성공하지 못했다. 일본인들은 서양 선박과의 어떠한 접촉도 거부했다. 그들은 1825년 이전에 러시아, 영국 그리고 미국인들과의 접촉에서 매우 좋지 못한 경험을 했기 때문에 그 누구와도 — 17세기 이래로 무역 관계를 맺어 온 홀란드(네덜란드)를 제외하고 — 더 이상 받아들이려고 하지 않았던 것이다. 그리하여 홀란드인들은 일본에게 세계에서 일어난 일들을 전달해 주는 가장 중요한 정보통이었고, 그들이 영국에 대해 일본인들에게 보고한 내용은 영국인들에게 있어서 결코 유리하지 못한 내용뿐이었다. 홀란드인들은 일본과의 무역에 있어서 그 어떤 경쟁 상대도 원하지 않았기 때문이다.

이 '모리슨호사건'은 1838년 일본에서 연장전이 기다리고 있었다. 몇몇 지식인들이 서양과의 접촉을 무력으로 제압하였다는 이유로 정부를 비판했고, 경찰은 이들을 강하게 처벌했다. 더 많은 정부 비판자들이 투옥되었고, 자살하거나 사형당하기 시작했다. 정부의 외국 배들을 향한 "사격 명령"은 결국

1843년 — 1차 아편전쟁 말 이후 — 에 폐지된다.

아편전쟁에서 귀츨라프는 적극적으로 영국군에 가담한다. 그의 완벽한 언어 구사력은 영국 첩보망을 이끌도록 하였고, 그는 영국군이 중국군의 경로를 파악하는 데에 있어 결정적인 도움을 주게 된다. 그의 두터운 인맥들(귀츨라프는 중국의 한 상인 가정에 입양된 형태로 중국에 머물렀으며, 그리하여 중국인들 사이에서 중국인으로서 활동할 수 있었다)은 중요한 정보들을 얻는 데에 아주 유용한 역할을 했다. 그 후 1842년 평화조약을 맺을 때에 귀츨라프는 통역가로서 활동하였는데, 그는 협상을 위해 파견된 중국 관리들과도 친분을 맺었다. 1842년 4월 29일, 마침내 난징조약이 체결되고, 이것은 최초의 '불평등조약'이라는 평가를 받게 된다. 중국은 영국에게 홍콩을 빼앗겼을 뿐 아니라 유럽과의 무역을 위하여 다섯 개의 항구를 개방하는 것에도 이의를 제기할 수 없었다. 중국 스스로 중국에게 불리한 치외법권이나 최혜국 조약 등을 계속해서 체결해야 했다. 결국 난징조약은 귀츨라프의 도움으로, 그가 11년 전 한국 관리들에게서부터 들었던 동아시아의 '대국', 중국의 지배를 최종적으로 종결시키게 되었다,

1851년 그가 세상을 떠날 때까지 귀츨라프는 좀 더 나아진 조건 속에서 중국에서의 포교 활동을 계속했다. 복음이 전파된 모든 지역에서 성공을 거둔 것은 아니었다. 그러나 유럽과 미국에서 그는 급속도로 유명해졌고, 그의 수많은 저서들과 중국·동아시아에 관련된 논문들은 거대한 독자층을 형성하게 된다. 그리고 그가 번역한 중국어 성경은 태평천국 운동의 신학에도 큰 영향을 끼치게 된다. 그리고 일본의 개방에도 약간이지만 영향을 미친다. 그의 사돈 해리 파크스가 1865년 최초의 일본 영국 공사가 된 것이다.

중국 중심의 옛 세계관이 점차 기울어 가던 때에, 귀츨라프는 자신이 어떤 위치에서 어떤 역할을 해야 하는지 확실히 알고 있던 몇 안 되는 사람들 중 한 명이었다. 알렉산더 폰 훔볼트, 카를 리터, 페르디난드 폰 리히트호펜 등도 이와 같이 동아시아의 현대화에 큰 획을 그은 독일인으로 꼽힌다. 다른 유

럽인과 미국인들에게는 그저 '먼 동쪽'이기만 했던 그 시절에 말이다. 귀츨라프의 특별한 흥미와 어디에서도 전례 없는 중국어·일본어·한국어·베트남어 등의 언어 실력이, 그를 동아시아의 나라들의 정치적 질서의 붕괴 속에도 불변하는 성질과, 그들 공동의 초국가적인 정체성을 지킬 수 있도록 한 문화적 공통점이 있음을 발견하게 했다. 물론 귀츨라프의 최종 목적은 이것이 아니었다. 하지만 먼 관점에서 볼 때 아마 그의 가장 중요한 업적은 이런 영역에 있다.

24장

일본에서의 한본(韓本) 연구 동향에 대하여*

하정용

1. 서론

이 글은 『한본 연구 입문』이라는 책을 쓰기 위한 전 단계로서 작성한 것이다. 『삼국유사 사료 비판』을[1] 쓰는 과정에서 그리고 그러한 사료 비판 과정의 후속작으로서 필자는 한국 서지학에 대한 필자의 단상들 가운데 짧은 기간이나마 한본(韓本)에 대한 조사·연구를 통해서, 생각해 왔던 것들을 일반 독자들을 대상으로 되도록 쉽게 옮기려고 의도한 것이다. 특히 이 글은 일본에서의 한본 연구에 대한 내용과 웹을 통해 필요한 내용들을 모아, 알기 쉽게 도면과 함께 내용을 설명한 것이다. 한국의 옛 서적, 즉 고서로서의 한본에

---

* 이 글은 河廷龍, 「韓国書誌学に関していくつか考えること一ウェブを通じた韓本(朝鮮本)研究一」, 『関西大学視聴覚教育』 30, 関西大学, 2007, 25-39쪽을 한국어로 번역하여 2010년 8월 3일 국립민속박물관에서 "한본(고서)의 세계: 일본 내 한국서지학연구동향과 관련하여"라는 제목으로 강연한 내용을 일부 수정·보완한 것이다.

1_河廷龍, 『三國遺事史料批判』, 民族社, 2005.

대해 한 번이라도 관심을 가졌던 사람들에게는 유익할 것으로 기대하면서 다음과 같이 글을 정리해 본다.

2. 고고학과 역사학, 그리고 서지학

필자는 학부부터 박사까지 사학과를 다닌 이른바 강단 역사 연구자이다. 그렇게 생각해 왔고 그런 규정 속에서 공부해 왔다. 다행스럽게도 학부 시절에는 서울시 한강변에 있는 미사리 발굴 현장에 가서 땅도 파본 적이 있다. 거창하게 얘기하자면 현장 발굴 조사를 해봤다는 것이지만, 실제로는 그냥 땅을 판 흙을 나르고 거기서 일하고 있던 선배들과 술을 마셨던 것에 불과하다. 유물론적인 학문으로서의 고고학은 역사학자 특히 고대 사학자들에게는 매우 매력적인 것이지만, 그 해석에 있어서 인간이 할 수 있는 것은 매우 한정된 듯하다. 섣부른 해석보다는 보다 많은 자료의 발굴과 발견을 기다려야 하는 인내심에 대한 요구는 고고학자에 대해서는 어쩌면 당연한 의무라고 해도 과언은 아닐 것이다. 그러한 시간적인 고통을 참지 못한 극히 일부 고고학자에 의해서 가까운 이웃 나라인 일본에서는 구석기 시대 유적 위조마저 일어나는 것 역시 굳이 이해하자만 심정적으로는 이해가 안 되는 것도 아니다.

몇 년 전 필자는 다시 한 번 일본에서 1년에 걸쳐 발굴과 실측 등의 고고학적인 연수를 다시 받을 수 있는 기회를 제공받았다. 그렇지만 이미 문헌 사학에 젖어 있어서인지, 역시 유물을 보고 다루면서 유적의 전체상을 복원하는 데까지 걸리는 기나긴 여정을 단축시킬 수 없었다. 어떤 학문이든 적어도 3년 이상의 수련은 필수적인데 이를 그냥 뛰어 넘기에는 능력도 부족했지만, 열정 역시 매우 부족하다는 것을 새삼 느낀다. 그리고 녹슨 철기, 깨진 그릇편 등의 고고 유물에 정이 안 간다는 표현도 옳을 것이다. 항상 완성된 유물이나 멋진 문화재를 접하다가 오래된 퇴적 흙 속에서 나오는 냄새나는 파편들을 맞추는 데 며칠을 소요하는 것을 보고는 〈인디아나 존스〉에서 본 환상이 무참히 깨졌다고 봐야 할 것이다. 하지만 다행인 것은 연수와 실습을 통해서 고고학 관련 보고서를 읽고 이해할 수 있게 게 되었고, 고고학과 역사학의 접점에서 두 학문의 장단을 잣대질하면서 어느 정도 섭취할 수 있는 힘을 얻게 된 것은 커다란 수확이었다. 특히 동일하게만 보여 왔던 유물들의 다른 점이 조금씩 눈에 보이기 시작했고, 나아가 그 차이를 시대와 제작 기술 그리고 특성의 차이로 발전시켜 역사 해석을 하는 고고학자들의 과학적인 방법론들을 이해하게 된 점은 매우 커다란 성과였다. 그러나 그러한 감식안은 하루아침에 이뤄지는 것이 아님도 재확인할 수 있었다. 거꾸로 말하자면, 그러한 감식안이 없는 필자와 같은 사람은 고고학, 즉 고고 발굴 조사 등을 하는 게 무리라는 것도 알게 되었다.

여하튼 고고학은 역사학의 입장에서는 주변학문으로 그 자체가 역사 서술에 하나의 방법론과 함께 수많은 자료를 제공해 준다고 해도 엄밀한 의미에서 고고학은 역시 역사학과는 다른 범주의 학문이라고 할 수 있다. 그러한 의미에서 고고학자 역시 역사학자가 아니며 필자가 만약 고고학 발굴에 참여했다고 해도 그리고 설사 감식안을 가졌다고 해도 어디까지나 필자는 역사 연구자일 뿐이며 역사 해석을 위해서 고고학적인 지식이 필요한 것이라는 생각이 들었다.[1]

이와 같은 입장에서 그럼 서지학은 역사학인가? 라는 질문을 받을 수 있다. 실제로 필자가 근래 발표하는 논문을 보고 여러 역사 연구자들이 필자에게 다음과 같은 질문을 하곤 한다. "이거 역사학 논문인가?" 각각의 시대에 따라 연구회나 학회가 나눠져 있는 세태 가운데 "이건 어느 시대 논문이 되는

1_한국 고대사에 대한 종합적인 연구 동향 등은 다음의 책에 상세하다. 金貞培, 『韓國古代史入門』 1·2·3, 新書苑, 2006.

건가?" 등등. 이러한 질문에 대해 필자는 정공법이 아닌 우회적인 답변으로서 전 역사서지학이 전공이라고 말했던 적이 있다. 그런데 역사고고학은 들어본 적 있어도 역사서지학이란 말은 필자에게조차도 생소한 급조된 낱말인 듯하다.

식민지 시대 한국의 역사학과 서지학은 지금처럼 학문적으로 분류된 것이 아니었다. 실제로 역사학자들이 서지학에 관한 글을 발표해 왔고, 그것이 하나도 이상하게 여겨지지 않았던 시대가 있었다. 그 시절 한국고중세사의 대가였던 이마니시류(今西龍), 스에마쯔야스카즈(末松保和) 등은 유명한 자어가(藏書家)였으며 서지학자(書誌學者)이기도 하였다. 한국서지학을 대표하는 원로학자인 성균관대학교의 천혜봉(千惠鳳) 명예교수와 연세대학교의 손보기(孫寶基) 명예교수 등이 모두 사학과 출신이면서 전자는 한국서지학의 최고 학자 가운데 한 분이라고 해도 손색이 없는 분이며, 후자는 금속활자 등의 연구와 함께 구석기시대 고고학의 최고 연구자 가운데 한 분인 것은 주지의 사실이기도 하다.[2]

이런 근대의 사실을 차치하고서라도 역사학의 정의를 살펴보면 쉽게 역사학이 곧 서지학이며 서지학이 곧 역사학임을 알 수 있다. 물론 두 학문이 완전히 일치한다는 것이 아니라 두 학문의 공약수가 매우 크다는 것을 말하고 싶다. 주지하는 바와 같이, 역사학은 사료 비판의 학문이라고 할 수 있다. 과거의 사실은 시간의 시샘으로 하나 둘씩 잿더미 속에 묻혀 가고 현재 남아 있는 몇몇 서책, 금석문 등을 통해서 현재의 역사 연구자들은 해석을 하고 서술을 하고 있다. 이러한 자료를 사료라고 하고, 사료 가운데 전대 및 당대의 역사 기록을 담고 있는 역사서, 즉 사서가 얼마나 사실성을 담보하고 있는지

2_金斗鍾, 『韓國古印刷技術史』, 探求堂, 1973; 柳鐸一, 『韓國文獻學研究』, 亞細亞文化社, 1989; 李謙魯, 『通文館책방비화』, 民學會, 1988; 李仁榮, 『淸芬室書目』, 寶蓮閣, 1968; 千惠鳳, 『韓國 書誌學』, 民音社, 1995.

를 살피는 게 바로 사료 비판이라고 할 수 있다. 다시 말하자면, 사서를 서술한 시대의 배경, 역사가의 성향, 계급, 신분 등을 분석해서 기록에 대한 냉철한 비판을 통해서 왜곡이라는 불순물을 깔때기로 걸러 내는 작업이 바로 사료 비판인 것이다. 그리고 이러한 사료 비판은 1차·2차 혹은 외적·내적 사료 비판으로 대별되고 있다. 즉, 서책의 형태적인 분석은 1차적인 것이면서도 외적인 사료 비판이라고 할 수 있다. 그리고 그 책의 내용을 통해서 2차적으로 내적으로 사료의 내용이 시대성을 반영하고 있는가 또는 다른 사서와 비교해 봐서 어느 정도 진실성을 함유하고 있는 가 등등을 살펴보는 것이 있다.

예를 들어 여기, 8세기의 역사 해석에 매우 중요한 자료를 제공하는 15세기에 간행되었다는 기록이 적혀 있는 책이 있다고 하자. 표지는 18세기의 것이며, 서체는 17세기의 것이며, 종이도 17세기의 특징을 가지고 있다면, 과연 이 책은 15세기에 기록된 바로 그것인가에 대해서 의문을 가질 필요가 있다. 이런 책을 보면, 필자는 15세기에 간행된 초간본을 판하본으로 하여 17세기에 복각한 책이라고 해석하는 것이 일반적일 수 있다. 그리고 그것이 어떠한 사유에 의해서 표지가 훼손되었다가 18세기에 개장된 것이라면 외적인 문제는 해결된다. 따라서 15세기에 간행된 초간본과의 정밀 대교를 통해서 이 책이 15세기의 모습을 그대로 담고 있다면 그 사료적 가치가 15세기의 그것과 동일하다고 할 수 있지만, 만약 15세기의 그것과 내용이 다르다든가, 15세기의 초간본이 남아 있지 않다면, 이 책의 사료적 가치는 정밀한 내적 사료 비판의 결과를 기대해야 하는 것이 된다. 하지만 이 책의 일부분에 17세기가 되어서야 등장하는 역사적 인물이나, 새롭게 생기거나 변경된 지명 등의 역사적인 용어들이 나온다면, 이 책은 내용적으로도 17세기의 모습을 담고 있는 것이 되므로 이 책의 가치는 8세기에 대한 특별한 내용을 담고 있지 않는 한 15세기의 나온 다른 사서들보다는 그 가치가 떨어진다고 할 수 있을 것이다. 그리고 다른 사서에는 없는 내용이 있다고 하더라고 그 사료적 가치를 믿고자하는 역사 연구자들은 많지 않을 것이다.

이와 같이 사료 비판 가운데 1차적인 외적 사료 비판이 바로 서지학 가운데 이른바 형태서지학자들이 하는 일이다. 그리고 한 글자 한 글자에 대한 대교니 교정이니 하는 것 역시 서지학의 한 영역이며, 역사학자들이 하고 있는 작업이기도 하다. 따라서 서지학과 역사학은 상당한 부분에서 동일한 작업 방법과 환경을 공유하고 있다고 할 수 있다. 왜냐하면 서지학과 역사학 모두 문헌 사료를 연구 대상으로 하고 있기 때문이다. 이러한 측면에서 역사학의 핵심적인 본령, 즉 사료 비판의 반 이상을 서지학이 점하고 있다고 볼 수 있다. 이러한 측면에서 보면 서지학자야 말로 역사학자라고 할 수 있다.

그러나 근래 한국에서 인기를 누리고 있는 도서관학 또는 문헌정보학을 전공하는 연구자들 가운데 서지학 특히 형태서지학을 연구하는 학자들은 손에 꼽을 정도로 적다. 이 역시도 몇몇 인기 있는 연구 분야에 집중되어 있어 폭넓게 서지학을 연구하는 학자들은 매우 적다고 할 수 있다. 한국보다 서지학의 발달이 앞섰던 일본에서도 상황은 크게 다르지 않다. 얼마 전까지만 해도 전성기를 구가했던 일본의 서지학계는 원로학자들이 하나 둘씩 역사의 장막 뒤로 사라진 이후로 거의 불모지와 같은 상태로 되돌아간 듯한 인상이 든다. 국어학이나 국문학을 전공으로 하는 연구자들이 자신의 연구테마와 관련된 서지 연구를 심도 깊게는 하고 있으나, 그것이 곧 인쇄·출판 등의 역사와 관련된 서지학의 핵심 부분과는 연결되지 않고 있다. 오히려 활자의 복원, 목판의 복각 등의 다양한 시도는 서점상 또는 출판사 관련 직원 등 몇몇 아마추어 마니아에 의해서 이뤄지고 있을 뿐이다.

그리하여 일본에서도 그리고 한국에서도 가장 절실하다고 여겨지는 역사학과 서지학의 접목과 연계는 쉽게 이뤄지지 않고 있다. 오히려 역사학계에서는 사서에 대해서 집중적으로 연구를 하면, 그것은 서지학자들이나 하는 일이라고 해버리고, 서지학자들은 사서에 대한 것은 역사학자들의 몫이라고까지 하면서 등한시하고 있다. 결국 사서를 비롯한 사료에 대한 연구는 사료학을 담당하는 역사학의 몫이며, 문헌 자료를 담당하는 형태서지학자들의 몫임에도 불구하고 이를 애써 등한시하는 모습은 인문학의 위기를 초래한 이 시대의 자화상이 아닐까 한다.

3. 고서와 문화재 그리고 한적

근래 텔레비전에서 가보로 전해 왔던 물건들을 가지고 나오면 그것이 진짜인지 가짜인지 그리고 얼마나 희귀하며 어떤 가치가 있는지 그리고 결론적으로 얼마인지를 몇몇 전문가가 감정해 주는 프로그램이 한국과 일본 양쪽 모두에서 대단한 인기를 구가하고 있다. 원래 일본에서 시작된 텔레비전 프로그램인데 이제 한국에서도 인기를 누리는 프로그램으로 인지도를 매우 높이고 있다. 그림과 도자기뿐만 아니라 서책도 간간이 등장하고 있는데, 유명한 인물의 필사가 들어 있다든가, 그에 대한 이야기 등이 전한다고 해서 가격이 억대를 호가하는 등 매우 비싸게 올라가기도 한다. 이러한 프로그램에 의해서 지금까지 오래된 집에 버려져 왔던 서책들이 불필요한 폐품에서 골동품 또는 문화재로 화려하게 변신을 시도하게 된다. 즉, 보물찾기가 시작된 것이다.

그러다 보니, 예전에는 그냥 가져가라고 하거나, 아궁이에 불을 짚을 때나 오래된 벽지를 도배할 때 사용했던 헌책들마저 무슨 문화재나 되는냥 필요 이상으로 귀중히 다뤄지고 있다고 하는 사람들도 있다. 그리고 하다못해 말만 잘하면 거저 주던 책, 현재도 고서점에서 몇 천 원이면 살 수 있는 책이 청계천의 골동품거리를 가면 거꾸로 보물찾기에 나선 멋모르는 일반인들에게는 몇 만 원을 호가하는 진귀한 현상이 나타나기까지 하고 있다고 한다. 개인 홈페이지나 블로그에서도 가보를 소개하는 곳에서 이른바 칠서(七書)로 고서점에서 책을 사면 서비스로 주던 책마저도 멋모르는 일반인들은 문화재인양

자랑을 하고 있는 기현상이 벌어지고 있다. 이러한 현상을 바라볼 때, 돈을 떠나서 우리 선조들의 유품을 바라보는 인식 저변의 확대는 좋은 일이나 오히려 문화재를 돈으로 가치를 따지는 폐해가 확대된 것은 아닌가 부정적인 느낌이 드는 것도 필자 혼자만의 생각은 아닐 듯하다.

유물 가운데 고서, 즉 헌책은 당대에 저술되고 인쇄되고 출판된 사회사적으로 매우 중요한 자료임에 틀림이 없다. 그리고 그 희소가치에 따라서 그리고 그 내용에 따라서 중요한 사료임도 부인할 수 없다. 그러나 고서가 문화재적인 가치나 학술적인 가치를 떠나서 상품적인 가치만을 가지게 될 때 그 공허함은 역사학자나 서지학자들에게는 정말 참담함을 느끼게 할 뿐이다.

여기서 한 가지 짚고 넘어가야 할 점은 역사학자나 서지학자들이 고서라고 할 때는 단순히 헌책을 말하는 것이 아니라는 점이다. 광의의 의미에서는 중고가 된 책의 의미가 되겠지만, 협의의 의미에서 시대는 대개 1910년 일본의 식민지 지배 이전을 가리키곤 했다. 그러나 근래에는 6·25 한국전쟁 이전을 가리키기도 하고, 최근에는 1970년 이전의 책들을 가리키게 되었다. 어쩌면 시간의 흐름에 따라 고서의 정의의 시대적 변천은 당연한 것이기도 하다. 그러나 서지학자들이 말하는 고서란 한적을 말하기에 이것이 거의 자취를 감춘 1910년 이전의 시기는 쉽게 변하지 않는다.

그런데 1920~30년대에 지방에서는 목판이나 목활자에 의한 간행이 계속되었고 심지어는 일본인들이 우리의 갑인자라는 금속활자를 사용한 선장본도 나오고 있다. 또한 1910년 이전이라도 영문으로 된 양서도 있으며, 양서의 장정을 한 일본책 및 조선의 책들도 없지 않다. 따라서 서지학자들이 목록을 만들 때 조사 대상으로 삼는 고서는 이른바 한적을 말한다. 여기서 한적(漢籍)이란 중국의 책을 말하는 것이겠지만, 이는 한적(韓籍)이기도 하며 서양식의 장정을 한 책인 양서(洋書)와는 대별되는 것이다. 장정(裝幀)이 다르고 종이도 다르며 인쇄 방법도 전혀 다르다. 따라서 서지학자들이 말하는 고서란 1910년 이전에 조선에서 간행된 한적을 말하며 일부 1910년 이후라도 한반도에서 간행된 한적을 포함한다. 물론 이에는 다양한 장정과 종이로 된 다양한 종류의 한적이 포함되어 있으며, 이에 대해서는 다른 기회를 통해서 자세히 소개할 기회를 가지고자 한다.

4. 조선본과 한국본, 그리고 한본

필자 역시 일본에서 조사를 할 때 조선본이라는 말을 자주 듣고 부지불식간에 사용하게 되었다. 그리고 한반도를 조선 반도라고 하며, 북한을 북조선이라고 하며, 한국인을 조선인이라고 하며 우리의 조선왕조를 이씨조선이라고 부르는 일본인들을 접하게 되었다.[3] 대한민국 사람으로서는 그러한 일본사람들이 부르는 조선이라는 말에 왠지 모를 위압감을 느끼며, 그러한 용어의 사용이 적절한가에 대해서 의문을 가지게 되었다. 그러한 의문에 대한 정답을 구하기도 앞서 필자 역시 조선본이라는 단어를 각종 논문과 발표회장에서 사용한 바 있다. 그러한 입장에서 갑작스럽게 그러한 용어에 대해서 검토함에 있어서 필자 역시 어려움이 없지 않으나, 반드시 검토해 봐야 할 것임에도 불구하고 늦어졌음에 대해서 송구할 뿐이다.

조선본이라고 할 때 조선은 일본에서 말하는 이른바 이씨조선, 즉 조선 시대의 조선을 가리키는 경우도 없지 않다. 이와 대별해서 고려에서 간행된 책은 고려본이라고 하고 있음에서 알 수 있다. 그러나 고려본을 상정하지 않고 그냥 조선본이라고 하는 경우도 있어 그 문제가 노정된다. 조선 시대에 간행된 책을 조선본이라고 하고 고려 시대에 간행된 책을 고려본이라고 하는 것

3_최근에 중국에서는 대한민국·한국·한반도라는 개념을 조선이라는 용어보다 많이 사용하게 된 것은 매우 고무적인 현상이라고 생각한다.

은 문제가 적을 수도 있지만, 단순히 조선반도에서 나왔던 책을 조선본이라고 하는 것은 그 시대성과 지역성 나아가 책의 특성 등을 제대로 설명해 줄 수 없고 나아가 우리나라에 대한 좋지 않은 느낌을 수반하기 있기에 수정되어야 할 것이다. 나아가 이러한 논쟁을 뛰어넘어 고려본이나 조선본 나아가 신라본을 아우를 수 있는 성격의 개념이 모색되어야 할 것임은 당연하다.

근래 한국의 문화재청이나 국립문화재연구소에서 발행된 책을 보면, 일본에서 소위 조선본을 한국본이라고 지칭하고 있다. 한국본이라면 대한민국의 준말로서의 한국으로 남한을 가리키는 것임에 틀림이 없을 것이다. 그렇다면 과연 이 용어가 과거 신라·고려·조선에서 나온 본을 모두 다 아우를 수 있는 용어일까라는 생각을 해보면 그렇지 않다는 생각이 든다. 현대 한국에서 나온 책도 아니며 다만 조사주체가 한국이며 대상이라는 것뿐이다. 광범위하게 지역적으로는 북한 지역을 비롯한 지역을 아우르지도 못하며, 시간적으로는 신라·고려·조선의 시대는 물론이고 고구려 발해의 시대와 통치 영역마저 아우를 수 있는 개념의 도입이 필요된다. 이러한 측면에서 조선본과 한국본의 명칭은 약간 불완전하다고 할 수 있다.

예부터 현재의 한반도를 일컬어 청구·조선·진단·삼한 등의 용어를 사용해 왔다. 필자는 여기서 진한·변한·마한의 삼한이면서도 이후 고구려·백제·신라를 가리키는 용어로 사용되기도 했으며, 예와 맥의 민족을 통합하는 명칭으로서도 사용되어 왔던 삼한에 주목해 본다. 그리고 앞서 언급한 바와 같이, 중국의 한적(漢籍)에 대비되는 개념으로서 한적이라는 용어를 사용해 왔음도 언급해 본 바 있다. 따라서 한적 또는 한본(韓本)이라는 용어가 매우 적절하다고 여겨진다. 나아가, 중국의 고서를 당본(唐本), 일본의 고서를 화본(和本)이라고 하므로, 한국의 고서를 한국본의 준말인 듯하면서도 공간적으로 시간적으로 구속을 받지 않는 한본이라고 하면 매우 적당할 것으로 여겨진다. 물론 한적 역시 문제는 없다고 여겨지지만, 중국의 한적과 음성이 같아서 저어되는 부분이 있다. 따라서 여기서는 일단 한본이라는 용어로 우리의 고서를 명명해서 설명해 보고자 한다. 근래 이미 일본에서도 한본이라는 용어로 소위 조선본이 전시되고 그 목록도 간행된 바 있다.[4] 따라서 소위 조선본에 대해서 일본에서는 한본이라는 용어가 보다 편리하게 사용될 수 있으리라 여겨진다.

5. 일본에서의 한본 연구

일본에서의 한본 연구는 매우 그 연원이 오래되었다. 구한말 시대와 식민지 시대에 그 가치를 몰라 값싸게 팔렸던 고서들이 프랑스를 비롯하여 미국, 일본의 수집가 및 장서가들에 의해서 상당수 유출되었다. 뿐만 아니라 고려 이래로 잦은 왜구의 침입으로, 그리고 조선 통신사를 비롯한 우호적인 관계의 소산으로 일본에는 다수의 한본이 존재하고 있다. 필자가 찾아가 조사한 곳만을 들더라도, 관서대학도서관, 천리대학도서관, 오사카부립도서관, 근기대학도서관, 국회도서관, 미야기현립도서관, 동북대학도서관, 궁내성서릉부, 내각문고, 경도대학도서관, 경도대학문학부도서관, 고려미술관, 인쇄박물관, 대동급기념관, 정가당문고미술관, 동양문고, 봉좌문고 등을 비롯해 수많은 곳에 다양한 한본들이 소장되어 있다. 이외에도 알려진 곳도 수없이 많으나, 그 소장처에는 한본에 대한 조사 연구할 수 있는 전문 사서의 수는 매우 적었고, 천리대학을 비롯한 한 두 군데를 제외하고는 전문가는 아예 없었다고 해도 과언은 아닐 것이다.[5]

4_大阪府立図書館,『大阪府立図書館藏韓本目録』, 大阪府立図書館, 1968.

5_필자의 논저 가운데 일본소장전적에 관한 글과 일본어로 작성된 글만을 소개하면 다음과 같다.
河廷龍,「蓬佐文庫所臧壬申本『三国遺事』と列邑分刊」,『高麗美術館研究所紀要』3, 日本京都 高

나아가, 대부분의 도서관은 한적 가운데 당본이나 화본은 있어서 한본은 분류조차 해놓지 않은 상태이다. 또한, 한본으로 별도로 분류해 놓은 도서관에서 조차도 그 간행지가 조선임에도 불구하고 중국서로 분류해 둔 곳이 적지 않았다. 이는 책의 제목과 저자가 중국적이거나 중국인인 점도 있지만, 앞서 말한 바와 같이, 한국본과 중국본을 구분할 수 있는 최소한의 안목을 가진 전문 사서 및 연구자의 부족과 함께 기존의 잘못을 수정할 수 있는 제도적 장치의 부재도 커다란 원인 가운데 하나라고 할 수 있다. 심한 경우에는 조선초기 임란전의 희귀한 금속활자본 한질환질본의 경우는 보통본으로 열람이 자유로운 반면에, 이 금속활자본을 후대에 목판복각한 책의 경우는, 현재에서 비교적 저렴한 가격으로 거래되고 있는 이 한질의 책이 해당 도서관의 귀중본으로 되어 있는 곳도 있었다. 주객이 전도된 양상을 띠고 있음에도 불구하고 이를 지적하고 정정을 권유해도 이미 기존의 사서들이 귀중본으로 선정

麗美術館研究所, 2002; 河廷龍, 「高麗美術館所藏典籍紀行1, 李聖龍舊藏戊申字本『春秋經典集解』」, 『高麗美術館報』H17-1, 高麗博物館(京都), 2005; 河廷龍, 「高麗美術館所藏典籍紀行2, 沈念祖舊丁酉字內賜本『唐宋八字百選』」, 『高麗美術館報』H17－1, 高麗博物館(京都), 2005; 河廷龍, 「高麗美術館所藏典籍紀行3, 李聖龍舊藏戊申字本『最後の甲寅字』, 壬辰字本『青丘詩鈔』」, 『高麗美術館報』H17-3, 高麗博物館(京都), 2005; 천혜봉·이정섭·박상국·남권희·서병패·양진조·하정용, 『海外典籍文化財調査目錄: 日本天理大學天理圖書館所藏韓國本』, 國立文化財硏究所, 2005; 河廷龍, 「近畿大学中央図書館所蔵順菴安鼎福旧蔵の『纂圖互註周禮』について」, 『香散見草』 3·4, 近畿図書館, 2006; 河廷龍, 「高麗美術館所藏典籍紀行4, 宮中儀礼の記録整理字本『進饌儀軌』」, 『高麗美術館報』H17-4, 高麗博物館(京都), 2006; 河廷龍, 「高麗美術館所藏典籍紀行5, 整理字体鐵活字本 『甲戌稧』」, 『高麗美術館報』H18-1, 高麗博物館(京都), 2006; 河廷龍, 「高麗美術館所藏典籍紀行6, 活字の国, 朝鮮－朝鮮活字印刷文化との出逢い」, 『高麗美術館報』H18-2, 高麗博物館(京都), 2006; 河廷龍, 「高麗美術館所蔵の朝鮮本について」, 『有光教一先生白寿記念論叢－高麗美術館紀要』 5, 高麗美術館研究所, 2006; 河廷龍, 「天理図書館所蔵の三国遺事について－日本における三国遺事研究動向と関連して－」, 『ビブリア』 126, 天理図書館, 2006; 河廷龍, 「高麗美術館所藏典籍紀行7, 再鑄韓構字本李謫公七言古詩について」, 『高麗美術館報』 H18-3, 高麗博物館(京都), 2006; 河廷龍, 「高麗美術館所藏典籍紀行8, 後期校書館印書體字本 『桐江遺稿』について」, 『高麗美術館報』H18-4, 高麗博物館(京都), 2007.

한 것들이어서 수정이 불가능하다는 설명을 들은 바가 있다.

일본 내 한본 연구의 이런 사정 대문에, 현재로서는 후지모토유키오(藤本幸夫) 교수를 제외하고는 한본을 단독으로 조사하여 목록을 작성할 수 있는 연구자는 많지 않다고 한다. 따라서 근래까지도 간단없이 진행되고 있는 후지모토유키오 교수의 연차적인 조사 연구는 일본에서의 한본 연구의 현주소를 말해 준다고 해도 과언은 아닐 것이다. 특히 최근에 간행된 『일본현존조선본연구 집부』(日本現存朝鮮本研究 集部)[6]는 기존의 일본에서의 한본 연구의 집대성이자 금자탑이라고 할 수 있을 정도로 그 가치가 매우 높다. 비단 일본에서뿐만 아니라 한국 나아가 세계적인 연구 성과로서 반드시 인정받아야 할 기초 연구 서적이다. 특히 이 책에 소개되어 있는 한본에 대한 목록은 물론, 관련 연구 성과와 공구서 등에 대한 자세한 소개는 앞으로의 한본 연구를 해야 할 사람이 참고하고 나가야 할 길을 제시하고 있다. 이제 그렇게 만들어진 토대 위에서 보다 심화된 연구가 필요한 시기가 바야흐로 온 것이라고 할 수 있다.

6. 일본 웹상에서 참고 가능한 한본 연구 사이트

이와 같이, 『일본현존조선본연구 집부』 가운데 「조선본연구참고문헌일람」에는 수많은 참고문헌들이 소개되어 있다. 그러나 안타깝게도 이 책에는 한본에 대해서 보다 쉽게 접근할 수 있는 멀티미디어 자료 가운데 웹에 구축된 사이트 소개는 보이지 않는다. 연구 대상 자체가 일본에 현존하는 한본에 대

6_藤本幸夫, 『日本現存朝鮮本研究 集部』, 京都大学学術出版会, 2006.

한 것이기에 이해가 된다. 왜냐하면, 일본에서는 귀중서에 대한 열람은 물론이고 사진 촬영 등이 무척 어려운 사정이기 때문에 그러하다. 또한, 실제로 일본의 그 어떤 기관도 연구 자료에 즉시 사용할 수 있을 정도의 선명한 화상을 가진 자료나 상세한 목록들을 웹상에 공개하고 있지 않기 때문에 참고가 거의 불가능했으리라 여겨진다. 그러나 찾아보면 단편적이나 그 한본에 대한 접근이 가능한 곳이 몇 군데 있어 소개하고자 한다. 다만 앞서 말한 바와 같이 상세한 사진 자료 등을 통한 접근은 그다지 기대하지 않는 것이 좋다.

1) 자세한 정보를 얻을 수 있는 곳

- 전국한적데이타베이스(全国漢籍データベース): http://kanji.zinbun.kyoto-u.ac.jp/kanseki/
- 마쯔바라연구실 소장목록 각종 서지 데이터 목록(松原研究室所蔵目録 各種書誌データ目録): http://matsu.rcks.kyushu-u.ac.jp/mokuroku/shoshi_jp.html
- 일본현존조선고서 데이터베이스 검색 시스템(日本現存朝鮮古書データベース検索システム): http://stl30.itc.u-toyama.ac.jp/dokb/
- 오사카부립나카노시마도서관 한본(조선본)의 세계(大阪府立中之島図書館 韓本(朝鮮本)の世界): http://www.library.pref.osaka.jp/nakato/shotenji/70_kan.html

2) 간략한 정보를 얻을 수 있는 곳

- 미야자키 현의 국·현 지정문화재〉유형문화재(서적·전적)〉조선고간본

- 宮城県の国·県指定文化財〉有形文化財(書跡·典籍)〉朝鮮古刊本: http://www.pref.miyagi.jp/bunkazai/siteibunkazai/miyagi-no-bunkazai/05syoseki/ken/12tyosen.htm
- 동경대학 도서관 난키문고 조동윤본 아가와문고(東京大学図書館 南葵文庫 趙東潤本 阿川文庫): http://www.lib.u-tokyo.ac.jp/tenjikai/tenjikai95/
- 린린샤 유휴문고 鈴琳舍優游文庫: http://www7a.biglobe.ne.jp/~rinrinsha/main/yuhyuhhp/yuhhpb.htm
- 대동문화대학 문학부 중국학과 오코도연구실(大東文化大學 文學部 中國學科 黃虎洞硏究室): http://www.daito.ac.jp/~oukodou/kosyo/kosyo-14.html
- 조선본 및 고활자본(동아시아·조선)朝鮮本及び古活字本(東アジア·朝鮮): http://eapub.cneas.tohoku.ac.jp/saika/d_5.html
- 고려미술관 「활자의 나라 조선」高麗美術館「活字の国, 朝鮮」: http://www.koryomuseum.or.jp/event/06_summer/index.html

7. 한본 연구의 보고 한국의 웹사이트들

앞서 일본의 상황과 대조적으로 한국에서는 정보화 시대를 맞이하여 한본 가운데 특히 귀중본에 대한 목록 조사와 정보 축적을 과감하게 인터넷에 공개하면서 이 분야 연구 활동에 매우 커다란 공헌을 하고 있다. 예를 들어, 필자도 참여한 바 있는 프로젝트로서, 최근 몇 년 동안 문화재청에서는 국보·보물을 비롯한 전적 문화재에 대한 데이터베이스가 만들어졌다. 뿐만 아니라 기타 한본의 귀중서들을 소장하고 있는 대학을 비롯한 도서관·박물관 등에서도 앞 다투어 소장 자료에 대한 목록·해제·화상 등을 공개하고 있다. 따라서 이러한 사이트에 대한 소개는 한본 연구를 보다 신속하게 진행할 수 있게 해줄 것으로 기대된다. 이에 웹에서 쉽게 접할 수 있는 주요 한본 관련 사이트를 소개하고자 한다. 참고로 이 모든 사이트는 대개 1999년부터 시작된 정부 차원의 지식정보자원관리사업의 산물이기도 하다. 다만 이 사이트들을 검색하기 위해서는 일본인에게 있어서는 한국어 능력이 요구되는 것이 가장 큰 문제점이 될 것이다. 까닭에 한국어 관련 연구자들이나 그들의 도움을 받아 일부 연구자들이 접근을 하고 있을 따름이다.

1) 국립중앙도서관의 한국고전적종합목록시스템(http://www.nl.go.kr/korcis/)

국립중앙도서관(http://www.nl.go.kr/)은 일찍부터 국내외에 소장되어 있는 한본에 대한 데이터베이스 구축에 주력해 왔다. 디지털 도서관의 일환으로 목록·해제·원문·목차 데이터베이스를 모두 구축한 후에 현재는 여타 기관들과의 통합을 꾀하여 시험적으로 한국고전적종합목록시스템을 설치 운영하고 있다. 인터넷상에서 어느 한본이 어디에 소장되어 있는지, 그리고 그것의 크기나 상태를 통해서 어디가 선본이며 선쇄본인지를 알 수 있게 하자는 데 가장 커다란 목적이 있었기에 이 조건을 충족시키기 위해 각 기관은 새롭게 데이터베이스를 구축하고 있다. 〈이미지 뷰어〉나 〈아크로뱃 리더〉를 다운로드하면 원문까지 볼 수 있다.

다만 각각의 원문은 위 목록에서는 시스템상으로 보기가 어렵고 해당 기관에서 다시 검색해서 봐야 하는 불편함이 있는 듯하다. 물론 무료로 프린트 출력이 가능하나, 화상은 다운로드하기 어렵다. 다만, 화면 저장을 이용해서 좌측과 같이 간략하게 이미지 저장은 가능하므로, 이를 이용한 이미지 추출 역시 문제는 안 될 것이다. 현재 완전한 네트워크는 갖추지 않았으며, 원문 정보 역시 아직 미완성으로 약간 불편함이 없지 않지만, 앞으로 크게 그 효용을 기대할 수 있을 것이다.

2) 국사편찬위원회의 한국역사정보통합시스템(http://www.koreanhistory.or.kr/)

한국역사정보통합시스템은 한국의 역사 자료를 체계적이고 종합적으로 전산화하여 사용자들에게 제공하고 있다. 경상대학교 문천각, 국사편찬위원회, 서울대학교 규장각, 성균관대학교 존경각, 한국국학진흥원, 한국학중앙연구원 장서각, 민족문화추진위원회 등의 다양한 역사 관련 전문 기관이 전문 센터로서 참여하여 역사 자료 데이터베이스를 구축하고 있다.

예를 들어, 목록으로는 규장각소장목록 28,382건, 규장각소장책판목록 102건, 한국문집총간총목차 770건이 구축되어 있다. 해제로는 규장각소장자료해제해제 36,689건, 장서각소장고도서자료해제 960건, 한국문집총간해제 575건과 함께 사진유리필름자료 7,176건, 궁중의궤도설자료 12,696건, 규장각의궤자료 1,567건이 이미 구축되어 있어 명실상부한 한본의 보고라고 할 수 있다.

이외에도 중국정사조선전, 한국 고대사료집성, 비변사등록, 국역비변사등록, 한국사료총서, 고종시대사. 중추원조사자료, 각사등록, 승정원일기, 고전국역총서, 국역 승정원일기, 국역 일성록, 한국문집총간, 고문서, 고지도, 일성록, 내각일력, 영남사림문집와 함께 경주 양동 경주손씨 서백당, 나주 회진 나주임씨 창계후손가, 대전 안동금씨 금영한 소장본, 법홍 고성이씨 문서, 상주 연안이씨 식산종택, 상주 우산 진주정씨 우복종택, 안동 갈전 순흥안씨 정봉종택, 안동 광산금씨 후조당, 안동 수곡 전주류씨 무실종택, 여주이씨 옥산정사 고문서, 의정부 반남박씨 서계종택, 주촌 진성이씨 문서, 진양하씨 단지종택, 함양박씨 구당종택 고문서, 해남윤씨 연동종가 등 열다섯 개 가문이 소장한 고문서의 원문 이미지가 제공되고 있다. 이 밖에도 한국사 기초사전, 한국역대인물 데이터베이스, 과거합격자 데이터베이스, 성씨와 본관, 관직명사전 등이 서비스되어 무선 인터넷이 가능하다면 어디서든지 한본과 한국학에 대한 연구·조사·목록이 가능하게 되어 있다.

실제로 서명이나 저자명을 비롯하여 몇몇 주요 서지 사항만으로도 해당 한본에 대한 자세한 서지 사항과 함께 기타 관련 역사 정보를 손쉽게 얻을 수 있다. 다만, 원문 정보가 아직 충분하게 구축되어 있지 않아 앞으로의 보충을 기대해 본다.

3) 문화재청의 국가기록유산(http://www.memorykorea.go.kr:7779/)

문화재청의 국가문화유산종합정보서비스(http://dheritage.go.kr/index.jsp)는 한국의 국보, 보물, 중요민속문화재, 유형문화재 등의 문화재에 대한 상세 정보를 제공하는 곳이다. 이 가운데서 국가 기록 유산은 전적·서간·문서·서각 등에 대한 자료를 데이터베이스한 곳이다. 원문은 물론 원본에 대한 사진 자료와 함께 활자, 한자, 사경 등에 대한 동영상까지 서비스하고 있어, 한국어가 가능하다면 한본 가운데서 역사가 오래되고 희귀한 판본들에 대한 연구의 보고라고 할 수 있는 곳이다. 뿐만 아니라, 동영상을 통해서 한본에 대한 기본적인 지식을 일반인들도 충분히 알기 쉽게 설명하고 있어 매우 유용하다고 할 수 있다.

4) 국립문화재연구소(http://www.nricp.go.kr/kr/index.jsp)

문화재청 산하의 문화재연구소에서는 자체로 다양한 데이터베이스를 구축하고 있다. 그 가운데 하나가, 해외소장한국전적문화재(http://koreanbooks.nricp.go.kr/)와 한국금석문종합영상정보시스템(http://gsm.nricp.go.kr/_third/user/main.jsp)이다.

해외소장한국전적문화재에는 현재까지는 일본·미국·프랑스의 몇몇 기관에 있는 한본들을 데이터베이스화해서 그 목록만을 서비스하고 있다. 예를 들어, 일본의 경우에는 상국사, 경도대학 하합문고, 남선사, 내각문고, 궁내청 서릉부가 현재 목록이 제공되고 있으며, 얼마안가 천리대학 도서관의 목록 역시 제공될 예정이다. 앞으로 원본 사진 역시 일본 소장처의 협조를 얻어 제공되기를 기대해 본다.

한편 한국금석문종합영상정보시스템은 아래 사진에서 보이는 바와 같이, 다양한 검색을 통해 해당 금석문의 원문·비문사진·해석문·주석까지 쉽게 검색 가능하게 되어 있다. 따라서 탁본 등의 한본이 있을 경우, 그 원문의 부분만이 남아 있더라도 이 시스템을 통해서 전체상을 그릴 수 있게 되었다.

5) 디지털한글박물관(http://www.hangeulmuseum.org/)

한국어세계화재단(http://www.glokorean.org/)에서 운영하는 이 사이트는 한글과 관련된 문헌에 대한 매우 상세한 정보를 제공하고 있다. 원본 사진뿐만 아니라 해제·번역·원문까지 제공하고 있다. 그리고 일부 동영상을 통해서 한글에 대한 문헌적 이해를 돕고 있다. 현재는 한글국보보물특별전(http://www.hangeulmuseum.org/new/special_flash/2006/special.jsp)을 개최하고 있다.

6) 기타

이외에도 아래와 같은 사이트에서 한본에 관련된 정보를 제공하고 있어 연구 조사에 도움을 주고 있다. 앞으로 더 많은 원본과 그에 대한 해제 등의 제공을 기대해 본다.

• 국립박물관의 소장품정보서비스: http://www.museum.go.kr/kor/pos/pos_

main.jsp)

- 음성기록역사관: http://www.erhm.co.kr/
- 청주고인쇄박물관: http://www.jikjiworld.net/
- 가천박물관: http://www.gcmuseum.org/
- 문화관광부e뮤지엄: http://www.korea-museum.go.kr/index.jsp
- 호림박물관: http://www.horimmuseum.org/

8. 맺음말

이와 같이, 이 글에서는 일본에서의 한본(韓本) 연구 동향과 관련하여 그 서론적인 성격으로 첫 장에서는 고고학과 역사학, 그리고 서지학을 다뤘다. 이 장에서는 서지학은 고고학과는 달리 역사학의 주변 학문이 아닌 사료 비판의 측면에서 역사학과 공통되는 부분이 매우 크다는 점을 강조하였다. 그리고 근대 한국에서의 역사학자들의 서지 연구의 예를 거론하였다.

둘째, 이장 고서와 문화재 그리고 한적 부분에서는 한일 양국에서 홍미를 모으고 있는 문화재 감정 관련 텔레비전 프로그램에 영향으로 폐품이나 다름없었던 골동품들이 문화재로 거듭나는 좋은 점을 거론하는 한편으로 학술적인 가치나 예술적인 가치와 떠나 단지 가격만을 강조해서 자칫 상품화의 폐단을 낳을까라는 점도 함께 지적하면서 일본에서의 한본에 대한 관심이 한국과 그리 큰 차이가 없음을 살펴보았다.

셋째, 3장 조선본과 한국본, 그리고 한본에서는 일본에서 사용되고 있는 조선본의 명명상의 한계점 및 한국에서 최근 사용하고 있는 한국본의 문제소지를 지적하였다. 나아가 한적의 음성상의 동일성 등으로 결국 한본이라는 명명이 가장 적합한 것이 아닌가라는 제안을 일본학계와 한국학계에 제시해 보았다.

넷째, 4장 일본에서의 한본 연구에서는 한본을 소장하고 있는 도서관이나 연구소 문고 등을 조사하는 과정에서 얻었던 경험을 바탕으로 일본의 한본 연구의 열악성을 소개하였다. 하지만 그러한 열악성에도 불구하고 『일본현존조선본연구 집부』(日本現存朝鮮本研究 集部)는 우리나라에서도 반드시 참고해야 할 일본 내 한본 연구의 금자탑임을 설명하였다.

마지막으로 5장에서는 그러한 일본 내 한본 연구의 현황의 지표로서 일본 웹상에서 참고 가능한 한본 연구 사이트를 소개했으며, 6장에서는 한국 내 한본 연구의 현황으로서 한국 웹상에서 참고 가능한 한본 관련 사이트를 소개했다. 이러한 소개 위해서 양국의 한본 연구의 현황을 적나라하게 비교할 수 있을 것임을 알 수 있었을 것이다.

일본에서는 일본어만, 한국에서는 한국어만 사용 가능하므로, 이 둘 다 사용하기 위해서는 양국의 언어에 대한 일정 정도의 지식이 요구된다. 일본의 사이트의 경우는 한문이 상당히 사용되므로, 한국인들이 사용하는 데 있어 불편함이 상대적으로 덜할 수 있으나, 한국의 사이트의 경우는 적어도 초급 정도의 한국어를 모르는 경우, 거의 이용이 불가능하다고 할 수 있다. 한 가지 다행스러운 것은 한국의 사이트의 경우는 영어와 일본어가 사용 가능하도록 영어판 및 일본어판 웹 서비스를 개시하기 위한 준비를 하고 있다는 점이다. 앞으로 이른 시기에 일본어만을 가지고서도 웹에서 편리하게 한본을 검색하고 참고할 수 있게 될 것으로 기대된다. 다만, 한본 가운데 언해본을 비롯한 한글본이 다수 있는 바, 어느 한국학의 분야도 마찬가지지만, 한국어를 모르고서는 그 연구가 쉽지만은 않을 것이다.

여하튼 그러한 측면에서 최근 국립중앙도서관이 중국 국가도서관과 일본 국립국회도서관의 자료를 한글로 검색할 수 있게 된다는 뉴스는 매우 반가운 일이 아닐 수 없다. 이를 위해 한국·중국·일본은 국경을 초월한 디지털 도서관을 만든다고 하며 내년 상반기에는 한·중·일 3국의 통합 검색 시스템이 본격 가동될 것으로 전망된다. 국내에서는 '디브러리 포털'(www.dibrary.net)에 접속하면 이용할 수 있다고 하는데 일본에서도 같은 서비스가 이뤄지고 이러한 호환 체계가 강화되면 일본에서의 한본 연구 나아가 중국에서의 한본 연구도 크게 진흥될 것으로 기대된다.[7]

9. 여언: 일본에서의 한국학 인식의 현주소로서 한본 연구

일본에서의 한본 연구는 일본의 동양학 연구에 있어서 일본인 연구자들의 3국에 대한 각각 인식의 현주소를 여실히 잘 보여 주는 부분이라고 여겨진다. 3국의 동양서 고본인 중국본·일본본·한국본(한본)에 대해서 일본인들은 중국본은 당본, 일본본은 화본이라고 하면서 유독 한국본에 대해서는 한본보다는 조선본이라는 명칭을 보다 더 많이 쓰고 있다. 최근 일부 도서관이나 연구자들이 한본이라는 용어를 사용하기 시작했지만, 여전히 일본에서는 조선본이라는 명칭이 주로 사용되고 있다. 그러나 일본에서 조선이라는 명칭은 그리 유쾌한 명칭이 아닌 차별적인 학술용어라고 해도 과언이 아닌 부분이 있다. 따라서 조선본이 아닌 한본으로서 정당한 대우를 받아야 할 필요가 여기에도 있고 따라서 본고를 작성한 것이다.

한편, 일본에서 한본은 거의 중국본에 묻혀서 그리고 일본본에 치여서 상대적으로 연구가 전혀 안 되고 있는 형편이다. 대부분의 도서관 등에서 한본

7_마지막으로, 위의 소개한 사이트 이외에도 필자가 모르는 보다 좋은 사이트들이 이외에도 있을 가능성은 충분하다. 오히려 소개한 곳보다 좋은 사이트들의 수가 많을지도 모른다. 필자가 평소에 사용하고 있는 곳의 리스트와 그 내용을 제시한 것에 불과하므로 이에 대한 수정과 보완은 앞으로도 요구된다고 하겠다.

은 중국본으로 분류되어 있거나, 또는 일본본으로 분류되어 있기까지 하다.

그 이유를 살펴보면, 먼저 대부분의 한본의 원저자는 중국인이라는 것이다. 예를 들어 사서삼경 등을 비롯한 대부분의 유학 서적들이 그렇고, 나아가 불교경전조차도 중국 한나라나 당나라 시대에 역경된 것이기에 결국 중국서로 분류한 것이다. 비록 출판자나 출판지가 고려나 조선이라도 원저자나 역자가 중국인이므로 중국서로 분류되고 있는 것이다. 그러나 같은 유학이나 불교 경전이라도 일본에서 출판된 책을 화본으로 분류해서 정리한 것을 보면 이중적인 잣대에 불과하다는 것은 극명하다. 둘째, 일제 시대를 통해서 조선 지배를 했던 식민의 경험에 의해서 일부 일본의 도서관에서 한본은 조선본이 아닌 그냥 일본본으로 분류되어 있기도 하다. 식민지 지배를 벗어난 지 55년이라는 반세기 이상이 지났지만 일부 도서관에서는 식민지시기의 분류법을 그대로 사용하고 있다. 이와 같이 우리나라에 대한 인식이나 이해가 크게 변하지 않았다는 것은 이 역시 일본에서의 한국학의 현주소 가운데 하나라는 것을 간과해서는 안 될 것이다.

이와 같은 이유로 본고에서는 일본에서의 한본 연구를 통해서 일본에서의 우리 한국학의 현주소를 찾아본 것이며, 아울러 한국학에 대한 일본인들의 인식을 재점검한 것이다. 그러나 이러한 우울한 상황과는 달리 본문에서 밝힌 바와 같이 일본인 학자에 의한 최근 몇몇 한본에 대한 선진적인 연구는 앞으로의 일본에서의 한본 나아가 한국학 인식의 발전이라는 기대를 갖기에 충분한 부분이 있다. 따라서 앞으로의 일본에서의 한본 연구의 발전을 기대해 볼 수 있어 다행이 아닐 수 없다.

25장

중국의 고구려·발해사 인식과 역사 갈등

한규철

1. 머리말

몇 년 전 중국과의 관계에서 한국인들을 분노케 한 일이 있었다. 이른바 '동북공정'(東北工程)으로 일컬어지는 역사 공정이 한국인들에게 알려지게 되면서부터였다. 모 방송국 특집기사가 나온 후 더욱 이러한 분위기가 증폭되었지만, 2002년부터 공식화되었던 '동북공정'은 이미 1980년대 이후 이미 진행되어 온 사업이었다고 할 것이다.

동북공정은 동북변강역사여현상계열연구공정(東北邊疆歷史與現狀系列硏究工程)의 줄임말로서 '동북 변경 지역의 역사와 현상에 관한 체계적인 연구 과제(공정)'로 번역되면서, 네이버의 두산백과사전은 이를 '중국의 국경 안에서 전개된 모든 역사를 중국의 역사로 편입하려는 연구 프로젝트'라고 소개하고 있기도 하다. 동북공정만으로 보아서 이 소개는 꼭 바르다고는 볼 수 없지만 결과적인 면에서 일반인들에게 가장 잘 쉽게 소개하고 있는 내용이라고도 할 수 있다.

주변국이란 본래 국경 문제 등으로 마찰이 끊이지 않는 것이 일반적이다. 인접국은 역사·문화적인 측면에서는 공통적인 부분이 많을 뿐만 아니라 정치·군사적인 이해관계가 상존하기 때문이다. 그러나 인접국은 역사·문화적인 부분에서 하나의 문화권을 형성하면서 분간하기 어려운 점이 많다는 것도 한 특징이다. 바로 그러한 점 때문에 갈등이 더 깊을 수 있다. 고구려·백제·신라 삼국 상쟁(相爭)의 역사를 거쳐 한국사의 '삼국시대'(三國時代)가 된 것도 그러한 결과이기도 하다.

현대 중국이 15개국 넓게는 20여 개국과 인접하고 있다는 사실은 중국의 당면 과제가 역사의 문제를 넘어서 군사·외교적 문제이기도 하다는 점에서 이해되는 부분도 없지 않다. 특히 소수민족의 모국이 있는 한국과 몽골의 역사는 그렇지 못한 다른 소수민족사와는 다르다. 고구려·발해사 문제로 제기되었다시피 한국인들의 분노를 사서 외교 문제로까지 비화되어 중국 외교부 부부장이 한국을 방문하여 다섯 가지 구두양해가 이루어지는 일까지 있어 왔다. 지금은 잠잠하게 되었지만 내면적으로는 사이버상에서 양국 청년들의 역사 논쟁과 대결상은 지금도 이어지고 있다.

한중 간의 역사 분쟁은 정치적인 면이 더 깊다는 데에 문제의 심각성이 있다. 역사란 인간이 살아온 과정이고, 학문적으로 이를 복원하는 것이 역사학이다. 이 과정은 철저히 시간의 선후 관계를 중시하고 이를 넘어설 수 없다. 그러함에도 불구하고 중국 학계는 역사의 과정을 무시하고, 현재의 상황을 과거에 대입시키는 역사 해석과 역사 왜곡, 더 정확하게는 '역사 침탈'을 정당화하고 있다. 역사학의 미성숙과 정치 논리에 굴복하여 역사 영역과 현대의 영토관을 구별하지 못한 결과에서 나온 것이라고 생각한다. 과거 어느 시기까지는 만주 지역이 조선사 나아가 만주사의 범주에 있었지만 어느 시점부터는 중국사가 되었다고 하는 것은 이해할 수 있지만, 지금이 중국사이기에 기원전부터도 그 지역이 중국사였다고 하는 것은 억지를 넘어선 역사 침탈적 행태로 비난받을 수 있는 충분한 조건이 된다고 할 수 있다.

한국에서 '역사 안보'를 언급하고 '역사 의병'을 자처하는 사람들이 있게 된 것도 중국의 그릇된 역사 인식이 한국에 알려지면서부터였다. 특히 평양 천도 이후의 고구려사에 대한 인식이 당나라 지방정권, 즉 중국사의 일부라는 시각에서 중국 외교부 홈페이지의 한국사 소개에서 고구려사가 삭제되었다든지, 현대의 평양 정권이 붕괴된다면 동북 3성에서 동북 4성을 획책할 것이라는 우려들이 제기되면서 이러한 분위기는 고조되었다. 아무튼 중국의 역사 왜곡에 대한 확실한 근거들은 2002년부터 공식화한 '동북공정' 사업을 통해 적나라하게 드러나게 되었다.

중국의 한국사 침탈 과정에서 동북공정이란 공식화된 프로젝트였을 뿐이지 이와 같은 작업은 이미 1980년대부터 시작되었다고 할 수 있다. 사회과학원 산하에 1983년 변강사지연구중심(邊疆史地研究中心), 즉 중국 변강의 역사와 지리를 연구하는 기관을 설치하여 이에 대한 본격적이고 체계적인 연구와 사업을 준비하고 실천하고 있었기 때문이다. 여기서 중국의 소수민족 정책인 '통일된 다민족국가'(統一的多民族國家) 이론을 내놓게 되었다. 이는 소수민족사의 중국사화가 가장 큰 당면 과제였기 때문이다. 이로 인해 내정의 안정과 중화 민족의 역사적 정통성을 확립하고자 하는 목표를 실천하고 있었다고 할 수 있다.

이 글은 역사 영역과 역사 주권을 생각하는 시각에서 고구려·발해사를 통해서 중화인민공화국이 역사를 연구해 온 과정과 배경을 다시 한 번 검토하고 그 문제점들을 생각해 보고자 한다.

2. 중국의 고구려·발해사 인식과 통일적 다민족국가론

중화인민공화국의 통일적 다민족국가론에 입각한 역사 재해석은 고구려·

발해사만에 국한하지 않는다. 중국이 현재 중국의 영역 안에 존재했던 전근대 왕조들의 역사에 관심을 갖고 연구하는 것은 지극히 당연하다. 다만 이 접근의 전제가 전근대 소수민족 왕조들이 중원 왕조의 지방정권이었다는 점을 무리하게 입증하려는 자세를 갖고 있고, 역사에서의 시간과 발전 과정을 무시하는 비역사적 자세를 취하고 있다는 것이 문제이다. 이러한 자세는 역사적 공간과 시간을 함께하고 있는 한국사와 많은 갈등과 충돌을 갖고 있다. 중국 조선족의 모국사라 할 수 있는 발해사가 그들의 『조선통사』에서 누락되었을 뿐만 아니라,[1] 앞으로 있을 개정판은 길림성 정부의 출판 허가 과정에서 고구려까지 빠질 수 있다는 우려를 하고 있다. 반면에, 보다 객관적인 일본의 『조선의 역사』(朝鮮の歷史)에서는 '통일신라와 발해'로 고구려와 함께 조선사의 범주로 인정되고 있다.[2]

중국의 이러한 역사 인식은 고구려·발해사에만 국한하지 않는다. 하상주단대공정(夏商周斷代工程)과 고대 문명탐원공정(古代文明探源工程)을 통해 한국 고대의 고조선 등은 중국사의 일부가 되어 있다. 아울러 고조선 문화권에 해당하는 요하 지역의 선진성이 점차 밝혀지면서 황하 문명에 비견되거나 앞서 있던 '요하 문명'(遼河文明)을 설정하고 주목하고 있다.[3] 그러나 요하 문명론에서 고조선 등은 없다. 한국사의 뿌리가 흔들리고 있다는 이야기이다. 다시 말해 '요하 지역에서 발원한 모든 고대 민족이 황제족의 후손으로 중화 민족으로 일원'이라는 해석으로 보자면 이들 지역에서 등장한 단군과 주몽 역시 황제의 후예가 된다.

그러나 보다 기록상으로 분명한 고구려·발해사를 통해서 중국의 역사 왜곡 과정과 실상을 살펴보는 것이 이해를 돕는 데 좋을 듯하다.[4]

1_姜孟山 主編, 『朝鮮通史』, 延邊大學出版社, 1992.
2_朝鮮史硏究會 編, 「統一新羅と渤海」, 『朝鮮の歷史』, 三省堂, 1974.
3_우실하, 『동북공정 너머 요하문명론』, 소나무, 2007.

고조선·부여·고구려·발해 지역이었던 만주 지역은 1667년부터 실시된 청나라의 봉금 정책으로 인하여 중국 한족들이 출입이 금지되어 그 정체성은 지켜지고 있었다. 그러나 18세기에 들어와서 한인의 이주가 늘자 1740년 봉천부(奉天府)에 거주하는 한인의 원적지 귀환을 명령하고 50년에는 한인의 만주 이주를 엄금하기까지 하였다. 나아가 18세기 말부터는 더욱 봉금령이 지켜지지 않게 되고 한인 이주자가 크게 증가하였으며 청나라의 멸망과 함께 이 지역의 주인이 바뀌는 결과가 되었다. 그렇지만 이 지역의 역사에 대한 관심은 그리 높지 않았다. 다만 『성경일통지』(盛京一統志, 1684~1784), 『대청일통지』(大淸一統志, 1743), 등의 지방지와 『만주원류고』(滿洲源流考, 1778)가 편찬되는 정도였다고 할 수 있다.

그런데 이 지역을 중국사로 여기는 의식이 급격히 증가하기 시작한 것은 일본의 만주 침략으로부터였다. 일본 관동군은 1931년 9월에 '만주사변'을 일으켜 중국 북동부를 점거한 뒤 1932년 3월 1일 '만주국' 성립을 선언하고, 청나라의 폐위된 황제 푸이[溥儀]를 집정(執政)에 앉혀 일부 이태리·교황청·폴란드·헝가리 등의 승인까지 받게 하였다. 일본의 괴뢰국인 만주국하에서 종사하였던 중국인들을 중심으로 만주가 중국의 '동북'임을 의식케 하는 운동이 일어나게 하였다고 할 수 있다. 그 중심에는 『발해국지장편』(渤海國志長編, 1934)과 『동북통사』(東北通史, 1940)를 지어 유명한 김육불(金毓黻, 1887~1962)이 있었다. 그는 『동북통사』 서문에서 당시의 중국과 다른 '만주'를 부정하고 중국 '동북'이어야 함을 주장하고 책 제목도 그에 따랐다. 일본 경찰에 붙잡혀 옥고를 치르기도 하였던 그가 남경으로 피신하여 강의하면서 그러한 민족관을 강하게 갖게 된 것을 이해할 수 있다. 나아가 북경대학 등에서 '동북사'(東北史)를 강의하며 중화적 인식을 더욱 공고히 하였다고 여겨진다.

4_한규철, 「고구려·발해에 대한 인식의 변천」, 『大東漢文學』 26, 2007.

이러한 민족관은 초기 대륙의 중화인민공화국에서는 크게 적용되지 못하였다. 한족 중심의 대한족주의가 주류를 이루고 있었기 때문이다. 그러면서도 중국공산당 정권은 국공 내전 가운데 소수민족의 역할이 중요하였음을 인정하여 자치주를 대거 인정하는 쪽으로 나아갔다. 당시의 이러한 상황은 중국 정책 당국이 소수민족사의 독자성을 비교적 인정하고 있었던 것으로 이해할 수 있다. 두 왕조를 중국사의 일부로 생각하지 않았음은 1963년부터 2년간 실시된 고구려·발해 유적에 대한 공동 발굴을 통해서 확인할 수 있다. 밝혀진 문건에 의한다면 1960년대에는 적어도 고구려에 대한 중국 지도층의 입장은 한국사(조선사)였다고 보았던 것으로 확인되고 있다. 즉, 1963년 주은래(周恩來) 총리가 고구려와 발해를 중국사로 보려는 일부 의견을 강하게 비판하고 나선 것도 대표적인 예이다. 그의 발언은 고구려는 당연히 '조선사'였고 발해사도 '조선사'라는 인식이 강한 발언이었다고 할 수 있다.[5] 그 결과는 북한과 중국의 조중연합문물고고공작대에 의한 고구려·발해 유적에 대한 공동 발굴이었는데, 현재 중국의 입장에서는 도저히 용납키 어려운 결정이었다.

중국 당국이 북한과 발해 유적에 대해서 공동 발굴을 실시하기로 한 배경에는, 발해를 고구려의 계승 왕조로 인정하고 있었다는 것이다. 그러나 발굴 보고서는 양국 합동으로 내놓지 못하였다. 단지 북한 단독의 보고서만이 출간되기에 이르렀으며,[6] 중국 측에서는 1997년에 이르러서야 『육정산과 발해진』(六頂山與渤海鎭)이라는 제목으로 편찬하기도 하였다.[7]

그러나 중국도 문화대혁명을 거치고 등소평(鄧少平) 세력에 의해 큰 변화

5_「周恩來總理談中朝關係」, 『外事工作通報』, 1963年 10期.

6_조·중공동고고학발굴대, 『중국동북지방의 유적발굴보고(1963~1965)』, 사회과학원출판사, 1966.

7_中國社會科學院考古研究所 編著, 『六頂山與渤海鎭: 唐代渤海國的貴族墓地與都城遺址』, 中國大百科全書出版社, 1997.

를 맞이하였다. 1970년 초반부터 미국과의 핑퐁 외교를 통해 개방 의지를 보이다가 1977년 중국공산당 제11차 3중전회(제11차 중앙위원회 제3차 전체회의)에서 대만과의 교류를 비롯한 개혁·개방을 내외에 공포하며 역사에 대한 생각도 바뀌게 되었다.

중국으로 하여금 그 이전까지 고집하였던 대한족주의(大漢族主義)만을 유지할 수 없게 만들었다. 대한족주의가 배타적 민족주의요, 배타적 패권주의로서 개방정책에 걸림돌이 되어 이가 수정되지 않으면 안 되었다. '통일된 다민족국가' 이론으로 재무장된 한족주의(漢族主義)는 고구려와 발해사의 중국사화를 가속화하였다. 일단 중국 경제는 개방이었지만 소수민족사는 개방 과정에서 역사가 아닌 국익과 사상으로서 단속 대상이 되었다.

이러한 이론을 가장 먼저 적용하여 중국사화한 지역은 티베트[西藏族]였다. 1986년부터 10여 년간 행하여진 서남공정이 바로 그것이었다. 1950년 티베트를 침공하여 인도의 점령 인정까지 받고 난 이후 그 지역에 대한 중국사화는 역사로부터 시작하였다. 과거 서돌궐(西突厥) 등의 역사를 중국의 지방정권으로 간주하고 고대로부터 티베트는 중국이었다고 강요하였다. 달라이라마 등의 치열한 독립운동이 있으나, 모국이 없는 망명정부에서의 역사 왜곡에 대한 저항은 역사적 계승자로 자처하고 있는 한국인들의 고구려와 발해사와는 다를 수밖에 없었다.

이러한 역사 프로젝트는 티베트와 신장 지역에 대한 서남공정 및 서북공정을 비롯하여 몽골 지역에 대한 북방공정, 그리고 운남을 비롯한 미얀마·태국·베트남 접경 지역에 대한 남방공정과 대만·해남도와 오키나, 필리핀 등이 연관된 해양변강공정 등에서 이루어졌다. 직접 접경하고 있는 15개국을 비롯해서 주변 20개국과 접경하고 있다고 할 수 있는 중국으로서는 변경 문제와 함께 소수민족 정책은 국가적 장래와 관련되었다. 그 주도는 1983년에 세워진 중국의 정책연구기관인 사회과학원 '변강사지연구중심'이었다.

1980년대 후반부터 본격화한 '역사 침탈' 프로젝트는 한국인들로서는 무지하기 짝이 없었다. 중국인들도 인정하고 있는 한국인들의 고대 사서인 『삼국사기』에도 「고구려 본기」로 엄연한 고구려까지 그러겠는가 하는 안이한 생각에서였다. 그러나 기록이 미약한 발해사에 있어서는 서남공정이 이루어지고 있는 시기에 이미 한국사에서 떠나 있었다. 발해는 고구려 유민들과 다른 말갈이 세운 왕조였을 뿐만 아니라, 정치적으로도 '당나라의 지방정권', 즉 중국사였다고 주장하며 이를 교과서에까지 반영하였기 때문이었다.

중국의 이러한 변화와 소수민족사의 중국화 정책은 그들이 간신 역적으로 내세웠던 남송의 정치·전략가 진회(秦檜, 1090~1155)에 대한 인식의 변화에서도 드러나고 있다. 즉, 대한족주의하에서 금나라에 저항하여 싸웠던 남송의 악비(岳飛, 1103~41)는 민족 영웅이었고, 금나라와 화친론을 주장하던 진회는 간신 역적이었다. 그리고 중국인이라면 누구라도 악비의 사당에 꼭 참배하면서 그의 뜻을 본받고 무릎 꿇은 진회 일당을 발로 차고 침을 뱉고 저주하며 교훈으로 삼아야 했다. 그러나 이제는 진회 부인을 비롯한 그를 따르던 자들의 동상이 일어서 있다. 송과 금은 '통일된 다민족국가'의 하나였다는 논리로서 화친론자를 결코 간신 역적으로만 볼 수 없다는 것이다.

한국사의 고토와 관련된 동북공정에 입각한 1차 작업은 2002년 고구려 유적의 세계문화유산 등재로부터 실시되었다. 2004년 6월에는 집안 등의 고구려 유적에 대한 세계문화유산 등재가 북한의 고구려고분과 함께 성공되기에 이르렀다. 이는 2001년 북한이 세계문화유산 등재가 유보되고 난 뒤, 2002년 중국이 이의 등재를 위해, 당시까지는 방치되었던 고구려 유적을 대대적으로 정비해서 얻어진 동북공정의 일차적 목적은 고구려 유적의 세계문화유산 등재였다. 최근 발해 유적에 대한 정비를 서두르면서 이도 세계문화유산 등재를 준비하고 있다. 아무튼 집안 등 세계문화유산으로 등재된 고구려 유적에 대한 안내는 모두가 '당나라의 지방정권'이었던 고구려로 소개되며 고구려가 중국사의 일부였음을 강조하고 있는 것은 동북공정에 의한 중국의 고구려사 왜곡의 현주소가 잘 나타난 결과라고 할 수 있다.

중국이 고구려 및 발해사를 당나라의 지방정권, 즉 중국사로 자리 매김하려는 의도는 두 가지로 분석되고 있다. 국내적으로 '동북 지역'에 대한 소수민족의 분리 운동을 사전에 차단하려는 것이고, 둘째는 한반도 등의 정세 변화에 따른 중국의 개입 명분을 쌓기 위한 것이라는 것 등이다. 한편 동북공정 등의 정책은 한국 관광객들이 역사 주권을 확대하여, 영토를 찾겠다고 나서는 행위로부터 나왔다는 주장도 있지만 한국 국교 수교 이전부터 실시되어 오던 역사 공정을 생각할진데 이는 설득력이 약하다. 오히려 두 번째의 이유로 언급되는 한반도의 정세 변화에 따른 중국의 개입 명분을 쌓기 위한 목적이라는 점이 더 설득력이 있다. 이러한 점에서 두만강과 압록강 국경 지역의 군사적 단속 강화가 결코 탈북민의 예방만을 위한 것이 아니라는 분석도 이해할 수가 있다.

아무튼 중국 측이 당나라의 지방정권이 될 수 있는 이유로 들고 있는 조공(朝貢)과 책봉(冊封)논리로 따지자면 신라나 백제, 왜도 예외일 수는 없는 것이어서, 중국의 '동북공정' 논리는 패권주의적이고 제국주의적인 의도가 숨어 있는 프로젝트로 평가받기도 한다.

한국사로서 고구려·발해사에 대한 관심이 고조된 계기는 중국과 러시아의 개방으로부터였다. 특히 한·러 및 한·중의 수교는 이 방면에 대한 관심이 높아지게 한 원인이기도 하였다. 특히 발해사에 대한 관심이 고조된 것은 큰 변화였다고 할 수 있다.

이와 함께 중국의 소수민족사의 중국사화 정책이 중국의 개혁·개방 이후에 더욱 공고화되어 증대되었던 것도 한 특징이다. 고구려·발해 등 현재 중국범위에 있었던 모든 왕조의 역사가 수나라와 당나라 등 정통 중국 왕조의 '지방정권'이었다는 주장이었다. 현대사의 '통일된 다민족국가' 이론이 역사에 원용되어 성립된 논리가 바로 이와 같은 '지방정권'설이었다고 할 수 있다.

3. 역사적 영역관과 역사 주권 문제

중국은 현재 과거 신해혁명 전 청나라의 영역을 중국 영토로 생각하는 것이 지배적인 중국 영토관이라고 할 수 있다. 중원의 중국이 이민족의 지배를 받았던 것은 만주족의 청나라만이 아니었다. 몽골의 원나라가 그러했고, 부분적이지만 요나라와 금나라도 예외일 수 없다. 그러나 현실적으로는 신해혁명 이전의 영역인 청나라의 강역을 현재의 중국 영역으로 삼고 있지만 역사적으로는 요금은 물론이고 몽골이 차지하던 영역까지를 역사적 영역으로 삼아야 한다는 주장도 강하다. 이는 칭기즈칸을 소수민족의 한 중국인으로, 그리고 금나라와 화친을 꾀했던 진회가 간신·역적의 대표적인 인물에서 '통일적 다민족국가'를 위한 화친론자로 우대하고 있는 점들과 연결되어서 '중화적' 영역관을 짐작케 하는 부분이다.

영역관은 역사적 영역관과 현대적 영토관으로 생각할 수 있다. 현대적 영토란 국제법상으로 인정된 영역, 즉 현실적 영토라 할 수 있다. 그러나 역사적 영역은 복잡하다. 현대사의 영역이 고대나 전근대의 역사 영역과 일치하지 않는 경우가 대부분이기 때문이다. 미국사의 예가 대표적이다. 인디언들의 전근대 역사와 현대 미국인들의 역사는 엄연히 그 역사 영역이 다르기 때문이다. 미국사 이전 시기의 아메리카 대륙에 대한 역사 주권은 엄연히 인디언들에게 있다고 할 것이다. 물론 유럽에서 이주해 와서 미국사를 이룩한 사람들도 미국 이전 아메리카 대륙의 역사를 연구하고 사랑할 수 있는 자유는 갖고 있지만, 이는 어디까지나 지역사적인 측면에서라고 할 수 있다. 역사 주권이란 적어도 당대의 주민들이나 그 후손을 자처하는 사람들의 권리에 해당한다. 아울러 역사적 후손이란 공동체 구성원들이 오랫동안 역사공동체이자 문화공동체 집단으로 기억해 오는 기억공동체 집단이어야 하고 기록상으로도 일정하게 이를 뒷받침해 주고 있어야 한다. 이들이야말로 진정하게 역사 주권을 주장할 수 있다는 것이다.

그러나 전통성이 강한 동아시아 국가들의 역사에서도 역사 영역과 역사 주권을 문제 삼을 수 있는 예가 허다하다. 특히 현대 중국의 동북 지역으로 언급되는 만주 지역의 역사가 그렇다. 이 지역은 고조선과 부여·고구려·발해·요(거란)·금(여진)·후금·원(몽골)·청나라가 관련된 곳이다. 그런데 여기서 그 역사의 계승성을 언급하고 자처하는 종족과 민족이 세운 현대의 국가는 남북한밖에 없다. 물론 몽골도 이 범주에 포함되나 고조선, 고구려·발해와 관련되어서는 논외로 할 수 있다. 역사 주권을 주장할 수 있는 가장 최근의 의미 있는 종족은 만주족이다. 그러나 그들도 신해혁명으로 만주 왕조인 청나라가 멸망하고 대부분의 사람들은 중국인이 되었다. 그들은 만주족의 후예임을 자처하고 있지만 역사 주권을 주장하고 있지는 않은 것 같다.

그렇지만 청나라 건륭제(乾隆帝)의 지시로 쓰여졌다는 『흠정만주원류고』의 내용을 보자면 만주 왕조의 내력은 중국보다는 한국사와 더 가깝다는 점을 느끼게 하기에 충분하다. 만주족들이 그들의 민족발상지를 백두산[長白山]으로 여기고 있는 것도 한국인들과 같지만 『만주원류고』의 내용도 그렇다. 이미 『금사』(金史)를 통해서 그 시조인 함보(函普)가 신라 또는 고려인이라는 주장들이 있어 왔지만, 이곳에서는 보다 분명하게 만주사의 뿌리에 숙신(肅愼)·읍루(挹婁)·물길(勿吉)·말갈(靺鞨)뿐만 아니라 부여(夫餘)·삼한(三韓)·백제(百濟)·신라(新羅)와 옥저(沃沮)·예(濊)도 포함하고 있기 때문이다. 이곳에는 만주의 역사 강역(疆域)으로 발해(渤海)와 금(金), 요(遼), 그리고 원(元)도 포함하고 있는 것이 특징이다. 다만 고구려가 부족과 강역 어느 쪽에서도 기록되고 있지 못한 점은 연구할 부분이라고 할 수 있지만, 이는 건륭제의 칙찬(勅撰) 과정에 있었던 한족(漢族) 사학자들의 역사의식이 일정하게 반영되었던 것이 아닌가 짐작되기도 한다. 건륭제 당시 많은 한족들을 회유하고 통치해야 하는 입장에서 한족의 정통왕조였던 수·당과 전쟁하며 대결하였던 고구려를 만주족의 정통왕조로 하기에는 현실적인 어려움이 있었을 것이라는 것이다. 이에 일부 옥저와 예를 만주족의 부족 정도로 삽입하는 선에서 정치적 타협을 모색했지 않나 하는 생각을 하게 된다. 아무튼 신라와 백제까지를 포함하면서도 고구려를 제외한 이유에 대해서는 좀 더 생각해 볼 여지가 있다고 생각한다. 물론 고조선도 누락되었지만 고조선에 대한 연구 부족도 이유려니와 이는 당시 조선을 의식했을 수 있다는 생각을 할 수 있지 않을까 한다.

현대 역사학계에서 만주 지역에 있던 왕조 가운데 고조선·부여·고구려·발해는 일정하게 그 계승성이 인정되고 있다. 즉, 한국사의 역사 영역으로 발해시기까지는 인정할 수 있다는 이야기이다. 물론 중국 학계는 이를 부정한다. 다만 일부 의견의 차는 존재하지만 보다 객관적이라 할 수 있는 일본 학계가 이들의 계승성을 인정하고 있다. 그러나 금(여진)·후금·청은 나름대로 만주족으로서 그 계승성을 갖고 『만주원류고』의 중심이 되고 있으며 현대 역사학계도 이를 인정하고 있다.

역사 주권이란 측면에서 고조선으로부터 고구려·발해사와 관련이 있는 만주 지역 내지 중국 동북 지역을 생각해 볼 수 있다. 신해혁명 이전의 전근대사(前近代史)에 있어서 이 지역의 역사 주권은 현대인 중에서 어떤 집단이 갖고 있는가 하는 점은 분명하지 않은가 한다. 현대인 중에 역사 주권이 있는 사람들이란 만주족과 남북한의 한민족 내지 조선족이라고 할 수 있다. 물론 중국 내의 조선족도 그 범주에 포함한다고 할 수 있다. 혹자는 중국 소수민족의 조선족은 한말에 이주해 간 사람들이 대부분이기에 이들로 인해서 한국인들이 만주 지역에 대한 연고권이나 역사 주권을 주장할 수 없다고도 한다. 물론 중국 조선족들로 인해 한국인들이 그 지역의 연고권이나 역사 주권을 주장하는 것은 아니다.

그러나 이들은 만주 지역에 대한 봉금 정책이 풀리면서 이주해 온 한족(漢族) 중국인들과는 역사적 귀속성이 다른 사람들이다. 그들이 한말에 한반도에서 이주해 간 사람들이라고 하더라도 이들은 현대 남북한 사람들과 같이 단군의 후예임과 함께 고구려·발해 후손을 자처하는 사람들이라는 점에서 다른 중국인과는 구별된다. 역사 주권을 주장할 수 있는 사람들이라는 이야기이다.

전근대의 만주 지역은 현대 중국의 동북 지역이다. 따라서 한국과 중국이 역사 영역적인 면에서 항상 갈등을 내재하고 있다. 현대적 영역과 역사적 영역이 일치하지 않기 때문에 일어나는 현상이다. 현대적 영역은 정적인 반면, 역사적 영역은 시간의 흐름에 따라 그 영역이 다르기 때문이다. 역사적인 입장에서라면 전근대 어느 시점까지는 한국사의 영역이었는데 어느 시점으로부터는 중국사의 영역이라고 하는 것이 보다 합리적이다. 그러나 '동북공정'의 논리는 이를 허용하고 있지 않다. 소수민족의 중국화와 주변 정세를 중국에 유리하게 적용하려는 정치적 이해관계에 따르는 정치 논리가 우선하기 때문이 아닌가 한다.

그러나 전근대의 역사 영역의 전통과 정체성이라는 입장에서 보자면 현대인들도 역사의 무소속과 무전통 집단이 아니라 기억공동체 집단이기에 자신들은 누구의 후손임을 자처하고 있다. 그렇기에 현대인들은 자신이 생각하고 있는 조상들의 역사를 사랑하고 알고 싶어 한다. 한편 국가적으로 동아시아의 여러 나라들은 한국사나 중국사, 일본사 등을 자국의 '국사'로 규정하여 전근대로부터 현대에 이르기까지의 역사 영역과 범주를 정하고 국민들에게 교육하고 있다. 그 목적은 자국민들의 역사적 정체성을 확립하고 애국 단결에 도움을 주기 위함이라고 할 수 있다.

이러한 '국사'의 규정이 '국사해체론'이라는 극단적 주장까지 제기되어 일면 긍정적 평가를 받았던 적도 있었다. 이는 '국사'가 민족 갈등을 조장하며 동아시아의 평화를 깨는 역할을 하고 있다든지, 식민지나 독재 정권들이 국사의 충효적 일체성을 국민들을 권력과 이념을 위해 전쟁터로 모는 명분으로 삼아 왔던 점도 없지 않았기 때문이다. 그러나 왕조 국가의 후손인 한국인들은 서양과 달리 500년 왕조, 1천 년 왕조를 함께하면서 역사의식을 공고히 해왔을 뿐만 아니라 민족공동체 국가로 발전해 왔던 점도 무시할 수 없다. 이는 평화를 위해 국사가 해체되어야 한다는 그 정치적 당위성의 문제라는 점에 앞서 이미 형성되어 기능하는 민족의식이라는 사실의 문제를 저버리고 역사를 재단할 수 없게 하였다.

그런데도 현대의 역사적 상황은 녹녹하지 않다. '동북공정'의 실상이 알려지면서 중국의 역사관에 회의를 품는 견해와 그 위험성을 지적하는 견해들이 속출하였던 것도 그러한 반증이다. 중국은 경제적으로는 개방 국가이지만 정치·사상적으로는 잘 알다시피 일당 공산당정권으로 미개방 국가이다. 중국은 다른 어느 것보다 소수민족의 정책을 가장 우선시하는 나라이다. 그리고 동양평화의 중심에는 중국만이 존재한다고 해도 과언이 아니다. 발해사 연구자에게 충고하는 어느 학자의 말이 기억난다. 항상 평화를 생각하며 역사를 해야 한다는 것이다. 진실만을 탐구하는 역사학자의 충고라고 보기에는 어울리지 않는 정치적 발언이다. 즉, 고구려를 계승한 발해사의 탐구란 결국 동양평화, 즉 중국 평화를 깨뜨릴 수 있다는 충고로 받아들일 수 있었다. 동양 평화의 전제는 곧 중국 평화이다. 물론 동양 평화에서 거대 중국의 안정과 평화가 세계 다른 어느 곳보다 중요하다고 인정된다. 그렇지만 전근대의 지나온 역사마저도 현대 중화인민공화국의 평화와 안정을 보장하는 도구가 되어야 함은 아니다. 그러함에도 소수민족의 역사가 중국 정치 전략의 하부구조로 기능한 지는 오래다. 중국 평화를 위해 조선사를 비롯한 소수민족의 역사가 모두 중국사화해야 한다고 한다면 얼마나 안타깝고 두렵고 반평화적인가 하는 점을 걱정하지 않을 수 없다. 중국에는 객관적 역사 서술을 옹호하는 시민단체의 활동도 없다.

중국의 소수민족은 국방과 자원에서뿐만 아니라 정치적 안정에도 가장 큰 변수로 자리하고 있음은 주지의 사실이다. 따라서 '동북공정'과 같은 소수민족의 역사에 대해서도 예외는 아니다. 특히 소수민족의 전근대사에서 문제가 되고 있는 역사는 조선사와 몽골사가 아닌가 한다. 다른 소수민족에 비해 이들은 그 모국이 엄존하고 있기 때문이다. 그런데 몽골사에 대한 부분은 국력의 차이로 인해 크게 문제를 삼고 있지는 않은 것 같다. 즉, 칭기즈칸을 소수민족출신의 한 중국인 황제로 묘사한다고 해서 한국인들과 같이 들끓고 일어난 적은 없었다. 들끓는 민심 수습과 양국 간의 우호 관계를 위해 일시적 봉합 차원에서나마 우다웨이[武大偉] 외교부 부부장과 같은 방한 외교도 없었다. 티베트의 모국이 없다는 것도 중국 당국이 일면은 다행스럽게 생각하고 있는지도 모른다.

그러나 한국은 다르다. 많은 시민들이 역사 주권을 언급하면서 전근대의 역사 영역에 대한 사랑과 관심을 표명하면서 동북공정 논리와 충돌하고 있다. 최근에는 고조선 문명권으로 생각하는 지역을 '요하 문명'으로 규정하고 대대적으로 선전하고 있는 것에 대해서도 의구심을 갖고 있다.[8] 하가점(夏家店) 문화 지역에서 고조선 문화로 생각할 수 있는 여러 고고 문물이 나오는 것에 대해서 한국 학계는 전부터 매우 관심을 많이 갖고 있었다. 그러나 중국 학계의 해석 내용은 한국과 전혀 다르다. 즉, 고구려·발해만의 문제가 아니라 한국사의 뿌리마저 중국사적으로 해석하려는 하상주단대공정과 고대 문명탐원공정 등은 한국 고대사의 정체성 문제를 심각하게 훼손시키고 있다고 생각하고 있다. 이러한 과정에서 일부 한국인들은 '역사 의병'을 내세우며 한국사를 지켜야 한다고 하고 있다.

동북공정의 연구 과제에 대해서는 주로 동북지방사 연구, 동북 민족사 연구, 고조선사·고구려사·발해사 연구 등으로 알려져 있다. 그런데 이 주제는 공개 연구 주제인 반면에, 비공개 연구 과제가 있다는 것에 주목할 필요가 있다. '한반도 정세 및 변화와 그에 따른 중국 동북 변경 지역의 안정에 관한 영향 연구' 과제이다. 좀 적극적으로 이야기하자면 북한 정권의 변화에 따른 중국의 개입 명분을 연구하는 과제라고 분석되기도 한다. 공개 과제가 역사적 명분을 축적하는 것이라면 후자는 정치적 명분도 함께 고려되는 연구 과제라

8_우실하, 『동북공정 너머 요하 문명론』.

는 평가가 일반적이지 않은가 한다. 한국 일각에서 '역사 안보'를 언급하는 이유가 여기에 있다. 북한 지역의 변화에 따라 중국의 동북 3성을 넘어 동북 4성이 설정될 수 있다는 점을 경계하는 목소리라고 할 수 있다. 이러한 연유들로 인해 역사 영역을 둘러싼 중국과의 역사 갈등은 한국사에서 '역사 주권'이나 '역사 의병' 나아가 '역사 안보'라는 용어가 적극적으로 사용하게 된 계기가 되었다.

그러나 최근 한국 정부는 정치·외교적인 측면에서 중국의 눈치를 너무 보지 않는가 하는 비판에 직면해 있다. 역사적인 면에 있어서도 가급적 중국과의 마찰을 피하려는 자세다. 동북공정 문제로 태어난 고구려연구재단은 좀 적극적이었지만 독도 문제 등으로 다시 태동된 동북아역사재단은 일본과의 문제에 집중하면서 대중국 대응 논리에 대해서는 매우 신중하다는 평가를 받고 있기도 하다. 재단의 설립 이념을 '평화와 번영'으로 내세우고 있는 것도 그러한 반증이다. 경제·외교적인 측면에서 중국과 대결적인 것이 결코 국익이 될 수 없다는 현실론에 입각하여 재단도 그렇게 기능하고 있다는 이야기이다. 결국 '동북아평화재단'의 면모를 보이고 있다는 것이 동북공정 초기 단계에서 고구려연구재단에 기대하고 있던 많은 이들의 지적이다.

물론 역사 문제에 있어서 중국에 대한 북한의 자세는 더욱 신중하다고 하겠다. 북한은 국제학술대회 등에서 중국의 '중'자도 말하지 않는다는 것이 일반적인 분위기다. 그러나 실제적으로 북한은 이미 1970년대에 동북공정에 반하는 고조선·고구려·발해 중심의 주체적 '조선사관'을 확립한 지 오래이다. 심지어 동북공정이 제기될 당시 중국의 한국관은 주체사상에 입각한 북한의 역사 논리에 대응하는 일면이 더 컸다는 것이 후문이다. 1960년대 초반 북한과 고구려·발해 유적을 공동 발굴하고 나서, 공동 보고서 발행의 약속을 어기고 '조선' 중심의 고구려·발해관을 담은 보고서를 내놓은 것 등에 상당한 자극을 받았다는 것이다.[9] 그리고 중국에 일부 번역되어 소개된 북한의 '조선통사' 등은 '통일적 다민족국가' 논리로 조선사를 재해석하려는 중국 학계를 크게 자극하였다는 것이다. 아무튼 북한은 막상 '동북공정' 사건이 있고 난 이후부터 그들의 주장 내용과는 다르게 중국에 대해서는 매우 신중하게 대처하고 있다. 정치·경제적으로 의존도가 높은 중국에 대해서 그럴 수밖에 없는 현실적인 이유가 가장 크다고 하겠다. 국제학술대회 등에서 일본에 대해서 극심한 발언을 서슴지 않는 것과는 대조적이다.

역사적 영역이란 역사적 사실과 현대인들의 계승 의식을 바탕으로 전근대로부터 현대에 이르기까지 역사공동체로 생각할 수 있는 지역에 대한 영역이라 할 수 있다. 따라서 역사적 영역이란 과거로부터 현대에 이르기까지 불변한 지역이 아니었으며 왕조와 시간, 그리고 구성원들의 의식에 따라 변해왔던 영역이었다고 할 수 있다.

고조선과 부여·고구려·발해 왕조 시기까지로 이야기하자면 현대 중국의 동북 지역, 즉 만주 지역이 한국사의 역사 영역으로 생각할 수 있다. 이러한 생각을 바탕으로 한국인들은 '역사 주권'을 언급하고 있다. 이러한 논리는 중국뿐만 아니라 외국인들도 인정하는 한국인들의 고대 역사서인 『삼국사기』가 「고구려 본기」를 기록하고 있다든지 당나라에서도 '해동삼국'으로 고구려를 당나라와 별개의 범주로 생각하고 있던 것 등에서 입증되고 있다고 생각한다. 이러한 사실들은 고구려가 당의 지방정권이 아니었을 뿐만 아니라 한국사의 역사 영역이었음을 반증하는 것이다. 역사적 영역관으로 보자면 만주 지역은 발해사까지는 한국사에 그 민족사적 귀속성이 인정되어야 하고, 그 이후의 어느 시점까지는 만주사의 범주, 그리고 신해혁명 이후는 중화인민공화국의 역사 영역으로 생각하는 것이 보다 역사적이지 않은가 한다.

9_조·중공동고고학발굴대, 『중국동북지방의 유적발굴보고(1963~65)』.

4. '중국 영토론'과 '통일적 다민족국가론'의 성립 과정[10]

역사적 영역관과 현실적 영토관은 엄연히 별개로 생각하여야 하지만 '통일적 다민족국가론'의 입장에서는 결코 별개가 아니라는 점이 여러 방면에서 확인되고 있는 것이 현실이다. 이러한 입장에서 '동북공정'에 대한 한국인들의 반발이 컸던 것도 당연한 결과가 아니었던가 한다.

이러한 입장에서 중국이 1950년대부터 중국의 영역을 어떻게 보려 하였는지에 대해 학계의 토론 내용을 소개하면 그 일단을 짐작할 수 있다고 여겨진다. 중국의 역사적 영역관과 현대의 중국 영토관에 관심을 갖고 있던 손진기의 소개와 주장들을 통해서 그 일단을 알 수 있다.

손진기는 "중국 역사상의 영토 형성과 변천 과정에 대해 학술계에서는 계속해서 통일된 인식을 갖지 못 했는데, 주요 원인은 중국 역사상 영토 형성과 변천에 관한 이론에 일치된 기준이 결여되어 있었기 때문이다"[11]고 밝히고, 이에 대한 세 차례의 대토론회에서 제시된 여러 이론들을 비판적으로 소개하면서 자신의 견해를 제시하고 있다.

1) 제1차 대토론(1950~60년대)

손진기에 의하면 1950~60년대에 벌어진 중국 역사상의 영토 형성과 변천 과정에 대한 대토론은 두 가지 견해로 소개되고 있다.

10_중국의 통일적 다민족국가 이론의 3차 대토론에 대한 손진기의 소개와 주장은 우실하의 논문에서 재인용하였음. 우실하, 「'통일적 다민족국가론'의 전개와 적용」, 『고구려연구』 29, 2007.

11_孫進己, 「我國歷史上疆域形成, 變遷的理論研究」, 『中南民族大學學報』(人文社會科學版), 제23권 제2기, 2003, 78쪽; 우실하, 「'통일적 다민족국가론'의 전개와 적용」, 『고구려연구』 29, 2007.

첫 번째는 "현재의 영토를 통해 역사상의 영토 범위를 확정짓자는 것으로, 지금의 중국 영토 크기가 역사상 중국 영토의 크기"라는 입장으로, 백수이(白壽彝)와 하자전(何玆全) 등의 견해이다.

내용은 ① 한족 왕조의 영토 관념으로 역사적 영토를 확정하는 것은 대한족주의에 치우치는 잘못된 것이기 때문에, ② 지금의 중화인민공화국의 영토 범위를 기준으로 유사 이래 이 땅에서 활동하는 모든 민족과 국가를 포함하여, ③ 중국사를 각 왕조대별로 고립시켜 역사와 현실을 분리시키지 말아야 한다는 것이다.

백수이와 하자전의 견해는 한마디로 '지금의 중국 영토 크기가 역사상 중국 영토의 크기'라고 주장하는 입장이다. 백수이·하자전의 이런 시각은 여러 문제점을 지니고 있는 것이었지만 1980년대 이후 적극적으로 논의된 '통일적 다민족국가론'의 시발점이 되었다고 할 수 있다.

두 번째는 손조민(孫祚民)이 제시한 것으로 '현재의 시각'과 '과거 역사 단계에서의 시각'을 구별하는 것으로, 소수민족과 정권이 한족과 융합되거나 한족 왕조에 통일된 이후에야 중국 민족·역사의 일부가 된다고 보는 입장이다.

중화인민공화국을 수립한 직후부터 시작된 이런 대 토론의 역사적 배경에 대해 손진기는 "중화인민공화국이 수립된 직후, 중국의 각 민족들이 스스로를 다민족국가 중국의 일원임을 인정하도록 하고 과거 대한족주의자들이 주장했던 한족만이 중국인이라는 의견을 부정하기 위한 현실적 필요에 의한 것이었다. 그래서 건국 초기의 이 논쟁에서는 백수이 등의 견해가 절대적인 우위를 점한 채 끝났고 지금의 국토를 범위로 한다는 원칙이 세워진 이후 수십 년간 이어져 온 준칙이 되었다"고 한다.

손진기에 의하면 1950~60년대의 대토론은 ① 1949년 중화인민공화국이 수립된 직후 중국의 각 민족들이 스스로를 '다민족국가 중국'의 일원임을 인정하도록 하고, ② 과거 '대한족주의자'들이 주장했던 '한족만이 중국인'이라는 의견을 부정하기 위한 '현실적 필요'에 의한 것이었으며, ③ 이 토론은 백수이·하자전 등의 강경파 논의가 절대적인 우위를 점한 채 끝났고 '지금의 국토를 범위로 한다'는 원칙이 세워진 이후 수십 년간 이어져 온 준칙이 되었다는 것이다. 결국 백수이·하자전의 견해는 1980년대 이후 적극적으로 논의된 '통일적 다민족국가론'의 이론적 토대를 제공한 것이었다고 볼 수 있다.

2) 제2차 대토론(1970년대 말~80년대 말)

1970년대 말에서 80년대 말에 이르기까지 제2차 대토론이 열려 몇 가지 견해가 제시되었다. 첫번째는 1979년에 제시된 양건신(楊建新)의 새로운 주장이었다. "양건신은 역대 왕조의 영토를 역사상의 중국 영토 범위를 확정짓는 주요 표지로 삼아야 한다는 주장을 다시 제기하였다. 하지만 손조민의 주장과 다른 점은 그는 역사상의 비 한족 왕조인 원, 청도 포함시켜 더 이상 한족 왕조를 관할범위의 기준으로 삼지 않았다는 것이다. 또한 관할에는 여러 가지 형식이 있는데 모두 당시 중국이 주권을 행사하고 관할한 표지였음을 강조했다"는 것이다.

양건신의 주장은 ① 중국 역사상 한족이나 기타 소수민족이 건립한 진(秦)·양한·수·당·원·명·청 등은 영토는 '역사상의 중국 영토 범위'를 확정짓는 주요 표지로 삼아야 하며, ② 당시 조건하에서 중앙정부가 변경 소수민족과 그 지역에 대해 관할하던 형식은 다양하지만 모두 중국이 주권을 행사하고 관할했다는 표지라는 것이다. 앞서의 손조민과는 달리 역사상의 '비 한족 왕조'인 원, 청도 포함시켜 더 이상 한족왕조의 관할범위를 기준으로 삼지 않았다는 것이 양건신 주장의 핵심이다.

두 번째는 1980년 왕옥철(王玉哲)의 주장이다. 왕옥철은 1980년 남개대학 학보에 발표한 「통일적다민족국가 형성의 시대 문제」라는 글을 통해서 현재 통용되고 있는 통일적다민족국가론을 정립하는 역할을 하였다.

> 우리 중국은 하나의 다민족국가이다. 중국 고대사는 지금의 중화인민공화국의 국토를 범위로 하고 있고, 이로부터 거슬러 올라가 (중국 고대사는) 유사 이래로 이 토지 위에서 우리 중화 민족 여러 민족 활동의 역사라고 분명하게 논할 수 있다. 그러므로 그 범위는 당연히 역사상 당시 중원 지대에 건립된 왕조뿐만이 아니라, 당시는 중원 왕조 강역 밖이었으나 현재는 중화인민공화국 국경 안에 있는 각 민족의 역사 또한 당연히 포함하는 것이다.
> 상(商)대의 귀방(鬼方), 주(周)대의 험윤(玁狁), 춘추전국시대의 융적(戎狄) 등은 당시에는 비록 상·주 왕조에 속하지 않았지만, 그들의 활동 지구는 분명히 지금의 중국 영토 안에 있었고 그들의 역사는 당연히 중국사를 이루는 한 부분이다. 후대의 흉노(匈奴), 거란(契丹), 여진(女眞), 몽골(蒙古), 만족(滿族) 등도 중원에 건립된 왕조에 들어오기 이전에는 비록 한·송·명 왕조에 속하지 않았다. 그러나 그들의 활동 지구는 현재의 중국 경내에 있었고, 이들의 역사는 당연히 중국사의 구성 부분이다(여기서 혹은 뒤에서 언급하는 몽골은 우리나라 경내의 몽골 소수민족을 지칭한다). 더욱이 또한 이런 고대사의 소수민족은 모두 현재 우리나라 소수민족의 선조이다. 여러 민족들이 융합하는 과정에서 일부 소수민족들은 한족에 동화되기도 했다. 이런 점에서 볼 때, 그들의 선조는 또한 한족의 선조라고도 말할 수 있다. 우리나라 안의 다른 민족 선조들을 중국사 밖으로 배제할 어떠한 이유도 없다.[12]

왕옥철의 "우리나라 안의 민족 선조들을 중국사 밖으로 배제할 어떠한 이유도 없다"는 이 언급은 현재의 중국 국경 안에 있는 모든 소수민족의 선조들과 그 역사를 중국사 안으로 끌어들이는 '통일적다민족국가론'의 완성을 향한 중요한 발언이다. 왕옥철이 이런 논의를 전개하는 것은 기존에 한족만을 중화 민족으로 보던 보편적인 역사 인식과는 분명하게 구별되는 것이다.

왕옥철도 이를 염두에 두었는지 위의 논의에 각주를 달아 자신의 시각이

12_王玉哲, 「統一的多民族國家形成的時代問題」, 『南開大學學報』, 1980年 2期; 『歷史上政權, 民族歸屬問題理論研究』, 沈陽東亞研究中心, 1999(내부 출판), 52-53쪽.

기존의 논의와 구별되는 새로운 논의라는 점을 강조하고 있다. 왕옥철은 한족 혹은 화하족만을 중화 민족으로 취급하고 기타 여러 민족들을 중화 민족에서 배제하고 있는 기존의 시각을 토대로 쓴 선학들의 책을 비판하고 있다. 그는 '당시의 중국' 안의 각 왕조 국가(예를 들면 수와 고구려, 당과 고구려) 사이의 전쟁은 '각 왕조 국가 간의 전쟁'이긴 하지만 '중국에 대한 침입'은 아니라고 강변한다.

요컨대, 왕옥철은 역사상 중국 왕조의 강역은 지금의 강역과 서로 달랐다면서, "현재 중국의 통일적 다민족국가라는 것은 청대에 이르러서야 기본적으로 완성되었다고 볼 수 있다"고 주장한다.

세 번째 견해는 1981년 중국의 유명한 지리학자인 담기양(譚其驤)이 1981년 「중국 민족 관계사 학술 좌담회」에서 제시한 것이다. 그는 ① 중원 왕조의 영토만을 역사상 중국의 범위로 삼아서는 안 되며, ② 청조가 통일을 이룩한 이후 1840년대 아편전쟁 이전 시기의 중국 영토를 기준을 삼아야 하며, ③ 수백 년이 되었든 수천 년이 되었든 이 범위 내에서 활동한 민족·정권은 모두 중국 역사상의 민족·정권이며, ④ 수천 년 동안의 역사 발전을 통해 자연적으로 형성된 전체 중국이 '역사상의 중국'이며, ⑤ 현재의 중국 영토는 최근 100여 년간 자본주의 열강, 제국주의 침략으로 일부가 잘려 나간 결과이기 때문에 '역사상의 중국 영토'를 대표할 수 없으며, ⑥ 역사적으로 중국은 '역사상 중국' 범위 밖의 지역에 관여한 때도 이들 지역이 '역사상 중국' 범위 내에 있지 않지만 몇 개 '중국 왕조의 영토' 내에 있었던 것은 분명하다는 점도 인정해야 한다는 것이다.

손진기에 의하면 "담 선생은 지금의 국경을 기준으로 하자는 백수이 선생에 동의하지 않았고, 역사상 중원 왕조의 국경을 기준으로 하자는 손조민 선생에도 동의하지 않았으며, 서로 다른 관할 형식을 당시 중국이 주권을 행사하고 관할했다는 표지로 봐야 한다는 양건신 선생의 의견에도 동의하지 않았다"[13]고 평가한다.

담기양이 제시하는 핵심은 '역사상 중국'의 범위를 최대한 넓히는 것으로 '청조가 통일을 이룩한 이후 제국주의에 일부를 빼앗기기 이전인 아편전쟁 이전 시기의 중국 영토'가 기준이며, '이 범위 내에서 활동한 민족·정권은 모두 중국 역사상의 민족·정권'으로 보아야 한다고 한다.

네 번째는 손진기의 견해로 담기양과 마찬가지로 1981년 "중국 민족 관계사 학술 좌담회"에서 제시한 것이다. 손진기가 이야기하는 '역사상 대체로 안정적인 전통적 국경'이라는 기준은 ① 같은 장소에서 담기양이 이야기했던 '수천 년 역사 발전을 통해 자연 형성된 중국이 역사상의 중국'이라는 기준과, ② 같은 장소에서 두영곤(杜榮坤)이 이야기했던 '대체적으로 전통적이고 안정적인 범위'라는 기준과도 거의 일치하는 주장이다.

손진기·담기양·두영곤 등에 의해서 제기된 이러한 '역사상 대체로 안정적인 전통적 국경'류의 애매모호한 국경 개념은 "지금의 영토를 근거로 역사상의 영토를 확정지으려면 제정러시아에 의해 점령당한 토지는 역사적으로 중국이 아니라는 점을 반드시 인정해야 한다"는 약점을 보강하기 위해서라고 한다. 이런 논의가 현재도 역사상 정권과 민족의 귀속을 확정짓는 이론적 토대가 되고 있다고 한다.

곧 ① 담기양 등이 제시한 '중국 역사상의 전통적 국경이 지금의 국경을 대신한다'는 주장이 점차 힘을 얻었고, ② 1980년대 이후 대부분 이 주장을 채택해 역사상 정권과 민족의 귀속을 확정짓고 있는 논리가 되었다고 할 수 있다.

13_孫進己, 「我國歷史上疆域形成, 變遷的理論研究」, 79쪽.

3) 제3차 대토론(1990년대부터)

1990년대에 들어서 제3차 대토론이 벌어졌다. 이 토론의 역사적 배경은 "국외의 일부 학자들이 중국 역사상의 일부 변경 민족은 중국이 아니라고 말하면서 비롯된 것"이라고 한다.[14] 주로 남·북한 학자들이겠지만 일부 외국학자들이 '중국의 학자들이 현재의 영토를 기준으로 역사상의 영토를 확정짓는 것은 잘못'[15]이라고 공개적으로 공격했기 때문에 중국학자들도 이에 대응하면서 자신의 주장을 했다는 것이다.

이와 같은 주장들이 갈등을 보인 것은 필자가 언급하는 역사 영역과 현대의 영토 개념이 혼동되어 나타난 현상 때문이었다고 생각한다. 즉, '현재의 영토를 기준으로 역사상의 영토를 확정짓는 것은 잘못'이라는 박시형 등의 언급은 현재의 영토를 역사 영역으로 소급해서 언급하는 것은 잘못이라는 점을 지적한 것인데, 중국학자들은 현대의 영토와 역사 영역은 같아야 한다는 대토론의 주장 특히 신해혁명 이전의 청나라 영역이 중국사의 영역이고 현대 영토의 범위가 되어야 한다는 논리가 반영된 결과라는 것이다.

1990년대 중국학자들의 논문은 외국 학자들의 논의에 반박하는 형식이었기 때문인지 대부분 '구체적인 민족과 정권의 귀속 사례를 통해 영토 문제를 토론한 것'이고 '이론적인 주장'이 담긴 글은 많지 않았다.

그 가운데서도 손진기가 잇달아 논문을 발표하여 '역사상 정치적 관할을 귀속 확정의 근거로 삼을 것을 강조'하며 주도적인 역할을 하였다. 특히 손진기 등이 편집 출판한 『역사상 정권 민족 귀속이론 연구』는 '건국 이래 영토이론 연구에 관한 학자들의 주장'을 간추려 놓은 압권이기도 하다.[16]

14_孫進己, 「我國歷史上疆域形成, 變遷的理論研究」, 80쪽.

15_박시형, 「발해사연구를 위하여」, 『력사과학』, 1962-1; 朴時亨, 「爲了渤海史硏究」, 『渤海史譯文集』, 黑龍江社科院歷史所, 1986.

이후, 장벽파(張碧波) 등이 발표한 논문에서는 '민족과 문화의 기원'을 통해 중국 역사상의 영토를 확정짓자는 주장을 제기하면서 그 넓이를 더하고 있다.[17] 하상주단대공정(夏商周斷代工程)과 고대 문명탐원공정(古代文明探源工程)에서 언급하는 내용들을 확대 적용하려는 시도가 아닌가 짐작된다.

5. 맺음말

2002년 중국의 동북공정은 한국인들의 분노를 사게 했고 급기야 2003년에는 17개의 역사 관련 학회들이 중국의 '고구려사왜곡공동대책위원회'를 결성하고 성명서를 발표하기에까지 이르렀다. 정부의 대책을 촉구한 결과 2004년 3월에는 '고구려연구재단'이 설립되기에까지 이르렀고, 일본이 연례적으로 독도 문제를 제기하고 일본 수상이 야스쿠니신사를 참배하면서 일본의 역사 침략에도 대응해야 한다는 여론에 힘입어 '동북아역사재단'으로 재편되는 과정을 거쳐 지금에 이르고 있다. 아울러 중국과 일본의 역사 침략에 대응하는 시민단체들의 활동도 많아져서 이제 일상적 문화 활동으로 '역사 지키기 운동'이 전개되고 있다는 점도 변화된 모습 중의 하나다.

동북아역사재단의 설립으로 인해 국민들의 관심과 기대를 어느 정도 해소하고 있고 적극적이고 폭넓은 연구가 진행되고 있기도 하지만, 그 운영이 조용한 외교를 지원하는 체재로서 역사 갈등에 능동적으로 대처하지 못하고 있다는 지적도 있는 것이 사실이다. 주변국의 역사 왜곡에 보다 능동적인 활동을 요구하는 목소리도 크다.

16_孫進己, 「論歷史歸屬研究中的理論標准」, 『東疆學刊』, 2003年 1期.
17_張碧波, 「關於歷史上民族歸屬與疆域問題的再思考」, 『黑土地的古代文明』, 遠方出版社, 1999.

한편 주변국의 역사 왜곡에 대한 국내 학계의 잘못된 생각에도 문제가 없지 않아 보인다. 이른바 탈근대와 탈민족 나아가 국사해체를 주장하며 고조선·고구려를 비롯한 한국상고사 지키기에 찬물을 끼얹는 목소리도 크기 때문이다. 작년만 해도 탈민족·탈근대가 학계의 화두가 되어 여러 학술대회를 풍미하였던 적도 있다. 식민 사관하에서 '만들어진 고대'가 지금에도 응용되고 있음을 지적하기도 하였고, 이에는 단군조선과 고구려도 예외는 아니었다. 이들은 발해는 말갈사이지 한국사가 아니라는 논리도 폈다.

기본적으로 역사 서술에 담긴 왕조 중심적이고 귀족 중심적인 면을 벗기면서 역사 복원을 하는 것은 역사가의 기본 임무이다. 그러나 한국 고대사 기록들은 이에 더하여 중국 중심적인 면을 강하게 갖고 있다. 그리고 서양사 중심의 '민족'이란 19세기 이후에 생성되었던 개념일지 몰라도, 동아시아 민족사에서는 이미 삼국시대부터 그러한 개념을 적용하여도 무리가 없다. 700년 고구려, 1천 년 신라왕조에서 민족이 형성되지 않았다고 하는 것은 지나친 서구 중심적 해석이라고 할 수 있기 때문이다. 한국인들은 같은 지역에서 삼국과 남북국에 이어 고려와 조선으로 이어오며 역사와 문화를 발전시켜 왔다는 점을 소홀히 할 수 없다.

주변국의 역사 침략에 대응하는 한국의 민족주의는 방어적 민족주의요 역사 지키기 차원의 운동인 것이지, 이가 결코 보편성을 잃은 국수주의 운동은 아니다. 역사적으로 보아도 한국사의 전쟁 개념은 주로 방어적이었다. 살수대첩·귀주대첩·행주대첩·한산대첩 모두는 방어에 성공한 전쟁이었다. '역사 의병'과 '역사 안보' 운동이 명분을 갖는 이유도 여기에 있다.

일본이나 중국이 그들의 '국사'인 일본사나 중국사를 포기할 의사가 전혀 없음에도 한국사가 우선적으로 이 일을 한다는 것은 상식과 역사적 사실과도 맞지 않는다. 한국만이 고구려, 발해 그리고 수, 당, 일본 등으로 '국사'를 해체하여 동아시아사로 하자고 하는 것은 한국사의 무장해제나 다름없다.

역사 영역관과 현재의 영토관은 엄연히 별개로 생각하여야 하지만 '통일적 다민족국가론'의 입장에서는 결코 별개가 아니라는 점이 여러 방면에서 확인되고 있다.

역사적 진실의 탐구 과정에서 가장 문제시되고 있는 것은 중국의 국익을 위한 전략적 역사 논리와의 모순 관계를 어떻게 극복할 것인가 하는 것이다. 일국일당의 공산당 정권에서는 기대할 수도 없는 것일지도 모른다. 현재 중화인민공화국은 모든 부분에서 개방이 되었다고는 하지만 공산주의 이념을 고수하려는 정책은 여전하다. 여기에 역사학 분야는 정부의 정치 논리의 하부구조로 기능한다고밖에 생각되지 않는다. 고고학 역시도 예외일 수 없다. 소수민족사의 복원을 기치로 삼고 있는 경우도 하나같이 중화 민족의 정통성과 유구성 그리고 지방정권 논리를 입증하는 결론이 모든 보고서를 지배하고 있다. 이 논리는 역사적 진실의 탐구라는 순수 역사학적 입장에서 보면 매우 암담하고 안타까울 뿐이다. 역사는 항상 시간이 말해 준다고 하는 진리를 믿을 수밖에 없지 않은가 한다.

역사는 정치로부터가 아니라 객관적 사실로부터 나오는 학문이다. 내정의 안정을 목적으로 한다거나 하는 것은 이미 역사학의 범주에서 벗어난 것이다. 과거의 역사를 왜곡하는 것은 역사의 죄악이다. 한·중 간의 역사 갈등은 역사 영역과 현대의 영토관이 착종되어 나타난 오해의 산물이기도 하다. 그만큼 객관적 역사학이 미성숙되었다고도 할 수 있다. 문화혁명의 공포적 영향이 지금에도 미치고 있다는 생각이다. 양심적이고 객관적 연구자가 나오기에는 아직도 기다릴 시간이 필요하다는 생각을 하게 하는 부분이기도 하다.

최근 역사 공정을 통해 볼 때에 중국에서 생각하는 평화의 개념이란 중국의 안정과 번영 이상의 의미가 되지 못하고 있다. 양심적 시민운동이 허용되지 않고 있는 상황에서 역사적 사실의 공유를 위한 대화란 한계가 있을 뿐이다. 중화인민공화국이 진정 평화를 위한다면 역사 왜곡을 중단하고 경제성장과 더불어 주변 국가와 함께 번영하는 상생의 이데올로기로 전환해야 한다. 그렇지 않으면 결국 중화인민공화국 자신에게도 이로울 것이 없다. 그것은 하·은·주 이후 300년 이상 지속된 나라가 북송 하나뿐이라는 자신의 역사를 되돌아보면 큰 교훈이 될 것이다. 한국사에서와 같이 발해는 물론 이고 고구려사까지 만주사 내지 요동사로 보아야 한다는 다양한 견해까지 허용되어야 한다고 생각한다.

26장

알타이문화권인가, 중국의 변방인가

여행기를 통해 본 현대 한국인의 중국 변방 인식

유장근

1. 시작하면서

현대 한국인들은 중국의 변방[1]을 어떻게 인식하고 있을까. 다소 막연한 이 질문에 답하기 위해서 나는 최근에 넘칠 정도로 많은 한국인의 중국 여행기를 분석 대상으로 삼았다. 한국인들은 역사상 유례가 없을 만큼 중국의 중원 지역뿐만 아니라 만주[2]·내몽골·신장·티베트 등 중국의 변방 지역을 여행하고 있다. 이들이 남긴 여행기는 그 자체만으로도 매우 의미 있는 역사 기록물이다. 적어도 조선 시대 말기까지 이곳은 미지의 세계여서 한국인들이 직접 확보한 구체적인 정보는 사실상 없었기 때문이다.

1_변경·변방·변강 등은 각기 조금씩 다른 의미를 내포하고 있으나, 이 글에서는 섞어 쓸 것이다.

2_현재 중국에서는 이곳을 동북삼성이라고 부르지만, 역사적 단위로는 만주라는 말이 더 어울린다고 생각한다. 중국 중심의 "동북"이라는 용어보다 만주족이 자존심을 가지고 부른 "만주"라는 말이 더 역사적 특징을 반영하기 때문에 이를 사용할 것이다.

여행기는 기본적으로 경계를 넘어 만나는 타자를 글쓴이의 문화적 정체성과 관련하여 서술한다는 것이 전제되어 있다. 따라서 중국 변방의 여행기는 그곳에 관한 견문기이기도 하지만, 한국인은 누구인가라는 질문을 스스로에게 묻는 의미까지 내포하고 있다. 그 점에서 여행기는 관찰자의 주관적 시각을 명백히 드러내는 증거이기도 하다.

현재 중국의 변경 지대는 중화 민족주의와 당지에서 오랫동안 뿌리를 내리고 살았던 민족들의 민족주의가 충돌하는 공간이기도 하다. 중국은 20세기 초반부터 국가 대통합의 논리로 중화 민족주의를 강조하고 있지만, 그러면 그럴수록 그것이 안고 있는 양면성으로 인해 더욱더 큰 어려움에 빠져들고 있다. 이러한 현상은 지난 1세기 동안에 역사·문화·민족 등 거의 모든 면에서 한족 사회와는 다른 에스닉(ethnic) 집단에게 중화 민족주의를 강화하려고 한 데서 비롯되었다. 따라서 한국인의 여행기는 적어도 청대 말기부터 시작되어 현재에도 변방 지대에서 여전히 진행되고 있는 '만이(蠻夷)에서 소수민족으로, 소수민족에서 다시 중화 민족으로 만들어지는' 현장을 생생하게 전해 줄 것이라 기대한다.

이 글에서 분석 대상인 여행기 종류는 역사 기행이나 현장 답사의 성격을 띤 학술적인 것과 대중적 수준의 것이 있고, 형식으로는 대부분 단행본이다. 글쓴이는 대부분 관련 학자나 문인·기자·종교전문가 등으로서, 이들의 글은 단순한 인상기를 넘어 해당 지역의 과거와 현재를 체계적으로 통찰한 수준에 이르고 있다.

한국인의 중국 변방 여행기 자체가 매우 낯설고 새로운 시도인 것과 마찬가지로, 이것을 대상으로 삼아 분석한 이 글도 모험적일 수밖에 없다. 여행기를 쓴 이들의 의도를 오독하지나 않을까 걱정된다. 분석 방법 또한 최근에 여행기를 역사적으로 분석한 연구 성과에 크게 의존할 터이지만 그럼에도 한계는 있을 것이다.

2. 알타이문화권으로서의 변방

이 장을 서술하기 이전에 먼저 알타이문화권에 대해 간단하게 정의해 둘 필요가 있다. 알타이문화라는 말은 신장·몽골·내륙아시아의 중심부에 놓여 있는 알타이산맥, 그리고 그곳을 매개 삼아 지속적으로 발전한 알타이문화의 특성 때문에 붙여졌다. 이 용어 자체는 한국에서도 100여 년의 역사를 갖고 있을 정도로 오래되었는데, 그 고전적 구성품은 '알타이어족'일 것이다. 여러 논란과 제약 조건이 있기는 하지만 알타이어족은 크게 튀르크어파·몽골어파·만주어파로 나누어지며, 한국어는 만주어파에 가장 가깝다고 본다. 이는 알타이문화라는 말이 이 세 개 어파의 근거지가 되는 지리 영역까지 포괄하고 있다는 사실을 의미한다.

최근에 이르러 유라시아 대륙과 한반도의 문물 교류가 종래 알려진 것보다 훨씬 더 다양하였다는 사실이 밝혀지면서 알타이문화의 내용도 갈수록 풍부해지고 있다. 그것은 신라 지방에서 출토되는 서역계의 문물들 곧 금관·유리제품·적석목곽분과 같은 무덤 양식 등은 오르도스계 문화의 중요한 증거이며, 심지어 신라의 시조인 김씨조차도 알타이계의 인물로서, 한나라 때의 장수인 김일제(金日磾)와 연계되어 있지 않을까 하고 추측하게 되었을 정도다. 종래에는 고대의 철기 문화도 연나라에서 한반도로 전래된 것으로 간주하였다. 하지만 근년에는 오히려 청동기와 철기가 주요 구성 요소인 오르도스 금속 문화가 이들 이주민에 의해 한반도로 전래되었다는 연구 성과도 나와 있다. 곧 문물의 교류만이 아니라, 그 문화를 발전시킨 주체까지도 한반도로 이입되었다는 견해가 나오고 있는 실정이다.

다른 한편, 최근의 청대사 연구에서 새로이 등장한 '알타이 학파'도 청 왕조를 건국하고 이끌어간 주체와 그 속성을 만주·몽골·신장·티베트를 연결하는 유목 사회집단과 그들이 성취한 역사적 유산을 알타이 세계라는 지역 구조 속에서 검토하고 있는 것이다. 알타이문화의 내용과 지역은 시간이 흐를 수록 더 구체화되고 광역화하는 성향을 띠고 있음을 알 수 있다. 이런 사실을 감안하여 우리는 잠정적으로 문화적 유사성과 지리적 인접성, 그리고 유목 사회의 특성을 발전시킨 한반도·만주·몽골·신장 지역을 알타이문화권으로 부르기로 한다.

한국의 중국 변강 지역 여행자들 중 상당수가 알타이문화권의 공통 속성과 그 구체적 내용에 대해 관심을 가지고 있다. 그것은 크게 두 가지 주제로 압축될 수 있을 것인데, 하나는 한민족문화의 기원 혹은 동질성을 확인하려는 작업이며, 다른 하나는 특히 만주 지역 여행에서 빼놓지 않고 확인해 보는 고토관(故土觀)이다. 만주는 고구려 영토였으므로 과거의 역사에서 한국 땅이었다는 점을 인식하면서 여행하고 있는 것이다.

만주가 한국인의 고토였다는 인식은 이미 조선 후기의 청나라 사절단이 남긴 기행문 속에서도 죽 묘사되어 왔다. 박지원 같은 이는 압록강을 건넌 직후, 고구려 때의 국내성이나 안시성에 대해 관심을 보이면서 이 사실을 자세히 기록하였다. 특히 안시성에 대해 박지원은 유달리 관심이 많아, 과연 양만춘이 당 태종의 눈을 쏘아 맞춘 것이냐를 놓고 그 사실 여부를 비판적으로 서술하고 있고, 또 고금의 문헌과 현지 사정을 비교하면서 고구려의 역사를 고찰하였다. 1832년에 연행 사절의 서장관으로 다녀온 뒤 『연원직지』(燕轅直旨)를 지은 김경선(金景善, 1788~?)도 '고구려의 옛 강토가 우리나라에 환속된다면 변방을 믿음성 있게 할 만하여 나라 형세가 다소 신장되겠으나 어떻게 할 수 있겠는가'라면서 그 아쉬움을 토로하였다. 곧 조선 시대 사절들은 신의주에서 북경에 이르는 노선에 위치한 동팔참(東八站)을 지나는 내내 산천의 형상이나 역사 지리적 관점에서 조선의 옛 강역을 통과한다는 고토 의식을 떨쳐버리지 못하였다. 이와 같이 요동 땅 전역이 고구려의 옛 강역이었다는 고토관은 사절단의 단골 메뉴가 되었던 것이다.

그러나 이들의 고토관은 청의 초기 수도였던 심양 땅에 들어서면서 현실로 돌아온다. 명에 대한 사대 의식과 실질적 주인인 청나라, 그리고 청과의 두 차례 전쟁에서 패배한 데 따른 소회 등을 복잡하고 심란하게 기술하고 있는 데서 그것을 알 수 있다. 이러한 고토관은 오늘날 만주 지역을 여행하는 한국인들이 공유하고 있다.

만주 지방을 여행하는 한국인들이 고토관에만 집착하는 것은 아니다. 독립운동 근거지로서, 또 조선족을 통해 보는 만주도 있기 때문이다. 안중근 의사와 관련된 하얼빈이나 여순 감옥을 여행의 필수 코스로 넣는 이유가 전자와 관련되어 있다면, 조선족의 생활을 생생하게 묘사하는 여행기는 후자에 속한다. 예를 들면 하얼빈 지역의 조선족들은 중국인과 달리 잘 모이고, 잘 싸우고, 술과 담배를 잘하고, 거칠며 화를 잘 내고, 악착같이 돈을 버는 사람들로 묘사되곤 한다. 그렇다고 해서 그들이 한국인과 동류의식을 갖고 있다고 보지는 않는다. 그보다는 자존심 있는 중국인이라는 의식이 더 강하며, 따라서 중국의 조선족은 한국인과 다르다고 간주한다.

소수이기는 하지만 만주족의 만주, 만주국 시절의 만주, 중국의 일부인 동북이라는 인식도 종종 드러내고 있다. 만주 지방을 여행한 금장태는 이 지역이 안고 있는 다양한 역사성을 본다. 장춘(長春)에서 만주국을 세운 일본인들의 의도를 관찰하며, 아울러 만주족의 출발과 청왕조의 성립을 회고한다. 그러나 만주국에 대한 회고나 묘사는 일본의 괴뢰라고 하는 인식에 바탕을 두고 있기 때문에 이를 좀 객관화시키거나 그 내부구조를 분석하여, 창조된 현대형 국가나 광복 이후 현대 한국의 모델이 되었다는 단계로까지 나아가지는 않는다. 이와는 달리 요령성의 근·현대사 박물관에 대해서는 우호적인 평가를 내린다. 장학량과 관련된 유물이나 업적을 전시한 이곳은 중국당국이 의도적으로 장학량과 관련된 유적을 다소 미화하여 관람객들에게 보여 주고 있는데, 한국의 여행자들도 그 진열 의도를 비판 없이 수용하는 것이다.

한국인의 만주 기행문들은 이처럼 비교적 복잡한 인식 체계 속에서 공간을 관찰하는 것이다. 연행 사절의 고토관이나 일제 시기의 독립의식 등을 과거의 중요한 역사로 확인하기도 하지만, 만주국은 일본의 기억일 뿐으로, 조선족은 과거의 한국 유산이기는 하지만 현실의 중국을 상징한다고 생각하는 것이다. 이 때문에 연행 사절의 노정을 답사하면서도 '고토관'보다 '길'에 주목한 김태준의 비판은 시사하는 바가 크다. 그는 박지원이 청을 현실로 인식한 것처럼, 이곳을 고토로 인식하기보다는 한중 교류의 길로 인식하는 것이 더 현실적이라고 말한다. 그것은 또 정약용의 '요동론'적 지리관을 이어받은 것이기도 하다. 정약용은 「요동론」에서 조선이 요동을 수복하지 못한 것은 나라를 위해 다행한 일이라고 말하였는데, 그 까닭은 중국과 오랑캐의 접경지인 이곳을 차지하고 있으면 사신 접대와 병정의 징발뿐만 아니라 전쟁 발발 시에 수많은 침략을 받으면서 국력을 고갈할 것이 뻔하기 때문이라는 것이다.

한국 민족과 연관된 문화의 동류성을 찾는 관찰은 만주 지역을 가로질러 몽골과 실크로드를 비롯한 서역에서도 여러 가지 형태로 이어진다. 혜초와 같은 한국의 선조들이 남긴 자취와 유산을 추적하며 찾아가는 길이 하나이며, 건축이나 음악, 미술 등 서역과 그 너머의 천축 등의 문물이 한국에 유입된 경위와 루트 등을 추적하는 방식도 이 범주에 속한다. 더 나아가 실크로드 지역이 발전시킨 문화와 한국의 고대문화, 특히 신라문화와의 상호 관련성을 탐색하는 여행도 근년 들어 증가하고 있다.

먼저 중국의 변강, 특히 실크로드나 티베트 지역에서 선조들의 자취를 찾아가는 여행기들을 살펴본다. 가장 많이 언급하는 유형의 인물은 원측(圓測)·혜초(慧超)·의상(義湘)·최치원을 위시한 승려와 학자이며, 여기에 고선지나 흑치상지와 같은 무장도 종종 등장한다. 이에 대해 전문적이면서도 일반인들도 이해하기 쉽도록 여행기를 남긴 이는 정수일이다. 그간 학계에서 중국의 서안과 유럽의 로마 사이의 문물 교류의 노정으로 인식되어 왔던 실크로드를 신라까지 확장시킨 정수일은 사실상 한국의 고대 문물과 실크로드상의 그것이 교류한 바를 여러 유물을 통해 증명한 대표적인 인물이다.

정수일은 서안 여행에서 서안 자체의 역사와 문화보다는 우리 선현들의 자취를 찾는 데 더 열성적이라고 느끼게 할 만큼, 이 부분에 많은 공을 들였다. 그는 "그 자국들을 하나하나 추적할 때면 늘 그분들의 훈훈한 체취를 가슴 뿌듯이 느낀"다고 털어놓는다. 홍교사의 원측(圓測) 삼층탑에서 신라 왕손 출신으로 불학에 일가견을 이룬 원측을 설명하며, 돈황의 석굴에서는 "막고굴이 간직한 한국의 문화유산"이라는 작은 제목을 뽑을 정도로 경외심을 보내고, 61호 굴에 그려진 오대산 축소도의 신라 승탑이 혹 혜초의 입적지가 아닐까 추측해 본다. 한국의 많은 여행자들이 실크로드상에서 이루어진 서역과 한국의 문물 교류에 대해 더 많은 정보를 공유하게 된 데에는 이처럼 세세한 부분까지 고증한 정수일의 공이 컸다고 생각한다.

실크로드상의 서역 문물이 한국에 전래된 내용을 소개하는 글들은 이외에도 더 많이 있다. 돈황의 벽화에 그려진 조우관을 쓴 인물을 우리의 조상이라고 짐작하는 것이 그렇거니와, 쿠처의 악무와 고구려의 악무가 교류했던 흔적을 통해, 또 최치원이 『향약잡영오수』(鄕樂雜詠五首)에서 묘사한 사자춤 따위가 서역에서 전래한 놀이이며 이 때문에 쿠처와 우리는 다 같이 춤과 노래를 즐기는 한 동아리의 문명인이었다는 사실을 여행을 통해 확인하는 것이다. 중국 문학 전공자인 허세욱은 쿠처에서 그곳의 악기인 갈고를 우리의 장고와 연결시키기도 한다. 장고와 그 리듬도 실크로드를 넘어 인도에 뿌리를 두고 있다는 연구가 진행되었다는 사실을 염두에 두면 중국 내의 실크로드 기행만으로는 아시아 지역 내에서 이루어진 문물 교류를 이해하는 데 한계가 있는 것은 분명하다. 또한 건축가의 여행기에는 이슬람 사원의 창 중에 목재 살창의 문양이 한국의 살창과 거의 같은 이미지를 주고 있는 데 주목한다. 그리고 한국인이 아닌 현대의 재중 동포 한낙연이 키질 천불동의 벽화를 정리한 것에 대해서도 세세히 묘사한다. 한낙연은 연변의 용정이 고향인 정수일의 대선배로서 1946~47년에 석굴 벽화의 복원 작업에 매진하였으나, 1947년 국민당 군용기를 타고 우루무치를 이륙한 뒤 비행기가 추락하는 바람에 사망한 것으로 추정하고 있다.

한국의 여행가들은 한반도와 서역과의 문물 교류를 중국 내의 실크로드 상으로 한정하지 않고, 티베트와 그 너머에 있는 인도까지 확장한다. 그것은 예전에 혜초가 갔던 구도의 길을 되짚어가는 여행이기도 하다. 김영종은 티베트 여행에서 원측 스님의 책이 포탈라 궁에 있으며, 그가 지은 『해심밀경소』(解深密經疏)를 개략적으로 소개하고 있다. 유식학(唯識學)을 공부한 원측이야말로 당나라의 현장(玄奘)보다 유식학에 더 밝았다는 것이다. 또 티베트의 밀교계통인 신인종(神印宗)이 신라가 삼국 간의 경쟁에서 승리하는 데 중요한 인자인 바, 이는 김유신이 바로 밀교 신앙을 활용하였기 때문이라고 말한다. 이 점에서 티베트와 몽골, 그리고 한반도는 정신세계에서 샤머니즘이라는 동질성을 지니고 있다는 것이다. 김규현은 이와는 좀 다르게 티베트의 역사와 신화 속에 있는 배달민족의 요소를 규명해 보고 있다. 그 결과 두 지역의 시조 설화로서 천생과 난생의 결합이 유사하고, 개국시조가 무(巫)이며, 오색의 색동을 사용하는 것 등에서 알타이문화권의 공통성을 띠고 있다고 주장한다. 이러한 이유들로 인해 우리에게 유목 벨트는 중국 본토를 우회하는 벼와 쌀의 이동 경로였고, 거기에 불교의 전파 루트였으며, 시조 설화조차 유사한 요소가 있는 곳이기에 실크로드 못지않게 중요한 의미를 갖고 있다고 본다.

여행자들은 이곳에서 한반도에 전래되었음직한 또 다른 문물의 전래 가능성도 타진한다. 실제, 티베트 문물의 한반도 전래에 관한 전문적 연구 성과를 보면, 불교와 관련된 요소들이 함께 들어왔을 가능성을 구체적으로 검토하고 있다. 예컨대 태평소·나팔·나각을 비롯한 악기를 비롯하여 음계·리듬 따위가 티베트 범패의 그것과 상관성이 있으며, 이는 또 인도 음악과도 연계된다는 것이다. 김영종의 역사 기행문에는 앞에서 잠시 언급한 바와 같이 티베트 지역도 알타이문화권의 한 영역으로 간주한다. 라싸에서 벼와 쌀의 전파로를 생각하면서 그는 쌀이 티베트와 몽골을 거쳐 만주와 한반도로 이동하면서 샬리 → 살루 → 쌀로 전음되었고, 벼는 브라스 → 브라스 → 브라스 → 벨라 → 벼로 전음되었다는 것이다. 벼와 쌀의 경로가 하나의 벨트로 묶일 수 있는 문화권이라는 것이다.

변강 여행을 통해 한국 문화와 서역 및 티베트 문화와의 상호 관련성을 찾는 작업은 훨씬 포괄적이다. 김영종의 역사 여행기는 전문적으로 관련 유적을 찾아다닌 대표적인 기록일 것이다. 그가 주목한 두 개의 주제는 신라의 초원 문화와 김알지에 관한 것이다. 초원 문화와 관련되는 것으로는 나무 형상, 목각, 그리고 새를 상징하는 금관을 비롯하여 천마도·말·적석목곽분 등이 스키타이와 흉노가 남긴 문화유산이고, 신라고분에서 출토된 유리도 실크로드를 통해 들어왔다고 본다.

또 그는 흉노의 휴도왕계(休屠王系)인 김일제와 신라의 김알지를 연계시키기 위한 작업을 함께 모색한다. 한의 무제가 전투에서 포로가 된 일제에게 김씨 성을 하사한 것은 그의 부친인 휴도왕이 '황금으로 만든 인물상'을 모시고 하늘에 제사를 지냈기 때문이었으니, 김일제는 황금을 숭배하는 씨족의 우두머리였다는 것이다. 그리고 김일제의 흉노족은 동으로 이동하여 낙랑을 점령하였으며, 이들은 다시 고구려에게 패한 뒤 5천 명이 신라에 와서 육부에 나누어 살았다는 『삼국사기』의 기록에 의거하여 바로 이들이 김씨 군단 중의 일부가 아닐까라고 추측하고 있다. 법흥왕대에 이르러 중국의 문물을 받아들이면서 국가의 체계를 중국화하고, 이에 따라 김씨 일족이 일군 유목 문화도 정주문화로 탈바꿈하였을 것이라고 짐작한다.

그렇기 때문에 그는 변방의 유목 세계를 횡단하면서 여행을 해야 한국의 고대뿐만 아니라 동아시아의 고대사를 제대로 이해할 수 있다고 강조한다. 따라서 고조선은 흉노와 함께 한나라에게 위협적인 양대 세력이었고, 당연히 고조선·흉노·월지·동호 등은 유목 세계의 일원이자 교류와 물질문명의 수준에서 매우 발달하였다고 주장한다. 그는 나아가 티베트·신장·청해·하서·은천·서하와 몽골군의 전쟁터였던 카라호토성(내몽골 서부에 있는 흑수성), 그리고 몽골 지역 등의 역사 유산을 종합해서 살펴보는 새로운 여행 시스템을 만들 필요가 있다고 주장한다.

그렇다면 이들 여행가들이 중국의 변강, 특히 신강과 티베트 지방을 여행하면서 한국 문화의 근원성이나 한국 문화와 변강 문화와의 관계를 찾으려고 하는 이유는 무엇일까. 크게는 세 유형이 있는 듯이 보인다. 첫째는 그간 우리 문화에서 거의 관심을 끌지 못하였던 유라시아 대륙의 유목 문화를 동아시아 문명의 주류적 위치로 끌어올리는 한편, 거의 절대적인 위상을 차지하고 있던 중화주의 문화를 상대화하는 일이다. 둘째는 문명 교류학의 시각 속에서 한국 문화와 외래문화의 관계를 구체적으로 모색해 보려는 작업의 일환이다. 셋째는 오히려 한국의 밖으로 나가서 보고 들은 경험을 바탕으로 한국 문화의 특성과 전개 과정을 관찰하면서 이를 타문화와 비교하여 상대화시켜 놓고 비판하고 반성해 보는 것이다. 물론 이런 시각을 확보하는 일이 반드시 여행을 통해서만 이루어지는 것은 아니지만, 현지의 문물을 직접 관찰하고 자신의 문화와 비교해서 얻은 결과이므로 더 큰 힘을 발휘할 것이라고 생각한다.

그동안 한국의 역사 속에서 성장한 전통 문화는 주로 중국과의 관계 속에서 서술되어 왔다. 반면에, 중화적 요소를 강조하면 할수록 유목 세계의 문화나 변강의 문화는 주변적이고 반문명적인 인자로 인식되어 왔다. 김영종을 비롯한 역사 여행기는 당연히 이를 뒤집어 본다는 점에서 큰 의미가 있다. 그는 한국 문화를 유목 문화 벨트 속에서 이해하려고 노력하였으며, 역사 여행은 주로 이 목적을 위해 기획되었다. 이는 다른 한편으로 기존의 실크로드관, 곧 실크로드란 중국과 유럽 간의 문물 교류를 위한 통로라는 시각은 대국주의의 산물이며 오아시스 도시들의 희생 위에 구축된 것이므로, 이 관점을 버리고 유목 문화 벨트 속에서 그 지역을 이해해야 한다는 함의가 전제되어 있다. 이러한 구상은 상당히 거시적이고 신선하며, 중국의 변강 여행 루트에 새로운 의미를 부여한 것으로 평가할 수 있다.

동몽골초원이나 홍안령 서북부를 답사한 주채혁도 한국의 역사적 뿌리가 만리장성 이북에 있으며, 이것을 복원하는 작업이 바로 중국 문화의 종속성이나 일본 식민지 문화로 덧칠된 한국 문화를 정화시킬 수 있는 효과적 방법이라고 간주한다. 그리하여 그는 티베트고원, 타클라마칸사막, 시베리아 벌판, 몽골고원, 흥안령산맥, 그리고 태백산맥으로 이어지는 산지 루트를 답사한다. 이는 대략 김영종이 답사하면서 개척한 유목 문화 벨트의 궤적과 거의 같다.

김영종은 그보다 서부 변경에 있는 유목 세계의 여행을 통해 이곳의 문화를 미래 사회의 한 대안으로까지 끌고 올라간다. 그는 알타이계 문화유산이 중화 세계에 오염되지 않은 원초적 모습이라고 규정한다. 우리 민족의 정신세계는 세 개의 층으로 구성되어 있다고 본다. 맨 아래층에는 알타이 계통의 샤머니즘이 있으며, 그 위층에 중국 계통의 유불선이 있고, 맨 꼭대기층에 구미 문명이 있다는 것이다. 요컨대, 오염된 중화 문명 및 구미 문명과 오염되지 않는 알타이계 문화유산을 대비시킨다. 하지만 왜 알타이계 문화유산은 오염되지 않은 순수체인가에 대한 설명은 없다. 예컨대 만청 왕조의 흥기 과정에서 끊임없이 진행된 정복 전쟁이나 중원의 정복 이후에 이전의 한족 왕조보다 더 적극적이고 잔인할 정도였다고 평가받는 군사적 팽창과 지배와 같은 중요한 사실은 간과되어 있는 셈이다. 반면에, 종종 드넓은 초원을 횡단하거나 티베트 세계를 여행하며 이곳이 가장 원초적인 데 비해, 문명이란 자연을 살육하는 악마이자 반문명적이라고 말하는 것에서 그 의도를 짐작할 뿐이다.

그간 실크로드의 연구와 그곳을 중심으로 전개된 문물 교류에 관심이 많았던 정수일은 자신이 구상한 '실크로드학'을 현장 답사를 통해 좀 더 체계화하기 위해 실크로드를 비롯한 서역 여행을 시도하였다. 그는 이왕에 엄밀한 학문적 검토를 통해 실크로드의 동쪽 기점을 중국의 서안이 아니라 한반도의 신라까지 확장시킨 바 있다. 이런 까닭인지 그의 실크로드 기행은 '외국에 간직된 한국 관련 기록이나 유물을 우리의 문화유산으로 간주하고, 그 실체를 따지고 캐묻는 이유는 우리와 당대의 외국 사이에 이루어진 관계나 우리의 대외적 위상의 일면을 보여 주고 있을 뿐만 아니라 우리 자신의 거울이 되기 때문'라는 목적의식이 강하게 전제되어 있다. 서역의 쿠처에 있는 키질 석굴의 의미를 설명할 때에도 '키질 석굴이 더욱 의미 있는 것은 우리 겨레붙이인 한낙연의 노력으로 그 가치를 밝혀냈기 때문'이었다. 곧 그의 여행기에는 민족주의적인 정서가 진하게 깔려 있는 셈이다.

그러나 그는 글 속에서 김영종과 같은 반중화주의적 시각을 드러내지는 않는다. 오히려 친중화적인 요소를 여러 군데서 읽을 수 있다. 쿠처 지역을 여행하면서 '쿠처가 흉노에 아부하면서 한을 배반하였기 때문에 반초를 파견하여 서역 전역을 평정하고 이반하자 후한의 화제(和帝)는 73년 반초를 파견해 서역 전역을 평정하고 구자를 다시 복속시켰다'고 기술한 데서, 사마천 이래 중국인들이 발전시킨 중화주의적 이적관(夷狄觀)이 드러난다. 베제클리크 벽화를 가져간 서양인들에 대해서도 '약탈·반달리즘·악마' 등의 용어를 사용하면서 그 행위를 비판하고 있다. 이러한 용어의 사용이나 기본 시각을 볼 때, 그는 오늘날 중국의 애국주의적 문화재관을 상당한 정도 공유하고 있다고 판단된다.

〈바리데기〉 촬영팀을 따라 서역과 인도 여행을 한 박재동은 이와 다른 결론에 도달한다. 그도 여행 중, 한족 문화가 정교하고 대단한 규모이기는 하지만 느끼하고 정지된 느낌을 주는 반면, 우리 문화의 뿌리가 되는 초원의 흉노 문화는 움직임을 담고 있으며, 자유롭고 집착하지 않는 삶의 문화라고 말한다. 더욱 중요한 것은 그의 여행이 오히려 한국 사회 내부를 들여다보는 계기가 되었다는 사실이다. 이슬람 세계와 인도 사회를 관찰하고 난 뒤, 매일 술을 먹지 않으면 안 되는 우리의 일상생활이나, 돈이나 경쟁 때문에 심신이 지칠 대로 지쳐 있는 한국인들이 참으로 별나다는 생각을 하기에 이르렀다. 그는 심지어 우리나라 사람만 유순하고 관대해진다면 세상은 다 괜찮아질 거라는 생각까지 하게 된다.

그는 또 우리가 종종 자랑해 마지않는 한국 문화의 독자성에 대해서도 비판적으로 다시 보기를 요구한다. 문화란 포용성의 결과이지 아이덴티티만을 강조할 것은 아니라는 것이다. 오히려 고유성을 드러내는 것은 콤플렉스이자 모방에 대한 경멸의 산물이며, 위대한 문화와 역사를 내세우는 일도 결국은 같은 맥락이라고 간주한다. 그 자신의 말마따나 여행의 결과 마음의 지도가 커진 것이다. 여행 전에는 동아시아의 일부만이 인식할 수 있는 세계였으나, 여행 뒤 천산산맥·타클라마칸사막·파미르·파키스탄까지 시야에 넣을 수 있게 되면서 우리도 큰 문화권 속에서 살아가는 지역의 한 부분이라는 사실을 깨달았던 것이다.

3. 중국의 변방 지배에 대한 인식

여행기에서 자주 나타나듯이, 중국 여행의 묘미는 한 국가의 경계내이지만 민족·문화·경관·삶의 양상들이 지역마다 다르다는 점에 있을 것이다. 이러한 특징은 변경 지방을 여행할 때 두드러지며, 특히 신장이나 티베트와 같은 지역으로 이동하는 경우, 이곳도 과연 중국인가 하는 의문을 갖게 만든다. 한국인들이 중국 내의 다민족, 다문화, 극단적인 경관 등을 경험하는 일은 생소한데다 기왕에 배운 교과서적 중국 지식과는 다른 세계가 전개되기 때문에, 그만큼 그에 대한 관심과 느낌이 여행자들에게 깊이 각인되는 것이다.

상당수의 여행기들은 중국의 변경을 한족들이 집중되어 있는 중원과는 다른 세계로 인식하여 이곳을 중국의 일부로 보지 않으려는 태도를 드러낸다. 그러한 인식 중에서 중요한 서술 방식은 역사 기행을 통해 이곳이 어떤 과정을 거쳐 중국의 일부가 되었는가를 관찰하는 것이다. 신장·티베트·몽골·회족 지역의 역사 기행을 통해 변강의 역사와 그 현장을 연결해 주는 김호동의 역사 에세이는 이 부분에서 매우 뛰어나다고 할 수 있다.

그가 이곳을 집중적으로 여행한 주요 이유는 그간 중국 자료에 의해, 또 중국인의 시각에서 이해해 왔던 중국의 변경 세계를 편견 없이 바라보고, 그 자신의 역사학적 연구가 현지인들에게 조금이나마 도움을 줄 수 있으리라는 기대 때문이었다. 그 땅의 주체들이 소중하게 여기는 것은 무엇이며, 갈구하는 것은 무엇인지를 찾아내는 작업이야 말로 역사가의 주요 임무라고 생각한다.

김호동이 주로 관심을 갖는 변강 지역의 역사는 대체로 청대 이후에 초점이 맞추어져 있다. 그것은 이들 지역이 대부분 청나라에 의해 정복되면서 '중국'의 일부가 되어 갔기 때문이다. 따라서 서술의 시점도 현재의 상황이며, 서술의 중심도 그들 사회에서 쟁점이 되는 문제를 짚어 내어 그 연원들을 현지의 상황이나 현지인들이 그 쟁점에 대해 갖는 관심 등을 줄거리 삼아 이야기를 전개해 나간다.

섬서와 감숙 지역의 회교도들에 대해서 김호동은 답사 당시 서안 공항에서 메카 순례에서 돌아오는 종교 지도자인 아홍을 맞이하는 이슬람교도들과 1983년에 난주시의 개발로 인해 18세기 후반에 순교당한 마명심의 묘가 훼손되는 것을 막기 위해 벌인 시위 등을 소재 삼아 이 지역의 이슬람 역사를 일별한다. 이 역사 속에서 우리는 1781년부터 마명심을 중심으로 시작된 신교도들과 구교도들 사이의 싸움, 구교 편에 선 총독의 살해, 마명심의 처형 등으로 이어졌던 이슬람교도들의 호신(護神) 투쟁이 중화민국 시대를 거쳐 최근까지 얼마나 치열하게 전개되어 왔는가를 잘 알 수 있다. 이러한 흐름을 알지 못하면 1983년의 마명심 묘지 수호 사건도 제대로 이해할 수 없는 것은 당연하다. 그 때문에 오늘날의 이슬람교도들에게도 순교자의 피가 살아 흐르고 있으며, 그 피가 다시 용솟음쳐 분출할 수도 있다는 것이다.

동일한 신앙으로 무장한 무슬림들이지만, 민족상 섬서 감숙 지역의 한족 이슬람들과 구분되는 위구르 무슬림의 역사도 파란만장하기는 마찬가지이다. 청조에 무력으로 정복된 1760년대 이후 이 지역의 귀족인 호자 가문 내부의 갈등 때문에 청조의 공격에 효과적으로 대응하지 못한 사실을 지적하면서, 인구에 회자되는 향비 이야기의 진실, 19세기 전반기에 있었던 자항기르의 반청 반란, 1864년에 있었던 위구르 독립국가의 건설과 붕괴, 그리고 그 저항성이 20세기 후반기까지 어떻게 이어져 왔는가를 현장 답사와 자료 등을 통해 흥미진진하게 소개한다. 특히 위구르인들에게 19세기 후반에 위구르 국가를 세웠던 야쿱벡은 소중한 꿈이며 희망이지만, 현재의 상황에서 그 희망이 성취되는 일이 쉽지 않을 것이라고 판단한다.

김호동은 오늘날 쟁점이 되고 있는 청과 티베트의 역사적 관계를 비교적 소상히 설명하는 것으로 우리를 티베트로 인도한다. 티베트인들은 달라이라마와 청황제 사이의 기본 속성을 종교적 지도자와 세속적 후원자 정도로 생각하고 있다는 것이다. 한편 그는 달라이라마가 비폭력적인 방법으로 대중국 투쟁을 전개하는 것이나 그것을 뒷받침하는 고귀한 정신세계에 대해서도 동정적이다. 티베트와 긴밀한 관계에 있는 몽골 세계에 대해서도 그는 주로 준가르 지역이 청의 정복과 지배에 어떻게 대응하였으며, 결국 내몽골과 외몽골이라고 하는 민족 분열에까지 이르게 되었는지를 주로 몽골인들의 시각에서 이야기해 주고 있다.

일반적으로 해당 지역의 역사 기행들이 구체적인 사실을 소홀히 하거나 사건의 배경을 놓치기 쉬운데 반해, 김호동의 역사이야기는 해당 민족 내부의 갈등과 분열, 각 민족 사이의 상호 관계를 이해하는 데 매우 유익하다. 하지만 그의 기행문의 특징은 해당 사회를 이해하기 위한 키워드로 종교를 설정하고 있기 때문에 세속적인 문제들은 그보다 덜 중요한 것처럼 보인다는 사실이다. 예컨대 티베트의 달라이라마가 보여 주는 불교의 인간적 성격, 섬서 감숙 지역 이슬람의 청진한 세계, 위구르인들이 희망하는 무슬림 국가 건설 등에서 그런 특징들이 드러난다. 또 그는 중국 지배를 부정적으로 보는 듯하지만, 그렇다고 해서 이들 종교공동체가 독립국가로 나아가야 한다는 역사적 당위성을 굳이 강조하지도 않는다.

이에 비해 실크로드 지역의 고대사에 관심이 많은 김영종의 기행은 약자를 억압하는 약탈자로 중국을 묘사하고 있다. 이를테면 한족 문명의 상징이라고 간주하는 황하는 티베트에서 발원하고 있으며, 중류는 몽골 지역을 흐르고 있고, 하류는 발해 지역에서 바다로 흘러 들어가기 때문에 이민족의 땅과 경계를 이루고 있는 강으로 규정하고 있다. 따라서 '중국 문명이라는 텍스트는 주변 문화라는 여러 텍스트들에서 인용한 모자이크이자 흡수이며 변형'이라는 정재서의 언설에 동의한다. 따라서 그는 줄곧 중국에게 역사와 자연과 정신을 빼앗긴 티베트나 신장과 같은 변방 세계에 대해 동정하면서 그것이 진짜 자신과 같은 모습일 것이라고 고백한다. 자신의 정체성을 중국의 변방과 일치시키면서 이 세계가 중국 내에서 차지하는 위상을 평가해 보는 것이다.

실크로드에 대해서도 그는 이 길의 의미를 종래와 다르게는 약자의 세계사라는 틀 속에서 해석하려고 한다. 곧 이 지역의 국가들은 평화롭게 살기를 원했으나, 북쪽의 유목 제국과 동쪽의 정주 제국인 중국이 이곳을 전쟁터로 삼아 제국으로 성장하여 갔다는 것이다. 그 점에서 기왕의 실크로드관은 문화 전파론에 기반한 제국의 시각을 드러낼 뿐이라고 비판한다. 김호동과 마찬가지로 유목 민족의 입장에서 이 길의 의미를 묻고 있지만, 중국 지배에 대해서는 김호동보다 더 격렬할 정도로 비판적이다.

중국 변경 지역의 역사와 문화유산을 해당 지역민의 시각에서 바라보는 기행문은 최근 들어 급격히 늘고 있다. 문인들의 기행에서 이 점은 두드러진다. 박완서는 애초부터 티베트를 중국의 일부가 아니라 독자적인 국가라는 인식을 전제하면서 티베트 여행을 떠나며, 그곳에서 종교 시설과 문화유산들을 관람한 뒤 이러한 태도는 더 심화된다. 그리하여 중국에서 이곳을 부르는 지명인 '서장'(西藏)을 쓰지 않고 '티베트'를 고집하면서 달라이라마의 망명정권을 인정하고, 더 나아가 그들의 높고 독특한 정신문화는 강력한 군사력으로도 정복하기 어려운 본보기가 되고 있다고 규정한다. 그가 관찰해 본 결과

여느 사람들도 그곳을 주권국가로 취급하고 있다는 것이다.

그는 중국 지배가 티베트에 매우 부정적으로 작용하였다고 서술한다. 라싸 시내에 거지가 많은 이유도 한족의 이주와 중국의 개발 정책 때문이라고 생각한다. 티베트족에 비해 옷도 잘 입고, 얼굴도 깨끗하며, 거드름이 몸에 밴 한족들을 보면, 자신이 경험했던 식민지 시대 일본인을 연상시킨다는 것이다. 따라서 한족의 이주와 교육 정책은 가혹할 정도로 티베트 고유의 정신문화를 말살하기 위해 제시한 것이라고 파악한다. 상대적 빈곤감과 거지 근성은 중국의 지배와 한족의 이주에 따른 참담한 결과인 셈이다.

김영종은 포탈라 궁을 관람하면서 중국 지배의 음험함을 드러낸다. 그는 이 궁을 관람하던 중, 6대 달라이라마(1683~1706)가 살던 방에서 그를 생각하면서, 과거의 사실을 근거로 삼아 라마의 사랑과 죽음에 관한 이야기를 소설로 극화시켰다. 달라이라마 6세는 역대 달라이라마 중 몽골군에 끌려가 죽임을 당한 유일한 인물이었는데, 김영종이 짐작하기로는 죽음의 배후에 청조가 있다는 것이다.

중국 지배가 티베트 사회를 오염시켰다는 논리는 박완서나 김영종 이외에 이태훈에게서도 보인다. 그는 중국이 총칼을 앞세워 티베트를 침략한 제국주의자일 뿐이라며, 티베트인들은 부처에게 받은 고귀한 생명과 진리를 지켜 나가려고 노력한다고 본다. 생활 깊숙이 들어갈수록, 알 수 없는 강한 존재의 힘과 때 묻지 않는 티베탄들의 모습을 볼 수 있고 문명과 동떨어진 느림과 여유의 미학을 꿈꾸며 티베트에 왔지만, 도시 문명이 이곳을 잠식하면서 그것은 이미 상당한 정도로 사라지고 없다고 한탄한다. 김규현은 파국적인 물질문명의 부작용을 순화시켜 줄 수 있는 세계로서 티베트를 인식하는 데에 멈추지 않고 나라 잃은 그들에게 힘을 실어 주고 싶은 마음이 저술의 동기라고 말하고 있다.

이들에 따르면 티베트가 독립해야 할 당위성은 크게 두 가지이다. 역사적으로 티베트는 독립국가를 유지하여 왔기 때문에 독립하여야 한다는 논리가 그 하나이다. 그에 못지않게 관광객들이 끌고 들어온 물질문명과 침략자인 중국의 가혹한 지배가 순수한 티베트 사회를 오염시켰기 때문에 독립해야 한다는 점도 특별히 강조되고 있다.

신비한 티베트에 들어온 중국의 오염된 문명, 중국 '제국'이 티베트에 행사하는 식민권력 이야기는 이미 서구인의 기행문 속에서 담론화되어 있다. 흥미 있는 점은 이러한 담론 역시 한국인들의 기행문 속에서 익숙하게 재현되고 있다는 사실이다. 하인리히 하러의 〈티베트에서의 7년〉과 장 자크 아노 감독이 만든 동일한 제목의 영화 속에서 중국이 '침략자이면서 절대악'으로 묘사된 것도 같은 맥락이다.

그렇다면 한국의 여행자들은 신장 지역에 대해서도 티베트와 같이 중국 지배가 부당하다고 생각하고 있을까? 박재동은 현지 위구르인의 입을 빌려 그들 내부에 잠재되어 있는 독립 의식과 함께 중국 지배의 부당성을 말하고 있다. 곧 ① 위구르인들은 한족을 몹시 싫어하며 늘 독립을 꿈꾸고 있다. ② 위구르인들은 일본도 좋아하지만, 그에 저항한 한국인들을 더 좋아한다. ③ 위구르 지역에서 유사시에 생존 언어는, '난 한족이 아니다'라는 말을 하면 살 수 있다. ④ 얼마 전 30대 젊은이 한 명이 독립운동을 하다가 처형되어 아주 심각했다. 이 말을 들은 박재동은 위구르인들이 한족 지배에 대해 불만이 있는 것은 알았지만, 이 정도로 심각한 줄은 몰랐다고 털어놓는다. 이처럼 여행자들은 여행 전에 인지한 정보보다 현지 주민으로부터 직접 획득한 정보가 훨씬 더 사실적이며 절박하다는 사실을 알게 된다.

실제로 김영현은 신장 위구르인들의 분노를 여러 경로를 통해 확인하고 있다. 감숙의 난주에서 가욕관으로 가는 도중의 열차 내에서 위구르족 청년과 한족 사이의 싸움도 그중의 하나였다. 그들이 싸운 이유는 한족들이 대놓고 위구르인들을 야만인이라거나 흉포하다고 욕하였기 때문이다. 투루판에서 만난 위구르 젊은이들의 춤에서도 막연한 분노와 증오심을 읽은 김영현은 그들의 내면이 한국인들이 경험한 식민지 시대보다 훨씬 더 심각하다고 느끼고 있었다. 그것은 그들이 바로 '중국의 변방 민족이자 소수인종'이기 때문에 마치 인화되지 않은 화약고와 같다는 것이다. 김영현도 신장 지역의 위구르인들이 처한 위치를 박완서와 마찬가지로 식민지적 상태라고 기술하고 있지만, 티베트인들보다 더 위험한 수준에 이르렀다고 인식하였다는 점에서 차이가 있다.

신장 지역의 내부 사정을 잘 아는 심형철도 티베트보다 신장의 독립 문제가 더 심각하다는 사실을 중국 당국의 시각을 통해서 말한다. 중국 정부는 티베트 문제는 비폭력적인 방법으로 독립 혹은 자치 문제를 제기하고 있고 이를 이끄는 달라이라마가 사망하면 자연스럽게 해결될 것이라고 기대하고 있다. 반면에, 신장 문제는 종교·인종·중동 문제까지 맞물려 있기 때문에 훨씬 더 복잡하고 민감하다는 것이다. 그리고 이들은 테러 방식을 통해 독립을 쟁취하려고 하며, 더구나 범이슬람주의와 범돌궐주의라는 양대 요소가 결합되어 한족으로서는 매우 위험한 지대로 인식하고 있다는 것이다. 테러 방식을 통한 독립 쟁취, 범이슬람주의, 그리고 범돌궐주의라는 세 가지 요소는 실상 중국 당국이 신장의 '동투르키스탄 독립운동'을 보는 기본 시각이기도 하다. 이러한 점들을 종합적으로 고려해 보면, 한국의 여행자들은 신장 지역이 안고 있는 위험성을 지역민 내부의 분노와 중국 당국의 긴장감 등을 통해 충분히 관찰하고 있는 셈이다.

그렇다고 해서 모든 여행자들이 위구르인들의 반중국 투쟁이나 정서에 공감하는 것은 아니다. 오히려 그곳을 중국의 확고한 일부라거나 중원의 변방으로 인식하고 그런 기반 위에서 기행을 하는 경우도 적지 않기 때문이다. 1990년대 초에 이곳을 여행한 김찬삼의 기행문에서는 티베트 지역은 민족분규로 안심할 수 없는 반면, 신장 위구르 자치구는 치안 상태가 좋다고 판단하였다. 물론 김찬삼도 신장 서남부의 샤처와 같은 변경 도시에서 한족과 위구르족 거주지 사이에 놓인 사회적 차별을 예리하게 관찰하였다. 곧 한족 거주 지역은 도로와 가로수가 말끔하게 정비되어 있고, 정부 기관 등이 모두 이곳에 모여 있으며 상업, 교통의 중심지로 굳어진 반면, 이곳과 별도로 구성된 위구르족 거주지는 작은 민가들이 복잡하게 밀집되어 있으며, 도로가 포장된 곳도 드물다고 할 정도로 '민족 차별'이 눈에 띄었던 것이다.

민족 차별을 지적하기는 하지만, 김찬삼은 전체적으로 중국의 신장 지배를 중화주의적 관점에서 관찰하고 있다. 청의 신장 지배 치소가 있던 이리 지방의 혜원(惠遠)에서 임칙서가 행한 관개 수로 개착 등의 사업을 민족 융합 정책이라고 말한 것이 중요한 사례이다. 또한 그는 임칙서가 청영전쟁의 패배 때문에 좌천이라는 멍에를 쓰면서도 이에 굴복하지 않고 자신의 역할을 충실히 수행하였다는 사실도 높이 평가하고 있다. 임칙서에 대한 찬사는 이에서 그치지 않는다. 우루무치 시내의 홍산에 서있는 그의 동상을 보면서 "근대사의 빼어난 인물의 기개가 오연하게 남아 있다"고 쓴 데서, 그의 임칙서관이 중국의 역사 교과서에서 보는 임칙서에 대한 평가와 일치하고 있음을 볼 수 있다. 또 그는 감숙성 박물관에서 동분마를 본 뒤, "무제뿐만 아니라 북방의 유목 민족에게 시달려 온 한민족 전체의 비원"을 읽는다. 이런 식의 관점은 중화주의자의 이적관과 차이가 없다고 생각된다.

실크로드를 포함한 서역 지역 전체를 화하(華夏) 문명의 시원지로 보는 여행기도 있다. 허세욱은 서안에서 시작되는 실크로드는 황야 속에서 발전한 것으로, 황하 문명의 발상지라고 말한다. 왜 화하족들은 중원의 비옥한 땅을 두고 옹색하며 척박한 이곳에 화하 문화를 일구었을까라는 의문으로 시작되는 그의 글 속에서 불교 석굴, 천산, 천마, 천수, 사막, 오아시스, 토사, 채소, 유전, 누런 황토 등으로 상징되는 실크로드와 서역은 중원의 비옥한 땅과 달리 옹색하고 척박하기 그지없는 곳일 뿐이다. 이러한 악조건을 극복하면서 화하 문화가 일어났다는 사실이 감탄스러운 것이다.

이는 그 자신이 한족 사대부들이 남긴 새방시(塞方詩)를 찾아 나선 여행길이었기에 화하 문화를 중심으로 서역을 볼 수밖에 없었을 것이다. 그는 우루무치에서도 기윤(紀昀, 1724~1805)이 유배 생활 3년 동안 남긴 시, 당나라의 잠참(岑參, 715~770)이 남긴 시, 청대의 홍량길(洪亮吉, 1746~1800)이 남긴 '천산가', 임칙서가 홍산에 올라 쓴 '금루곡'(金縷曲) 등등 중국 시문학 전공자로서 중국인보다 더 박식하다고 할 정도로 변방 문학에 뛰어나다.

나아가 그는 기행문 속에서이기는 하지만, 과거의 중국 시인이 현지에서 지녔던 시상을 마치 자신이 추체험하는 것처럼 승화시키고 있다. 예컨대 당나라의 유명한 변새시인 왕창령(王昌齡)이 남긴 '종군행'(從軍行)에서 "루란(樓蘭)을 공략하지 못하면 돌아가지 않으리"하면서 비장해 했던 그 마음을 적극적으로 이해하며 감싸고 있다. 그는 자신이 누란을 보지 못하는 안타까움을 이 시로 달래고 있기도 하다. 이러한 사고에 근거하여 허세욱은 청의 준가르 정복을 서역의 재통일이라고 인식하며, 혜원성에서 만난 임칙서도 애국의 장군이고 그가 근무했던 혜원성은 중국 서북단을 지키는 한족 문화의 상징이라고 볼 수 있었던 것이다.

중화주의적 변방관은 정수일에게서도 일부 엿볼 수 있다. 그는 쿠처에 대한 설명에서 "쿠처가 후한 초의 혼란기를 틈타 다시 일어난 흉노에 아부해 한을 이반하자 후한의 화제는 73년 반초를 파견해 서역 전역을 평정하고 구자를 다시 복속시켰다"고 하여, 후한 왕조가 서역에서 행한 군사 활동을 배반자 구자를 응징하여 이를 복속시키기 위한 것으로 정당화하고 있다. 이와는 달리 19세기 중엽에 있었던 회교도들의 반청 독립운동이나 1944년에 있었던 위구르족과 카자흐족 중심의 동투르키스탄 공화국 건국에 대해서는 우호적으로 바라본다. 하지만 최근의 우루무치 상황에 대해서는 13개 민족이 어우러져 사는 민족의 십자로이며, 100년 전의 찌들었던 모습을 말끔히 걷어 내고, 현대적인 신흥도시로 발전하고 있다고 말한다. 민족의 십자로, 찌든 과거와 현대의 신흥도시라는 구도는 중국 당국이 이곳을 지칭할 때 곧잘 사용하는 '신실크로드'의 개념 속에서 농익은 것이기도 하다.

신장 위구르 자치구이던 티베트 자치구이던 간에, 그곳은 현재 중국의 영토로서 중국 정부의 통치력이 미치고 있다는 점을 부인할 수 없다. 상당수의 여행자들에게도 이 엄연한 현실은 외면하기 어렵다. 따라서 어떤 형태로든 여행기에서 이를 언급하고 있다. 지리학자인 김찬삼은 그가 다닌 길의 곳곳에서 중국이 변경을 지배하기 위해 군사 도로를 개척하고 보수하며 새로운 철로를 개설하는 데에 관심을 보인다. 그것이 1990년대 초에 청해와 신장, 그리고 티베트 기행을 하면서 보게 된 소중한 경험이었다.

2000년대에 신장에 간 김영현은 실크로드를 '오일로드'라고 명명하면서 이 지역에 불고 있는 유전 개발의 현장을 생생하게 전하고 있다. 하미에서 투루판으로 가는 도중 굴뚝에서 붉은 불이 솟아나는 것을 보면서, 이제 신장은 막대한 양의 기름이 묻혀 있는 지하의 보고로 간주한다. 좀 더 구체적으로 타림 분지 내 최고의 유전은 허텐에서 서쪽으로 300킬로 정도 떨어진 쿠쿠야 유전이며, 그 밖에 위먼·린후·크라마이·우수 등지의 유전에서 이를 채굴하여 난주의 석유화학 단지로 이송하고 있는 사정을 기술하고 있다. 강택민 시대 이후 적극화된 서부 대개발의 현장이 실제 어떤 양상이며, 전체적으로 어떻게 작동하는가를 정확하게 관찰하였다. 곧 소수민족 지역의 지하자원이 자원 개발의 첨병 도시인 난주로 이동하는 시스템을 현지에서 확인한 셈이다.

중국 지배의 선악을 떠나 변경 지역에서 중국 체제가 실제로 어떻게 작동하고 있는가에 대해서 여행자들은 눈에 보이는 사실대로 묘사한다. 중국의 지배로 인해 티베트의 순수성이 사라졌다고 하지만, 그곳을 여행하기 위해서는 여행사·숙식·교통편·가이드·쇼핑뿐만 아니라 관광의 핵심인 여행지조차 한족이 짜놓은 시스템에 의존하지 않을 수 없다. 중국에서의 여행이란 여하튼 중국의 지배 현실을 받아들이는 것을 전제로 하여 진행되기 때문이다.

아무리 티베트에서 중국 지배의 어두운 측면을 비판하고 외면하려고 해도 그 현실체조차 비켜 갈 수는 없다. 라싸 관광의 꽃이라고 불리는 포탈라궁은 1961년에 중국 국무원이 '전국중점문물보호단위'로 지정하고 1986년 이후 대외에 개방된 이래, 적어도 250여 년 동안 수행해 왔던 종교적 기능을 상실한 채 관광객들의 구경거리로 전락하였다. 더구나 라싸에 들어가기 위해서는 여행 허가서가 필요하기 때문에 이에 필요한 비용을 들이고 공안으로부터의 허가를 얻기 위해서는 중국인 가이드의 도움이 필수적이다. 티베트인 가이드라고 해서 믿을 수 있는 것도 아니다. 신상환은 이 티베트 가이드에게 속아 돈만 떼이고 말자 결국 그를 '개만도 못한 가이드'라고 힐난하지만, 이것이 엄연한 현실이다.

이미 허세욱이 지적한 것처럼 신장이나 티베트의 주요 도시나 관광지에 가면 현지의 소수민족보다 한족이 더 많은 것도 현실이다. 라싸의 경우만 해도 라싸 시 전체 구역 내의 티베트족과 한족의 비율은 2000년을 기준으로 총인구 48만여 명 중 82퍼센트 대 17퍼센트이지만, 그보다 좁은 시 지구에서는 63퍼센트 대 34퍼센트일 정도로 한족 인구의 비율이 높다. 더구나 시내 중심부로 눈을 돌리면 그보다 더 중국화되어 있기 때문에 그곳에서 티베트 고유의 문화를 만나는 일도 사실상 쉽지 않다. 예컨대 라싸의 공가 공항은 중국 정부에서 대대적으로 투자하여 대규모의 외국인과 중국인을 맞이할 채비를 끝냈으며, 당연히 중국 관광객, 사업가로 붐비게 되었고 시내에는 중국 상점과 그곳에서 밝히는 네온사인, 중국 음식점 등으로 티베트 본연의 모습은 보기 힘들어졌다.

1990년대 초에 몽골·신장·티베트 등 변경을 한 달 이상 여행하였던 임세권도 중국 지배의 현실을 사실 그대로 전하고 있다. 곧 소수민족 자치구에서 만나는 '중국인'은 대부분 한족이며, 특히 우루무치 시내 한복판에서조차 토착민은 보기 힘들다는 것이다. 이들은 대부분 시 중심지가 아니라 변두리에 내몰려 살고 있었다. 이들에게 '한족이 당신들에게는 침략자라는 사실을 어떻게 생각하는가'라고 물었을 때, 위구르인들은 "역사 속에서 침략자였고, 현재도 두 민족이 대등하지 않다. 그러나 이런 생각을 하는 사람도 줄어들고 있고, 젊은이들은 과거의 민족 투쟁을 잘 알지 못하는" 상황에 처해 있는 현지인의 사정을 전한다.

중국의 관광 당국에서는 변경 관광의 특색을 다민족문화를 볼 수 있는 곳이라고 자랑삼아 말하지만, 그 역시 보여 주기 위한 다민족문화이지 생활 차원에서의 다민족문화란 존재하기 어렵다. 우리가 관광할 수 있는 유목 지역도 이제 서서히 농경사회로, 다시 산업사회로 변화하고 있다. 김영종이 초원을 반문명의 상징이라고 설정을 해도 해마다 중국 정부가 각종 명목으로 초원을 농장화하거나 관광지화하는 데에는 어찌할 방법이 없다.

더구나 해당 변경 사회의 변화는 중국의 중앙정부나 이주한 중국인들에 의해서만 진행되는 것은 아니다. 그것은 티베트나 위구르의 역사 속에서 이미 진전된 것이기 때문이다. 김규현은 티베트 왕국이 몰락한 것은 티베트 불교 종파 사이의 갈등이 있었던 데다, 교계의 지도층이 이를 해결하기 위한 방법으로 원나라나 청나라에 의존한 것이 더 큰 요인이라고 지적하고 있다. 김호동 역시 19세기 후반기 이래 진행된 위구르 사회의 몰락 요인을 지도층의 내분과 외세 의존에서 찾고 있다. 그는 19세기 후반에 있었던 야쿱벡 이슬람 정권의 몰락을 청조와의 정면 대결이 아니라 외교력으로 정권을 유지하려 했던 정권 내부에서 찾고 있으며, 1949년의 중국 편입도 최고위 지도부의 의견이었음을 밝히고 있다. 김호동도 몽골족이 단일한 민족의 독립국가로 나아가지 못하고 내외 몽골로 분단된 원인도 따지고 보면 원나라 멸망 이후 끊임없었던 내분, 그에 따른 청조의 간섭과 지배, 그리고 20세기에 이어진 강대국의 냉엄한 이해관계 속에서 제대로 대처하지 못한 민족 내부의 무능력 등을 자세하게 설명하고 있다. 곧 몽골족 내부의 정치경제적 역량이 미흡하고, 외세의 간섭을 떨쳐 내지 못한 탓이 더 크다는 사실을 지적하고 있다. 따라서 인과 요소를 중시하면서 몽골·신장·티베트의 몰락 요인을 분석해 보면 중국의 팽창 못지않게 내부의 분열과 외세에의 의지라는 요소가 강하게 작용하고 있었던 것이다.

실제로 서역이나 티베트 지역을 여행하면서 이 지역의 과거를 정확하게 이해하고, 그에 근거하여 관찰 가능한 현재의 상황을 꿰뚫어 보는 일은 쉽지 않다. 실크로드상에 존재하고 있는 수많은 불교 유적을 발굴하고 조사하여 그 의미를 캐는 한편으로 중요한 동산 문화재나 현장에서 떼어난 벽화 등을 본국으로 가져갔던 탐험가들을 평가하는 일은 그래서 어렵다.

대체로 실크로드상의 문화유산 파괴에 대해 여행가들은 ① 자연현상, ② 이슬람교도들의 의도적 파괴, ③ 서구 탐험가들의 불법적이고 약탈적인 반출, ④ 문화대혁명 시기의 홍위병에 의한 파괴 등을 든다. 그러나 어느 요소가 더 강하게 작용했는가 하는 부분에 대해서는 의견이 분분하다.

일부 여행자들은 중국 당국이 폴 펠리오, 스벤 헤딘, 오렐 슈타인과 같은 서구의 탐험가들을 약탈자 혹은 악마라고 부른 데 대해 서슴지 않고 긍정한다. 정수일은 서양학자들이 가져간 벽화나 불상은 문명 파괴와 반달리즘에 다름 아니며, “자신들의 범죄행위를 감싸면서 사죄는커녕 편취해 간 유물마저 주인에게 돌려주지 않으려고 갖은 앙탈을 부리며, 그것은 편취한 장물”이라며 탐험대에 대해 증오감을 드러낸다. 물론 그는 문화유산의 파괴가 무슬림이나 홍위병에 의해 야기된 사실을 지적하긴 하지만 외국의 ‘악마’에 더 집중되어 있다. 허세욱도 베제클리크 벽화의 수난을 회상하면서 답사를 빙자한 외국인들이 마구 절취해 훼손되는 바람에 허탈과 울분을 금할 수 없다고 말한다.

반면에, 심형철은 베제클리크 천불동의 훼손 사유 중에서 가장 중요한 것으로 이슬람교도들의 고의적인 파손을 들고 있으며, 그 외에 자연 풍화와 서양인들에 의한 절취 등을 거론한다. 이에 대해서 김영현은 투루판의 천불동이 파괴된 이유 중 가장 중요한 것으로 그림과 조각의 눈을 모두 파버린 회교도의 행위를 지적하고 있으며, 박재동도 인물상을 인정하지 않는 이교도들이 우상파괴라는 명목으로 불교문화유산을 파괴한 데 대해 뜻을 같이 한다.

실크로드상의 불교 문화유산의 훼손 문제를 지역 내 종교 갈등이나 중화민족주의라는 시각에서 벗어나 이를 역사적으로 이 문제에 접근하는 여행기도 출현하고 있다. 김영종은 중앙아시아 탐험사를 실크로드학의 성립과 발전이라는 긴 과정 속에서 검토하고 있다. 19세기 후반기와 20세기 초의 탐험은 대체로 약탈적 방식과 과학적 방식으로 진행되었던 바, 오렐 슈타인이나 돈황의 막고굴에서 도사로 있던 왕원록이 이에 속한다. 이에 비해 러시아 탐험대는 과학적으로 진행되었는데, 그것은 클레멘츠가 그러했듯이 사진 촬영, 평면도 작성, 명문의 탁본, 고사본과 고기물의 표본을 수집하거나, 올덴부르크팀처럼 장소 중시, 사진 촬영, 스케치, 측량 등 오직 고고학적 방법과 목적을 위해 조사한 사실을 지적하고 있다. 박재동도 펠리오나 스타인과 같은 고고학자에게 헐값으로 유물을 팔았다고 비난받는 왕도사도, 실제 그가 받은 돈을 돈황 석굴의 보수에 썼으며, 발굴팀 역시 중국 측에서 보면 약탈자였을지라도 이교도의 석굴 훼손을 방지하고 그 중요성을 세계에 알렸다는 사실 때문에 좀 더 냉정하게 볼 필요가 있다는 제언을 하고 있다.

중국의 최근 연구에서도 초기 탐험가들을 종래와는 다른 각도로 접근하고 있다. 중국학자 전위강(田衛疆)에 따르면, 스웨덴의 스벤 헤딘 탐험대, 영국의 오렐 슈타인 탐험대, 일본의 오오타니(大谷) 탐험대, 그리고 독일의 그룬베델(A. Grunwedel)과 르콕(Le Cog) 탐험대 등 초기의 '고고 탐험대'를 단순한 약탈자로 묘사하지 않고, 청 왕조 때부터 본격적으로 시작된 신장 탐험의 연속선상에서 파악하고 있다. 그리고 이들의 탐험 성과가 이후 중국 문화계를 각성시켜 서북의 과학 및 고고 사업에 뛰어든 황문필(黃文弼, 1893~1966)과 같은 과학자를 배출할 수 있었다고 본다. 황문필은 1920년대 후반부터 1930년대 초에 스벤 헤딘이 단장을 맡았던 서북고찰단에 다섯 명의 중국학자 중 한 사람으로 참가하였으며, 그의 고고학적 성과는 이후 신장 지역 고고 사업의 기초를 닦았다고 평가받고 있다. 곧 구미인의 탐험을 실크로드학의 성립 과정과 중국 고고학계에 미친 영향이라고 하는 장기적 역사 속에서 검토하고 있는 것이다. 그 점에서 냉정하고 분석적인 김영종의 시선은 값지다 할 수 있다.

4. 맺으면서

이상에서 나는 한중 수교 이후 한국인들이 만주·내몽골·신장·티베트 등 중국의 변경 지대를 여행한 기록을 중심으로 그것이 갖는 인식 체계를 알타이문화 벨트로서의 변경과 중국의 변경 지배에 대한 인식 등으로 범주화하여 분석해 보았다.

우선 지적할 수 있는 것은 해당 지역을 여행하면서 남긴 기록들이 당지의 역사와 문화유산, 현지인들의 생활 방식과 변화, 중국 지배의 상황과 그에 대한 현지인의 인식 등을 구체적이고 자세하게 전해 주고 있다는 점에서 정보로서의 가치가 매우 높다고 할 수 있다. 한국인들의 중국 변경 여행은 혜초 이래 간혹 있었으나, 서처럼 짧은 기간 동안에 대규모로 진행된 사례는 역사상 없었기 때문이다.

또한 한국인 여행기의 큰 특징은 한국인의 정체성을 강하게 드러낸다는 점이다. 먼저 지적할 수 있는 부분은 중국의 변경 지대에서 발전한 문명이 한국의 역사나 문화와 어떻게 연계되어 있는가에 많은 관심을 보여 주고 있다는 점이다. 만주 지역에서는 만주의 문화유산보다는 고구려나 조선 시대의 사절이 남긴 한국적 자취를 찾으며, 실크로드 지역을 비롯한 유목 사회에서는 그곳에서 발전한 문명과 한국 문명과의 역사적 관계, 그리고 이곳을 중심으로 활약했던 조상들의 업적이나 자취에 이목을 집중한다.

정체성과 관련된 또 다른 특징은 종교 간의 차별성이 눈에 띄게 현저하다는 사실이다. 한국인에게 정서적으로나 종교적으로 친숙한 불교문화에 대해서는 많은 관심과 깊은 이해를 보여 주지만, 이슬람의 종교적 특색이나 그들의 역사 세계 등에 대해서는 그렇지 못하다. 이런 특징은 실크로드상의 불교 유적이나 티베트 불교 사원 순례에서 현저히 드러난다.

한국의 여행자들은 또한 변경 지대의 자연경관이나 삶의 양상을 순수한 자연이라든가 반문명적 일상이라고 인식하였는데, 이는 한국 사회의 반생태적 발전과 피곤한 삶과 비교한 데서 나타난 결과였다. 이 점에서 변경 지역에 전파된 중국 문명은 그 순수성을 파괴하는 오염자였다. 그런 까닭에 여행기는 한국 사회 내부의 모순을 드러내면서 성찰하는 일종의 고백록과 같은 성향을 띠고 있었다. 한편 순수한 티베트와 이를 오염시킨 중국 문명이라는 대비는 한국인에게만 독특한 것이 아니라 오히려 근대기의 유럽인들이 발전시킨 티베트관이었다는 점에서, 오리엔탈리즘적 성향을 띠고 있다고 하겠다.

이런 점들을 종합해 보면, 여행기에 드러난 한국적 정체성은 여행의 거의 모든 분야에서 상당히 강하게 나타난다. 한국 문화와의 관계, 한국인의 활동, 불교에 대한 관심 등은 한국적 정체성을 중국의 변방으로 확장하는 작업이라고 할 수 있다. 반면에, 순수한 자연과 현지 인간에 대한 친근한 태도 등은 한국적 정체성을 반성하는 작업이라고 할 수 있다.

이와는 달리 현실 세계를 있는 그대로 보려는 여행기도 점차 늘어나고 있으며, 그것은 현실적으로 중국의 지배에 따른 변화와 연계되어 있었다. 이런 유형의 여행기에는 물론 중국인이 오랫동안 발전시켜 온 화이론적 관점도 포함시킬 수 있겠으나, 이러한 시각에서 기술한 글은 소수였다.

그렇다고 하더라도 한국의 여행자들은 결국 중국인들이 기획한 여행 공간과 그들이 만들어놓은 여행 시스템에 의해 움직이고 있다는 구조적 조건에서 자유롭지 않다. 따라서 독자적인 여행 네트워크를 형성하기 어려운 편이다. 하지만 일부에서는 유목 사회를 동서로 횡단하는 알타이문화 벨트를 연결해 보려는 시도를 하고 있다. 이렇게 보면 중국의 변경 여행은 중국인들의 화이론적 변경관과는 다른 한국형 변경관을 구축해 가는 단계라고 말할 수 있다.

27장

최근 한국의 '동아시아론'에 대한 비판적 검토*

박상수

1. 서론

넓게 잡아 약 20년 만에 '한국발' '동아시아'가 세력을 떨치고 있다. 이제 '동아시아'를 말하는 사람들은 민간의 일부 학자나 정부 관료에만 국한되지 않는다. '동아시아'는 실재(reality)를 넘어 실재를 규정하는 재현(representation)으로서의 '담론'(discourse)의 지위[1] 를 구축하기에 이르렀다.

'동아시아' 담론의 스펙트럼은 넓고도 현란하다. 국민(민족)국가 단위의 자국 중심 사고가 초래한 대립과 분쟁을 동아시아가 해결해 줄 것으로 보는가 하면, 서구적 근대에 대한 '탈근대적 대안'을 동아시아에서 찾기도 하며, 자본주의 세계화에 맞서는 유력한 수단을 동아시아 공동체가 제공해 줄 것으로 기대하기도 한다. 최소한 일군의 사람들은 생기 없는 세계경제에 활력을 불

* 이 글은 『아세아연구』 2010년 봄호에 실린 필자의 논문을 본서의 체제에 맞게 재편집한 것이다.
1_'담론 권력'이라고 불러도 좋을 것이다.

어넣어 줄 희망으로 동아시아를 생각한다. 이제 '동아시아'는 근대 이래 인류가 해결해야 할 난마(亂麻)와 같은 역사적 과제들을 일거에 해결해 줄 쾌도(快刀)이며, 암혼(暗混)한 인류의 미래를 이끌 새로운 '문명'의 등불인 듯하다.

'동아시아'를 통해 말하고자 하는 바가 이처럼 넓고도 큰 만큼 담론의 형성과 전개 과정에서 비판과 대응, 오해와 성찰, 변전(變轉)과 진화가 관찰된다. 이 글은 '(동)아시아' 출현의 맥락을 추적해 보고, 다양한 담론 지형을 가능한 한 축약하여 살핀 후,[2] 담론이 내포하고 있는 몇몇 인식론적 오구(誤區)를 비판적으로 검토한다. 그리고 앞으로의 연구가 동아시아라는 '초국가적 공간'에서 발생했고, 또 발생해 가고 있는 다양한 현상과 움직임들에 더욱 주의를 기울일 것을 제언한다.

2. 근대의 '(동)아시아'

'아시아', '동아시아' 등은 단순히 방위와 인접성에 기초한 지리적 개념인 것만은 아니다. 그것은 비교적 가까운 과거에 형성된 역사적·정치적 개념이다. (동)아시아가 고유의 속성 혹은 동질성을 갖는 하나의 실체로서 사고되기 시작한 것은 19세기 유럽 제국주의에 의해서였다. '표준 시간'을 장악한 유럽 제국주의는 유럽 중심의 역사적 목적론(teleology) 속에서 아시아 개념을 세웠고, 거기서 아시아는 유럽의 개화·우등·근대·이성·역동에 대비된 미개·열등·전통·정실·정체의 이미지로 주변화되었다.

2_'동아시아'를 논한 글이 많은 만큼 이를 검토한 글도 다양하다. 대표적인 것으로는 장인성 2005; 박명규 2005; 이욱연 2007; 임우경 2007; 고성빈 2007; 이정훈 2007; 박승우 2008; 류준필 2009 등 참조.

이러한 유럽인의 오리엔탈리즘(사이드 2007)은 아시아인에도 공명을 일으켰다. 서구의 타자로서 정치적으로 조작된 '(동)아시아'가 아시아인의 이른바 전도된 오리엔탈리즘('역오리엔탈리즘' orientalism in reverse)을 통해 동아시아인에게 내면화되었던 것이다. 아리프 딜릭(Arif Dirlik) 교수가 날카롭게 지적하고 있듯이, 아시아가 "자율적인 존재로서 스스로를 주장하고 있는 것 같은 순간에도 서구는 적극적으로 관여하거나 또한 직접 관여함이 없이 아시아의 자아 발견에 상당한 부분을 이루게 되"었던 것이다.

20세기 전환기 (동)아시아 각국에서 제기된 아시아 연대론은 주로 인종적 견지에서 (동)아시아에 대한 사고를 강화시켰지만 서구의 오리엔탈리즘을 벗어나지 못했다. 예컨대 후쿠자와 유키치(福澤諭吉)는 '탈아론'(脫亞論)을 발표하기 전 '동양연대론'을 주장하였는데, 이는 유색인종이면 누구나 연대하여 서구 열강과 맞설 수 있다고 인식한 것은 아니었다고 해도(그는 이웃 나라의 혁신을 전제로 한 연대를 구상했다), 연대감과 확장욕의 역설을 포함하는, 서구 열강에 대한 강한 저항 의식 속에 동양을 구상했다. 오카쿠라 텐신(岡倉天心)은 '아시아 일체론'에서 서양 문명에 대항하는 '동양의 이상'을 통해 아시아주의를 구상하고, 하나된 아시아가 제3의 문명을 제시해야 한다고 주장했다. 쑨원(孫文)은 중국과 일본이 제휴하여 서양의 패도(覇道) 문화에 대항하여 동양의 왕도(王道) 문화를 수호하자는 '대아시아주의'를 제창했다. 한국의 안중근도 '동양평화론'에서 20세기 전환기의 정세를 인종 간의 대립과 충돌로 파악하고 동양적 연대만이 활로임을 주장했다. 이러한 세기 전환기의 아시아 연대론은 서구에 대한 대항 담론으로서 실천적 의미를 갖는 것이었지만 서구에 의해 타자화된 '아시아'라는 사유 구조를 깨고 새로운 아시아를 재구성하기는커녕, 오히려 내면화된 오리엔탈리즘을 통해 서구가 마련한 진화론적 약육강식의 논리 속에서 아시아를 사고했다.

1930~40년대 일본이 차례로 내세운 '동아(신질서·연맹)'와 '대동아(공영권)' 등은 위의 아시아 연대론의 서구에 대한 저항 담론에 더해 아시아 역내 국가

에 대한 침략의 논리로 등장했다. 왕도·덕치·예·충 등의 유교 윤리와 종족적·문화적 동질성을 강조한 동종동문(同種同文)의 담론들을 동원한 동아시아 만들기는 일본의 '지도'를 빼고는 성립할 수 없었다. 이 지점에서 '동아시아'는 서양에 대한 저항적 실천 담론으로서의 사명을 다하고 한 국민(민족)국가의 국내적 억압과 국외적 팽창을 정당화하는 지배 이데올로기로 전락하고 말았다. 요컨대, '(동)아시아'는 20세기 중반까지 근대 유럽 제국주의의 아시아 침략이라는 역사적 조건 속에서 창안된(invention) 후 동아시아인에게 내면화되고, 또 다른 침략으로 활용된 정치적 개념이었다.[3]

동아의 맹주를 자처한 일본의 패전에 따라 '동아시아'에 대한 사고는 자취를 감추었다. 전후 대부분의 동아시아 국가들이 국민국가의 건설을 위한 민족주의에 매달리면서 국민국가 단위의 사고가 비등했다. 냉전이 강요한 '진영'에 따른 양분된 편가르기도 '동아시아'를 사고하기 어렵게 만들었다. 기껏해야 동아시아는 세계적 냉전 질서 속의 하위 지역으로 언급될 뿐이었다.

그러나 세기말 냉전 구조의 해체는 동아시아 역내의 국가 간 적대감을 넘어 우선 물류(物流)와 인류(人流)로부터 시작되는 여러 민간 교류를 가능케 했고, 마침내 한·중 수교(1992) 등 정치적 관계 개선으로까지 이어졌다. '동아시아'는 냉전으로 쪼개진 지역이 아니라 다시 새롭게 상상될 조건이 마련되었던 것이다. 이제 새로운 '동아시아'를 본격적으로 모색하는 사람들이 등장하기 시작했다.

3_한 연구자는 '동아시아'는 오리엔탈리즘이라는 원죄를 갖고 탄생한 '심상 지리'라고 표현한 바 있다(강상중 1997).

3. 한국발 '동아시아'론

1) '동아시아론' 출현의 맥락

근대 이래의 '(동)아시아'가 타율적으로 기획되고 수동적으로 수용된 것이라면, 세기말에 '귀환'한(백영서 2000b) 동아시아 담론은 분명 "주체적으로", "자율적이며 능동적"으로 '상상'되고 있을 뿐만 아니라, 고유의 한국적 맥락을 통해 등장했다. 21세기로의 전환기 한국 사회의 논의 구조를 뒤덮고 있는 소위 '동아시아론'이 20세기 전환기의 '아시아 연대론'이나 1930~40년대 일본의 '대동아공영권'과 마찬가지로 동아시아의 평화와 공영을 표방하고 있다고 해도, 한국발 동아시아론은 한반도를 둘러싼 내외적 상황의 변화, 특히 1980년대 후반을 계기로 급전한 한국 내의 정치·경제·사회적 변화라는 맥락을 떠나서는 설명되기 어렵다.

동아시아론은 사실 1970~80년대 한국 사회 변혁운동의 흐름[4]을 이은 것이었다. 주지하듯이 1970~80년대 변혁운동의 지향점은 민족주의와 민주주의라는 '근대(화)' 과제의 한반도 공간에서의 실현이었고, 이는 반(反)자본주의 노동해방운동 등 사회주의적 변혁운동과 공존했다. 이러한 변혁운동이 변화를 요구받게 된 것은 1980년대 말 이래 세계적 수준에서의 질서 재편에 의해서였다. 현실 사회주의의 몰락, 냉전의 종식, 동아시아의 경제적 도약과 역내 질서의 재편 등 새로운 정치·경제적 변화가 가시화되기 시작했던 것이다. 탈근대 담론이 한국 지식계에 유행처럼 번진 것은 이러한 세계 질서의 재편과 밀접히 연관된 것이었다.

4_"민족민주운동 진영"(백영서 2000a, 73).

그 무렵 한국은 대통령 직선제의 실시 등 '절차적 민주주의'의 도입("민주화"), 비약적 자본주의 경제 발전("네 마리 용") 등 근대화의 과제에서 주목할 만한 성과를 내고 있었다. 여전히 남은 문제는 한반도 분단이었다. 한반도의 분단과 대립의 지속은 내외의 변화에 대한 한국의 능동적 대응을 가로막는 질곡이었다. 한반도 통일을 통한 근대 민족주의적 과제(민족국가의 건설)가 여전히 미해결인 채로 남아 있었던 것이다.

이 시점에서 한반도 통일 문제의 해결에 고심하면서도, 한반도를 넘어 '동아시아'를 본격적으로 기획하기 시작한 것이 '창비' 그룹이었다.[5] 최원식 교수가 선두에 서서 새롭게 전개되는 세계적 변화를 이끌 '동아시아적 시각'의 구축을 주장하고 나섰다. 그는 동아시아의 비약적 발전과 아울러 냉전의 해체가 몰고 올 미국 주도의 세계 질서, 그것이 초래할 한반도에 대한 악영향(북한에 대한 압박과 한반도 긴장의 격화, 통일의 전망을 어렵게 하는 것 등)을 우려했다.[6]

이렇게 '한국발' 동아시아론은 한반도 통일 문제를 끌어안고 전개되었다. 특히 창비를 주도하던 백낙청 교수의 강한 영향 아래 창비 그룹은 통일 문제의 해결을 위한 동아시아 탐구라는 고유의 방향성을 견지했다. 논의의 핵심은 동아시아를 '서구 자본주의 대결의 장'으로 보고, 그 모순의 결과가 한반도의 분단을 초래했을 뿐만 아니라 여전히 통일을 막고 있기 때문에 동아시아 문제의 해결이 곧 한반도 문제의 해결을 용이하게 만든다는 사고였다. 달리 말하면, 창비 그룹은 한반도 분단을 한반도의 민족문제에 국한되지 않는, 세계 체제 및 동아시아 대립과 갈등의 결절점으로 인식했던 것이다. 그러한 차원에서 1990년대 한국에서 전개되기 시작한 동아시아론은 1980년대까지의 (사회주의 운동을 포함한) 한국 사회의 변혁운동이 격변하는 상황에 새롭게 적

5_『창작과 비평』, 1993년 기획 특집호를 보라.

6_최원식은 '동아시아적 시각'이 "지난한 한반도의 통일운동과 깊숙이 맞물려 있다"고 강조했다(최원식 1993). 창비 그룹의 분단체제론과 동아시아적 시각의 관계에 대해서는 류준필 2009 참조.

응한 것이었다.

그 후 동아시아론은 진화를 거듭하면서 다양한 층위의 논자들이 동아시아에 매달렸다(후술). 인문학과 사회과학을 넘어 정부 기구와 민간(시민)단체에 이르기까지 '동아시아'에 대한 상이한 접근들이 논의의 지평을 넓혀 갔다. 그러한 와중에 가치·문화·정체성 등을 내용으로 하는 '동아시아성'에 대한 회의, 동아시아 역내 국가 간 협력의 한계에 대한 인식, 동아시아 담론이 갖는 중심주의, 탈역사주의, 추상성, 관념성 등을 비판하는 글들이 쏟아져 나왔다. '동아시아' 담론은 공허한 언어의 유희처럼 여겨지기도 했다.

그러나 가속화된 미국 주도의 세계화 추세와 이에 대응한 지역주의 대두 속에서 동아시아론은 자양분을 취할 수 있었다. 특히 21세기로의 전환기 동아시아에 몰아닥친 경제 위기는 자본주의의 세계화에 대한 지역적 대응의 필요성을 더욱 절감하게 만들었다. 괄목할 만한 유럽연합(EU)의 행보는 동아시아 '지역 협력'의 필요성과 지역 정체성 창조의 가능성에 대한 기대를 제고시켰다. 또한 동아시아 역내 국가 간의 영토 분쟁, 역사 갈등, 민족주의 조류의 새로운 대두 등은 '하나의 동아시아'에 대한 심각한 회의를 불러왔지만, 그러한 대립과 갈등은 국민국가 단위를 넘어 '동아시아'로 접근할 때만이 해결 가능하다는 주장을 강화시키는 계기로 작용하기도 했다. 21세기 첫 10년이 지나면서 '동아시아'는 더욱 유력한 '담론'의 지위에 서게 되었다.

2) 담론의 지형

'동아시아'에 대한 새로운 모색이 시작된 지 약 20년의 시간 속에 많은 입론들이 전개되어 왔다. 인문-사회과학계의 많은 연구자들이 동아시아에 매달려 왔고, 정부는 정부대로 동아시아 질서 재편에 대응하기 위해 고심하고 있으며, 시민단체들은 아래로부터의 민간 연대를 실천하고 있다. 이하에서는 이처럼 각계에서 논의되고 있는 '동아시아' 담론들을 세 가지로 대별하여 살펴본다. 물론 담론의 지형은 서로 구획되면서도 전체적 국면은 교직(交織)되어 있다.

(1) 동아시아 대안 문명론

동아시아 문명론은 전술한 바와 같이 1980년대 말 이래 사회주의권의 몰락, 냉전 체제의 해체, 미국 주도의 자본주의 세계화라는 세계 질서의 급격한 변화 앞에서 동아시아를, 서구 문명을 대신할 대안적 문명으로 접근하는 입론이다. 1990년대 초 '동아시아'를 본격적으로 거론하기 시작한 백낙청 교수는 동아시아의 '문명적 유산'에 주목하고, 이를 동원하여 자본주의 문명을 대신할 '대안 문명'을 동아시아에서 발견하고자 했으며, 이를 통해 '새로운 전지구적 문명'을 건설할 필요가 있다고 주장하였다.

한편, 문명론은 서양 중심의 근대를 넘어서고자 하는 '근대 극복'의 과제를 동아시아를 통해 달성하고자 했다. 최원식 교수는 동아시아에 대한 주목이 "서구적 근대의 진정한 대안을 모색하는 작업"임을 천명하면서 종래의 일국주의를 넘어 "새로운 세계 형성의 원리"로서 동아시아적 시각이 필요함을 피력했다. 그는 최근까지도 그가 말하는 세계 형성의 원리가 백낙청 교수의 동아시아의 '문명적 유산'과 마찬가지로 "아시아의 전통적 지혜" 또는 "아시아의 전통에서 나올 수 있다"고 보았다.[7] 백영서 교수도 "전 지구적 자본의 획일화 논리에 저항하는 커다란 과제를 실현할 거점"으로서 동아시아에 주목했다. 다만, 그는 동아시아가 한 지역임을 확인하듯, 동아시아를 "일국적 시각과 세계 체제적 시각의 매개항"으로 삼는 단계적 시각을 보인다.

궁극적으로 문명론으로서의 동아시아 담론은 자본주의도 사회주의도 아

7_그가 말하는 아시아 전통의 핵심은 유교 [儒學]인 것으로 보인다(최원식 1993, 99; 2009, 211). 또한 백낙청 1995 참조.

닌 제3의 문명을 통해 근대를 극복하고, 새로운 제3의 체제를 동아시아로부터 '발견'할 수 있다는 주장으로 정리될 수 있을 것이다. 이러한 문명론은 아시아 공동의 유산과 전통 그리고 공통의 가치에 주목하는 동아시아 정체성에 대한 탐구를 자극했다.

(2) 동아시아 정체성론

고유의 '동아시아적인 것'에 주목하는 동아시아 정체성론은 위에서 살펴본 문명론의 연장선상에 있다. 다만 정체성론은 문명론처럼 서구 (근대 자본주의) 문명에 대해 대안을 찾는 '거대 담론'이라기보다는 이로부터 일정한 거리를 두면서 구체적으로 (동)아시아적 가치·문화·일체감을 포함한 어떤 '동아시아성'이 존재한다고 믿고 이를 발견해 냄으로써 '동아시아를 하나'로 사고하는 데 논의를 집중한다.[8]

'아시아적 가치'에 대한 주목은 동아시아의 경제 발전 모델(Asian development model)의 제기와 밀접히 관련된다. 즉, 1960년대 이래 동아시아(홍콩과 싱가포르 포함)의 눈부신 경제성장이 독특한 경영구조 및 경제정책 등 '제도적' 측면 이외에도 고유한 '문화'적 요소에 힘입었다고 보는 주장이 제기되었던 것이다. 문화적 요소 가운데서도 논자들은 아시아 고유의 공동체 의식, 권위주의, 근면·검약의 정신 등에 주목했다. 문화적 요소들은 1990년대 접어들면서 '아시아적 가치'라는 용어로 집약되었다. 가치에 대한 논의는 곧 경제 발전을 이룬 동아시아 국가들이 유교 문화의 영향을 받았다는 공통점에 주목하게 만들었고, 이는 쉽게 경제적 성공의 원인을 유교로부터 설명하고자 하는 경향을 낳았다. 이른바 '유교 자본주의론'이 그것이다. 유교 자본주의론은, 전술

8_이 정체성론은 동아시아 문명론의 연장선상에 있을 뿐만 아니라, 후술하는 동아시아 공동체론의 이론적 근거가 되기도 한다. 또한 정체성론은 논의의 수준을 서구 근대 자본주의에 대한 '대안의 제시'로까지 끌어 올리지 않는다.

한 문명론이 동아시아에서 서구 근대 문명 극복의 근거를 찾았던 것과 달리, 동아시아 유교가 서구 자본주의 위기에 활력을 줄 보완물로 보는 데 그 특징이 있다고 할 것이다.

유교 자본주의론은 1997년 동남아시아를 진원지로 하는 아시아 경제 위기와 함께 후퇴했다. 그러나 전술한 바와 같이 아시아 경제 위기 이래 자본주의 세계화에 맞서 지역 차원에서 대응하고자 하는 지역주의 사고는 더욱 강화되었고, 그로부터 '정체성'에 근거하여 (동)아시아 '지역'을 구상하고자 하는 노력은 지속되었다. '유교 자본주의론'은 거의 수명을 다했지만, '유교 문화'를 통해 동아시아의 동질성을 설명하고자 하는 시도는 여전히 힘을 얻고 있다. 유교 이외에 아시아의 다른 가치와 문화를 발견하고자 하는 탐구도 일어났다. 아시아 공동 문어에 기반한 "한문(한자) 문명권", 동아시아 기층 사회의 도교, 남아시아 불교와 다른 '동아시아 불교권' 등에 대한 주목이 그것이다.

동아시아 정체성 담론들의 스펙트럼은 매우 넓지만, 인간의 삶의 양식으로서의 문화를 어떤 고정 불변의 것으로 간주하는 문화주의(culturalism)의 특징을 띤다. 문화주의는 문화와 가치가 역사적 문맥 속에서 끊임없이 변화를 거듭하고, 그 변화 과정에서 수많은 차이와 이질성이 생출된다는 사실을 홀시하거나 외면한다는 점에서 몰역사적이다.[9] 정체성 담론의 문화주의적 사고는 동아시아 문화의 동질성, 일체성, 단일한 배경(근원), 즉 동아시아의 문화적 통일체에 주목하지만, 역사 과정에서 형성되고 또 현존하는 차이와 이질성을 억압하는 경향이 있다.

(3) 동아시아 공동체론

동아시아 공동체론은 동아시아 지역통합 구상과 밀접히 관련된다. 이는

9_동아시아 문화의 이질성, 문화 교류의 장애들을 역사적으로 살핀 연구는 고병익 1993; 1996 참조.

국가 수준의 협력을 의미하는 지역주의(regionalism)와 아래로부터의 '민중적'(민간) 연대를 의미하는 지역화(regionalizaton)로 구분된다. 지역화가 분산적이고 비조직적으로 행해지고 있다면, 지역주의(regionalism)는 동아시아 역내 국가들의 위로부터의 경제, 정치-안보 협력의 필요성으로부터 제도적 차원에서 추진되고 있다. 여기서는 '세계화에 저항하면서도 세계화를 매개'하는 이중적 역할을 수행하는 지역주의의 동향에 주의해 보자.

1990년대 말의 경제 위기는 경제협력의 필요성과 함께 '경제공동체' 논의와 실천을 강화해 왔다. 그것은 기존의 민족국가 단위의 경쟁을 통한 경제성장 전략이 가속화되는 세계화의 바람 앞에 여전히 적절한 것인가라는 의문으로부터 출발했다고 볼 수 있다. 그러나 동아시아 경제통합의 바람은 현재까지도 상대적으로 경제 발전 수준이 낮은 아세안(ASEAN)이 추동하는 경향이 있고, 이에 한·중·일 3국이 개별적으로 연계하는 형태를 취하는 매우 낮은 단계에 머물고 있는 것이 사실이다. 그러나 경제공동체 담론은 경제통합이 아세안과 동북아의 공동체 형성을 위한 촉매·동력·엔진으로 인식한다. 경제통합이야말로 민족주의적 경쟁을 넘어 경제금융·정치안보·사회문화를 포괄하는 동아시아의 공동체적 연대를 모색하는 구조적 배경을 이룬다는 것이다.

정치-안보적 측면에서도 역내 국가들의 공조를 통해 특정 국가(가령, 중국과 일본)의 패권 지향을 견제하고 공동의 '안보공동체'를 구축하고자 하는 구상이 대두했다. 이는 냉전 체제의 해체 이후 가속화하는 세계화에 대응하기 위한 동아시아 역내의 공동안보의 필요성에 기인하는 것으로, 영토 분쟁, 해양 분쟁, 자원 경쟁, 초국가적 범죄, 국제 테러 등 제반 인간안보에 대한 위협에 공동으로 대처하기 위한 노력으로 평가될 수 있다. 한편, 일본의 여전한 패권 지향과 중국의 부상에 따라 동아시아의 안보협력의 미래가 낙관적인 것은 아니지만, 일본과 중국의 일탈이 초래할 위험을 견제하기 위한 '다자주의적 안보 질서'의 모색은 동아시아 안보공동체론자들의 주된 화두가 되고 있다.

이상이 경제, 정치-안보 차원의 공동체를 지향한 것이라면, 조금 늦게 제기되긴 했지만 '사회-문화 공동체'를 지향하는 지역협력도 모색되고 있다. 1999년 제3차 아세안+3(한·중·일)회의의 '동아시아 협력에 관한 공동성명'은 사회-문화 차원의 상호 이해의 증진과 협력의 필요성을 선언했다. 그 후 동아시아연구그룹(EASG, East Asian Study Group)은 사회문화 부문의 사업을 통해 역내 각 국가 간의 사회문화적 격차를 해소하고 동질성의 기반을 마련하는 것을 사업의 목표로 제시했다. 그러나 아세안과 한·중·일 3국 사이의 사회-경제적 발전 수준의 격차가 분명한 만큼 회원국 사이의 발언권과 활동의 여지 면에서 또 다른 격차를 만들어 가는 역설이 존재하고 있는 것도 사실이다. 채수홍 교수는 동아시아 사회문화공동체의 구성을 위해 "타자를 배제하고, 동화하고, 억압하지 않는다는 원칙을 지키면서, 평화공존 개방 평등의 비전을 실현하기 위한 민주적이고 사려 깊은 연성통합(soft integration)"을 강조한다. '동아시아'의 사회적 문화적 협력과 통합이 각 민족과 집단들의 다양성을 억압하는 기제로 작용해서는 안 된다는 것이다.

전체적으로 다른 담론 지형에 견주어 보면, 동아시아 지역주의 공동체 담론은 동아시아 만들기라는 '기획'의 속성이 매우 강하다. 앞의 담론들이 동아시아적인 것을 이끌어 내기 위해 공동의 역사적 경험, 유사한 전통, 문화적 유산과 가치 등에 근거하고자 한다면, 공동체 담론은 세계화와 세계적 차원의 지역주의 대두에 대응하기 위해 동아시아 지역주의가 필요하다는 현실적 이해를 내세운다. 요컨대, 공동체 담론은 공동체 형성의 당위적 필요성이 현실적 조건의 제약을 극복할 수 있다는, 또는 그것을 극복해야 한다는 전망을 제시한다.

4. 인식론적 검토

1) 모호한 '동아시아'

동아시아 담론이 내포한 비판 정신은 분명하다. 담론들은 모든 억압에 저항하고 인간 해방을 지향하는 평화와 공영의 '대안' 세계와 새로운 '공동체'를 제시하고 그를 위해 동아시아 '정체성'을 찾는 데 고심한다. 그러나 문제는 여전히 "왜 동아시아인가?"라는 의문이 남는다. 1990년대 초 동아시아론이 야심차게 닻을 올린 이래 많은 비판들이 제기되어 왔고, 동아시아론의 주창자들이 이에 대응 또는 그것을 수용하면서 담론이 진화하고 더욱 정밀화되는 과정을 거치고 있지만, 평화와 공영의 목표를 달성하는 데 '동아시아'여야만 하는 이유를 이해하기는 쉽지 않다. 논의는 풍부하되 어떠한 콘센서스도 도출하기 어렵고, 그것이 설득력 있게 다가오지 않는 데는 무엇보다도 담론이 갖고 있는 지나친 관념적 측면, 즉 현실성(백영서 교수의 표현을 빌자면, "일상생활 속의 민중의 실감")의 결여라는 문제가 있는 것으로 보인다.

위에서 살펴본 각 담론들은 동아시아를 발견·기획·구축하기 위한 노력을 경주하면서 저마다 어떠한 동아시아여야 하는가를 피력한다. 예컨대 최원식 교수는 한국발 동아시아론에 대해 그것이 "제대로 된 지평을 획득하기 위해서는 중화주의와 동양주의를 대신한다는 의식이 아니라 양자 사이에서 어떻게 균형을 잡는가가 문제다"라는 문제의식을 제시하고, 이를 위해 "기존의 중심주의를 비판하고 새로운 중심을 세우는 것이 아니라, 중심주의 자체를 철저히 해체함으로써 중심 바깥에, 아니 '중심'들 사이에 균형점을 조정하는 것이 핵심"임을 강조한다. 그리하여 "한국이 신판 중화주의와 신판 동양주의의 완충에서 중형국가(中型國家)로서 자기의 소임에 충실할 때 서구의 충격 앞에 오히려 자해적 분쟁과 갈등에 함몰했던 20세기를 진심으로 넘어설 가능성이 열릴 것"이라고 전망한다. 문제의식은 선명하되 '중심주의'와 그로부터 오는 '분쟁'을 극복하기 위한 '균형'과 '완충'을 누가 어떻게 이룰 것인가의 현실적 방안은 모호한 채로 남아 있다.

문명으로서의 (동)아시아를 구상하는 또 다른 연구자 백영서 교수는 "세계 자본주의 체제와 (그것의 작동을 원활하게 하는 주요 단위인) 국민국가의 중간 매개항인 동아시아의 역할을 또렷이 인식"하기 위해 '지적 실험으로서의 동아시아'라는 명제를 제기하고, "이 발상이 현실 속에서 추진력을 얻으려면 무엇보다도 동아시아인들의 일상생활에서 변화 가능성이 나타나야 한다", "지식인의 담론에 한정되지 않고 부국강병을 추구하는 국민국가에 흡입당한 '20세기형 문명'을 넘어서려는 문명론적 차원에서의 변화가 있어야 한다"고 역설한다. 그러나 그의 '실험'이 현실성을 갖기 위한 '동아시아인들의 일상생활에서의 변화', '문명론적 차원의 변화'가 어떻게 실현 가능한 것인지는 분명치 않다.

백원담 교수는 '문화 지역'으로서의 동아시아를 다음과 같이 설명한다. "우리가 상상하는 문화 지역화란 미국식 패권주의가 가상화한 문명의 충돌, 그 문화적 지역 블록의 추상이 아니다. 또 국가주의로의 전화 가능성을 담지한 중화 질서나 대동아 공영권에의 편입도 아니다. 그것은 다른 여타 국가의 희생을 전제로 하지 않은, 말하자면, 동남아시아 국가에 대한 또 다른 문화적 패권의 관철이 아닌 차이를 바탕으로 한 다원성의 공존, 진정한 평화와 상생이라는 지향을 분명히 하는 문화적 가치 생산, 문화 민주주의 참다운 실현 공간으로서의 동아시아의 문화공동체를 그리는 행복한 상상이다." 이 언급에도 동아시아 역내의 문화적 다원성의 공존·평화·상생이라는 목표 의식은 분명하되 동아시아의 '문화적 가치'를 어떻게 생산하고, '문화 민주주의'는 어떻게 실현될 수 있는지 현실적 문제에 대한 답은 거의 없다.

동아시아론이 갖는 현실과의 괴리 문제는 동아시아의 주요 성원인 중국에 대한 인식에서 가장 두드러진다. 흔히 '동아시아'의 평화를 위한 인식론적 전환을 위해 중국인의 '수평적 사고'의 필요성이 강조되곤 한다. 어떤 연구자는 중국의 동아시아적 시각의 결여를 비판하면서 그 원인을 중국 지식계의 강한 '국가주의'에서 찾기도 한다. 그러나 중국의 현실을 되짚어 보면 이러한 주장은 편면적이다.

첫째, 중국은 내부적 문화의 다양성과 외부적 국제 관계의 다자성이 존재한다. 즉, 중국은 내부적으로 다양한 에스닉 집단이 존재할 뿐만 아니라, 그 서부는 중앙아시아 범주에 속하면서 더 나아가 서아시아와 연계되어 있고, 서남부는 남아시아와도 밀접히 연관되어 있다. 중국의 이러한 조건이야 말로 중국 지식인의 시각이 국경의 동부, 즉 동아시아에 국한되지 않는 중요한 한 가지 이유이다.

둘째, 중국은 지리적 규모에서 '대국'이다. 쑨꺼가 지적한 대로 중국인이 중국을 아시아의 중심, 최소한 동아시아의 중심으로 여기는 것은 중국이라는 대국의 '지리적 실체성'에서 기원하는 것이다. '수평적 사고', '동아시아적 시각'을 주장하는 논의 가운데는 흔히 '한·중·일'식의 획일적인 사고 속에 중국을 단순히 하나의 국민국가로 간주하는 경향이 있다. 이는 동아시아 각국이 국민국가로서 평등한 지위를 갖는다는 근대 국민국가 체제의 이념에 비추어 보면 그릇된 것이 아니나, 오늘의 중국 관찰자에게 요청되는 것은 중국에 대한 '대항감'이 아니라 대국 중국의 실체를 이해하는 현실적 감각이다.

셋째, 동아시아론이 말하는 '문명', '전통', '문화적 유산'이 중국의 것인가, 동아시아의 것인가의 문제가 있다. 예컨대 최원식 교수가 제시한 '유학'(儒學)이란 것이 동아시아 몇몇 국가들에게 전파되고 창조적으로 변용되어 왔다는 점은 주지하는 바와 같다. 그러한 견지에서 유학 또는 유교로부터 동아시아적 인 것 혹은 동아시아 전통을 발견해 낸다는 주장은 성립 가능하다. 다만, 중국인들이 유학(교)을 동아시아보다는 중국의 것으로 간주하는 것을 어떻게 보아야 할까? 그것을 단순히 중국 중심주의에 빠진 편협한 것이므로 극복되어야 할 것이라고 말하면 족할 것인가? 동아시아의 많은 사상·제도·문물이 중국으로부터 전파되어 나온 것이고 그러한 차원에서 동아시아 문명이 중국 문명과 다를 바 없다고 보는 사람들의 시각을 근거 없는 중화주의 소산으로 치부해야 할 것인가?

동아시아론은 중심과 주변, 우(優)와 열(劣)의 경계에 대한 부정, '주변으로부터 보는 시각'을 통해 평화와 공영의 세계를 구상하지만, 경계와 중심에 대한 단순한 부정은 그것에 대한 강조만큼이나 문제에 대한 진정한 이해와 해결에 장애가 될 수 있다. '동아시아'를 말하는 많은 주장들은 더 이상의 정제된 표현을 찾기 힘들 만큼 신중하고 정밀한 언어들을 선택하고 있지만, 그렇게 구상된 '동아시아'가 현실의 조건을 얼마나 반영하고 있는지, 또 어떻게 실현될 수 있는지 그 가능성과 현실성에 관해서는 설득력 있는 답을 찾아 보기 어렵다. '동아시아'는 오늘의 현실을 출발점으로 할 때, 즉 오늘의 문제를 구체적으로 설명할 수 있을 때 비로소 유의미한 담론이 될 수 있을 것이다. 비판 정신이 현실과 괴리될 때 우리는 그것을 공허한 '선언'이라고 말하고, 그것이 그리는 이상을 캉 유웨이(康有爲)식의 '대동'과 같은 유토피아라고 부르게 되는 것이다.

2) 몇몇 인식론적 오구(誤區)

동아시아 담론의 설득력이 부족한 것은 담론에 내장된 고유의 인식론적 측면의 문제로부터 비롯된 것이기도 하다. 서구 문명에 대한 새로운 대안, 탈국민국가, 근대의 극복, 동아시아 문화와 정체성 구축 등에 관한 담론들에는 공통적으로 몇 가지 인식론적 문제가 존재하는 것으로 보인다. 이하에서는 담론들의 전개 과정에서 간취되는 동아시아 인식(오리엔탈리즘), 탈근대 인식, 그리고 국민과 국가에 대한 인식의 문제를 검토해 보고자 한다.

(1) 오리엔탈리즘의 잔재

앞서 필자는 근대 '(동)아시아'의 등장 시점으로부터 그것이 서구식 오리엔탈리즘의 소산임을 언급했고, 서구에 대항한 아시아 담론들이 서구의 오리엔탈리즘을 내면화한 전도된 오리엔탈리즘임을 지적한 바 있다. 여러 논자들이 비판하고 있는 바대로 이 오리엔탈리즘의 지배적 영향은 오늘의 한국발 동아시아론에도 암류(暗流)하고 있음을 부정하기 어렵다.

오리엔탈리즘의 영향은 최근의 담론들을 약 1세기 전의 아시아 연대론과 비교할 때 분명히 드러난다. 박승우 교수는 최근의 동아시아론에서 과거와 같은 서구에 대한 모방과 추종이 아닌 일종의 "자신감과 호승지심(好勝之心)"에 근거한 '역오리엔탈리즘', '콤플렉스'를 발견하고 있지만, 이러한 역오리엔탈리즘의 경향이 오늘에 비로소 출현한 것은 아니었다.

오리엔탈리즘을 구성하는 요소는 다양하다. 앞서 언급한 바와 같이 미개·열등·전통·정체 등 '열등한 아시아'를 구성하는 많은 속성들이 거론된다. 그러나 주의해야 할 것은 이러한 아시아상이 대립항의 존재, 즉 타자로서의 서구와의 대비 없이는 성립할 수 없다는 점이다. 그러한 의미에서 오리엔탈리즘의 근저에는 서양을 대립물로 보는 동-서양의 이분법적 사유 구조가 현저하다.

오늘의 동아시아 문명론과 정체성론은 이러한 동-서양 이분법, 그리고 그 우열에 대한 논의에 충실하다는 점에서 오리엔탈리스트 담론이다. 여기에서는 동아시아 '문명'이나 '정체성'이 그 자체로서 논의되기보다는 서양 문명의 극복을 위해, 서양과 다른 것을 찾는 것을 통해 추구된다. 일찍이 '아시아 일체론'을 통해 아시아가 서구 문명이 제공하지 못한 '애'(愛)와 '미'(美)의 문명을 제공할 수 있다던 오카쿠라 텐신의 주장이 역사적 맥락을 넘어 오늘의 동아시아 '대안 문명' 담론과 겹쳐지는 것은 우연한 일이 아니다. 오카쿠라는 아시아 문명이 서양 문명에는 없는 궁극적 보편성을 향한 사랑을 추구하기 때문에 기술 수단에 사로잡힌 서양 문명을 훨씬 넘어선다고 보았다는 점에서 서구가 기획한 열등한 아시아상을 넘어서는 도전적인 것으로 보이지만, 기실 그것은 오리엔탈리즘의 범주를 넘지 못했다. 쑨꺼가 잘 지적하고 있듯이, 오카쿠라의 '아시아 일체론'은 동-서양을 대립적 도식으로 바라보고, 서구 문명에 대한 지나친 단순화[10]에 기반하여 이미 확정된 개념으로 아시아를 파악하면서, 거기에 강렬한 이념을 불어넣은 오리엔탈리즘의 변종이었던 것이다.

동아시아에 서양과 다른 문명, 고유의 문화 전통이 존재할 수 있다. 그러나 그렇다고 해서 동아시아 문명과 전통으로부터 서구 문명을 대체할 제3의 문명을 건설한다거나 동아시아 문명이 21기형 문명으로서 서구 문명보다 더 적합하다는 주장이 성립할 근거는 없다. 딜릭이 지적했듯이 이제 "'서양'에 대해서 단순히 문화적 정체성을 주장하는 것은 더 이상 충분하지 않다. 이는 '서양'이 더 이상 뗄 수 없는 동아시아의 한 부분이 되었기 때문만이 아니라 그러한 주장들이 새로운 가면 아래에서 사회적 불의와 억압을 계속 연장하는 데 도움을 줄지 모르기 때문이다". 대립과 우열의 패러다임에선 '동아시아적 시각'보다는 '문명' 간의 대화를 모색하는 것이 더 적절하지 않겠는가?

(2) 근대 극복론의 문제

근대를 문제 삼는 것은 동아시아 담론의 또 다른 주된 화두이다. 이른바 '근대 극복'(overcoming modernity)은 '근대'가 초래한 착취·지배·독점·차별의 문제를 해소하고 정의롭고 평등한 공영의 세계를 지향한다. 민족주의·국가주의·제국주의·자본주의에 대한 비판적 사고가 근대 극복론의 핵심을 이룬다. 그런데 근대 극복에 왜 '동아시아적 시각'이 필요한 것일까? 그것은 위에서 열거한 문제들을 산생(産生)한 근대가 '서구적 근대'로 인식되었기 때문이다. 전술한 대로 최원식 교수는 '서구적 근대를 넘어설 새로운 세계 형성의 원

10_쑨꺼는 "아시아의 오리엔탈리즘은 기본적으로 서구 세계를 대립 상대로 설정한 것이 아니라 아시아에서 만들어 낸 '서구의 상(像)'을 자신의 대립물로 생각했다"고 지적한다(쑨꺼 2003, 61). 이렇게 만들어진 '서구의 상'을 우리는 흔히 옥시덴탈리즘(occidentalism)이라고 부른다.

리'를 동아시아가 제시할 수 있을 것으로 믿었다.

여기서 동아시아는 물신화되는 경향을 보인다. 국민국가의 억압성, 자본주의적 무자비한 경쟁, 민족주의의 침략성 등의 폐해를 '동아시아'가 해결할 수 있다는 사고가 경화되어 버렸던 것이다. 오늘날 동아시아가 경험적으로 서구와 다른 근대성을 말할 수 있게 되었다고는 하나, 동아시아의 근대성이 서구 근대성을 대체한다거나 그보다 우월하다고 쉽게 말할 수는 없을 것이다. 그러한 차원에서 동아시아론의 근대 극복론이 직접적으로 '동아시아적 근대성' 탐구에 매달렸던 것은 아니다. 다만, 동아시아론은 이슈에 따라 각개식으로 근대 극복을 주장해 왔다. 예컨대 근대 국민국가의 억압성을 아래로부터의 동아시아 '시민의 연대'로 극복할 수 있다고 전망하는가 하면, 단일국가를 넘어 "온갖 종류의 국가 결합의 형태"로서의 '복합국가'를 구상하기도 한다. 또 어떤 연구자는 '복합적 정치공동체'를 전망하면서 시민 세력의 활성화와 함께 국민국가의 경계와 권한의 약화를 상정한다.

이렇게 볼 때, '동아시아적 시각'이 말하는 근대 극복은 그 대상을 근대 그 자체에 두기보다는 근대의 부정적 측면, 특히 서구적 근대가 초래한 부정적 산물들을 선택적으로 보정하고자 하는 주장에 다름 아니다. '근대 극복'이 근대가 이루어 놓은 자본주의적 풍요(성취)·인권·민주·자유·과학의 정신 등에 대한 전면적 성찰을 기도한 것은 아닌 것으로 보인다. 근대가 구미의 여러 나라에서 본받을 만한 성취를 이루어 냈다는 점을 근대 극복론은 애써 외면하는 것은 아닐까? 동아시아론이 '국민 강제의 역사'로 점철된 국민국가를 아래로부터의 시민의 힘으로 극복한다고 주장하지만, 기억해야 할 것은 그 시민이야말로 근대 국민국가 아니고는 형성될 수 없었다는 사실이다.

동아시아 문맥에서 '미완의 근대'라는 현실도 근대 극복론이 넘어야 할 과제인 것은 분명하다. 이러한 현실 앞에 외부로부터의 비판과 내부로부터의 성찰을 통해 동아시론은 근대 극복을 전면에 내세우기보다는 '근대 적응과 근대 극복'의 '이중 과제론'으로 진화해 갔다. 백영서 교수는 이를 국민국가의 문제에 적용하여 '국민국가를 감당하면서도 그것을 극복'할 것을 역설하지만, 기실 이는 근대 극복론의 또 다른 포장이거나 후퇴, 또는 양자 사이의 어정쩡한 몸 추스르기로 보인다. '지향하면서 극복한다'는 것은 형식 논리상 성립 가능한 서술이지만, 사실 지향과 극복의 이중주가 현실과 맞닥뜨리면, 근대는 완성된 후에나 극복이 가능한 단계적 행정(行程)을 말하는 것에 다름 아니다. 동아시아론의 '근대 극복'은 '근대'가 인류 역사상 매우 의미 있는 경험과 성과를 이루어 냈다는 엄연한 사실을 어떻게든 끌어안지 않으면 안 될 것이다.

(3) 국민(Nation)인가, 국가(State)인가

동아시아론의 주된 타깃의 하나는 국민국가다. 동아시아론은 국민국가의 침략성·억압성(강제성)을 '동아시아'가 해결해 줄 것으로 전망한다. 동아시아론의 국민국가관을 들여다보기 위해서는 근대 이래 흔히 짝을 지어 관용화된 국민(민족, nation)과 국가(state)에 대한 분별적 사고가 요청된다.

국가(state)는 유사 이래 여러 형태로 존재해 왔으나, 근대에 이르러 비로소 민족국가(국민국가)가 되었음은 주지의 사실이다. 근대에 비로소 출현한 '민족 만들기' 과정에서 '민족 담론'을 누가 주도하느냐에 따라 '국가 민족주의'(state nationalism)와 '민간 민족주의'('민중적 민족주의', popular nationalism)가 경쟁을 거듭했다.[11] 예컨대 한국의 경우 1970~80년대 국가 독재와 민간의 '민족 (민주) 운동' 사이의 길항 관계가 그 전형이었다고 할 수 있을 것이다. 국가든 민간이든 '민족'은 지상 명제였고 민족을 위해 소수자는 억압되어야 할 존재로 본 것은 공통적이었지만, 국가 민족주의가 지배적 조류로서 압도적인 억압적 지위를 점하고 있었다. 따라서 1970~80년대의 '민족 민주 운동'의 흐

11_여기서 popular nationalism을 '민간 민족주의'라고 말한 것은 관방의 것(official)에 대한 대응 개념으로서이며, '민중적 민족주의'보다 더 넓은 외연을 갖는다. 중국의 경우에 관해서는 박상수(2005) 참조.

름을 계승한 1990년대 민간의 동아시아론이 탈근대 주장과 함께 내세웠던 국민국가 극복론은 국가에 의해 주도된 민족주의, 즉 국가 민족주의였다.

필자가 보기에 동아시아론의 국민국가 극복론이 '민족주의는 반역'(임지현 1999)이라는 주장에 쉽게 동조하지 않았던 것은, 그것이 '민중적 실감'을 고려했다기보다는 '민간 민족주의'를 승계하였기 때문이다. 이렇게 볼 때, 동아시아론이 부정해 마지않는 것은 '국민(민족)' 그 자체라기보다는 국민의 이름으로 행한 '국가'의 억압 행위("국민 강제의 역사")이다. 백영서 교수가 말하는 복합국가가 '국가의 형태'에 대한 성찰일 뿐 모든 형태의 민족주의에 대한 극복 노력으로 보이지 않는 이유가 여기에 있다. 복합국가가 '국민국가를 감당하면서도 그것을 극복'하기 위해서는 국가 이외에도 국민이 어떻게 일정한 '정치 공동체'의 성원으로서 재구성될 것인지를 전망할 필요가 있다.[12] 그렇게 될 때 동아시아론은 '민족주의의 보완' 혹은 '확장'이라는 혐의로부터 자유로울 수 있게 될 것이다.

5. 결어: 동아시아의 '초국가적 공간'

약 20년간의 동아시아 담론이 주는 교훈적 의미는 무엇일까? 여기서 쑨꺼가 '포스트 동아시아'를 언급하면서 여태까지의 동아시아론이 "모두 매우 애매한 전제 아래 끊임없이 누적되어 왔다"고 지적한 것을 상기할 필요가 있다. 그녀에 따르면, 이러한 애매성은 '아시아' 또는 '동아시아'가 어떠한 지리적 범

12_백영서 교수가 제시하는 '복합국가'나 중국 홍콩 대만을 통합하는 '연방제' 논의, 또는 '대중화권' 구상 등이 필자에게는 국가형태의 변형을 통한 '한민족', '중화 민족'의 수호와 확장으로 보이는 이유도 여기에 있다.

위를 갖는 것이고, 사상 과제로서 어떤 방향성을 갖는가의 문제를 해결하지 못한데서 연유한다.

오늘의 한국발 동아시아론의 주창자들이 '방법으로서의 아시아'를 논한 1960년대 일본의 다케우치 요시미(竹內好)에 주목하고 있지만, 다케우치는 '방법론'을 탐구하지도 '아시아적인 것'의 실체를 추구하지도 않았다. 그의 '방법'은 일본인의 가치관을 '되돌리고자 하는' 하나의 구상이었다고 쑨꺼는 말한다. 다케우치의 언급을 옮겨보면 이 '되돌리기'는 다음과 같은 것이었다.

> "서구식의 우수한 문화가치를 더욱더 대규모로 실현하기 위해서는 동양이 다시 서양을 포용하고, 반대로 동양으로부터 서양 그 자체를 변혁해야 한다. 이러한 문화적 되돌기 혹은 가치상의 되돌기를 통해 보편성을 창조한다. 동양의 힘이 서방에서 기원한 보편적 가치를 증가하기 위해 서양을 개혁해야 한다"(쑨꺼 2007a, 66; 다케우치 1997[1966], 95).

요컨대, 다케우치가 말하고자 했던 것은 '동양적인 것'이 무엇인가라기보다는 동서양을 뛰어 넘는 '보편성을 추구하는 방법'이었다고 생각된다. 한국발 동아시아론이 애매모호하고 공허한 것으로 보이는 것은 그것이 "동양" 대 "서양"의 대립적 구도 속에 (동)아시아적 대안 문명을 찾고, 동아시아를 통해 '근대를 초극'하고자 하기 때문이다. 이러한 인식론을 통해 '동아시아적인 것' 혹은 주어진 '정체성'을 파악하고자 하는 것은 생산적인 논의가 되기 어렵다. 우리는 동아시아 대부분의 국가들이 제2차 세계대전 종전 후 미국을 비롯한 '서양'을 적극적으로 내면화하면서 많은 성취를 거두었다는 점을 기억할 필요가 있다. 또 근대 이래의 동아시아의 역사가 대립과 경쟁, 지배와 피지배로 점철되어 왔고, 그에 대한 기억이 우리의 뇌리 속에 아직 생생히 남아 있음을 알아야 한다. 이제 미국을 빼고 동아시아를 논할 수 없는 것과 마찬가지로 역사의 기억을 도외시하고 평화와 공영의 체제를 만들기는 어려운 것이다.

우리는 선언적이고 경화된, 그리하여 담론(권력)화된 '동아시아'를 넘어서지 않으면 안 된다. '동아시아가 하나'라는 강박, '서구를 극복해야 한다'는 당위를 넘어설 때 동아시아는 새롭게 조명될 여지가 있다. 여기서 필자는 지리적 인접성이 부여한 복잡하게 교직된 동아시아 역사 — 동시대의 역사도 포함하여 — 의 유동성에 주목하여 동아시아를 새롭게 범주화하는 접근법이 필요하다고 생각한다. 동아시아의 범주화는 역내에 형성된 '초국가적 공간'에 대한 탐구를 통해 가능하다.

주지하듯이 초국가주의는 근대 민족(국민) 국가 간의 관계가 긴밀해지면서 출현했던 국제화(internationalization)의 단계를 넘어 전 지구적 차원의 세계화(globalization)가 진행되는 시점에 상응하여 출현한 분석 개념이다. 이는 일국적 차원 혹은 개별 국가 간 관계의 차원을 통해서는 설명될 수 없는 다양한 탈경계적 현상과 움직임(movement)들에 주목하고, 그 배후에 놓인 토대와 실서를 탐구한다. 분석의 단위는 더 이상 민족국가 혹은 국가들의 단순한 병렬적 집합에 국한되지 않으며, 인간 삶의 제반 영역에서 국가를 포함하면서도 국가의 매개 없이 일정한 내적 질서가 형성되는 또는 창조되는 '열린 공간'으로 재구성된다. 동아시아를 이러한 '초국가적 공간'으로 접근함으로써 얻을 수 있는 이점은 다음과 같다.

첫째, 탈근대 담론, 특히 탈민족주의 담론으로부터 자유로울 수 있다. 초국가주의는 민족(국민)국가 간의 불균등 발전 — 혹은 민족국가 건설의 불완전한 성취 — 이라는 동아시아의 현실을 간과하지 않는다는 점에서 민족국가의 부정과 해체를 주장하는 탈근대·탈민족주의의 패러다임과 구별된다. 기존의 동아시아 담론이 민족국가의 퇴행적·억압적 측면을 주된 탈근대 논의의 근거로 강조해 왔다면, 초국가적 시각은 동아시아의 초국가적 현상과 질서에 주목하면서도 개별 민족국가의 역사적 경험과 현실, 그리고 민족국가가 갖고 있는 힘과 역할을 부정하지 않는다. 민족국가가 초국가적 현상에 적극적으로 반응하고 그로부터 새로운 전망을 창출해 가고 있는 현실과 그 가능성을 배체할 필요는 없을 것이다. 동아시아 연구는 국가 간의 경계와 차이를 부정하지 않으면서, 다차원적인 경계가 공존하는 세계에서 국가의 역할이 여전히 중요하다는 사실을 직시할 필요가 있다.

둘째, 지역 대결 구도를 지양할 수 있다. 초국가적 접근은 기존 동아시아론에 내포된 지역주의, 대결의 구도, 우열의 논리를 넘어설 수 있다. 초국가적 접근이 동아시아 공간을 분석의 단위로 설정하고 있다고 해도 그 지향점은 동아시아에 대한 이해에 머물지 않고 세계라는 전체를 지향한다. 동아시아 연구가 서구 중심에 대항한 또 다른 중심을 상정하지 않을 때, 국가 중심의 사고뿐만 아니라 지역 간의 대결과 우열의 구도까지도 넘어설 가능성을 전망할 수 있을 것이다.

셋째, 초국가적 접근법은 국가 하위 수준의 경계들을 충분히 고려한다. 초국가적 접근은 개별 국가 내의 다양한 피압박 요소들을 시야에 포괄한다. 국가 내의 소수자들(에스닉 집단, 여성, 이주자 등), 억눌린 다양한 인자들(factors)은 국가 중심의 분석 단위가 초국가적 동아시아로 옮겨 갈 때, 그 고유의 의미와 가치가 새롭게 조명될 수 있을 것이다. 그러한 의미에서 초국가적 접근법은 국가 하위 수준에서 존재하는 다양한 지방성(locality)뿐만 아니라 '국가'와 '지역'에 대한 중층적 접근이기도 하다.

여기서 필자가 '초국가적 공간'을 말하면서 동아시아를 '지역'이 아닌 '공간'으로 표현한 이유는 '지역'이 갖는 고정적·절대적 공간 개념을 넘어서고자 하는 의도에서이다. 즉, '동아시아'를 고정 불변의 것으로 보는 '문화주의' 시각을 넘어, 공유되는 것(commonality)이 순환(circulation)하는 공간으로 봄으로써 그 순환의 과정을 통해 형성되는 일정한 특성들을 도출해 낼 수 있다고 보기 때문이다.

동아시아의 범주는 이 공유되는 것이 어느 정도의 범위에서 순환하느냐에 따라 가변적이다. 역사적으로 일본이 내건 '아시아' 의 범위가 달랐던 것이 '방법론적으로'(methodologically) 한 예가 될 수 있다. 즉, 일본은 19세기 후반 인종적 차원에서 아시아 전역을 대상으로 '동양'으로 사고했지만, 1920~30년대 한·중·일의 '동아'로 축소되고, 1940년대는 동남아를 포괄했다.

최근의 공동체 논의에서도 동아시아 공간은 매우 유동적이다. 아세안은 동남아 10개국이지만, APT는 여기에 한·중·일 포함하는 공간 범위를 갖게 된다. 더 나아가 인도·호주·뉴질랜드를 더하면 '동아시아 정상회의'가 되고, 미국·캐나다 등 태평양 국가도 포함하면[13] 아시아태평양경제협력체(APEC; Asia Pacific Economic Council)라는 공간이 형성된다. 아세안지역포럼(ARF), 상하이협력기구(SCO), 동북아협력회담(NEACD) 등도 특정 사안에 따라 유동적으로 구성되는 공간이다. 이 공간들은 상호 중층적이어서, 그 공간들의 위에 (혹은 밑에) 이슈의 수준에 신축이 가능한 동아시아 안보 공간, 경제 공간, 문화 공간 등이 형성될 수 있다.

요컨대, 동아시아의 초국가적 공간이란 문명·인종·문화·지정학·물류·인구이동 등 각 수준별로 형성되는 중층적 유동적 공간으로서 다양한 동심원의 구획이 가능하다. 이 공간은 역사상에 출현한 바 있던 문화와 인적 교류의 범위, 정치-군사적 지배권, 제국적 질서로부터 최근의 사이버 공간, 이주 네트워크, 다문화 공동체, 국가 정부 간 협력체, 비정부기구의 연대 등을 포함한다. 이러한 초국가적 공간에 대한 연구는 '하나의 (동)아시아'라는 원리주의적 '동아시아' 담론을 넘어, 동아시아 내에 형성되어 온 복합적 질서의 새로운 변화와 활력에 대한 이해를 심화시켜 줄 것이다. 여기에는 탈경계(borderless) 혹은 혼종적(hybrid) 사회·문화와 인간관계, 그것의 근저에 흐르는 사상적 토대, 그리고 새롭게 재구성되는(restructuring) 새로운 질서의 전망이 포함된다. 궁극적으로 동아시아의 '초국가적 공간'에 대한 탐구는 다차원적 경계의 존재와 그러한 경계의 승인 위에 발전하는 인간공동체의 새로운 유형의 탐색에 기여할 수 있을 것이다.

13_특히 미국은 동아시아의 안전보장의 수준에서 '동아시아 공간'의 주요 성원으로 포함되어야 할 것이다. 하루키 2004, 83 참조.

| 5부 |

역사적 성찰과 미래 전망

28장

20세기 초 의병 정신에 담긴 민족의식

성재 기삼연의 경우

윤사순

1. 의병 정신의 분석

한국은 주변국의 패권 강화 때마다 그들의 침략에 시달려 왔다. 중국의 허다한 침략, 그리고 일본의 두 차례(임진란, 강제 합방) 침략이 그러한 것이다. 이러한 외침의 방어에 한국은 대체로 성공했지만, 때로는 방어에 실패한 때도 있었다. 그 실패 가운데 가장 최근의 것이 1910년 한일합방 늑약을 통한 일본의 한국 점거이다.

외침에 대한 방어전을 위해 정부의 정규군이 동원됨은 당연한 현상이지만, 민간인이 스스로 무장하고 그 방어전에 나서는 것은 한국에서 잦은 일이었다. 민간인들의 그 자발적 군병화가 '의병'(義兵)으로 불리는 것임은 익히 아는 사실이다. 한국에서 의병의 궐기는 특히 1592(임진)년 일본 침략(왜란)에 대항한 전투들에서 크게 빛을 발해, 적군을 퇴각케 함으로써 전란을 종식토록 하는 데 크게 기여했다. 그 뒤로도 한국인들의 의병 활동은 매우 위력적이었는데, 특히 일본의 강점이 노골화되던 시기에 의병의 출현이 많았다. 1894

년 일제의 간섭 아래 시행된 갑오경장을 비롯하여, 1895년 조선 황후(민비) 시해사건(을미), 1905년 한일조약(을사조약)의 강압적 체결, 및 1910년 합방늑약의 실행, 등 고비마다 의병은 각지에서 출현하여 일본의 야욕 저지에 공헌했다.

논자는 바로 일본의 조선강점화가 진행되던 이 19세기 말~20세기 초에 궐기한 한 의병장(義兵將)의 사례를 이제 살피려 한다. 의병장들은 대개 의병을 일으킨 장본인으로 유학(儒學)에 상당히 깊은 조예를 지닌 학자급 지식인이었다. 그들은 유학의 습득으로는 벼슬아치에 못지않던 실력의 소유자들이었다. 그러므로 의병장의 행적과 문적 등에는 그 시대 '일제의 야욕'에 대한 인지와, '국제적 동태'에 대한 세계관적 지식과, '국민과 제왕'에 대한 그들의 확고한 의식 등이 담기게 마련이다. 따라서 의병장에 대한 이 탐구에서, 그 시기 한국 지성인이 지니고 있던 국내외의 상황을 헤칠 '시대정신'과 국가와 민족에 대한 '애국 애족의 정신' 등이 잡힐 수 있다.

여기 예로 드는 의병장은 기삼연(奇參衍 省齋 字 景魯 1851~1908)이라는 인물이다. 이제까지 16세기의 의병장들을 비롯하여 19세기 말~20세기 초의 의병장들에 이르기까지 많은 의병장들에 대한 연구가 이루어졌다. 그러나 기삼연의 의병 정신에 대한 연구는 아직 행해진 적이 없다. 이 글은 그를 학계에 소개하는 첫 연구인 셈이다. 그에 대한 자료는 이미 1990년에 『성재기삼연선생전』(省齋奇參衍先生傳, 기호원 편)으로 정리되어 세상에 전한다. 논자는 주로 이 책에 수록된 자료를 가지고 주제에 접근하겠다.

2. 그의 인물됨과 의병 활동

기삼연은 1851(철종2)년에 전남 장성군 황룡면 아곡리에서 태어났다. 그의 부친(기봉진)이 진사였으며, 그 시기 한국 성리학의 대표적 학자인 기정진(奇正鎭, 蘆沙 1789~1876)은 그의 재종숙이었다. 더욱이 그 지역의 성리학자이고 의병장으로 이름 난 기우만(奇宇萬 松沙)은 기정진의 손자로 그의 삼종질이었다. 그의 가정환경은 자연히 기삼연을 기정진의 문하에서 성리학을 익히게 했다. 기삼연은 유학의 경전(경학)에 능통했고, 병서(兵書) 또한 익혔으며, 필법에서도 뛰어났다. 전형적인 유학자로 자라나 의병이 되기 전, 그는 벼슬을 하지 않고 초야에 묻혀 있던 '조용한 선비'였다. 관료로 될 뜻이 없지 않아 몇 차례 과거에 응시했으나 아직 급제하지 못하여, 자신이 국가에서 쓰일 날을 조용히 기다리며, 학문에 매진하고 있던 선비가 곧 그였다.

이런 점으로 보아 그의 의병 활동의 동기는 대체로 두 가지로 짚을 수 있다. 하나는 학문을 익히면서 충효(忠孝)를 지극히 중요시하던 가학(家學), 특히 기정진에게서 받은 교육 영향이고, 또 하나는 그 자신의 성격과 이상과 실천 의지 등이다. 기정진은 성리학자로 저명하였을 뿐 아니라 당시 '위정척사'(衛正斥邪) 운동에 앞장 선 인물이다. 그 시대 유학으로 이룬 동아의 문화를 보존하면서, 서구의 천주교(서학)와 제국주의의 무력 침략, 및 뒤늦게 제국주의의 궤도에 오른 일본의 침략 세력을 철저히 배척하던 사조의 실천이 곧 위정척사 운동이었다. 그 사조의 실천에 핵심적 역할을 한 학자가 기정진이었음을 상기하면, 그 문하에서 기삼연과 기우만의 의병 활동이 나왔음은 결코 우연이 아니었다고 해야 한다. 그것은 학문 전수, 특히 넓은 의미의 가학의 형태로 전수 받은 학문의 영향이라고 파악해야 한다.

기삼연의 개인적 정신자세나 그의 선비 기질도 매우 남다른 데가 있었다. 그의 전기를 지은 오준선(吳駿善)은 기삼연의 인물됨을 다음과 같이 적고 있다.

> "어려서부터 준걸하여 보통 아이와 달랐다. …… 홀로 그 뜻과 기상이 높고 커서, 사해의 호걸(豪傑)들과 함께 크게 입 열고 가슴속의 기이한 것을 토로하며, 큰 사업과 경륜을 쌓으려 하였다. 그러나 우리나라에는 이런 것을 더불어 말할 사람이 없음을

탄식하며, 항상 답답해하였다."[1]

기우만의 글에서도 이와 같은 증언이 나오고 있음을 보게 된다.

"선생은 어려서부터 굽히지 않는 굳건한 기개로 인해 항상 답답해하는 생각을 가지고 있었다. 그래서 말하길, …… 장부(丈夫)가 이 작은 나라에 태어나 뜻을 펴지 못하니, 마치 구름 사이를 날 날개가 조롱(鳥籠) 속에 매어 있음과 같다. 만약 방구석에서 편히 죽어 초목과 함께 썩어진다면, 태어나지 않음과 무엇이 다르겠는가!"[2]

위 두 증언은 다 기삼연이 매우 큰 뜻을 품었던 '준걸한 기상'의 소유자로서 '호걸이라고 할 대장부'였다는 내용으로 요약된다. 인품이 대장부를 자처하는 데다 전통적인 충효 중심의 유학을 익혔던 터니, 그의 의병으로의 의거는 결코 다른 무엇의 영향이라 할 수 없다. 그것은 그 자신의 의사로 내린 결단에 따라 행하였던 애국 충절의 표출임에 틀림없다. 그의 의병으로의 출진에는 기정진의 정신적 영향과 아울러 그 자신의 성격과 지식과 의지가 함께 작용했던 것이다.

기삼연의 의병 활동에서 주목을 끄는 점들이 있다. 그것은 의병들을 그 자신이 스스로 모집하여 그들을 이끌던 장수(將帥)의 역을 하였음과, 그의 의병 활동이 한 번에 그치거나, 소규모의 활약 정도가 아니었던 사실이다. 그 구체적인 활동상은 대체로 아래와 같이 정리된다.

1895년 일제의 간악한 만행은 국모로 섬기던 민황후(閔皇后)를 시해한다. 민황후는 압박해 오는 일본 세력을 벗어나려는 뜻에서 러시아에 접근코자 시도했기 때문이다. 그를 시해한 사건이 이른바 일미사변(을미변사)이다. 이 사

1_吳駿善, 「義兵奇參衍傳」, 『省齋奇參衍先生傳』, 한국문화사, 1990, 131쪽.
2_앞 책의 별록, 奇宇萬, 『湖南倡義士列傳』.

변이 일자, 기삼연은 분연히 궐기하여, 기우만·고광순(高光洵, 鹿泉)과 함께 약 300명의 의병을 규합하여, 일본군을 토벌코자 준비하였다. 하지만 그때 정부(조정)에서는 왕명을 빌어 선유(宣諭)하며[3] 관병까지 파견해 제지하였다. 기삼연 등은 전투를 포기하고 해산하지 않을 수 없었다. 이것이 그의 첫 번째 의병 거사에 해당한다.

의병의 필요성을 계속 절감한 기삼연은 이 정도에서 그의 행동을 중지하지 않았다. 이것은 그의 의병 활동의 시작에 지나지 않았다. 지난날의 왕명을 내세운 선유를 친일파의 간계로 간주한 그는 다시 기병을 진행하길 주저치 않았다. 때문에 1902년 전라 관찰사 조한국(趙漢國)이 그를 체포케 하여 전주에서 심문한 다음 서울로 이송하였다. 서울 평리원(平理院)에서 옥고를 치르딘 그는 그 원장(이용대)의 도움으로 비밀리에 탈출한다.

전북 순창 담양 등지에서 암약하던 기삼연은 1905년 을사오조약의 사변 소식을 듣는다. 망국을 직감한 그는 1907년 8월에 장성의 수연산(隨緣山)에서 봉기한다. 호남창의회맹소(湖南倡義會盟所)를 차린 그는 동지를 규합하고 무기를 수집하고 격문(檄文)을 널리 발표하며 군영을 갖추었다. 이때 대장으로 추대된 그는 김용구(金容球 統領), 김준(金準 先鋒將), 이철형(李哲衡 中軍), 이남규(李南奎 後軍) 의사 등으로 지휘부를 구성하고, 수백의 의병을 이끌고 항일 전투를 감행한다.

기삼연은 먼저 전남의 영광·법성포·무장·고창·장성 등지에서 왜군을 격살하는 데 크게 성공한다. 호남 전역에서 의병의 지원자가 날로 늘어 그 수효가 엄청나게 되었고(수만), 격살한 왜적의 수도 대단(수천)하게 되었다.[4] 특히 선봉장 김준 장군은 담양군 남면 무동촌에서 적의 지휘관 요시다(吉田勝三郎)를 도살하는 전과를 거두기까지 하였다. 이와 같은 전투 중에 그는 불행히 그

3_이때 선유사(宣諭使로)로 전 학부대신(學部大臣) 신기선(申箕善)이 내려왔다.

4_奇參衍, 『省齋奇參衍先生傳』, 「年譜」, 한국문화사, 1990, 38쪽.

해(1907) 12월 담양 전투에서 적의 대부대의 습격을 받아 부상당하고, 크게 참패하는 쓰라린 곤욕을 치렀다.[5]

부상으로 인해 기삼연은 통수권을 김용구에게 일단 위임하고, 순창 친척 집에서[6] 치료한다. 그러나 이듬해(1908년 1월) 정보를 입수한 왜군의 급습을 받아, 그는 마침내 채포되어 광주(光州)로 압송된다. 압송된 그는 광주 시내에서 요시다의 사살 소식으로 흥분된 왜인들에게 난자당하고, 이튿날(음력 1월 2일) 시내 서천(西川)의 백사장에서 총살된다. 향년 58세였다. 그가 품었던 국가와 민족의 자립은 이로써 그 당장에는 바랄 수 없게 되었다. 처형장에서 읊었다는 그의 시 한 수가 전해 온다.

> "출사하여 이기지 못한 채 죽게 되니, 해(일본)를 삼켰던 지난날의 꿈도 헛되이 되누나."(出師未捷身先死, 呑日曾年夢亦虛)[7]

비통에 젖은 이 탄식의 시는 그의 목숨과 바꾼 의병 활약이 일제의 침략에 얼마나 열정적으로 감행된 것인지를 잘 알게 한다. 꿈꾸는 현상이 대체로 노심초사하는 정도로 그 무엇을 간절히 소망할 때 꾸어지는 현상임을 감안하면, 일본의 침략에 대항하던 그의 의지의 강렬함이 어느 정도였는지 이 칠언 쌍구 속에서 확연히 파악된다.

5_앞과 같음.
6_순창군 복흥면 재종(再從) 기구연(奇九衍)의 집임.
7_앞의 「年譜」 참조.

3. 열강 간섭의 부당성 비판

기삼연은 비록 서울에서 먼 농촌에서 살았지만, 예민한 시대감각을 지녀, 열강 제국주의의 침탈 야욕을 정확히 간파하고 있었다. 대한제국에 대한 '열강의 압박'이 지닌 의도를 간취한 그의 대외관이 곧 그러한 사례다. 그는 조선에 대한 열강의 '간섭'(干涉)이 곧 침략적 만행임을 누구보다 예리하게 파악하고, 그 침략 행위가 부당(不當)한 '불의'(不義)임을 성토함과 아울러, 그 불의의 근절책을 앞장서 역설하였다. 그의 「만국에 포고하는 글」(布告萬國論)이 바로 그런 내용으로 되었다.

기삼연은 이 글을 통해, 국제적으로 행해지는 조선에 대한 열강의 부당한 만행을 구체적으로 지적하며, 그 근절을 국내외의 모든 이들이 강구토록 촉구한다. 그 포고의 내용은 대체로 다음과 같이 정리된다.

첫째, 이 나라 국왕에 대하여 불충한 행동을 범하고 해외로 도주한자들을[8] 열강이 국사범(國事犯)의 이름으로 보호해 주어 우리 군신(君臣)의 의리를 파괴하는 것.

둘째, 빈객에 해당하는 열강이 주인격인 우리의 대궐보다 더 높은 공관(公館)을 짓는 것도 무리이거늘, 그 공관에서 이 나라의 불평분자들과 모사(謀事)를 하고, 또 세족들을 오도하여 우리 군신 관계를 파괴하는 것.

셋째, 천신(天神)인지 무슨 신을 믿는 종교의 선교사(宣敎師)들을 들여보내, 우리 전래의 오상(五常) 또는 오례(五禮)를 파괴하는 것.

넷째, 무엇보다도 이 나라에 그네들의 군병(軍兵)을 투입해 전란(戰亂)을 일으켜, 우리를 자립할 수 없게 약화(弱化)하고, 나라를 수호(守護)할 수 없게 하는 것 등이다.[9]

8_이것은 쿠데타인 1884년의 갑신정변을 일으키고 일본 등지로 도주한 김옥균·서광범·박영효·홍영식·서재필 등을 일컫는 듯하다.

이것들이 그 시기 열강이 범하는 불의(不義)의 만행 사례다. 따라서 기삼연은 열강에 대해 아래와 같이 그들의 기존 태도를 변경할 것을 제안한다.

"각기 마음을 돌려, 우리와 문화의 궤도를 함께하여, 밝은 진리(昭曠)를 함께 깨우치고, 각기 그 군왕을 군왕답게 그 부모를 부모답게 섬기며, 억지 추동의 주장(波說)과 흉악한 무기(兇器)를 버리고 화평(和平)을 함께 이룩합시다."[10]

기삼연에 따르면, 먼저 열강은 침략 야욕을 버려야 한다. 공존 공생하는 '평화 지향'의 마음가짐이 그들에게 있어야 한다. 아울러 '문화의 특성 차이'를 없애야 한다. 당시 위정척사를 주장한 기정진 같은 성리학자들이 유교 문화를 기준으로 서구인들을 야만(夷狄)이고 금수(禽獸)로 여겼음과 마찬가지로, 기삼연도 동아와 서구 문화의 특성이 질적으로 상이하다고 여겼다. 특히 도덕의 상이로 보아 그는 이러한 동서 문화의 차이를 생각했다. 때문에 그 문화의 도덕적 특성의 상이를 지양 극복해야 할 것을 그는 지적한다. 평화를 지향해야 하는 '진리추구의 정신'과, 군왕과 부모를 올바르게 섬기는 '도덕의식'[11]을 갖추어야 한다는 사유가 그것이다. 유교의 도덕 위주의 문화가 곧 평화의 길이라는 판단이 여기에 잠재한다. 이런 점에서 유교의 도덕 위주의 문화를 열강이 따라야만, 그들의 편파적인 주장과 무기의 오용, 곧 '침략의 야욕'이 없게 된다는 것이 그의 신념이다.

이는 열강의 침략 원인을 피침자의 입장에서 원론적으로 파악한 내용이다. 당시 서구와 일본의 제국주의의 침략성에 대한 피침자의 판단을 토대로

9_奇參衍, 「布告文」, 『省齋奇參衍先生傳』, 한국문화사, 1990, 55-60쪽 참조.

10_앞과 같음. 번역문은 55-60쪽, 원문은 379-384쪽에 있음. 논자는 번역문을 참고하지만, 그것이 현대로 되지 않았고, 간혹 오역이 있어, 간혹 개작하였음을 밝힌다. 뒤의 인용문들도 다 마찬가지이다.

11_여기서 正名論이란 孔子가 말한 본분에 따라 名과 實을 합치하도록 가르친 것을 의미한다.

한 제안인 만큼, 이 제안이 열강에 받아들여지지 않을 것은 분명한 일이다. 그러나 그의 판단이 침략자들의 마수적 욕망을 꿰뚫는 데 정곡을 찔렀음 또한 명백하다. 문화 공유를 바탕으로 한 '평화공존'의 갈망으로 요약되는 그의 이 국제 관계론은 사실상 보편적 진리라는 의미에서 주목할 만하다.

시대를 초월하는 보편성을 지닌 까닭에, 그의 평화공존이라는 이상적 신념에는 공자의 춘추필법(春秋筆法)과 그 시기의 현대적 공법(公法)이 아울러 원용된다. 포고문의 한 대목을 더 보자.

> "공자(聖人)가 언제 일찍이 피아의 종족을 나누어 견주면서, 따로 나의 종족(我)을 부추기고 남의 종족(彼)을 억누르는 마음이 있었던가! 다만 큰 도(道)를 깨우쳐 천하 사람들의 언설을 다 함께 착한 데로 돌아가게 하려 했을 따름이다.
> 지금은 성인이 없어 막아냄이 소홀해, 중국도 오랑캐의 풍조로 변했다. 외국들은 간지와 무력으로 서로 다툰다. 이러는 가운데 공법(公法)이라는 하나의 글귀가 오히려 공(公)이라는 한 글자로 해서 일치되지 않은 인심을 통솔하고 복종받기 어려운 자들을 제어할 줄 알고서 만국에 펴져(橫行) 있다.
> 그러나 눈이 있는 사람이면 누가 그 편벽되고 부정한 방법이 천하에 교훈으로 되어 모든 사람의 마음을 복종시킬 수 없음을 알아채지 못하겠는가!"[12]

기삼연의 견해로 세계 평화를 위해 '만국공법'이 그 시기 서구인들에 의해 제정되었지만, 그것은 서구인들에게나 유리하도록 편파적으로 제정되었다. 때문에 모든 이들이 그것을 따르지 않게 됨이 자명하다. 그것은 간지와 무력으로 다투는 풍조를 그치게 하지 못한다. 진정한 평화 공생을 위해서는 공자가 피아를 구별치 않고 구사한 춘추대의(春秋大義)와 같은 보편적 태도 또는 그런 방법(道)이라야 한다. 이런 점에서 모든 사람들의 의로운 태도로서 '도'

12_앞의 책, 「포고문」, 55-56쪽.

에 대한 각성과 그 실천이 요구된다고 주장한다.

그는 「만국에 포고하는 글」(萬國布告文)에서 공법을 여러 차례 언급하지만, 열강이 공법에 따른 '평화공존'을 지향하기는커녕, 그것을 오히려 침략의 도구로 삼고 있다고 비판한다. 그 비판의 구체적 내용이 또한 위에 든 다섯 가지 조목이다. 따라서 만국의 공존을 위한다는 공법을 내세운 열강의 침략, 특히 '일본의 조선 침략'은 '불의'(不義)로 규정됨에 틀림없다. 그 불의에 전투로 목숨을 걸고 대항하는 행동이 곧 의병이고, 그러므로 불의에 대항하는 그의 기병거사야말로 '의로움'(義理)에 속하는 행위가 아닐 수 없다. 그의 기병에 대한 정당화의 사상이 이 문장의 행간에 있음이 확실하다.

4. 일본의 침략 야욕에 대한 파악

열강 가운데 조선 침략을 직접 감행한 국가는 일본이었다. 기삼연은 그 일본에 대한 투철한 견해를 가지고 있었다. 그 견해는 「만국에 포고하는 글」보다 오히려 의병의 길로 나선 입장에서 낸 그의 「격서문」(檄書文)에 뚜렷이 나타난다. 그것을 아래에서 조금씩 살피기로 한다.

> "무릇 왜노(倭奴)란 섬 가운데의 작은 오랑캐(小夷)로서 천지사이에 못된 기운(乖氣)으로 된 것이다. …… 지금 박문(博文)이 저의 임금을 죽이고서 방자하게 이웃(우리나라) 삼킬 꾀를 내었다."[13]

기삼연은 일본을 한마디로 '왜노'(倭奴)라고 일컬었다. 그 이유는 과거 문

13_「檄書文」, 『省齋奇參衍先生傳』, 376쪽.

화의 열등으로 인해 백제 이후로 이 나라의 문화 전수를 받아 미개를 면한 족속이라는 데 있다고 추측된다. 그러한 왜노가 지금 침략자, 왜구(倭寇)로 변했으니, 그로서는 왜노라는 표현을 사용하지 않은 수 없었을 것이다. 그에 따르면, 그 왜구 가운데 이토 히로부미(伊藤博文)를 가장 가증스런 인간으로 지목된다. 이토는 1904년(광무 8) 일본의 특파대사로 내한하여 그해 8월의 「제1차 한일협약」(外國人傭聘協定)을 맺게 하였고, 이듬해 1905년(광무 9)에는 또 조선의 조정을 직접 위압하여 「제2차 한일협약」(을사오조약)을 체결케 한 인간이다. 제2차 협약인 을사오조약에서 한국의 국권이 상실 당하였음을 기삼연 또한 숙지한 터라, 이토를 왜구 중에도 가장 흉악한 인물로 지적하였다. 기삼연은 벽촌인 장성 출신이었음에도 서울에서 행하여진 국가의 외교 상황에 정통했다.

기삼연은 그 을사오조약이 가져올 침략의 실상을 정확히 예측하고 있었다. 그의 「격서문」의 문장에서 그 점이 확인된다.

> "(왜노들은) 우리나라의 난신적자들과 함께 우리의 사직 종묘를 뒤엎고, 우리 산과 바다(山海)를 저희 보고(寶庫)로 만들며, 우리 민생(民生)을 저희 노예(奴隷)로 만들려 한다. 그것도 모자라 남의 정신(心術)을 파괴하고, 남의 정치와 법률(政法)을 변경하니, 이야말로 가장 흉악한 계략이도다."[14]

왜구의 침략은 국가의 체제가 무너지고, 국토의 자원이 다 약탈되고, 조선의 생민(生民)이 저들의 노예로 되며, 국민의 정신마저 마비되고, 기존의 정법이 폐기되는 현상을 초래할 행위이다. 이 폐해를 그가 정확히 예단하였음은 그 합방 뒤의 역사가 실제로 증명한다. 왜구에 의한 '피침의 피해'를 확실하게 예측한 그로서는 그것을 저지하지 않을 수 없었다. 그의 '기병 이유'가 이 대

14_앞의 책, 「檄書文」, 376-377쪽.

목에서 명료해진다. 그의 의병 진출에는 국권의 상실로 인해, 조선의 생민이 왜적의 노예가 되고, 강산의 자원이 다 약탈될 것을 방지하는 데 그 목적이 두어졌던 것이다.

기삼연의 의병 목적은 한마디로 '일제의 침략을 분쇄'하는 것에 다름 아니다. 그 계략 분쇄는 뒤집어 밝히면, 결국 세 가지 내용으로 집약된다. ① 왜인들이 전복하려는 대한제국(사직과 종묘)을 보존함. ② 왜국이 강탈하여 그들의 보고로 삼으려는 우리 강토를 유지함. ③ 왜인이 그들의 노예로 만들려는 우리 국민(민생)을 보호함이다. 그의 의병 기치는 이 목적의 달성을 위한 수단이었다.

그의 이런 의병 봉기에서 한 가지 또 놓쳐서 안 될 점이 있었다. 그것은 비록 궐기의 간접적인 조건에 해당하지만, 그의 '조국의 문화'에 대한 자부심'이다.

> "우리들은 조상의 피를 받아 이 문명한 나라(文明國)에 태어났으니, 차라리 의(義)를 실행하다가 죽을지언정(蹈而死), 왜국(小國)의 작태를 방관할 수는 없다. 하늘 아래 태어나 태황제 있음만 안다. 그러므로 의사(義士)를 이끌고 영웅(英雄)들을 불러일으켜, 피를 뿌리며 단에 올라 천지에 맹세하노니, ……"[15]

기삼연이 여기 '문명'(文明)이라 한 것은 기계 기술의 발달을 의미한다고 볼 수 없다. 그런 의미의 문명은 당시 조선이 후진임을 그도 잘 알았기 때문이다. 그가 지금 말하는 문명은 '문화, 특히 오상(五常) 오례(五禮)로 대표되는 '도덕적 문화'를 가리킨다. 그 도덕적 문화가 찬란(文明)한 나라가 곧 그의 조국 조선이라는 자부심을 가지고 있었던 이가 기삼연이다. 이것은 특히 일본인들과 비교할 때 그들보다는 '우리 겨레가 매우 우월하다'는 자의식(自意識)에 다름 아니다. 이 자부심이 왜소한 문화 후진국으로서 오로지 무력만을 앞

15_앞의 책, 377쪽.

세운, 천한 왜국이 이 문화 선진국을 침탈하려는 야욕을 용납지 않게 하였다. 바꿔 말해, 그가 지닌 '문화 국민의 우월 의식'이 그를 일본 침략 저지의 의병 전선에 나서게 한 또 하나의 요인이었던 것이다.

5. 대내적 비상조치의 수립

기삼연은 일제 침략 분쇄의 목적을 위한 대내적 방안도 구상했다. 일제의 계략에 대한 국내의 대응책을 마련한 그였다. 그 대응책이 곧 '국내의 비상 정책'과 '국왕 직무'에 대한 강주이다.

기삼연은 의병대장으로서 일종의 포고문에 해당할 글, 「널리 알리는 글」(廣告文)을 발표하였다. 이것이 바로 그의 '대내 비상 정책'을 담은 글이다. 이는 그 비상 대책을 어길 경우 극형인 사형으로 처벌하겠음을 천명한 조치이다. '처벌 대상'으로 지목된 해당자들은 대체로 아래와 같다.

"왜인과 밀통하여 우리의 기밀을 누설하는 자"
"부일배인 일진회원(一進會員)과 자위단원(自衛團員)"
"음탕하고 교묘한 물건을 팔아 순박한 민심을 파괴하는 자"
"간악하고 교활한 곡물상" 등.[16]

전쟁 대상국인 왜적과 비밀리에 내통하여 기밀을 누설하는 첩자들을 사형에 처하는 조치는 당연하다고 할 만하다. 당시 일진화원과 자위단원은 다 부일배(附日輩)인 까닭에 첩자와 다르지 않은 자들이다. 따라서 그들에 대한

16_앞의 책, 「廣告文」, 63-64쪽.

처치를 고려하였음도 이상하지 않다.

그러나 일종의 풍속범이나 모리 간상배를 극형에 처함은 재고의 여지가 있다고 할 수 있지 않을까 한다. 이 조목을 기삼연의 주관이 작용한 비상조치라고 추측할 때 그런 재고의 여지를 상정할 수 있다. 그러나 풍속사범과 간상배의 처단은 그 시대가 유학에 의한 도덕 정치를 이상시한 시대였음을 감안해야 한다. 예속과 도덕규범을 법과 똑같이 여긴 시대가 그 시대였다. 더욱이 전쟁시기의 사회 기강 문란과 곡물 유통의 부진은 전쟁 수행에 지장을 주어 승전을 저해하는 요인이었음을 감안해야 한다.

모리간상이 특히 곡물 매매와 연결되어 군량의 조달에 영향을 주었을 때 생기는 문제는 매우 심각한 것이다. 기삼연은 실제로 그러한 사태를 지극히 중요시하였다고 여겨진다. 곡물의 부당한 매매에 대하여 그가 엄중히 지적한 글이 있다.

> "곡식의 매매에 관부(官府)의 제한과 방비(關防) 없음은 실로 우리 민인의 생명을 여위게 하고, 우리 국가의 명맥을 잠식하는 것이다."[17]

이는 곡물 매매를 허술하게 방치하던 제도적 약점을 악용하는 간상배가 있었음을 보고 낸 글이다. 기삼연은 그러한 모리 간상의 행태는 무엇보다도 '국민의 생명'과 '국가의 명맥'을 위협하는 행위임을 지적하였다. 이 대목에 이르러, 상도 행위의 일탈은 단순한 불법이나 부도덕의 차원을 넘는 행위임을 그가 간파했음이 드러난다. 불법 부도덕 이상의 민생의 생명과 국가의 존망과 직결되는 점에서, 모리간상배의 극형이 예고됐음이 분명하다.

다른 한편, 기삼연은 정치의 최고 책임자인 국왕에 대하여서도 제시해야 할 내용을 밝혔다. 이미 「격서문」에서도 그는 국왕(上皇帝)과 사직(社稷) 등의 언

17_앞과 같음.

급을 보였으므로, 그의 국왕에 대한 상세한 태도는 관심을 끄는 것이 아닐 수 없다. 그가 전형적인 유학자였음을 상기하면, 제왕의 권위를 절대시하는 전근대적 근왕정신(勤王精神)이 그에게도 있었을 가능성이 농후하기 때문이다. 마침 의정대신들에게 제출한 그의 한 글에서 이 점에 대한 내용이 언급된다.

> "안으로는 부자(父子), 밖으로는 군신(君臣)관계가 인간의 큰 윤리(大倫)입니다. 군신의 의(義)에 어긋남이 있으면, 이는 만물을 낳는 천지 부모의 이치를 잃음입니다."[18]

군신의 의리(義理), 곧 왕에 대한 충성(忠誠)을 일단 강조하는 기삼연임이 이로써 분명하다. 그러나 이 글은 왕에 대한 그의 사유와 태도를 구체적으로 드러낸 글이 아니다. 그런 만큼 보다 더 상세한 그의 제왕관(帝王觀)이나 그 시기의 왕인 고종에 대한 그의 사유와 태도를 알아볼 수 있는 자료가 있어야 한다. 그는 그 시기의 왕, 고종에게 바친 '상소문'(上疏文)을 지었다. 충정어린 직언 형식으로 '자신의 제왕관'을 상술한 상소문을 작성해 낸 의병대장이 곧 기삼연이다.

6. 국왕 직무 수행의 강조

기삼연의 상소문으로는 그가 국왕의 절대적 권위나 국왕에 대한 맹종적 충성을 고려하지 않았다. 그는 유학자임에 틀림없지만, 전근대적 국왕 절대시 사유에 빠져 있던 유학자가 아니었다. 국왕에 대한 그의 충성은 상대적인 것, 국왕의 의무 수행을 전제로 한 충성이었던 점이 그의 국왕관의 특징이다.

18_「上議政大臣」, 『省齋奇參衍先生傳』, 60쪽.

"아비(父)의 도리는 가르침(敎)를 주로 하고, 어미(母)의 도리는 길러줌(養)을 주로 하는데, 남들(민인)의 임금 노릇(人君)이란 아비 어미를 겸한 것입니다. (임금이) 가르치지 못하면 아비의 도리가 결여되고, 길러주지 못하면 어미의 도리가 되지만, 두 가지 도리를 다 결여하면 그 (임금이) 무슨 명분으로 만민의 위에 위탁(託於萬民之上) 되어지겠습니까?"[19]

그에 따르면 만민(萬民) 이름의 국민을 교화하고 국민을 양육해야 함이 곧 왕에게 위탁된 임무이다. 국왕은 그 두 가지 임무의 수탁자에 지나지 않는다. 그 두 임무를 충실히 실천해야 한다는 이것이 기삼연의 기본적 제왕관이다. 따라서 국왕이 그 위탁된 두 임무를 수행하지 못하면, 국민 위에 군림하는 통치의 수탁이 해탁될 수밖에 없다. 이런 점에서 기삼연은 경계의 언사를 국왕에게 구사하길 주저치 않는다.

"민심(人心)이 왕을 따르고 배반하는 기미의 위태로움은 하나의 터럭과 같습니다."

이는 국왕에게 하는 언사로서는 일종의 '경고' 이상의 위협에 해할 극언이다. 이 내용은 왕에게 통치를 위임하는 것도 민심이고 그것을 해탁할 능력을 지닌 것도 민심임을 명시하면서, 그 민심의 변이가 언제이고 가능함을 가리키기 때문이다. 맹자의 군왕 '방벌설'(放伐說)을 그가 고종에게 기탄없이 토로하고 있는 대목이고 보면, 이것이 고종에게는 더할 수 없는 극언이었다. 근왕정신과 다시 연결하면 이는 그의 충성심을 표명한 언사이다.

이로 미루어, 국왕에 대한 기삼연의 충성은 아무리 '의리'(義理)로 표현된 규범이라 하더라도, 조건 없는 맹종이거나 절대적 충성이 결코 아니다. 그것은 위탁조건에 적합한 정도로 행사되는 상대적인 것일 따름이다. 그에 있어

19_앞의 책, 「上疏」 47, 특히 369쪽.

충성이라는 의리 구현은 근본적으로 민본(民本) 위민(爲民) 의식에 근거하는 만큼, 충성의 강도 또한 '민생'(民生)에 대한 국왕의 공헌, 곧 '국왕의 직무 수행' 여하에 달렸다. 이는 결국 기삼연의 근왕정신 자체가 국왕의 '교민', '양민'의 직무 수행 정도에 달렸음을 실토하는 논리이다. 여기서 그의 전체 민생을 위한 대변자적 모습이 확인된다.

아래와 같이 계속되는 그의 장대한 글은 기삼연의 이러한 모습을 구체적으로 더 명백히 드러낸다.

> "신(臣)이 생각하옵건대, 폐하께서는 아마 가리어져서 패할 징조가 급박해 감을 잘 모르시고, (나라가) 그럭저럭 지탱하려니 하며, 하루 이틀(朝夕)을 넘기시는 것 같습니다. 그러나 신의 어리석은 소견으로는 폐하께서 홀로 깊은 산속에 앉아 호랑이를 불러 호위 받으려 함을 보는 듯합니다.
> 경각에 달린 위태로움이야말로 사람 마음을 가진 자라면, 누군들 정신없이 소리치며 그 급박한 형세를 구하려 하지 않겠습니까? 하물며 오늘날 화란(禍亂)의 기미가 날로 심해 가는 데야 더 말할 나위 있겠습니까!
> 사방으로 강토를 돌아보매 의문이 입니다. 이것이 누구의 터전입니까? 아! 이 산하(山河)는 단군(檀君) 기자(箕子) 등 예로부터의 물체고, 이 나라는 조상(祖宗)들이 이룩한 큰 업적입니다. 폐하께서는 앞 성인(聖人)의 예부터의 산하(물체)를 다 소유하셨고, 선조의 큰 업적을 이어 지켜오셨는데, 하루아침에 이를 포기한다는 것은 참으로 어찌 마음엔들 둘 일입니까!
> 어찌 폐하께서 오늘의 나라형편(國勢)이 사람들 일처리(人事)의 잘못이 아니고, 기세 운수(氣數)의 소관이라 어쩔 수 없다 치면서, 구차스럽게 하루하루를 끌어가며 임금 자리에 앉아 있음이나 즐길 따름이겠습니까!"[20]

이 글은 상소 형식으로 된 기삼연의 '고종에 대한 평설'이나 다름없다. 여

20_앞의 책, 368-369쪽.

기 눈길을 끄는 것은 고종이 국왕의 직무인 '국민 교화'와 '국민 양육'을 제대로 못하고 있다는 표명이다. 그 임무를 다하지 못하는 '국왕의 무위무능'을 더없이 신랄하게, 더없이 통렬하게 비판 하는 내용이 지극히 주목된다. 그의 예리하고 대담한 직언 직소로 읽는 이들의 놀라움을 자아낸다. 이 발언은 앞서 비친 '방벌설'의 연장선에 놓였지만, 흔히 있는 일반적 방벌설과 결코 같지 않음에 주의해야 한다. 단순한 경구로 인용하는 일반적 방벌설과 달리, 이는 급박한 '망국 상태'에 직면하여 '가감 없는 진정'을 토로한 충정어린 경고적 언설이다.

국왕의 직무에 대한 각성으로부터 당장이라도 그 임무에 충실할 것을 촉구하는 기삼연의 애타는 심정이 읽는 이의 심금까지 울린다. 이것을 받아 읽었을 고종은 어떠했을까? 아마 고종은 자신의 안일 무사하였음과 난국 돌파에 무력함, 무능함, 출구 없는 벽에 꽉 막힌 듯한 현실 상태에 더욱 고뇌하였을 것이다. 이제 문제는 이 글에 잠겨있는 기삼연의 보다 더 깊은 '내면의 의식'에 대한 독해가 아닌가 한다. 문장 속에 담긴 기삼연의 속내를 더 찾아내기로 한다.

7. 호민정신 속의 민생 민족의식

의병 특히 의병장들이 겨냥하는 목표는 대개 종묘(宗廟) 사직(社稷)으로 표현되던 '국왕(太皇帝) 중심의 국가 수호임'은 다 아는 대로다. 국왕 중심의 국가 수호는 얼핏 보면 기삼연의 경우에도 적용되지, 그것을 크게 벗어나지 않음은 실상 이미 밝혀졌다. 그러나 앞의 상소문을 다시 떠올리면, 기삼연의 의식이 반드시 다른 의병장들의 그것과 같다고 하기 어려울 듯하다. 왜냐하면, 다른 의병장들에서는 국왕 절대시 사유를 바탕으로 국왕과 국민의 호위를 목표로 삼는 데 비하여, 그에 있어 국왕의 비중은 국민의 비중보다 결코 더하지 않기 때문이다. 그의 근왕정신(勤王精神)은 상대적이었고, 그 상대성은 그의 '민본정신'(民本精神)을 기준으로 삼은 데에 기인하였다. 그의 사유는 근대 국민국가 의식과 별로 다르지 않았다. 이런 점에서 그가 지녔던 민본정신과 연결된 '호민정신'(護民精神) 등에 대한 좀 더 면밀한 반추가 필요하다.

기삼연은 「격서문」을 통해 왜인들이 우리의 '민생'(民生)을 저들의 노예로 만들려고 함을 지적하였다. 그 민생은 '국민의 생활'과 다른 의미로서 현존하던 대한제국의 '국민 전체'라고 해야 맞다. 그리고 그 민생은 그의 상소문에 보이는 "단군과 기자 이래의 민생" 곧 '우리 겨레'를 가리킨다. 역사 이래 면면히 물려오는 이 산하, 곧 이 강토를 터전 삼아 살아오고 있는 '역사공동체'이고 '문화공동체'이며 '지역공동체', 그리고 앞으로도 영원히 타민족의 구속 없이 자유롭게 살아갈 '운명공동체'가 그의 민생이다. 따라서 기삼연이 염두에 둔 민생은 하나의 집합된 독립체 단위로 표현될 '겨레'이고, 겨레인 점에서 실상 오늘날 말하는 '민족'(民族)을 일컫는다. 민족이라는 용어를 비록 그로서는 구사하지 않았지만,[21] 의미상 그가 말하는 '민생'은 '겨레'나 '민족'과 동의어인 셈이다. 그는 겨레와 민족을 수호 대상의 가장 핵심에 두고 전장에 나아갔던 의병장이다.

기삼연은 봉건적 근왕 의식에 사로잡혀 있던 선비가 아니었다. 이 점이 과거 다른 의병장들의 의식과 다른 점이었다. 예를 들면, 그 시기의 대표적 의병장으로 혁혁한 공을 세운 유인석(柳麟錫 義庵 1842~1915)만 해도 '군신의 의리'(君臣之義理) 지킴을 무엇보다 첫째로 내세운 선비였다.[22] 16세기 임진왜란 때의 대표적 의병장인 조헌(趙憲 重峯 1544~92)의 의식도 마찬가지였다.[23] 이

21_민족이라는 용어는 일본에서 들어온 '네이션'의 번역어인데, 이때까지 우리나라에서는 사용되지 않았던지, 그에게서는 아직 사용되지 않고 있다.

22_「宇宙問答」, 『義庵集』 참조.

23_금장태, 「조헌의 조선현실인식과 항왜의리론」, 『비판과 포용』(한국 실학의 정신), 제이앤씨, 2008 참조

들은 다 성리학의 의리관(義理觀)을 관행적으로 습득하고 철저히 실천한 선비들이었기 때문에, '절대적 근왕정신'을 구현한 의병장들이었다. 그러나 임란의 의병장 가운데서도 박광전(朴光前 竹川 1526~97)의 격문에는 국왕 보위에 앞서 '생민'(生民)과 '생령'(生靈)의 호위를 더 강조했음을 본다.[24] 기삼연의 '민생' 호위의식은 바로 이런 선인의식의 시대적 구체화, 곧 '민족수호의식'으로의 발전이라 할 수 있다.

기삼연에 있어 국왕은 우리 민족과 국토를 유지하는 데 운명을 의병장과 함께해야 할 존재일 따름이다. 그의 신념으로는 이 민족과 이 강토를 지키려는 그 임무를 가장 큰 '의무적 의리'(義務的義理)로 간주하였음에 틀림없다. 이런 신념은 사실상 벼슬 여부와 상관없이 "선비가 나라의 으뜸가는 기운"(士, 國之元氣)이라는 순수한 '선비관'에서 나왔다고 여겨진다. 그러한 선비관의 구현에서 그의 민족의식에 해당할 민생의식이 자리하였던 것이다.

이와 같이 고찰하면, 기삼연의 의병사상에 어느 정도 '근대 국민국가' 의식과 더불어 '근대의 (자결적) 민족의식(民族意識)'이 자생적으로 싹트고 있었다고 할 수 있다. 논자의 이런 판단이 빗나가지 않는다면, 서구의 근대적 민족의식과 우리의 민족의식에는 서로 변별할 상이점이 있음도 아울러 지적할 수 있다. 서구의 그것이 대외 침략을 감행하는 '자기 팽창적 패권주의 성향'을 띠는 데 비해, 기삼연 등이 지녔던 민족의식은 대내적으로 '민족 생명 수호'의 자기 방어적 성향을 띠고 있다. 이에 더하여 도덕적 문화 향유의 자긍심까지 수반한 의식이 곧 그의 '민족의식'이고 그 특징인 셈이다. 이제 논자는 기삼연의 의병 정신에 간직된 호민의식(護民意識)의 속내를 살핀 결과가 바로 '민족의식의 발아'임을 밝히는 것으로 이 논문의 결론에 가름한다.[25]

24_윤사순, 「죽천(박광전)의 독특한 의병의식」, 『유학자의 성찰』, 나남출판, 2007.

25_이 글은 논자가 지난날 『성재기삼연선생전』(省齋奇參衍先生傳)의 해제로 약술한 내용을 위주로 '논문화'한 것임을 밝혀 둔다.

29장

한국의 독립운동과 역사학*

박은식·신채호·조소앙의 경우

김기승

1. 서론

한국의 독립운동을 주권이라는 측면에 중점을 두어서 파악한다면, 그 기간을 1905년 일본에 대한제국의 외교권을 상실하는 시점부터 1948년 8월 15일 대한민국 정부가 수립되기까지로 파악할 수 있다. 우리는 이 시기를 한민족의 대내외적 주권이 실추되어 주권을 회복하기 위한 다양한 활동을 전개했던 독립운동 시기로 정의할 수 있을 것이다. 1905~10년까지와 1945~48년까지는 한민족이 자국 영토 내에서 제한적이나마 주권을 행사했던 데 비해, 1910~45년까지는 대내외 주권을 상실한 완전 식민지 상태였다는 점에서 다른 시기와 구별된다. 따라서 이 시기의 독립운동은 앞과 뒤의 다른 두 시기의

* 이 글은 2008년 8월 12일 독립기념관 한국독립운동사연구소 주최 광복 63주년 및 독립기념관 개관 21주년 기념 학술심포지엄 "한국근대 역사학 100년의 성찰과 모색"에서 같은 제목으로 발표한 것을 수정·보완한 것이다.

독립운동과 질적으로 달라질 수밖에 없다. 특히 이 시기는 현실적 존재로서의 민족이나 국가가 멸망해 버린 상태였기 때문에 한민족은 과거에 대한 기억으로서, 독립된 민족국가는 미래에 대한 기대로밖에 존재할 수밖에 없었다. 여기서 민족과 민족적 경험에 대한 회상과 기억은 현실적 독립운동을 지탱하는 기반이 되며, 국가 건설이라는 집단적 희망은 현실적 독립운동의 추동력으로 작용하게 된다.

한민족의 과거를 기억하면서 미래를 전망하는 역사학은 망국민이 전개하는 독립운동에서는 필수 불가결한 요소가 된다. 따라서 일제 강점기 독립운동가들에게 있어 국사 연구와 교육은 중심적 요소로 자리 잡는다. 많은 독립운동가들은 민족사에 대한 나름대로의 사색과 저술 활동을 멈추지 않았다. 왜냐하면 그것은 자신의 존재 이유를 발견하고 민족적 삶을 지탱하려는 치열한 지적 활동이었기 때문이다. 독립운동가들 사이에는 민족사에 대한 기대와 희망이 높았던 것이다. 그렇기에 민족적 기대를 반영한 성과를 낳은 저술가들은 지도적인 독립운동가로 존경을 받게 되었다. 1910년 이후 국외로 망명하여 독립운동을 전개하면서 민족사 연구에 몰두하고 그 성과물을 내어 독립운동가들의 역사의식을 형성하는 데 기여했던 대표적 인물로는 박은식과 신채호를 꼽을 수 있다.

박은식과 신채호는 나라가 멸망한 뒤에도 민족적 삶을 영위할 수 있는 방법을 역사 연구를 통해 제시해 주었다. 1910년의 국망은 망한 것이 아니라 민족적 삶의 새로운 출발을 기약하는 것이라는 희망적 메시지를 주었다. 약소민족 혹은 망국민이 갖게 되는 이상과 현실의 괴리를 신채호는 '정신상 국가'와 '물질적 국가'로,[1] 박은식은 '국혼'과 '국백'으로[2] 각각 나누어 파악했다. 그

1_신채호, 「정신상 국가」(1909. 4), 『단재신채호전집』 별집, 단재신채호선생기념사업회, 1987, 160-161쪽.

2_박은식, 「한국통사」(1915), 백암박은식선생전집편찬위원회, 『백암박은식전집 1』, 동방미디어, 2002.

들은 민족의 과거에 대한 기억의 수정 작업을 통해 새로운 미래를 설계하고자 했다. 민족 구성원들의 과거에 대한 기억을 수정하는 작업은 곧 현재의 일상적 삶을 벗어나 독립 투쟁이라는 실천을 고무하는 것이고, 바람직한 미래의 민족사회를 전망하는 일이었다. 따라서 이들에게 역사학 연구는 곧 독립운동의 실천과 밀접한 관련을 맺는 것이거나 그 자체이기도 했다. 그러므로 현실적 독립운동에 대한 생각과 실천의 변화는 곧 과거에 대한 기억의 변화, 곧 역사관과 역사 서술의 변화를 초래하였다.

여기서는 한국의 독립운동과 역사학의 관계를 한국독립운동의 변화가 역사학에 어떤 변화를 초래하게 되었는가를 추적하고자 한다. 연구 대상으로서는 박은식·신채호·조소앙을 선정했다. 박은식과 신채호는 20세기 초 한국 민족주의 역사학의 체계를 확립했던 대표적 독립운동가이다. 그리고 조소앙은 이들 민족주의 역사학의 영향을 받아 중국 관내 민족주의 진영의 지도 이념을 체계화했다. 조소앙은 본격적인 역사학적 저술을 남기지 않았다. 그러나 그가 제시한 삼균주의는 한민족의 역사적 경험에 토대를 두고 체계화된 것으로 나름대로의 뚜렷한 역사관에 기초하고 있다. 또한 그는 박은식과 신채호의 역사학과 독립운동의 실천적 경험을 비판적으로 계승한 이론가로서의 측면도 지니고 있다.

2. 박은식의 당대사 인식과 독립운동론

박은식은 1898년 이후 보수주의적 주자학자에서 개화자강을 역설하는 개신유학자로 전환하였다. 특히 1905년 이후에는 사회진화론을 수용하여 교육과 실업의 진흥을 통한 민족의 자강력 양성을 국권회복의 방법으로 제시하면서 활발한 구국계몽운동을 전개하였다. 그는 1909년 「유교구신론」을 발표하여 유교를 군주 중심에서 인민사회 중심으로 개혁하고 주자학보다는 양명학을 진흥하자고 역설하였다. 이 점에서 그는 개신 유학적 국권회복론자로 할 수 있다. 1905~10년간 박은식은 한민족을 단군과 기자의 자손으로 파악했고, 역사 교육을 통한 애국심 고취를 강조했지만, 본격적인 역사학 저서를 남기지는 않았다.

박은식의 역사 연구는 1910년 국망 이후 본격적으로 진행되었다. 그는 1911년 만주로 망명하여 대종교도 윤세복의 집에 머물면서 동창학교 교사로 활동했다. 이때 그는 대종교에 입교하고, 민족 고대사에 대한 활발한 연구를 진행하여 『몽배금태조』·『천개소문전』·『발해태조건국지』·『대동고대사론』·『단조사고』과 같은 책을 저술했다. 망명 직후 그의 독립운동 실천이라는 민족 고대사에 대한 연구 및 그 결과를 교포 청년들에게 교육하는 일이었다. 이들 고대사에 대한 연구는 전통적인 역사학에서는 잊혀져 왔던 분야였다. 왜냐하면 한반도 이외의 지역에서 전개된 민족의 경험이었기 때문이었다. 중국으로의 망명이란 곧 박은식과 망명객들의 삶의 무대가 한반도가 아니라 한반도 밖, 현실적으로는 외국에서 이루어지는 것이었다. 그러나 그는 만주 땅에서 만주족의 역사를 연구한 결과 만주족과 조선족은 모두 단군의 자손임을 확인하게 되었다. 여기서 그는 단군과 기자의 자손이라는 유교사관에서의 민족관을 벗어나 단군의 자손으로서 만주족과 조선족을 포괄하는 '대동 민족'(大東民族)이라는 새로운 민족 관념을 형성하게 되었다. 한민족의 과거에 대한 그의 기억은 망명 이전의 기억을 그대로 간직하는 형태가 아니라 만주 땅에서 이루어졌던 조상들의 경험을 새롭게 발견하고 그 경험을 민족의 것으로 만드는 작업이 되었다. 박은식에게 있어 국외 망명은 현실적으로는 조국에서의 탈출이었지만, 정신적으로는 잊혀져왔던 조국으로의 귀환이었다. 그리고 중국에서의 망명 생활이란 국적상으로 중국인으로서의 삶이었지만, 정신적으로는 동일 민족인 만주족과의 함께하는 삶이었다. 그러나 이러한 만주족과의 동족 의식은 과거의 기억 속에서만 존재하는 것이었다. 만주족과의 협력을 통한 새로운 민족적 독립운동의 실천은 시도조차 되지 않았다. 박은식에게 있어 중국 망명은 폐쇄적인 유교 중심적 민족관을 벗어나는 것이었다. 단군 자손이라는 혈연 관념이 중시됨으로써 한민족은 여진족과 만주족을 포함한 북방 민족의 일원으로 파악되었다. 양자에 대해서는 근원적 일체성이 지적되었지만, 중세 이후의 이질화도 동시에 지적되었다. 조선족이라는 단일 종족 관념을 벗어나 여진족과 만주족을 포함한 대동 민족이라는 복합 민족 관념을 갖게 되었다.[3]

박은식에게 있어 국외 망명은 죄의식을 갖는 행위였다. 유교적 의리 관념을 갖고 있었던 그는 순국자정(殉國自靖)하지 못한 죄책감에서 망명 후 자신의 호를 태백광노(太白狂奴)라고 불렀다.[4] 그럼에도 불구하고 그에게는 민족의 일원으로서 살아야 할 이유가 있었고, 살아도 된다는 희망이 있었다. 왜냐하면 한민족은 아직 완전히 멸망하지 않았기 때문이다. 아직도 살아 있기 때문이다. 그는 『한국통사』 서언에서 다음과 같이 말했다.[5]

> 옛 사람이 이르기를 나라는 멸망할 수 있으나 역사는 멸망할 수 없다고 하였다. 그것은 나라는 형체이고 역사는 정신이기 때문이다. 이제 한국의 형체는 허물어졌으나 정신만이 홀로 존재할 수는 없는 것인가? 이것이 통사(痛史)를 저작하는 소이이다. 정신이 보존되어 멸하지 않으면 형체는 부활할 시기가 있을 것이다. 그러나 이 한국통사는 갑자년(1864) 이후 50년사에 불과할 뿐이니 어찌 족히 우리 4천 년 역사 전부의 정신을 전할 수가 있으리오. …… 무릇 우리 형제는 서로 생각하고 늘 잊지 말며

3_오늘날에는 단군의 후손이라는 단일민족 관념이 갖는 폐쇄성을 주로 지적하지만, 박은식과 그 당시의 단군 중심의 단일민족 관념은 오히려 이전의 기자 중심의 폐쇄적 민족 관념을 벗어나 여러 종족의 이합과 집산을 동시에 파악하는 열려진 민족 관념으로서의 특성을 지닌다. 이러한 열린 민족 관념은 망명객들 자신이 만주족의 전통 문화 속에서 국적상으로는 중국인으로 살아가면서 조선족의 역사를 기억하면서 살 수밖에 없었던 실제적 삶의 민족적 복합성에 기인하는 것이다.

4_박은식은 자신의 저서 『한국통사』에서 저자명을 '태백광노'라고 했다.

5_박은식, 『한국통사』, 대동편역국, 1915, 2쪽.

형체와 정신을 전멸시키지 말 것을 구구히 바란다. 이러한 점은 본 책자 이외에 우리 민족이 융성하던 시대의 역사에서 구하는 것이 옳다고 생각한다.

위에서 보듯이 그는 국가를 국혼(國魂)과 국백(國魄)으로 나누어 파악했고, 형체인 국백이 멸망했다고 하더라도 정신인 국혼은 살아남아 있을 수 있다고 했다. 그리고 국혼이 살아남아 있다는 사실은 어디에서 확인할 수 있는가? 그것은 근대 이후의 멸망해 가는 역사보다는 민족이 융성했던 시대, 즉 민족 고대사에서 확인할 수 있다고 했다. 그는 1911년 중국 망명 직후 민족 고대사를 연구했는데, 고대는 단군의 자손으로서의 대동 민족이 융성했던 시기였음을 확인했던 것이다. 여기서 그는 한민족이 국혼이 강한 민족임을 확인했으며, 이 국혼을 유지한다면 국백을 다시 살릴 수 있으리라는 희망을 갖게 되었던 것이다.

그렇다면 국혼이 융성했던 시기의 자랑스러운 역사가 아니라 나라가 멸망해 가는 통한(痛恨)의 역사를 쓴 이유는 어디에 있는가? 그것은 반성적 성찰을 위한 것이었다. 박은식이 『한국통사』는 1863년 대원군 집정부터 1910년 국망 시기까지의 저술로서, 한국 근대 한민족이 제국주의적 침략에 제대로 대응하지 못하고 멸망하게 되는 통한의 역사를 다룬 것이다. 따라서 그것은 제국주의적 침략의 실상을 다루면서 그러한 침략에 대해 한민족이 적절하게 대응하지 못했다는 사실을 반성적으로 성찰하는 관점에서 기술되었다. 그런데 『한국통사』에서 주요 역사적 사건에 대한 평가 기준은 1910년 이전에 가졌던 사회진화론적 국권회복론이었다.

『몽배금태조』에서 박은식은 사회진화론적 경쟁론을 강자를 위한 '강권론'이라고 비판했다. 그가 금태조의 이름으로 새롭게 제안했던 이념은 '세계 인권의 평등주의'였다. 이때의 평등주의는 주로 민족과 국가 사이의 평등을 의미했다. 그리고 평등의 상태로 도달했을 때 전쟁과 갈등이 종식되고 대동평화를 이룩할 수 있다고 했다. 그는 여전히 한민족의 경쟁심을 고취시키고 경쟁력을 강화해야 한다고 역설했지만, 그 경쟁의 종점은 승리한 제국주의 국가가 되어 타민족과 타국가를 지배하는 것이 아니었다. 한민족이 약소한 상태에서 다른 국가들과 평등한 지위로 상승하는 것을 의미했다. 한민족이 국제사회에서의 평등한 지위에 오르는 것, 이것이 그가 말하는 '평등주의'였다.[6] 이 점에서 『한국통사』에서 사회진화론적 관점이 발견되기는 하지만, 그것은 강자의 입장을 대변하거나 무한 경쟁을 뜻하여 약소민족의 한민족이 제국주의 국가로 팽창 발전한다는 의미를 함축한 것으로 볼 수는 없을 것이다.

박은식은 1910년대 동창학교 교사, 박달학원 교사 등을 역임하면서 민족사를 연구하고 교육하였다. 1919년 그는 3·1운동을 러시아의 블라디보스토크에서 맞이하게 되었다. 그는 3·1운동 소식을 듣고 대한민국노인동맹단을 조직하고, 일본의 정관계 요로에 대한의 독립을 요구하는 활동을 전개하였다. 이후 상해로 가서 대한민국 임시정부 수립에 참여했고, 독립신문사 사장을 지내다가 1925년에는 대한민국임시정부 대통령에 취임하기도 했다. 그는 임시정부에 참여하여 활동하는 동안 임시정부 사료편찬위원회에서 수집한 자료를 토대로 3·1운동 중심의 독립운동사를 저술, 1920년 12월 유신사에서 『한국독립운동지혈사』를 간행하였다.

박은식의 『한국통사』와 『한국독립운동지혈사』는 민족주의적 관점에서 저술된 대표적인 당대사였다. 따라서 양자에는 공히 국혼론적 역사 인식이 기본적으로 자리 잡고 있다. 그는 『한국독립운동지혈사』 서언에서 다음과 같이 말한다.[7]

6_박은식의 『몽배금태조』가 사회진화론을 극복해 가는 일환임을 보여 주고 있다는 데 대해서는 김기승, 「박은식의 민족과 세계 인식: 경쟁과 공생의 이중주」, 백암학회·한성대학교 인문과학연구원, 『백암 박은식 선생 서거 82주년 기념학술회의, 백암 박은식 선생의 민족과 사회 인식』, 한성대학교 디지털러닝센터, 2007년 11월 1일 발표문, 31-36쪽 참조.

7_박은식, 『한국독립운동지혈사』 상, 유신사, 1920, 1쪽.

우리나라의 국성(國性)은 다른 민족과는 특별히 구별된다. 이러한 여러 가지가 우리의 국혼을 생성시키고 우리의 국혼을 강하고 견고하게 만들었다. 결코 다른 민족이 능히 동화시킬 수 있는 것이 아니다.

이렇듯 『한국독립운동지혈사』에서는 국혼론적 민족주의에 의거하여 한민족의 특수성을 강조하는 관점이 계속되고 있다. 그러나 이것은 일본의 동화정책이 실패할 수밖에 없는 이유로 제시되고 있다. 오히려 한국 독립운동의 필연적 승리 가능성은 이전의 사회진화론적 관점에서의 민족의 자강력이나 민족적 우위와는 전혀 다른 맥락에서 제시된다. 그는 일본이 군국주의적 침략 정책을 전개하는 것에 대한 국내외적 저항이 있다는 사실을 지적했다. 즉, 일본 국내에서도 무인(武人)의 전제(專制)에 일반 민심이 불평을 품고 있으며, 대외적 침략 정책으로 일본 국민의 힘이 피폐해졌다고 했다. 나아가 일본이 한국을 침략하는 것이 "우리의 민의를 무시한" 것임을 지적했다. 그리고 일본의 군군주의적 침략은 포악한 죄를 저지른 것이 많아 "우리 2천만의 원수가 되고 중국의 4억 민중의 원수가 되며, 러시아 2억 국민과 원수가 되었다"고 했다. 일본 제국주의는 국가와 민족의 적을 넘어서 한국·중국·러시아의 6억2천만 민중의 적이 되었음을 강조하고 있는 것이다. 말하자면 일본의 군국주의적 침략 정책은 세계 민중의 원수가 되었을 뿐만 아니라 일본 국민으로부터도 원한이 대상이 되었기 때문에 실패할 수밖에 없다고 본 것이다.[8]

한국독립운동사에서는 승패의 결정 요인이 힘이 아니라 도덕이라고 주장한다.[9]

8_박은식, 『한국독립운동지혈사』 상, 1-3쪽.
9_박은식, 『한국독립운동지혈사』 상, 59쪽.

아아 예로부터 강한 무력을 믿고 문덕(文德)을 닦지 않으며 힘으로 정복하여 천하를 경영하려 한 자는, 그 종국이 패망에 빠지지 않은 자가 없다. 그러므로 덕을 믿는 자는 창성하고 힘을 믿는 자는 멸망한다고 한다. 더구나 오늘날 전 세계 인류의 사상은 강권(强權)을 맹수처럼 미워하고 공리(公理)를 생명처럼 사상하여 침략주의의 잔재를 불허한다. 더구나 저들의 인민들도 이러한 공통된 사상을 갖고 있다. 그러니 군벌(軍閥)의 말로도 이미 가까워졌다. 이것이 우리 민족이 분투하면 이기지 못할 것이 없음이다.

제1차 세계대전을 약육강식·우승열패·생존경쟁으로 인해 결국은 강자와 약자 모두의 파멸을 초래한 사건으로 보았다. 따라서 대전 후의 국제사회에서는 전쟁이나 경쟁을 대신하여 세계 대동과 인류 공존의 의리가 점차 발현되고 있다고 보았다. 그 증거로 러시아혁명, 독일 사회당의 출현, 미국 윌슨 대통령의 민족자결주의 제창, 약소민족의 독립 등을 거론했다. 군국주의와 침략주의를 대신하여 정의와 인도가 승리하는 세계 개조의 신기운이 일어나고 있다고 보았다. 3·1운동은 바로 이러한 세계의 정의와 인도에 순응하고 민족자결주의에 호응하여 일어난 것이라고 했다.[10]

박은식의 『한국독립운동지혈사』는 대한민국임시정부의 독립운동론이 반영된 저서이다. 이 점은 이 책에서 제시한 독립운동 방법론을 통해 확인할 수 있다. 그는 『한국독립운동지혈사』 결론 부분에서 기회 포착론이나 독립 불가능론을 비판하면서 현실적으로 가능한 독립운동 방법론을 제시했다. 즉, 그는 독립운동에 있어서 미일전쟁이나 러일전쟁 혹은 일본 내 사회혁명을 기회로 해야 한다는 주장에 대해 타력이 아닌 자력에 의한 독립운동이 되어야 한다고 했다. 또 물질적 실력이 부족하다고 하여 자력독립 불가능을 주장하는 자에 대해 반론을 제기했다. 첫째는 정신상 인내력을 발휘해야 함을 강조했

10_박은식, 『한국독립운동지혈사』 하, 5-6쪽.

고, 둘째로는 민족의 일치된 행동으로 비타협 불복종 운동을 전개한다면 일제의 식민 통치를 물리칠 수 있다고 했다. 그러한 예로 이집트의 동맹파업 투쟁, 아일랜드의 납세거부 운동을 등을 거론했다.

박은식이 『한국독립운동지혈사』에서 갑신정변 이후의 독립운동의 역사를 개관하고 3·1운동에 대해 중점적으로 기술한 실천적 목적은 민족의 자력에 의한 독립운동이 가능하다는 점을 역설하고자 한 것이었다. 그 이유는 독립운동이 세계 인류의 인도와 정의 구현의 일환이므로 세계 인류와 함께하는 것이라는 점, 그리고 3·1운동에서 보여 준 민중적 역량을 구체적인 독립운동으로 발전시킬 수 있다는 점이었다. 그는 대중시위, 동맹파업, 납세거부 등 비타협 불복종 운동의 방법을 제시하였다.[11]

이러한 독립운동 방법론은 3·1운동 직후 대한민국임시정부에서 정한 방침이었다. 대한민국임시정부의 독립운동 방략은 1919년과 1920년에 중요한 차이를 나타낸다. 임정 성립 초기에는 주로 대중시위 운동을 중심으로 납세거부와 동맹파업과 외교를 중심으로 하는 평화주의적 방략이었다. 그러나 1919년 연말 이후에는 임정에 무장독립 세력이 참여하여 무장투쟁을 중시하는 방향으로 바뀌면서 1920년 1월 국무원은 '독립전쟁 개시'를 선포하기에 이르렀다. 그러나 박은식의 『한국독립운동지혈사』에는 3·1운동 직후의 다양한 무장투쟁 활동이 소개되기는 했지만, 결론 부분에서 일본 제국에 대한 전쟁을 선포하지는 않고 있다. 이 점에서 『한국독립운동지혈사』는 독립운동의 방략상에서 볼 때에는 대한민국임시정부 초기의 평화주의적 방략을 주로 소개하고 있는 것으로 보인다. 1920년에 선언한 '독립전쟁 제1년'의 의미를 찾아내기는 어렵다.[12] 이 점에서 3·1운동에서 보여 준 평화주의적 독립운동 경

11_박은식, 『한국독립운동지혈사』 결론, 269-271쪽.

12_대한민국임시정부의 독립운동 방략이 1919년 성립 초기 평화주의적 방략에서 1920년 독립전쟁 준비 방략으로 변화했다는 데 대해서는 김기승, 「대한민국임시정부의 독립운동 방략」, 『대

험이 『한국독립운동지혈사』의 기본적 바탕이 되었다고 하겠다.

박은식의 경우 『한국통사』에는 1911년 망명 직후 해외 독립운동의 경험이 반영되어 있고, 『한국독립운동지혈사』에는 제1차 세계대전 종결 이후 국제 정세의 변화 속에서 국내에서 폭발한 3·1운동에 대한 직간접적 경험이 반영되어 있다. 이 두 책의 비교를 통해 박은식의 역사관의 변화를 정리한다면, 전자는 잘못된 현실에 대한 성찰적 반성으로서의 역사관이 주된 것이라면, 후자는 잘못된 현실을 극복하기 위한 실천 활동을 중심으로 삼는 실천적 역사관을 반영하고 있다고 하겠다. 특히 『한국통사』에서는 민족의 독립 문제가 외세 및 제국주의 열강에 대한 부정과 극복이라는 맥락에서 파악되었지만, 『한국독립운동지혈사』에서는 한민족의 독립운동이 평화와 인도, 세계 인권의 평등이라는 인류 보편의 가치를 실현하기 위한 운동의 일환으로 파악되었다. 민족의 독립은 국혼이나 국수의 보존이라는 자기 방어적이며 수세적인 관점에서 성취되는 것이 아니라 인류가 추구하는 공통된 가치를 추구할 때 성취할 수 있는 것인 바, 독립운동이란 새로운 인류 사회의 건설을 지향하는 보편 운동으로서의 성격을 지니게 되었다.

3. 신채호의 진화사관과 혁명사관

1905~10년간 신채호는 당시를 사회진화론적 현실로 진단하여 자강력의 양성을 통해 국권회복을 할 수 있다고 생각했다. 그는 당시를 민족과 국가 사이에 문명부강이라는 보편적 가치를 두고 경쟁하는 상황으로 진단했다. 그리

한민국임시정부수립 80주년 기념논문집』, 국가보훈처, 1999, 691-703쪽 참조.

하여 문명부강을 성취한 민족은 승리하여 제국주의 국가가 되고 그렇지 못한 민족은 패배하여 망하게 된다고 보았다. 이러한 진화론적 경쟁의 현실에서 필요한 것은 민족주의라고 보았고, 민족주의는 민족의 역사 특히 민족사적 영웅에 대한 숭배를 통해 고양될 수 있다고 했다. 따라서 그는 이 시기 전통적인 왕조사관과 신교과서의 비민족주의적 측면을 비판했다. 그는 중화주의와 사대주의를 비판하면서 민족 주체적 관점에 의거한 역사학의 수립을 역설했다. 말하자면 역사 발전의 주체를 민족으로 설정했고, 민족의 자주성과 독립성을 지키기 위한 활동을 역사 서술의 주요 대상으로 삼았다. 여기서 민족의 대외 경쟁의 중심적 인물들에 대한 전기를 저술하게 되어 영웅주의적 역사관을 나타내기에 이르렀다. 이 시기 그가 추구하는 국권회복 방법이란, 현재의 약자인 한민족이 역사를 통해 애국심을 함양하여 국민 개개인의 힘을 결집하여 민족으로서의 단체적 힘을 강화하자는 것이었다. 이렇게 자강력을 양성한 한민족은 민족과 국가 사이의 경쟁이라는 국제사회에서 우자(優者)와 승자(勝者)가 되어 제국주의적 국가로 진화해야 한다는 것이었다. 이러한 진화 혹은 발전 과정은 혁명적 변화가 아니라 국민 개개인의 지력과 부력(富力)을 양성하고, 개인적 힘들의 민족적 결집을 통해 점진이거나 누적적으로 이루어질 것이었다.

그러나 신채호의 국권회복 운동을 실패로 끝난 셈이었다. 왜냐하면 1910년 한국은 일제의 식민지로 전락했기 때문이었다. 망국 이후 신채호는 국내에 체류하면서 종래의 국권회복 운동이 불가능하다고 판단했다. 이에 중국으로 망명하여 해외에 독립운동 근거지를 건설하고 국외에서 독립운동을 전개하는 새로운 방안을 모색했는데, 그것은 신민회의 독립전쟁 준비론의 틀 속에서 이루어졌다. 독립전쟁 준비론은 사회진화론적 관점이 완전히 극복된 것은 아니었다. 왜냐하면 일본에 대한 무장투쟁이 즉각적인 무장투쟁이 아니라 독립전쟁이 가능하게 될 수 있도록 실력을 쌓아 준비하자는 주장이기 때문이다. 그렇지만, 1920년대 이후 그는 현실에 대한 사고에서 중요한 시점의 변화를 보이고 있다. 그의 시점의 변화는 '무국민(無國民)의 특별 도덕'을 제창했다는 데서 확인할 수 있다.[13]

> 도덕은 하나뿐이로되 그 조건은 경우를 따라 변천되는 고로, 전제시대 충군의 윤리가 공화시대 부적하며, 승평시대 안민의 주의가 파괴시대에 불합하나니 우리는 누구이뇨. 곧 지리에 빠진 조선 구강에 나며, 역사가 그친 대한 말일에 온 망국민이라. 망국민의 도덕은 하릴없이 유국민의 도덕과 달라야만 되겠도다.

여기서 그는 나라 있는 국민과 나라가 없는 국민의 도덕은 달라야 한다는 점을 강조했다. 이것을 확대 해석한다면 과거 대한제국이 존재했을 때의 국권회복론과 망국민으로서 국외에 나와 있을 때의 독립운동론은 달라야 한다는 의미를 함축하고 있다고 하겠다. 이 글에서는 무국민은 기존의 일체 도덕을 부정하고 국가의 독립을 위해서는 수단과 방법을 가리지 말아야 한다는 것이다. 요컨대, 신채호가 강조하는 바는 국가 중심적 관점에서 세계주의적 보편적 도덕의 적실성을 부정한 점, 국가가 있을 때의 지배와 안정을 위한 도덕을 비판한 점, 외국보다는 자국의 역사 속에서 도덕적 모델을 구하는 것이 효율적이라는 점이었다.

이런 의미에서 신채호는 국가를 위해서는 도둑질이나 잔인함도 도덕이며, 희생적인 의병 항쟁도 옳은 일이라고 했다. 그리고 한국 역사상의 도덕적 모델로서는 이전의 국민적 영웅보다는 목적을 위해 수단과 방법을 가리지 않고 희생적인 투쟁을 한 인물들을 거론했다.[14] 국가 또는 민족의 집단적 힘을 대표하는 민족적 혹은 국민적 영웅상보다는 특정한 가치 실현을 위한 개개인의

13_신채호, 「도덕」, 『단재신채호전집』 하, 단재신채호선생기념사업회, 1987, 136-144쪽.

14_신채호는 무국민의 특별 도덕을 함양하기 위한 교육에 적합한 역사상의 인물로 백제 왕을 시중에서 죽인 황랑, 희생적 전투를 수행한 관창과 사다함, 불의한 친구를 암살한 인군, 패전하고 돌아온 아들 김원술과 의절한 그의 어머니, 자기 다리를 베어 불의를 징벌한 농부 등을 제시했다.

희생적 투쟁을 무국민의 특별 도덕으로 제창하였던 것이다. 이것은 그가 독립이라는 민족문제의 해결 방법으로서 약자가 강자로 진화하는 방법이 아닌 다른 방법을 선택했다는 것을 뜻한다. 그것은 약자가 불리하거나 열악한 그 자신의 현실적 조건하에서 가능한 투쟁 방법을 찾아내야 한다는 것이었다. 신채호에게 있어 강자를 닮고 싶어 하는 약자에서 강자를 부정하는 약자로의 시점의 변화가 확인되는 것이다. 사회진화론에서는 약자는 존재 자체가 부정되었다. 그러나 이제 약자는 약자 자체로서의 존재 가치를 인정하는 관념이 나타나게 되는 것이다.

우리는 여기서 1920년대 신채호가 무정부주의 사상 수용을 통해 민중직접혁명론을 제창한 점을 이해할 수 있다. 주지하듯이 신채호는 1923년 1월 의열단 단장 김원봉의 의뢰에 따라 「조선혁명선언」을 집필했다. 이 선언문은 전통적인 의리 관점에 의거한 희생적 투쟁이라는 의열투쟁론을 서구의 무정부의 사상에 의거하여 민중직접혁명론으로 체계화한 것이다. 이전의 의열투쟁론이란 일본 제국주의에 대한 의사와 열사들의 개별적인 암살과 제국주의적 침략 기관과 시설에 대한 파괴 투쟁에 의해 민족의 독립을 추구하는 것이었다. 그런데 이제는 민족의 독립뿐만 아니라 피압박 계층 일반으로서의 민중적 해방을 목표로 하게 되었으며, 개별적 의거는 민중이라는 집단의 폭동의 일환으로서 민중이 중심이 된 새로운 사회를 건설하기 위한 투쟁이라는 의미를 지니게 되었다. 1910년 이전의 사회진화론적 국권회복론에서는 독립의 문제가 약자인 한민족이 강자인 제국주의 국가가 되는 방법에 의해 해결되는 것이었다. 그러나 이제는 강자와 우자 중심의 제국주의 질서 자체를 거부하고 약자, 즉 민중 자신에 의한 혁명적 투쟁에 의해 민중 중심의 사회를 건설하는 방법을 통해 민족의 독립 문제를 해결하고자 하였던 것이다. 민족의 독립은 약자가 강자로 진화되는 점진적인 힘의 축적에 의해서가 아니라 약자가 스스로 강자와 지배 세력에 대한 즉각적이고 직접적인 희생적 투쟁을 통해서 성취될 수 있다는 것이다. 미래의 조선은 약소국이 강대국으로 되는 강자의 사회가 아니라 약자들끼리의 약자를 위한 민중적 조선이 되는 것이다. 이런 의미에서 독립운동은 민족과 민중의 해방을 위한 민중 개개인의 폭력적이고 급진적인 투쟁의 연속적 과정이 된다.

신채호는 1920년대 『조선상고사』 「총론」에서 역사를 다음과 같이 정의했다.[15]

> 역사란 무엇이뇨. 인류사회의 '아'(我)와 '비아'(非我)의 투쟁이 시간부터 발전하며 공간부터 확대하는 심적 활동의 상태의 기록이니, 세계사라 하면 세계 인류의 그리 되어 온 상태의 기록이며, 조선사라면 조선 민족의 그리 되어 온 상태의 기록이니라. …… 그리하여 아에 대한 비아의 접촉이 번극(煩劇)할수록 비아에 대한 아의 분투가 더욱 맹렬하여 인류사회의 활동이 휴게(休憩)될 사이가 없으며 역사의 전도(前途)가 완결될 날이 없나니, 그러므로 역사는 아와 비아의 투쟁의 기록이니라.

단재는 역사를 '아'와 '비아' 사이의 투쟁의 연속적 과정으로 보았다. 이때 '아'와 '비아'는 절대적 개념이 아니라 상대적 개념으로서 어떤 부문에든 적용 가능하다고 했다. 심지어 '아'의 내부에서도 '아'와 '비아'의 투쟁이 있다고 했다. 기존의 연구에서는 이 투쟁사관을 사회진화론적 경쟁론으로 해석했다. 그러나 이때의 투쟁은 국권회복론에서의 경쟁의 의미와는 근본적인 차이가 있다. 왜냐하면 역사의 발전과 진보의 목적이나 방향이 제시되어 있지 않다. 사회진화론에서는 종의 진화, 민족의 약자에서 강자로의 발전, 개인과 인류사회의 행복의 질량적 증대 등등의 목표와 방향이 정해져 있었다. 말하자면 자아를 현재의 자아가 아닌 보다 나아진 자아로 변화 발전시킨다는 관념이었다. 여기서 약한 민족이 자강력을 양성하여 강대한 민족으로 진보하여 문명부강한 국가를 건설하자는 목표가 설정된다. 그는 약소민족인 한민족이 제국

15_신채호, 『조선상고사』, 『단재신채호전집』 상, 단재신채호선생기념사업회, 1987, 31쪽.

주의 열강을 모방할 것을 주장했다.[16] 그러나 『조선상고사』의 투쟁사관에서는 아와 비아 사이의 투쟁의 시간적 연속과 공간적 확대만이 있을 뿐이다. 끝, 즉 목표와 방향성이 없다. '아'의 '비아'에 대한 끊임없는 투쟁만이 있을 뿐이다. 투쟁사관은 민중 개개인의 희생적이고 혁명적인 투쟁을 이론화한 무정부주의적 민중직접혁명론과 조응하는 것이다.

신채호가 사회진화론적 진보사관에서 무정부주의적 혁명사관으로 이행하면서 역사 서술에서도 변화가 나타났다. 그는 한국 역사상에서 천시되고 억압받았던 약자와 실패한 자들에게 주목했다. 이전의 영웅주의적 사관에서는 어떤 의미에서든 성공한 자 중심으로 역사가 서술되었던 것과 달라진 것이다. 그는 약자라는 '아'가 강자인 '비아'에 대해 투쟁한 사실에 주목하는 것이다. 여기서 논리적 모순에 직면하게 된다. 약자가 강자에 대해 투쟁할 때 약자는 필연적으로 패배자가 될 수밖에 없다. 왜냐하면 약자라는 용어 자체가 투쟁에서의 패배자의 다른 이름에 불과하기 때문이다. 이렇기 때문에 사회진화론에 기초한 역사관에서는 약자가 강자로 변화 발전하는 것을 목표로 삼을 수밖에 없게 된다. 그러나 신채호의 투쟁사관에서는 약자가 강자에 대해 싸울 수 있는 무기를 갖게 된다. 그는 역사상의 노예 계급의 투쟁에서 보여 주었던 노예 계급의 '무기'에 주목했다. 그는 "노예들이 각기 무력(無力)의 힘을 다하여 유력(有力)자의 금전과 철포를 대항하는 방법을 안출하니 가론바 '저주' 그것이다. …… 거룩하다. 저주의 힘이여, 약자의 유일 무기가 아니냐"라고 했다.[17] 그는 힘없는 자의 힘, 힘이 없는 것의 힘이라는 모순적 진리에 주목했다. 그는 약자나 피해자가 인간으로서 가질 수밖에 없는 '저주성'에 주

16_신채호가 '동등적 모방'과 '동화적 모방'을 구별하면서 주체적이고 자주적인 문명부강을 역설하여, 민족의 고유성을 유지하면서 강대국과 대등한 국가가 되어야 한다고 강조했다. 그러나 그 경우에도 제국주의 열강은 투쟁과 극복의 대상이라기보다 모방의 대상이었다. 신채호, 「동화의 비관」(1909.3.23), 『단재신채호전집』 별집, 단재신채호선생기념사업회, 1987, 150-152쪽.

17_신채호, 「금전·철포·저주」, 『단재신채호전집』 하, 127-128쪽.

목했던 것이다.

약자의 강자에 대한 투쟁은 필연적인 것으로 인식된다. 어느 민족의 역사에서든 이러한 사례를 찾을 수 있게 된다. 전통적인 관점에서 보면 약자의 강자에 대한 투쟁은 실패할 수밖에 없다. 결국 약자의 강자에 대한 투쟁사를 찾는다는 것은 과거의 역사 속에서 실패자와 실패한 사례에 대한 관심이 될 수밖에 없다. 그는 말하기를 실패자를 비웃고 성공자를 칭송하는 전통적 역사관을 '어리석은 자의 편벽된 견해'라고 비판했다. 이제 성공자는 '약은 사람'이고 '쥐새끼'에 불과한 존재가 된다. 오히려 "실패한 자는 매양 인용(仁勇)의 양자를 겸비한 이거나 혹 그 일을 가진 자"로 평가가 역전되었다. 역사상의 성공자는 "실인(實仁)·실용(實勇)이 없이 가인(假仁)·가용(假勇)을 가진 소인(小人)"으로 부정되었다.[18]

이러한 관점에서 혁명성은 역사 인물에 대한 새로운 평가 기준으로 등장하게 되었다. 여기서 전통적 역사관에 의해서는 부정되었던 반역자나 패륜적 인물들이었던 정여립·연개소문·궁예 등이 새롭게 평가되었다. 연개소문에 대해서는 한국 역사상의 혁명적 변화를 일으킨 혁명가라고 평가했다. 그는 '역사란 변화이기 때문에 혁명이 없을 때가 없는 바, 역사는 곧 혁명사이다'라고 정의했다. 그리고 한국 역사상의 혁명적 인물로 연개소문을 꼽았는데, 그는 봉건세습의 호족공치제를 타파하여 정권을 한곳에 집중시켰던 인물이라고 했다.[19] 그는 이러한 변화를 '진화'로 표현했지만, 이때의 진화는 특정한 방향과 목적을 가진 것은 아니었다. 그는 혁명을 역사적 국면의 총체적이고 급진적인 변화로 파악했다. 그리고 그것의 성패, 즉 실제적 영향이나 결과에 따라 혁명의 여부가 판가름 나는 것도 아니었다. 한 인물의 행동의 혁명성 여부가 주요한 기준이 되었다. 이에 따라 연개소문 이외에도 실패한 반역아 정여

18_신채호, 「실패자의 신성」, 『단재신채호건집』 하, 125-126쪽; 「실패」, 『단재신채호전집』 하, 382쪽.
19_신채호, 「조선상고사」, 『단재신채호전집』 상, 313-314쪽.

립도 '돌비적 혁명가'로 평가할 수 있었다.

신채호는 한국 역사상 '비아'와 투쟁한 '아'의 전형적 인물로 궁예를 꼽았다. 그는 궁예를 '일목대왕'(一目大王)으로 묘사하고 그의 가르침을 엮은 『궁예대왕경』을 한글로 정리하고자 했다. 그것을 몽상소설의 형태로 저술한 작품이 「일목대왕의 철퇴」였다. 여기서 일목대왕은 전통적인 유교와 불교를 대신하는 새로운 종교를 제창하는 성인으로 묘사했다. 그런데 새로운 종교의 핵심 가르침은 평민 출신인 부인의 도움을 받아 제시되는데, 그것은 '사랑'이었다. 말하자면 인간적이며 서민적인 지극히 민중적인 '사랑'을 핵심 교리로 삼는 민중 종교를 창건하는 꿈을 그렸던 것이다. 이것이 민중적 종교라는 점은 궁예 당시의 각 종교가 제시하는 윤리와 도덕의 적합성 기준을 민중의 지지 여부에 두었다는 점에서 확인할 수 있다.

신채호는 1910년 국망 이후 독립운동을 실천적으로 전개하는 가운데 역사 인식의 커다란 변화를 나타내었다. 1910년 국망은 이전의 사회진화론적 국권회복론에 대한 비판적 반성으로 나아가도록 만들었다. 이를 통해 그는 우자와 강자의 관점에서 국가와 민족의 문제를 해결하는 것이 아니라 약자와 패자의 관점에서 민족과 민중의 문제를 해결하고자 했다. 그리고 1919년 3·1 운동을 경험한 무정부주의 사상을 수용하면서 약자와 패자의 실제적 역량에 대해 새롭게 평가하게 되었다. 여기서 그는 민중직접혁명론을 제시하게 되었고, 민중 주체 사관을 정립하기에 이르렀다. 이러한 역사관의 변화 속에서 그는 역사를 '아'와 '비아'의 연속적 투쟁과정으로 보았고, 혁명사로 파악했다. 그리하여 이전과는 달리 약자와 패배자를 혁명사적 관점에서 새롭게 평가하게 되었다.[20]

20_신채호의 역사관이 진화사관에서 혁명사관으로 전환한 데 대해서는 김기승, 「신채호의 진화사관과 혁명사관의 대치」, 대전대학교 지역협력연구원 엮음, 『단재 신채호의 현대적 조명』, 다운샘, 2003, 141-166쪽 참조.

4. 조소앙의 삼균주의와 민족혁명사관

조소앙은 박은식과 신채호보다는 한 세대 뒤의 인물이다. 그는 1910년 국망을 전후한 시기에는 일본에 유학 중이었다. 그는 1912년 일본의 메이지대학을 졸업하고 1913년 중국으로 망명하여 독립운동 대열에 참여하게 되었다. 망명 직후 상해에서 그는 박은식·신채호 등과 만나 이전과 다른 민족사를 접하게 되었다. 1910년대 조소앙은 민족의 독립 문제를 세계 종교의 통합을 통해 해결하고자 하여 단군·공자·소크라테스·예수·석가·마호메트 등 여섯 명의 성현의 가르침을 하루씩 배우고 실천하는 세계 통합 종교를 구상하였다. 여섯 명의 성인은 모두 일신(一神)의 아들로 보아 일신교라 이름 불렀다. 그는 세계 종교의 통일을 통해 민족적 갈등을 해소라는 방식으로 민족문제를 해결하고자 한 것이었다.

이러한 종교적 관념론적 사고는 1919년 3·1운동 이후 현실적 사고로 변화를 겪게 되었다. 왜냐하면 그가 무시했던 민중이 실제적 역량을 보여 주었기 때문이다. 3·1운동 이후 그는 대한민국임시정부 수립에 참여하여 국호를 정하고 대한민국 임시헌장을 기초했을 뿐만 아니라 유럽으로 건너가 독립 외교 활동을 전개했다. 특히 사회주의 인터내셔널에 대한 독립 외교는 성과를 거두었다. 1920년대 중반 조소앙은 무정부주의적 독립운동 단체인 한살림당을 결성했다. 여기서 반전평화론에 기초한 대동평등사회 건설론이 독립운동론으로 체계화되었고, 삼균주의의 체계가 잡히기 시작했다. 그의 삼균주의가 독립운동의 지도 이념으로 체계화하게 된 것은 1930년 한국독립당 창립을 전후해서이다.[21] 이 시기는 바로 1929년 광주학생운동이 발발한 직후였다. 이때 그는 독립운동을 민족혁명 개념으로 파악했고, 민족사를 혁명사로 체계

21_조소앙의 사상적 변천과정과 삼균주의의 체계화 과정에 대해서는 김기승, 『조소앙이 꿈꾼 세계: 육성교에서 삼균주의까지』, 지영사, 2003 참조.

화했으며, 독립운동사도 혁명운동사의 단계적 발전 과정으로 체계화하게 되었다.[22] 그가 체계화한 삼균주의적 민족혁명사관은 이후 한국독립당과 대한민국임시정부가 추진하는 독립운동과 건국운동의 토대가 되었다.

조소앙은 1930년 4월 「한국의 현상 및 그 혁명 추세」를 탈고했는데, 여기서 독립운동을 민족혁명으로 규정하면서, 민족혁명의 역사적 기초와 체계를 확립하고자 했다.[23] 그는 한국혁명의 역사적 기초로 세 가지를 지적했다. 첫째는 '인민기본권의 불평등'으로서 삼국 시대 이래 2천 년간 지속된 계급제도와 노예제도를 거론했다. 고려 시대에는 만적의 난에서 시작한 네 차례의 노예혁명이 있었음에도 불구하고 조선 시대까지 노예제도가 존속했다고 했다. 둘째는 '인민생활 권리의 불평등'으로서 토지문제를 거론했다. 그는 토지제도의 역사를 개관하면서 신라에서 고려 중기까지는 국유제였고, 고려 말 토지개혁의 효과가 있었지만, 이후 다시 토지제도가 문란해져서 토지 사유제와 소작제가 완전히 성립하게 되었고, 그 결과 인민 생활의 불평등이 구조화되었다고 했다. 셋째는 '인민수학권(人民受學權)의 불평등'을 지적하면서 한국의 교육제도의 역사에서 배울 권리가 불평등한 상황이 오랫동안 지속되었다고 했다. 넷째는 '망국조약의 연혁'으로서 1876년 병자수호조약부터 1910년 '합방조약'에 이르기까지 근대 이후 한국의 국권 피탈 과정을 약술했다.[24] 이렇듯 그가 말하는 민족혁명의 역사적 기초란 근대 이전 역사가 인민의 기본권·생활권·수학권 세 가지가 불평등하다는 점, 그리고 근대 이후 한민족이 국권을 피탈당했다는 사실을 말하는 것이었다. 따라서 민족혁명의 과제는 인민의 기본권·생활권·수학권의 평등과 민족의 독립을 동시에 추구하는 것이 된다.

22_조소앙의 역사관에 대한 연구의 중요성을 최초로 파악한 연구로는 한시준, 「조소앙의 역사의식」, 『한국사연구』 55, 1986, 83-126쪽이 있다.

23_이 글은 1932년 『소앙집』에 발표되었다. 조소앙, 「한국의 현상 및 그 혁명 추세」, 『소앙선생문집』 상, 삼균학회, 1979, 39-82쪽.

24_조소앙, 「한국의 현상 및 그 혁명 추세」, 『소앙선생문집』 상, 삼균학회, 1979, 59-70쪽.

이어서 조소앙은 제5장 '한국혁명운동의 체계'에서 한국 근대사를 혁명운동사의 지속적 발전 과정으로 체계화했다.[25] 그는 1863년 대원군 집정부터 1919년 3·1운동까지를 한국의 혁명운동이 5단계를 거치면서 발전한 것으로 보았다. 제1기는 이하응의 황족혁명, 제2기는 김옥균 등 귀족 청년들이 일으킨 귀족 벌족혁명, 제3기는 전봉준의 평민혁명, 제4기는 서재필의 민권혁명, 제5기는 손병희의 독립운동이라고 했다. 이 중에서 제3기 평민혁명은 '갑오동학혁명'이라고도 했다. 이때는 이미 민중이 자각과 경험이 있어서 평민이 혁명노선에 따라 일어나서 갑오개혁을 이끌어 내는 성과를 얻어 냈다고 평가했다. 4기의 민권혁명은 독립협회 운동을 말하는데, 2기의 후계 운동으로서 신문 발행, 정치결사 조직, 민중운동 진흥, 부문 운동 실행, 민권사상과 독립적 민족의식 고취, 황제의 권한 제한 등 마땅한 바에 힘썼으나 지도부가 민중의 사이에 서지 못하여 실패했다고 평가했다. 5기의 3·1운동은 이전의 혁명이 국내의 개혁을 지향하는 정치혁명인 데 비해 이민족의 정치기관을 타도하여 독립을 성취하기 위한 민족혁명이라는 점에서 차이가 있다고 했다. 그는 3·1운동이 표면적으로는 천도교·기독교·불교의 연합 형태로 나타났으나, 그 원동력은 60년 동안 실패한 혁명적 경험에 입각하고 일본 제국주의에 항거하는 국내외의 민족적 역량이 합류하여 이룩된 것이라고 했다.

이렇게 한국혁명을 5단계로 나누어 살펴보면서 한국혁명의 특징을 다음과 같이 정리했다. 우선 혁명 주체의 문제인데, 처음에는 황족·귀족·양반·벌족의 지식계급에서 시작하여 민중, 청년 남녀 학생과 노농계급에까지 확대되어 노농계급의 조직적 운동으로까지 발전했다고 했다. 방법면에서는 자결·의병·결사·시위·선전·직접행동으로부터 당면 이익적 투쟁기로 접어들었고, 조직 면에서는 산만하던 것이 자유연합과 중앙집권을 거쳐 유기적 조직을 완

25_조소앙, 위의 글, 70-73쪽.

성하여 혁명실행기에 접어들었다고 했다. 사상적으로는 복수심에서 시작하여 설욕, 국권회복, 반일독립적 민족주의, 계급해방을 거쳐 이미 민족혁명과 경제화혁명을 동시에 병진하는 단계로 접어들었다고 했다. 대외적으로는 구미·중국·러시아에 의존하는 것에서 일체의 피압박 민족과 연합하여 위대한 조직체를 만드는 데로 나아갔다고 했다. 건설 방면으로 민주 입헌주의를 지향하다가 한국에 적합한 신사회주의적 계획으로 기울었다고 했다.

근대 이후의 한국혁명사를 5단계로 나누어 분석한 것은 한국의 혁명이 실패를 경험하면서 이전의 문제점을 비판 극복해 가는 발전의 과정임을 보여주고자 한 것이었다.[26] 그리고 그 발전의 방향은 주체의 측면에서는 소수 엘리트에서 민중으로 확대되었고, 방법과 조직 면에서는 고립 분산에서 유기적 조직에 의한 다양한 활동으로, 이념적으로는 민족주의와 사회주의의 좌우 이념을 통합하는, 즉 민족혁명과 사회혁명의 결합을 지향하게 되었다는 점을 강조하는 것이었다.

조소앙에게 있어 민족혁명의 궁극적 지향은 평등이라는 가치의 실현에 있었다. 그는 한국 근대 혁명을 개관하는 끝 부분에 무엇이 전체 민족의 행복인가라는 질문을 던졌다. 그것은 곧 민족혁명의 지향과 목표를 천명하고자 한 것이었다. 그 질문에 이어 그는 다음과 같이 답하였다. 즉, 이것은 불평등의 역사적 기초를 전복하여 정치 권리의 균등, 생활 권리의 균등, 수학 권리의 균등을 실현하는 데서 가능하다. 또한 한민족이 다른 민족과 평등하게 균형을 갖도록 해야 한다. 그리하여 인민의 측면에서는 정치·경제·교육의 평등이 실현되고 국가의 측면에서는 독립하여 평등한 권리와 지위를 보장하는 것, 이것이 한국혁명의 진체(眞諦)라고 했다.[27] 결국 조소앙에게 있어서 민족혁명의 과정은 그가 독립운동의 지도 이념으로 제시한 삼균주의를 실현하는

26_한시준, 「조소앙의 역사의식」, 『한국사연구』 55, 1986, 119-120쪽.

27_조소앙, 「한국의 현상 및 그 혁명 추세」, 『소앙선생문집』 상, 삼균학회, 1979, 73쪽.

것이었다. 그런데 그는 삼균주의에서 추구하는 평등이라는 핵심 가치를 제시하게 된 근거를 한국의 역사적 전통 속에서 찾았다. 즉, 그는 삼균주의의 중심 사상을 '평등'이라고 하면서 '수미균평위(首尾均平位하)하여 흥방보태평(興邦保泰平)함이 홍익인간(弘益人間)하고 이화세계(理化世界)하는 최고공리'라는 선철(先哲)의 말에 근거한 것이라고 했다. 이것은 사회 각계각층 계급의 지력(智力)과 권력(權力)과 부력(富力)의 향유를 균평하게 하며 국가를 진흥하며 태평을 보유하라는 것이며 '홍익인간하고 이화세계'하자는 우리 민족이 지킬 바 최고 공리라는 의미로 해석했다. 그리고 토지혁명의 역사적 근거는 한국의 국유제 전통에 있다고 하면서, 토지제도를 국유제로 확정할 것을 규정했다.[28]

그런데 삼균주의가 추구하는 평등의 가치는 한국의 역사에만 통용되는 가치가 아니었다. 세계 인류의 역사에 공통적으로 적용되는 보편적 가치였다. 그는 불평등이 세계 인류 역사의 모든 혁명과 전쟁의 원인이 되었다고 보았다. 말하자면 계급의 불평등으로 혁명이 발생하고 민족이나 국가의 불평등으로 전쟁이 일어났다는 것이다. 전쟁은 균형의 상실로 발생하는 것이며, 평화는 균등을 유지하는 데서 가능하다고 했다.[29] 따라서 삼균주의는 민족의 행복뿐만 아니라 세계 인류의 행복을 실현하기 위한 보편적 이념이기도 한 것이었다. 민족혁명과 민족혁명사가 균등이라는 인류 보편의 가치를 지향하게 되면서 곧 세계혁명론이며 세계혁명사라는 의미를 갖게 되는 것이다.

조소앙에게 있어서 한국의 독립운동은 인민의 평등과 국가의 평등을 실현하는 과정으로 인식된다. 여기서 주목되는 것은 정치적 평등과 경제적 평등이라는 가치는 서구의 민주주의와 사회주의에서 영향을 받은 바 크지만, 교육상의 평등은 한국독립운동의 역사적 경험에서 추출해 낸 독창적 견해라는 점이다.[30] 그가 삼균주의를 독립운동의 지도 이념으로 체계화하여 제시하

28_조소앙, 「대한민국 건국강령」, 『소앙선생문집』 상, 148-149쪽.
29_조소앙, 「한국독립당 당의 해석」, 『소앙선생문집』 상, 206-207쪽.

게 되는 것은 1930년 한국독립당 당의와 당강을 기초하는 과정에서였다. 그리고 이 독립운동정당이 조직된 것은 1929년 광주학생운동 발생 직후였다. 그가 「한국의 현상 및 그 혁명 추세」를 탈고하게 된 것은 한국독립당 결성 직후인 1930년 4월이었다. 이 글에서는 한국혁명의 역사를 5단계로 나누어 설명했다. 그리고 그 이후의 혁명운동을 두 가지로 나누었는데, 하나는 3·1민족혁명 이후 각 방면의 활동을 기술했고, 마지막 제 6장에는 광주혁명에 대해 자세하게 기술했다. 한국혁명사의 귀착점은 바로 광주혁명에 두어졌던 것이다. 그는 광주혁명이라는 실제적 경험에 기초하여 한국혁명사의 체계화를 시도했다고도 볼 수 있다. 그런데 광주혁명은 그 주체가 바로 청년학생이었다. 그런데 청년학생 주도의 광주혁명은 5기의 3·1민족혁명 이래 축적된 혁명적 경험 속에서 나온 것이었다. 그는 5기 이래의 각 방면의 활동을 자세하게 기술하면서 그 주체 세력이 '30세 이하의 청년학생'이라고 했다. 여기서 6·10만세운동과 광주학생운동이 일어나게 된 것으로 설명했다.[31] 말하자면 조소앙은 3·1운동, 6·10만세시위운동, 광주학생운동에서 보여 준 청년학생층의 중심적 역할에 주목하였다. 여기서 우리는 그가 교육의 균등 문제를 삼균주의의 핵심적 요소로 중시한 이유를 이해할 수 있다. 그는 민족혁명의 중심으로 청년학생을 고려하고 있었으며, 여기서 교육의 균등을 민족혁명의 중심적 과제로 추출해 내었다고 할 수 있다.

30_조소앙이 교육 문제를 독립운동 지도이념 핵심 개념으로 포착하게 된 경위에 대해서는 김기승, 『조소앙이 꿈꾼 세계: 육성교에서 삼균주의까지』, 지영사, 2003, 220-222쪽 참조.

31_조소앙, 「한국의 현상 및 그 혁명 추세」, 『소앙선생문집』 상, 75-82쪽.

5. 결론

박은식·신채호·조소앙 등 한국의 대표적 민족주의적 지성의 경우 독립운동의 실천과 역사관의 변화는 세 개의 국면으로 나누어 살펴볼 수 있다.

첫째는 국외 망명과 국외에서서의 독립운동의 실천이라는 경험이다. 이 경험은 한민족의 종족적 구성의 다양성을 문헌상으로 확인하는 계기가 되었으며, 국적과 종족의 분리, 동일 종족의 문화적 다양성을 체험하는 계기가 되었다. 또 이후 국외에서의 독립운동이란 폐쇄적 민족주의가 아니라 여러 국가와 민족의 상호 협조를 통해 진행될 수밖에 없는 현실을 각성하도록 만들었다. 여기서 민족과 국가 경쟁을 중심으로 한 사회진화론적 역사관을 탈피할 수 있는 첫 번째 계기가 마련되었다.

다음으로는 3·1운동에 대한 경험이다. 3·1운동은 제1차 세계대전 종결 이후 세계가 새롭게 평화 질서를 구축하는 과정에서 발생한 운동이었다. 그리고 이 과정에서는 종래의 약자, 약소민족, 피압박 계급의 해방이 가능하다는 신념이 확산되고 그것을 실현할 수 있는 방안들이 다각적으로 제시되었다. 군국주의 대신에 인도주의와 평화주의가 고조되고, 사회주의·무정부주의 등 다양한 사조가 유입되었다. 그러나 이 시기 독립운동 지사들의 사고를 근본적으로 뒤바꾼 것은 3·1운동에 나타난 민중의 역량이었다. 3·1운동은 엘리트주의적 민족주의적 지성들이 갖고 있던 민중에 대한 편견, 특히 민중을 계몽 대상으로 간주했던 우민관(愚民觀)을 근본적으로 뒤흔든 역사적 사건이었다. 이후 독립운동가들의 사고는 민중을 독립운동의 주체로 확립하는 데 중점을 두었다. 여기서 약자·민중 중심의 역사관이 형성되어 강자 중심의 사회진화론을 극복하게 되기에 이르렀던 것이다. 또한 약자와 민중의 국제적 연대에 대한 관념도 함께 나타나게 되었다.

마지막으로 광주학생운동에 대한 경험이다. 조소앙의 경우에 확인되듯이 광주학생운동은 국내에서 전개된 대중적 시위운동으로서는 제3의 3·1운동이라고 할 수 있다. 즉, 3·1운동, 6·10만세운동에 뒤이은 민중운동이었던 것이다. 세 개의 대중적 시위운동에서 핵심적 역할을 했던 세력은 청년학생층이었다. 조소앙은 바로 이 점에 주목했다. 청년학생층을 독립운동에 견인하기 위한 고려 속에서 그는 교육 문제를 자신이 구상한 삼균주의의 핵심적 개념으로 포착했다. 그리고 독립운동 개념을 민중이 중심이 된 급진적 변혁운동이라는 의미에서 민족혁명으로 개념화했다. 이러한 관점에서 그는 근대 이후의 민족혁명사의 발전 과정을 체계화하고자 했고, 한민족사 전체의 과정을 불평등을 전복하기 위한 평등주의적 혁명 과정으로 파악했다. 그의 민족혁명사관은 독립운동의 실천 속에서 형상화되었던 것이다.

30장

한국전쟁에서 인도의 역할

인도 측의 관점

조길태

1. 머리말

근·현대사에서 한국과 인도와의 직접적인 관계는 특기할 것이 거의 없는 미미한 것이었다. 물론 근대 세계사가 보여 주었던 하나의 뚜렷한 양상이었던 제국주의 열강의 세계 지배의 물결 속에서 한국과 인도는 약소민족이 경험해야 했던 비극적 역사를 함께하였다. 제국주의 지배의 질곡에서 벗어나려는 몸부림 속에서 한국과 인도 양국 국민이 서로 심정적 영향을 주고받은 것은 사실이다. 인도가 영국의 지배를 받은 기간이 우리의 경우와 비교할 수 없을 만큼 길고 한국이 본격적인 식민 통치 아래 들어가기 전에 인도는 벌써 독립운동을 시작하였다는 점을 고려하면 한국의 독립운동이 인도의 영향을 많이 받았다고 볼 수 있을 것이다. 그러나 인도의 독립운동이 한국에 일방적으로 영향을 미쳤다고 말하기보다는 양국이 서로 영향을 주고받았다고 보는 것이 타당할 것이며 우리는 그렇게 볼 수 있는 역사적 사실을 종종 발견할 수 있다.

신흥 독립국인 인도가 동서 두 진영의 어느 쪽에도 기울지 않고 비동맹정책을 추구하고 나섰던 것을 이해할 만하다. 약 200년 동안 영국의 제국주의 지배를 받아 온 인도가 서방 진영에 가담하는 것은 우선 인도의 국민 정서가 용납할 수 없는 일이었으며 그렇다고 인도가 공산 진영에 경도(傾倒)될 수도 없었다. 힌두 신앙의 오랜 전통과 인습에 젖어 있으면서도 영국 통치 아래서 오랜 민주정치의 경험을 쌓아 온 인도 국민에게 공산주의는 결코 새 통치 이념이 될 수 없었고, 특히 국부(國父) 마하트마 간디(Mahatma Gandhi)가 거의 본능적으로 거부감을 표시해 왔던 서구 사상에 뿌리를 둔 공산주의 이념을 수용할 수는 없는 것이었다.

인도가 서구 진영과 공산 진영 어느 쪽에도 가담하지 않겠다는 비동맹의 자세는 인도가 국제정치에 초연한 상태로 무기력하게 머물러 있겠다는 것은 결코 아니었다. 오히려 소극적 자세가 아닌 능동적이고 적극적으로 식민주의를 청산하고 세계평화와 자국의 이익을 위해 국제 문제에 탄력적으로 개입하겠다는 자세였다. 경제적 빈곤 국가로 머물러 있지만 국제적인 외교 문제에 있어서는 강대국으로 당당하게 행세해 보겠다는 다짐이었다.

한국전쟁에서 인도가 보여 준 역할은 분명한 한계점을 보여 주고 있었다. 그러나 인도는 그들의 역할이 흔들림 없는 태도를 견지한 것이고 인도 비동맹정책을 가장 잘 보여 준 사건 가운데 하나로 자부하고 있다. 인도아대륙(印度亞大陸)은 오랜 제국주의 지배로부터 영광스런 독립을 쟁취한 바로 그 순간 인도사에서 가장 비극적인 사건, 즉 인도와 파키스탄의 분립이라는 통한의 현실을 맞았으며 여기에서 인도는 아마도 유사한 비극적 역사를 되풀이하는 한반도의 운명을 남다른 마음으로 바라보았을 것이다.

필자가 여기서 인도의 비동맹정책을 한국전쟁과 관련하여 살펴보았지만 이것은 제대로 논문의 형식을 갖춘 글이 못된다. 한국 정부의 입장으로서는 받아들일 수 없는 내용이 많을 수 있을 것이다. 여기서는 다만 인도가 어떤 관점에서 한국전쟁을 바라보았고 이 문제에 개입하여 활동했는가를 인도 측의 주장을 소개해 보는 것으로 그치고자 한다.

2. 인도의 비동맹정책

인도의 비동맹 이념은 1947년 8월 15일 독립과 함께 새로이 나타난 것이 아니었다. 간디와 네루(Jawaharlal Nehru)가 주도하였던 인도 국민회의의 구호는 항상 제국주의의 압제에 대항하여 싸우는 세계 운동과 함께 해왔다. 간디와 국민회의 지도자들은 그 시대의 경제적 수탈과 인종적 차별주의에 맞서 싸우는 위대한 지도자로서 다른 국가의 억압받고 있던 국민들의 미릿속에 매우 인상적으로 각인되어 있었다. 인도의 비동맹 이념은 독립운동을 수행하면서 자연히 성장하였으며 국민회의의 외교정책 강령과 관련되어 자리 잡았다. 정치적 야심 없이 오직 힌두와 무슬림의 처참한 반목 대립과 인도·파키스탄의 분립을 온몸으로 막아 보려 했던 간디가 힌두 광신자에 의해 피살되자 사실상 새로 독립한 인도의 정치, 특히 외교 문제는 네루 한 사람에 의해 추진되었다.

인도는 영국의 지배에서 벗어났지만 영연방의 일원으로 남아 있었다. 타협과 협조를 주요 기능으로 하고 있는 영연방은 신생 독립국 인도가 세계무대로 진출할 수 있는 발판이었기 때문이다. 인도는 영국과 당장 단절할 수 없을 만큼 산업구조와 군사조직이 밀접하게 연결되어 있었다. 독립한 지 수년 동안 영국인 장교들이 다수 인도에 남아 있었으며 영국인이 참모총장과 해군 사령관직을 맡고 있을 정도였다.

인도가 영국의 통치를 청산한 상황에서 두 나라의 관계는 분명한 거리를 둘 수밖에 없었다. 독립운동 과정에서 인도는 미국이 영국에 영향력을 발휘하면 독립운동 기간을 단축할 수 있으리라 기대하였다. 그러나 제2차 세계대전의 발발로 영국이 인도의 독립운동을 탄압하였고 미국은 이에 침묵하였다. 인도는 기대감의 실망에서 미국을 의구심의 눈초리로 바라보았다. 특히 미국이 아시아에서 소련의 영향력을 견제하기 위해 파키스탄과 연대하는 움직임을 보이자 인도는 강대국 가운데서 미국을 가장 위험스런 세력으로 경계하게 되었다.

네루가 세계적인 정치가로 평가되는 것은 주로 그의 외교정책, 즉 비동맹 정책에서 비롯되었다. 대전 후의 세계정치 판도는 미국을 중심으로 하는 서방 진영과 소련을 주축으로 하는 공산 진영의 적대적 동맹의 양극체제로 구도를 잡아갔다. 비동맹운동은 역사적으로 세계대전 후에 두 개의 블록으로 분리되는 것을 피하고 강대국들의 동맹의 압력에 저항하기 위한 절박한 필요성에서 성장하였다. 인도가 신생국들에게 비동맹 이념을 전파하여 세계정치 무대에 새로운 차원을 추가함으로써 세계는 양극이라기보다는 3극 체제로 재편되는 분위기였다.

독립 후 네루는 한편으로 전략적 고립을 취하면서 다른 한편으로 국제적 정치에 개입하겠다는 양면성의 태도를 보였다. 이 둘은 비동맹 자세의 방법에 의해 가능하였는데 비동맹이란 "당장 개입을 피하려는 욕망과 함께 그러면서도 세계 문제에 참여하는 세력들 사이에는 끼어 보겠다는 희망을 반영하는 것이다." 네루는 비동맹이 정치적 혹은 경제적 고립을 뜻하는 것이 아니라 비동맹의 자세야 말로 '독립된 외교정책'의 결과로 보았다. 네루 수상은 1949년 3월 8일 인도 제헌의회에서 "독립은 무엇으로 이루어지는가? 그것은 근본적으로 대외 관계에 의해 존립한다. 그것이 독립의 시험대이다. 대외 관계가 당신들의 손에서 벗어나 어느 누구의 소관으로 들어갈 때 당신들은 그만큼 독립적이 아니다"라고 강조하였다. 독립 한 해 전에 이미 네루는 방송에서 "우리는 지난날 세계대전으로 이끌었고 앞으로 더 큰 규모의 재난으로 다시 이끌어 갈 수 있는 서로에게 대항하여 동맹을 맺는 집단 세력 정치로부터 가능한 한 초연하도록 제안한다"고 말하였다. 대립된 양극체제의 구도는 결국 또다시 세계적 재난을 반복하는 인류의 비극을 초래할 것으로 예견하고 이를 경계하였다.

비동맹은 교전 당사국들 사이에서 어느 쪽도 지원하지 않는 중립이나 또는 평상시에 국제적 분쟁에 관여하지 않음으로써 국제사회에서 인정받고 있는 중립화와는 다른 것이었다. 또 타국의 문제에는 완전히 초연해 있는 고립주의와도 다른 것이었다. 비동맹은 국가의 능력을 활기 있게 주장하는 자세는 아니라고 할지라도, 그것이 정치적 개입으로부터 피동적으로 무기력하게 후퇴하는 것은 아니다. 비동맹은 신속한 기동력을 갖고 있다는 정치적 의미에서 부단히 활동적인 것이다. 여우와 같은 기민함과 외교적 공세와 국제정치에 개입하는 무모함 등이 인도의 비동맹정책의 특징으로서 다른 어느 비동맹 국가들이 추종할 수 없었다.

인도의 비동맹은 국가의 중대한 목표를 달성하는 데 목적이 있었다. 모든 국가들이 인정할 수 있을 정도로 인도는 완전한 독립국가로서 자체의 정책을 자유롭게 수행할 수 있어야 했다. 세계 문제에 있어서는 식민주의와 인종차별주의의 청산을 도와서, 네루의 말대로, '아시아의 부흥'을 강화하는 것이었다. 또 '제3지역'을 유지하고 확대하여 충돌하는 세력 집단 사이에서 조정 역할을 제공함으로써 세계평화에 공헌하는 것이었다.

비동맹은 강대국들이 자국의 동맹국으로 끌어넣으려는 압력에 저항하기 위해 나타났다. 신생국들은 제국주의에 대항하는 표어를 내세웠다. 20세기 중반에 접어들어서도 제국주의와 식민주의가 청산된 것이 아니었다. 네루는 "아시아에서 이 시대의 위기는 식민주의 대 반(反)식민주의의 대립이며, 식민주의는 어떤 지역에서는 아직도 잠복하고 있으면서 새로운 옷으로 갈아입고 나타나고 있다"라고 말하였다. 군사적 블록이야 말로 새 옷으로 위장한 식민주의의 표현이었다. 비동맹은 군사적 블록에 맞선 원칙 없는 중립적 대치가 아니라 지배를 영속화하려는 세력에 반대하고 저항하는 것이었다. 제국주의와 신(新)식민주의와 인종차별주의에 반대하고 평화적 공존을 추구하는 것이었다. 신생 약소국들로 하여금 그들의 장래를 결정할 수 있는 권리를 북돋아 주는 비동맹운동의 노선이야 말로 인도 외교정책의 요체였다.

비동맹은 냉전 체제와 관련된 개념이었으며 어느 한 진영과 영원한 동맹 관계에 들어가서는 안 되는 것이었다. 비동맹 국가는 국제정치에서 무기력한 방관자로 남아 있는 것이 아니고 적극적으로 개입하여 자국의 힘과 이익을 극대화하는 것이었다. 냉전 체제 아래서 일방적으로 한 진영에 기울어지는 것이 아니라 사안에 따라 협조하는 진영이 바뀔 수 있었다.

미국과 소련을 주축으로 하는 양대 진영으로부터 인도의 비동맹정책은 불신을 받았다. 미국 측은, 일부에서 인도를 잠재적인 반공 세력으로 기대했던 것도 사실이지만, 인도의 서구 제국주의 세력에 대한 본능적인 거부감을 되돌리기 힘들 것으로 보았다. 점차 인도가 유엔에서 중국 공산당 정부의 중국 대표성을 강조하고 서구의 방위조약에 가입하는 것을 거부함으로써 미국은 불신의 눈초리로 바라보게 되었으며 인도가 결국 공산 진영으로 기울고 있다고 믿게 되었다.

소련 측도 인도를 불신하기는 마찬가지였다. 소련과 그 동맹국들은 비동맹을 단순히 말뿐인 표어로 보는 경향이 있었으며 인도가 서구 세력으로부터 태도를 바꾸어 이탈할 것으로 믿지는 않았다. 인도는 비동맹정책을 표방하고 있지만 경제적 궁핍에 허덕이면서도 정치적으로는 서구 민주정치에 뿌리를 두고 오랫동안 운영해 오고 있는 나라로서 네루 정부는 서구 진영과 이해관계를 함께 할 수밖에 없다고 보았다.

비동맹을 가끔 고전적인 완충국의 경우와 비교하여 말하기도 한다. 완충국이 적대하는 국가들 사이에 상충하는 이해관계가 충돌로 표출하는 것을 막기 위해 약소국의 존립을 유지하는 것과 마찬가지로 비동맹 국가들도 강대국들의 직접 충돌로부터 자유로운 지역을 유지할 수 있었다. 이것이 네루가 모든 남아시아에 확대되기를 희망했던 '전쟁 없는 지역'이었다. 이 지역은 강대국들의 묵인 아래 세계정치의 하나의 가능한 모습으로 존재할 수 있었다. 인도가 첨예한 국제 문제에서 기민하고 때로는 겁 없는 태도를 보여 줌으로써 점차 인도의 능력이 인정받게 되었다.

인도는 양대 진영에 의탁하는 것을 거부함으로써 이념적 완충 지역으로서 행동하였다. 인도의 관점에서 미국이나 소련의 어느 편에 동맹하는 것을 거부하는 것은 세계 전쟁을 회피하는 데 결정적으로 공헌하는 것이었다. 네루가 세계정세를 바라본 바와 같이 "모든 세계가 이들 두 개의 커다란 세력권으로 분리된다면 결과는 어떻게 되겠는가? 불가피한 결과는 전쟁일 것이다. 세계에서 '비동맹 지구'라 불리는 지역을 축소해 가는 어떤 조치도 위험스런 단계이며 전쟁으로 인도할 뿐이었다." 아시아·아프리카 신흥국가들이 잇따라 비동맹으로 국제무대에 데뷔함에 따라 세계적인 완충 지구는 확대되어 갔다.

인도가 서방 혹은 공산 진영과 동맹 관계에 들어가면 이는 국제평화의 증진이 아니라 국제적 긴장의 분위기를 증폭시키는 결과로 이어진다고 보았다. 인도는 강대국은 못되지만 잠재적인 강대국의 역할을 담당해 보겠다는 야심을 갖고 있었다. 양대 세력권의 영향력 안에서 행동의 제한을 받는 것보다는 비동맹의 자세를 통하여 인도는 외교적으로 강대국의 대열에 끼어보겠다는 의도가 숨어 있었다. 인도는 하나의 완충국의 지위를 유지하면서 세력균형의 조정자의 위치를 점할 수 있었다. 인도는 강대국의 직접 대결에서 자유로운 지역을 선택함으로써 국가이익을 취할 수 있었는데 개발계획을 위한 경제적 지원을 받는 추가적 이득도 얻을 수 있었다.

인도의 비동맹은 대립하는 국제적 정치 관계에서 그 힘을 발휘할 수 있었다. 미국과 소련의 어느 편도 뉴델리로부터 어떤 형태의 지지 언질을 받아 낼 수 없었으며 두 강대국은 인도의 중요한 외교적 지위를 인정할 수밖에 없었다. 그러나 인도의 비동맹정책이 미국과 소련에는 영향력을 미칠 수 있었지만 인도의 외교적 자세와 상관없이 국경을 맞대고 있으면서 이해관계가 불변하면서 첨예하게 대립 반목하고 있는 파키스탄 및 중국과 같은 국가들에는 무기력하였다.

네루의 비동맹정책은 아시아와 아프리카의 신생국들을 중심으로 전개되었다. 그러나 비동맹을 하나의 아시아·아프리카 현상으로 규정할 수 없었던 가장 극적인 이유는 유럽의 유고슬라비아가 비동맹을 채택하였기 때문이다. 소련과 단절하여 공산권으로부터 고립되어 있던 티토(Josip Broz Tito)가 비동맹 세력에 가담하였다. 1954년 티토가 인도를 방문하였으며 티토와 네루는 외교 문제에 있어서 양국의 제휴를 다짐하였다. 그들은 전쟁 방지를 강조하면서 제3블록 혹은 제3세력의 '잘못된 개념'을 받아들이지 않고 '평화 지구' 혹은 비동맹의 확대를 강하게 표현하였다. 그들이 설명했던 비동맹이란 피동적인 '중립' 혹은 '중립주의'가 아니라 건설적인 평화로 인도하는 하나의 능동적이고 행동적인 정책이었다.

네루는 이집트의 새 지도자 나세르(Gamal Abdel Nasser)를 방문하고 군사협정과 동등한 수준의 성명을 공표하였다. 이어서 "강대국들의 군사협정에 가담하거나 동맹을 맺는 것은 인류평화의 대의에 공헌하지 못하는 것"이라는 데에 보다 분명한 합의를 보았다.

1955년 인도네시아의 반둥에서 29개국의 아시아·아프리카 국가들이 모임을 가졌다. 반둥회의의 목표로 경제적 문화적 협력을 증진하고 식민주의에 반대한다는 것을 제시하였다. 이 회의에서 가장 주목할 점은 네루가 비동맹 이론으로 초강대국의 어느 진영에도 가담하기를 거부하며 한편으로 국제 문제에 있어서는 경우에 따라 유리한 쪽으로 입장을 취하는 권리를 갖는다는 것을 천명한 것이었다. 반둥회의는 비동맹운동의 구체화로 나아가는 중요한 발판이었으며 몇 년 후 베오그라드에서 출범하게 된 비동맹회의의 준비모임이었다.

비동맹 국가들의 모임은 공산 진영에 가깝게 기울어지는 듯하였다. 반둥회의 무렵 분명히 인도의 국제적 위상은 크게 높아졌다. 주은래(周恩來) 중국 총리와 네루가 양국을 상호 방문하였고, 이어서 흐루시초프(Nikita Khrushchev)

소련공산당 서기장과 불가닌(Nikolai Bulganin) 수상이 인소(印蘇)의 우호 관계를 열기 위해 인도를 방문하기도 하였다.

네루·티토·나세르의 3국 정상들은 유고의 브리오니에서 회합을 갖고 비동맹 세력의 확대와 더 나은 평화로운 세계의 수립을 강조하였다. 티토는 인도를 또다시 방문하여 우의를 과시하였으며 선언문에서는 핵전쟁의 위협을 경고하고 평화적 공존의 필요성을 역설하였다.

1961년 9월 베오그라드에서 열린 비동맹운동(NAM) 회의에는 3개국 정상들이 선정하여 초청한 25개국의 대표가 참석하였다. 수개월 전 티토와 나세르가 소집했던 예비회의는 비동맹의 정의를 제시하였다. 즉, 독립적인 외교정책의 추구, 국가 독립운동을 위한 지속적인 지지, 강대국들의 충돌과 관련하여 체결된 다변(多邊) 군사동맹의 포기, 강대국들의 분쟁과 관련한 목적으로 외국 군사기지의 설립을 거부하는 것 등이었다. 이 규정들은 네루가 발표했던 비동맹의 개념을 가감(加減)한 것이었다. 네루는 비동맹의 개념이 중재적인 국가집단의 노력으로부터 그들의 필요에 적합한 모형의 개념으로 왜곡될 것을 예상하고 카이로의 예비회의에 참석할 마음이 내키지 않았었다. 베오그라드에 참석할 25개 국가들의 선택도 만족스럽지 않아 인도는 본회의에 참석하는 것도 주저하였다. 마지막에 네루는 다만 주최국 정부와 이집트를 불쾌하지 않도록 하기 위해 참석하기로 결정하였다.

신흥국가들이 스스로 비동맹을 선언하면서 들어온 것은 비동맹 이념의 주창자인 네루를 기쁘게 할 수도 있었지만 그것은 또한 인도의 독보적 위치와 집단에서의 주도권의 영향력을 반감시킨 일이기도 하였다. 네루는 더 이상 감명을 주기 어려운 반(反)식민주의와 평화공존 등의 메시지를 가지고 베오그라드에 나타났다. 그는 모인 지도자들이 인류가 직면한 절박한 과업인 세계 전쟁을 피할 수 있는 평화공존을 위한 특별 성명을 발표하기를 원하였다. "세계 전쟁과 평화의 상황보다 더 중대하고 더 긴급한 것은 없다. 우리에게 필요한 모든 것은 그 다음의 위치에 있을 뿐이다."

1961년은 세계정치에서 네루와 인도의 영향력이 약화된 해였다. 네루는 베오그라드 회의를 비동맹의 강화를 위한 것이 아니라 강대국들과의 대화를 촉진하기 위해 이용하는 듯이 보였다. 그는 모스크바에서의 선약을 이유로 베오그라드를 떠났고, 다음 달에는 워싱턴으로 갔다. 베오그라드 회의에서 인도의 아시아·아프리카에서의 주도권은 약화되었다.

이 해 말 인도가 아직 인도 내에 포르투갈령으로 남아 있던 고아를 침공하여 병합해 버린 행동은 서구에서 네루의 명성을 손상시켰다. 1962년 중국의 공격을 받은 인도의 치욕적인 참패는 인도의 군사적 약체를 뚜렷이 보여 주었다. 이 위기에서 인도는 아시아·아프리카의 비동맹 세력으로부터 거의 지지를 얻지 못했으며 중국과 평화적 공존을 모색했던 정책이 실패하였음을 보여 주었다.

3. 6·25 전쟁 발발 이전의 인도의 역할

비동맹은 세계대전 이후 인도가 보여 준 국제정치에서의 주목할 만한 공헌이었다. 인도의 힘은 지역적인 문제에서보다 냉전 체제의 첨예한 세계적인 문제에서 훨씬 돋보였다. 인도가 보여 준 위력은 군사적 경제적 능력이 아니라 비동맹외교에 의존한 것이었다. 강대국들이 처음에는 인도의 비동맹 이념에 냉담했지만 점차 관용의 자세를 보였고, 다음으로 존중하고, 마지막으로 지지하는 태도를 보였다고 할 수 있다. 인도의 비동맹 정책은 1950년대에 최대의 성과를 거두었으며 아마도 그 뚜렷한 실례를 한국전쟁에서 볼 수 있다.

네루가 그렇게도 비난했던 세계적인 무력 분쟁이 도리어 비동맹의 힘을 과시하는 계기를 만들었다. 인도 자신이 그러한 상황을 만든 것이 아니었다. 한국전쟁에서 보여 준 인도의 외교가 국제정치에서 인도가 원하는 지위를 얻었고 비동맹의 이념을 확립할 수 있었다.

한국 문제는 1947년 유엔에 상정되었다. 독립된 통일 한국을 평화적 방법으로 수립하는 것이 유엔의 목표였다. 인도와 미국의 의견이 반영되어 11월 14일의 결의로 유엔한국임시위원회(UNTCOK)가 구성되었으며 인도의 크리슈나 메논(Krishna P.S. Menon)이 만장일치로 상임의장에 선출되었다. 한국은 인도 외교정책의 현장 시험대가 되었다.

인도를 비롯한 프랑스, 호주 등 9개국으로 구성된 유엔한국임시위원회의 모든 결정은 다수결에 따르도록 되었다. 첫 회의는 1948년 1월 12일 서울에서 열렸으며 위원회의 활동범위는 한반도 전체를 포함한다는 결의를 만장일치로 재택하였다. 군중집회에서 행한 연설에서 메논은 위원회의 목표가 한국의 독립과 통일을 촉진하는 것이라고 말하였다. 공정하고 자유로운 신거를 감독하는 것이 위원회의 임무였다.

메논은 인도가 독립과 동시에 인도·파키스탄의 분립을 자초한 엄청난 역사적 비극을 언급하면서 통일한국을 호소하였다. 그는 낙관적인 기대를 하면서 "38선은 정치적으로 제거되어야만 한다. 그것은 과거의 망각으로만 머물러야 한다. 우리는 정치적 편견이나 이념적 선입견을 가지고 이 자리에 온 것이 아니다. 우리들이 대표하는 국가들은 세력권을 형성하지 않는다"라고 말하였다. 인도의 한국에 대한 관심을 강조하면서 "인도와 한국과 중국 사이에는 정신적 유대감이 있다. 왜냐하면 인도로부터 불교가 세계의 지붕을 넘어 전해졌기 때문이다"라고 말하였다. 서울에서의 라디오방송을 통하여 그는 "날조하는 선거에 태만한 수수방관자가 될 바에는 짐을 싸서 귀국하고 말 것이다"라고 열정적으로 말하기도 하였다.

유엔한국임시위원회의 구성 자체를 반대했던 북한과 소련을 설득할 수 없었으며 위원단이 북한에 들어가는 것이 허용되지 않았다. 위원회 안에서도 의견의 일치를 보지 못하였다. 일부는 남한만의 선거로 나가야 한다고 주장하였고, 다른 한편은 조정을 위한 모든 가능한 방법을 찾도록 노력해야 한다는 것이었다. 후자는 한반도 반쪽의 선거 결과로 수립된 정부는 한국국민정부라고 명명할 수 없다는 의견이었는데 인도도 이쪽으로 기울어졌다. 메논은 남한에 '국민정부'를 수립하는 것은 불가피하게 북한에 대립적인 정부 수립을 촉진할 것이며 이는 한국 분단의 영속화로 이끌 것이라고 경고하였다.

유엔한국임시위원회에서 결론을 얻지 못하자 이 문제가 유엔총회로 넘어갔다. 유엔 주재 인도 대표 필라이(P. Pillai)는 남한 단독선거에 근거하여 한국에 국민정부를 수립하는 데 동조적이었으므로 인도 측의 의견도 일치하지 못한 셈이었다. 1948년 초 유엔총회 임시위원회에서 미국이 제출한 남한 단독선거에 관한 결의가 채택되었다. 인도는 한국의 분단을 고착화시키고 남북한 관계를 악화시킬 것이라는 우려에도 불구하고 이 결의를 지지하였다. 필라이는 "북한 당국이 계속하여 위원회에 협조를 거부해 오고 있는 것이 더 이상 선거 연기를 정당화시킬 수 없다"고 말하였다. 인도가 수용하게 된 또 다른 이유는 "남한의 정치적 지도자들이 협력을 확보하기 위해 북한 지도자들과 협상에 들어가려는 노력을 아끼지 않을 것"이라는 확신 때문이었다.

유엔한국임시위원회는 유엔총회의 임시위원회의 결의를 받아들였다. 메논은 이승만(李承晩) 대통령에게 북한과의 협력을 위한 지속적인 노력의 필요성을 강조하였다. 메논은 이승만에게 공산주의자들과 어떤 협력의 가능성도 배제해 버린다면 어떻게 하나의 독립 한국의 목표를 달성할 것이냐고 물었다. 이승만이 결국은 북한이 앞으로 나올 것이라고 기대하자 메논은 "소련은 가까이 있고 미국은 멀리 있다. 소련은 결연한 정책을 가지고 있으나 미국은 생각이 변하기 일쑤이다. 물론 소련이 미국보다 한국에 대해 더 많은 관심을 가지고 있다"는 사실을 무시할 수 없다고 말하였다. 이것은 인도의 태도가 변하고 있음을 보여 준 것이었다. 인도도 처음에는 이승만의 생각과 마찬가지로 북한이 결국은 협력의 손길을 내밀 것이라고 기대했다. 그러나 이제 남한이 북쪽의 협력을 얻기 위한 적극적인 노력이 없이는 조정이 불가능하다는 것을 인도가 알아차린 것이었다.

남한에서 1948년 5월 10일 단독선거가 실시되었고, 우려했던 사태가 북한에서 현실로 나타났다. 9월 9일 총선거의 결과라고 하면서 의회가 출현하였고 이 단체가 북쪽에 조선인민공화국 정부를 수립한 것으로 전해졌다. 유엔한국임시위원회는 북한의 정부는 국제적 감시 아래 이루어진 단계를 거치지 않고 임의적으로 수립된 것이라고 발표하였다.

체코슬로바키아 대표는 한국 문제를 논의하는 자리에 북한 대표를 초청해야 한다고 주장하였지만 유엔의 권위를 조롱하는 정권의 대표가 초청된다면 한국에서 심리적으로 충격적인 반응이 일어날 것이라는 반론이 일었다. 유엔총회의 제1위원회에서 한국 대표만 초청되어야 한다는 중국(대만)의 제안이 채택되고 체코안이 부결되었다. 인도는 전자를 지지하고 후자에 대해서는 반대표를 던졌다. 그 이유를 설명하기는 어렵지만 다수의 생각은 소련이 한국에서 유엔의 목적을 달성하려는 방법에 협조할 자세를 보이지 않는 한 북한에까지 초청의 범위를 넓히는 것이 무의미하다는 입장이었다.

유엔은 한국임시위원회가 감시한 남한에서 자유의사가 표현된 대한민국 정부를 합법적 정부로 선언하였다. 임시위원회는 유엔한국위원회(UNCOK)로 대체되었으며 "한국 정부의 지위를 염두에 두고서 분단에서 야기된 장벽을 철거하기 위해 노력할 것"이라고 공표하였다. 유엔한국위원회는 유엔총회가 부여한 여러 기능을 다루기 위해 소위원회를 임명하였다. 인도의 아눕 싱(Anup Singh)이 한국의 분할에 의해 야기된 현존의 사회적 경제적 장벽의 성격과 정도를 검토하고 또 남북한 사이의 경제적 사회적 협력과 정치적 통일을 증진하기 위한 제1소위원회의 의장으로 선출되었다. 인도는 또한 미군의 한국으로부터의 철수를 감시하기 위한 절차에 관해 연구하여 보고하는 권한이 부여된 제3소위원회의 멤버였다.

유엔한국위원회와 소위원회의 과업은 북한 당국의 계속적인 비협조는 말할 것도 없거니와 남한 정부의 태도에서 방해를 받고 있었다. 남한 정부는 북한 정권이 채택한 모든 국제적 협약과 행정부의 정책은 남한이 인정하지 않는 한 무효로 간주되어야 한다는 견해를 유지하였다. 나아가 남북 지도자들 사이의 회의에서 제시한 어떤 것에도 반대하였다. 아눕 싱이 이승만을 만나 유엔한국위원회가 북한 당국과 접촉할 수도 있다는 계획을 말했을 때 이승만의 답변은 1948년 12월 12일 유엔총회의 결의 이후 유엔한국위원회가 북한의 불법당국과 접촉하는 것은 변칙이라는 것이었다. 이승만은 북한의 유력 정치인들과 접촉하는 어떤 움직임도 최악의 결과를 가져올 것이며 남한 정부는 여기에 어떤 협조도 주지 않을 것이라고 말하였다. 그는 심지어 북한의 비공식 단체들과 접촉하려는 생각마저도 격렬하게 거부하였다. 인도는 남한의 태도에 실망하였으며 위원회는 이승만으로 하여금 협력해 주도록 설득할 수 있는 아무런 방책을 갖고 있지 못하였다.

유엔한국위원회는 한국의 통일이라는 대의를 진전시키는 데 실패하였다. 유엔에 제출한 보고서는 북한으로부터 아무런 반응이 없을 뿐만 아니라 남한 정부가 위원회의 노력을 사실상 부정하고 있다고 지적하였다. 북한 정권이 유엔총회에서 불법으로 선언되었기 때문에 남한 정부가 북한 지역의 관할권을 주장하는 것이 인정되어야 한다는 것이었다. 남한 정부는 몇 번이고 되풀이해서 유엔총회가 한국위원회를 파견하는 목적이 남한 정부의 한반도 전체에 대한 통치권 행사의 요구를 입증하도록 지원하는 것이라고 주장하였다. 보고서는 또한 남북한 사이의 경계선이 빈번하게 군사적 총격을 교환하는 무대가 되어 버렸음을 지적하였다.

1949년 남북한은 유엔 가입을 신청하였다. 유엔 안전보장이사회는 북한의 신청을 논의하는 것을 거부하였다. 남한의 신청서는 안보리에서 다수의 지지를 얻었음에도 불구하고 소련의 거부권으로 채택될 수 없었다. 남한의 가입문제가 총회로 넘어 왔을 때 인도는 가입에 관한 호주의 초안에 기권하였다.

인도는 남북한 정부 가운데 어느 쪽도 승인하지 않았는데 한국의 통일에 도움을 주지 못한다는 이유에서였다. 인도는 남한의 단독정부의 수립이

1947년 11월 14일의 유엔총회 결의에 위배될 뿐만 아니라 분단을 영속화시킬 것이라고 주장하였다. 이때의 유엔 결의는 유엔한국임시위원회의 감시 아래 보통선거권과 비밀투표에 입각하여 실시된 선거에서 선출된 대표들이 한국에 국민정부를 수립할 수 있도록 권고했다. 인도는 남한 정부만 승인하면 한국 문제에서 건설적인 조정 역할을 수행하는 데 지장을 받는다고 판단하였다. 인도대표가 보인 태도는 북한 당국의 호전적인 태도뿐만 아니라 남한이 보인 비협조의 자세에서 혼란을 겪고 있음을 분명히 반영하고 있었다.

유엔총회는 대한민국이 유엔헌장 4조의 의미에서 평화 애호의 국가이며, 유엔헌장의 의무를 준수할 능력과 의사가 있는 나라로 인정하였다. 북한 정부는 북부 지역을 사실상 통제하고 있는 '사실상의 국가'로서 존속하게 되었다.

4. 6·25 전쟁의 발발과 인도의 태도

유엔의 한국 문제 해결을 위한 노력은 6·25 전쟁의 발발로 중단되고 말았다. 인도는 안보리의 비상임이사국으로서 전쟁 초반부터 한국전쟁에 적극적으로 개입하고 나섰다. 그것은 유엔한국위원회의 인도대표가 1950년 6월 25일 목격한 움직일 수 없는 북한의 남침 사실 때문이었다. 위원회의 현장 감시단은 북한 무장 군대가 불시에 공격하여 남한의 방어 시설을 완전히 장악하였다고 보고하였다. 위원회는 즉시 유엔 사무총장에게 전문(電文)으로 "남한 정부가 북한군의 공격이 6월 25일 04시 모든 38선에 걸쳐 시작되었다고 발표한 것"을 알렸다. 전쟁 발발 직후에 위원회는 라디오방송으로 북한에 대해 전쟁행위를 즉각 중단할 것을 호소하면서 어느 시간, 어느 장소에서든 남북 대표가 만날 것을 촉구하였다.

안보리가 당일 인도의 라우(B.N. Rau)를 의장으로 회합을 가졌으며 북한군의 군사적 행동은 유엔총회의 결의와 유엔헌장의 원칙을 직접적으로 위반한 것이라고 비난하였다. 미국 대표는 결의안 초안을 제출하였으며 미국 대표의 요구에 의해 남한 정부의 대표가 안보리에 초청되었다. 유고슬라비아 대표도 결의안 초안을 제출하여 북한 정부의 대표에게도 초청될 수 있는 동일한 기회를 부여해야 한다고 주장하였다. 안보리는 미국안의 문구를 몇 개 수정한 후 채택하였다. 9표의 찬성과 유고의 기권, 그리고 연초부터 중공의 대표권을 주장하며 활동을 거부해 온 소련은 불참하였다.

유엔 결의는 대한민국에 대한 북한군의 무력 공격에 지대한 우려를 표시하고 이러한 행동이 평화의 파괴를 가져온다고 규정하면서 다음 사항을 특히 강조하였다. 첫째, 북한 당국은 전쟁 행위를 즉각 중단하고 무장 군대를 당장 38선으로 철수할 것, 둘째, 유엔한국위원회는 정세를 정확히 파악한 후 지체 없이 권고문을 통보할 것이며 북한군의 철수를 감시하여 안보리에 보고할 것, 셋째, 이 결의를 수행하는 데 있어서 전체 유엔회원국들은 유엔에 모든 지원을 보낼 것이며 북한 당국에 대한 지원을 자제할 것을 요구한다는 등의 내용이었다.

인도는 미국안에 찬성투표를 했고, 유고안에는 기권했다. 안보리는 유엔한국위원회가 제공한 현장 정보에 따라 신속하게 행동할 수 있었다. 안보리는 위원회의 보고서에 대한 불편부당함과 객관성을 의심치 않았으며, 한국의 급변 상황이 요구하는 신속한 행동을 지연시킬 수도 없었다. 인도가 6월 25일(시차로 한국 날짜와 다를 수 있음)의 유엔 결의를 수용한 것은 유엔한국위원회의 인도 대표 콘다피(Kondapi)가 목격한 보고서가 크게 작용하였다. 인도는 자신이 공격자를 확인한 바에 따라 유엔 결의에 찬성표를 던졌다.

트루먼(Harry S. Truman) 미국 대통령은 다음 날 성명을 발표하여 안보리의 노력을 단호하게 지지할 것이며, 평화를 유지하려는 의무를 고의로 저버리는 행위는 유엔을 지지하는 국가들이 용서치 않을 것이라고 말하였다. 그는 미국의 공군과 해군에 남한 군대를 엄호하고 지원하도록 명령하였다. 한편 트루먼의 성명은 공산군의 위협으로부터 대만과 태평양 지역의 안전을 유지하기 위한다는 명분으로 분쟁 지역의 활동범위를 확대하고 있었다. "나는 대만에 대한 어떤 공격도 저지하도록 제7함대에 명령하였다. 또한 필리핀의 미군은 증강되어야 하며 필리핀 정부에 대한 군사적 지원은 가속화되어야 한다고 지시하였다. 나는 똑같이 인도차이나에서 프랑스와 제휴 국가들의 군대에 군사적 지원을 제공하고 이들 군대와 밀접한 활동 연계를 제공하기 위해 군사 사절단을 파견하는 일을 가속화하도록 명령하였다."

트루먼 성명은 한국과 관련하여 인도가 앞으로 정책을 결정하는 데 매우 큰 영향을 미쳤다. 미국이 한국 문제에 대만 및 인도차이나를 연계하고 나선 것은 인도에게는 당황스러웠다. 인도는 미국 정부의 조치를 극도로 불행한 일로 평가하였다. 북한의 공격을 다루는 데 있어서 심각한 판단 착오였다. 남한의 방어는 유엔의 협동적 의무였지만 대만의 장제스(蔣介石)에 대한 보호는 미국의 사사로운 일이었다. 두 개는 분명히 다른 사안인데 트루먼 선언은 그것들을 함께 연결시켜 놓았다. 이것이 인도의 정부와 국민의 견해를 혼란시켰으며 한국에서의 미국의 동기를 의심케 하는 정통적 근거를 마련하였다.

6월 27일 안보리가 소집되었을 때 분위기는 매우 냉랭하였다. 미국 대표는 트루먼 성명이 유엔의 원칙을 지지하는 것이라고 말하고 결의안 초안을 제출하였다. 결국 안보리에 의해 7 대 1(유고 반대)의 투표로 채택되었는데, 소련은 불참하고 인도와 이집트는 본국 정부로부터 지시가 없었음을 이유로 참석하지 않았다.

안보리가 채택한 결의는, 이틀 전의 결의를 되풀이하여 강조한 후에, 유엔 회원국들은 남한에 필요한 지원을 제공하여 무력 공격을 격퇴하고 이 지역에 국제적 평화와 안전을 회복하도록 권고하였다. 제2의 결의는 무력 침략자에 대해 공동으로 응징할 수 있는 군사적 지원을 호소한 것이었다. 미국 국무장관 애치슨(Dean Acheson)은 6월 25일과 27일의 안보리 결의에 따라 미국이 보인 지지는 "단지 대한민국을 북한의 공격 이전의 지위로 회복하고 그 공격에 의해 깨진 평화를 되찾기 위한 것"이라고 소견을 밝혔다. 결의의 정확한 해석이 문제가 될 수 있지만 인도는 애치슨이 말한 바와 같은 의미의 안보리 결의와 정확하게 같은 견해를 취하였다고 말할 수 있을 것이다. 안보리는 단지 권고만 했음에도 불구하고 전체 문제는, 인도의 견해로 볼 때, 트루먼 선언 때문에 복잡하게 되었다. 본국 정부로부터 지시를 받는 것이 지연되었음을 설명하면서 라우는 중국에 이웃해 있는 인도는 충돌지점에서 가까이 있기 때문에 인도 정부는 어떤 특별한 행동 방향이 나아갈 수 있는 모든 가능한 결과에 특별히 고려할 수밖에 없었다고 말하였다.

인도 정부는 6월 29일 다소 모호한 조심스런 용어의 성명서를 발표하였다. "내란일 뿐만 아니라 세계평화에 대한 위협과도 관련된 한국의 사태 발전에 지대한 관심을 갖고 있다"고 전제하면서, "인도 정부가 얻을 수 있는 정보에 따라 — 가장 권위 있는 인도가 대표하고 있는 유엔한국위원회를 통하여 — 판단하건데 남한에 대한 대규모 침공이 북한 정부의 무장 세력에 의해 일어났다. 인도는 6월 27일의 안보리 결의에 관하여 가장 신중한 견해를 보여오고 있다. 침략에 호소하여 국제적 분규를 해결하려는 어떤 시도도 반대한다. 침략을 중단하고 평화로운 상태로 신속하게 회복하는 것은 만족할 만한 해결에 이르는 필수적 준비 행위이다. 따라서 인도 정부는 안보리의 제2의 결의를 받아들인다." 네루는 국제연맹의 역사적 경험을 반성하여 "만약 침략이 진행되어 성공하는 것이 허용된다면 유엔(국제연합)의 구조는 불가피하게 붕괴되어 대규모 전쟁이 뒤따를 것이다"라고 경고하였다.

인도 정부의 결정은 그들의 외교정책의 기본에 어떤 수정을 가하는 것이 아니며 이 단계에서도 전투를 종결하고 분쟁을 중재에 의해 해결하는 것이 가능할 것으로 희망한다고 네루는 덧붙였다. 이 결의의 어떤 확대해석을 받아들이지 않으며 안보리의 두 개의 결의는 오직 침략만 언급한 것일 뿐 다른 상황을 가리키는 것이 아니라고 강조하였다. 그는 심각한 위기에서 인도가 제공할 수 있는 최상의 봉사는 분쟁 지역을 제한하고 분쟁을 종식시키는 것이라고 말하였다. 인도가 제2의 결의를 받아들인 것은 유엔의 순수한 기능은 힘의 행동을 조직화하는 것보다는 화해와 조정을 제공하는 것이라는 신념 때문이었다.

북한이 두 개의 결의를 따르지 않았으므로 안보리는 추가적인 조치를 논의하기 위해 7월 7일 다시 모였다. 영국·프랑스의 결의안 초안이 제출되었다. 평화를 파괴한 북한의 무력 침공을 다시 규탄하면서 유엔회원국들에게 남한에 대한 추가적인 지원을 권고하였다. 특히 군사력과 여타 지원을 제공하는 회원국들은 그들의 군대와 자원을 미국 휘하의 통합사령부가 운용할 수 있도록 하고 미국이 그 군대의 사령관을 임명토록 하는 것이었다. 영불합동 결의안은 안보리에서 찬성 7표, 기권 3표(이집트·인도·유고), 불참 1표(소련)로 채택되었다.

한국 내에서 군대의 작전지휘권은 미국에 위임되었으며 유엔헌장의 47조 3항에 보이는 군대참모위원회와 같은 기구에 주어지지 않았다. 보기에 따라서는 유엔은 그 권한과 함께 한국의 군사령부에 그날그날 지시를 내리는 가능성마저 포기하였다. 회원국들에게 협조의 전문을 보냈던 사람은 유엔사무총장이었지만 제의가 한번 이루어지자 그 문제는 유엔의 관심사로 거의 남아 있지 않았다. 유엔과 한국의 군사령부 사이를 연결한 것은 군사령부가 안보리에 제출한 주기적인 보고서를 통하는 것뿐이었다. 보고서마저도 미국 합동참모장이 열람한 후에 안보리에 제출하게 되었다.

안보리 결의에 대한 반대는 소련과 중국 및 북한을 포함한 공산국가들로부터 나왔다. 반대의 요점은 이 결의는 오직 여섯 표로 채택되었으며 대만 국민당 대표는 중국을 대표할 법적인 권리를 갖지 못하며, 헌장이 요구한 다섯 개 상임이사국 모두의 동시 투표를 갖지 못했고, 한국에서의 안보리 활동은 한국 분쟁이 내전이므로 내정의 간섭이 된다는 것 등이었다.

네루는 7월 7일 기자회견에서 법률적인 관점이 아닌 관례적인 관점에서 본다면 동시 투표에 관한 소련의 입장을 따른다면 한 회원국이 안보리의 모든 일을 방해할 수 있다고 보았다. 또 불참은 부표(否票)로 계산될 수 없다고 강조함으로써 소련의 불참에 따른 반대표 계산의 주장에 찬동하지 않았다. 인도대표는 한국에서 북한군의 남침을 목격한 바에 따랐으므로 내란 논쟁으로 몰고 가는 것은 배격하였다.

안보리의 6월 27일 결의에 대한 사무총장의 호소의 전문(電文)에 대해 53개국이 우호적인 답변을 보냈었다. 1950년 말까지 15개 회원국이 한국에서의 활동을 위해 군대를 제공하였으며 이 숫자는 16개로 늘어났다. 인도는, 이전에는 감시국 역할을 했지만, 상징적인 군대마저도 보내지 않았다. 인도의 노력은 하나의 목표, 즉 한국 분쟁을 지역화하는 것에 집중하였다. 인도는 안보리 결의에 대해 꼭 의무감을 보여야 한다고 생각하지 않았으며 지원군을 보낸 유엔회원국들을 전체로서의 유엔으로 바라보려는 자세도 아니었다.

인도는 무장 군대를 제공하지 않았다. 인도 국방군의 정규 병력에서 차출하여 한 개의 야전병원 부대와 외과 의료단을 한국에 보냈다. 라우 유엔대표는 인도 군사력의 모든 지시와 편제는 국내 방어를 위해 설계되었으며 원칙적으로 어떤 부대도 인도 밖으로 먼 곳에 보낼 수 없는 것이라고 설명하였다. 이것은 분명히 인도가 중재자 혹은 화해자로서의 역할을 수행할 것이라는 생각을 보여 주고 있었다. 인도의 공식적 견해는 평화를 위해 봉사할 뿐이며 한국에 전투 병력을 보내지 않음으로써 오히려 침공을 억제하는 데 보다 효과적으로 도움을 줄 수 있다는 것이었다. 그러나 인도가 파병을 거부한 것은 다소간 중국과 소련을 의식한 데서 기인한 것으로 해석하기도 하였다.

인도는 소련을 비롯한 공산 측의 계속된 북한 대표의 초청 문제에 대해서는 안보리가 이미 침략의 범죄를 저질렀다고 주장하였고 또 군사작전을 진행하고 있는 나라에 어떤 초청도 주어져서는 안 된다는 견해를 취했다. 인도는 한반도에서 군사적 행동이 종결될 때까지 북한 대표의 초청에 반대하였다.

네루는 7월 12일 스탈린과 애치슨에게 동일한 메시지를 보내 한국 분쟁에 대한 인도의 의도를 설명하였다. "인도의 목적은 안보리가 처한 현재의 교착 상태를 깨뜨림으로써 이 충돌을 지역화하고 신속한 평화적 해결을 촉진하기 위한 것이다. 그러기 위해서는 중국의 대표가 안보리의 의석을 차지하고, 소련이 복귀하고, 또 안보리 안에서 혹은 밖에서 비공식 접촉을 통하여, 미국과 소련과 중국이, 다른 평화애호의 국가들과 협조하여, 한국 분쟁의 종식과 한국 문제의 항구적인 해결을 위한 근거를 마련할 수 있어야 한다."

네루의 발의는 유엔사무총장으로부터 찬사를 받았다. 미국 언론은 비판하였지만 영국 언론은 환영하였다. 스탈린은 '평화적 발의'를 환영하였다. 미국은 중공이 안보리 자리를 차지하는 것은 침략을 고무시키는 것이 될 수 있다고 부정적으로 보았다.

인도는 아시아 정책의 주요한 목표의 하나로서 중국과의 긴밀한 유대를 추구하고 있었다. 인도는 중국과의 긴밀한 관계를 아시아에서 서양 식민주의 잔재의 청산과 관련하여 해석하였으며 하나의 독립적인 영향력 있는 아시아를 수립하기 위해서는 인도와 중국의 협력이 긴요하다고 말해 왔었다. 한국전쟁이 발발했을 때 인도는 한국에 대한 안보리 결의를 지지하였으나 유엔의 목표가 미국의 중국을 견제하려는 정책과 난해하게 뒤얽히자 인도는 중국과 우호 관계를 가지려는 노력과 또 아시아에 서양의 군사적 주둔에 대한 반대의 입장을 동시에 껴안고 나가게 되었다. 여기에서 인도와 미국 사이에 의견 불일치를 노출시켰다. 소련을 제외하면 안보리의 대부분의 대표들은 한국 문제와 중국의 대표성을 연관짓는 인도에 찬동하지 않았다. 인도의 노력은 점차 '분쟁을 지역화하는 것'에서 '협상에 의해 분쟁을 종식시키는 것'으로 전환하였다.

5. 휴전 협상의 진행과 인도의 태도

유엔군이 인천상륙작전 이후 북한군을 38선 이북으로 밀어붙이자 인도는 미국편으로부터 분명히 멀어져 갔다. 유엔군이 38선을 넘어 퇴각하는 적을 추격하여 북한의 군사력을 완전히 궤멸하고 두 개의 한국을 정치적으로 통일하려는 서방의 결의는 예기치 못한 결과를 불러왔다. 인도의 격렬한 비판은 유엔군이 무모하게 월경(越境)하여 북진을 계속하는 것은 오히려 전쟁을 오래 끌고 갈 것이며 또 유엔의 역할을 북한 정권에 반대하는 공격자로 만들 것이고 궁극적으로는 중국을 전쟁에 끌어들일 것이라고 우려하였다.

6·25 전쟁 발발 이후 관망하고 있는 중국의 동태에 세계적 이목이 집중하였는데 인도의 중국 참전에 대한 우려는 단지 추측에 근거한 것이 아니었다. 저명한 역사가로서 당시 북경 주재 인도대사였던 빠니까르(K.M. Panikkar)는 중국의 참전 가능성을 직접 확인할 수 있었다. 주은래는 9월 21일 빠니까르에게 처음으로 반복하여 "만약 미국이 공격을 확대한다면 중국은 저항할 수 밖에 없다. 왜냐하면 중국의 안전이 위태로워지기 때문이다"라고 경고하였다. 네루는 곧 주은래에게 사신(私信)을 보내 인내를 촉구하였다. "새로 탄생한 중국은 위엄과 온화함으로써 미래에 의연히 맞설 수 있을 만큼 충분히 강력하다. 아시아 여러 나라들은 특별히 중국을 다정한 이웃으로 존경심을 가지고 바라보고 있다. 좀 더 기다림으로써 중국은 원하는 모든 것을 평화적으로 달성할 것이며 이어 인류의 고마움을 얻게 될 것으로 나는 확신한다." 주은래는 10월 2일 다시 빠니까르에게 만약 유엔군이 38선을 넘어 북진한다면 중국이 한국전쟁에 개입할 것이라는 점을 공식적으로 전달하였다.

인도가 중국의 경고를 서방 측에 전달했지만 미국 정부와 맥아더(Douglas MacArthur) 유엔군 사령관은 단순한 중국의 으름장 정도로 가볍게 보아 넘겼다. 유엔총회는 10월 7일 결의에서 공격자의 완전한 박멸이 목표라고 분명히 하였다. 6월 27일의 결의가 유엔의 활동 목표를 그 '지역'(area)에서 평화와 안전의 회복이라고 규정하였을 때 '지역'이라는 의미가 정의되지 않고 남겨 두었었다. 이번 유엔총회에서 '지역'은 한국 전체를 의미하며 단순히 남한을 뜻하는 것이 아니라고 정의하였다.

유엔한국위원회의 기능을 이어받은 유엔 한국통일부흥위원회(UNCURK)는 한발 더 나아갔다. 유엔총회가 38선을 넘을 수 있는 권한을 단지 암묵적으로 주었는데, 언커크는 10월 12일 유엔군이 점령할 38선 이북 지역의 통치를 잠정적으로 맥아더에게 넘길 것을 요구하는 호주의 결의안을 채택하였다. 유엔총회는 '한국의 독립 문제'를 다루어 왔고, 안보리는 '대한민국에 대한 침공'을 응징하는 문제를 논의해 왔다고 할 수 있다. 아무튼 크게 나아간 이 조치는 중국에게 더욱 두려움과 의구심을 안겨 준 것으로 보였다.

한국 유엔사령부의 특별보고서는 11월 6일 통합사령부의 군대는 중국공산당 군대와 적대적 대치 상태에 있다고 확인하였다. 네루는 미국의 정책이 북한은 물론 중국에 군사적 패배를 안겨 주기 위해 전쟁을 확대하고 있다고 보았다. 인도는 미국의 아시아 정책을 중국에 대항하는 군사적인 전략으로 보아 반대하였다. 미국의 행동에는 "평화를 위해 단결하자는 결의"가 포함되었는데 네루는 이를 "국제평화를 위해 공헌하기보다는 유엔을 북대서양조약의 확대판으로 변형시켜서 하나의 전쟁 기구로 만들어 버리려 한다"고 보았다.

중공군이 참전하고 있는 사실에 대하여 소련은 중국 정부의 개입은 없으며 수많은 중국인들이 자발적으로 한국(북한)민을 돕기 위해 나아가고 있다고 주장했을 때 인도는 이 주장을 비판하였다. 네루는 12월 6일 인도의회(Lok Sabha)에서 지원병과 중공군의 구별은 중요하지 않으며 이들 병력의 대다수가 만주 국경을 넘어 북한으로 들어가 유엔군을 위협하고 있기 때문이라고 말하였다.

1950~51년 겨울 인도는 그래도 서방 측에 경도되어 있는 자세에서 정치적 중립으로 전향하였다. 인도가 한국에 하나의 의료구급 부대를 유지함으로

써 엄격하게 중립으로 보기 어려운 점이 있었으나 여기에서 이탈하고 있는 것은 물론 중국과의 좋은 관계를 의식했기 때문으로 해석할 수 있었다. 인도는 중국에게 38선을 넘지 말도록 촉구하였으며 인도 외교관들은 네루가 원했던 중재의 노력을 취하고 나섰다. 미국이 중국의 '침공'을 비난하는 유엔총회의 결의안을 통과시키려고 준비할 때 인도는 소위원회를 통하여 아시아·아프리카 국가들과 함께 문제점을 조사하고 해결점을 찾으려는 중재를 모색하였다. 비동맹 국가들의 평화 노력은 무산되었는데, 그것은 38선 부근에서 군사적 교착 상태에 빠진 한국 자체에 강대국들의 정치적 관심이 집중했기 때문이었다.

인도를 포함한 13개 아시아 국가들이 유엔총회의 정치 소위(小委)에 결의안 초안을 제출하여 총회 의장으로 하여금 한국에서의 휴전을 도모할 것을 요구하였다. 통합결의안은 대체적인 지지를 받았으나 공산권에서는 유엔사령부에게 숨 돌릴 기회를 제공하려는 움직임이라고 하여 반대하였다. 공산권의 반대에도 불구하고 휴전 소위(小委)가 인도의 라우를 비롯하여 캐나다·이란의 대표 및 총회 의장으로 구성되었다. 13개 국가의 통합결의안이 채택된 후 트루먼이 미국에 비상사태를 선포하였으며 인도는 미국이 휴전 노력에는 마음이 없는 것이라고 비난하였다. 한편 북경 정부도 남한으로부터 외국 군대의 즉각적인 철수를 되풀이하여 요구하면서 '선(先)휴전 후(後)협상'의 공식을 거부하였다. 라우는 실패를 인정하면서도 휴전 소위는 평화를 위한 명예로운 방법을 찾기 위해 나아가야 한다고 강조하였다.

휴전 소위가 유엔의 승인을 얻어 즉각적인 휴전, 한국인의 자유의사 표시, 미·영·소·중의 대표가 대만 문제와 유엔에서의 중국 대표성 문제 등을 다룬다는 원칙을 북경에 제시하였다. 중국은 북경 대표의 참석 없이 채택되었다는 이유로 거부하면서 역제의(逆提議)를 하고 나섰다. 한국과 대만으로부터 외국군대와 미군의 철수 문제 등을 논의할 중·소·영·미·불·인·애(中蘇英美佛印埃)의 7개국 회담이 중국에서 열려야 한다는 것 등의 내용이었다. 중국이 제시한 7개국은 라우가 이미 제시한 바 있던 국가들과 똑같았다.

대부분의 유엔 회원국들은 중국의 주장을 휴전 움직임에 대한 도전적인 반대로 해석하였으며, 미국은 공산 중국이 침략자로 비난받아야 마땅하며 유엔은 침략에 대해 단호한 조치를 취해야 한다고 주장하였다. 라우는 북경의 답변을 "부분적 수용, 부분적 비(非)수용, 부분적 설명의 요구, 부분적 역제의"로 해석하였다.

라우는 중국을 침략자로 낙인찍는 것을 강력히 반대하였다. 극동의 문제들을 미해결로 남겨 놓고 모든 협상의 문을 닫아 버리면 동아시아에 긴장은 영속화시킬 것이라고 경고하였다. 라우는 수정안을 제출하였는데 미국의 결의문 초안과는 차이가 있었다. 미국의 초안은 중국을 침략자로 비난한 후에 중국 정부와 협상을 모색하는 것이었으나, 라우는 비난하거나 협상하는 것에 심각한 의미를 두지 않았다. 그는 북경 정부를 비난하는 결의가 채택되고 나면 더 이상 협상의 희망은 없을 것이라고 주장하였다. 미국안이 총회에서 채택되었다.

맥아더 장군과 트루먼의 참모들 사이에는 분명한 의견 불일치가 존재했다. 맥아더는 '결판' 작전을 주장하고 나섰는데, 이는 해공군의 작전 범위를 중국 영토까지 확대하여 침략자들에게 궤멸적인 패배를 안겨 주는 것이었다. 트루먼 정부는 북진하는 결정은 한국의 최고사령부에 달려 있다고 말하면서도 38선을 두 진영의 분계선으로 받아들일 의사를 충분히 암시하고 있었다. 인도는 맥아더의 은근한 최후통첩에 대해 강한 분노의 목소리를 보였고 협상을 통한 휴전 노력에 봉사할 것이라고 제의하였다. 맥아더의 성명은 미국 정부를 당황하게 만들어 결국 그의 해임으로 이끌었다.

유엔은 모든 휴전 노력이 이루어질 때까지는 38선을 넘어서는 안 된다는 의견을 갖고 있었고, 또 유엔의 목적이 침략을 격퇴하는 것이지 적의 완전 항복은 아니라는 의견의 일치를 보이고 있었다. 이는 인도의 입장이 정당화된 것을 보여 주었다. 한편 이승만은 계속 성명을 발표하여 압록강까지 주권을 행사할 권한을 주장하였으며 남한 정부의 호전적 성명이 휴전 움직임의 분위기를 어렵게 만들고 있었다.

휴전 협상은 1951년 7월 8일 시작하여 정전협정이 조인된 것은 1953년 7월 27일이었다. 아마도 역사상 가장 긴 휴전 협상일지도 모를 이 기간 동안 치열한 전투는 줄곧 계속되었다.

6. 포로 송환 문제와 인도의 역할

휴전 협상이 지루하게 진행되는 동안 인도는 방관자적인 태도를 보이고 있었다. 무력 충돌을 방지하기 위한 기본 조건으로서 비무장지대 설치 등의 문제에는 합의가 이루어지는 분위기였지만 전쟁포로에 관련된 조정에는 진전이 없었다. 포로 문제가 난제 중의 난제였다.

공산 측은 정전 후에 모든 포로는 양측에 의해 송환되어야 한다고 먼저 제의하였다. 유엔사령부는 '자발적 송환'의 원칙을 제안하여 전쟁포로가 휴전선의 다른 쪽을 선택할 권리를 구체화하였다. 유엔사령부는 후에 '자발적 송환'의 원칙을 '비(非)강제송환'으로 바꾸었다. 북한과 중국은 유엔사령부의 제안이 1949년 제네바협정에 위배된다고 주장하면서 '비강제송환'의 제의를 거부하였다. 그러나 후에 북한과 중국은 전쟁 발발 이전에 남한에 거주했던 전쟁포로에 대해서는 자발적 송환 원칙을 사실상 받아들였다.

지지부진한 휴전 협상이 진행되는 동안 포로수용소는 통제 불능의 상황으로 몰려 조직적인 폭력과 난동과 살상이 난무하였다. 1952년 봄 거제도 포로수용소장 돗드(Francis Dodd) 준장이 포로들에게 며칠 동안 납치되어 미국의 불명예를 노출하기도 하였다. 트루먼은 비공식적으로 인도를 포함한 중립국감시단이 포로의 실태를 살피기 위해 한국을 방문하도록 제의하였다. 네루는 그러한 방문은 어떤 유용한 목적도 수행할 수 없다는 근거에서 거절하였지만 인도는 포로 교환이라는 더 큰 문제의 해결을 위해 봉사할 수 있다는 의사를 표시하였다.

포로 송환 문제에서 합의점을 찾지 못하면서도 양측은 자신들의 주장을 1949년 제네바협정에 근거하고 있었다. 협정 제118조는 "전쟁포로는 실질적인 무력 충돌이 그친 후 지체 없이 석방되어 송환된다"고 명시하였는데 공산주의자들은 118조를 분쟁이 종결되면 포로의 희망과는 상관없이 모든 전쟁포로는 송환되는 것이 절대적 의무라고 해석하여 무조건 전면 송환을 주장하였다.

유엔사령부는 송환이 강제송환을 의미할 수는 없으며 포로에게 강제를 사용하는 것은 협정의 기본인 인도주의적 정신에 위배된다고 주장하였다. 포로에게 제한을 가하지 않은 송환의 기회가 주어져야 한다는 포로의 권리를 강조하였다.

포로는 오직 자발적으로만 공산주의 통제로 돌아가야 한다는 서방 측 입장은 상대방이 쉽게 받아들일 수 없었다. 대부분의 포로들은 분명히 남한이나 대만에 머물기를 원했던 것이 사실이었다. "인도주의적인 고려 이외에도 자발적 송환을 주장하는 미국의 목표는 공산주의자들에게 더 이상의 침략을 할 수 없도록 패배의 선전을 안겨 주는 것이었다. 만약 공산군 포로들의 상당수가 그들의 공산국가로 돌아가기를 거부한다면 공산주의자들의 파괴적인 행동에 엄청난 좌절감이 뒤따를 것이기 때문이었다."

인도의 견해는 메논과 네루 등에 의해 분명히 표현되었다. 메논은 제네바협정은 구금하고 있는 세력에게 강제송환의 책임을 주고 있지 않으며, 제118조는 어떤 상황에서도 포로에 대해 폭력을 사용할 수 없다는 제3조와 관련하여 해석해야 한다고 주장하였다. 네루는 인도의회와 기자회견에서 제네바협정에 대한 해석이 무엇이든지간에 강제적인 힘은 사용할 수 없다고 분명히 하였다. 메논은 서방 측과 공산 측의 주장, 즉 포로의 자발적 송환과 강제적 송환이라는 상충하는 요구 사이에서 '비(非)강제적' 송환이 불편부당한 '중립' 국가들의 단체에 의해서 수행되어야 한다는 방식을 고안하였다. 그것은 어느 쪽의 공표된 입장도 전적으로 거부하는 것을 피하기 위해 노력한 제안이었다. 인도의 계획은 어떤 강압도 포로에 대해 사용될 수 없다는 유엔사령부의 기본 입장에 부합한 것이었다. 모든 포로는 양측에 의해 비무장지대에서 4개국으로 구성된 중립국송환위원회(NNRC)로 석방되는 것이었다.

인도의 결의안 초안은 "시의적절하며 건설적이고 정전을 확보하는 데 최고의 기회를 부여한 실용적이고 적극적인 노력"이라고 갈채를 받기도 하였으며 진정한 화해의 정신을 과시했다고 평가되기도 했다. 그러나 처음에는 서방 측과 공산 측이 인도안을 거부하고 나섰다. 미국은 우선 남한 정부를 의식했기 때문이며, 소련과 중국은 인도의 계획을 '미국의 생각을 살짝 위장한 것'으로 보았기 때문이었다.

유엔 대표들 사이에서는 송환위원회 위원의 하나로서 인도가 마땅히 참여해야 한다는 분위기가 이루어졌다. 인도의 결의안은 1952년 12월 1일 유엔총회에 제출되어 53 대 5(공산권이 반대)로 채택되었다.

총회가 이 결의를 채택했을 때 변영태(卞榮泰) 외무장관이 한국 정부는 인도안을 받아들일 수 없다고 선언하였다. 우선 이승만에게는 송환위원회 구성 자체가 받아들여질 수가 없었다. 공산국가 체코슬로바키아와 폴란드에 더하여 인도·스웨덴·스위스가 중립국송환위원회에서 봉사하게 되는데 이들 세 국가도 중국공산당 정부를 승인하고 있었기 때문이다. 반대의 입장을 보인 것은 한국 대표뿐만 아니라 북경과 북한 당국도 인도가 서구의 호전적인 세력과 동맹하고 있다고 비난하면서 인도안을 거부하였다. 인도안은 불길한 출발을 보였다.

국제적십자의 제의에 따라 유엔군 측과 공산군 측이 부상병 및 환자의 교환에 대한 협정을 1953년 4월 11일 서명하였다. 중국지원군사령부(중공)는 송환을 거부하는 것으로 알려진 포로들을 구금하기 위해 중립국송환위원회의 설립을 제의하였다. 유엔군사령부는 이 제의를 받아들이면서 인도 대표가 위원회 의장이 되어야 하며 인도만이 포로 관리군을 제공해야 한다고 주장하였다. 6월 8일 양측 군사령부의 동의로 포로 송환 협정이 체결되었다.

이승만은 아이젠하워(Dwight D. Eisenhower) 미국 대통령에게 서한을 보내 "3년 된 전쟁의 첫 해에는 미국과 유엔이 번갈아 가면서 전쟁의 목적은 하나의 통일된 독립 민주 한국의 수립과 공격자의 응징이라고 선언했으나 …… 공산군이 예상했던 것보다 강하다는 것이 증명되자 유엔 대변인은 전쟁에 의해 한국을 통일할 마음은 전혀 가져오지 않았다고 설명한다"고 비난하였다. 이승만이 한국에서 유엔의 사명에 관해 실제적인 혼란을 지적하였는데 유엔총회와 유엔군사령부에 대한 이러한 고발에는 많은 진실이 포함되어 있었다.

포로 송환 협정은 기본적으로 인도안의 골격을 따랐으며 다만 포로의 최종적인 처리는 정전협정 초안이 구상한 정치회담에 남겨 두며 유엔에 넘기지 않는다고 규정하였다. 북한과 중국은 소득 없는 6개월 동안의 전투 후에 인도가 주장했던 동일한 해결책으로 다가왔다. 양 진영의 강대국들이 공동으로 인도를 포로 송환의 책임을 짊어질 수 있는 유일한 중립국으로 인정하였다. 남한 정부가 보인 강한 반대 성명과 인도 군대의 상륙에 대한 위협에도 불구하고 인도는 중립국송환위원회의 의장이라는 힘든 역할을 맡게 되었다.

이승만은 정전협정을 난파시키려는 결정적인 시도를 하였다. 평화적 해결로 나아가는 지금까지의 진행을 무산시키려는 마지막 시도로서 그는 2만5천여 명의 '비송환' 북한 포로를 수용소로부터 극비로 석방을 단행하였다. 그는 한국인들과 한국에 들어온 공산군 사이의 충돌의 위험성을 피하기 위한 유일한 길이었다는 근거에서 석방을 정당화하였다.

이승만이 외국 군대의 상륙에 위협을 가했을 때 인도의 반응은 인도군을 초청하고 그 안전을 보장하는 것은 미국과 유엔군사령부라는 입장이었다. 네루는 유엔군사령부가 사태의 주인이지 이승만이 아니라는 것을 아주 분명히 한 것은 유엔과 미국이었다고 말하였다. 저명한 철학자인 라다크리슈난

(Radhakrishnan) 인도 부통령은 평화를 이룩하기 위해서 개별 국가들은 유엔의 판단에 따라야 하는데 이승만은 이에 반하는 행동을 하였다고 지적하였다. 인도는 유엔회원국들이 이승만의 행동에 단호한 태도를 보여 주기를 희망하였으며 영국 정부도 덜레스(John Foster Dulles) 미국 국무장관에게 동일한 압력을 보냈다. 여러 유엔위원회가 이승만의 비타협적 태도를 비난하였으며 피어슨(Lester Pearson) 유엔총회 의장은 이승만의 행동이 전쟁포로에 관한 협정을 위반한 것이라고 지적하였다.

중립국송환위원회는 다수결로 운영하게 되었으며 포로 송환을 방해하기 위해 어떤 폭력이나 위협도 사용할 수 없었다. 송환위원회는 집행 기능뿐만 아니라 준(準)입법·사법 기능을 부여받고 있었는데, 한국 포로 문제의 밑바닥에는 충돌하는 이데올로기가 존재했기 때문이었다.

이승만이 어떤 인도 군대도 남한 땅에 발붙일 수 없다고 선언하였으므로 유엔군사령부는 인도군을 인천에서 비무장지대까지 헬리콥터로 옮기는 공수작전을 수립해야 했다. 인도관리군(CFI)은 인도 정규군에서 차출되었으며 총규모는 처음에는 1,254명의 전투소총병들이었고 곧 798명의 행정병이 보충되었다. 약간의 추가병들이 인도에서 일본으로 다시 한국으로 공수되었다. 인도관리군은 최고로 6천 명을 넘지 않았다. 도라트(S.P.P. Thorat) 소장이 관리군의 책임을 맡고, 띠마이야(K.S. Thimayya) 중장은 중립국송환위원회 의장이며 집행인으로 봉사하게 되었다. 송환위원회와 관리군의 인도 파견단은 두 개의 분리된 실체로 활동하였다. 따라서 인도는 한국에서 세 개의 자격, 즉 중립국송환위원회의 위원으로서, 송환위원회의 의장과 집행인으로서, 또 포로 관리인으로서 활동하였다.

유엔군사령부와 중국·북한 군사령부가 이미 총 8만8천여 명의 포로 교환을 마친 후에도 송환되지 않고 남아 있는 포로를 송환위원회의 보호 관리로 넘겼다. 유엔군사령부가 9월 23일 22,604명의 포로를 인도하였고, 다음 날 공산군사령부도 359명의 포로를 넘겼다. 포로들은 비무장지대의 남쪽과 북쪽의 두 캠프에 각각 수용되었다. 포로들은 집단으로 인도되었고 인도관리군의 보호 관리로 들어와 이전에 수용되었던 것과 똑같은 형태로 구금되었다.

포로들은 각 캠프에 많은 숫자가 집중되었고 가까이 인접해 있었다. 이런 배치는 대규모 혼란이 일어났을 때 인도관리군의 작전에 방해가 되었다. 포로들은 송환위원회와 인도관리군에 깊은 불신을 갖고 있었으며 인도의 순수성과 공평성을 의심하고 있었다. 남한 정부는 공공연히 인도의 중립성을 의심하였고 인도군과 띠마이야 의장이 친(親)공산주의적이라고 주장하였다. 남한 정부는 인도 군대를 몰아내기 위해 무장 군대를 파견할 것이라고 경고하였다. 이런 위협은 포로수용소의 소란과 때를 같이 하였다.

송환위원회가 포로의 관리 보호를 맡았을 때 포로 캠프, 특히 남쪽 캠프에서 포로의 대표자들로 행세하는 포로들을 발견하였다. 이들이 포로들에 의해 선출되었는지에 대해 보고받은 바 없었지만 띠마이야 의장에게는 이 '사실상의 대표들'을 상대하는 이외의 대안이 없었다.

이 조직은 매우 복잡하고 응집력이 있었으며 긴밀하고 지속적인 외부 영향력이 포로수용소에 작용하여 남쪽 캠프를 지배하고 있었다. 이 조직의 목적은 송환을 반대하는 것으로서 송환을 원하는 포로들이 그들의 권리를 행사하지 못하도록 하는 것이었다. 띠마이야는 기자회견에서 미국인 영국인 및 한국인 비(非)송환자들은 이상하게 조직화되어 있는 것으로 믿어진다고 말하였다. 북쪽 캠프의 상황도 마찬가지라는 견해가 있었으며, 남쪽 캠프는 남한 헌병사령관의 통제 아래 있는 서울의 포로 조직본부로부터 지시를 받는다는 주장이 있었다. 송환위원회와 인도관리군은 이들 조직체를 허물고 캠프 내에 정상적 분위기를 회복하지 못하였다. 관리군은 약 2만3천 명의 포로를 감시해야 했으며 남쪽의 캠프는 여섯 개의 울타리 안에 55개의 수용동(棟)을 갖고 있었다. 대규모 혼란이나 비정상적 상황에서는 인도 군인과 행정 요원으로 구성된 관리군이 그 과업을 성공적으로 수행할 수 없었다. 중국·북한 군사령부와 송환위원회의 폴란드·체코 대표는 포로 조직체를 해체하고 비밀첩자들을 격리시켜야 한다고 계속하여 주장하였다.

송환위원회에 부여된 권한 위임사항은 포로들에게 설명해 주고 송환을 조정해 주는 것이었다. 위임 권한의 핵심은 설명과 면담이며 포로들로 하여금 강요받지 않고 자유로운 선택을 할 수 있도록 보장해 주는 것이었다.

포로가 중립국송환위원회에 넘겨진 직후부터 사고가 발생하였다. 9월 26일 인도관리군의 그리왈(H.S. Grewal) 소령이 남쪽 캠프에서 중국의 비(非)송환 포로들에 의해 강제로 끌려가 구금되었다. 송환된 동료의 한 명이 캠프로 되돌아올 때까지 소령은 인질로 억류되었다. 인도관리군 사령관 도라트가 개인적으로 개입했을 때 그는 주위를 굳게 에워싸여 올가미에 씌워진 꼴이 되었다. 그러나 그의 명령으로 무력이 사용되지 않았고 포로들은 결국 소령을 석방하였다. 포로들이 난동을 부리고 탈출을 시도하자 관리군이 발포하여 사상자가 있었고, 유엔군 포로가 인도 장교를 인질로 붙잡기도 하였다.

인도와 인도관리군에 적대적이었던 남한 정부는 관리군의 발포에 강력한 유감을 표시하였다. 남한은 수용소의 소동을 "반공 한국인들의 자발적인 폭발"로, 발포를 "정전협정의 극악한 위반"이라고 규정하면서 인도 군대의 철수를 요구하였고, 인도군에 대항하여 무기를 들겠다고 위협하였다. 공산주의자들과 공모하고 있다고 주장하면서 띠마이야 송환위원회 사령관과의 면담을 요구하였다. 남한에서 민중집회와 반(反)인도 데모가 조직화되었으며 민간단체들이 반(反)송환위원회와 반(反)인도관리군 감정에 불을 붙이고 있었다.

중립국송환위원회는 유엔군 및 공산군사령부만을 상대할 뿐이라고 하여 남한 정부의 띠마이야 사령관과의 면담 요구를 거부하였다. 네루는 아이젠하워와 영국 수상 처칠(Winston Churchill)과 캐나다 정부에 서한을 보내 남한 정부의 위협으로부터 야기된 우려할 만한 상황을 지적하고 송환위원회가 기능을 발휘할 수 있는 분위기를 조성해 주도록 촉구하였다. 네루는 공개적으로 미국과 한국전쟁에 파병하고 있는 국가들이 침묵을 깨고 남한의 반(反)인도 선전을 비난하도록 요구하였다. 정전협정의 조건이 이행되는 것을 보는 것은 유엔회원국 특히 미국의 의무라는 것을 분명히 밝혔다. 미국 국무부는 "인도군이 포로를 사살한 사건은 유감"이라고 표현하고, 남한 정부가 "온건과 자제를 보여야 한다"고 촉구하였다. 미국의 성명에 대한 뉴델리의 반응은 "매우 약하다"는 불만의 표시로 나타났다.

인도의 과업은 포로들이 원래의 부대로 돌아갈 것인지의 여부를 자유롭게 선택할 수 있는 기회를 확보해 주는 것이었는데 포로 조직들이 선택의 자유를 방해하여 업무를 수행하기가 거의 불가능하였다. 송환위원회가 포로에게 접근하여 설명과 면담할 수 있는 기간은 90일이었으며 송환의 권리를 행사하지 않은 포로의 배치문제는 정치회담으로 넘겨 30일 동안 송환위원회가 계속하여 보호 관리하도록 하였다. 그러나 사실은 포로의 면담이 90일 가운데 오직 10일 동안만 실시되었을 뿐이었다. 인도는 포로 조직들을 해체하여 포로들로 하여금 자유로운 분위기에서 면담할 수 있도록 시도하지 않았다. 그렇게 하는 것은 과도한 무력 사용을 요구하고 캠프에서 집단 폭동과 남한군의 개입으로 이끌어 갈 수도 있기 때문이었다.

인도는 주어진 기간이 끝났는데도 면담을 행하지 못한 포로 문제를 처리해야 할 미묘하고 위험스런 임무에 부딪쳤다. 공산주의자들은 포로 면담 기간을 연장해야 한다고 주장하였는데 이는 포로의 구금을 무한정 연기시킬 수도 있는 일이었다. 유엔 측은 포로들의 구금 연장을 강하게 반대하면서 포로들은 자유화되어, 요컨대 남한이나 대만의 군대에 가담해야 한다고 주장하였다. 두 개의 적대적인 압력 사이에 사로잡힌 인도는 포로의 구금을 연장할 수도 없고, 위임 권한을 보완할 수도 없고, 포로를 석방할 수도 없는 처지로 몰렸다. 제네바협정 118조에 반하여 포로의 구금을 연장할 수 있는 어떤 해석도 위임 권한으로 주어질 수 없다는 것이 인도의 판단이었다. 아직 포로의 대부분은 송환에 대한 그들의 권리를 행사할 기회를 갖지 못했으며, 정치회담은 개최하도록 권고하고 있음에도 불구하고 열리지 않고 있으므로 토론의 장은 존재하지도 않는 상황이었다. 인도는 유엔군사령부와 공산군사령부가 동의하지 않는 한 실제로 보호 관리를 계속하는 것이 불가능하다고 판단하였다.

인도는 하나의 책략을 고안하였는데 포로의 보호 관리를 이전의 상태로 회복시켜 버린 것이었다. 포로들을 그들이 이전에 억류되었던 진영으로 시민으로서보다도 포로로서 석방해 버림으로써 유엔 측이 포로들은 비(非)공산권을 자유롭게 선택해 왔었다고 주장할 수 없게 만들었다. 공산주의자들을 만족시키기 위하여 포로들은 위임사항이 요구한 대로 시민으로서 석방되지 않았으며, 미국과 그 동맹국들을 만족시키기 위하여 포로들은 의사와 달리 공산권으로 송환되지는 않았다.

이 문제를 결정하는 데 송한위원회 띠마이야 의장은 독립적으로 행동하였으며 이것이야 말로 유일하게 "올바르고 합법적이고 평화적인" 출구라는 확신을 가졌다. 그렇게 하는 것은 원해서가 아니라, 위임사항이 규정했기 때문이 아니라, 다른 출구가 없기 때문이었다. 송환위원회의 어느 누구도 인도가 취한 조치에 동의하지 않았지만 스웨덴과 스위스의 대표는 반대하지 않았으며 폴란드와 체코의 대표는 이에 격렬하게 반대하였다.

인도관리군은 1954년 1월 21일 남쪽 캠프의 21,805명의 포로들을 유엔군사령부의 보호 관리로 이양을 완료하였다. 유엔군사령부는 일방적으로 그들을 석방하였다. 중국인들은 대만으로 출항했고, 한국인들은 대한민국으로 간 것으로 보도되었다.

중립국으로 가기를 희망했던 12명의 중국인과 74명의 북한포로들은 보류되었다. 이들은 이전에 대만이나 남한을 원치 않았고 미국으로 갈 것을 원한다는 의사를 표시했다. 송환위원회 의장은 그들에게 미국은 중립국이 아니므로 위임 권한하에서는 미국에 들어가는 것이 구체화되지 않았다고 설명하였다. 의장은 그들을 인도로 데리고 가서 그들의 배치를 정부 수준에서 조정하거나 혹은 유엔사령부 통제로 돌려보낼 수밖에 없다고 말하였다. 포로들은 중립국으로 가는 데 동의하였으며 그들은 남한인 두 명과 함께 전쟁 없는 세상을 찾아 인도로 떠났다.

북한·중국 군사령부는 비송환 포로들의 보호 관리를 접수하기를 거부하였다. 결국 인도 적십자가 명부를 중국 및 북한행의 포로들을 지휘했던 북한과 중공의 적십자에 넘겼다.

중립국송환위원회는 1954년 2월 21일 해체를 결의하였다. 폴란드 및 체코 대표와 공산군사령부의 반대에도 불구하고 위원회 의장 띠마이야 장군은 계속하여 기능을 수행할 수 없으므로 위임사항에 따라 종료를 선언하였다.

남한은 인도가 지속적으로 공산주의 침략자들에게 유화적이었고 그들과 밀통해 왔다고 보았으므로 정치회담에 인도의 참석을 반대하였다. 남한 정부는 만약 인도의 참석이 허용된다면 정치회담을 거부할 것이며 북진하여 통일을 달성할 것이라고 공표하였다. 많은 나라들이 인도의 참여를 강력히 옹호하였는데 그들은 인도가 아시아의 주요한 세력으로서 이미 한국 문제의 해결에 크게 기여하였으므로 정치회담에서도 공헌할 것이라고 주장하였다. 중국은 종전에 이르는 동안 인도의 공헌과 정치회담에서의 적극적인 역할을 기대하여 회담에 인도를 초청해야 한다는 주장이었고 북한도 견해를 같이 하였다. 다만 자신들도 반드시 초청되어야 한다는 입장이었다.

제네바회담이 1954년 4월 26일 열렸다. 한국 문제를 궁극적으로 해결하려는 정치회담에 인도는 참여하지 못하였다. 미국과 남한이 인도의 참석을 반대하였기 때문이다. 영연방과 많은 나라들은 인도가 포함되어야 한다고 주장하였지만 미국은 비동맹 대표들이 참여하면 공산주의자들과의 협상이 어려워진다고 믿고 있었다. 한국 분과는 한국의 통일, 남북한 선거 및 외국군 철수 등을 논의하였으나 합의에 이르지 못하고 6월 15일에 폐회되고 말았다.

7. 맺음말

지금까지 한국전쟁에서 인도의 역할을 고찰하면서 주로 인도 측의 주장을 옮겨 보았다. 객관적인 평가가 결여되고 한국 측의 입장과는 크게 다를 수 있다. 인도는 유엔한국임시위원회의 출범 때부터 그 활동 목표는 평화적 방법에 의해 하나의 통일된 독립 한국의 수립이라고 주장하였다. 이는 유엔의 한국에서의 목표와 일치하는 것이었다. 그러나 이 목적을 이행해 가는 과정에서 유엔총회는 망설였고 인도는 우유부단함을 보였다.

인도는 북한을 한국전쟁의 침략자로 규탄하는 안보리의 결의를 주저하지 않고 지지하였다. 미국이 분쟁 지역을 한국 이외의 지역까지 확장을 도모하고 나섰을 때 한국전쟁을 지역화로 국한해야 한다고 생각했던 인도는 신중한 태도를 취했다. 유엔군이 38선을 넘어 북진하자 인도는 유엔의 목적은 평화적 방법에 의한 통일 한국의 수립일 뿐이며 북진은 불가피하게 전쟁 지역을 확대시킬 것이라고 경고하였다. 인도는 군사력을 파견하여 전쟁의 당사자로 개입하는 것이 아니라 스스로 조정자의 역할을 자임하고 나섰다.

중립국송환위원회는 유엔군 및 공산군사령부가 동의한 위임사항을 관리하는 곳으로서 포로들이 원하는 바에 따라 송환을 결정해 주어야 했다. 의장국인 인도는 양측 사령부가 넘겨준 포로 관리의 책임까지 맡았다. 비송환 포로들의 보호 관리는 억류했던 두 사령부를 대표해서가 아니라 포로의 모국을 대신하여 넘겨진 것이라고 인도는 선언하였다. 그러나 그 과업은 인도가 통제할 수 없는 많은 어려움에 둘러싸여 있었다. 중립국송환위원회와 인도관리군은 두 사령부의 창조물이었으면서도 그들이 보인 극도의 불신과 비협조 때문에 때로는 이쪽으로부터, 때로는 저쪽으로부터의 비판의 홍수에 직면해야만 했다.

포로들의 협조도 결여되어 있었다. 포로들이 인도와 송환위원회를 불신하였으며, 포로들의 폭력 행동이 위원회와 관리군의 임무를 더욱 어렵게 만들었다. 포로들의 협조가 설명 업무를 수행하는 데 결정적 요인이었으나 관리군은 일상적인 행정적 기능마저도 수행하는 것이 어려웠다. 위원회와 관리군의 활동을 묶어 놓았던 또 다른 요인은 유엔사령부와 동맹 관계에 있던 남한 정부의 적대적인 태도였음은 말할 것도 없다.

인도에게 지워진 "전례 없는 역사적 중요성의 책임"이 끝났을 때 한국전쟁에서 보인 인도의 역할에 대해서 비동맹 국가들의 호의적인 반응은 말할 것도 없거니와 소련과 미국도 긍정적인 평가를 내리기에 이르렀다. 말렌코프(Malenkov) 소련 수상은 "인도는 한국에서 종전으로 이끌어 가는 평화의 노력에서 독자적인 중대한 공헌을 하였다"고 처음으로 진정한 우호의 발언을 하면서 인도와 소련 사이의 우호의 협력 관계가 발전하기를 기대하였다. 아이젠하워 미국 대통령도 네루에게 보낸 서한에서 "근래에 어떤 군부대도 인도군이 한국에서 직면했던 것보다 더 민감하고 벅찬 평화의 사명을 수행해 온 일이 없다"고 평가하였다.

한국전쟁이 발발했을 때 인도는 유엔한국위원회에서 활동하면서 목격한 바에 따라 북한을 전쟁 도발자로 규탄하는 안보리의 결의에 망설임 없이 찬성하였다. 그러나 이후 유엔에 상정된 무수한 한국전쟁에 관한 안건에 대해 일관성 없는 혼란스런 태도를 보여 왔다. 수시로 좌우로 편향하는 종잡을 수 없는 인도의 태도는 이해하기 힘든 면이 있었다. 그러면서도 인도가 동서 군사동맹의 어느 쪽에도 가담하지 않고 비동맹을 고수하는 것이 인도 외교정책의 기조였음을 이해하고, 또 제국주의 지배에서 해방됨과 동시에 인도·파키스탄으로 분립하고 말았던 인도의 비극을 거울삼아 한국이 전쟁이 아닌 평화적인 방법에 의해 하나의 독립된 통일국가로 탄생하기를 기원했다는 점에서 본다면 인도의 한국에서의 활동을 이해할 수도 있을 것이다.

31장

부강한 중국의 등장과 한반도

서진영

1. 21세기의 화두: 중국의 재등장

세계 제1의 인구 대국이며, 세계 4위의 영토 대국인 중국, 그리고 고대 문명의 전통을 자랑하는 중국은 그 외형적 조건만으로도 강대국이라고 할 수 있다. 그러나 1978년 개혁개방 이후 30년 동안 중국은 연평균 9.9퍼센트라는 경이적인 경제성장률을 기록, 역사상 가장 빠른 속도의 고도성장을 이룩하면서 부강한 중국의 등장에 대한 세계의 관심이 집중되고 있다.

사실 중국의 경제 발전 속도는 놀라운 것이었다. 일본의 최전성기 30년의 평균 성장률이 8퍼센트이었고, 1960~95년의 아시아 호랑이들이라고 했던 홍콩·한국·싱가포르·대만의 경제성장률은 각기 7.8퍼센트, 8.3퍼센트, 8.4퍼센트, 그리고 8.9퍼센트이었다는 기록과 비교하면, 중국의 연평균 9.9퍼센트의 경제성장률이란 역사상 가장 빠른 경제성장이라고 해도 과언이 아니다. 이렇게 중국 경제가 무서운 속도로 발전하면서 2010년 현재 중국은 미국 다음의 제2의 경제대국이 되었고, 제1의 수출대국, 그리고 제1의 외환보유국으

그림 31-1 | 구매력 환산 전세계 GDP 총액 추이 (단위: %)

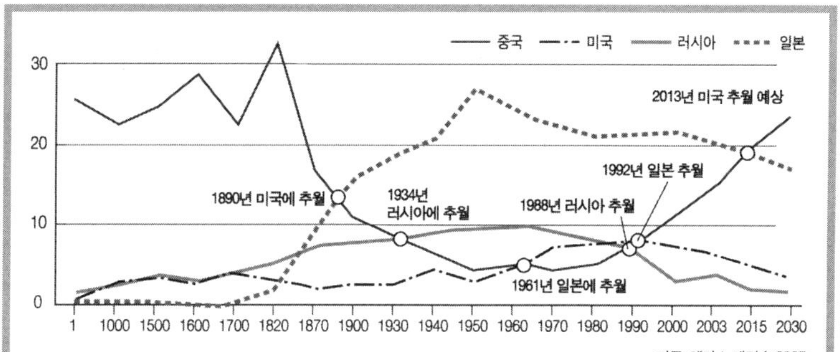

자료: 앵거스 매디슨 2007

로 등장하였다. 그리고 이런 중국 경제의 고도성장이 앞으로도 계속된다면 이르면 2013년경에는 경제 규모면에서 미국까지 추월, 세계 제1의 경제대국이 될 것이란 추론도 제기되고 있다. 이처럼 21세기에 부강한 중국의 등장은 더 이상 외면할 수 없는 현실이 되고 있으며, 그것은 일시적 현상이 아니라 역사적 추세라는 점에서 더욱 의미심장하다고 하지 않을 수 없다.

위의 〈그림 31-1〉이 보여 주는 바와 같이 19세기 이전까지 중국은 명실공히 세계의 중심 국가라고 할 수 있을 정도의 국력을 보유한 강대국이었다. 1700년에서 1820년 사이에 중국의 국민총생산(GDP)은 세계 총생산에서 차지하는 비중이 23.1퍼센트에서 32.4퍼센트까지 증가하면서 오늘날의 미국보다 더 큰 그야말로 세계 제1의 경제대국이었다. 그러나 1840년 아편전쟁을 전후로 중국 경제가 세계경제에서 차지하는 비중은 급전직하로 추락하기 시작하였다. 따라서 1890년에 중국 경제는 미국 경제에 추월당했고, 1934년에는 소련에, 그리고 1961년에는 일본에 추월당하는 '굴욕'을 경험하였다. 그러나 중국은 1978년에 최저점을 통과한 이후 개혁개방을 계기로 비약적인 고도성장 시대를 열면서 중국 경제의 비중이 다시 상승하기 시작하였다. 따라서 중국 경제의 규모는 1988년에 구소련을, 1992년에 일본을 추월했으며,

2013년에는 마침내 미국마저 추월하면서 세계 최대 규모의 경제대국으로 '재등장'하게 된다는 것이다.

이와 같이 중국의 재등장이 현실이 되면서 과연 중국은 어떤 강대국이며, 부강한 중국의 재등장이 21세기 국제사회에 '위협'인지, '기회'인지에 대한 논쟁이 제기되고 있다. 특히 역사적으로나 지리적으로 중국의 흥망성쇠와 밀접하게 연결되어 있는 우리의 입장에서 부강한 중국의 등장에 대한 관심이 고조되는 것은 너무나도 당연한 현상이라고 하지 않을 수 없다. 이런 점에서 이 글에서는 21세기의 중국은 어떤 강대국이며, 강대국 중국의 등장으로 국제사회의 세력균형에 어떤 변화가 올 것이고, 이런 국제사회의 변화는 한반도에 어떤 위험과 기회를 제공할 것인지, 그리고 이에 대한 대응 과정에서 한국은 어떻게 중국과의 '전략적 협력 동반자' 관계를 발전시켜야 할 것인지를 논의하기로 한다.

2. 중국은 어떤 강대국인가

통상적으로 강대국이란 군사력과 경제력이란 하드 파워(hard power)에서 다른 행위자들보다 상당한 우월적 지위를 점유하고 있는 국가들이라고 할 수 있다. 그러나 진정한 강대국이 되려면 물리적·물질적 힘 외에 규범적·도덕적 힘인 소프트 파워(soft power)도 필요하다. 따라서 강대국이란 하드 파워와 소프트 파워 모두에서 다른 국가들과 비교해 상당한 우위를 차지하고 있는 국가라고 정의할 수 있다. 이런 점에서 중국의 경제력·군사력 그리고 국제사회에서의 영향력을 종합적으로 고려한다면 21세기 중국은 경제적 차원에서는 개발도상국가형 강대국이며, 군사적 차원에서는 지역 강대국이라고 할 수 있고, 또한 국제정치적 차원에서는 현존하는 국제 질서를 인정하는 현상유지형 강대국이라고 할 수 있다.

1) 개발도상국가형 강대국

일부 서방세계의 전문가들은 중국 경제의 비약적 발전을 평가하면서 이제 국제사회는 미국과 중국 두 나라가 공동 운영하고 공동 책임을 져야 하는 G2의 시대를 맞게 되었다고 주장하고 있다. 그러나 이런 주장에 대해 중국은 강대국의 권리와 역할은 인정하지 않고, 강대국의 부담과 책임만을 전가하려고 한다면서 경계하면서 중국은 개발도상국가라고 강변하고 있다.

사실 중국은 앞에서 지적한 바와 경제 규모의 면에서는 미국 다음의 세계 제2의 경제대국이 틀림없다. 그러나 1인당 국민소득이나 노동생산성과 과학기술력 등의 관점에서 본다면 중국은 경제대국이면서도 상당 기간 개발도상국가의 수준을 벗어날 수 없다는 사실도 부인할 수 없다. 2009년 현재 세계은행 통계에 따르면 중국의 1인당 국민소득은 구매력을 기준으로 계산할 때 6,710달러이며, 이것을 기준으로 해도 중국의 1인당 국민소득은 세계 120위에 불과하다. 또한 중국의 총생산에서 농업의 비중이 10.6퍼센트에 이를 정도로 중국의 산업구조도 전형적인 개발도상국가의 모습을 보이고 있다.

이런 점은 중국의 전문가들도 인정하고 있다. 중국의 현대화 수준과 세계 각국의 현대화 수준을 비교 평가한 중국과학원의 "중국현대화연구 2008년"에 따르면 2005년 현재 중국의 외형적 국력은 세계 3위이지만 종합 현대화 수준은 조사 대상국 108개 국가 중 55위라고 평가하면서, 이것은 중국이 초등 발달 국가의 수준에 있다는 것을 의미한다고 지적하였다. 이 연구보고서에 따르면 중국은 2015년이 되어야 제1차 현대화가 완성되고, 1960년대의 선진국 수준에 도달하게 될 것이라고 지적하고 있다.

이처럼 중국은 경제력의 규모 차원에서는 두말할 것도 없이 경제대국이지만, 중국 경제의 질적 수준과 중국의 현대화 수준은 21세기의 '가장 선진적인 생산력'을 대표한다고 할 수 없기 때문에 상당 기간 중국은 미국과 일본, 서방 선진국과의 협력 관계를 계속 추진해 가지 않을 수 없다. 다시 말해 중국 경제가 지속적으로 발전해 가기 위해서 중국은 서방의 자본과 기술 도입이 앞으로도 계속 필요하며, 또한 미국과 서방세계의 시장을 통해 중국의 수출 경제의 발전을 모색해 나가야 하므로 중국은 현재와 같은 개방경제의 발전을 위해서도 앞으로도 상당 기간 서방과의 안정적인 관계를 유지하려고 노력할 것이라고 추론할 수 있다는 것이다.

이런 점에서 중국 경제는 세계경제와의 상호 의존성을 계속 유지·확대하면서 세계경제 발전과 더불어 중국 경제의 발전을 추진할 것이기 때문에 중국 경제의 활성화는 대체로 세계경제 발전의 '기회'로 작용하고 있다고 할 수 있다. 세계은행 자료에 따르면 중국 경제의 세계 국민총생산(GNP) 증가에 대한 평균 공헌 비율은 미국 다음으로 높다고 한다. 즉, 세계경제 발전에 상당한 기여를 하고 있다는 것이다. 특히 동아시아 지역 경제에서 중국 경제의 비중과 그 기여도는 미국을 추월할 정도로 빠르게 증대하고 있다. 이를테면, 중국에 대한 수출이 동아시아 개도국의 경제성장에 중요한 추동력으로 작용하고 있으며, 특히 대만·싱가포르·한국·말레이시아 등에서는 대중국 수출 경기가 경제성장률에 큰 영향을 미치고 있다는 것이다.

이처럼 중국은 저가 상품의 대량 수출국으로서, 세계 최대의 투자 및 상품 시장으로서, 그리고 막대한 외환 보유국으로서 세계경제 발전에 중요한 역할을 하고 있는 것은 부인할 수 없지만, 중국 경제의 발전이 초래하는 부작용도 무시할 수 없다. 즉, 중국의 경제 발전이 가속화되면서 에너지와 원료 수요가 폭등하고, 심각한 환경 문제를 촉발하고 있으며, 일부 지역에서는 중국의 경쟁력에 밀려 산업 공동화 현상이 발생하고 있는 것도 부인할 수 없는 사실이다. 따라서 개발도상국가형 중국의 등장은 세계에 기회와 동시에 위험도 제공하고 있다고 하겠다.

2) 지역 군사 강대국 중국의 등장

중국의 비약적 경제 발전과 더불어 중국의 지속적 군비 확충과 군 현대화 추진은 서방세계에서 중국 위협론을 촉발시키는 근거가 되고 있다. 이를테면, 미국은 미 국방부 2003년 중국 군사력 연례보고서에서 처음으로 중국의 군비확장에 대해 공식 경고하고 나섰고, 일본도 2004년 "신방위대강"(新防衛計画大綱)에서 처음으로 중국 위협을 명기하면서 중국에 대한 경계심을 표출하였다.

사실 중국은 천안문사건이 발생한 1989년 이후 매년 국방비를 두 자리 숫자로 증액하면서 군 현대화 작업을 추진하고 있다. 따라서 중국의 실질 군사비도 계산하는 방법에 따라서 차이가 있지만, 어떤 방식으로 산정을 하더라고 아시아 최대이고, 미국 다음의 세계 제2의 군사비 지출 국가인 것은 부인할 수 없다. 물론 중국 정부는 중국의 군사비는 다른 강대국의 그것과 비교하면 절대 수치에서도, 국민총생산의 비중에서도, 그리고 국가 재정지출 중의 비중에서도 모두 낮은 수준이라고 강변하고 있다. 그러나 스톡홀름 국제평화연구소(SIPRI)의 2009년 보고서에 의하면 중국의 국방비는 849억 달러를 기록, 사상 처음으로 프랑스를 제치고 세계 2위의 군사비 지출 대국으로 부상했다. 물론 세계 2위라는 중국의 국방비도 세계 1위인 미국의 2008년도 국방비(총 6,070억 달러)에 비하면 미미하고, 전 세계 국방비 지출에서 차지하는 비중도 5.8퍼센트에 불과하지만, 일본이나 러시아와 같은 아시아의 다른 강대국보다 많다는 점에 주목할 필요가 있다는 것이다. 그리고 이처럼 매년 증액되는 군사비를 바탕으로 중국의 국방 현대화 계획과, 항공모함 구축 등 원양해군 육성 노력을 지속적으로 추진하고 있다는 점에서 군사 대국 중국의 등장이 임박해 있다고 하겠다.

물론 중국은 가까운 장래에 군사기술과 군사능력의 차원에서 미국과의 격차를 줄이지 못할 것이기 때문에 상당 기간 동안 전 세계적 차원에서 미국의 군사적 패권에 정면으로 도전할 의사도 능력도 없다고 할 수 있다. 그러나 현대화된 군사력을 구비하고 있는 중국이 대만해협이나 동아시아 지역에서 미국의 군사작전에 심각한 위협을 줄 수 있으며, 지역 군사 강대국으로서 주변 국가에 영향을 미칠 수 있는 것도 사실이다. 이런 점에서 동아시아 국가들은 군사적 차원에서 지역 강대국으로 등장하고 있는 군사 대국 중국의 동향에 주목하고 있다.

3) 현상유지형 강대국 중국의 대외 정책

이처럼 중국이 개혁개방 이후 고도성장 시대를 열고, 경제적으로나 군사적으로도 무시할 수 없는 강대국으로 국제무대에 다시 등장하면서 중국의 대외 정책 성향에 대한 관심이 높아지고 있다. 특히 미국과 서방세계가 주도하는 현존 국제 질서에 대해 중국은 과연 어떤 입장을 취할 것이며, 자신의 국익을 실현하기 위해서 강제력 사용도 불사할 정도로 공격적인 대외 정책 성향을 표출하는 것은 아닌가하는 우려가 제기되고 있다.

이와 관련해 일부 서방 전문가들은 중국의 권위주의적 정치체제의 성격이나 중국의 전략 문화의 성격을 고려하면, 중국은 필요하다고 판단하면 무력을 동원하는 공격적 대외 정책을 추구하는 경향이 있다고 주장한다. 이를테면, 중국은 기원전 1100년부터 1911년경까지 약 3천 년간 총 3,790회의 국내외 전쟁을 기록했으며, 한족이 지배했던 명대(明代)에도 연평균 1.12회 외국과의 전쟁을 수행했다는 통계를 바탕으로 중국 역사에서 전쟁은 일상적인 사건이었고, 중국의 전략 문화가 호전적이라고 지적하기도 한다. 중화인민공화국이 건설된 이후에도 중국은 미국 다음으로 국가간 무력 분쟁 (Militarized Interstate Disputes)에 자주 개입한 국가라는 연구 결과도 있기 때문에 중국이 언제나 평화 지향적인 역사와 문화를 가졌다는 중국의 주장은 그다지 믿을 만한 것이 아니라고 할 수 있다.

그러나 1949년 이후 중국의 분쟁 개입 사례를 자세히 살펴보면 세계에서 가장 긴 국경선을 가진 국가답게 건국 과정에서 인접 국가들과 영유권 분쟁이 많았기 때문에 중국이 국제적 무력 분쟁에 자주 개입한 것처럼 보이는 것도 사실이다. 다시 말해서 중국의 분쟁 개입 사례를 심층적으로 분석하고, 그 배경을 파악하면, 중국의 분쟁 개입 성향을 이해할 수 있다는 점에서 중국이 언제나 평화 지향적인 국가도 아니지만, 그렇다고 무력행사를 일삼는 호전적 성향이 강한 국가도 아니라고 할 수 있다. 다른 강대국들과 마찬가지로 중국도 국가 이익을 실현하기 위해서 필요하다고 판단하면 무력 분쟁도 불사하는 지극히 현실주의적 국가성향을 가지고 있다는 것이다. 그런데 중국은 개혁개방 이후 경제 발전과 현대화를 국가의 최고 최내 목표라고 설정하고 이를 실현하기 위해서는 국제사회의 안정과 평화가 필요하다고 판단하고 있기 때문에 중국은 개혁개방 이후 자국의 국익을 위해서도 세계평화와 안정을 더욱 강조하고 있다는 것이다. 게다가 중국은 중국의 지속적 경제 발전과 현대화를 실현하려면 미국 및 서방세계와의 상호 의존 관계를 지속해야 한다는 대전략을 추구하고 있기 때문에 중국은 미국과 서방세계가 주도하는 세계 질서의 혁명적 변혁보다는 기존 질서의 틀을 유지하면서 현존 국제체제 안에서의 개혁과 개선을 모색하는 현상유지형 강대국(Status Quo Power)의 성향을 보이고 있다는 것이다.

그렇다고 중국이 언제나 순응적이고 자신을 숨기고 때를 기다리는 소극적인 '도광양회'(韜光養晦)의 대외 전략만 추구하는 것은 아니다. 중국의 국력이 강성해지면서 중국의 젊은 세대를 중심으로 미국에 대해 '아니오라고 말할 수 있는 중국'(中國可以說不)이 되어야 하며, 미국과 서방세계에 대해 '중국이 기분 나쁘다'(中国不高興)라고 말할 수 있어야 하고, "안보를 원하면 강해져야 하고 평화를 원하면 전투를 두려워 말고 전쟁을 준비하자"면서 미국을 제치고 세계 1위 군사 강국이 되는 '중국의 꿈'(中国梦)을 거침없이 토로하는 중화 민족주의자들의 언행은 부강한 중국에 대한 경계심을 촉발시키고 있다. 사실, 최근에 들어와 중국은 책임 있는 강대국으로서 '중국이 해야 할 일은 한다는 유소작위(有所作爲)'의 대외 정책을 표방하면서 국제사회에서 중국의 목소리를 내고 있다. 미국과 서방세계에 대해서도 과거보다 더 적극적으로 중국의 입장을 주장하고 있으며, 천안함 사건이나 일본과의 센카쿠(중국명 댜오위다오) 영유권 분쟁에서 볼 수 있는 바와 같이 중국의 핵심 이익을 보호하기 위해서는 국제사회의 비판에 개의하지 않고 거친 언동도 서슴없이 구사하고 있다.

이처럼 중국의 성장과 더불어 중국이 국제사회에서 보다 더 자신 있게 말하고 일부에게는 오만하게 보일 정도로 행동한다고 해서 중국이 과거 소련처럼 미국과 서방세계가 주도하는 국제 질서에 정면으로 도전하는 현상 타파 세력이 될 것이라고 우려할 필요는 없다. 오히려 중국은 현존 국제 질서가 보장하는 강대국으로서의 특권을 유지하면서도 개발도상국가의 대표자를 자임하면서 미국이나 서방의 기득권 세력을 압박해 기존 질서 안에서 더 많은 실리를 획득하려고 한다는 점에서 상당 기간 중국은 현상유지형 강대국이라고 할 수 있다는 것이다.

3. 세력전이(power shift) 시대의 미중 관계와 중국 외교

1) 탈냉전 시대의 국제 질서: 세계화와 다극화

개혁개방 이후 중국 지도자들은 탈냉전 시대의 두가기 경향에 주목해야 한다고 주장하였다. 체제와 이념의 대립을 강조하던 20세기와는 달리, 21세기의 국제사회는 경제적 차원에서 세계화가 급속도로 진행되고 있으며, 또한 정치적 차원에서 다극화 경향이 점차로 확산되고 있다는 것이다.

사실 경제적 세계화 과정은 자본주의 생산양식이 등장한 이후 꾸준히 확산되어 왔지만, 1990년대 이후 과학과 기술의 발전으로 경제의 세계화가 더 급속도로 진행되면서 국제사회는 과거에는 상상할 수 없을 정도로 빠르게 변화하고 있다. 이를테면 세계경제의 상호 의존성이 급속도로 확대되면서 이념과 체제의 차이에 따르는 대립과 대결보다는 실리에 바탕을 둔 실용주의적 사고가 확산되고, 개인과 집단, 그리고 국가 간의 상호 경쟁과 협력도 빠르게 확대 심화되고 있다. 또한 정치적 차원에서도 냉전 종식 이후 국제사회는 미국과 소련의 양대 강대국이 지배했던 양극체제에서 다양한 강대국들이 등장하면서 상호 경쟁하고 충돌하면서도 상호 협력하는 다극 체제로의 점진적 전환이 진행되고 있다.

물론 현상적으로는 구소련과 사회주의권의 몰락 이후 미국이 유일 초강대국으로 남아 있으면서 일방적으로 세계를 운영하고 있는 것처럼 보인다. 그러나 미국의 일방주의는 이미 경제적으로나 정치적으로 세계 도처에서 그 한계를 들어내 보이고 있다. 이를테면 금융위기 이후 미국과 서방세계의 압도적으로 우세한 것처럼 보였던 경제력도 중국을 비롯한 신흥 경제대국들의 경제와의 상호 경쟁과 협력을 모색하지 않을 수 없게 되었으며, 북한 핵이나 이란 핵 문제에서부터 지구온난화 문제와 같은 환경과 에너지 문제를 해결하는 과정에서도 역시 미국은 유럽 연합은 물론이고, 중국이나 인도, 그리고 러시아 등 지역 강대국들과의 협력을 모색하지 않을 수 없게 되었다.

이처럼 21세기는 세계화와 다극화가 진행되면서 개인과 국가 간 상호 이해와 상호 의존성이 증가하고 실용주의적 사상이 확산되면서 국제 관계도 제로섬 게임의 성격보다는 상호 이익을 증대시켜 주는 방향으로 변화하고 있기 때문에 21세기는 평화와 발전, 그리고 상호 협력이 시대적 주제가 되고 있다고 할 수 있다. 그럼에도 불구하고 21세기에도 강대국의 패권주의와 강권정치의 부작용이 여전히 계속 들어나고 있으며, 개인과 집단, 그리고 국가 간 대립과 갈등을 촉발시키는 요인이 여전히 생산·확산되고 있기 때문에 국제사회에서는 과거와 같이 크고 작은 분쟁과 전쟁이 끊임없이 계속되고 있다.

특히 21세기는 장기적 차원에서 세계 질서가 미국의 점진적 쇠퇴와 더불어 중국과 같은 지역 강대국들의 등장이 가속화되면서 강대국간의 세력전이(power shift) 현상이 발생하는 과도기란 점에서 국제정치의 불안정성이 내장되어 있으며, 또한 그런 불안정성이 가져오는 위험과 기회에 직면하고 있다고 할 수 있다. 사실 강대국간 세력전이 시대에는 신흥 강대국과 기존 패권국가 간의 불가피한 갈등과 대결로 국제정치가 파국적인 국면에 직면할 위험성이 증가한다는 현실주의적 논리도 부인할 수 없다. 그러나 또 다른 관점에서 세력전이 시대에는 기존의 세력 관계의 재편이 진행되면서 과거보다 공정한 세력 배분이 실현되고, 새로운 역사가 만들어질 수 있는 기회도 증가한다고 할 수 있다. 그렇다면 21세기에 강대국간 세력전이가 어떻게 진행될 것이고, 그런 세력전이 시대는 우리에게 위기인가 기회인가?

2) 세력전이 시대의 미중 관계

21세기는 장기적 차원에서 팍스 아메리카나(Pax Americana)의 시대가 퇴조하고 새롭게 등장하는 강대국과의 세력균형을 모색해야 하는 세련전이의 시대라고 할 수 있다. 미국의 총체적 국력은 조금씩 하락하고 있으며, 신흥 강대국들이 새롭게 등장하면서 국제사회의 세력균형에도 변화가 오고 있는 것은 21세기의 부인할 수 없는 현실이라는 것이다. 이런 점에서 아시아와 중국의 재등장은 21세기의 주목할 만한 현상이라고 할 수 있다. 중국은 물론이고 일본과 한국, 대만 등 아시아의 발전국가들이 중심이 된 아시아 경제의 발전은 세계경제에 활력을 제공해 주고 있으며, 정치적·군사적 차원에서도 아시아와 중국은 국제사회에서 점차로 비중 있는 역할을 담당하고 있기 때문이다.

이처럼 21세기에는 미국의 영향력이 축소되고 있으며, 중국 등 신흥 강대국들의 영향력이 점차로 확대되고 있지만, 중국이나 다른 신흥 강대국들이 미국을 대체할 수 있을 정도의 전 지구적 초강대국으로 등장하고 있는 것은 아니다. 아직도 미국의 영향력은 막강하며, 전 세계적 차원에서 그 영향력을 행사할 수 있는 유일한 초강대국이란 사실을 부인할 수 없다. 따라서 21세기는 여전히 전 지구적 영향력을 행사하는 한 개의 초강대국 미국과, 중국 등 몇몇 지역 강대국들이 상호 협력하기도 하고 상호 경쟁과 견제하면서 세계 분세를 공동 관리하는 구도로 전개될 것이기 때문에, 21세기의 국제정치는 기본적으로 강대국간 유동적이고 복잡한 합종연횡이 만들어 내는 불투명하고 불안정한 시대라고 할 수 있다.

이처럼 세력전이 시대의 구조적 불안정성과 함께, 점차로 세력이 축소되고 있는 미국과 점차로 세력이 확장되고 있는 중국 사이의 오해와 불신은 세력전이 시대의 불안정성을 더욱 확대·심화하여 중국과 미국의 관계를 악화시키고 동아시아 질서를 불안정하게 만들 수 있다. 사실 미국과 중국 사회 내부에는 미국과 중국이 전략 이익도 서로 상이하고, 문화와 가치에서도 근본적으로 같지 않기 때문에 양국 간 협력에는 한계가 있을 수밖에 없다고 주장하는 세력들이 엄연히 존재하고 있다. 특히 미국과 서방세계의 지식인들 사이에는 중국의 기본 가치와 문화, 그리고 정치체제가 변화하기 이전까지는 일시적이고 정략적인 차원에서 중국과의 협력을 추구할 수 있지만, 결국 미국과 중국은 '문명 충돌'의 길을 밟게 될 것이라면서 중국에 대한 경계심을 숨기려 들지 않는다. 중국 사회에서도 미국과 서방세계가 중국을 포위·억압하면서 중국의 체제변혁을 강요하려고 한다면서 중국적 특색을 견지하고 위대한 중화 문명의 부흥을 실현하려면 미국과 서방세계에 대해 '아니오'라고 말할 수 있어야 한다고 주장하는 중화 민족주의의 목소리도 점차로 높아지고 있다.

물론 미국과 중국 사회에서 이런 비판적 견해가 양국 사회의 주류 의견을 대변하고 있는 것은 아니다. 미국과 중국의 주류 사회는 여전히 미국과 중국의 상호 협력과 평화적 공존 가능성에 대한 기대를 가지고 있다. 미국과 중국의 차별성을 인정하면서도 21세기는 양국이 상호 협력을 통해 더 큰 국익을 달성할 수 있을 뿐만 아니라, 세계평화와 번영에도 기여할 수 있는 윈-윈 게임이 가능한 시대라고 주장하는 세력들이 아직 양국의 주류 세력을 형성하고 있다는 것이다. 특히 경제 영역에서 미국과 중국은 소비와 저축, 투자와 생산, 수출과 수입 등 모든 경제활동 영역에서 상호 침투·융합되고 있기 때문에, 일부에서는 중국과 미국의 협력 관계를 '차이메리카'(Chimerica)라고 표현하기도 한다. 전략적인 차원에서도 키신저와 같은 이들은 21세기의 미·중 관계를 '운명공동체'라고 정의하기도 했다.

이처럼 21세기의 미중 관계는 한편에서는 상호 협력과 공존을 모색하면서도, 또 한편에서는 상호 견제와 갈등이 노출되는 복잡하고도 불안정한 관계로 변화하고 있다. 특히 21세기의 세력전이 과정에서 미국의 국력과 영향력의 전면적 재조정이 불가피한 미국 사회에서는 떠오르는 신흥 세력인 중국에 대해 복잡하고도 착잡한 감정을 가질 수밖에 없기 때문에 미국의 대중국 정책도 역시 상당 기간 개입(engagement)과 균형(balancing), 그리고 헤징(hedging)의 복합 구조로 표출되면서 미중 관계의 역동성과 불안정성을 초래하고 있다고 하겠다.

3) 세력전이 시대의 중국 외교

중화인민공화국 건국 이후 60여 년간 중국과 미국의 관계는 한국전쟁을 계기로 형성된 냉전 시대의 적대적 대결 관계에서 1972년 이후 소련 견제라는 공통적인 전략 이익에 바탕을 둔 전략적 협력 관계의 시대를 거쳐, 1989년 천안문사건과 곧 이은 소련 붕괴, 그리고 부강한 중국의 등장으로 협력과 경쟁, 갈등이 복합적으로 교차되고 있는 불투명하고 불확정적이면서도 상호 공존을 모색하는 동반자 시대로 이어지고 있다. 이처럼 미중 관계가 변화하면서 중국의 대외 전략 기조도 '편승'(bandwagoning)에서 '도전'(challenging)으로, 그리고 마침내 '균형'(balancing)으로 변화하고 있다고 할 수 있다.

이를테면 중국은 1950년대에는 소련 일변도를 주창하면서 소련과 사회주의 진영에 '편승'하여 중국의 국익을 실현하려고 했다면, 1979년 개혁개방 이후 약 10년간은 미국과 서방세계에 '편승'함으로써 중국의 경제 발전과 현대화를 실현하려고 했다고 할 수 있다. 그러나 1960년대 중국은 스스로를 제3세대를 대표하는 독립 자주의 강대국이라고 주장하면서 미국이 주도하는 서구 중심의 질서와 소련이 주도하는 수정사회주의 질서에 대해 모두 도전하는 배타적 대외 전략을 추진하였다. 그러나 이런 도전적이고 배타적인 대외 전략의 위험성이 높아지면서 중국은 전통적인 강대국간 세력균형 정책으로 전환하였다.

1970년대와 90년대 이후 중국은 미국과 소련 두 초강대국과의 적대적 관계를 청산하고 강대국간 세력균형을 유지하면서 모든 국가들과 우호 협력 관계를 추구하는 동반자 외교를 통해 국제사회의 안정과 평화를 실현하려고 하였다. 특히 1990년대 이후 중국은 노골적인 국가간 합종연횡을 통한 힘의 균형을 모색하는 경성균형(硬性均衡; hard balancing) 전략보다는 모든 국가들과의 우호 협력 관계를 유지하면서도 세계 여론과 연성 권력을 통해 힘의 균형을 유지하려는 이른바 연성균형(軟性均衡; soft balancing) 전략을 추진하고 있다는 것이다.

일반적으로 세력균형 전략이란 강대국의 부상에 대해 자국의 군사력이나 경제력을 동원해 힘의 균형을 견지하려는 내적 밸런싱 전략, 그리고 다른 나라와 공식 및 비공식 동맹 관계를 형성, 힘의 균형을 유지하려는 외적 밸런싱 전략을 포함하는 것이라고 할 수 있다. 그러나 소프트 밸런싱 전략이란 군사력이나 경제력과 같은 하드 파워를 동원한 힘의 균형(hard balancing)보다는 외교적 수단과 같은 소프트 파워를 동원해 상대방의 일방주의를 견제하려는 전략이라고 할 수 있다. 이런 점에서 탈냉전 시대의 중국의 동반자 외교정책과 중국의 대 미국 정책은 전형적인 소프트 밸런싱 전략이라고 할 수 있다.

이미 잘 아는 바와 같이 중국은 냉전 시대에도 스스로 제3세계의 대변자임을 자처하면서 대외 정책에서 이른바 평화공존 5원칙을 선언하였다. 1954년 중국의 주은래(周恩來) 총리는 체제와 이념이 다른 국가들 간 평화공존과 우호 관계를 실현하기 위해서는 ① 영토주권의 상호 존중, ② 상호 불가침, ③ 상호 내정 불간섭, ④ 호혜 평등, 그리고 ⑤ 평화공존의 원칙이 지켜져야 한다고 선언하였다. 그리고 이런 평화공존 5원칙은 중국과 세계 모든 나라와의 외교 관계에 적용된다고 선언함으로써 미국과 소련의 양대 진영론의 압박에서 벗어나려는 제3세계 국가들로부터 많은 호응을 받았다.

또한 중국은 개혁개방을 본격적으로 추진하면서 다시 한 번 평화공존 5원칙을 중국 대외 정책의 기조라고 재확인하였고, 반패권주의와 자주독립의 외교노선을 강조하면서 탈냉전 시대에 오히려 더 강화되고 있는 미국의 일방주의와 동맹외교를 견제하려고 하였다. 특히 중국은 1989년 천안문사건 이후 중국의 인권과 민주화 문제들을 거론하면서 중국을 압박하고 있는 미국과 서방세계의 평화적 체제이행(和平演變) 압력에 대항하기 위해서도 더욱 적극적으로 평화 5원칙과 더불어 이른바 덩샤오핑의 '4불(不) 정책'을 강조하였다. 즉, 덩샤오핑은 천안문사건 직후 '냉정하게 관찰하고, 실력을 쌓으면서 기회를 기다리라'는 내용의 이른바 '도광양회'(韜光養晦) 정책 노선과 더불어 ① 동맹을 맺지 말고(不同盟), ② 패권을 추구하지 않으며(不覇權), ③ 내정불간섭 원칙을 고수하며(內政不干涉), ④ 남들보다 앞서서 강대국 행세를 하려고 하지 않는다(不當頭)는 4불 정책을 강조했다.

이런 정책노선에 근거하여 중국은 특정한 국가를 적대 국가로 상정하지 않고, 모든 국가들과 우호 관계를 맺으려는 전면적 동반자 외교를 추진하였고, 개별 국가들의 주권과 자주성을 존중한다는 원칙을 견지함으로써 제3세계 국가들로부터 많은 지지를 받을 수 있었다. 특히 중국은 비약적으로 발전하고 있는 경제력을 바탕으로 다양한 국가와 지역과의 상호 호혜적인 교역 관계와 인적 교류를 확장하면서 중국의 영향력을 확대하고 있다. 특히 중국은 제3세계 개발도상국가들을 상대로 적극적인 대외 원조를 제공하면서 중국의 연성 권력을 증대시키려고 노력하고 있다.

물론 중국의 대외지원 액수는 미국이나 일본과 비교하면 아직 규모도 작고 범위도 제한적이다. 그러나 최근에 들어오면서 중국의 고도성장 경제의 힘을 바탕으로 대외 지원 액수를 대폭 증가하고 있으며, 활동범위도 넓혀 가고 있다. 최근에는 에너지와 자원이 풍부한 아프리카의 여러 나라들에게 조건이 없는 원조를 제공함으로써 중국은 경제적 실리도 확보하면서 동시에 개발도상국의 호감도 얻고 있다. 사실 중국의 대외 원조 정책은 부채 탕감, 특혜 차관과 수출 신용 제공 등 거의 무상원조 중심으로 추진되고 있으며, 무엇보다도 원조를 제공받는 국가의 내정간섭을 하지 않는다는 점에서 인권과 민주화, 그리고 경제제도의 개선을 요구하는 미국이나 서방세계의 원조 정책과 대비되고 있다.

이처럼 별다른 조건이 없이 중국은 아시아와 아프리카 등 개발도상국가들에게 무상원조를 제공함으로써 이들의 정치적·외교적 지지를 확보할 수 있었지만, 인권과 민주주의와 같은 보편적 가치에 대해 외면하는 강대국이 과연 책임 있는 강대국이 될 수 있는가라는 비난의 대상이 되기도 하였다. 그러나 개별 주권국가의 독자성을 인정하고 내정불간섭을 강조하는 중국의 평화 5원칙 외교와 4불 외교, 그리고 개도국 중심의 대외 지원정책은 개발도상국에 대한 중국의 영향력을 확대시키고 있는 것이 분명하다.

특히 개발도상국의 입장에서 중국의 발전 경험, 즉 정치 안정을 유지하면서도 비약적인 경제 발전을 실현할 수 있는 이른바 '베이징 공식'(北京共識) 또는 '베이징 컨센서스'(Beijing Consensus)는 매력적인 것이 아닐 수 없었다. 탈냉전 시대의 신자유주의적 사조가 지배적인 가운데 미국과 서방세계는 개발도상국이 경제 발전을 이룩하려면 자유화·민영화·사유화를 지향하는 시장친화적인 경제구조의 개혁과 더불어 정치적 민주화가 필요하다는 이른바 '워싱턴 컨센서스'(Washington Consensus)를 강조했다. 그러나 중국은 시장경제에서도 국가의 역할이 중요하며, 개별 국가들은 자신들의 역사적·사회문화적 특수성을 바탕으로 자율적인 결정에 따라서 단계적이고 점진적인 개혁과 개방을 통해 경제 발전과 현대화를 이룩할 수 있다는 내용의 '베이징 컨센서스'를 제시함으로서 개발도상국에게 미국이나 서방세계의 경제개발 정책과 민주화 논리에 대항할 수 있는 대안적 논리를 제공하고 있다.

이외에도 중국은 국제사회에서 중국의 문화를 전파하고 중국에 대한 이미지를 제고하기 위해 다양한 인적 교류 및 교육 프로그램을 운영하고 있다. 이를테면 세계 각국 대학과 협력, 중국어 교육을 전문으로 보급하기 위한 공자학원(孔子学院)을 설립하여 이를 통해 중국어와 중국 문화의 전파와 중국의 국가 이미지 개선을 시도하고 있고, 다양한 교육 프로그램을 통해 수많은 유학생을 파견하고 또 유학생을 받아들이고 있다.

이처럼 중국은 21세기에 들어서면서 중국의 소프트 파워를 확대하면서 국제사회에서 중국의 영향력과 이미지를 제고함으로써 미국과 서방세계의 문화적 헤게모니에 나름대로 대응하려고 하고 있다. 따라서 중국은 한편으로 앞으로 상당 기간 개혁개방을 통해 지속적인 경제 발전을 실현하기 위해서 미국과 서방세계와의 긴밀한 협력 관계를 유지하려고 노력하면서도, 동시에 미국과 서방세계의 체제변화 요구, 즉 인권과 민주화, 그리고 신자유주의적 경제개혁 요구에 대해서는 주권국가의 자율성을 강조하면서, 다자주의 외교와 상호 호혜적 동반자 관계, 그리고 국제 여론을 통해 미국의 패권을 견제하는 이른바 소프트 밸런싱 전략으로 대응하고 있다는 것이다.

4. 세력전이 시대의 한중 전략적 협력 동반자 관계

1) 부강한 중국의 등장이 기회인가 위험인가

부강한 중국의 등장은 국제사회에 미묘한 파장을 초래하고 있다. 특히 강대국으로 재등장하는 중국과, 세계적 영향력이 점차로 쇠퇴하고 있는 미국 사이에 진행되고 있는 세력전이 과정을 직접 체험하고 있는 동아시아 지역 국가들의 반응은 복잡하고 미묘할 수밖에 없다. 미국과 중국의 복잡하고 유동적인 경쟁-협력-갈등의 복합적인 관계가 전개되면서 일부에서는 신흥 강대국 중국의 등장을 기존 국제 질서의 안정과 평화를 위협하는 세력으로 보기도 하고, 21세기에 실현될 수도 있는 중국 중심의 새로운 질서로의 편입 가능성에 대한 우려를 숨기려 하지 않는다. 그러나 또 다른 한편에서는 부강한 중국의 등장을 기회로 보기도 한다. 미국의 일방주의와 패권주의를 견제할 수 있고, 고도성장하는 중국과 더불어 공존·공영을 실현할 수 있다는 기대감을 표출하기도 한다.

그런데 문제는 부강한 중국의 등장이 기회인가, 위협인가를 이분법적으로 명확히 구분할 수 없다는 데 있다. 중국의 부상은 개별 국가들의 입장에 따라서, 그리고 이슈 영역에 따라서 위협도 될 수 있고 기회도 될 수 있다. 이를테면, 현재 한국과 중국은 경제적인 상호 보완성을 바탕으로 공동 발전의 협력 관계를 심화·확대하고 있다. 또 북한 핵 문제 해결 과정에서도 역시 한국과 중국은 한반도 비핵화와 한반도의 안정과 평화라는 목표에 대해 상호 공동 이익을 가지고 있기 때문에 상호 보완적인 전략적 협력 관계를 견지할 수 있다는 점에서 부강한 중국의 등장은 한국에게 '기회'로 작용할 가능성이 높다고 할 수 있다. 그러나 동시에 중국 경제의 경쟁력이 한국 경제를 위협할 수도 있으며, 또한 북한 핵 문제를 비롯하여 한반도의 미래 운명을 결정하는 중대한 이슈에서 중국은 결국 자신의 동맹국인 북한을 일방적으로 보호하려고 하거나, 한국이 한미 동맹에 의존하여 중국의 핵심적 안보 이익을 위협하는 상황이 초래되면 한국과 중국의 전략적 협력은 중대한 위기에 봉착하게 될 것이라는 사실은 부인할 수 없는 현실이다. 천안함 사건이 바로 한국과 중국의 전략적 협력의 한계를 보여 준 사례라고 할 수 있다.

사실 한반도와 한중 관계의 미래에 가장 심각한 변수는 역시 미국과 중국의 관계라고 하지 않을 수 없다. 21세기의 동아시아에서 미국과 중국이 적대적인 대결 국면이 조성되면 한반도에서 또 다시 한국전쟁과 같은 국부적 무력 충돌이 발생할 가능성이 그만큼 높아지고, 반대로 미국과 중국의 화해와 협력은 동아시아 지역의 평화와 안정 유지에 유리한 조건을 제공한다고 할 수 있다. 이런 점에서 탈냉전의 시대적 분위기에서 형성된 미국과 중국의 협력 관계가 21세기 한반도에서 남북 협력과 상호 공존 시대를 열었다고 해도 과언이 아니다. 그러나 부강한 중국의 등장과 함께 동아시아 지역의 세력전이 상황이 조성되면서 미국과 중국의 관계가 협력과 경쟁, 갈등의 복합적이고 불안정한 관계로 전환되면서 한반도의 불투명성과 불안정성도 역시 증대되고 있다고 할 수 있다.

다시 말해 미국과 중국은 기본적으로 한반도의 안정과 평화를 유지하고, 대량살상무기 확산을 억제해야 한다는 목표에 대해서는 상호 긴밀하게 협력하고 있지만, 동시에 한반도에서 자국의 영향력을 확대하기 위해서 경쟁하고 있는 것도 부인할 수 없다. 특히 세력전이 시대에 미국과 중국은 각기 자기들의 동맹국과의 관계를 강화하면서 동시에 상대방의 동맹국을 견인해 내려는 전략적 의도를 가지고 남북한에 접근하고 있기 때문에 한반도에서 미국과 중국, 그리고 남북한 간 복잡하고도 유동적인 합종연횡이 전개될 수 있다는 것이다. 한중 전략적 협력 관계도 이와 같은 세력전이 시대의 복잡하고도 유동적인 상황의 산물이라고 할 수 있다.

2) 세력전이 시대의 한중 전략적 협력 동반자 관계

이미 잘 알려진 바와 같이 한국과 중국은 지난 2008년 이명박 대통령과 후진타오 주석의 두 차례에 걸친 정상회담을 통해 기존의 양국 관계를 긍정적으로 평가하면서 양국 관계를 '전면적 협력 동반자 관계'에서 '전략적 협력 동반자 관계'로 격상하기로 하였다. 양국 정상은 21세기에 들어오면서 한국과 중국의 전략 환경이 급격하게 변화하고 있기 때문에, 그에 따라 양국 관계의 성격도 변화되어야 한다고 지적하면서 양국 간 전략적 협력 동반자 관계의 발전 가능성과 필요성을 강조하였다.

여기서 양국 정상이 염두에 두고 있는 한국과 중국의 전략적 협력 동반자 관계란 "양측이 장기적인 공동 발전 실현을 기본 목표로 상호 협력을 전방위적으로 확대·심화하고, 지역 및 국제사회의 중요 문제에 있어 협조를 강화하는 것이며, 또한 항구적인 평화와 공동 번영의 세계를 구축하기 위해 노력하는 것"이라고 정의하였다. 다시 말해 한국과 중국의 관계가 단순한 경제적 이익과 문화적 동질성에 바탕을 둔 '전면적 협력 관계'의 차원을 넘어서 한반도와 동아시아 안보와 평화, 공동 번영과 관련된 전략적 협력을 모색하는 단계로 발전해야 하고, 또 그런 한중 간의 전략적 동반자 관계의 발전이 동아시아와 한반도의 안정과 발전을 위해 필요하다는 것이다. 이와 같은 한중 간 전략적 협력 관계는 북한 핵 문제를 해결하기 위한 6자회담과 한반도 비핵화를 이룩하고 한반도의 평화 체제를 구축하는 과정에서 중요한 요인으로 작용할 것이며, 또한 장기적으로 한반도 및 동북아의 평화와 안정을 실현하기 위해서도 긴밀한 한중 간의 전략적 협력이 필요하다는 사실을 염두에 두고 있는 것이었다.

이처럼 한반도와 동아시아에서 평화와 안정, 그리고 공동 번영의 새로운 국제 환경을 구축해 가는 과정에서 한국과 중국의 전략적 협력이 필요 불가결한 요소이며, 이와 같은 한중 간 전략적 협력 동반자 관계는 탈냉전과 세력전이 시대의 국제 환경의 변화 때문에 가능하게 되었다는 점도 부인할 수 없다. 즉, 체제와 이념의 차이에 따라 적과 동지를 나누고 동맹 관계를 바탕으로 대립적 진영 외교를 추구하던 냉전 시대에 한국과 중국은 전략적 협력 동반자 관계를 추진할 수 없었다. 그러나 체제와 이념의 차이를 넘어 모든 국가들이 공존공영을 모색할 수 있는 탈냉전 시대에 한국과 중국은 동맹외교의 틀에만 매달리지 않고, 좀 더 자유로운 입장에서 공동 목표를 달성하기 위해 상호 협력하는 동반자 관계를 발전시킬 수 있었다는 것이다. 특히 미국과 중국의 상호 협력과 경쟁, 갈등이 교차하는 세력전이의 시대적 조건이 한국과 중국으로 하여금 각기 동맹외교의 틀을 유지하면서도 잠재적 적대 국가이거나 경쟁 국가와의 전략적 협력을 모색할 수 있는 여건을 마련해 주고 있다는 것이다. 따라서 중국은 북한과의 특수한 관계를 유지하면서도 한국과의 전략적 협력 동반자 관계를 발전시킬 수 있으며, 또한 한국 역시 미국과의 동맹 관계를 견지하면서 중국과의 전략적 협력 동반자 관계를 추진할 수 있다는 것이다.

이처럼 한국과 중국은 기존의 동맹외교를 포기하지 않으면서도 잠재적 경쟁국과의 전략적 협력을 모색할 수 있지만, 동맹외교와 전략외교의 상호 보완 및 조화를 유지하는 것이 말처럼 쉬운 과제는 아니다. 왜냐하면 한국과 중국이 모두 통제할 수 없는 충격적인 사건, 이를테면 천안함 사건과 같은 심각한 분쟁이 발생하여 한국과 중국이 적과 동지를 구별해야 할 상황에 직면하게 되면, 동맹외교와 전략외교가 정면으로 충돌하게 되고, 그런 상황에서 결국 한국과 중국은 양자택일의 선택을 강요당하게 되기 때문이다.

이런 상황에 직면하면 당연히 한국과 중국은 각기 동맹 관계의 중요성을 강조하면서 전략 관계를 희생하게 된다. 사실 동맹 관계는 현재의 구체적인 국익을 보호해 주는 장치이지만, 전략 관계는 미래의 모호한 이익을 위한 협력 장치이기 때문에 동맹외교와 전략외교가 충돌하게 된다면 자연히 전략이익보다 동맹 이익이 더 설득력을 가지게 되는 것은 자연스러운 현상이라고 할 수 있다. 그러나 20세기의 냉전 시대의 산물인 동맹외교로는 21세기의 새로운 질서를 만들어 내는 데 한계가 있으므로 점진적으로 동맹외교의 시대에서 전략적 동반자 외교 시대로 전환되어야 한다는 점에서 한중 전략적 협력 동반자 관계는 앞으로도 계속 발전시켜야 할 우리의 외교적 과제라고 하지 않을 수 없다.

3) 우리의 대중 정책: 중국에 대한 소프트 밸런싱 전략

이처럼 부강한 중국의 등장은 위험과 기회를 동시에 내포하고 있기 때문에 단순한 중국위협론이나 중국기회론으로 대응할 수 없다. 부강한 중국의 위협을 강조하면서 중국을 견제하고 봉쇄하려는 전략은 현실 가능성도 낮고, 그 부작용도 크기 때문에 미국과 같은 초강대국도 지속적으로 실행하기 어려운 정책이란 사실은 천안문사건 이후 역대 미국 정부의 대중 정책에서 증명되었다. 더구나 한국의 입장에서 우리 스스로의 힘만으로 중국을 견제하거나 압박할 수 없기 때문에 중국 봉쇄정책은 우리가 일방적으로 선택해 추진할 수 있는 정책도 아니고, 또 설령 일시적으로 그렇게 할 수 있다고 해도 그런 정책이 우리 국익에 도움이 된다고 생각하지 않는다.

그렇다고 부강한 중국의 등장에 '편승'(bandwagoning)하는 것도 바람직한 정책 방향은 아니다. 부강한 중국의 등장에 수반되는 이익과 기회에 현혹되어 중국과의 일방적인 유대 관계를 강화하고, 한미 동맹을 약화시키는 일은 중국에 대한 우리의 레버리지를 스스로 포기하는 것이며, 기회를 위험으로 만드는 어리석은 선택이라고 하지 않을 수 없다. 더구나 앞에서 지적한 바와 같이 중국은 '개발도상국가형 강대국'이고, 따라서 상당 기간 중국은 '가장 선진적인 생산력'이나 '가장 선진적인 제도와 가치'를 대표하는 국가가 아니기 때문에 선진국을 지향하는 한국의 입장에서 부강한 중국의 등장에 대해 일방적으로 순응하고 편승할 수 없다는 것이다.

이처럼 부강한 중국의 등장에 대해 정면으로 도전하거나 억제하려는 정책은 우리가 선택할 수 없고, 또 중국의 부상에 순응하고 편승하는 것도 현명한 정책 선택이 아니라면 우리에게 남은 선택지는 과연 무엇인가. 앞에서 중국이 미국에 대응하는 과정에서 도전도 아니고 편승도 아닌 소프트 밸런싱의 전략을 구사하고 있다고 지적하였다. 특히 미국과의 협력적 유대 관계를 견지하면서도 완곡하게 미국의 일방주의를 견제하는 소프트 밸런싱 전략은 우리의 대중국 정책에도 시사하는 바가 크다.

우리도 역시 중국과의 호혜적인 유대 관계를 지속하면서 중국의 부상에 수반되는 경제적·정치적 기회를 적극적으로 활용하고자 한다. 그러나 동시에 강대국 중국의 등장이 초래하는 위험을 최소화하고, 중국이란 블랙홀에 끌려 들어가지 않기 위해서는 힘의 균형을 유지해야 한다는 것이다. 이런 점에서 우리는 이미 미국과 일본 등 중국 이외의 강대국들과의 동맹 관계를 유지하고 있으므로 전통적인 의미의 외적 밸런싱 전략을 구사할 수 있는 조건은 구비하고 있다고 할 수 있다.

그러나 탈냉전 시대에 과거와 같이 동맹 관계를 이용한 외적 밸런싱 전략은 상대 국가인 중국을 견제하려는 의도를 노골적으로 드러내는 것이므로 중국과의 긴밀한 협력 관계를 유지하면서도 중국을 견제할 수 있는 효과적인 방안이라고 할 수는 없다. 따라서 외형적으로 견제 의도와 견제 대상이 분명하게 나타나는 외적 밸렁싱 전략보다는 상대국가인 중국을 자극하지 않으면서도 중국의 지나친 영향력을 견제할 수 있는 소프트 밸런싱 전략이 우리에게도 필요하다는 것이다. 다시 말해 군사력이나 경제력과 같은 하드 파워에 입각한 밸런싱 전략보다는 소프트 파워를 활용한 소프트 밸런싱 전략이 탈냉전 시대에 부강한 중국에 대응할 수 있는 효과적인 전략이라는 것이다.

이런 점에서 우리는 한미 동맹외교를 통해 부강한 중국의 등장이 초래할 수 있는 위험에 대응하면서도 동시에 우리의 외교력을 적극적으로 활용하여 국제사회에서 우리의 지지 기반을 확대하고, 다자주의 외교를 활용하여 중국이나 미국과 같은 강대국의 일방적인 영향력을 국제기구나 국제 규범의 틀 안에서 억제하면서 지역의 평화와 안정, 공동 번영을 위한 전략적 공동 목표를 위해 협력할 수 있도록 유도해야 한다. 특히 한국은 중국과 상호 호혜적인 경제 교류를 적극적으로 심화 발전시켜 상호 의존 관계를 강화시켜가면서도 베이징 컨센서스와 같은 중국식 발전 모델보다 더 우수한 한국식 발전 모델을 제시함으로써 중국을 가치와 제도의 측면에서 유연하게 견제하는 소프트 밸런싱 전략을 추구해야 한다는 것이다.

그러나 한국과 미국의 동맹외교와, 한국과 중국의 전략외교를 동시에 추진하면서 동맹외교와 전략외교의 조화를 찾는 일은 앞에서 지적한 것처럼 쉬운 일은 아니다. 자칫 잘못하면 동맹외교와 전략외교의 줄타기를 하는 우리의 외교정책은 우리 동맹국인 미국과, 전략적 협력 동반자인 중국으로부터 모두 기회주의적이고 이중적인 정책이라고 비판받고 불신을 받을 수 있기 때문이다. 사실, 지난 노무현 정부 당시 한국 정부의 대북 화해 정책과 중국과의 협력을 강조하는 동아시아 중시 외교정책에 대해 미국이 배신감을 토로하면서 한미 동맹 관계가 동요되었던 경험이 있다. 또한 천안함 사건을 계기로 한미 동맹 관계가 공고화되면서 한미동맹이 중국을 압박하는 형세가 되자 중국은 한국의 이중성을 신랄하게 비판하고 있다. 즉, 경제적으로 한국은 중국과의 교역을 통해 자국의 실리를 극대화하면서도, 전략적인 차원에서 중국의 전략이익을 존중하지 않고, 한미 동맹에 의존하여 중국을 압박하는 이중성을 보이고 있다는 것이다.

물론 이런 비판이 모두 타당한 것은 아니다. 그러나 미국이나 중국의 이익과 관점에서 보면 동맹외교와 전략외교의 '조화'를 모색하는 한국 외교가 때로는 기회주의적으로 보이기도 하고, 이중적인 행태로 인식될 수도 있기 때문에 무엇보다도 우리 외교는 한국에 대한 강대국들의 이런 의구심을 해소할 수 있도록 노력하지 않으면 안 된다. 따라서 미국과 중국 모두에게 우리의 진정성을 보이면서도 상호 경쟁하고 견제하며 협력하는 강대국들을 대상으로 균세자강(均勢自彊)을 이끌어 낼 수 있는 성숙하고 안정적이면서도 미래를 통찰할 수 있는 우리 외교 역량을 축적하는 일에 21세기 한반도의 운명이 달려 있다고 해도 과언이 아니다.

참고문헌

1장

김택민, 2006, 『3000년 중국 역사의 어두운 그림자』, 신서원.

_____, 2008, 「동아시아 교육과정과 교과서 개발방안」, 『한중일 동아시아사 교육의 현황과 과제』, 선인.

_____, 2009, 「당 전기의 성세와 비단[絹帛](Pax Serica)」, 『中國學報』 60.

_____, 2010, 「7~9세기 동아시아의 경제 교류와 문화 교류」, 『사총』 70.

김호동, 1993, 「唐의 羈縻支配와 北方 遊牧民族의 對應」, 『歷史學報』 137輯.

王小甫, 2003, 『盛唐時代與東北亞政局』, 上海辭書出版社.

陳寅恪, 1956, 「外族盛衰之連環性及患與內政之關係」, 『唐代政治史述論稿』下篇, 中央研究院歷史言語研究所.

_____, 1973, 「論唐高祖稱臣於突厥事」, 『陳寅恪先生文史論集』下, 文文出版社.

_____, 2001, 「論唐代之蕃將與府兵」, 『金明館叢稿初編』, 三聯書店(北京).

_____, 2001, 「新樂府: 新豐折臂翁」, 『元白詩箋證稿』, 三聯書店.

『舊唐書』 北京 標點校勘本.

『唐六典』 陳仲夫 點校本, 中華書局, 1992.

『隋書』 北京 標點校勘本.

『新唐書』 北京 標點校勘本.

『資治通鑑』 中華書局 校點本, 1987.

『貞觀政要』 納諫, 四庫全書本.

『冊府元龜』 奉使部 謀略(권655), 中華書局, 1982.

『冊府元龜』 外臣部 褒異(권974-976), 中華書局, 1982.

『通典』 邊防(권185-200), 中華書局 標點本, 1988.

2장

서영수, 1996, 「衛滿朝鮮의 形成過程과 國家的 性格」, 『韓國古代史연구』 9집.
金翰奎, 1982, 『古代中國的世界秩序硏究』, 서울: 一潮閣.
李春植, 1995, 「兩漢代 制夷策과 羈縻策의 성격에 대하여」, 『東洋學』 제25집.

『史記』
『鹽鐵論』
『漢書』

Ying-shih Yu, 1953, "Trade and Expansion in Han China", University of California Press.

3장

리광희, 2005, 『고구려유물연구』, 과학백과사전출판사.
박대재, 2009, 「謝承 『後漢書』 東夷列傳에 대한 예비적 고찰」, 『韓國古代史硏究』 55.
손영종, 2008, 「대외 관계, 고구려의 자주적 대외 정책」, 『조선단대사』(고구려사 3), 과학백과사전출판사.
윤명철, 2003, 「고구려 전기의 해양 활동」, 『고구려 해양사 연구』, 사계절.
임기환, 2000, 「3세기~4세기초 위(魏)·진(晉)의 동방정책」, 『역사와 현실』 36.
菊地大, 2002, 「孫吳政權の對外政策について: 東アジア地域を中心に」, 『駿台史學』 116.
西嶋定生, 1983, 「親魏倭王冊封に至る東アジアの情勢: 公孫氏政權の興亡を中心として」, 『中國古代國家と東アジア世界』, 東京大學出版會.
黎 虎, 1994, 「孫權對遼東的經略」, 『北京師範大學學報』(社會科學版) 1994-5.
王綿厚·李健才, 1990, 『東北古代交通』, 瀋陽出版社.
田中俊明, 1995, 「高句麗とは」, 『高句麗の歷史と遺跡』, 中央公論社.
崔永哲·苗威, 1999, 「高句麗與孫吳的交往」, 『東疆學刊』 16-4.

4장

공주대학교 박물관, 2008, 『연미산 정상부(就利山 會盟址 推定地) 문화재 발굴(시굴)조사 개략보고』.
공주대학교 박물관·충청남도 공주시, 1998, 『濟·羅會盟址 就利山』.
김영관, 2009, 「就利山會盟과 唐의 百濟 故土 支配 政策」, 『先史와 古代』 31.
김태식, 2005, 「唐 高宗 封禪大典, 그 예행의식으로서의 취리산 회맹」, 『韓國古代文化硏究』(碧山李根洙敎授 回甲紀念 博物館論叢), 백산자료원.
노중국, 2003, 『백제 부흥운동사』, 일조각.
양종국, 2009, 「웅진도독 부여륭과 신라 문무왕의 취리산 회맹지 검토: 현재의 취리산과 연미산을 중심으로」, 『先史와 古代』 31.
이한상·신영호, 2001, 「鷲尾山石壇과 就利山築壇」, 『國立公州博物館紀要』 창간호, 국립공주박물관.
이현숙, 2009, 「就利山遺蹟의 考古學的 檢討」, 『先史와 古代』 31.
최광식, 1994, 『고대 한국의 국사와 제사』, 한길사.
_____, 2007, 「한·중·일 고대의 제사제도 비교연구: 팔각 건물지를 중심으로」, 『先史와 古代』 27.
池憲英, 1967, 「熊嶺會盟·就利山會盟의 築壇位置에 對하여」, 『語文硏究』 5, 大田語文硏究會.
布山和男, 1996, 「新羅文武王五年の會盟にみる新羅·唐關係」, 『駿台史學』 96.

5장

김현구·박현숙·우재병·이재석, 2004, 『日本書紀韓国関係記事研究 III』, 일지사.
나행주, 1996, 「古代朝日関係における〈質〉の意味」, 『史観』 134.
이재석, 2010, 「〈日本書紀〉大化5년의 新羅使 金多遂에 관한 小考」, 고려대학교 일본사연구회 편, 『동아시아 속의 한일관계사』 상, 제이앤씨.
鬼頭清明, 1976, 「七世紀後半の東アジアと日本」, 『日本古代国家の形成と東アジア』, 校倉書房.
金鉉球, 1985, 『大和政権の対外関係研究』, 吉川弘文館.
武田佐知子, 1984, 『古代国家の形成と衣服制』, 吉川弘文館.
北山茂夫, 1961, 『大化改新』, 岩波書店.
山尾幸久, 1989, 『古代の日朝関係』, 塙書房.
森公章, 2002, 「倭国から日本へ」, 『日本の時代史 3 倭国から日本へ』, 吉川弘文館.
三池賢一, 1974, 「〈日本書紀〉「金春秋の来朝」について」, 『古代の日本と朝鮮』, 学生社.
石母田正 1971, 『日本の古代国家』, 岩波書店.
篠川賢, 2001, 「乙巳の変と〈大化〉の新政権」, 『日本古代の王権と王統』, 吉川弘文館.
遠山美都男, 1993, 『大化改新』, 中公新書.
井上光貞, 1975, 「大化改新と東アジア」, 『岩波講座日本歴史 古代 2』, 岩波書店.
中尾芳治, 1994, 「難波宮」, 『岩波講座日本通史 古代 2』, 岩波書店.
八木充, 1986, 「七世紀中期の政権とその政策」, 『律令国家政治組織の研究』, 塙書房.
関　晃, 1962, 「大化改新」, 『岩波講座日本歴史 古代 2』, 岩波書店.

6장

김현구 외, 2008, 『일본의 대외위기론과 팽창의 역사적 구조』, 제이엔씨.
송완범, 2007, 「'白村江싸움'과 倭: 東아시아세계의 재편과 관련하여」, 『한국 고대사연구』 45.
吉川真司, 2004, 「律令体制の形成」, 歴史学研究会·日本史研究会編 『日本史講座第 1 巻 律令国家の法と社会』東京大学出版会.
李成市編, 2000, 西嶋定生, 『古代東アジア世界と日本』, 岩波書店.

森公章, 2006,『東アジアの動乱と倭国』, 吉川弘文館.
_____, 2008,『遣唐使と古代日本の対外政策』, 吉川弘文館.
熊谷公男, 2008,『大王から天皇へ』, 講談社.
仁藤敦史, 2006,『女帝の世紀: 皇位継承と政争』, 角川書店.
井上光貞, 2004,『飛鳥の朝廷』, 講談社.
早川万年, 2009,『壬申の乱を読み解く』, 吉川弘文館.
直木孝次郎, 1992,『壬申の乱』, 塙書房.
倉本一宏, 2007,『壬申の乱を歩く』, 吉川弘文館.
_______, 2007,『壬申の乱』, 吉川弘文館.

7장

九華山志編纂委員會, 1990, 九華山志, 黃山書社.
卞麟錫, 2005, 中國江南佛教名山中的新羅庵,『中國江南與韓國文化交流』所收. 學苑出版社.
卞麟錫, 2010,「『三國遺事』'神呪' 篇에 나타난 新羅 密教 전파의 검토」,『新羅史學報』19.
嚴耕望, 1969, 唐史研究叢稿, 新亞研究所.
李能和, 佛紀 2945, 朝鮮佛教通史.
陳景富, 1999, 中韓佛教關係一千年, 宗教文化出版社.
何勁松, 1997, 韓國佛教史, 宗教文化出版社.
忽滑快天·鄭湖鏡 譯, 1978, 朝鮮禪教史, 寶蓮閣.
黃心川, 1989-1, 隋唐時期中國與朝鮮佛教的交流-新羅來華佛教僧侶考, 世界宗教研究.

景德傳燈錄
佛祖統紀
三國史記
三國遺事
宋高僧傳
祖堂集

9장

김상기, 1937,「麗宋 貿易 小考」,『진단학보』7, 진단학회.
_____, 1959,「고려와 금(金)·송(宋)과의 관계」,『국사상의 제문제』5, 국사편찬위원회.
_____, 1974,『東方史論叢』, 서울대출판부.
신채식, 1985,「宋代 官人의 高麗觀」,『변태섭박사 화갑기념 사학논총』, 삼영사.
_____, 1999,「宋·麗의 문화 교류에 관하여」,『梨花史學研究』25·26합.

안병우, 2002, 「高麗와 송의 상호인식과 교섭: 11세기 후반~12세기 전반」, 『역사와 현실』 43.
이범학, 1984, 「王安石의 대외 경략책과 新法」, 『高柄翊先生 華甲紀念論叢: 역사와 인간의 대응』, 한울.
_____, 1992, 「蘇軾의 高麗排斥論과 그 背景」, 『韓國學論叢』 15.
피터 윤, 2002, 「서구 학계 조공 제도 이론의 중국 중심적 문화론 비판」, 『아세아 연구』 109.
朴玉杰, 1997, 「高麗來航 宋商人과 麗, 宋의 貿易政策」. 『大東文化研究』 32, 成均館大學校 大東文化研究員.
朴龍雲, 1995, 「高麗·宋 交聘의 목적과 使節에 대한 考察」, 『韓國學報』 81.
_____, 1996, 「高麗·宋 交聘의 목적과 使節에 대한 考察」, 『韓國學報』 82.
_____, 2002, 『高麗社會의 여러 歷史像』 상, 신서원.
_____, 2002, 『高麗社會의 여러 歷史像』 하, 신서원.
沈載錫, 2002, 『高麗國王 冊封 研究』, 혜안.
張東翼, 2000, 『宋代麗史資料集錄』, 서울대학교출판부.
全海宗, 1974, 「對宋外交의 性格」, 『한국사』 4, 국사편찬위원회.
_____, 1977, 「高麗와 宋과의 關係」, 『東洋學』 7.
黃寬重, 1986, 「高麗與金·宋的關係」, 『아시아문화』 창간호, 한림대학교.
_____, 1992, 「宋·麗貿易與文物交流」, 『震檀學報』, 71·72합.

10장

고병익, 1981, 「원과의 관계의 변천」, 『한국사』 7.
고혜령, 1994, 「최해의 생애와 사상」, 『이기백선생고희기념한국사학논총』, 일조각.
김당택, 1998, 『원 간섭하의 고려정치사』, 일조각.
김용선, 2001, 『역주고려묘지명집성』, 한림대출판부.
김종진, 1993, 「안축의 시세계」, 『태동고전연구』 10.
박한남, 1997, 「최해의 생애와 仕官」, 『성대사림』 12·13.
유홍렬, 1957, 「고려의 원에 대한 공녀」, 『진단학보』 18.
이명미, 2003, 「고려·원 왕실통혼의 정치적 의미」, 『한국사론』.
이정신, 2008, 「원 간섭기 원종·충렬왕의 정치적 행적」, 『한국인물사연구』 10.
장동익, 1994, 『고려 후기외교사연구』, 일조각.
_____, 1997, 『元代麗史資料集』, 서울대출판부.
정요근, 2007, 「고려 역로망 운영에 대한 원(元)의 개입과 그 의미」, 『역사와 현실』 64.
森平雅彦, 1988, 「附馬高麗國王の成立 －元朝における高麗王の地位についての予備的考察－」, 『東洋學報』 79-4, 東京: 東洋協會學術調査部.
_____, 2004, 「高麗における元の站赤-ルート-の比定を中心に-」, 『史淵』 141, 九州大學大學院人文科學研究所』.
安部健夫, 1931(昭和 6), 「生熟券支給制度略考」, 『桑原博士還暦記念東洋私學論叢』.
李龍範, 1962, 「奇皇后의 冊立과 元代의 資政院」, 『역사학보』 17·18.

喜蕾, 2003,『元代高麗貢女制度硏究』, 중국 북경: 民族出版社.

『고려사절요』
『고려사』
『동문선』
『동사강목』
『원고려기사』
『원사』
『원전장』

11장

교육인적자원부 편, 2002,『고등학교 국사』.
______________, 2002,『중학교 국사』.
김한규, 1999,「契丹과 女眞이 遼東과 中國을 統合한 시기의 韓中關係」,『한중 관계사 Ⅰ』, 아카넷.
박옥걸,「고려 시대 귀화인의 역할과 영향: 기술적, 문화적 측면을 중심으로」,『白山學報』70.
안병우, 1994,「고려 시대 수공업과 상업」,『한국사 6: 중세사회의 성립 2』, 한길사.
장동익, 2009,『高麗 時代 對外關係史 綜合 年表』, 동북아역사재단.
홍희유, 1989,「고려시기 상업과 화폐유통의 장성」,『조선상업사(고대·중세)』, 과학백과사전출판사.
權兌遠, 1981,「高麗初期社會에 미친 歸化人의 影響에 관한 考察」,『忠南大 人文科學 論文集』8-2.
近藤一成, 2001,「文人官僚蘇軾と對高麗政策」,『史滴』23.
金庠基, 1937,「麗宋貿易小考」,『震檀學報』7.
_____, 1948,『東方交流史論攷』, 乙酉文化社.
_____, 1959,「高麗前期의 海上活動과 文物의 交流: 禮成港을 중심으로」,『국사상의 제문제』4.
_____, 1959,「大覺國師義天에 대하여」,『국사상의 제문제』3.
_____, 1961,『新編 高麗時代史』, 서울대학교출판부.
_____, 1974,『東方史論叢』, 서울大學校 出版部.
金龍善 편, 2005,『高麗墓誌銘集成』, 翰林大 아시아文化硏究所.
金渭顯, 1982,「高麗의 宋遼金人 投歸者에 대한 收容策(918~1146)」,『史學志』16.
_____, 1985,『遼金史硏究』, 裕豊出版社.
南仁國, 1986,「高麗前期의 投化人과 그 同化政策」,『歷史教育論集』8.
盧明鎬 외, 2000,『韓國古代中世古文書硏究』상, 서울대학교출판부.
民世安在鴻選集刊行委員會編, 1983,『民世安在鴻選集』1, 知識産業社.
朴玉杰, 1992,「高麗初期 歸化漢人에 대하여」,『國史館論叢』39.
_____, 1996,『高麗時代의 歸化人 硏究』, 국학자료원.
_____, 1997,「高麗來航 宋商人과 麗宋의 貿易政策」,『大東文化硏究』32.
朴龍雲, 1995·1996,「高麗·宋 交聘의 목적과 使節에 대한 考察」,『韓國學報』81·82.

_____, 2002, 『高麗社會의 여러 歷史像』, 신서원.
朴眞奭, 1996, 「11~12世紀宋與高麗的貿易往來」, 『長白叢書 中朝關係史硏究論文集』, 吉林文史出版社.
朴漢男, 1995, 「10~12세기 동아시아 정세」, 『한국사』 15, 국편.
白南雲, 1937, 「商業と商業資本」, 『朝鮮封建社會經濟史』 上, 改造社.
邊太燮, 1988, 『韓國史通論』(改訂版), 三英社.
山內晋次, 2003, 「東アジア·東南アジア海域における海商と國家」, 『奈良平安期日本とアジア』, 吉川弘文館.
森克己, 1956, 「日本·高麗來航の宋商人」, 『朝鮮學報』 9.
_____, 1959, 「日·宋の高麗との私獻貿易」, 『朝鮮學報』 14.
宋 晞, 1979, 「宋商在宋麗貿易中的貢獻」, 『中朝關係史論文集』 1, 從徐福到黃遵憲, 時事出版社.
倪士毅·方如金, 1982, 「宋代明州與高麗的貿易關係及交其友好往來」, 『杭州大學學報』(哲學社會科學版) 12-2.
李基白, 1976, 『韓國史新論』(改訂版), 一潮閣.
李基白 외, 1993, 『崔承老上書文硏究』, 一潮閣.
李丙燾, 1961, 『韓國史』(中世編), 震檀學會, 乙酉文化社.
李鎭漢, 2005, 「高麗前期 對外貿易과 그 政策」, 『韓國硏究センタ: 年報』 5.
_____, 2007, 「高麗時代 宋商 貿易의 再照明」, 『歷史教育』 104.
_____, 2009, 「高麗時代における宋商の往來と麗宋外交」, 『年報 朝鮮學』 12.
_____, 2010, 「高麗時代における宋人の來投と宋商の往來」, 『年報 朝鮮學』 13.
林士民, 1995, 「論宋元時期明州與高麗的友好交往」, 『海交史硏究』 28.
全海宗, 1974, 「對宋外交의 性格」, 『한국사』 4, 국편.
全海宗, 1977, 「高麗와 宋과의 關係」, 『東洋學』 7.
_____, 1977, 「中世 韓中 貿易 小考」, 『大丘史學』 12·13합.
조동원 외, 2005, 『역주 고려도경』, 황소자리.
陳高華, 1991, 「元朝與高麗的海上交通」, 『震檀學報』 71·72합.
蔡雄錫, 1988, 「高麗前期 貨幣流通의 기반」, 『韓國文化』 9.
崔柄憲, 1991, 「大覺國師 義天의 渡宋活動과 高麗·宋의 佛教交流」, 『震檀學報』 71·72합.
崔永好, 2007, 「고려 시대 송나라와의 해양교류: 송나라 출신 전문인력의 입국과 활동을 중심으로」, 『역사와 경계』 63.
丸龜金作, 1961·1962, 「高麗と宋との通交問題 (1)·(2)」, 『朝鮮學報』 17·18.
黃寬重, 1983, 「南宋與高麗關係」, 『中韓關係史國際硏究討論論文集』, 中華民國韓國硏究學會編.
_____, 1991, 「宋·麗貿易與文物交流」, 『震檀學報』 71·72합.
黃時鑒, 1997, 「宋-高麗-蒙古關係史에 관한 일고찰: 「收剌麗國送還人」에 대하여」, 『東方學志』 97.

『建炎以來繫年要錄』
『高麗圖經』
『高麗史節要』

『高麗史』
『大覺國師文集』
『大覺國師外集』
『寶慶四明志』
『續資治通鑑長編』
『宋史』
『冊府元龜』
『許國公奏議』

12장

국립중앙박물관, 1977, 『신안해저문물』, 국제학술대회 자료집.
국립해양문화재연구소, 2009, 『고려청자 보물선: 태안 대섬 수중발굴 조사보고서』.
국립해양유물전시관, 2004, 『신안선 보존·복원 보고서』.
________________, 2006, 『14세기 아시아의 해상교역과 신안해저유물』, 학술회의 자료집.
________________, 2006, 『신안선과 동아시아 도자교역』.
________________, 2006, 『신안선』 1-3.
________________, 2007, 『신안선출토 금속유물과 14세기 동아시아의 금속공예』.
김병근, 2004, 『수중고고학에 의한 동아시아 무역 관계 연구』, 국학자료원.
김성범, 2009, 「중국 봉래수성 출토 고려선」, 『한국중세사연구』 27.
김영미, 2005, 『신안선과 도자기 길』, 국립중앙박물관.
_____, 2008, 『마음을 담은 그릇, 신안향로』, 국립중앙박물관.
모리모토 아사코(森本朝子), 2005, 「아시아 해저고고학」, 『바다의 아시아』 5, 다리미디어.
문화공보부 문화재관리국, 1981~88, 『신안해저유물』 1~4.
윤용혁, 2006, 「14세기 초 동아시아 교역의 제 문제: 신안선의 역사적 배경」, 『신안선과 동아시아 도자교역』, 국립해양유물전시관.
이용현, 2002, 「신안해저 발견 목간에 대하여」, 『고려 조선의 대외교류』, 국립중앙박물관.
岡內三眞, 1986, 「新安沈船を通じてみた東アジアの貿易」, 『朝鮮史硏究會論文集』 23.
三上次男, 1987, 『陶磁貿易史硏究』, 中央公論美術出版.
山本信夫, 1997, 「新安海底遺物」, 『考古學による日本歷史』 10, 雄山閣.

13장

岩生成一, 「近世日支貿易に關する數量的考察」, 『史學雜誌』 62-11, 1951.
岩井茂樹, 「淸代の互市と"沈默外交"」, 夫馬進 編, 『中國東アジア外交交流史の硏究』, 京都大學學術出版會, 2007.

易惠莉, 「淸康熙朝後期政治與中日長崎貿易」, 『社會科學』 2004-1.
洪性鳩, 「淸 入關 前 동아시아 국제질서의 再編과 日本」, 『明淸史硏究』 33, 2010.
_____, 「淸朝의 日本認識」, 『역사교육논집』 42, 2009.

『唐船進港回棹錄·島原本唐人風說書·割符留帳-近世日中交涉史料集』, 關西大學東西學術硏究所, 1974.
「信牌方記錄」, 大庭脩 編, 『享保時代の日中關係資料1: 近世日中交涉史料集2』), 關西大學出版部, 1986.
『華夷變態』(林春勝(春齋), 林信篤(鳳岡) 編, 浦廉一 解說), 東洋文庫, 1958.
『雍正硃批諭旨』
『朝鮮肅宗實錄』
『淸史稿』
『淸聖祖實錄』
『平定三逆方略』
『欽定大淸會典事例』

14장

김윤희, 2003, 「대한제국기 서울 지역 금융시장의 변동과 상업발전: 대한천일은행 및 대자본가의 활동을 중심으로」, 고려대학교 박사 학위 논문.
이병천, 1895, 『개항기 외국상인의 침입과 한국상인의 대응』, 서울대학교 박사 학위 논문.
이헌창, 1985, 「韓國 開港場의 商品流通과 市場圈: 韓國開港期에서의 市場構造와 變動을 초래한 一次的 要因」, 『경제사학』 9.
하오옌핑, 2001, 『중국의 상업혁명: 19세기 중·서 상업 자본주의의 전개』, 소나무.
姜萬吉, 1983, 「開化期의 日本側 經濟關係資料; 領事報告와 「日·韓」 通商協會 報告」, 『韓國學文獻硏究의 現況과 展望』, 아세아문화사.
高嶋雅明, 1978, 『朝鮮における植民地金融史硏究』, 大原新生社.
古田和子, 2000, 『上海ネットワークと近代東アジア』, 東京大出版會.
金敬泰, 1986, 「大韓帝國時期의 米穀通商構造;帝國主義 形成期의 米穀問題」, 『大韓帝國硏究』 4.
臺灣銀行史編纂室, 1964, 『臺灣銀行史』.
浜下武志, 1989, 『中國近代經濟史硏究』, 東京大學敎東洋文化硏究所.
_______, 1997, 『朝貢システムと近代アジア』, 岩波書店.
吳斗煥, 1991, 『韓國近代貨幣史硏究』, 한국연구원.
長岡新吉, 1971, 『明治恐慌史序說』, 東京大學校出版會.
崔柳吉, 1973, 「李朝開港直後의 朝日貿易의 動向」, 『아세아연구』 15-3.
河元鎬, 1997, 『한국근대 경제사연구』, 신서원.

15장

송규진, 2001,『日帝下의 朝鮮貿易 硏究』, 고려대학교 민족문화연구원.
______, 2002,「일제하 '쌀이출 좁쌀 수입' 구조의 전개 과정」,『史叢』55, 歷史學硏究會.
______, 2003,「식민지조선 관세정책의 비교사적 분석」,『아세아연구』, 46-2, 고려대학교 아세아문제연구소.
______, 2004,「일제하 관세정책의 변화가 조선의 대중국 무역에 끼친 영향」.『아세아연구』47-2, 고려대학교 아세아문제연구소.
______, 2005,「일제하 조선과 만주국의 무역에 관한 연구」,『중국학보』52, 한국중국학회.
______, 2006,「1930년대 이후 조선의 대중국 무역」,『東洋學』39, 檀國大學校 東洋學硏究所.
______, 2008,「일제하 '일본관세법'의 조선적용과 변용」,『韓國史學報』32, 高麗史學會.
裵永穆, 1990,「植民地 朝鮮의 通貨 金融에 관한 硏究」, 서울대 박사 학위 논문.
禹明東, 1987,『日帝下 朝鮮財政의 構造와 性格』, 고려대 박사 학위 논문.

朝鮮貿易協會,『朝鮮貿易史』, 1943.
__________,『朝鮮貿易協會通報』.
朝鮮銀行調査課,『朝鮮經濟年報』, 1948.
朝鮮總督府,『朝鮮貿易年表』.
________,『朝鮮總督府官報』.
________,『朝鮮』.

16장

滿鐵總務部編, 1934,『中國勞働運動狀況』.
方顯廷, 1939,『支那工業組織論』, 生活社.
濱田峯太郎, 1923,『支那に於ける紡績業』, 日本堂書店.
上海社會科學院經濟硏究所 編, 1958,『恒豊紗廠的發生,發展與改組』, 上海人民出版社.
上海市社會局, 1934,『近五年來上海之勞資糾紛』,中華書局.
中國共産黨中央宣傳部, 1931,『宣傳者』.

『金曜會パンフエト』
『大日本紡績聯合會月報』
『紡織時報』
『紡織週刊』
『中國近代紡織史硏究資料匯編』
『華商紗廠聯合會季刊』
日本外務省外交史料館,『各国労働法制並政策関係雑件/中国ノ部:工廠法』(アジア歷史資料センター)

17장

왕징룬, 2008, 이영옥 옮김, 『중국의 황태자교육』, 김영사.
카알 폰 클라우제비츠, 2005, 김만수 옮김, 『전쟁론』 1, 갈무리.
劉法曾, 1914, 『淸史纂要』, 中華書局.(中華書局 1935年 5版).
茅海建, 1995, 『天朝的崩壞: 鴉片戰爭再硏究』, 三聯書店.
市村瓚次郎, 1894, 『支那史』, 東京:吉川半七, 1890(改訂8版); 『支那史要』, 東京:吉川半七.
梁章鉅·朱智, 1997, 『樞垣記略』, 中華書局.
梁廷枏, 1997, 邵循正 點校, 『夷氛聞記』, 中華書局.
汪榮寶, 1906, 『本朝史講義』, 京師學務處官書局(『淸史講義』(1913), 文海出版社 1982年 影印本).
王曉秋, 2002, 신승하 옮김, 『근대 중국과 일본: 타산지석의 역사』, 고려대학교출판부.
姚祖義, 1904, 『中國歷史教科書』, 商務印書館.
張開沅 主編, 2000, 『淸通鑒』, 岳麓書社.
田中萃一郎, 1893, 『東邦近世史』, 東京: 丸善株式會社書店.
中國第一歷史檔案館 編, 1992, 『鴉片戰爭檔案史料』, 天津古籍出版社.
陳天華, 2002, 『警世鐘』, 華夏出版社.
鄒　容, 2002, 『革命軍』, 華夏出版社.
夏　燮, 1967, 『中西紀事』, 文海出版社 影印本.
許國英, 1917, 『淸鑒易知錄』, 蔡思堂(北京古籍出版社 1985年 校閱本).
黃鴻壽, 1915, 『淸史紀事本末』, 進步書局(上海書店 1986年 影印本).

18장

김용구, 2001, 『세계관 충돌과 한말 외교사 1866~1882』, 문학과지성사.
김흥수, 2009, 『한일관계의 근대적 개편과정』, 서울대학교 출판문화원.
권혁수, 2007, 『근대 한중 관계사의 재조명』, 혜안.
최덕수, 2004, 『개항과 朝日관계』, 고려대학교출판부.
최덕수 외 지음, 2010, 『조약으로 본 한국 근대사』, 열린책들.
현명철, 2003, 『19세기 후반의 대마주와 한일관계』, 國學資料院.
具仙姬, 1999, 『韓國近代 對淸政策史 硏究』, 혜안.
權錫奉, 1986, 『淸末 對朝鮮政策史硏究』, 一潮閣.
_____, 2000, 『19世紀末 韓中 關係史 硏究』, 백산자료원.
金景昌, 1982, 『東洋外交史』, 集文堂.
金炳佑, 2006, 『大院君의 統治政策』, 혜안.
金義煥, 1966, 『朝鮮對日交涉史硏究』, 通文館.
吉野誠, 2002, 『明治維新と征韓論』, 明石書店.
毛利敏彦, 1979, 『明治六年政變硏究』, 中央公論社.

朴日根, 1981, 『美國의 開國政策과 韓美外交關係』, 一潮閣.
宋炳基, 1985, 『近代韓中關係史研究』, 檀大出版部.
沈箕載, 1997, 『幕末維新 日朝外交史の研究』, 臨川書店.
原田環, 1997, 『朝鮮の開国と近代化』, 溪水社.
李瑄根, 1961, 『韓國史: 最近世編』, 乙酉文化社.
田保橋潔, 1940, 『近代日鮮關係の研究』上, 朝鮮總督府中樞院.
芝原拓自, 1981, 『日本近代化の世界史的位置』, 岩波書店.
James B. Palais, 1993, 李勛相 譯, 『傳統韓國의 政治와 政策』, 신원문화사.

高橋秀直, 1990, 「維新政府の朝鮮政策と木戸孝允」, 『人文論集』 26卷 1·2號, 神戶商科大學.
_______, 1996, 「明治維新期の朝鮮政策」, 山本四郎 編, 『日本近代国家の形成と展開』, 吉川弘文館.
柳栽澤, 1993, 「開港期 朝鮮의 國際關係와 反從屬論」, 단국대학교 사학과 박사 학위 논문.
韓哲昊, 1998, 「고종 친정 초(1874) 암행어사 파견과 그 활동」, 『史學志』 31, 檀國大 史學科.
玄明喆, 1996, 「개항전 한·일 관계의 변화에 대한 고찰」, 『國史館論叢』 72, 國史編纂委員會.

19장

강문호, 2009, 「이홍장, 이등박문과 19세기 말 동아시아 국제 질서의 변화」, 『동학연구』 26, 한국동학학회.
김기혁, 1990, 「개항을 둘러싼 국제정치」, 『한국사시민강좌』, 일조각.
박은숙, 2005, 『갑신정변 연구』, 역사비평사.
신기석, 1959, 「갑신정변과 한·청·일 외교 관계」, 『대한국제법학회논총』 4권 1호.
임명덕, 1984, 『원세개와 조선』(袁世凱與朝), 타이베이(臺北) 중앙연구원 근대사연구소.
최덕수, 2004, 「갑신정변과 외세의 함수관계」, 『내일을 여는 역사』 16호.
______, 2004, 『개항과 조일관계』, 고려대출판부.
최덕수 외, 2010, 『조약으로 본 한국 근대사』.
최문형, 1981, 「열강의 대한정책에 대한 일연구: 임오군란과 갑신정변을 중심으로」, 『역사학보』 92.
______, 2002, 『한국을 둘러싼 제국주의 열강의 각축』, 지식산업사.
한국근현대사연구회, 1998, 『한국 근대 개화사상과 개화운동』, 신서원.

김옥균, 『갑신일록』
윤치호, 『윤치호일기』
『고종실록』
『구한국외교문서』(舊韓國外交文書)
『청계중일한관계사료』(淸季中日韓關係史料)
『추안급국안』(推案及鞫案)

20장

구범진, 2006, 「한청통상조약 일부 조문의 해석을 둘러싼 한·청의 외교 분쟁」, 『대구사학』 83.

국회도서관 입법조사국, 1965, 『舊韓末條約彙纂』 下.

이영록, 2005, 「개항기 한국에 있어 영사재판권: 수호조약 상의 근거와 내용」, 『법사학연구』 32.

이영옥, 2007, 「한중 민간 소송 연구, 1906~1910: 張導之案·姚貴春案·劉金有案 등 살인 사건을 중심으로」, 『중국근현대사연구』 35.

이은자, 2005, 「한국 개항기(1876~1900) 중국의 치외법권 적용 논리와 한국의 대응: 한중 간 조약 체결 과정을 중심으로」, 『동양사학연구』 92.

_____, 2006, 「한청통상조약 시기(1900~1905) 중국의 在韓 치외법권 연구」, 『명청사연구』 26.

_____, 2007, 「대한제국 시기 한중 간 민간 소송의 실례: '彭姜案'(1898~1900)을 중심으로」, 『동양사학연구』 100.

_____, 2008, 「'소송' 안건을 통해 본 청일전쟁 이후(1895~1899) 한중 관계 연구」, 『중국근현대사연구』 38.

_____, 2009, 「청일전쟁 이전과 이후 在韓 韓中間 '소송' 안건 비교 분석」, 『아시아문화연구』 17.

_____, 2010, 「19세기 말 在朝鮮 未開口岸의 淸商 밀무역 관련 영사재판안건 연구」, 『동양사학연구』 111.

康大壽·潘家德, 2002, 『近代外人在華治外法權硏究』, 成都: 四川人民出版社.

中央硏究院近代史硏究所 編, 1972, 『淸季中日韓關係史料』, 臺北: 中央硏究院近代史硏究所.

고려대학교 아세아문제연구소 편, 1970~71, 『淸案』(『舊韓國外交文書』 제8-9권), 고려대학교출판부.

국사편찬위원회 편, 1989~1998, 『各司謄錄』(근대편), 국사편찬위원회.

22장

곽승훈, 2005, 『최치원의 중국사탐구와 사산비명 찬술』, 한국사학.

김복순, 1987, 「최치원의 법장화상전 검토」, 『한국사연구』 57.

_____, 2006, 「최치원의 해외체험과 문화수용」, 『한국 문화연구』 10.

_____, 2008, 「고려의 최치원 만들기」, 『신라문화』 32.

_____, 2010, 「최치원의 역사 인식 연구」, 『민족문화』 34.

김정배, 1968, 「삼한위치에 대한 종래설과 문화성격의 검토」, 『사학연구』 20.

김중렬, 1993, 「최고운의 기덕시 연구」, 『웅진어문학』 1.

김지견, 1994, 『사산비명 집주를 위한 연구』, 한국정신문화연구원.

김철준, 1973, 「고려 중기의 문화의식과 사학의 성격: 『삼국사기』의 성격에 대한 재인식」, 『한국사연구』 9.

김혈조, 2007, 「최치원의 「격황소서」에 대한 일고」, 『동아인문학』 9.

남동신, 2002, 「羅末麗初 전환기의 지식인 崔致遠」, 『강좌 한국 고대사』 8.

당인핑, 2004, 마중가 옮김, 김복순 감수, 『최치원 신연구』, 한림대아시아문화연구소.

문경현, 2008, 「세계인 최치원」, 『2007 신라학 국제학술대회 논문집』1.
박병선, 2003, 「당대 한중 문인의 교류에 관한 연구: 동국문종 최치원을 중심으로」, 『중국어문학논집』 46.
신성곤, 1989, 「唐宋變革期論」, 『강좌 중국사』 3.
신형식, 1969, 「나말여초 도당 유학생재론」, 『변태섭박사화갑기념사학논총』.
_____, 1985, 「숙위학생고」, 『역사교육』 11·12합.
윤국병, 1983, 「慶州 鮑石亭에 관한 연구」, 『한국전통조경학회지』 1-2.
이구의, 1993, 「최고운의 삶과 문학연구」, 영남대학교 박사 학위 논문.
이기동, 1978, 「나말여초 근시기구와 문한기구의 확장: 중세적 측근정치의 지향」, 『역사학보』 77.
_____, 1982, 「신라하대 빈공급제자의 출현과 나당문인의 교환」, 『전해종박사화갑기념 사학논총』.
이기백, 1970, 「신라 통일기 및 고려 초기의 유교적 정치이념」, 『대동문화연구』 6·7합.
_____, 1986, 「신라 골품제 하의 유교적 정치이념」, 『신라사상사연구』.
이도학, 2005, 「최치원의 고구려 인식」, 『한국사상사학』 24.
이석해·이행렬, 2005, 「최치원 유적의 유형과 문화경관 특성」, 『한국전통조경학회지』 23-2.
이성애, 1976, 「계원필경집 교감기」, 『한국 문화연구원논총』 27.
이우성, 1975, 「남.북국시대와 최치원」, 『창작과 비평』 38.
이재운, 1998, 「제왕년대력을 통해 본 최치원의 역사 인식」, 『전주사학』 6.
_____, 1999, 『최치원 연구』, 백산자료원.
이지관 편, 1994, 『교감역주 역대고승비문』 신라편, 가산불교문화연구원.
장일규, 2001, 「최치원의 사회사상 연구」, 국민대학교 박사 학위 논문.
전미희, 1989, 「신라 경문왕. 헌강왕대의 能官人 등용정책과 국학」, 『동아연구』 17.
조법종, 1998, 「고구려의 마한계승 인식론에 대한 검토」, 『한국사연구』 102.
조인성, 1982, 「최치원의 역사 서술」, 『역사학보』 94·95합.
최병헌, 1972, 「신라하대 선종구산파의 성립」, 『한국사연구』 7.
_____, 1997, 「고운 최치원 연구의 문제점과 과제」, 『원불교사상』 21.
최영성, 1998, 「고운 최치원의 동인의식」, 『동양철학의 자연과 인간』.
_____, 1998·1999, 『역주 최치원전집』 1·2, 아세아문화사.
최준옥 편, 1982, 『국역 고운선생문집』 상·하, 보련각.
최치원, 2009, 이상현 옮김, 『계원필경집』 1; 『고운집』.
파전한국학당 편, 1997, 『고운의 사상과 문학』.
金學主, 1964, 「鄕樂雜詠과 唐戲와의 比較考釋」, 『아세아연구』 7-2.
李杜鉉, 1959, 「新羅 五伎攷: 特히 月顚과 束毒에 對하여」, 『서울대 인문사회과학논문집』 9.

『계원필경집』
『고려명현집』
『동문선』
『신증동국여지승람』

『최문창후전집』
『三國史記』
『三國遺事』
『楊州志』
『栗水縣志』

23장

Sylvia Bräsel: Missionar aus Überzeugung, Entdecker mit Marketingtalent: Gützlaff – der erste Deutsche in Korea. In: Klein/Zöllner, Karl Gützlaff, S. 61-75

Carl F. Gützlaff: Journal of Three Voyages Along the Coast of China. London 1834, S. 288.

Reinhard Zöllner: Die preuβische Japan-Rezeption bis Mitte des 19. Jahrhunderts. In: Gerhard Krebs (Hg.): Japan und Preuβen. München 2002, S. 53-75.

Reinhard Zöllner: Gützlaffs Japanreise 1837 und das Bojutsu Yumemonogatari. Zur japanischen Fremdenpolitik am Vorabend der "Öffnung". In: Klein/Zöllner, Karl Gützlaff, S. 21-39.

Thoralf Klein, Reinhard Zöllner (Hg.): Karl Gützlaff (1803-1851) und das Christentum in Ostasien. Ein Missionar zwischen den Kulturen. Sankt Augustin 2005

Yoko Nishina: Gützlaffs japanisches Johannesevangelium. In: Klein/Zöllner, Karl Gützlaff, S. 173-192.

Zit. nach: Peter Merker: Gützlaffs Rolle im Opiumkrieg. Zum Verhältnis von Mission, Handel und Imperialismus im China des 19. Jahrhunderts. In: Klein/Zöllner, Karl Gützlaff, S. 45

"Remarks on the Corean Language", in: Chinese Repository 1 (1832/1833), S. 276-279, hier zitiert nach Klein/Zöllner, Karl Gützlaff, S. 299.

"Remarks on the Japanese language". In: Chinese Repository 6 (1837/1838), S. 107 ff, zitiert nach Klein/Zöllner, Karl Gützlaff, S. 302.

24장

천혜봉·이정섭·박상국·남권희·서병패·양진조·하정용, 2005.『海外典籍文化財調査目錄: 日本天理大學天理圖書館所藏韓國本』, 國立文化財硏究所.

金斗鍾, 1973,『韓國古印刷技術史』, 探求堂.

金貞培, 2006,『韓國古代史入門』1·2·3, 新書苑.

大阪府立図書館, 1968,『大阪府立図書館藏韓本目録』, 大阪府立図書館.

藤本幸夫, 2006.6,『日本現存朝鮮本研究 集部』, 京都大学学術出版会.

柳鐸一, 1989,『韓國文獻學研究』, 亞細亞文化社.
李謙魯, 1988,『通文館책방비화』, 民學會.
李仁榮, 1968,『淸芬室書目』, 寶蓮閣.
千惠鳳, 1995,『韓國 書誌學』, 民音社.
河廷龍, 2002.「蓬佐文庫所藏壬申本『三国遺事』と列邑分刊」,『高麗美術館研究所紀要』3, 日本京都 高麗美術館研究所.
_____, 2005.『三國遺事史料批判』, 民族社.
_____, 2006a.「高麗美術館所蔵の朝鮮本について」,『有光教一先生白寿記念論叢一高麗美術館紀要』5, 高麗美術館研究所.
_____, 2006b.「天理図書館所蔵の三国遺事について一日本における三国遺事研究動向と関連して一」,『ビブリア』126, 天理図書館.
_____, 2007,「韓国書誌学に関していくつか考えること一ウェブを通じた韓本(朝鮮本)研究一」,『関西大学視聴覚教育』30, 関西大学.
河廷龍·李根直, 1997.『三國遺事校勘研究』, 新書苑.

25장

강준영, 2005,「중국의 고구려사 인식이 한중 관계에 미치는 영향: 동북공정을 둘러싼 양국의 역사 인식을 중심으로」,『중국연구』36.
고구려연구재단 편, 2004,『중국의 東北 邊境 연구 동향 분석』.
송기호, 2007,『동아시아의 역사 분쟁』, 솔.
우실하, 2007,「'통일적다민족국가론'의 전개와 적용」,『고구려연구』29.
_____, 2007,『동북공정 너머 요하 문명론』, 소나무.
임기환, 2004,「韓·中 역사 분쟁과 고구려사·발해사 인식」,『인문학연구』31-2, 충남대학교 인문과학연구소.
한규철, 2007,「고구려·발해에 대한 인식의 변천」,『大東漢文學』26.
_____, 2009,「『東北通史』에 나타난 金毓黻의 '東北'史觀」,『白山學報』83.
孫進己, 2003,「論歷史歸屬研究中的理論標准」,『東疆學刊』, 2003年 1期.
_____, 2003,「我國歷史上疆域形成, 變遷的理論研究」,『中南民族大學學報』(人文社會科學版), 3권 2기.
王玉哲, 1980,「統一的多民族國家形成的時代問題」,『南開大學學報』, 1980年 2期.
尹輝鐸, 2004,「現代 中國의 高句麗·渤海 認識과 限界」,『한국독립운동사연구』23, 독립기념관 한국독립운동사연구소.
張碧波, 1999,「關於歷史上民族歸屬與疆域問題的再思考」,『黑土地的古代文明』, 遠方出版社.

26장

국제한국학회 편, 1999, 『실크로드와 한국 문화』, 소나무.
금장태, 1999, 『산해관에서 중국 역사와 사상을 보다』, 효형출판.
김규현, 2003, 『티베트 역사산책』, 정신세계사.
김영종, 1999, 『티베트에서 온 편지』, 사계절.
_____, 2004, 『반주류 실크로드사』, 사계절.
김영헌, 1996, 『서역의 달은 서쪽으로 흘러간다』, 학고재.
김찬삼, 1998, 『실크로드를 건너 히말라야를 넘다』, 디자인하우스.
무하마드 깐수, 1992, 『신라 서역 교류사』, 단국대학교출판부.
민두기, 1994, 『중국탐색, 1988-1994』, 지식산업사.
박시인, 1973, 『알타이문화사연구』, 탐구당.
박완서, 1997, 『모독』, 학고재.
박재동, 2003, 『박재동의 실크로드 스케치 기행』, 한겨레신문사.
박지원, 2009, 김혈조 옮김, 『열하일기』, 돌베개.
박지향, 2003, 『일그러진 근대』, 푸른역사.
소재영 외, 2004, 『연행노정: 그 고난과 깨달음의 길』, 박이정.
심형철, 2003, 『신장을 알아야 중국이 보인다』, 정진출판사.
에드워드 사이드, 1991, 박홍규 옮김, 『오리엔탈리즘』, 교보문고.
유장근, 2005, 「위대한 과거와 낙후한 현재 사이: 여행기를 통해 본 현대 한국인의 중국관」, 『대구사학』 80집.
이종선, 2000, 『고신라왕릉연구』, 학연문화사.
이태훈, 2004, 『이태훈의 뷰티풀 티베트 여행』, 다른세상.
임세권, 1995, 『중국의 변경을 가다』, 신서원.
정수일, 2006, 『실크로드 문명기행』, 한겨레출판부.
주채혁, 「동해안 문화관광루트 구상: 동몽골초원 답사기」, 『박물관지』 4·5합집.
하성봉, 2004, 『중국의 하늘을 연다』, 일송북.
허세욱, 1995, 『중국문학기행』, 중앙일보사.
허영환, 2001, 『중국 문화유산기행』, 서문당.
田衛疆 編, 1998, 『近代新疆探險百年』, 新疆青少年出版社.

27장

강상중, 1997, 이경덕·임성모 옮김, 『오리엔탈리즘을 넘어서』, 이산.
고병익, 1993, 「동아시아 나라들의 상호 소원과 통합」, 『창작과 비평』 제79호.
_____, 1996, 『동아시아사의 전통과 변용』, 문학과지성사.
고성빈, 2007, 「한국과 중국의 '동아시아담론': 상호연관성과 쟁점의 비교 및 평가」, 『국제지역연구』

제16집 3호, 서울대학교 국제학연구소.
김광억, 1999, 「동아시아담론의 실체: 그 분석과 해석」, 정재서 편, 『동아시아 연구, 글쓰기에서 담론까지』, 살림.
다케우치 요시미(竹内好), 1997[1966], 「방법으로서의 아시아」, 최원식·백영서 편, 『동아시아인의 '동양' 인식, 19-20세기』, 문학과지성사.
딜릭, 아리프, 1995, 「아시아-태평양권이라는 개념」, 백영서 외 편, 『동아시아, 문제와 시각』, 문학과지성사.
__________, 2000, 「역사와 대립되는 문화인가?: 동아시아 정체성의 정치학」, 정문길 외 편, 『발견으로서의 동아시아』, 문학과지성사.
류준필, 2009, 「분단체제론과 동아시아론」, 『아세아연구』 제52권 제4호, 고려대학교 아세아문제연구소.
박명규, 2005, 「한국 동아시아 담론의 지식 사회학적 이해」, 김시섭·마인섭 편, 『동아시아학의 모색과 지향』, 성균관대학교출판부.
박상수, 2005, 「20세기 전환기 중국 네이션(nation) 개념의 형성」, 『중국학논총』 제19집, 중국 문화학회.
박승우, 2008, 「동아시아 담론의 현황과 문제」, 아시아공동체연구회, 『동아시아공동체와 한국의 미래: 동북아를 넘어 동아시아로』, 이매진.
백낙청, 1995, 「민족문학론, 분단체제론, 근대극복론」, 『창작과 비평』 제89호.
_____, 1996, 「새로운 전 지구적 문명을 향하여」, 『창작과 비평』 제92호.
_____, 1999, 「한반도에서의 식민성문제와 근대 한국의 이중과제」, 『창작과 비평』 제105호.
_____, 2006, 「21세기 한국과 한반도의 발전전략을 위해」, 『한반도식 통일, 현재진행형』, 창비.
백영서, 2000, 「중국에 '아시아'가 있는가?: 한국인의 시각」, 정문길 외 편, 『발견으로서의 동아시아』, 문학과지성사.
_____, 2000, 『동아시아의 귀환』, 창비.
_____, 2009, 「동아시아론과 근대적응·근대극복의 이중과제」, 이남주 엮음, 『이중과제론』, 창비.
백영서 외 편, 1995, 『동아시아, 문제와 시각』, 문학과지성사.
백원담, 2005, 「동아시아에서 문화 지역주의의 가능성」, 『동아시아의 문화선택』, 팬타그램.
사이드, 에드워드(Edward Said), 2007, 박홍규 옮김, 『오리엔탈리즘』(개정증보), 교보문고.
쑨 꺼, 2003, 『아시아라는 사유공간』, 류준필 외 옮김, 류준필 대담, 창비.
_____, 2004, 「아시아 담론과 우리들의 딜레마」, 정문길 외 편, 『주변에서 본 동아시아』, 문학과지성사.
_____, 2007, 「포스트 동아시아 서술의 가능성」, 한림대학교 아시아문화연구소, 『동아시아 경제문화 네트워크』, 태학사.
_____, 2007, 『다케우치 요시미라는 물음』, 그린비.
와다 하루키, 2004, 이원덕 옮김, 『동북아시아 공동의 집』, 일조각.
이정훈, 2007, 「비판적 지식담론의 자기비판과 동아시아론」, 『중국현대문학』 제41호.
임우경, 2007, 「비판적 지역주의로서의 한국 동아시아론의 전개」, 『중국현대문학』 제40호.

장인성, 2005, 「한국의 동아시아론과 동아시아 정체성」, 『세계정치』, 제26집 제2호.
최원식, 1993, 「탈냉전 시대와 동아시아적 시각의 모색」, 『창작과 비평』 제79호.
_____, 2000, 「한국발(發) 또는 동아시아발(發) 대안?: 한국과 동아시아」, 정문길 외 편, 『발견으로서의 동아시아』, 문학과지성사.

28장

윤사순 외, 2001, 『자료와 해설, 한국의 철학사상』, 예문서원.
윤사순·이광래, 2001, 『우리사상100년』, 현암사.
琴章泰, 1990, 『韓國近代思想의 挑戰』, 전통문화연구회.
奇參衍, 1990, 『省齋奇參衍先生傳』, 한국문화사.
申采浩, 1977, 『丹齋申采浩全集』, 형설출판사.
柳麟錫, 1917, 『毅庵集』 54권 29책.
趙 憲, 1613, 『重峯集』 20권, 10책.
千寬宇 외, 1993, 『韋菴張志淵의 思想과 活動』, 민음사.
崔洪奎, 1983, 『申采浩의 民族主義思想』, 형설출판사.
玄相允, 1949, 『朝鮮儒學史』, 민중서관.

30장

Brecher, Michael. 1995, *Nehru, A Political Biography*, London; Oxford University Press.
Dayal, Shiv. 1989, *India's Role in the Korean Question*, Delhi; S.Chand & Co..
Dutt, V.P. *India's Foreign Policy*, New Delhi; Vikas.
Gopal, Sarvepalli. 1984, *Jawaharlal Nehru; A Biography*, vol. 2, London; Oxford University Press.
Gopal, Sarvepalli. 1986, *Jawaharlal Nehru; Selected Works*, vol. 4, New Delhi; Oxford University Press.
Heimsath, C.H. & Mansingh, S. 1991, *A Diplomatic History of Modern India*, Bombay; Allied Publishers.
Menon, K.P.S. 1976, *Many Worlds, An Autobiography*, London; Oxford University Press.
Panikkar, K.M. 1988, *An Autobiography*, New Delhi; Oxford University Press.
Sharma, R.D. 2001, *India's Contribution towards World Peace under Nehru*, Delhi; Sehgal Publishers.
Stueck, W. 1995, *The Korean War, An International History*, Princeton University Press.

31장

김예경, 2008, 「중·미간의 세력경쟁과 아세안의 균형전략(balanced strategy): 약소국의 중추적 역할(pivotal role) 찾기」, 『한국정치학회보』 42-1.

김흥규, 2008, 「한·중 "전략적 협력동반자 관계" 형성과 한중 관계」, 외교안보연구원, 『주요국제 문제분석』, 외교안보연구원.

박홍서, 2008, 「중국의 부상과 탈냉전기 중미 양국의 대한반도 동맹전략: 동맹전이 이론의 시각에서」, 『한국정치학회보』 42-1.

서진영, 2006, 『21세기 중국 외교정책: 부강한 중국과 한반도』, 폴리테이아.

______, 2008, 「부강한 중국의 등장과 한반도: 위협인가 기회인가」, 『時代精神』 41.

______, 2008, 『21세기 중국정치: 성공의 역설과 중국적 사회주의의 미래』, 폴리테이아.

정재호 편, 2006, 『중국의 강대국화: 비교 및 국제정치학적 접근』, 길.

한석희, 2007, 『후진타오 시대의 중국 대외 관계』, 폴리테이아.

劉明福, 2010, 『中国梦: 后美国时代的大国思维与战略定位』, 中国友谊出版公司.

摩　罗, 2010, 『中国站起来』, 长江文艺出版社.

薛　涌, 2009, 『怎样做大国』, 中信出版社.

宋强·張藏藏·喬邊, 1996, 『中國可以說不: 冷戰後時代的 政治與情感抉擇』, 北京: 中華工商聯合出版社.

宋晓军 王小东 黄纪苏 宋强 刘仰, 2009, 『中国不高兴:—大时代, 大目标及我们的内忧外患』, 江苏人民出版社.

沈驥如, 1998, 『中國不當 '不先生': 當代中國的 國際戰略問題』, 今日中國出版社.

俞可平·黃平·謝曙光·高健 主編, 2006, 『中國模式與 "北京共識": 超越 "華盛頓共識"』, 北京: 社會科學文獻出版社.

中國現代化戰略研究課題組, 2008, 『中國現代化報告 2008: 國際現代化研究』 下篇, 北京: 北京大學出版部.

黃仁偉 編, 2007, 『負責任大國的路徑選擇』, 上海社會科學院 世界經濟與 政治研究院, 國際關係研究.

Bergsten, Fred, 2008, "A Partnership of Equals: How Washington Should Respond to China's Economic Challenges" *Foreign Affairs* 87:4.

Brooks, Stephen G, William C Wohlforth, 2009, "Reshaping the World Order," *Foreign Affairs* 88:2.

Ferguson, Niall and Moritz Schularick, 2007, "Chimerica and the Global Asset Market Boom", *International Finance* 10:3.

Glahn, Benjamin, 2008, *Mapping Change in the Asia Pacific Region: Geopolitics, Economics, and Diplomacy.*

Hachigan, Nina, Michael Shiffler, and Winny Chen, 2008, *A Global Imperative: A Progressive Approach to U.S.-China Relations in the 21st Century* (The Center for American Progress).

Ikenberry, G. John, 2008, "The Rise of China and the Future of the West: Can the Liberal

System Survive?" *Foreign Affairs* 87:1.

Jacques, Martin, 2009, *When China Rules the World: The End of the Western World and the Birth of a New Global Order* (New York: Penguin Press HC).

Joffe, Josef. 2009, "The Default Power: The False Prophecy of America's Decline," *Foreign Affairs* 88:5.

Johnston, Alastair Iain, 1998, *Cultural Realism: Strategic Culture and Grand Strategy in Chinese History* (Princeton University Press).

Kang, David C, 2007, *China Rising: Peace, Power, and Order in East Asia* (New York: Columbia Univ. Press).

Lampton, David M, 2008, *The Three Faces of Chinese Power: Might, Money, and Minds* (Berkeley, University of California).

Maddison, Angus, 2007, *Chinese Economic Performance in the Long Run, 960-2030 AD, 2nd Edition, Revised and Updated* (Development Centre Studies of the OECD.

McGiffert, Carola, ed, 2009, *Chinese Soft Power and Its Implications for the United States: Competition and Cooperation in the Developing World, A Report of the CSIS Smart Power Initative.*

Nye, Jr, Joseph S., 2004, *Soft Power: The Means to Success in World Politics* (New York: Public Affairs).

Pape, Robert A, 2005, "Soft Balancing against the United States" *International Security* Vol. 30, No. 1.

Paul, T.V, 2005, "Soft Balancing in the Age of U.S. Primacy," *International Security* Vol. 30, No. 1.

Ramo, Joshua Cooper, 2004, *The Beijing Consensus* (The Foreign Policy Centre).

Shambaugh, David, 2008, "China's role in Asia: implications for the United States," *The Korean Journal of Defense Analysis* 20:4.

Shambaugh, David, ed., 2005, *Power Shift: China and Asia's New Dynamics* (Berkeley; University of California Press).

Shirk, Susan L. Shirk, 2007, *China: Fragile Superpower: How China's Internal Politics Could Derail Its Peaceful Rise* (Oxford University Press).

Stockholm International Peace Research Institute, 2009, *SIPRI Yearbook 2009: Armaments, Disarmament and International Security* (Oxford University Press).

金俊燁 先生 略歷 및 著述

● 略歷

本　籍	平安北道 江界郡 時中面 外時川洞 254番地
住　所	서울市 鐘路區 明倫洞 1街 10의 13番地
生年月日	1920年 8月 26日

1940年 3月	新義州 東中(5年制) 卒業
1944年 1月	日本 慶應大學 東洋史學科 中退('學兵' 관계)
1948~1949年	中國 國立中央大學 大學院 修學
1951~1955年	國立臺灣大學에서 硏究
1958~1959年	미국 하버드대학 객원교수
1968~1969年	미국 하와이대학, 프린스턴대학 객원교수
1971年 2月	건국대학교 명예법학박사
1984年 5月	연세대학교 명예문학박사
1999年 2月	아주대학교 명예경영학박사

1944年 2月	일본군 '學兵'으로 渡華
1944年 3月	일본군을 탈출하여 中國遊擊隊에 참가, 抗日運動
1945年 1月	重慶 大韓民國臨時政府에 참가
1945年 4月	光復軍 第二支隊長 李範奭將軍의 副官 (西安)
1945年 11月	光復軍 總司令官 李青天 將軍의 副官 (重慶)
1946~1949年	中國 國立東方語文專門學校 전임강사 (南京)
1949~1982年	고려대학교 사학과 조교수, 부교수, 교수
1957~1982年	고려대학교 아세아문제연구소 발기인, 부소장, 소장
1982~1985年	고려대학교 총장
1988~현재	재단법인 社會科學院 이사장

● 著述

1. 『中國共産黨史』(1958년, 사상계사)
2. 『中國最近世史』(1963년, 사상계사; 增補版, 1967년, 동아출판사; 修正版, 1971년, 일조각)
3. 『韓國共産主義運動史』, 제1권(1967년, 고려대학교 출판부)
4. 『中共圈의 將來』(編, 1967년, 범문사)
5. 『孫文 胡適』(編, 1968년, 경지사)
6. 『韓國共産主義運動史』, 제2권(1969년, 고려대학교 출판부)
7. 『韓國共産主義運動史』, 제3권(1973년, 고려대학교 출판부)
8. 『韓國共産主義運動史』, 제4권(1974년, 고려대학교 출판부)
9. 『韓國共産主義運動史』, 제5권(1976년, 고려대학교 출판부)
10. 『中共과 아시아』(1979년, 일조각)
11. 『南北統一問題와 그 周邊』(1979년, 일조각)
12. 『北韓의 오늘과 내일』(1982년, 법문사)

13. *North Korea Today*(스칼라피노 교수와 共編, 1983년, 캘리포니아대학)

14. 『新版: 韓國共産主義運動史』, 전 5권(1986년, 청계연구소)

15. 『長征』, 전 4권(1987~90년, 나남출판)

16. 『歷史의 神』(1990년, 나남출판)

17. 『長征』, 日譯本(1991년 12월, 日本 光文社)

18. 『石麟 閔弼鎬傳』(編, 1995년, 나남출판)

19. 『我的長征』(1995년 7월, 中國 東方出版社)

20. 『나와 中國』(『我的長征』, 1997년, 나남출판)

21. 『長征 제 5권, 다시 대륙으로』(2001년 11월, 나남사)

22. 『金俊燁回憶錄 五 — 我的長征』, 제5권(2002년 11월, 중국 요령민족출판사)

23. 『申圭植·閔弼鎬와 한중관계』(중국 石源華 교수와 共編, 2003년, 나남사)

24. 『신판: 長征 전 5권』(2003년 8월, 나남사)

25. 『我的長征』, 제3권(2008년 4월, 중국 국제문화출판사)

26. 『我的長征』, 제4권(2008년 4월, 중국 국제문화출판사)

27. 『나와 中國(續)』(2008년 5월, 나남사)

28. 『歷史의 神(續)』(2008년 5월, 나남사)

동아시아 국제관계사

1판1쇄 | 2010년 11월 23일

엮은이 | 김준엽 선생 기념서 편찬위원회
펴낸이 | 이내영
펴낸 곳 | 아연출판부
등록 | 2000년 5월 24일 제6-376호
주소 | 서울시 성북구 안암동 5가 고려대학교 아세아문제연구소(136-701)
전화 | 02-3290-1600 팩스 | 02-923-4661
홈페이지 | www.asiaticresearch.org

값 35,000원

ISBN 978-89-90769-32-9 03910

이 도서의 국립중앙도서관 출판시도서목록(CIP)은 e-CIP 홈페이지(http://www.nl.go.kr/ecip)에서 이용하실 수 있습니다(CIP제어번호: CIP2010004075).